U0948997

司馬溫公
資治通鑑

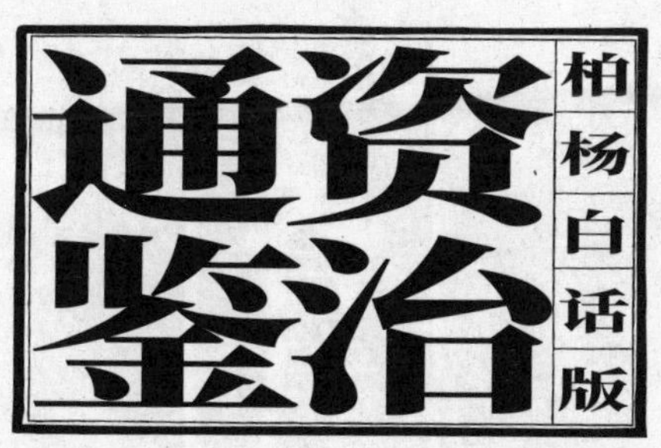

第三部

柏杨 著

人民东方出版传媒
東方出版社

昏君辈出

王莽篡夺

全国混战

马援之死

昏君辈出

导读

《昏君辈出》已叙述到西汉王朝的末年。政府好像一只猕猴，掌权官员好像玩猴戏的班主。创业君王对猕猴百般珍惜，喂它、养它、爱它，为了它不惜杀人千万。而那些末代帝王，却认为猕猴是死不了的，揍它、打它、拿刀砍它——谁劝阻他不要砍它，他就把谁恨入骨髓。结果是，猕猴死亡，猴戏班主没有了猴，只好全家倒毙。

谋杀西汉王朝的凶手，最初是十一任帝刘奭，磨刀霍霍。接着是十二任帝刘骜，万刀齐下。最后一位是十三任帝刘欣先生，投出铁矛，直刺猕猴心窝，神仙都无法救。

柏杨　一九八四·四·一五

目录

纪元前一世纪

八〇年代 西汉王朝

前二〇—前一一年

●洪水淹没三十一县●赵飞燕当皇后●铁矿工人暴动●乌孙王国内乱 003

纪元前一世纪

九〇年代 西汉王朝

前一〇—前一年

●刘骜死于春药●诬杀冯媛太后●关东人民无故惊走●赵合德自杀●刘欣死亡，王莽掌权 068

西汉王朝

八〇年代

纪元前一世纪

前二〇—前一一年

- 洪水淹没三十一县。
- 赵飞燕当皇后。
- 铁矿工人暴动。
- 乌孙王国内乱。

- 罗马奥古斯都屋大维，征服西班牙北部。
- 朝鲜半岛三国鼎立。
- 罗马侵入日耳曼地区，吞并北方土地。

纪元前二〇年

辛丑

西汉　鸿嘉　元年

1 春季，正月九日，西汉王朝（首都长安〔陕西省西安市〕）皇帝（十二任成帝）刘骜（本年三十三岁）任命薛宣当最高监察长（御史大夫）。

2 二月二十八日，刘骜前往他预定的墓地昌陵（陕西省西安市临潼区西南）视察，赦免在墓地做工的囚犯。把坟墓所在地的新丰（陕西省西安市临潼区东北）戏乡（西安市临潼区西南），改作昌陵县，用以支援修建墓地工程的物力人力。

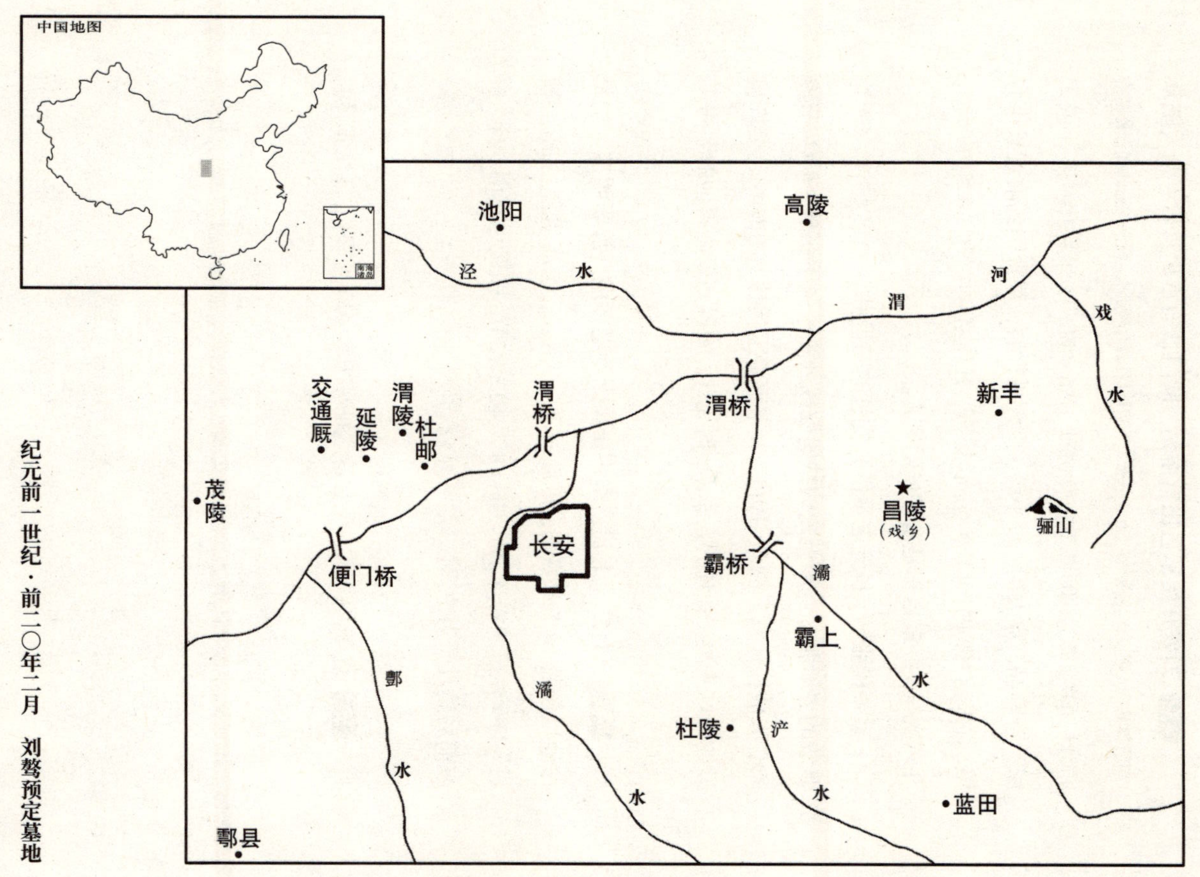

纪元前一世纪·前二〇年二月　刘骜预定墓地

3 刘骜开始私自出宫游荡，期门禁卫官跟宫奴十余人随从（期门禁卫官〔期门郎〕，刘彻〔七任武帝〕当初私自出宫游荡时，跟保护他的武士秘密约定时刻，在宫门集合。以后遂把这种特别警卫，称作“期门”），或乘坐小车，或大家一齐骑马，穿大街，过小巷，到郊外撒野，甚至跑到附近县市乡镇：甘泉宫（陕西省淳化县西北）、长杨宫、五柞宫（二宫皆在今陕西省周至县），斗鸡赛马，经常自称是富平侯的家人。

富平侯张放，是元老重臣张安世的四世孙（张安世，参考前八〇年）。张放的老爹张临，娶刘骜的姑妈敬武公主，生下张放（跟刘骜是表兄弟）。张放担任宫廷随从（侍中），兼皇家警卫指挥官（中郎将），娶许皇后的妹妹为妻。受到的宠幸，一时无比，所以刘骜假冒他的名号。

4 三月二十七日，宰相张禹因年老多病，辞职照准。刘骜命他以侯爵（安昌侯）身份，每月一日、十五日，参加朝会，加位“特进”（朝会时，位置在三公之下、侯爵之上）。接见礼节，跟接见宰相一样，赏赐前后达几千万之多。

5 夏季，四月二十七日，刘骜任命薛宣当宰相，封高阳侯。

擢升首都长安特别市长（京兆尹）王骏当最高监察长（御史大夫）。

6 全国武装部队最高指挥官（大司马）王音，是刘骜的堂舅父，超越“五侯”亲舅父而掌握大权，使他处于一个微妙的地位，所以特别小心谨慎。刘骜把王音从最高监察长（御史大夫），直接擢升到全国武装部队最高指挥官（大司马）、车骑将军，跳过宰相一关，所以没有封侯。（西汉王朝在公孙弘之前，侯爵才可当宰相，从公孙弘起，平民当宰相，再封侯爵。）

六月十七日（原文“乙巳”，据《汉书·外戚恩泽侯表》改），封王音当安阳侯。

7 冬季，真定（河北省正定县）发现黄龙。

8 本年（前二〇年），匈奴汗国（王庭设蒙古国哈拉和林市）复株累若鞮单于（十五任）挛鞮雕陶莫皋逝世，老弟挛鞮且糜胥继位，称搜谐若鞮单于（十六任），派他的儿子左祝都韩王（爵位）挛鞮呴留斯侯（呴，音xǔ〔许〕），到西汉王朝当人质。任命老弟（正宫皇后生）挛鞮且莫车（参考前三一年）当左贤王。

纪元前一九年

壬寅

西汉　鸿嘉　二年

1 春季，西汉王朝（首都长安〔陕西省西安市〕）皇帝（十二任成帝）刘骜（本年三十四岁）前往云阳（陕西省淳化县）甘泉宫（陕西省淳化县西北）。

2 三月，中央政府研究官（博士），隆重举行射击比赛大典（古代文武合一，国家元首〔包括“帝”“国王”“天王”“皇帝”〕、封国国君〔诸侯〕、国务官〔大夫〕、知识分子〔士〕，都有射击比赛大典，通称“大射礼”）忽然有群野鸡，飞到庭院之中，顺着台阶，登上高堂，昂然高鸣。稍后，野鸡群又飞到祭祀部（太常）、皇族事务部（宗正）、宰相府、最高监察署、车骑将军府（车骑府），接着又飞到未央宫承明殿屋顶。

车骑将军王音、候见官（待诏）宠（姓不详）等，上书说：

“天地间的精神力量，分门别类，互相呼应。显示给君王看的，虽然很小，但很明确。野鸡听觉敏锐，能够先察觉到雷声，所以《礼记·月令》篇用它分别节气。《书经》记载：子武丁祭祀祖先子天乙时（子武丁，商王朝二十三任帝，绰号高宗。子天乙，商王朝一任帝，绰号成汤），有野鸡飞到大鼎（大锅）耳柄上生蛋，这是一项不祥的变异。可是因为子武丁坚守正道之故，却转祸为福，作为历史见证。而今野鸡群，正当研究官（博士）射击比赛大典之际飞临，在万人注视之下，登阶升堂，一连几天，引起惊骇。谣言传到宰相府、最高监察署、最高指挥部（以上称“三公府”），又传到祭祀部（太常），跟皇族事务部（宗正）负责祭庙的皇族官员耳朵。最后，再传入皇宫。目的在于延长时间，用心提醒有心人士，意义深切。对大家所作的警戒，没有比这个更为严重。”

后来，刘骜命寝殿侍奉官（中常侍）晁闳，向王音询问：“听说捕捉到的野鸡，很多羽毛有折断痕迹，好像被捕获过，莫非有人故意如此？”王音再作详尽回答，说：“陛下怎么说出这种亡国的话？不知道谁敢做这种事，冒犯陛下的圣德！陛下左右的马屁精太多，不需要我插一脚。宰相级以下官员，每人都在保护自己的官位，不敢说出一句正直的话。如果因此而使陛下大彻大悟，恐惧大祸临头，严格的责备臣属，用法律制裁，我势必先行伏诛，岂有办法解救自己？但陛下即位已十有五年，还没有继承帝位的儿子，却每天驾车出游，花天酒地。伤风败俗的行为，传播远近。四方流传的恶评，比京师（首都长安）更为严重。在外，陛下有私游的毛病；在内，陛下有缠身的疾病。皇天屡次显示灾异，目的在使人自己改正错误，而人并不能自己改正。上帝对陛下都没有办法，我们当臣属的，还有什么指望？只有率直陈述，等候处死，性命就在旦夕。陛下要考虑到，一旦灾祸应验，我的娘亲都不知何处安顿，更无法侍奉皇太后（王政君）！而高祖（一任帝刘邦）的天下，陛下将交给谁？陛下应该跟贤能的人，共同磋商，严格的检讨自己，博取皇天怜悯。到那时候，继承人问题才可解决，灾变才会消失。”

3 最初，刘奭（十一任元帝，刘骜的老爹）十分节约，他的坟墓所在地渭陵（陕西省咸阳市东北七公里），不强迫移民，也不建立县邑。而刘骜（十二任帝）预定墓地延陵（陕西省咸阳市北四公里，参考前三一年），经营数年之后，觉得霸陵曲亭（新丰县戏乡〔陕西省西安市临潼区西南〕）南的地势更好，就在那里再开始营建昌陵（陕西省西安市临潼区西南）。工程总监（将作大匠）解万年，教唆陈汤请求建立县城，强迫移民。目的在向上邀功，博取重赏。陈汤更请求率先迁移，希望分配到豪华的住宅。刘骜批准，设立昌陵县。

夏季，刘骜下令各郡各封国，家产五百万以上的富豪（五百万什么？五百万钱？五百万串？五百万斗或担米麦？说不清楚），约五千户，强制移民昌陵（陕西省西安市临潼区西南）。

4 五月六日，三颗陨石从天际坠落杜邮（陕西省咸阳市东北）。

5 六月，封中山（宪）王（首府卢奴〔河北省定州市〕）刘福（中山〔靖〕王刘胜的玄孙）的孙子刘云客，当广德王（首府广德〔安徽省黟县〕）。

6 本年（前一九年），城阳（哀）王（首府莒县〔山东省莒县〕）刘云逝世，没有儿子，封国撤除。

纪元前一八年

癸卯

西汉　鸿嘉　三年

1 夏季，四月，西汉政府（首都长安〔陕西省西安市〕）赦天下。

2 大旱。

3 王姓家族的五位侯爵（王谭、王商〔王家班〕、王立、王根、王逢时），竞争着比赛豪华奢侈，各出奇招。成都侯王商（王家班）有一次患病，为了避暑，向西汉帝（十二任成帝）刘骜（本年三十五岁）借用明光宫（长安城内，桂宫附近。臣属借住皇宫，是一项不可思议的殊荣）。后来，又凿穿长安城墙，挖掘渠道，把丰水（发源于陕西省西安市鄠邑区南秦岭北麓，往北流，注入渭河）引到他家的人工湖里，用以泛舟取乐（城墙是军事上重要的防御工程，竟被凿穿，说明他的权势）。用羽毛制造船篷、绸缎作为围帐，由划船的人高唱南越（南岭以南及越南北部）民歌。

刘骜曾到王商（王家班）家作客，发现城墙洞穿，十分愤怒，但是没有发作。而后来，私自出宫，到曲阳侯王根家，又看见庭院中的人工假山，以及被水环绕的人工小岛（渐台），格局完全模仿未央宫的白虎殿，禁不住火冒三丈，下令车骑将军王音，要他查办。

王商、王根，从没有受过这种挫折，于是威胁说，要脸上刺字（黥刑），割掉鼻子（劓刑），向当皇太后的姐姐（王政君）请求处罚。刘骜对舅父们这种泼皮撒赖行径，怒不可遏，派宫廷秘书（尚书），质问京畿总卫戍司令（司隶校尉）、首都长安特别市长（京兆尹）：明知王商等的作为，奢侈僭越，超越常规，而又窝藏罪犯；为什么纵容他们为非作歹，不执行法律，提出弹劾？京畿总卫戍司令，跟首都长安特别市长，一齐到宫门外下跪叩头。

刘骜下诏给车骑将军王音："皇亲为什么心甘情愿的家破人亡？竟然打算刺面割鼻，在太后（王政君）面前窘辱我？徒伤娘亲爱弟之心，而又扰乱国家。皇亲的家族，太过强横。我在上面，被孤立的日子太久。现在，我要执行刑罚。你吩咐那五位侯爵（王谭，王商〔王家班〕王立、王根、王逢时），教他们留在家里，等候命令。"当天，下令宫廷秘书署（尚书）呈报刘恒（五任文帝）诛杀舅父薄昭的档案（参考前一七〇年）。

王姓家族这才发现事态严重，车骑将军王音，坐在草垫上，等候处罚（古代囚犯斩首时，避免血流满地，都衬草垫）。王商（王家班）、王立、王根，初次感到恐惧，背着刀斧（斩刑用）跟木砧（切肉用的垫板）请罪。

很久之后，才算平息。因为刘骜只不过吓吓他们，并没有真的诛杀之意。

4 秋季，八月十五日，刘启（六任景帝）墓园北门失火。

5 最初，许皇后跟班婕伃，同时被刘骜宠爱。刘骜曾在宫中乘车游逛，请班婕伃上车跟他同坐。班婕伃推辞说："我看古代的图书绘画，圣贤君王，身旁都是有声誉的官员。而三代（夏商周）末代君王，身旁才满是宠爱的美女。今天要我跟你一同乘车，岂不是有点相似？"刘骜认为她的话有道理，不再勉强。

皇太后（王政君）听到报告，高兴说："古代有樊姬（楚王国六任王〔庄王〕芈侣，喜爱打猎。他最宠爱的樊姬不吃狩猎回来禽兽的肉，终于迫使芈侣停止），现代有班婕伃！"班婕伃从不嫉妒，把她的侍女李平，都呈献给刘骜上床，也封婕伃，赏赐姓卫。

6 后来，刘骜私自出宫时，路过阳阿公主（名不详）家，看上舞娘赵飞燕，即召回宫，大为宠爱。赵飞燕有妹妹赵合德，也一并呈献给刘骜。赵合德初入宫时，美艳绝世，浑身上下，没有一点瑕疵。左右侍从人员，都目瞪口呆，禁不住啧啧称赞。刘病已（十任宣帝，刘骜祖父）时代宫廷女官"披香博士"淖方成，正站在刘骜身后，唾口水说："她是一个祸水，定会把火扑灭！"（西汉王朝以"火"作为图腾。）

赵飞燕、赵合德姐妹，同时被封婕伃，压倒宫廷所有美女。霎时之间，许皇后跟班婕伃，都被冷落。赵飞燕野心勃勃，决心夺取皇后宝座。乃用"巫蛊"战术，打小报告指控许皇后、班婕伃用妖术诅咒后宫嫔妃，甚至诟骂刘骜。

冬季，十一月十六日，刘骜下令罢黜许皇后，囚禁昭台宫（在御花园〔上林苑〕中）。许皇后的姐姐许谒等，全都诛杀。许姓家族遣还故乡山阳郡（山东省巨野县东南大谢集镇）。在审问班倢伃时，班倢伃说：“我听说，生死有命，富贵在天（《论语》卜商回答司马牛的话）。修行正道，还不见得蒙受福气；从事邪恶，岂能盼望得到？假使鬼神有知，不会接受犯上作乱的控诉；假如鬼神无知，控诉又有什么用？所以我不做这种事。”刘骜认为她无罪，下令释放，同时赏赐黄金一百斤。然而，赵飞燕、赵合德姐妹的妒忌和恶毒，已使班倢伃心胆都碎，恐怕最后仍逃不出毒手，遂要求到长信宫侍奉皇太后（王政君），刘骜允许。

7 广汉郡（四川省梓潼县）男子郑躬等六十余人，武装攻击地方政府，裹挟狱中囚犯，掠夺军械库武器，自称“山君”。

纪元前一七年 甲辰

西汉　鸿嘉　四年

1 秋季，西汉王朝（首都长安〔陕西省西安市〕）勃海郡（河北省沧州市东南）、清河郡（河北省清河县）、信都郡（河北省衡水市冀州区），黄河决口，淹没三十一县，毁坏官衙民房四万余所。平陵（陕西省咸阳市西北双照街道）人李寻上书说："参与讨论治河的官员，一直关心一个问题，那就是，古代'九河'的故道，究竟在什么地方？如果找到，就可挖

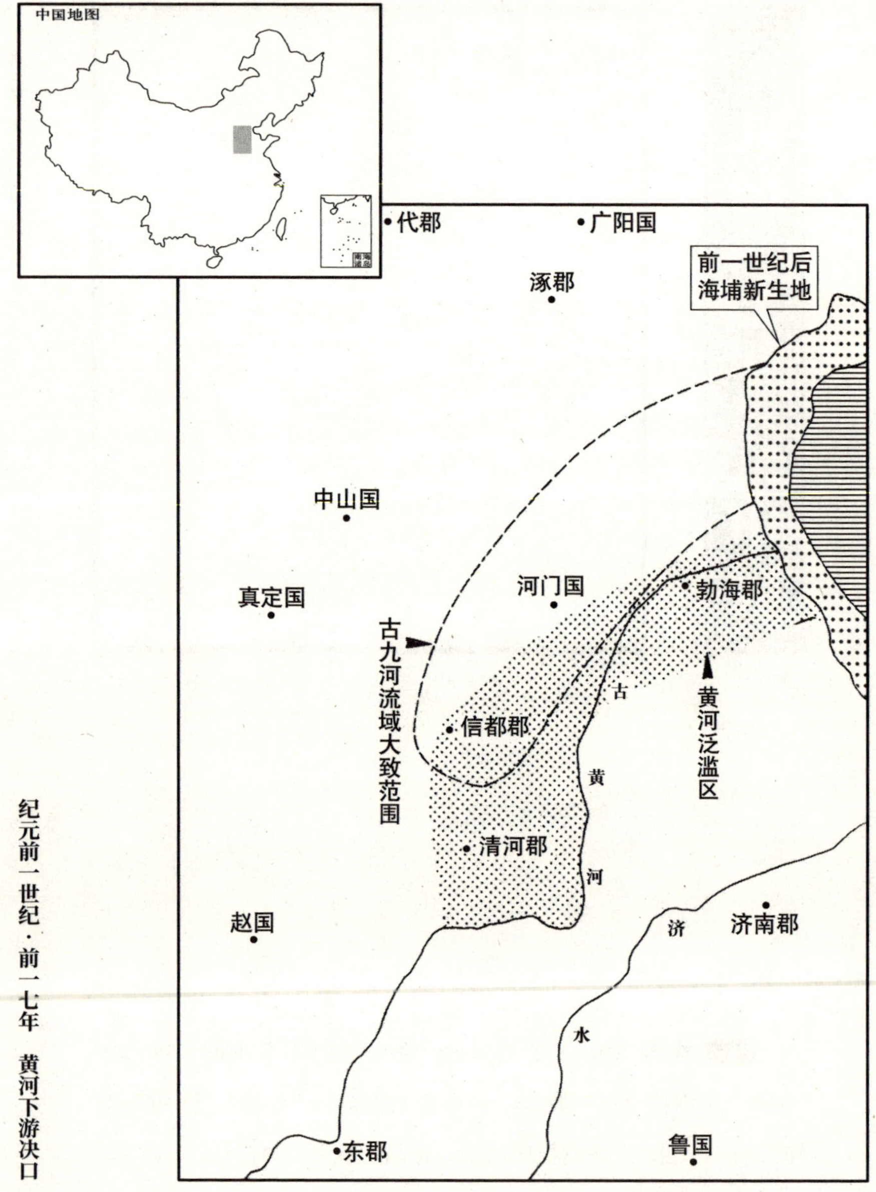

纪元前一世纪·前一七年　黄河下游决口

掘利用。现在，正好乘着黄河决口，不要把它堵塞。水往低处流，观察河水的流势，河水所到之处，会自成河川，然后挑出泥沙，就可发现古代河床。顺应天心，加以整理，一定成功。人力、财力，都可以节省。”（夏王朝一任帝姒文命治理洪水，开辟九条河流，早已堙没，无法追寻。《尔雅》只留下九条河名：一、徒骇河。二、太史河。三、马颊河。四、覆鬴河。五、胡苏河。六、简河。七、絜河。八、钩盘河。九、鬲津河。据推测，九河可能都在今河北省东部、天津市以南到山东省北部地区。）西汉帝（十二任成帝）刘骜（本年三十六岁）采纳这项建议，停止筑堤工程。政府官员屡次报告洪水四流，人民悲苦可哀，刘骜不理，只派人前往料理灾民的安顿救济。

2 广汉郡（四川省梓潼县）变民领袖郑躬（参考去年〔前一八〕），集结群众，日益增多，攻击四个县城，扩大到约一万人，仅靠州县力量，已无法镇压。

冬季，西汉政府任命河东郡（山西省夏县）民兵司令（都尉）赵护，当广汉郡长（太守），征调本郡的，以及相邻蜀郡（四川省成都市）的武装部队共三万人，大举讨伐。对变民间互相逮捕斩杀的，赦免胜利者的一方；一个多月，完全平复（直到现在，我们不知道郑躬为什么起兵）。刘骜擢升赵护当首都长安警备区司令（执金吾），赏赐黄金一百斤。

3 本年（前一七），平阿侯（安侯）王谭逝世。刘骜对王谭始终没有担任宰相，感到歉意。于是命成都侯王商（王家班），位居“特进”（朝会时位置在三公之下，侯爵之上），代理长安城防指挥官（领城门兵），跟车骑将军一样，得以设立司令部，任用参谋官员。

魏郡（河北省临漳县邺城镇）人杜邺，当时担任宫廷禁卫官（郎），跟车骑将军王音，一向友善。看到王音过去跟王谭之间，并不和睦，向王音建议说："至亲骨肉，如果不互相帮助，任凭谁都不能没有怨恨。从前秦国国君（十三任景公）嬴后，拥有一千辆战车，却容不下同一个娘生的弟弟，连《春秋》都加以讥刺（嬴后的弟弟嬴铖，很受老爹〔十二任桓公嬴荣〕的宠爱。老爹死后，嬴后即位，嬴铖害怕，逃亡到晋国。参考《春秋》前五四一年）。而姬旦（周公）、姬奭（召公），却不是这样，他们互相亲爱、同心保国、大义相助，把对方当作自己一样，亲密而尊重。不会为了自己品德功劳都高，专享政府的信任。不会为了长期受政府信任，专享荣华富贵。因此，把国家从陕城（河南省三门峡市）划开，分别主持，共同治理（陕城以东，姬旦〔周公〕负责，称"左辅""前疑"。陕城以西，姬奭〔召公〕负责，称"右弼""后丞"）。所以对内没有抱怨，对外没有羞辱。同时获得上天保佑，也同时获得高尚的声誉，原因在此。我发现，王商（王家班）位居'特进'，却代理长安城防指挥官，更设立司令部，任用参谋官员，一切跟五府一样（五府：宰相府、最高监察署、车骑将军府、左将军府、右将军府），很明显的看出，皇上决心赋给这位舅父重任。我建议你，应该顺着皇上的意思，比平常更加倍的亲近王商（王家班），无论遇到什么，都跟他商量，只要出自诚心，则自然一片祥和。"

王音钦佩他的见解，遂跟王商（王家班）亲密，二人都敬重杜邺。

一个人的权势或财富，到了某一种程度，就很难避免不被摇尾系统挑拨得像一只斗鸡。连父子之情，都可能破坏。亲戚宾朋，更不得不化友为敌。因为主子必须内斗，摇尾分子才能展示忠心，从中取点小利。杜邺之劝解和睦，才是真正的诤友。

纪元前一六年 乙巳

西汉 永始 元年

1 春季，正月二十二日，西汉王朝（首都长安〔陕西省西安市〕）皇宫御厨房（太官）冰库（凌室）火灾。

正月二十七日，戾后（刘据妻史良娣）墓园（博望苑，今陕西省西安市玉祥门西一公里）南门火灾。

2 西汉帝（十二任成帝）刘骜（本年三十七岁）决心封赵飞燕当皇后，可是皇太后王政君嫌她出身微贱，不肯答应。王政君姐姐的儿子淳于长，当宫廷随从（侍中），常来往太后宫与皇宫之间，从中调停，经过一年余的努力，才得到王政君批准。

夏季，四月十五日，刘骜先封赵飞燕的老爹赵临当成阳侯（老爹既是侯爵，赵飞燕的出身，就不再微贱）。议论官（谏大夫）河间国（首府乐成〔河北省献县〕）人刘辅（河间〔献〕王〔六任景帝刘启子〕刘德的后裔），上书抗争，说：

“从前姬发（周王朝一任王武王）、姬旦（周公），顺天应时，上天赐给他们白鱼、乌鸦的祥瑞（《今文尚书·泰誓》记载：一条白鱼跳到姬发坐的御舟上。而姬发所住的房舍失火，火焰忽然变成一只乌鸦）。然而，君臣们仍心怀恐惧，互相劝勉。何况现在，陛下仍没有继承帝位的儿子，而又屡次受到上天愤怒的警告。即令日夜自己责备自己，改正错误，从头做起，敬畏天命，思念祖宗的大业，精选品德高尚、性情娴静的美女，侍奉皇家的祭庙，顺应神明的心意，满足天下人的盼望。而生子生孙的福份，仍恐怕要拖延得很晚。而今，反而放纵情欲，迷恋倾心于卑贱的女子，打算使她成为皇后，使天下人拿她作为做母亲的模范。对上天毫不觉得恐惧，对人民更不觉得羞愧。迷惑到这种地步，已无以复加。俗话说：‘朽烂了的木头，不可以当梁柱。卑贱的婢女，不可以当主人。’上天和人民同时拒绝的人，只有祸而没有福，连街巷小民都知道这个道理。政府官员们没有一个人说话，我非常痛心，不敢不冒一死。”

刘骜暴跳如雷，派执法监察官（侍御史）逮捕刘辅，羁押宫廷事务署秘密监狱（掖庭秘狱）。政府官员对这项突发事件，大为震惊，不知道什么事使一向温和的皇帝，忽然大怒。于是，左将军辛庆忌、右将军廉褒、宫廷禁卫官司令（光禄勋）琅邪郡（山东省诸城市）人师丹、中级国务官（太中大夫）谷永，联合上书说：

“刘辅原是襄贲（山东省兰陵县东南长城镇）县长（令），上书求见，陛下擢升他当议论官（谏大夫），证明他的言论见解，一定有中肯恰当地方，深合圣心，才受到如此提拔。不过月余之间，却忽然囚禁宫廷秘密监狱。我们愚昧，认为刘辅有幸的是皇族的一分子，排在议论官（谏大夫）行列，刚从乡下，初到京师（首都长安），不知道中央规矩，以致触犯忌讳，并不是大的过错。如果是一项小罪，请陛下隐忍；如果是一项大恶，也应公开他的罪状，交付司法部门查办，使大家都能了解。而今上天不悦，天象变异，屡次降临，水灾旱灾，不断发生。正是陛下宽大为怀，广开诤谏之门，褒扬正直之士的时候。却用这种严厉的手段，迅雷般的加到诤谏官员的头上，文武百官都感到震动，失去忠心正直的勇气。

"假如刘辅的罪名跟他的直言规劝无关，那么，他的罪名就不明显，天下人就不知道内部实情。刘辅是皇族的一员，以言论正直，闻名于世。无论是培养皇族，或培养忠良，都不适合把他囚禁在宫廷秘密监狱。高阶层官员以下，看到陛下急急于擢升刘辅，而又凶暴的加以摧残，每人都心怀恐惧，锐气顿失，不敢恪守职责，再进忠言。这样就不可能显示伊祁放勋（唐尧）倾听的盛德（颜师古注：因为姚重华〔舜〕有敢于进谏的鼓，所以说伊祁放勋有倾听的盛德），也不可能推广美好的风范。我们内心痛切，请陛下留意考察。"

刘骜下令把刘辅转押到宫廷供应部（少府）所属的诏狱（共工狱），免除死罪，判处苦工三年（鬼薪）。

3 最初，皇太后王政君兄弟八人（大弟王凤、二弟王曼、三弟王谭、四弟王崇、五弟王商、六弟王立、七弟王根、八弟王逢时。王政君跟王凤、王崇，是一个娘亲所生），只二弟王曼很早就去世，没有能够封侯，王政君心里怜惜。王曼的寡妻渠（姓不详）就搬到皇宫，跟姐姐同住。儿子王莽，因自幼没有父亲，身世孤单，富贵荣华，不能跟他的那些堂兄弟相比。那些堂兄弟，父亲都是将军，或是侯爵，互相炫耀声色犬马，谁越奢侈，谁的地位就越高。王莽却恰恰相反，态度谦恭，节俭朴实，好读书求学，穿的衣服不像王孙公子，却像一个普通儒家学派的知识分子。侍奉娘亲跟寡居的嫂嫂、抚养亡兄的儿子，都十分尽心（王莽的老哥王永，也很早逝世，有一个儿子王光）。王莽对外结交有干才的人士，对内侍奉伯父叔父，委曲迁就，彬彬有礼。全国最高统帅（大将军）王凤（王莽的大伯父）患病时，王莽在病床前侍候，亲自尝药，日夜辛苦，以致蓬头垢面，连梳洗的时间都没有，好几个月之久都不换衣服。王凤深为感动，临死时，特别请求王政君、刘骜，照顾王莽。刘骜遂任命王莽当禁宫顾问官（黄门郎），后来擢升到射击兵团指挥官（射声校尉，北军的八指挥官之一）。

过了一段时日，叔父成都侯王商，上疏刘骜，愿把自己的采邑，分一部分给王莽，请求封王莽侯爵。而长乐宫供应官（长乐少府）戴崇、宫廷随从（侍中）金涉、皇家警卫官（中郎）陈汤等，都是当世的知名之士，也一致为王莽请求。一连串的称誉，刘骜遂深以为王莽是一个贤能人才。而娘亲王政君又一再吩咐，于是采取行动。

五月六日，刘骜下诏封王莽当新都侯，出任骑兵总监（骑都尉）、特级国务官（光禄大夫）、宫廷随从。王莽官爵越尊贵，态度越恭敬谦虚。在宫廷值班时，越小心谨慎。把他的车马轿舆跟衣裳皮裘，都周济手下贫穷的宾客。家中没有积蓄，而只赡养名士，结交将领、宰相、部长、国务官等文武臣僚。所以掌权官员对他无不称赞，交互推荐。帮闲分子更把他的美德，向四方传播。已经隆盛的声誉，更加隆盛，凌驾过他的那些叔父。王莽尤其敢于做出出人意表的怪事，而毫无愧色。曾经秘密买了一个婢女，兄弟们渐渐的都知道了，王莽为了维护形象，遂宣称：“后将军朱博，没有儿子，我听说这女孩有一个生很多儿子的身形。”当天就把婢女送给朱博。他藏匿真情而博取名声，都类乎此（王莽在本年出现，二十三年后，西汉王朝覆亡在他之手）。

4 六月七日，刘骜封赵飞燕当皇后，大赦天下。

赵飞燕当了皇后之后，宠爱开始衰退。可是她妹妹赵合德，却受到空前的宠爱，封昭仪（刘骜在原小老婆群中，增设“昭仪”一级，位于“倢伃”之上），住昭阳宫，中庭全用朱红，寝殿漆成黑色，铜做的门限，用金片包裹。台阶由白玉砌成，踢脚板（壁带）边缘，大都用黄金镶嵌，用蓝田（陕西省蓝田县）产的璧玉、明珠、翡翠，作为装饰。自从有皇宫以来，从来没有见过这么豪华。

皇后赵飞燕另外住在别宫，跟宫廷警卫官（侍郎），以及很会生男孩的奴仆，不断上床，希望怀孕。妹妹赵合德对刘骜说：“我姐姐性情刚强暴烈，一定得罪不少人，如果有人诬陷她，我们赵家将全被诛杀，从此绝种！”说着说着，泣不成声，悲恻凄婉，楚楚动人，刘骜深信不疑。以后有人密告赵飞燕淫乱，刘骜就把告密者诛杀。于是，赵飞燕公开宣淫，再没有人敢说一句话。然而，她仍不能怀孕。

5 特级国务官（光禄大夫）刘更生（刘向），认为国家的教育风化应由君王先从内部开始实施，然后再推广天下。于是，摘录《诗经》《书经》上所记载的贤惠后妃、贞节烈妇，跟促使国家兴隆的女性，以及因宠爱小老婆，而使政府破亡的故事，依照次序，写成《列女传》，共有八篇。又摘录各书，再著《新序》《说苑》，共五十篇（《新序》三十篇、《说苑》二十篇。刘更生于刘骜即位时，改名刘向，所著三书都署新名），送请刘骜阅览。又屡次上书议论政治上的过失，陈述可以取法、可以为戒的史迹。前后上书数十次，希望刘骜批览，补救缺点。刘骜虽然不能全部采用，但心里却知道他说的都是至理，常常嗟叹。

6 刘骜预定陵墓昌陵（陕西省西安市临潼区西南）的工程，浩大奢侈，历时很久而终不能完成。刘更生（刘向）上书说：

“我曾经听说：君王必须精通三统（天时、地势、人事），深刻了解：天命的照顾面非常广大，不会永远为一个姓氏服务。从太古直到今天，没有不覆亡的王朝，没有不毁灭的政权。孝文帝（五任帝刘恒）尝称赞玉石棺椁的坚硬，张释之说：‘假使其中有人想要的东西，就是铜墙铁壁的南山（秦岭），也会被凿出缝隙。’（参考前一七七年。）人的死亡不会停止，而王朝政权，却有兴有废。张释之的话，眼光长远。孝文帝（刘恒）憬然觉悟，遂实行薄葬。埋葬时使用棺椁，是黄帝姬轩辕的发明。然而，从姬轩辕开始，直到伊祁放勋（尧）、姚重华（舜）、姒文命（禹）、子天乙（汤）、姬昌（文）、姬发（武）、姬旦（周公），坟墓的规模，都非常的小，陪葬的东西，也非常的少。贤明的部下，和孝顺的儿子，全都秉承旨意，实行薄葬，这是使君王和老爹平安的大忠大孝行为。孔丘把娘亲埋葬在防邑（山东省曲阜市东），墓高只有四尺。吴季札埋葬他的儿子，墓的高度，仅看不见对方的双肘。孔丘是孝子，吴季札是慈父，姚重华、姒文命是忠臣，姬旦是友爱的兄弟。他们埋葬骨肉至亲，都很简单，并不是故意节省，而是为了合情合理。

“嬴政（秦王朝一任帝）埋葬在骊山（陕西省西安市临潼区东南）之旁，地下填塞泉水，地上建立高冈，用水银做成江河，用黄金雕成野鸭飞雁。珍宝的收藏，机械的神奇，棺椁的华丽，宫殿的雄伟，后人再难超过。天下不堪差役的苦虐，群起叛变。结果，坟墓还没有完成，周章的百万大军，已经抵达（参考前二〇八年），项羽焚烧他的宫殿跟建筑物（参考前二〇六年）。牧羊顽童，三更半夜，燃起火把，寻找失落的羊只，一不小心，把隐藏的棺木烧成灰烬。从古到今，陪葬的丰厚，还没有人超过嬴政。而只数年之间，外受项羽之灾，内受牧童之祸，岂不可哀！由此看出，恩德越厚的，坟墓越简陋；智慧越高的，坟墓越低。没有恩德又没有智慧的，坟墓越豪华，堆土越高。却没有想到，坟墓中的宫殿越是奢侈，被挖掘的时间越会加速来临。从这些现象观察，犹如光明和黑暗一样，十分清楚，怎么埋葬才吉祥，怎么埋葬才凶险，昭然若揭！

"陛下即位以来，亲自倡导节约，开始兴筑延陵（陕西省咸阳市北四公里）时，规模很小，天下人无不歌颂贤明（参考前三一年）。后来改建昌陵，把洼地垫高，堆土成山。挖掘人民祖先的坟墓，总数达一万余座。而又设立县城（昌陵县。参考前二〇年），兴建房舍，限期急迫，消耗百余亿之巨。工程中死亡的人，在地下衔恨；活着的人，则在地面上愁苦，使人无限痛惜。如果认为死后有知，那么，铲除别人坟墓，灾害恐怕无法估计；如果认为死后无知，又何必把坟墓修得如此之大？厚葬的事，告诉贤能的人，贤能的人不会喜悦，告诉小民，将带给小民无穷怨恨。假定只是为了使愚昧奢侈的人高兴，却又何必？请陛下上观圣明的制度，作为效法；下看秦王朝灭亡的榜样，作为鉴戒。预定墓地的规模，最好听从高级官员的建议，安抚人心。"

刘骜深为感动。

最初，工程总监（将作大匠）解万年自以为昌陵三年可以筑成，而竟不能完工；政府官员纷纷指摘。刘骜交付主管单位查办，呈复说："昌陵因地势低下，填土已填了这么久，墓中便殿座位，仅在地平线上。从别处运来的泥土，松软且不坚固，不能保护地下幽灵的平安。参与工程的士兵，跟判处徒刑的囚犯，有数万人，白昼不停劳动，入夜，还燃起火把赶工，从东山（东方诸山）那里运输泥土，土价跟粮价相等。工程连年，天下都受到伤害。而原来选定的延陵（陕西省咸阳市东北四公里），地势先天高昂，而且用的是原地泥土，又靠近祖先坟墓（跟老爹刘奭墓〔渭陵，陕西省咸阳市东北四公里〕、五世祖刘彻墓〔茂陵，陕西省兴平市东北〕很近），先前已有十年工程的基础，最好仍恢复延陵，不再强迫移民，才是上策。"

秋季，七月，刘骜下诏："我不能严格的择善固执，没有跟各位官员商量，轻易听信了工程总监（将作大匠）解万年的话，他说：'昌陵三年可以落成。'现在，工程进行了五年之后，墓中寝殿，以及地上的寝殿跟司马门，都还没有开工。而全国已经虚耗，人民已经精疲力竭。远处运来的泥土，松懈疲软，终不可能成功。我想到工程的困难，惊骇而复伤心。古人云：'有过失而不改正，才是真正的过失。'（《论语》孔丘的话。）自今日起，撤销昌陵，仍建延陵，不强迫移民，使天下人心安定。"

柏杨曰

这是《资治通鉴》又一次透露帝王坟墓带给人民的灾害。刘骜的坟墓，在帝王坟墓群中，微不足道。奏章上已经显示，挖掘小民的坟墓，已达一万之数。中国人是一个崇拜祖先的民族，祖先的坟墓被挖掘，是一项可怕的侮辱。田单据守即墨，就利用燕军挖掘齐人坟墓，激起齐人强烈的复仇怒火（参考前二七九年）。可是，一旦挖墓强盗是帝王，人民只好接受。

每一个帝王的坟墓，都是封建暴政的见证。里面埋的不是君王的枯骨，而是人民的眼泪和愤怒。

7 最初，酂侯萧何子孙继承爵位的，或因为没有嫡长子，或因为犯法有罪，封国因此被撤销，有五次之多。吕雉（高皇后）、刘恒（五任文帝）、刘启（六任景帝）、刘彻（七任武帝）、刘病已（十任宣帝），思念萧何的功劳，都使萧何的庶子庶孙（小老婆所生），继承爵位。

本年（前一六），萧何七世孙、酂侯萧获，被控主使他的家奴杀人，免除死刑，减判三年苦役徒刑。在此之前，刘骜曾下诏，要有关单位寻访功臣的后裔。有关单位拖延很久，没有办理。杜业（可能就是宫廷禁卫官〔郎〕杜邺）向刘骜建议：

“伊祁放勋（唐）、姚重华（虞），以及三代（夏商周），都分封他们的亲属和功臣，完成太平盛世的美好景观。所以燕国（姬奭）、齐国（姜子牙）的祭祀香火，跟周王朝国王的祭祀香火，同时留传。或儿子继承，或兄弟继承，永远不变。当时岂没有犯法之辈，受到刑罚？但君王思念他们祖先的功勋，仍庇护他们的后裔。

“回顾西汉王朝功臣，也都剖开符信，世袭爵位，接受‘山河誓言’。（一任帝刘邦封爵的誓言说：“即令黄河湮没得像衣带一样的窄狭，即令泰山颓毁得成了一块小小的石块，你的封国永远存在，传给你的后代。”）然而，转眼一百余年，能够继承的爵位，几乎全都撤销。朽骨孤独的躺在坟墓之中，穷苦的苗裔流落在道路之上。活的时候充当低阶层差役，死后无力埋葬，尸首流转沟壑。用古代的事来比，使人兴悲。

“幸蒙圣明的政府怜悯，下诏寻访功臣后代，四方欢欣，无不归心。可是拖延了好几年，没有进一步的消息。深怕承办人员不明大义，只用虚言应付。那么，陛下深厚的恩德，就会消失。明言寻访，却又不见续封，并不是传布教化、劝勉后人的办法。即令不能全部封爵，也应选择功劳最大的，先行发布。”

刘骜采纳这项建议。

七月十五日，封萧何六世孙、南䜌（河北省巨鹿县北。䜌，音luán〔鸾〕）县长萧喜，继位酂侯。

8 封城阳（哀）王（首府莒县〔山东省莒县〕）刘云（参考前一九年）的老弟刘俚，继承王爵。

9 八月十九日，十任帝（宣帝）刘病已的正妻、太皇太后（邛城太后）王女士（刘骜的祖母）逝世。

10 九月，东莱郡（山东省莱州市）发现黑龙。

11 九月三十日，日蚀。

12 本年（前一六年），刘骜任命南阳郡（河南省南阳市）郡长（太守）陈咸，当宫廷供应部长（少府）。宫廷随从（侍中）淳于长，当水利总监（水衡都尉）。

纪元前一五年 丙午

西汉　永始　二年

1 春季，正月三日，西汉王朝（首都长安〔陕西省西安市〕）车骑将军、安阳侯（敬侯）王音逝世。王姓家族中，只有王音谨慎敬业，屡次献言规劝，忠心正直。

2 二月二十七日，夜晚，流星、陨石从天际坠落如雨，发出四射光芒，未到地面，即行消失。

3 二月二十八日，日蚀。

4 三月十二日，西汉帝（十二任成帝）刘骜（本年三十八岁）任命成都侯王商（王家班），当全国武装部队最高指挥官（大司马）兼首都卫戍司令（卫将军）；红阳侯王立，位置“特进”，代理长安城防指挥官（领城门兵）。

5 擢升首都长安特别市长（京兆尹）翟方进，当最高监察长（御史大夫）。

6 凉州（甘肃省）督导官（刺史）谷永，到首都长安办理公事已毕，正要返回凉州。刘骜派宫廷秘书（尚书）找到他，问他有没有什么建议？谷永于是上书，说：

“我曾经听说：当天下的君王，最大的忧患，在于危机来临时，而拯救危机的意见，却无法上达。如果拯救危机的意见能够上达，则商王朝不会灭亡，周王朝不会兴起，历法也不会做三次改变（夏王朝以正月一日作为元旦。商王朝改以十二月一日作为元旦。周王朝再改，以十一月一日作为元旦。秦王朝则以十月一日作为元旦。西汉王朝才改回以正月一日作为元旦）。夏商两个王朝，将要覆亡之时，连走在路上的人都知道。可是在上位的君王，却悠哉游哉，自以为他就是太阳，永不下坠。因之，罪恶越来越大，他本人却毫无感觉，直到政权倾覆，仍不醒悟。《易经》说：‘危机呈现，有使它安全的方法。亡征显示，有使它保全的方法。’（原文：“危者有其安者也，亡者保其存者也。”颜师古意译：“安必思危，存不忘亡，才能保持安全存在。”）陛下如果能够放宽尺度，垂听臣属的建议，免除对诛杀的恐惧，使我们这些像芦草一样卑贱的小臣，把我们的意见，毫无顾忌的向你陈述，是我们最大的愿望，也是国家长久的福气。

“去年（前一六）九月，出现黑龙，而在该月最后一天，发生日蚀。本年（前一五）二月二十七日，夜，流星、陨石下坠。二十八日，又发生日蚀。六个月之间重大的天象变异，共有四次，而四次却分布在两个月份（九月及二月）之中。自从三代（夏商周）直到春秋时代，天下大乱，从没有这种现象。据我了解，三代（夏商周）所以覆亡，皇家的祭坛祖庙，所以全被铲除，都由于君王沉溺在美女怀里，跟一群狐群狗党，拼命酗酒（酗，音xù〔绪〕）。所以，秦帝国政权，只维持二代，共十六年（此以秦王朝统一中国之后算起）。因为他们对活着的当权人物，奉养得太奢侈，对死了的当权人物，埋葬得太丰富。而这两种致命的亡国措施，陛下同时都有。我愿陈述它的后果：

“七〇年代时，许姓家族跟班姓家族（许皇后跟班倢伃家族）的尊贵，震撼一时，像烟火一样，熏染四方，对美女的宠爱，已到极峰，不能再高。想不到今天的事情，比那时更甚十倍（指赵飞燕姐妹跟李平）。先帝（泛指历代祖先）所定的制度，都受到破坏。又听信谗言，随意任官封爵。犯罪应处死刑的，竟然释放。使他们的亲属骄傲，又赐给他们权柄，横行霸道，以致政治陷于混乱。负责治安的官员，不敢执行法令。又透过宫廷事务署秘密监狱（掖庭狱），滥肆逮捕，苦刑拷掠，皮鞭木棍的捶击，痛苦犹如炮烙（炮烙，商王朝最后一任帝子受辛使用的酷刑。关于炮烙的解释，有好几种，其中之一是，把人绑在铜柱上，用炭火把铜柱烤红），灭绝人性，夺取生命。为了替赵飞燕、李平二家报恩报怨，罪证确凿的反而赦免，为官公正的却被弹劾。监狱中大多数都是无罪之人，却在苦刑之下，承认罪名。赵李两家甚至代人家放债，而自己分享利息，接受谢礼。活着入狱，死后出牢，例证不可胜数。因为这个缘故，灾异之后，再有日蚀，用来暴露赵李两姓家族的罪状。

“君王必须自己动手先断绝自己的生路，然后上天才会把他摧毁。陛下不顾你当一个庞大帝国之首的尊贵地位，却喜欢去做家人女子们卑贱的事（指私自买田，夺取奴婢的财产）。厌弃至高至美的皇帝名号，却另起一个名字，跟出身微贱的人，互相呼叫（刘骜私自出宫游逛时，冒充富平侯张放的家人，自己定一个名字，以便随从们称呼。可惜史书没有记下他另起的名字是什么）。集结一些轻佻、好斗的坏痞无赖，当作玩伴。经常离开坚固的深宫，不论昼夜，跟那些恶棍厮混在一起。像乌鸦野鸡一样，时聚时散，跑到官吏小民的家里，大吃大喝。穿着平民的衣服，乱糟糟挤在一起。笑骂、打闹、戏弄，缠成一团，乐此不疲。日夜都忙着追逐奔波，使负责门户，跟负责侍奉皇上的官兵，手执武器，保护一座空宫。包括宰相在内的所有官员，都不知道皇上在什么地方。这种情形，已有数年之久。

“君王的根基是人民，人民的根基是财产。财产枯竭，则人民叛离。人民叛离，则政权倾覆。圣明的君王，都注意培养根基，不可以做无穷压榨。对待人民，犹如对待祭祀大典，必须谨慎恐惧。陛下不然，偏喜爱夺取人民财产，浪费人民体力。听信奸邪的甜言蜜语，放弃高大开朗的延陵（陕西省咸阳市北四公里），去修建地形卑下的昌陵（陕西省西安市临潼区西南）。动员的人工超过乾谿百倍（前五二九年，楚王国十任王〔灵王〕芈围，在乾谿〔安徽省亳州市城父镇南〕兴筑宫殿，流连不返。国人叛变，芈围逃亡，无处投奔，上吊自缢而死），浪费的财力则跟骊山（陕西省西安市临潼区东南）相等（嬴政的坟墓在骊山之下，迄秦王朝灭亡，仍未完工）。使全国陷于穷困，苦筑五年，仍不能落成，只好再回到延陵。人民忧愁怨恨之气，上冲霄汉。饥馑频仍，四处逃亡，只不过为了乞讨一碗残菜剩饭。饿死在道路上的，达百万余人（百万余中国人，竟在太平盛世饿死，一恸）。政府仓库，没有一年的积蓄，人民家中，没有十天后的食粮，上下全都匮乏，谁都无法救谁。《诗经》说：'商王朝的鉴戒／不用求诸太远／只看夏王朝如何灭亡／已经足够。'我盼望陛下追溯以往的夏王朝、商王朝、周王朝，以及秦王朝的过失错误，然后照照镜子，如果不跟他们一模一样，我就是一派胡言，故意诬蔑，愿意接受诛杀。

"西汉王朝建立迄今，已传九世（一世刘邦，二世刘盈、刘恒，三世刘恭、刘弘、刘启，四世刘彻，五世刘弗陵，六世刘贺，七世刘病已，八世刘奭，九世刘骜），一百九十余年，而直接继承老爹宝座的，仅有七位皇帝（二任惠帝刘盈，三任前少帝刘恭，六任景帝刘启，七任武帝刘彻，八任昭帝刘弗陵，十一任元帝刘奭，十二任成帝刘骜），都是承天顺命，遵守祖先制度，或以中兴闻名，或以太平闻名。偏偏到了陛下之手，违天背理，纵欲贪欢，不顾自己的身份，行为放荡，正当盛壮之年，却连个儿子都没有，反而有日渐加深的覆亡危机。因为陛下不能尽到君王的职责，所以才失去上天的欢心。身为人家的子孙，承受人家交付的这么重大的勋业，而竟堕落到如此地步，岂不辜负恩德？现在，国家和祭庙的祸福安危，只陛下一人掌握契机。陛下如果能真正的醒悟，一反过去的作为，彻底改过，重新建立美好形象，则巨大的天象灾异，可能消除；已决定抛弃西汉王朝的天意，可能收回。国家和祖先的祭庙，可能保持。请陛下留意，立即回头，考虑我的建议。"

刘骜性情宽厚，喜爱文学，更喜爱欢宴淫乐。而这正是娘亲王政君，及舅父们（王家班）日夜忧虑不安的原因。娘亲跟舅父，都是至亲，难以啰唆个没完。所以共同推请谷永等，趁着天象变异的机会，向刘骜规劝，希望发生一点影响。谷永知道他有强大的支持，所以畅所欲言，毫无顾忌，每次规劝，刘骜对他都很礼敬。可是，这一份奏章呈递上去之后，坦白直率而又击中要害，刘骜勃然大怒。首都卫戍司令（卫将军）王商（王家班）得到消息，秘密通知谷永，谷永立即逃跑。刘骜命执法监察官（侍御史）逮捕谷永，吩咐说："如果他已回凉州（甘肃省），出了交道厩，就饶了他。"（交道厩，在首都陕西省咸阳市西北，距延陵不到一公里。）执法监察官追到交道厩，谷永早已远去，空手而回。而刘骜的怒气也归平息，颇懊悔这场追捕。

7 有一次，刘骜跟富平侯张放，以及赵姓跟李姓（婕伃李平家族）家族中当宫廷随从（侍中）的一些年轻人，在宫中欢宴，都用大杯往嘴巴里灌，谈笑风生。刘骜座位附近有个大屏风，上面画的是子受辛醉后，趴到妲己身上，长夜欢乐。宫廷随从（侍中）、特级国务官（光禄大夫）班伯，患病刚刚痊愈，刘骜指着那幅画，问班伯说："子受辛昏暴无道，真的是这个样子？"班伯回答说："《书经》只不过说他：'听信女人的话'，哪里会撒野到在金銮宝殿上公然乱搞！正是所谓的：天下的罪恶都归给他。事实上，子受辛的罪恶，没有这么严重。"刘骜说："如果不是这样的话，这幅画是什么意思？"班伯说："子受辛沉溺在酒里，所以子启逃亡（子启是子受辛的老哥，封子爵〔微子〕）。'喝醉了大呼大闹'（《诗经·荡》），所以诗人泣涕不止。《书经》《诗经》探讨淫乱的原因，都指出是酒。"刘骜长叹说："很久没有见到班先生，今天有幸，再听善言。"在旁伴坐的张放等一些人，很不高兴，陆续的起身去洗手间，趁势溜走。

这时，长信宫（皇太后王政君住处）的一位"庭林表"（女官位号）正好来未央宫，在旁边亲自看到（回去后当然向王政君报告）。后来，刘骜到东宫（长信宫）朝见娘亲，王政君流泪说："看你近来的脸色，又瘦又黑，使我担心。班伯本是最高统帅（大将军王凤）保荐的人，应该特别尊敬他，希望别人能够效法。张放不必留在京师，最好教他回他的封国。"刘骜答应说："是的。"

各位舅父抓住这个机会，教宰相（丞相）薛宣、最高监察长（御史大夫）翟方进，寻找张放的罪状。于是二人联合提出弹劾："张放骄傲放纵，奢侈荒唐，破坏国家法纪。曾经藏匿逃犯，闭门拒捕（监察官修〔姓不详〕奉命到张放家搜捕盗贼，张放的家奴紧闭大门，用箭射击），伤害无辜（张放知道李游君准备把女儿献给皇帝，他要夺取，李游君拒绝。张放派他的家奴康〔姓不详〕，闯入李家，杀伤三人。又由于私怨，派奴仆总管骏〔姓不详〕率领四十余人，全副武装，于办公时间，闯入音乐署〔乐府〕，捆绑官员们的子弟，破坏家具）。而他的侍从，以及他的亲属，都借他的权势，四处横行。请遣送张放回他的封国。"（张放封富平侯，封国在今宁夏吴忠市西南金积镇。）刘骜不得已，任命张放当北地郡（甘肃省庆城县西北马岭镇）民兵司令（都尉）。

以后几年之中，仍有天象变异，所以张放一直不能再回京师，但刘骜用皇帝诏书，不断慰问。后来，张放娘亲敬武公主患病，刘骜命他回来侍奉。几个月后，敬武公主痊愈，再任命张放当河东郡（山西省夏县）民兵司令（都尉）。刘骜虽然喜爱张放，但上迫于娘亲，下恪于大臣，每次都流泪相送。

8 邛城太后王女士（刘骜的祖母，十任帝刘病已正妻，老爹王奉光封邛城侯，史书遂称她邛城太后，用以跟十一任帝刘奭正妻王政君〔刘骜的娘亲〕区分）逝世时，丧事仓猝，负责官员塞责，草草了事。刘骜得到报告后，责备宰相（丞相）、最高监察长（御史大夫）。

冬季，十月八日（原文误为十一月己丑），刘骜下诏免除薛宣宰相职务，贬作平民。贬最高监察长（御史大夫）翟方进当首都长安警备区司令（执金吾）。宰相空位二十余日，很多高级官员推荐翟方进，刘骜也很器重他的才能。

十一月二日，任命翟方进当宰相（丞相），封高陵侯。再任命从基层做起（诸吏）、现任护从顾问官（散骑）、宫廷禁卫官司令（光禄勋）孔光，当最高监察长（御史大夫）。

翟方进深明儒家学派经典，从小官做起，步步上升。处理事务，引用法令，都十分严苛，喜爱卖弄权势，建立自己的威信。对于他所猜忌厌恶的人，就用伤害力最重的条文，使对方深深陷入，无法自拔。受到苦处的人很多，有人指控他公报私仇，诬害欺骗，处事不公。刘骜却认为翟方进的决定，都有根据，并无错误。

孔光，是褒成君孔霸（参考前四三年）的幼子，担任宫廷秘书（尚书），负责中枢机要，十有余年，奉公守法，一切都依照前例成规行事。刘骜有时向他提出问题，孔光都根据儒家学派经典，及政府的法令，秉着良心回答，从不揣摩领袖的意思，苟且逢迎。但刘骜如果拒绝他的建议，他也没有勇气据理力争，所以生活十分安定平静。偶尔上书建议，缮写已毕，就把原稿毁掉，认为显示领袖的过失，以博取忠直的美名，是部属的一项大罪。偶尔保荐某人担任官职，唯恐怕某人知道是他保荐的。休假日回家，兄弟妻子儿女团聚，闲话家常，对政府及宫廷的事，一字不提。曾经有人问他："温室殿的树，是什么树？"孔光不作一声，而用别的话岔开（岔，音chà〔诧〕），他的谨慎如此。

9 刘骜前往雍县（陕西省宝鸡市凤翔区），祭祀五色帝。（前三一年，撤销五色帝庙，因刘骜久不生子，于是连同甘泉〔陕西省淳化县西北〕天神祭坛〔泰畤〕，同时恢复。）

10 首都卫戍司令（卫将军）王商，厌恶陈汤，于是劾奏："陈汤散布谣言，说昌陵（陕西省西安市临潼区西南）可能再强迫移民。又说黑龙在冬季出现，是皇上屡屡私自出宫游逛的反映。"司法部（廷尉）奏称："陈汤说的是他不应该说的话，犯了大不敬（十恶不赦之一）的罪。"刘骜下诏：念及陈汤对国有功（斩郅支单于），免死，贬作平民，流放边塞。

刘骜所以能使赵飞燕当上皇后，淳于长尽了大力，刘骜很感谢他。于是，追溯他建议撤销昌陵（陕西省西安市临潼区西南）的贡献，命高官会议研究封淳于长什么爵位。宫廷禁卫官司令（光禄勋）平当，认为："淳于长虽然有尽善尽美的建言，但不合封侯的条件（刘邦规定：有功才能封侯）。"刘骜立即把平当贬到钜鹿郡（河北省平乡县）当郡长（太守）。下诏：寝殿侍奉官（中常侍）王闳、皇城保安司令（卫尉）淳于长，首先提出良好的计划，特封二人当关内侯（准侯爵）。工程总监（将作大匠）解万年，奸佞不忠，流毒民间，跟陈汤一齐放逐到敦煌郡（甘肃省敦煌市）。

最初，宫廷供应部长（少府）陈咸、皇城保安司令（卫尉）逢信，官位都比翟方进要高。翟方进本是后起之辈，在当首都长安特别市长（京兆尹）时，跟陈咸友情至厚。等到最高监察长（御史大夫）出缺，三人都是著名的部长级官员，全在考虑的名单之中，而翟方进却夺取到手。后来，宰相薛宣因邛城太后王女士葬礼，被指控有罪，事情牵连到翟方进。刘骜命五位部长级官员（二千石），共同审理。陈咸对翟方进百般刁难，穷追细查，希望把他挤垮，得到他的高位，翟方进十分愤恨。陈汤以卓越的才干，一直受到王凤、王音的赏识。而陈咸、逄信，又跟陈汤关系密切。由于陈汤极力向王凤、王音保荐，陈咸跟逄信，才能擢升到高阶层官位（九卿）。等到王商罢黜陈汤，翟方进乘机报复，劾奏："陈咸、逄信，都阿谀攀附陈汤，才得到保荐，苟且无耻。"二人遂被撤职。（二人撤职在明年稍后，因记载陈汤事，一并叙述。）

11 本年（前一五），琅邪郡（山东省诸城市）郡长（太守）朱博，调任北长安市长（左冯翊）。

朱博主持郡政府，常教他所属的县长，物色当地有势力的豪杰，充当助理；不论文武，只要求才干。地方上有大盗巨匪，或其他非常事变，朱博就把责任加到他们头上。如果能尽力而且有成果，立即奖赏；如果怀诈欺骗，就诛杀或处罚。土豪劣绅，全被制伏，政令推行无阻。

纪元前一四年 丁未

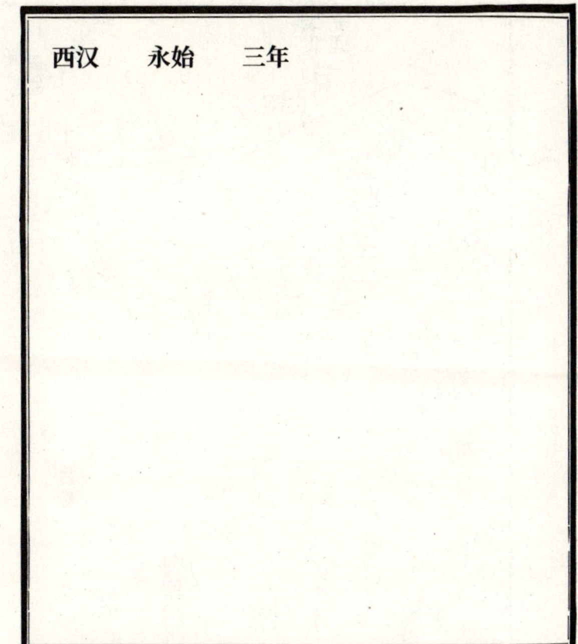
西汉 永始 三年

1 春季，正月三十日，日蚀。

2 最初，西汉王朝（首都长安〔陕西省西安市〕）皇帝（十二任成帝）刘骜（本年三十九岁）接纳匡衡的建议，撤销甘泉（陕西省淳化县西北）天神祭庙（参考前三二年）。当日蚀之时，暴风突起，摧毁甘泉竹宫（竹宫距天神祭坛一公里，时刘骜正在竹宫遥祭），祭坛围墙内十围以上的树木，被暴风拔起一百余株。刘骜惊疑，询问刘更生（刘向）。刘更生（刘向）回答说：

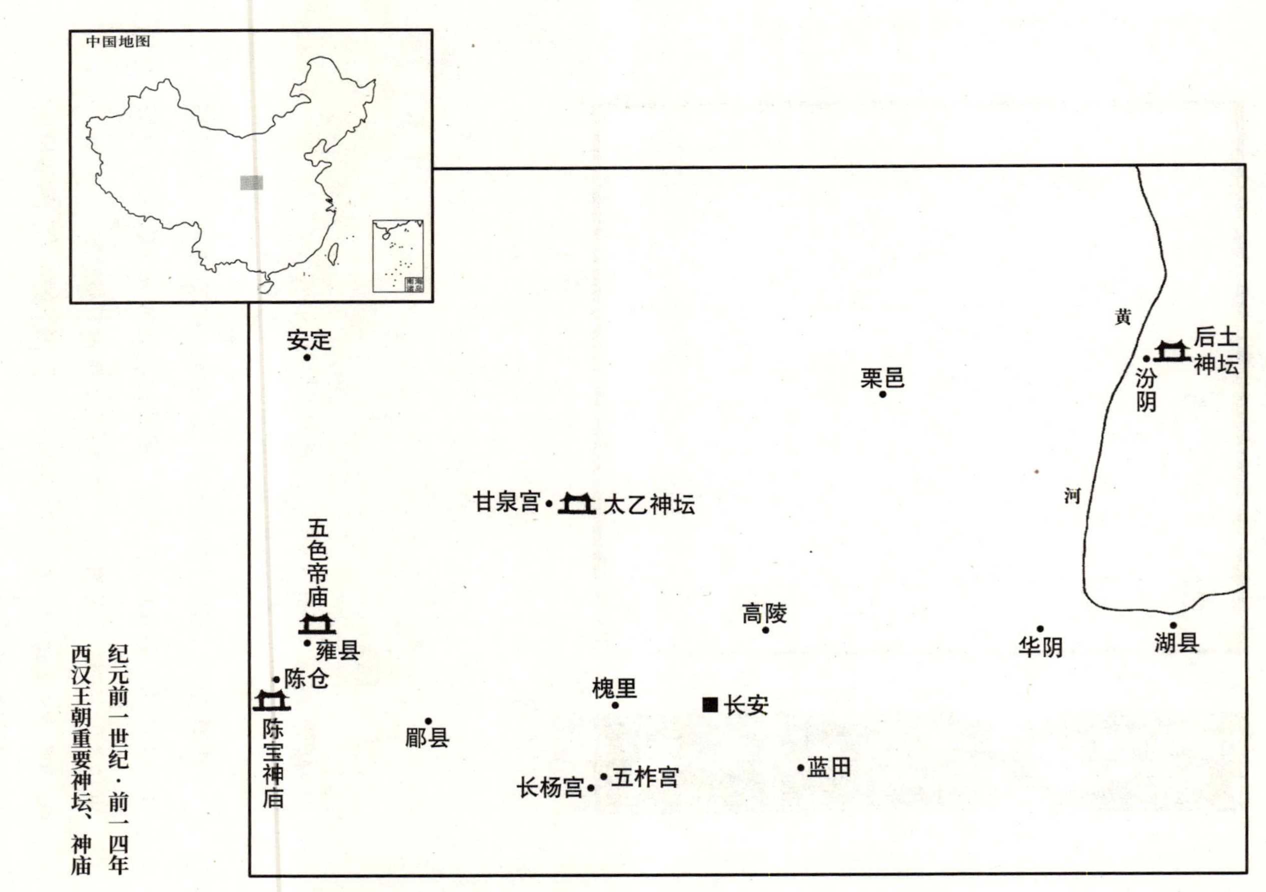

纪元前一世纪·前一四年
西汉王朝重要神坛、神庙

“一个普通的小民人家，还不愿意拆毁祖庙，何况国家所尊敬的旧有祭坛！甘泉（陕西省淳化县西北）、汾阴（山西省万荣县西南荣河镇）、雍县（陕西省宝鸡市凤翔区），三地神坛最初建立时，都有神灵感应，然后才保存维护，并不是轻率的决定。（七任帝刘彻病重，神仙言定可痊愈，并约在甘泉相会，刘彻遂在甘泉建庙，参考前一一八年。新垣平指汾阴有金宝气，五任帝刘恒命建庙，欲迎接周鼎，参考前一六四年。秦王朝在雍县建白、青、黄、赤帝庙。西汉王朝一任帝刘邦增建黑帝庙，共称五色帝庙。）武帝（七任刘彻）、宣帝（十任刘病已）在位之时，侍奉这三地神仙，十分尊敬，仪式也十分周到，神光为之显现。我的建议是：祖宗所建立的神仙祭坛或寺庙，不应该随意变动。只因当初采纳贡禹的意见，后人因循，不敢改正（刘病已时，贡禹认为：西汉王朝的寺庙祭祀，特别繁多，不合古礼。韦玄成、匡衡继续如此主张）。《易经·大传》说：‘诬蔑神灵的，三世都要受到灾祸。’这个责任，恐怕不能由贡禹那批人单独承当（意谓刘骜也要承担）。”刘骜悔恨不已，又因一直没有继承人，决定行动。

冬季，十月五日，刘骜报告娘亲王政君，下令有关单位，恢复甘泉太乙神坛、汾阴后土祭坛、雍县五色帝庙，跟陈宝神庙（陕西省宝鸡市东陈仓镇，参考前三一年正月）。其他首都长安及各郡各封国著名的神坛神庙，一律复旧。

这时，刘骜因没有儿子之故，非常喜爱鬼神跟法术。民间上书谈论祭祀跟法术、奉命等候召见（待诏）的人数很多，寺庙跟祭祀所用的经费，十分庞大。谷永向刘骜建议说：“我曾经听说，如果洞悉天地的本性，就不会被鬼神迷惑；如果了解万物生长的程序，就不会被邪恶的人欺骗蒙蔽。有些人违背仁义正道，不去遵守儒家学派五经的教训（五经：《诗经》《书经》《礼经》《易经》《春秋》），却去称赞奇怪的鬼神，推崇祭祀的妙方，去向自身难保的寺庙求福。更誓言世界上确有神仙，可以吃到长生不死的仙药，轻易升天成神；或声称有一种奇异本领，能够炼出黄金。这些人全是妖言惑众，左道旁门，心怀诈欺，蒙骗当世君王。听他们的言谈，洋洋洒洒，好像可以随时跟真神相遇。可是，如果脚踏实地去追寻，却空空荡荡，好像捕风捉影，什么也得不到。是以，英明君王根本闭耳不听，圣贤人物根本闭口不言。从前，嬴政（秦王朝一任帝）派徐福带领男女，到大海上寻访神仙，采摘灵药，想不到他们乘机逃亡，不再返回，引起天下怨恨。后来，西汉王朝建立，新垣平、齐国地区（山东省）人少翁、公孙卿、栾大等（都是刘彻在位时事），都因法术不灵，诈欺拆穿，人被诛杀，族被屠灭。请陛下不要再听信这些鬼话，不使奸猾之辈，觊觎政府官职。”

刘骜认为他的话有理。

3 十一月，尉氏（河南省尉氏县）男子樊并等十三人聚众起兵，击杀陈留郡（河南省开封市东南陈留镇）郡长（太守）严著，裹挟官吏人民，自称将军。党徒李谭、称忠、钟祖、訾顺（訾，音zī〔资〕），共同击斩樊并。呈报中央政府，全封侯爵。（李谭封延乡侯，称忠封新山侯，钟祖封童乡侯，訾顺封楼虚侯。）

4 十二月，山阳郡（山东省巨野县东南大谢集镇）铁矿管理局所属矿工（铁官徒）苏令等二百二十八人，击斩郡政府高级官员（长吏），夺取军械库武器，自称将军，向各地游击作战，穿过十九个郡和封国，击斩东郡（河南省濮阳市西南）郡长（太守），及汝南郡（河南省平舆县西北射桥镇）民兵司令（都尉）。

汝南郡长严䜣，生擒苏令等，斩首。（汝南郡民兵司令驻汝阴〔安徽省阜阳市〕，郡长驻平舆〔河南省平舆县西北射桥镇〕，治所不同。）西汉政府擢升严䜣当农林部长（大司农）。

5 前南昌县（豫章郡郡政府所在县，江西省南昌市）警察官（尉）、九江郡（安徽省寿县）人梅福，上书刘骜说：

“从前，高祖（一任帝刘邦）接纳善言，常恐怕来不及。顺从规劝，好像转个圆圈那么容易。垂听意见，只问意见对不对，不问陈述意见的人有没有才干。只要有功劳有贡献，即行奖赏，不管他平常的行为是不是恶劣。陈平不过是个亡命之徒，而用为智囊。韩信不过行伍中一个普通士兵，而擢升为上将。所以天下人才，像浓云一样，集结在西汉王朝，争着呈献谋略才能。智慧的竭尽智慧，愚昧的也贡献他的一得之虑（愚者千虑，必有一得）；勇士们尽到职责，懦夫勉励自己效死。集合天下的智慧，团结天下的人力，所以举起秦王朝，就好像举起一根羽毛；捡起西楚王国，就好像捡起丢弃在路上的东西。高祖（一任帝刘邦）天下无敌的原因，在此。孝武皇帝（七任帝刘彻）喜爱别人忠言规劝，封爵升官，只看你的功劳，不看你有没有‘孝廉’‘秀才’的学历经历。赏赐嘉许，只看你的贡献，不看你有没有明显的军功。所以全国人民，各自奋发，集结宫门，推销自己的才能，数目不可胜计。西汉政府得到贤能人士，以那时候最多。假使孝武皇帝（七任帝刘彻）采纳他们的建议，天下可以立即获得太平。不幸的是，接着爆发一连串战争，尸首堆积，枯骨暴露，在北方胡人（匈奴汗国）跟南方越人（南越王国）头上，称心快意。于是，淮南王（首府寿春〔安徽省寿县〕）刘安，乘着这个间隙，企图叛变。刘安所以不能成功，密谋泄露，只因贤能的人才都站在中央政府这边，淮南国臣僚的力量，就显得单薄孤弱，所以没有人敢于附和。而今，一介小民，都可以乘机而起，事情就发生在蜀郡（四川省成都市。指广汉郡男子郑躬等民变，参考前一八年）。后来，山阳郡（山东省巨野县东南大谢集镇）的亡命之徒苏令等，蹂躏有名的都市跟郡县，广结党徒，征求同志，根本没有逃避躲藏的意思。他们轻视政府官员，毫无顾忌，国家力量衰退，所以一个小民就想跟皇帝较量。

“贤能人才，是国家的重要工具。有贤能人才，政府才有能力；失去贤能人才，政府也同时失去能力。《诗经》说：‘这么多贤能的人才／姬昌靠着他们／享受安泰。’（济济多士，文王以宁。）国家大事，在野小民不应议论。但我实在害怕会死在生满野草的道路上，尸体跟普通士兵一同埋葬（不甘心默默无闻），数度上书，请求陛下召见，都没有批准。我听说：齐国国君（十六任桓公）姜小白之时，有人呈献‘九九乘法表’，这是一件小事，可是姜小白照样接受，为了希望有人提出更重要的建议。现在我所陈述的，并不是‘九九乘法表’，而已受到陛下三次拒绝，这正是天下贤能人才无法到政府中来的主要原因。从前，嬴荡（战国时代秦王国二任王武王）喜爱武勇蛮力，任鄙自我推荐。嬴任好（春秋时代秦国九任国君穆公）图谋称霸天下，西方戎部落的贤臣由余，前来投效。陛下如果想集合全国精英，人民有上书请求召见的，请准许他们到宫廷秘书署（尚书）陈述。意见有可以采纳的，赐给他一点俸禄，赏给他一点绸缎布匹。如果能这样，则天下贤能人才，都会一舒怨气，尽吐忠言，美好的谋略每天都会呈报上去，天下秩序，自会井井有条，政府内外将光彩四射。

“以国家疆土的广大，人民的众多，肯尽忠言的贤能人才，为数当然可观。然而，要他们指出现实政治的利弊，毫不隐瞒的表达出来，而又不违背古代圣人的教训，使之更能切合实际，恐怕没有几人。所以封爵、俸禄、绸缎、布匹，不过是一种鼓励。高祖（一任帝刘邦）用它来劝勉世间，训练英才。孔丘说：'如果想把事情做好，必须先使工具锋利。'到了秦王朝，却不是这样，颁订'打击政府威信''挑拨政府与人民感情'的法网（诽谤之罔）。把西汉王朝夺权道路上的困难，全部肃清，等于手握太阿剑锋，却把剑柄交给西楚王国（项羽）。假设能够不失掉剑柄，即令天下背叛，也不敢碰他的剑锋。这正是孝武皇帝（七任帝刘彻）所以开疆拓土，成为西汉王朝'世宗'（刘彻祭庙称号）的缘故。

"问题是，陛下不但不采纳天下人的意见，反而对进言人士，予以羞辱诛杀。恶鸟猫头鹰被害，仁鸟凤凰都会远走高飞。愚昧的人受到刑戮（音lù〔路〕），智慧的人都会退避。最近，很多无知小民，上书皇帝，冒犯了并不是重要的法令，竟被逮捕下狱，很多人还被司法部（廷尉）处死。自从纪元前二四年以来，向中央尽忠直言，成为最大禁忌，政府官员，尤其噤若寒蝉。大家都顺着领袖的意向，不敢有任何异议。用什么方法证明？不妨在人民所上条陈中，陛下认为确实值得嘉许的，交给司法部（廷尉）查办，司法部一定会回奏：'这不是他应该说的话，犯了"大不敬"之罪。'（"大不敬"是十恶不赦的重刑。）从这一件小事，可以推测其余，无不都是如此。所以首都长安特别市长（京兆尹）王章只因性格忠直，有充分的勇气，敢于在金銮宝殿上，毫无忌惮的跟君王争论。孝元皇帝（十一任帝刘奭）特别擢升他，用以砥砺那些无用的官员，矫正政府歪曲的风气。可是，却在陛下手中，连妻子儿女都受到侮辱。而且，对罪恶的处罚，应只限于本身，王章并不是犯了谋反叛乱的重罪，竟牵连到他的妻子儿女。摧残正直人士的气节，封锁进谏臣僚的口舌。政府官员都知道处理错误，可是没有人敢作反应。天下相戒闭口，这对国家，可是最大的伤害。

纪元前一世纪·前一四年十一月 河南民变

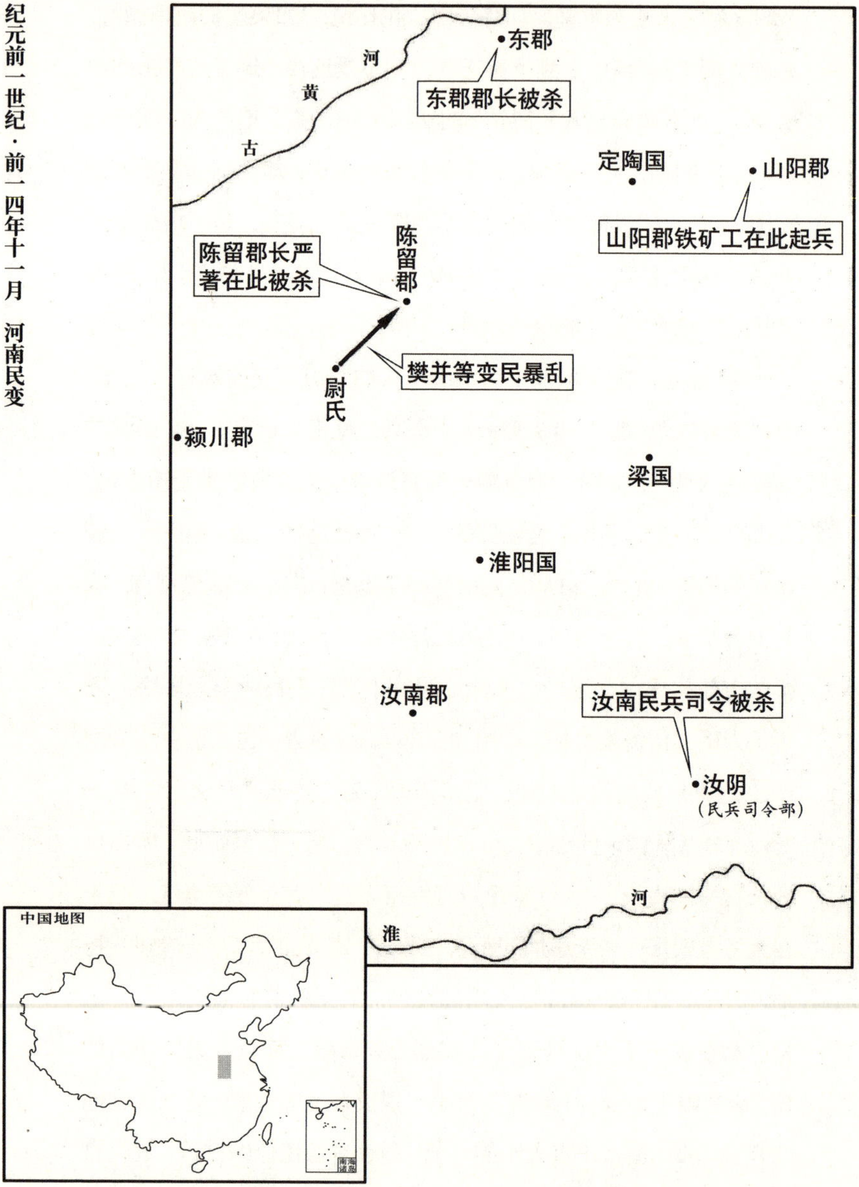

古黄河
东郡
东郡郡长被杀
定陶国
山阳郡
山阳郡铁矿工在此起兵
陈留郡
陈留郡长严著在此被杀
樊并等变民暴乱
尉氏
颍川郡
梁国
淮阳国
汝南郡
汝南民兵司令被杀
汝阴
（民兵司令部）
淮河

中国地图
南海诸岛

"我盼望陛下遵循高祖（一任帝刘邦）的轨道，堵塞秦王朝覆亡的道路，撤销繁琐的法令，发布坦白的诏书。多看多听，即令是小官小民，也常询问他们的看法，使退避的不再退避，远离的开始回归，这正是《书经》形容的：'大开四门招请贤能，大张眼睛观察四方。'过去的已经过去，未来的还可以补救。而今，高官们已侵夺了领袖的权力。领袖的权力已经衰退，皇亲国戚的权力，却日益膨胀。陛下看不见具体形象，但可以察觉出它的影响。纪元前三二年以来，日蚀、地震，计算它的次数，比春秋时代，多出三倍。而水灾更多，无法相比。阴盛阳衰，金钱都飞到天上（《汉书·五行志》：前二七年，沛郡〔安徽省淮北市〕铁矿管理局〔铁官〕铸铁时，铁化成流星飞去，是高官当权的象征），这是什么情景？西汉王朝建立以来，三次遭到灭亡危机：吕雉、霍显，以及上官桀，全是皇太后的娘家。对于皇亲最好的办法，是保全他们。应该赐给他们贤良的师傅和教师，教育他们忠孝的道理。现在却赐给他们尊贵的官位，授给他们政治军事上的权力，使他们由骄傲而背叛，最后终于全部屠杀，失去保全他们的原意。虽以霍光的贤明，都无法保护子孙。所以说权势太重的高级官员，到了下一代，一定陷于危亡。《书经》说：'一场大火，开始时不过微弱的火苗（毋若火，始庸庸）。'等到势力压倒君王，权柄控制政府，然后再去防止，已来不及。"

刘骜不予理会。

纪元前一三年 戊申

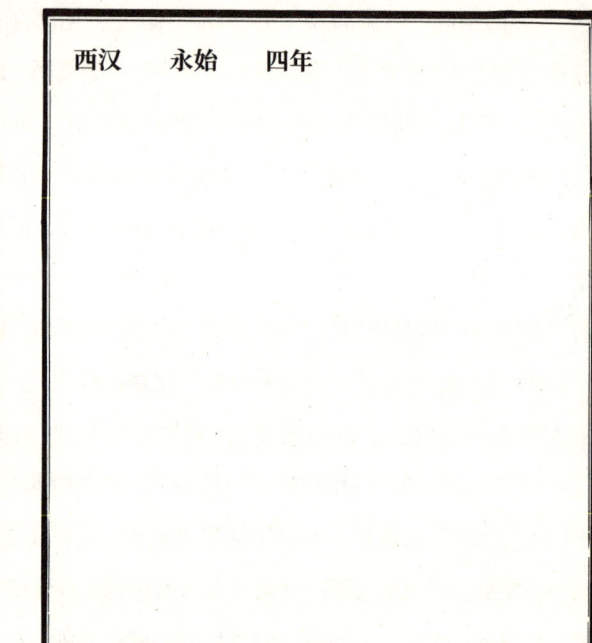

1 春季，正月，西汉王朝（首都长安〔陕西省西安市〕）皇帝（十二任成帝）刘骜（本年四十岁）前往甘泉（陕西省淳化县西北），祭祀天神，大赦天下。

三月，刘骜再往河东郡（山西省夏县），祭祀后土神。

2 夏季，大旱。

3 四月十一日，长乐宫临华殿，跟未央宫东司马门，都发生火灾（司马门，皇宫的外门。正式宫门外，又有一门，由禁卫军守卫，守卫司令称“司马”，因称司马门）。

六月二十三日，霸陵（五任文帝刘恒坟墓，陕西省西安市东）墓园大门火灾。

4 秋季，七月三十日，日蚀。

冬季，十一月二十一日，首都卫戍司令（卫将军）王商（王家班），因病免职。

5 梁王（首府睢阳〔河南省商丘市〕）刘立（孝王刘武八世孙），骄傲奢侈，横行霸道，没有节制。甚至一天之内，犯法十一次之多。封国宰相（丞相）禹（姓不详）奏报说：“刘立对皇亲王姓家族抱怨，有凶恶的言论。”主管单位查办，发现刘立跟姑妈刘园子通奸丑闻，弹劾刘立有禽兽行为，要求处死。中级国务官（太中大夫）谷永上疏说：

“我曾经听说，天子总是在大门之前，建立屏风，为的是不要看见外面世界。虽然以帝王之尊，也不过问别人闺房内的私情、不听别人卧房里的闲话。《春秋》大义，要求掩饰亲人的过失。而今刘立年少无知，难免疯疯癫癫。一开始时，指控他对王姓家族的皇亲，有凶恶的攻击，经过调查，证明并没有事实。却另辟途径，揭发闺房的隐私，已超越原指控的范围。刘立并不承认，竟勉强弹劾，附会罗织这种难以查明的事，只采信片面之词，就行定罪。对国家的治理，没有益处。而且诬蔑皇族，把乱伦的丑恶形状，向天下公布。这绝对不是掩饰皇家过失，增加政府荣耀，宣扬圣王品德的办法。

"我愚昧的认为，刘立年幼，而姑妈又是他的长辈，辈份年龄，都不相当。以梁国的富裕，足可以用重金选聘各种美女，购买所有妖艳。而身为姑妈的，也会有羞耻之心。审问官本来是向她调查她侄儿诟骂皇亲的事，她怎么忽然自己承认乱伦？从这三方面推断，绝不是人之常情。我怀疑可能逼供凶恶，一时惊恐失言，审问官抓住一句话不放，无法转回。在事情刚开端之时，请求陛下特别开恩，不要受理，才是上策。既然进入法律程序，又提出劾奏，我建议正好根据刘立拒绝承认的事实，下令司法部（廷尉）另选通情达理的审问官，再作审问。显示事实真相并不如此，肯定当初审问的错误。然后把刘立清白情形，交给主管单位，推广施恩皇族的心意，洗刷皇族被诬蔑的耻辱，维护密切亲情。"

刘骜遂把讼案搁置。

刘立靠着谷永强有力的辩护，虽然逃过一关，但这位"白马王子"的荒淫凶暴，史书上有明白记载。他姑妈刘园子，嫁给刘立的舅父任宝，而任宝的侄女任昭，则嫁给刘立当王后。因为亲上加亲的缘故，刘立常到任宝家欢宴，而终于有一天，他对姑丈兼舅父任宝说："我爱上了翁主（刘园子，亲王女儿称翁主）。"任宝吃惊说："她是你的姑妈，又是你的舅母，这种乱伦行为，可是重罪。”刘立说：“法律怎管得到我？”于是发生奸情。谷永的辩解，依常情来说，理直气壮，但亲王比皇帝仅差一截，他们有他们的游戏规则，跟普通人大不相同。谷永虽然救了刘立一条人命，却害了更多人命。两年后（前一一），刘立派他的家奴格杀封国宰相府秘书（掾），跟睢阳（梁国首府，河南省商丘市）县政府主任秘书（丞）。为了消灭证据，再格杀家奴，共杀三人，伤五人，还殴打其他低级官员二十余人。七年后（前五），再度格杀无辜，包括王宫禁卫官（郎）在内。

这么多人丧生在刘立之手，而他受到的惩罚，却十分轻微，不过削去几县采邑而已。最后，却是因为政治因素——到了纪元后四年，他跟皇亲卫姓家族结交，被当时的当权分子王莽，贬作平民，刘立才自杀。

刘立的行为，不是孤立的，不公平的社会制度不消失，法律就一直保护特权，而不保护小民。一刘立死，另一刘立生。

6 本年（前一三），京畿总卫戍司令（司隶校尉）、蜀郡（四川省成都市）人何武，当首都长安特别市长（京兆尹）。何武任职，奉公守法，进用正直人士，排斥邪佞之辈。任官时没有突破性的表现，离官后却常被思念。

纪元前一二年 己酉

西汉 元延 元年

1 春季，正月一日，日蚀。

2 正月二十四日，西汉王朝（首都长安〔陕西省西安市〕）因病免职（参考去年〔前一三〕）的王商（王家班），复出任全国武装部队最高指挥官（大司马）兼首都卫戍司令（卫将军）。

3 三月，西汉帝（十二任成帝）刘骜（本年四十一岁）前往雍县（陕西省宝鸡市凤翔区），祭祀五色帝。

4 夏季，四月一日，天上无云，却忽然响雷。流星从太阳底下穿过，直奔东南，四面火焰，好像降雨，从下午四时左右，直到天黑才停止。

5 赦天下。

6 秋季，七月，孛星出现东井星之旁。

刘骜对不断发生的天象变异，感到惊慌，询问官员们的意见。北地郡（甘肃省庆城县西北马岭镇）郡长（太守）谷永回奏说：

“君王亲身发扬品德，承受天地运转，则五种征候，一定正常（五征：胡三省原注：雨、风、太阳、寒冷、燠热），人民都活到高龄，各种祥瑞，同时降临。君王如果放弃责任，为非作歹，违背上天的旨意，浪费上天赏赐的资源，则五种征候，立刻有显著的失常（胡三省原注：常降雨、常起风、常旱灾、常寒冷、常燠热），妖孽同时出现（孽，音niè〔聂〕），然后大饥馑跟着降临。如果始终不肯觉悟悔改，罪恶满盈，上天就不再发出警告，而将另行物色有品德的新的君王。这是天地的正轨运作，每个君王所面对的、相同的法则。

“恩德有厚有薄，天资有高有低，时间有前有后，形势有盛有衰。陛下继承八世祖先留给你的基业（八世，参考前一五年“九世”注），正是霉运当头，接近二百一十年的劫数（星象家的两句鬼话：“当阳数之标季，涉三七之节纪。”“阳”是“阳九”，“标季”是“末世”。“阳九”，指灾难重重。为什么叫“阳九”？而“阳九”又为什么会灾难重重？请参考《汉书·律历志》。至于“三七节纪”，三七相乘二十一，二十一就是二百一十年，而二百一十年是一个劫数，在劫难逃〔西汉王朝果然只有二百一十五年寿命，于纪元后九年覆亡〕。刘骜正碰上关键时刻，西汉王朝已建立一百九十五年），正逢《易经》上《无妄》卦的命运，陷于‘百六’的困境（“百六”，跟“阳九”有关，正月初一日后，一百六十天，进入“阳九”），三种灾难（日蚀、地震、大雨），羼杂会合。

“自从陛下登极（前三三），迄今二十年间，地上灾难跟天象变异，交错来临，多过《春秋》记载。这表示：宫廷之中，将出现骄悍的官员和凶恶的姬妾，酗酒狂乱，败坏国家。而就在宫殿、花园、大街小巷之中，侍从之臣跟小老婆群娘家幽暗闲静的房子里面，也将出现夏徵舒、崔杼那种变乱（陈国十九任国君〔灵公〕妫平国，跟美貌绝伦的小寡妇夏姬通奸，常到夏家欢聚，并取笑夏姬的儿子夏徵舒。夏徵舒忍无可忍，就在前五九九年，把妫平国射死。齐国二十五任国君〔庄公〕姜光，跟宰相崔杼的美貌妻子姜女士通奸，也常到崔家欢聚。最后，前五四八年，姜光正在跟姜女士幽会时，埋伏四起，把姜光格杀）。至于宫廷之外，广大的国土之上，樊并、苏令（参考前一四年）、陈胜、项梁（参考前二〇九年）之类的抗暴起义，势必发生。现在正处于平安跟危险交界的边缘，皇家祖庙已有重大忧虑。这正是我谷永，多少年来，心裂胆寒，冒死向陛下预先提出警告的原因。经年累月的邪行，罪恶已在下面萌芽，天庭自跟着变异，绝不可掉以轻心。

“祸患都起因于细微，奸邪都产生于粗心大意。请陛下整顿君臣之间的关系，不再和那些狐群狗党在一起渎亵淫乱，严厉遵守‘三纲’的约束（三纲：君王是臣僚的主宰，老爹是儿女的主宰，丈夫是妻子的主宰〔君为臣纲，父为子纲，夫为妻纲〕），使后宫重新建立秩序。为了避免互相忌妒，就不应专心宠爱一个人，而应该多悦纳性情温和、行为端正的淑女。朝见皇太后（王政君）或赴祖庙祭祀时，一定要用‘法驾’（皇帝仪仗队），等到街头完全戒严之时，再行出宫。不要再换上平民衣服，说走就走，溜到左右亲近的家里，大吃大喝，大玩大闹。这三项最大的毛病一旦改正（三项指：私自出游、酗酒、玩女人），宫廷事变，就可以免除。

“各地民变所以发生，在于饥饿难忍，而官员又不知道体恤。人民穷苦，赋税沉重。民怨沸腾，在上位的却懵然不知。《洪范传》说：‘不去消灭饥馑，却宣称天下太平，一定灭亡（饥而不损，兹谓泰，厥咎亡）。’（《洪范五行传》，参考前二六年八月。）近年以来，各郡各封国受到水灾的伤害，庄稼不能收获，正是减免赋税的时候。可是，主管机关反而要求增加赋税。这种荒谬的措施，违背儒家学派经典大义，打击民心，完全是一种购买怨恨、招揽灾祸的做法。我建议陛下拒绝批准这项增加赋税的请求，而应削减奢侈，缩小开支，使恩德广为传播。然后，救济困乏，劝人民耕田种桑，用以安慰赤子般小民的心愿。各地民变，才有可能平息。”

中垒兵团指挥官（中垒校尉）刘更生（刘向。中垒兵团指挥官，是北军〔野战军〕八校尉中的首席校尉），上书给刘骜，说：

“我曾经听说，姚重华（帝舜）警告姒文命（伯禹）：‘不要学伊祁丹朱（尧帝伊祁放勋的儿子）那么骄傲蛮横。’（《书经·益稷》原文语气，这不是姚重华警告姒文命的话，而应是姒文命警告姚重华的话。）姬旦（周公）警告姬诵（周王朝二任王成王）：‘不要学子受辛（商王朝末任帝）那么荒淫迷恋。’说明圣明君王非常在意政治败坏，而不忌讳谈论兴亡。所以我愿把我愚昧的见解，向陛下陈述，请陛下考虑：

“查考春秋时代二百四十二年间，日蚀不过三十六次。可是最近一连三年，日蚀就发生三次。自前三二年以来，二十年间，日蚀竟有八次。平均每两年六个月，日蚀一次。这种现象，古今都不常见。天象变异，有大有小，有疏有密；卜卦显示，有重有轻，有缓有急。观察秦王朝政权转移到西汉王朝之手的过程，注意惠帝（二任帝刘盈）、昭帝（八任帝刘弗陵）没有后嗣（刘盈所有的亲生儿子，被政变集团杀光，而迄今为止，西汉王朝仍由政变集团后裔当权，所以一口咬定刘盈原本没有亲生儿子），留神昌邑王（九任帝刘贺）的终于罢黜，看到宣帝（十任帝刘病已）从平民中崛起，每次都有天象变异，明确的写在史书之上。皇天舍弃谁和照顾谁，岂不是至为明显。

"我有幸属于皇家最疏远支派的一分子（西汉一任帝刘邦幼弟刘交，封楚王〔元王〕，刘更生〔刘向〕是刘交的四世孙），诚心的盼望陛下宽厚英明，消除灾难，恢复子武丁（商王朝二十三任帝高宗）、姬诵（周王朝二任王成王）当年的声誉（据说，当二人在位时，也有变异，而二人却能反省检讨，改过向善），提高刘家皇族的地位，所以才不断怀着被诛杀的恐惧，上疏陛下。不过，天象复杂，难以叙述清楚。我虽然已绘制成图，仍须用言语解释，才能完全洞悉，请求陛下在宴会之后闲暇的时间，允许我当面指着天体图表，详细说明。"

刘骜立即召见刘更生（刘向）进宫，但不能采纳他的意见。

7 红阳侯王立，保荐陈咸，以"方正"资格，参加皇帝的御前考试。刘骜任命陈咸当特级国务官（光禄大夫）兼御前监督官（给事中）。宰相（丞相）翟方进对这位落井下石的朋友，恨入骨髓，于是上疏指控："陈咸从前当部长级高官（宫廷供应部长〔少府〕），因为贪赃奸邪，受到免职处分（参考前一五年），不应该再有'方正'称号，当宫廷的侍从之臣。"同时弹劾王立："故意作不实的推荐。"刘骜下诏：陈咸免职，王立免议。

8 十二月二日，刘骜任命王商（王家班）当全国最高统帅（大将军）。

十二月十八日，王商（王家班）逝世。老弟红阳侯王立，依照顺序，应该接掌权柄。

先前，王立派他的门客，透过南郡（湖北省江陵县）郡长（太守）李尚，侵占宫廷供应部（少府）开放给人民的耕田数百顷。然后再高价卖给政府，收取一亿万以上的价款。宰相府执行官（丞相司直）孙宝，上疏检举。刘骜遂决定不教王立上台，越过他而用他的老弟、宫廷禁卫官司令（光禄勋）曲阳侯王根。

十二月二十七日，任命王根当全国武装部队最高指挥官（大司马）、骠骑将军（西汉王朝的武官制度，无法全译成现代语文，“大司马”固可译为“国防部部长”，但因为他是三公之一，地位跟宰相平行，如果是国防部长，便在宰相之下。而若干“常设将军”〔跟“杂号将军”相对〕，也难找到适当称谓。“车骑将军”似是“军政部部长”，或“军令部长”，或“参谋本部”的“参谋总长”，本年，又出现“骠骑将军”，职位跟“车骑将军”相同，居于所有的“将军”之上。而“前将军”“后将军”“左将军”“右将军”，是并没有掌握军权的上将级高官，皇帝的军事幕僚）。

9 位置“特进”（朝会时位于三公之下，诸侯之上）的安昌侯张禹，请求在刘弗陵（八任昭帝）坟墓（平陵，陕西省咸阳市西北双照街道南）附近的肥牛亭，兴建他自己墓园。王根竭力反对，认为肥牛亭正在刘弗陵墓园之前，游衣冠（参考前一九一年）时，必须经过那里，请赏赐给张禹别的地方土地。刘骜不理，仍把肥牛亭赐给张禹。王根这才发现张禹在刘骜眼中的分量，不可轻视。于是在刘骜面前，不断破坏张禹的形象，而刘骜对张禹，却越发厚待。张禹每次患病请假，刘骜都亲自到张禹家问候，像普通平民一样，在病床前拜见，张禹则在病床上叩头谢恩。张禹最幼的儿子，还没有官职，张禹就不断注视着幼子。刘骜知道他的意思，就在病床之前，任命他当禁宫顾问官（黄门郎）兼御前监督官（给事中）。张禹虽然没有官职，但以“特进”身份，作皇帝师傅。政府每有大事，一定跟他磋商。

当时，官吏和人民，很多人上书皇帝，讨论变异跟灾难，讥讽指摘，认为是王姓家族控制政府引起的反应。刘骜也察觉出来有这种可能，但他无法肯定。于是御驾亲临张禹家，屏退左右随从，亲自向张禹询问天象变异情事，并告诉他有人认为跟王姓家族有关。张禹是个官场人物，了解处境的危险，自己年纪太老，而子孙太弱，又跟曲阳侯王根，结下怨恨，无力对抗。如果直率回答，恐怕受到陷害。于是对刘骜说：

"《春秋》上记载的日蚀、地震，有的是因为封国之间互相火并，有的是因为蛮夷侵犯中国。天象变异，十分奥秘，难以明确的判断。所以圣人孔丘，从不谈论命运，也从不谈论鬼怪神仙。命运跟天意，端木赐（子贡）之类圣人门徒，从没有听到孔丘这方面的意见，何况儒家学派那些见解肤浅的知识分子？陛下要做的事是，使政治清明，用善行回报上天的警戒，跟臣属共同实践，这才是真正的儒家学派经典的主旨。刚刚求学的学生，胡言乱语，误人不浅。请陛下不必多虑，只须依照儒家经典，去作判断。"

刘骜对张禹极为敬爱，经张禹如此解释，不再怀疑王姓家族。

不出所料，后来，消息泄露。王根跟王姓家族的子弟们，探听到张禹谈话的内容，大为欢喜，遂改变态度，跟张禹亲近。

10 曾经当过槐里（陕西省兴平市）县长（令）的朱云（朱云因跟萧望之的关系密切，萧望之自杀后，就被免职。参考前四七年），上书请求召见。在金銮殿上，文武百官之前，朱云说：

"政府中重要的高级官员，上不能帮助君王，下不能有益人民，全都像僵尸一样坐在座位上，白吃闲饭。孔丘所说的：'卑鄙的人，不可以使他侍奉君王。他整天害怕失掉官位，所以无所不为。'（语出《论语》。）我请求陛下赐给我'尚方斩马剑'（尚方，即"御用库房"，是宫廷供应部〔少府〕所属单位之一，负责保管皇帝使用的器物。"斩马"者，形容剑刃锋利，连马头都可斩下，俗称"尚方宝剑"或"上方剑"。钦差大臣如果被赐"上方剑"，就可以代表皇帝杀人，但也有限制，或斩县长以下，或斩郡长、州长以下），砍下一个奸佞的人头，用以激励其余！"刘骜："你说的奸佞是谁？"朱云："张禹！"刘骜怒火冲天，喊叫起来："小小官员，竟敢诋毁大臣，公开侮辱师傅，此罪绝不能赦免，拉出去斩！"监察官（御史）逮捕朱云，押解出殿。朱云挣扎，紧拉住栏杆，栏杆竟被他拉断，朱云哀号说："我能够到地下追随关龙逄（音páng〔旁〕）、子干（比干），已经心满意足，但不知道圣明的西汉王朝，会有什么下场？"（纪元前十八世纪，夏王朝末任帝〔十九任帝〕姒履癸在位，有一次，在参观炮烙酷刑时，囚犯哀号声中，问他的大臣关龙逄："快乐不快乐？"关龙逄只好回答："快乐。"姒履癸说："这就怪了，你难道没有恻隐之心？"关龙逄感觉到姒履癸已起杀机，但仍回答："天下人都以为痛苦，只君王自以为快乐。大臣是君王的手臂，岂有'心'快乐，而'手臂'敢不快乐的？"姒履癸说："好吧，说说你的意见，如果意见好，我可以采纳；如果意见不好，法律会制裁你。"关龙逄说："你的帽子，不是帽子，而是一块危石。你的鞋子，不是鞋子，而是一片春冰。从来没有人头顶危石而不被压死，也从来没有人脚踏春冰而不掉下来淹死。"姒履癸说："你只知道我要灭亡，却不知道你自己要灭亡，请尝尝炮烙的味道。"然后强调："从你的灭亡，证明我的不灭亡。"纪元前十二世纪商王朝末任帝〔三十一任〕子受辛在位时，对比国国君〔子爵〕子干〔比干〕的不断规劝，十分厌恶，于是对他说："我听说圣人的心有七窍，你既是圣人，把你的心掏出来，教我瞧瞧。"子干遂受到剖心酷刑。）但在监察官（御史）强制之下，朱云仍被押出金殿。

左将军辛庆忌出面营救，脱下官帽，解下印信绣带（表示犯罪），伏地叩头说："朱云这个人，素来以疯癫正直，闻名于世。如果他说对了，不应该杀他；如果他说错了，也应该大度包容。我愿牺牲生命，请求免他一死。”情意恳切，前额流出鲜血（叩头时前额碰到地面）。刘骜的怒气，也稍稍平复，朱云遂捡回一命。稍后，有关单位更换殿前栏杆，刘骜说：“不要更换，就原来的修理一下就好，我要用它表扬正直的官员。”

11 匈奴汗国（王庭设蒙古国哈拉和林市）搜谐若鞮单于（十六任）挛鞮且麋胥，将到西汉朝见，还没有进入边塞，就生病逝世。老弟挛鞮且莫车继位，称车牙若鞮单于（十七任）。任命老弟挛鞮囊知牙斯当左贤王（兄长传位给老弟事，参考前三一年）。

12 北地郡（甘肃省庆城县西北马岭镇）民兵司令（都尉）张放，到差只几个月，立即被召回首都长安（陕西省西安市），担任宫廷随从（侍中）。皇太后王政君写了一个便条给刘骜：“我所告诉你的，你全没有办，张放反而又回京师，我怎能不言？”刘骜道歉说：“我一定听话！”于是，再派张放出任天水郡（甘肃省通渭县）移民区驻军司令（属国都尉，司令部在勇士县〔甘肃省榆中县北〕）。任命宫廷供应部长（少府）许商、宫廷禁卫官司令（光禄勋）师丹，当特级国务官（光禄大夫）。任命班伯当水利总监（水衡都尉）兼宫廷随从（侍中），一律发部长级最高阶俸禄（中二千石）。每次到长乐宫朝见王政君，总带着他们（这是展示给娘亲看的）。遇到国家大事，都命他们向高阶层官员传达刘骜的旨意。而这时，刘骜对出宫冶游等，也有点厌倦，重新翻阅儒家学派的经书。王政君大为高兴。

13 本年（前一二），左将军辛庆忌逝世。辛庆忌是国家的栋梁，虽正逢清平之世，没有战争，匈奴汗国跟西域（新疆及中亚东部）各国，对西汉王朝亲附，都崇敬他的威望。

纪元前一一年

庚戌

1 春季，正月，西汉王朝（首都长安〔陕西省西安市〕）皇帝（十二任成帝）刘骜（本年四十二岁）前往甘泉（陕西省淳化县西北），祭祀天神。

三月，刘骜再往河东郡（山西省夏县），祭祀后土神。祭完，游逛龙门（山西省河津市西北龙门口），攀登历观（山西省永济市东南三十公里历山上的庙宇），归途经过西岳（华山，位陕西省华阴市南），返回首都长安。

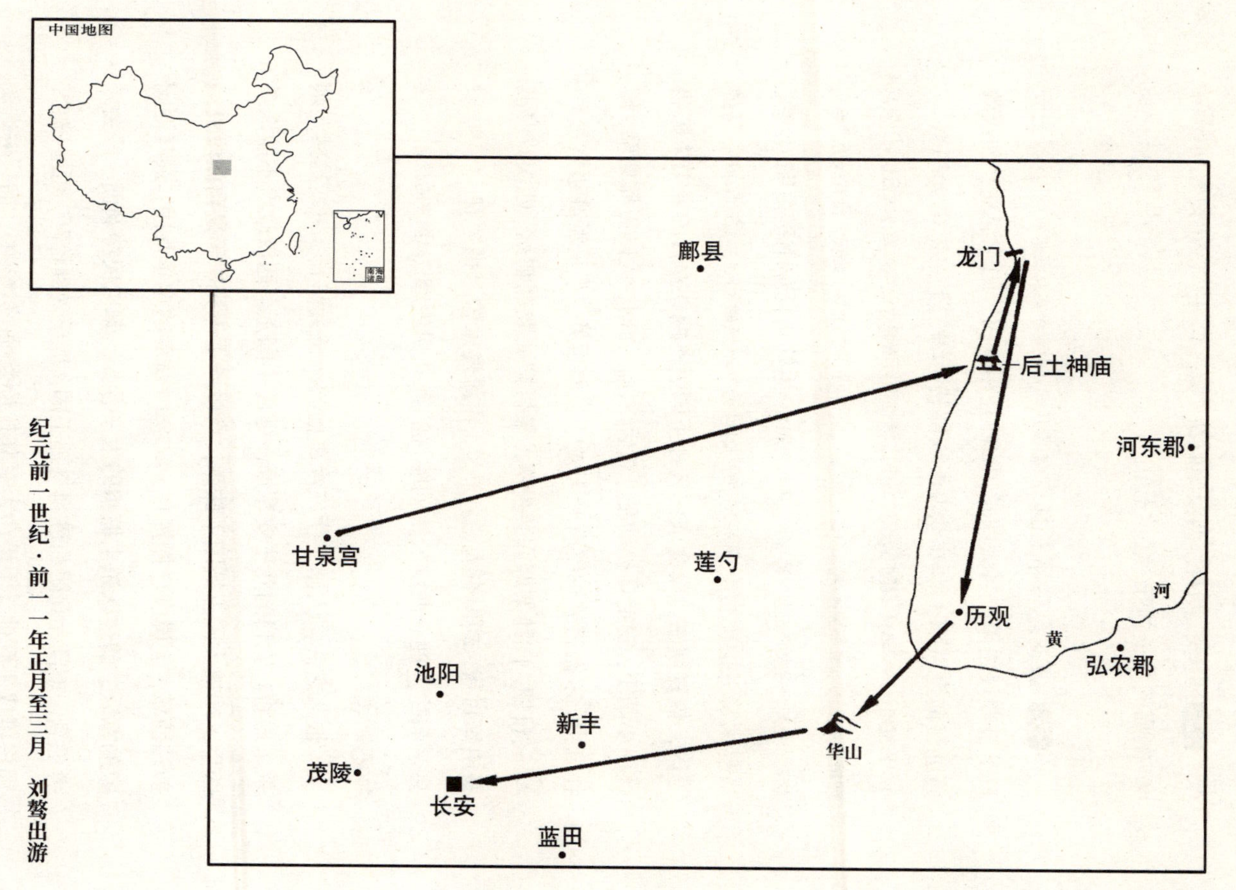

纪元前一世纪·前一一年正月至三月　刘骜出游

2 夏季，四月，西汉政府命广陵（孝）王（首府广陵〔江苏省扬州市〕）刘霸的儿子刘守，继承王位。

3 最初，乌孙王国（首都赤谷城〔中亚伊赛克湖东南〕）小国王安日，被变民击杀，各大酋长（翎侯）互相争权，陷于混乱。西汉政府征召前金城郡（甘肃省永靖县西北）郡长（太守）段会宗（段会宗于前二一年，再度出任西域总督〔都护〕，不久召回。被控擅自调遣戊己指挥官〔戊己校尉〕发兵迎接康居王国〔首都卑阗城，中亚巴尔喀什湖西南锡尔河北岸〕降民，没有成功。缴出赎金，免死。后来又当金城郡郡长，因病免职），主管宫廷秘书署东厢（左曹）、当皇家警卫指挥官（中郎将）、特级国务官（光禄大夫），命他前往乌孙王国，恢复秩序。段会宗到乌孙王国后，拥立安日的老弟末振将继任小国王，安定乌孙动乱，然后返国。当时，大国王雌栗靡，健壮剽悍。末振将恐怕终有一天被雌栗靡吞并，于是派高级官员（贵人）乌日领，向雌栗靡假装投降，乘机把雌栗靡刺死。西汉政府准备出军讨伐，却没有力量。于是，再派皇家警卫指挥官（中郎将）段会宗前往，拥立西汉公主刘解忧的孙儿伊秩靡（雌栗靡的叔父），继任大国王。

很久之后，大国王伊秩靡跟他的一位大酋长（翎侯）难栖，刺杀末振将。安日的儿子安犁靡，继任小国王。西汉政府不能诛杀凶手，却被大国王把凶手诛杀，自觉脸上无光。于是再派段会宗前往西域，征调戊己指挥官（戊己校尉）统御的屯垦兵团，跟其他国家的军队，前往诛杀末振将的太子番丘，聊以保持颜面。段会宗考虑到，一旦大兵团前进到乌孙王国，番丘受到惊吓，可能逃亡，那将再找不到他。于是命大军驻扎垫娄地（今地不详），而只遴选骑兵神射手三十人，迅速进入小国王境内，召见番丘。宣告他爹末振将的罪状，当场用剑把番丘斩首。番丘左右官员，惊恐逃散。小国王安犁靡，紧急动员国防军骑兵约几千人，把段会宗团团围住。段会宗告诉他处决番丘的缘故，说："你们今天把我杀死，不过在中国这条壮牛身上，拔掉一根毫毛。可是，大宛（首都贵山城〔中亚纳曼干州西北卡散赛城〕）国王、郅支单于，人头都挂在首都长安槁街之上（参考前一〇二年、前三六年），你们乌孙王国应该知道。"小国王安犁靡以下，对这项惩罚，并无异议，但抗议说："末振将辜负中国，当然可以杀他的儿子。可是，为什么不事先通知我们？使我们为他饯行？"段会宗说："我如果事先通知小国王，小国王跟他是堂兄堂弟（安犁靡是安日的儿子，末振将是安日的老弟，末振将的儿子，跟安犁靡自是堂兄堂弟），万一放他逃走，在中国看来，那是一项大罪；如果不放他逃走，在欢宴后把他交给我，岂不伤了你们骨肉之情？由于这个缘故，没有敢先使你知道。"小国王安犁靡听后，悲痛哀号，班师而去。

段会宗回到首都长安复命，刘骜封段会宗关内侯（准侯爵），赏赐黄金一百斤。段会宗奏称，乌孙王国大酋长（翎侯）之一的难栖，诛杀末振将，请封他"坚守司令官"（乌孙王国有总司令官〔大将〕、司令〔都尉〕各一人，特在难栖新官衔上加"坚守"，表示荣耀），追究宰相（大禄）、总监（大监）不能保护大国王雌栗靡的责任，撤回他们紫色绶带的金印（前五一年，西汉政府颁发），改授低一级黑色绣带的铜印。

末振将的老弟卑爰疐（音zhì〔志〕），本是刺杀大国王雌栗靡的主谋，在国内不能容身，率领他的部众八万余口，向北逃亡，依附康居王国（首都卑阗城〔中亚巴尔喀什湖西南锡尔河北岸〕），企图向康居国王借兵，兼并乌孙大小王国。后来，西汉政府再派段会宗，跟西域总督（都护）郭舜，合力防备（十年后，卑爰疐被当时的西域总督孙建击斩）。

纪元前一世纪·前一一年　乌孙王国内乱

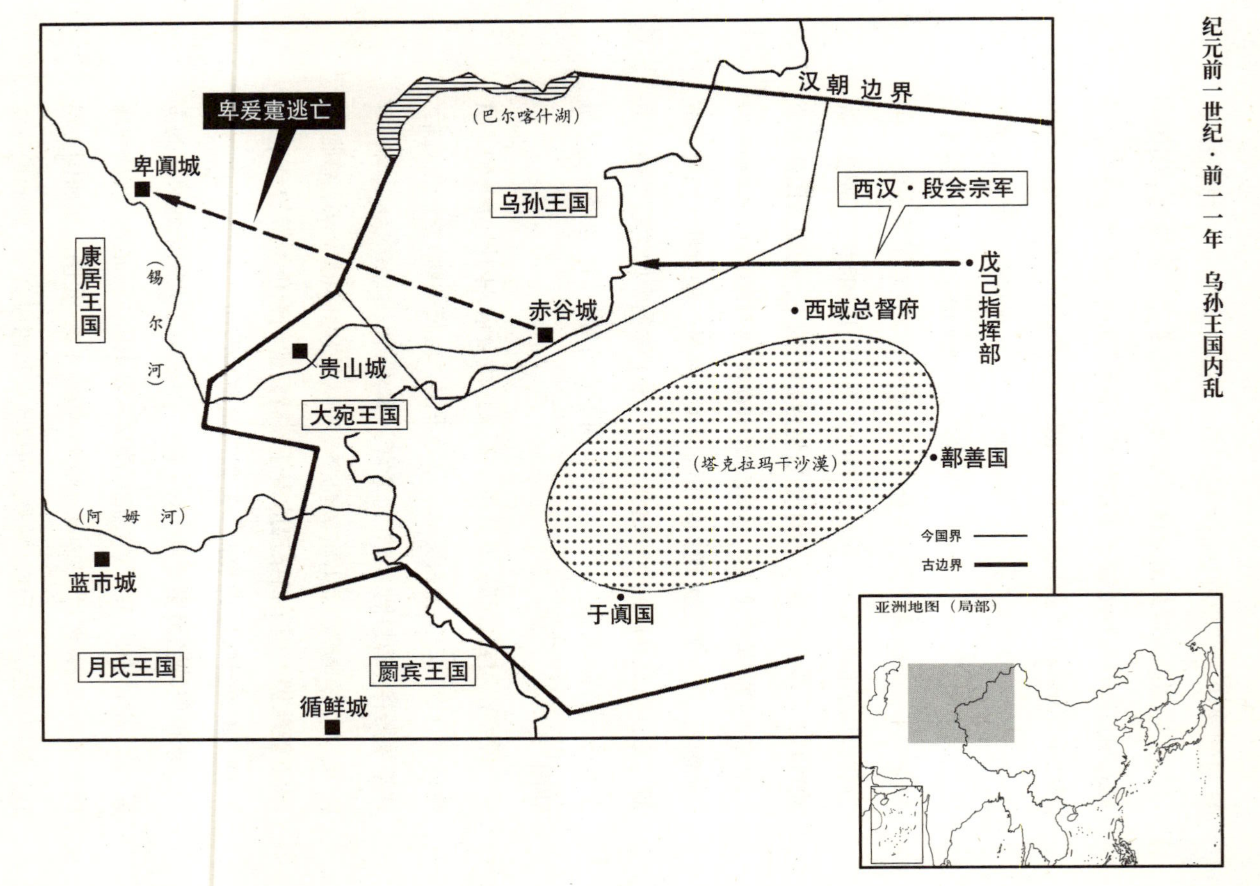

4 自从乌孙王国(首都赤谷城)分别设立大小两位国王以来(参考前五三年),西汉王朝被搞得十分辛苦,几乎没有一年安定。这时,康居王国(首都卑阗城)派人质前来西汉王朝,又向西汉王朝进贡。西域总督(都护)郭舜上疏说:

"匈奴汗国(王庭设蒙古国哈拉和林市)最强盛的时候,也没有力量吞并乌孙跟康居。匈奴汗国向我国降服,也不是因为失掉这两个国家的支持。我国虽然接受他们的人质,可是他们三国互相贸易,来往频繁,跟从前一模一样。当然也互相仇视戒备,一有机会,即行发动攻击。合作而不亲信,分离而谁也不能征服谁。以现在我国的处境来说,跟乌孙王国缔结姻亲,并没有收到利益,反而不断为我国惹事。乌孙王国婚姻关系,既已建立,匈奴汗国也已归顺我国,在大义上,我们不能拒绝。

"只有康居王国,骄傲狡猾。直到今天,他们国王对我国使节,仍不肯叩头。西域总督府官员到他们国家,座位都设在乌孙王国使节之下,国王跟贵族们先用过饭,才教总督府官员进餐。故意表示轻视西汉王朝,用以向邻国夸耀。由此推测,派遣人质的目的,不过想做生意买卖而已。甜言蜜语的奏章,是一种诈骗。匈奴汗国是所有蛮夷中最大的国家,而今已谨慎的事奉我国。如果发现康居王国的态度如此,将使匈奴汗国的单于,自感羞惭。我建议,应把康居王国的人质送回,也不再派遣使节前往,用以表示我国不跟没有礼义的国家交通。"

西汉政府认为,康居王国还是第一次派遣人质,而又可以使西汉王朝声威,传播远方,所以照常接待,并不断绝。

纪元前一世纪

九〇年代

前一〇—前一年

西汉王朝

- 刘骜死于春药。
- 诬杀冯媛太后。
- 关东人民无故惊走。
- 赵合德自杀。
- 刘欣死亡，王莽掌权。

- 耶稣生于伯利恒。
- 安息帝夫累兹被杀，国中发生内战。
- 罗马削去亚美尼亚国王的尊号。

纪元前一〇年

辛亥

西汉　元延　三年

1 春季，正月十日，西汉王朝（首都长安〔陕西省西安市〕）蜀郡（四川省成都市）的岷山（四川省若尔盖县东）崩塌，土石泻入江水（岷江，发源于四川省松潘县北岷山南麓，南流至四川省宜宾市，注入长江），堵塞河床三天之久，长江下游江水枯竭。中垒兵团指挥官（中垒校尉）刘更生（刘向）十分震惊，说："从前，周王朝时，岐山（陕西省岐山县东北）崩塌，三条

纪元前一世纪·前一〇年正月　岷山山崩

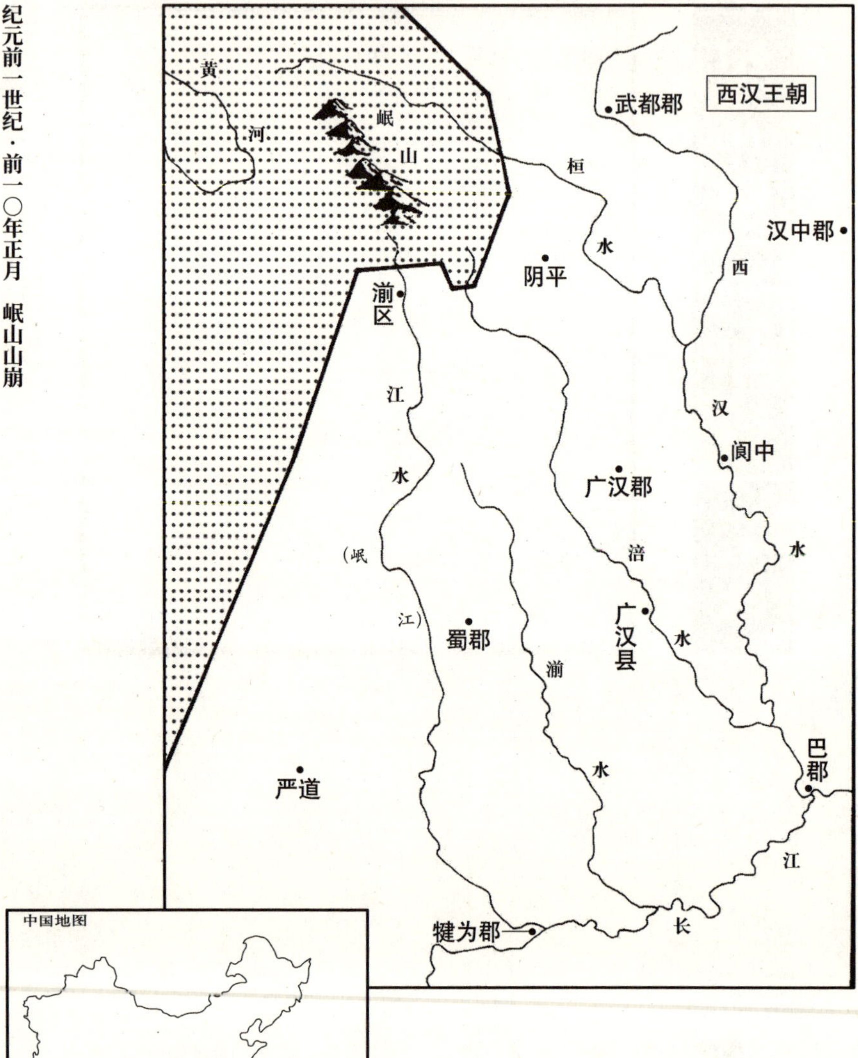

西汉王朝

黄河

岷山

武都郡

桓水

汉中郡

西汉水

阴平

湔区

江水（岷江）

广汉郡

阆中

涪水

广汉县

蜀郡

湔水

巴郡

严道

犍为郡

长江

中国地图

南海诸岛

河流（泾水、渭水、洛河）同时枯竭（此事发生于前七八〇年，周王朝十二任王〔幽王〕姬宫涅在位），结果姬宫涅被杀。岐山，是周王朝的老根据地。西汉王朝本在蜀汉起家（西楚霸王项羽，封刘邦当汉王，首府南郑〔陕西省汉中市〕，拥有汉中郡、巴郡及蜀郡三郡之地。参考前二〇六年），而起家的地方，却山崩水枯。孛星的短尾巴又扫过摄提、大角二星，从参星一直到辰星，西汉政府恐怕难逃覆亡。”

2 二月二十日，西汉帝（十二任成帝）刘骜（本年四十三岁）封淳于长当定陵侯。

3 三月，刘骜前往雍县（陕西省宝鸡市凤翔区），祭祀五色帝。

4 刘骜为了向外国贵宾炫耀御花园（上林苑）里的奇禽怪兽。秋季，下令西长安市（右扶风）发动人民深入南山（南山，指秦岭，也称终南山。唐王朝时代是隐士集中的地方，在历史上占重要位置），西从褒谷（陕西省留坝县褒河河谷）、斜谷（陕西省眉县西南），东到弘农郡（河南省灵宝市东北），南到汉中郡（陕西省汉中市），张设网罗，捕捉熊豹之类野兽，装上槛车，运送到长杨宫（陕西省周至县境）的射熊馆。四周架设围障，把所有禽兽都放到里面。命外国勇士赤手空拳，跟野兽搏斗，格杀后就归他所有。刘骜亲临观看，大为兴奋。

纪元前一世纪·前一〇年 刘骜下令搜捕南山野兽

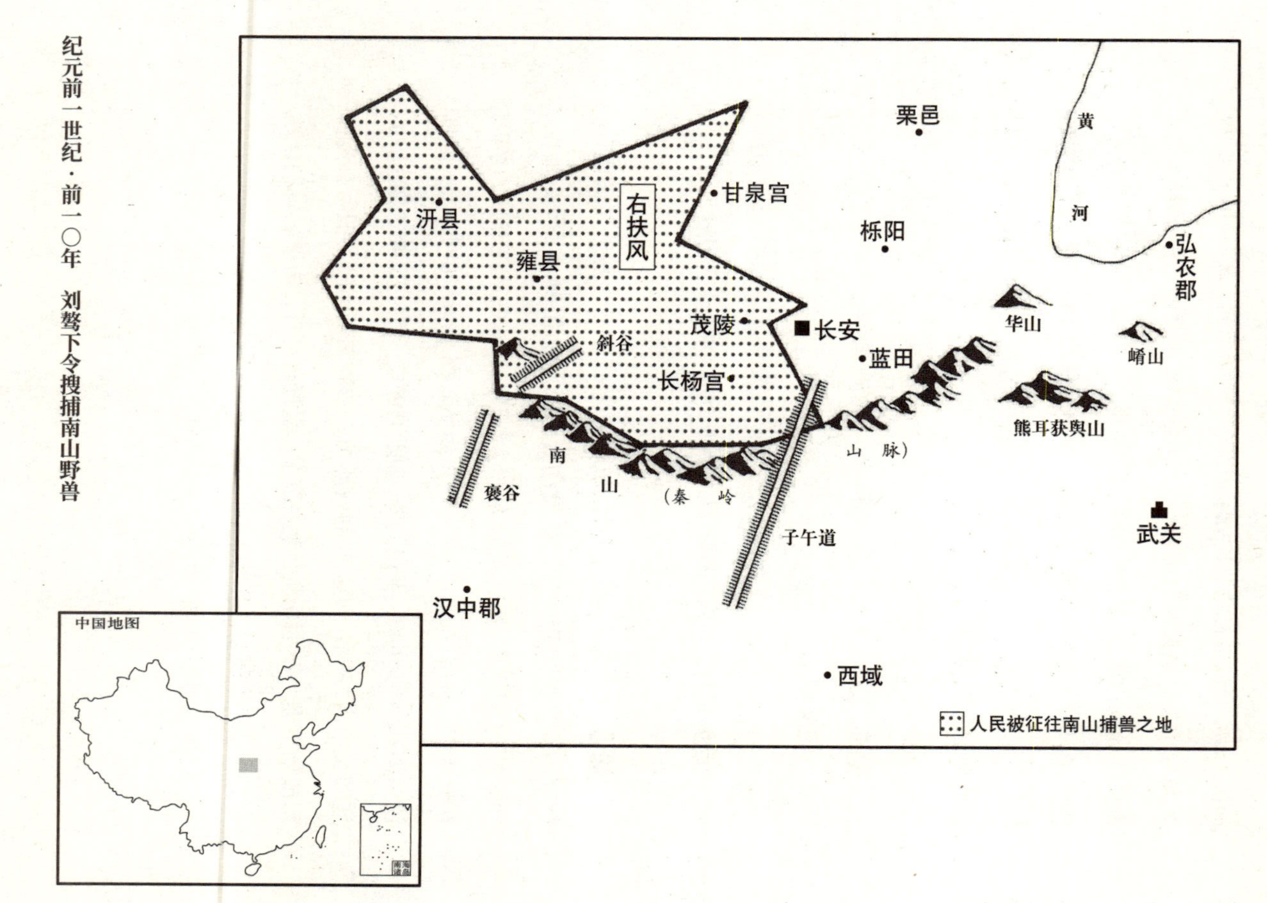

纪元前九年 壬子

西汉 元延 四年

1 春季，正月，西汉王朝（首都长安〔陕西省西安市〕）皇帝（十二任成帝）刘骜（本年四十四岁）前往甘泉（陕西省淳化县西北），祭祀天神。

2 中山王（首府卢奴〔河北省定州市〕）刘兴（刘骜幼弟）、定陶王（首府定陶〔山东省菏泽市定陶区〕）刘欣（刘骜大弟刘康的儿子），都到京师（首都长安）朝贺。刘兴只由亲王师傅（傅）陪同，而刘欣则带着封国的三位最高官员：亲王师傅（傅）、封国宰相（相），跟首府定陶警备区司令（中尉）。刘骜有点奇怪，询问刘欣，刘欣说："中央规定，封国国君入朝，可以由封国部长级（二千石）官员陪同。而亲王师傅、封国宰相、首府警备区司令，全是部长级（二千石）官员，所以全部带来。"刘骜又教这位侄儿背诵《诗经》，刘欣不但能背诵，还能解释清楚。

另有一天，刘骜问刘兴："你只带师傅一人，有什么法令根据？"刘兴回答不出。教他背诵《书经》（《尚书》），刘兴又背不下去。兄弟二人共餐，刘骜早已放下筷子，刘兴却仍在那里慢慢的吃。好不容易吃饱，告辞下台阶时，袜带松开了，他还不知道。刘骜由此判断，这位幼弟没有承当大事的能力，认为侄儿刘欣贤能，不断称赞他的才干。

这时，亲王之中，只有刘兴、刘欣二人，在血缘上最为亲近。刘欣的祖母傅太后（刘奭的小老婆傅昭仪，参考前三三年），跟着孙儿同来朝见，用贵重的珍宝，送给皇后赵飞燕，与昭仪赵合德，又送给掌握实权的骠骑将军王根。而赵飞燕、赵合德、王根，眼看刘骜没有儿子，也正打算为未来的长远日子铺路。因之也乘势顺着刘骜的语气，轮番称赞皇侄刘欣英俊不凡，建议刘骜指定他当合法继承人。刘骜欣赏侄儿的聪明，于是，亲自主持“加冠礼”，然后才遣送他回国。本年（前九），刘欣十七岁。

3 三月，刘骜前往河东郡（山西省夏县），祭祀后土神。

4 两颗陨石，坠落都关（山东省郓城县东北）。

5 王根推荐谷永，遂征召谷永当农林部部长（大司农）。谷永前后上疏四十余次，内容大致相同，集中力量攻击刘骜跟后宫美女。谷永是王姓家族的党羽，刘骜十分了解，所以对他并不十分亲信。农林部长当了一年有余，有病，请假三个月期满，刘骜拒绝延长假期，于是免职。数月后逝世（西汉王朝高官病假，只有三个月，超过期限，就自动免职。普通情形之下，皇帝总是特别优待，准其延期，术语称“赐告”）。

纪元前八年 癸丑

西汉 绥和 元年

1 春季，正月，西汉王朝（首都长安〔陕西省西安市〕）皇帝（十二任成帝）刘骜（本年四十五岁）大赦天下。

2 刘骜自知生子无望，于是召集宰相（丞相）翟方进、最高监察长（御史大夫）孔光、右将军廉褒、后将军朱博，同到内宫，征询他们的意见：刘兴、刘欣，谁比较适合继承帝位？翟方进、王根、廉褒、朱博，一致认为："定陶王（刘欣），是皇上的嫡亲侄儿。《礼记》

说：‘弟兄们的儿子，也就是自己的儿子。只要当继承人，就是儿子。’所以，应该使定陶王（刘欣）过继在皇上名下。”只孔光一人反对，他认为：“依照礼教，选择继承人，应看血缘的亲疏。《书经·盘庚》记载：商王朝君王传位，都是‘兄终弟及’——哥哥死后，把宝座传给老弟。中山王（刘兴）是先帝（刘奭）的儿子、皇上的嫡亲弟弟，应该立为继承人。”

刘骜认为刘兴缺少才干。更重要的是，依照宗法制度的礼教规定，老哥死后的牌位，不能跟老弟死后的牌位，同时进入祭庙，所以拒绝孔光的意见。

二月九日，刘骜下诏立刘欣当皇太子。为了安抚失望的中山王刘兴，封刘兴的舅父议论官（谏大夫）冯参当宜乡侯，增加中山国（首府卢奴〔河北省定州市〕）采邑三万户，作为补偿。派首都长安警备区司令（执金吾）任宏，暂代藩属事务部长（守大鸿胪），“持节”前往迎接刘欣。刘欣上书推辞说：“我的天资愚鲁，不应占据太子的宫殿。我愿暂住设立在首都的定陶国宾馆，早晚进宫问安，等陛下生下皇子，再返回封国。”刘骜批复：“知道了。”

二月十四日，孔光由于议论不合皇帝的意思，调降司法部长（廷尉）。擢升何武当最高监察长（御史大夫）。

3 最初，前任帝（十一任元帝）刘奭（刘骜的老爹）下诏寻访商王朝皇家后裔，发现子姓皇族，已分成十余姓（诸如，姓华、姓戴、姓桓、姓向、姓乐），无法找出子姓皇家的嫡系血亲。匡衡、梅福，都认为应该肯定孔丘是商王朝一任帝子天乙的后裔（这是前一世纪五〇年代，刘奭在位，匡衡当宰相时的事。今年，梅福旧事重提）。刘骜批准，封孔吉当殷绍嘉侯。

三月，孔吉跟周承休侯姬（名不详），一齐晋封公爵，采邑各一百华里。

4 刘骜前往雍县（陕西省宝鸡市凤翔区），祭祀五色帝。

5 最初，何武担任司法部长（廷尉），上书建议："世事到了近代，政府事务复杂繁重，宰相的才干，又赶不上古人。但宰相之位，却兼管'三公'的事，所以国家不能治理，请恢复古代'三公'制度。"刘骜接受。

夏季，四月，发给曲阳侯王根全国武装部队最高指挥官（大司马）印信绣带，设立最高指挥部，撤销骠骑将军官位。（前一一九年，刘彻〔七任武帝〕设立"大司马"，仅只是一项最高荣誉。前六七年，刘病已〔十任宣帝〕恢复"大司马"，仍是一个空衔，无权无责，没有印信、绣带，也没有官署。本年，才发给金印和紫色绣带，设立总部，骠骑将军的权柄全被吸收，没有存在的必要。）擢升最高监察长（御史大夫）何武当大司空（三公之三），封汜乡侯，俸禄跟宰相完全相同，使"三公"的结构完备。

6 秋季，八月九日，中山（孝）王（首府卢奴〔河北省定州市〕）刘兴逝世。

7 匈奴汗国车牙若鞮单于（十七任）挛鞮且莫车逝世。老弟挛鞮囊知牙斯继位，称乌珠留若鞮单于（十八任）。封幼弟挛鞮乐当左贤王，挛鞮舆当右贤王。西汉政府派皇家警卫指挥官（中郎将）夏侯藩、副指挥官（副校尉）韩容，出使匈奴。

有人向王根建议："张掖郡（甘肃省张掖市）北方，匈奴有块土地

（内蒙古阿拉善右旗北巴丹吉林沙漠），楔入西汉边塞，出产奇异的木材，可以制造箭杆；也出产鹫鹰的羽毛，可以制造箭翎。如果能够取得这块土地，能使边塞一带的民生富饶。国家有开疆拓土的实惠，将军也可名垂万世。"

王根向刘骜报告。刘骜考虑到，如果由皇帝出面向单于要求，万一匈奴拒绝，不但伤害皇帝的威信，而且使西汉政府在匈奴面前丢脸。于是王根采取另一种方式，把刘骜的意思告诉夏侯藩，命夏侯藩作为私人意见，向单于提出。

夏侯藩抵达匈奴汗国，会谈时候，顺便说："我曾经考察，匈奴汗国有一块土地，孤单的楔入西汉边塞，直逼张掖郡（甘肃省张掖市）。西汉政府方面，派出三个司令（都尉），沿边驻守（两名民兵司令，一驻肩水金关〔甘肃省金塔县东北〕，一驻居延〔内蒙古额济纳旗〕，另一屯垦区驻军司令〔农都尉〕驻番和〔甘肃省永昌县〕），战士数百人，天气寒冷难熬，守望任务辛劳。单于最好把这块土地，呈献给皇帝，划归西汉政府。西汉政府就可以撤销两个司令（都尉），跟战士好几百人，用来报答天子的厚恩。而天子的回报，一定更重。"挛鞮囊知牙斯问："这可是天子诏书上的话，还是你的意思？"夏侯藩说："当然是诏书上的意思，不过我也是为单于着想。"挛鞮囊知牙斯说："那块地方，是温偶駼王的辖区（駼，音tú〔图〕），不知道地理情形跟物产情况，等我派人前去调查。"

夏侯藩、韩容回国后，不久，再出使匈奴汗国，正式提出割地要求。挛鞮囊知牙斯说："自从呼韩邪单于（十四任挛鞮稽侯栅）传位到我，已经五世，中国从没有要求过这块土地。今天，忽然向我要求，是什么原因？我已经问过温偶駼王，匈奴汗国西部各部落酋长制造帐幕、车辆的木材，全仰仗这块土地供应。而且是祖先（指呼韩邪单于）留下来的土地，我不敢失掉它。”夏侯藩回国，被贬作太原郡（山西省太原市）郡长（太守）。后来，搴鞮囊知牙斯派使节到首都长安，上书刘骜，报告夏侯藩要求割地经过。刘骜用诏书回答：“夏侯藩假传圣旨，向单于要求割地，依法应当处死。不过已经经过两次大赦（本年之后明年〔前七〕大赦；后年〔前六〕又大赦。推测搴鞮囊知牙斯对西汉政府的反应，当在前五年或前四年），现在把夏侯藩调任济南郡（山东省济南市章丘区）郡长，不使他接触匈奴。”

8 冬季，十月十四日，王根患病，免职。

9 刘骜认为，皇太子刘欣，既继承“大宗”，就不能再对亲爹刘康有父子之情。

十一月，刘骜封楚（孝）王（首府彭城〔江苏省徐州市〕）刘嚣（刘病已子）的孙儿刘景，继任定陶王（首府定陶〔山东省菏泽市定陶区〕）。刘欣准备上书叩谢恩德（刘欣过继伯父刘骜之后，他亲爹定陶〔孝〕王刘康的香火断绝。刘景继任定陶王，也就是刘康的祭祀得以延续。所以刘欣为这项措施叩谢）。太子教师（太子少傅）阎崇认为：“既当别人的继承人，就不能再有父子亲情，不应该叩谢。”可是太子师傅（太子太傅）赵玄，却认为：“应该叩谢。”刘欣听信赵玄的意见去做，刘骜大不高兴，下诏问：“为什么叩谢？”宫廷秘书（尚书）立刻弹劾赵玄。赵玄被贬作宫廷供应部长（少府），由宫廷禁卫官司令（光禄勋）师丹，担任太子师傅（太子太傅）。

最初，刘欣小时候，祖母傅太后（傅昭仪）亲自喂养。等到封皇太子，刘骜下诏：傅太后，以及刘欣的娘亲丁姬，全都留在定陶国（首府定陶〔山东省菏泽市定陶区〕），不能跟随到京师。祖孙母子，遂无法相见。过了些时，皇太后（王政君）准备让傅太后、丁姬，每隔十天到

纪元前一世纪·前八年　匈奴汗国拒绝割楔入地

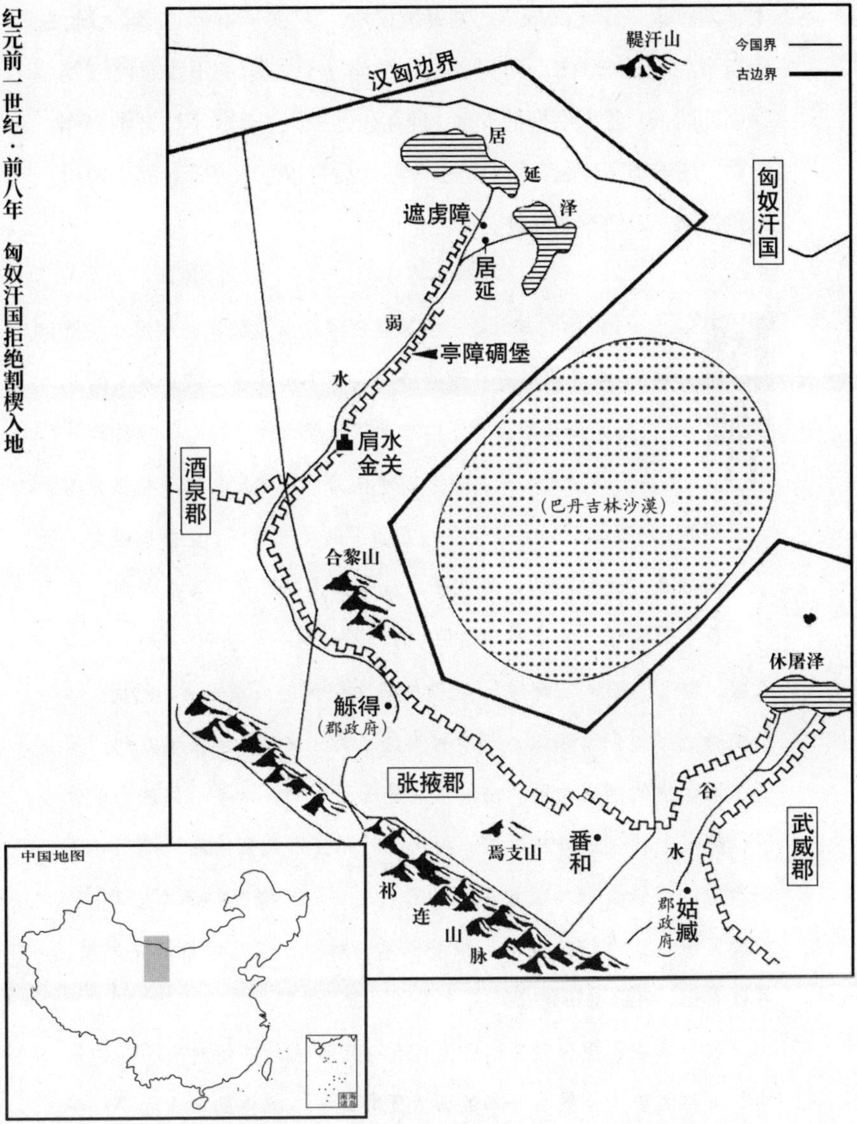

鞮汗山
今国界
古边界
汉匈边界
居延泽
遮虏障
居延
弱水
亭障碉堡
肩水金关
匈奴汗国
酒泉郡
（巴丹吉林沙漠）
合黎山
休屠泽
觻得
（郡政府）
张掖郡
谷水
武威郡
焉支山
番和
祁连山脉
姑臧
（郡政府）
中国地图
南海诸岛

太子刘欣家，作一次探望。刘骜抗议说："皇太子（刘欣）继承大统，应当奉养陛下（王政君），不可以再有祖孙母子之情。"王政君说："刘欣小的时候，傅太后抱他养他。现在让她去太子家，不过把她当作奶娘，并不妨碍什么！"于是下令傅太后可以到太子家，而丁姬虽然是娘亲，却仍不能前往。

传统的封建社会，依靠儒家学派所定的宗法制度，维持秩序。主要精神是：过继给别人膝下当儿子，就是别人的儿子。对亲爹亲娘，不能再有父子母子之情。这是一项纯理性的决定，必须如此，才可以使权力中心稳定，和祭祀祖先的香火不绝。儒家学派知识分子在这方面下的功夫至深，坚持也最力。

问题是"过继给别人当儿子，就是别人的儿子"容易办到，第一个特征是称呼，本来叫"伯伯"的，开始改叫"爸爸"，而对亲爹亲娘，改叫"叔叔""婶婶"，明确的表示亲情的关系位置。然而，第二个特征"对亲爹亲娘，不能再有父子母子之情"却很难办到，只好采取蛮横的高压手段。偏偏亲情是压不断的，只要遇到这个节骨眼，政坛上就一定揭起风波。西汉王朝九任帝刘贺偷偷摸摸祭祀了一次他的亲爹，就构成被罢黜的罪状之一（参考前七四年六月）。现在，刘欣又碰上这个结。表面上似乎已完全解决，但从以后历史发展，可以看出，纠纷永不停止。

我们实在不懂，儒家学派为什么一定要去斩断绝对斩不断的亲情？可称之为天下煞有介事的四大无聊之一。其他的三大无聊：一是帝王绰号，一是帝王年号，一是对大家伙名字的避讳。

10 皇城保安司令（卫尉），兼宫廷随从（侍中）淳于长，深受刘骜的信任，刘骜对他十分宠爱，权力和尊贵，压倒公卿（三公跟部长级官员）。结交封国亲王、侯爵、全权州长（牧。此时仍未设“牧”，应是“刺史”〔州督导官〕）、郡长（守）。外界送给他的贿赂，跟皇帝对他的赏赐，累积有亿万之多，使他完全沉湎在声色犬马之中。被罢黜了的许皇后的姐姐许孊（音mí〔迷〕），是龙雒侯（思侯）韩宝（韩增的儿子）的妻子。韩宝逝世后，许孊守寡，淳于长跟她通奸，并进一步把她收作小老婆（以侯爵夫人的尊贵身份，竟愿屈居别人小老婆，定不简单）。许皇后自被罢黜（参考前一八年），移居长定宫，拜托姐姐许孊贿赂淳于长，不求恢复皇后地位，但求恢复自由，能够重当倢伃，便心满意足（这种屈辱的心情，使人怆然）。淳于长接受许皇后贿赂的金钱车马，以及各种衣服器具，前后累积到千余万钱。淳于长欺骗许皇后说，他会为她在刘骜面前尽力，想办法教她当左皇后。许孊每次到长定宫妹妹处留宿，淳于长写信给许孊，充满戏弄许皇后的字句，侮辱轻薄，无所不言（淳于长轻佻无赖，还可理解。而许孊骨肉姐妹，却毫无心肝）。这种情形，一连维持好几年。

当时，曲阳侯王根仍然掌权，患病已久，屡次提出辞职。淳于长也是皇亲（王政君姐姐的儿子），而且居于部长级高官，依照顺序，有接替王根的可能。宫廷随从（侍中）、骑兵总监（骑都尉）、特级国务官（光禄大夫）王莽，对淳于长心怀猜忌，希望铲除横亘在他前途上的这个障碍，而他对这对男女间的勾当，已掌握资料。于是，在侍奉王根病时，说：“淳于长知道将军一直患病，非常高兴，自以为将接替你的位置，主持政府，甚至预先与知识分子及富家子弟，讨论任官封爵。”还攻击淳于长的隐私。王根吼叫说：“竟有这回事，为什么不早告诉我？”王莽说：“不知道将军的意思，不敢直说！”王根说：“快去禀告皇太后（王政君）！”王莽求见姑妈王政君，详细陈述淳于长骄傲奢侈，打算代替王根，私跟长定宫被罢黜的许皇后勾结，接受她的贿赂。王政君气得发抖，说：“这孩子怎么敢如此无礼？快去奏报皇上！”王莽再奏报刘骜。刘骜因淳于长是娘亲姐姐的儿子，仅只下令把淳于长免职，不另加罪，遣送他返回封国（淳于长封定陵侯；定陵，今河南省漯河市郾城区西北）。

当初，红阳侯王立不能辅政（参考前一二年），怀疑是淳于长从中破坏，把淳于长痛恨入骨。这种情形，刘骜完全了解。等到淳于长被遣回封国，王立的嫡长子（爵位的合法继承人）王融，请淳于长把仪仗队的车辆马匹送给他（回到封国后，这些便排不上用场）。淳于长一口答应，并加送贵重的珠宝，求王融转送老爹王立。王立遂改变态度，上“亲启密奏”（封事），请求把淳于长留在京师，说：“诏书上既说明为了皇太后的缘故，就不必再遣送他返回封国。”刘骜对王立突然替仇人淳于长求情，大起疑惑，交给有关单位调查。有关单位逮捕王融，王立惊慌失措，逼王融自杀灭口。想不到更促使刘骜疑心，认为其中必有更大的罪恶。这时淳于长已在返回封国中途。遂逮捕淳于长，囚禁洛阳诏狱，严厉追究。淳于长全部供出如何戏弄许皇后，承诺立她当左皇后情形。于是，罪名“大逆不道”成立，就在狱中处决。妻子放逐合浦郡（广西合浦县东北），娘亲王若（王政君的姐姐）送回故乡魏郡元城（河北省大名县东北）。刘骜派司法部长（廷尉）孔光，“持节”前往长定宫，逼许皇后服毒自杀。

宰相（丞相）翟方进弹劾：“红阳侯王立，狡猾不道，请逮捕审讯。”刘骜说：“王立是我舅父，不忍心教他受法律制裁，遣送回到他的封国（红阳国，今河南省叶县南）。”翟方进再弹劾王立党羽后将军朱博、钜鹿郡（河北省平乡县）郡长（太守）孙闳，二人被免职。跟前特级国务官（光禄大夫）陈咸，一齐驱逐回乡（朱博是杜陵〔陕西省西安市东南〕

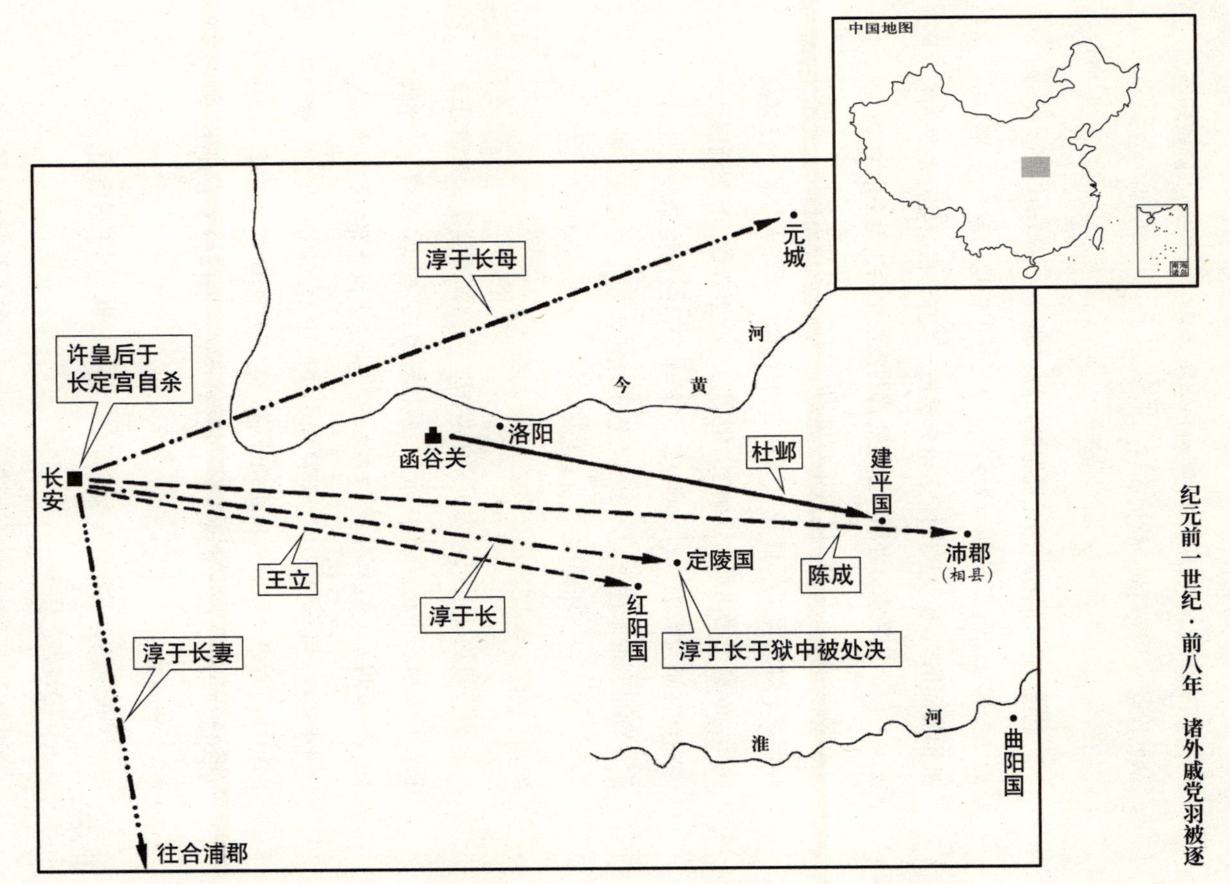

纪元前一世纪·前八年 诸外戚党羽被逐

人，孙闳是长安人，陈咸是相县〔沛郡郡政府所在县，安徽省淮北市〕人）。陈咸知道从此没落，不能再起，忧愤而死。

11 宰相翟方进，无论智慧和办事能力，都绰绰有余，又精通法令规章，有丰富的行政经验，而又善于运用儒家学派的经典，被称赞通情达理。刘骜对他，十分器重。翟方进很会揣摩刘骜的心意，所以，凡是建言处事，都跟刘骜的想法相合，无不批准。当淳于长刚开始被起用时，唯有翟方进用心结交，时常赞扬他，遇事为他隐瞒。等到淳于长犯下“大逆”之罪伏诛，刘骜认为翟方进官高位重，故意使官司不牵连到他。但翟方进心里有数，感到惭愧，声称有病，请求辞职。刘骜回报说：“淳于长已经用生命洗涤他的邪恶，你虽跟他来往密切，古书上岂不是说：‘早上有过失，晚上便改正，正人君子都赞扬。’你还疑心什么？请专心调养，不要耽误医治，好好保重。”

翟方进这才上班，为了划清界线，立刻弹劾淳于长亲近好友首都长安特别市长（京兆尹）孙宝、西长安市长（右扶风）萧育等、州督导官（刺史）以上高级官员（二千石），凡二十余人，全部免职。函谷关（河南省新安县）驻军司令（函谷都尉）建平侯杜业（杜延年的孙儿），平素一向轻视翟方进。翟方进再弹劾杜业：“接受红阳侯王立书信，嘱咐他照顾淳于长，犯大不敬之罪。”杜业免职，遣回封国（建平国，今河南省永城市西北）。

刘骜认为，王莽首先揭发奸恶，忠心正直。而王根病重，也推荐王莽接替自己职务。

十一月丙寅日（十一月辛未朔，没有丙寅），任命王莽当大司马（三公之二）。本年（前八），王莽三十八岁。

王莽突然擢升，继承四位叔父（王凤、王音、王商〔王家班〕、王根）主持政府，准备使他的声望，远超过前辈，遂刻苦自励，修身养性，聘请贤能人才，作为自己的助理。封国人民缴纳给他的赋税，全都分赠给有才干的人士。特别节俭，娘亲患病，三公及部长级官员夫人前去王宅问候，王莽的妻子亲自开门，迎接招待，衣服长度不到地面，外套长度只刚好遮住膝盖。贵夫人们还以为她是婢仆，询问之下，竟是最高指挥官夫人，无不大吃一惊。王莽博取美誉，都与此相类。

12 宰相（丞相）翟方进、大司空（三公之三）何武，联名奏称："《春秋》昭示的大义是：用尊贵的人，治理微贱的人，而不会用微贱的人，去控制尊贵的人。各州督导官（刺史），位置比初级国务官还低（六百石），却督导部长级官员（二千石），轻重贵贱，完全颠倒。我们建议：撤销督导官（刺史），而在各州设立全权州长（州牧），用以符合古代制度。"

十二月，刘骜下诏撤销督导官（刺史），改设全权州长（州牧），薪俸跟部长相等（二千石）。

13 犍为郡（四川省宜宾市）郡政府，在水畔捡到十六个古代的石磬（音qìng〔庆〕），中央官员们认为是一种祥瑞。刘更生（刘向）乘机向刘骜进言说：

"应该在中央设立大学（辟雍），在地方设立中学、小学（庠序），提倡礼教圣乐，传播文雅赞颂的声音，表扬人们谦让的举止，用以教化天下。能够这样而国家仍不治理，还从来没有过。或许有人说：'不能全靠礼教。'礼教以培养人才为主要目的，如果有什么差错，也是为了礼教才出差错。刑罚同样也会出差错，有时甚至造成死伤。然而，今天所用的刑法，并不是纪元前二十三世纪皋陶时代的刑法，有关官员请制定刑法，遵从君王的指示，当增加的就增加，当减少的就减少，为的是适应这个时代。只对于礼教圣乐，却推辞说：‘不敢。’是敢杀人，而不敢培养人才。只为了祭器和乐器不齐全，就索性放弃。是为了小事不备，而竟使大事（礼教圣乐）不成，使人困惑。

“用礼教圣乐来比刑法，刑法轻微。我们却恰恰的舍弃重要的，而只掌握轻微的。礼教圣乐是治理国家的基础，刑法只不过担任配角。如今废掉基础，把配角看得那么重要，就不可能治理天下。连京师（首都长安）这里，都有凶暴不孝的子孙，甚至身陷死刑，仍不能根绝，原因在于人们不懂得‘五常’的道理（五常：仁、义、礼、智、信）。西汉王朝上接千年衰弱的周王朝，又继承凶暴的秦王朝遗留下的弊端。人民染上恶劣风习，贪婪奸险，不了解仁义，不了解道理。不在礼教圣乐上用功夫，而独靠刑法，终无法使民心改变。”

刘骜把奏章交付高官会议。宰相（丞相）、大司空（三公之三）联合奏请在首都长安设立大学（辟雍），并且派人到长安南郊选定地址，打下木桩。可是，还没有开工，即作为罢论。

当时，又有人建议："孔丘不过一个平民，却有门徒三千人。而天子的学生，竟这么少。"（天子的学生，指"博士弟子"〔研究生〕刘奭在位时，已增加到一千人。参考前四四年。）于是，刘骜下令增加到三千人。然而，一年后，又恢复原来的一千人。

刘更生（刘向）自信获得刘骜信任，所以常常替刘姓皇族所受的委屈，提出抱怨。讥刺王姓家族跟盘踞高位的官员，言辞深痛，出于内心至诚。刘骜每次想任命他担任部长，却得不到王姓家族高官及宰相、监察官（御史）支持，所以职位一直不能升迁。停留在国务官（大夫）的行列，前后三十余年，死于任内。死后十三年，而王莽篡夺西汉王朝政权。（依"死后十三年"推测，王莽的新王朝于纪元后九年建立，则刘更生当死于纪元前四年。）

纪元前七年 甲寅

1 春季，正月，西汉王朝（首都长安〔陕西省西安市〕）皇帝（十二任成帝）刘骜（本年四十六岁）前往甘泉（陕西省淳化县西北），祭祀天神。

2 二月十三日，宰相（丞相）翟方进逝世。

当时，火星接近心宿星（火星如何接近心宿星，不懂。但显示的意义，十分严重。星象家认为，星象如此变异，中国皇帝将有死亡的灾难）。宰相府咨议官（丞相府议曹）、平陵（陕西省咸阳市西北双照街道）人李寻，签报翟方进，说："天象变异，接二连三，而且更为明确。上帝的责备，每天都在增加。如何能够逃过比被斥退、被放逐更严重的杀戮厄运？合府三百余人（指宰相府职员数），靠你明智决定：只有自己牺牲，才能转移凶险。”翟方进忧愁，不知道如何才好。恰巧宫廷禁卫官（郎）贲丽（贲，音bēn〔奔〕），精通天文星象，坚持说，大臣应代替皇上，身当大祸。刘骜遂召见翟方进。翟方进回府后，徘徊留恋，没有立即行动。刘骜不能忍耐，下诏斥责翟方进：因为没有尽到辅佐职责，致使政治混乱，天灾人祸，同时降临，人民穷困不堪。然后，冷冽的说：“本打算把你免职，可是我于心不忍。现在派宫廷秘书长（尚书令）赏赐给你上等美酒十石，肥牛一头，你要善自保重。”翟方进知道他无法逃出此劫，当天自杀。

刘骜对逼死翟方进这件事，保持高度隐秘。所以接到翟方进死亡的消息，故意表示震惊哀悼。派遣部长（九卿）送上皇帝特别颁发的准予陪葬的印信绣带，赏赐车马跟墓园使用的明器；房柱跟栏杆，一律裹上白色绸缎，统由宫廷供应部（少府）供给。刘骜还亲自到灵堂祭吊，达数次之多。礼仪隆重，远超过其他宰相。

司马光曰

晏婴说过：“上帝的意思，不容怀疑。命运，无法改变。”福祸都是命中注定，怎么可转移到别人身上？从前，楚王国十三任王（昭王）芈轸、宋国二十八任国君（景公）子头曼，不忍心把灾祸转移给他们的大臣，说：“把肚子的病，转移到胳膊上或大腿上，有什么益处？”（《左传》前四八九年：天际出现红云，形状像火鸟，挟持着太阳奔驰。芈轸派人去周王国问天文台长〔太史〕，天文台长说：“大祸可能降临到大王头上，如果使用法术，可以把这种大祸，转移到宰相〔令尹〕或最高统帅〔司马〕头上。”芈轸说：“把肚子的病，转移到胳膊上或大腿上，有什么益处？”《史记·宋微子世家》：子头曼当国君时，火星接近心宿星〔荧惑守心〕，星象官〔司星〕子韦建议：“可把大祸转移给宰相。”子头曼说：“宰相，是我的四肢。”子韦说：“可转移给人民。”子头曼说：“君王全靠人民。”子韦说：“可转移给庄稼。”子头曼说：“一旦饥馑，人民困苦，我还当谁的国君？”子韦叹息说：“上帝虽在极高天际，但能够听到下界细弱的声音。国君三句充满爱心的言语，火星定会远离。”继续观察，果然远离心宿星三度。）假如灾难可能转移，仁慈的君王还不忍心去做。何况，根本不可能转移。假使翟方进没有死罪，却把他诛杀，用以承当天变，是侮辱上帝；假使翟方进犯了死罪，却不敢公开处决，反而赐给他丰厚的葬礼，是侮辱人民。刘骜既欺天，又欺人，而并没有得到好处，只因他不知道天命。

3 三月，刘骜前往河东郡（山西省夏县），祭祀后土神。

4 三月十八日，刘骜在未央宫逝世（本年四十六岁）。

刘骜身体素来强壮，没有疾病。这时，楚（思）王（首府彭城〔江苏省徐州市〕）刘衍、梁王（首府睢阳〔河南省商丘市〕）刘立，正来京师朝见，明天就要启程返回封国，下榻未央宫白虎殿。刘骜本来要任命左将军孔光当宰相（丞相），侯爵的印信已经刻好，诏书也已经写好。黄昏时候，还一切如常。清晨，刘骜起床，弯腰穿衣裤鞋袜，直起身子时，忽然手臂麻痹，衣裳滑落，不能言语，天亮后不久即死。民间谣言哗然，认为昭仪赵合德应负责任。皇太后王政君下令王莽，跟监察官（御史）、宰相、司法部长（廷尉），组成合议法庭，调查刘骜死因。赵合德自杀。

我的姑妈，曾在后宫充当倢伃（就是那位几乎被害死的班倢伃，参考前一八年），我的长辈父子们和兄弟们，在宫廷中侍奉床帐，屡次告诉我：“成帝（十二任帝刘骜）衣冠整齐，喜爱修饰，无论是乘车或步行，不乱看，不大声呼喊，不过问小

事（“不内顾，不疾言，不亲指。”《论语·乡党》形容孔丘的话，班彪借来形容刘骜）。在金銮宝殿上主持朝会，不多说话。尊严得像一尊神灵，严肃而温和，完全是天子容貌。学识渊博，贯通古今，从容倾听官员们的直率报告，所有奏章及言论，都有充实的内容。正逢着太平盛世，上下和睦。然而，他酗酒好色，赵飞燕姐妹扰乱宫廷，王姓家族把持政府，使人叹息。自从纪元前三二年以来，王姓家族掌握国家命运。后来，哀帝（十三任帝刘欣）、平帝（十四任帝刘箕子），都很短命，王莽遂篡夺政权。由于王姓的权威，建立已久。

柏杨曰

刘骜之死，仅只看正史资料，死得平淡无奇。然而，他却可能是中国历史上，第一个死于春药的君王。不是说只有他第一个服用春药，只是说他第一个死于服用春药过量。刘骜跟其他君王一样，有生之年，都沉迷在漂亮女人的酥胸上。而赵合德，更是美女中的美女。不过，男人最大的悲哀也正在此，女人性行为过度，并不影响她继续的性行为，而男人一旦性行为过度，性能力就会衰退。男人所以称为男人，表现在性行为的强度上，如果被女人奚落或指摘性无能，那可是最难堪的羞辱。有些人为了维持男人的这份尊严和性的享受，往往乞灵于春药。可是，任何春药都伤害身体。《金瓶梅》对西门庆先生之死，有绘影绘声的描写。

刘骜之死，不过“西门庆之死”的翻版，异曲而同工。刘骜到了最后，连走路都有点迟钝，对娇艳欲滴的赵合德，束手无策，必须握着赵合德的玉足，才能勃起。于是，法术师（方士）呈献仙丹，这种仙丹在烈火中烧炼，需要一百天才可以炼成。先用大缸贮满了水，把仙丹放到水中，水立刻沸腾。再换新水，经过十天之后，方才不沸，然后吞食。每次一粒，功效如神，赵合德的芳心大悦，而且不久就认为，如果吃一粒有一倍大悦，吃十粒则将有十倍大悦。最后，一次就教刘骜吞下十粒，御床上颠鸾倒凤，“笑声吃吃不止”。然而到了午夜，刘骜陷于昏迷，好容易挨到天亮，有点苏醒，勉强下床，就在穿裤子袜子的时候，一头栽倒在地，急抬到床上。精液凶猛涌出，不能停止，裤子被子，全被沾污。刹那之间，气绝身亡。

刘骜一死，赵家姐妹势力瓦解，十余年累积下来的怨毒，开始爆发。婆母王政君下令宫廷事务总管（掖庭令）、宰相、司法部长（廷尉），组织合议法庭，审讯赵合德，调查她谋杀皇帝的阴谋。赵合德现在第一次遇到靠绝世美貌不能克服的困难，哀哭说：“我一向把刘骜看成一个婴儿，玩弄在股掌之上。我所受的宠爱和荣耀，冠于天下。怎能在公堂之上，跟宫廷事务总管这一类芝麻小官，争辩床上男女的事？”然后用手捶胸，呼唤丈夫：“你往哪里去了？”自杀身死。

男人真是一种奇怪的动物，似乎天生的是性的奴隶。一个民间幽默故事，可帮助我们加强印象。老头娶了一位少妻，终于一病不起，医生警告他：“你骨髓已尽，只剩下脑髓了。”老头大喜说：“脑髓还可供我战上几次？”中国君王们的寿命，大都十分短促，在这上面可找到答案。我们并不嘲笑或轻视刘骜，每个男人都可能犯同一毛病。而事实上每个君王也无不如此，只不过刘骜之死，留下史料而已。但我们可以发现，叔孙通建议的“君尊臣卑”，所产生的中国特有的隔离式的宫廷制度，除了对人民有害外，对君王本身，也灾难无穷。

5 刘骜逝世当日（三月十八日），孔光在刘骜灵堂前，就任宰相（丞相），接受侯爵（博山侯）印信及绣带。

6 富平侯张放，得到刘骜逝世消息，怀念悲痛，哭泣过度，也跟着逝世。

荀悦曰

张放并不是不爱皇上（刘骜），但只不过是爱，而并没有忠心。爱而不忠，是仁义的蟊贼。

忠可以不爱，而爱无不忠。忠基于义，爱基于情。张放对刘骜的爱，纯洁笃实，一心倾慕，不羼任何渣汁。他可以不死，也没有人要他死。亲情如王政君，没有为儿子死。爱情如赵飞燕，没有为丈夫死。而张放却为友情丧生，不贪图富贵，不贪图荣誉，只是追求至友于地下，这种罗曼蒂克的情操，值得我们尊敬。

我们可以责备张放忠得不得其法，没有想出一条正确的效忠道路，不能责备他是仁义的蟊贼。因为，爱，就是忠，就是仁义的化身。

7 皇太后王政君下诏：恢复首都长安（陕西省西安市）南北郊祭祀天地大典（古代，天子冬至日在首都南郊“圜丘”，祭祀天神。夏至日在首都北郊“方泽”，祭祀地神。前一四年，刘骜撤销南北郊祭。本年〔前七〕恢复）。

8 夏季，四月八日，太子刘欣（本年十九岁），继位皇帝（十三任哀帝），晋谒刘邦（一任帝）祭庙，尊皇太后王政君当太皇太后，皇后赵飞燕当皇太后。大赦天下。

刘欣即位最初几个月，厉行节俭，减少各项费用，收回政权，政事由自己裁决。政府气象，焕然一新，大家认为国家终于建立正常秩序。

9 四月己卯日（四月己亥朔，没有己卯），把刘骜安葬延陵（陕西省咸阳市北四公里）。

10 太皇太后王政君，命刘欣的祖母傅太后、娘亲丁姬，每隔十天，前往未央宫探望孙儿、儿子。

刘欣下诏问宰相（丞相）、大司空（三公之三），说："定陶（共）王（首府定陶〔山东省菏泽市定陶区〕）刘康的娘亲（傅太后），应该住什么地方？"宰相孔光，早就听说傅太后性格刚强凶暴，工于心计，爱弄权术。当刘欣在襁褓中时，便亲自抚养，直养到长大成人。而刘欣之能坐上皇帝宝座，傅太后又尽了全力（结交皇后赵飞燕等，参考前九年）。孔光深恐傅太后干预政治，不希望皇帝跟这样的祖母早晚接触，于是建议，说："傅太后应另行兴筑宫殿。"只大司空（三公之三）何武建议，说："傅太后可以住在北宫。"刘欣接受何武建议。北宫建有"紫房双层大道"，直通未央宫。傅太后遂利用这条双层道，每天都去看她的孙儿，而且还企图当中央的"皇太后"（目前她只是封国〔定陶国〕的王太后），改变称号，跟王政君一样，亲属也都能封爵掌权，使刘欣无法坚持"大宗"立场（宗法制度下，封国王太后不能跟中央皇太后匹敌，小宗亲属不能享受大宗亲属的特权）。

高昌侯董宏，迎合祖孙二人的心意，上书说："秦王国五任王（庄襄王）嬴异人（嬴楚），亲娘本是夏女士，但他被华阳夫人认领当儿子。他即位后，二位都称'太后'（参考前二五〇年），所以，应该尊称定陶共王太后（傅太后）为帝太后。"刘欣把奏章交给主管单位。大司

定陶国世系
皇帝世系
中山国世系
（刘奭）
③傅太后
定陶共王太后
十一任元帝
刘奭
①王政君
孝元皇后
（刘奭）
冯媛
中山太后
定陶共王
刘康
④丁姬
十二任成帝
刘骜
②赵飞燕
孝成皇后
中山孝王
刘兴
卫姬
十三任哀帝
刘欣
傅皇后
孝哀皇后
（傅太后堂侄女）
十四任平帝
刘箕子
王皇后
孝平皇后
（王莽女）
婚姻关系
儿女关系（血缘关系）
入继“大宗”关系
姓名上加数字者为四并立太后：
①太皇太后
②皇太后
③帝太太后
④帝太后

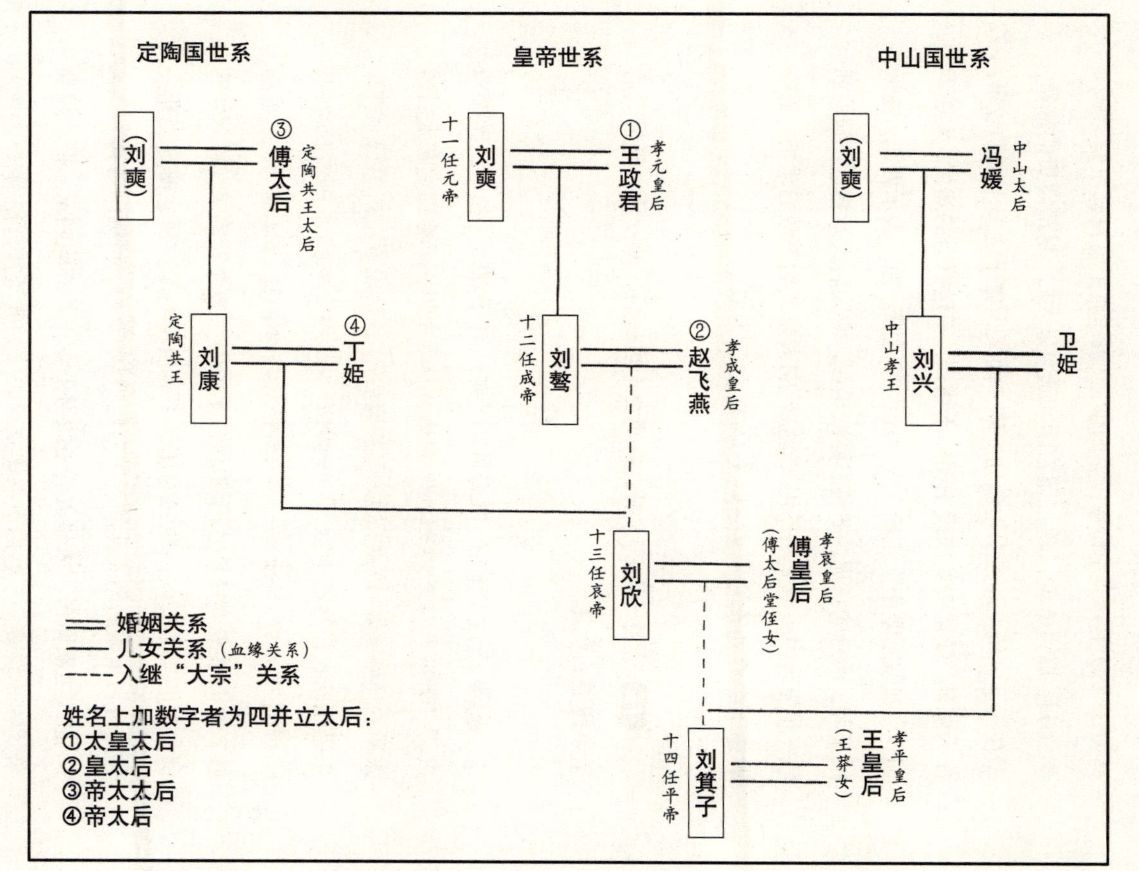

西汉王朝后期帝系图

马（三公之二）王莽，左将军、关内侯（准侯爵）兼主管宫廷机要（领尚书事）师丹，联合弹劾，说："董宏明知道'皇太后'是最尊贵的称号，现在天下一统，却去引用偏处一隅，而又灭亡了的秦王国的故事，作为例证，使圣明的西汉王朝陷于错误，不是恰当的建议，大逆不道！"刘欣刚刚坐上宝座，权力还没有稳固，为了表示谦让，遂采纳王莽、师丹的意见，把董宏贬成平民。傅太后大发雷霆，强迫刘欣，非要当中央皇太后不可。刘欣转向太皇太后王政君求情，王政君遂下令尊刘欣的老爹定陶王（共王）刘康为恭皇。

11 五月十九日，刘欣封傅女士当皇后。傅女士，是傅太后堂弟傅晏的女儿。

12 王政君下诏："《春秋》规定：'儿子尊贵，娘亲也跟着尊贵。'（母因子贵。参考《春秋公羊传》前七二二年。）所以，应尊称定陶太后傅太后为'恭皇太后'，丁姬为'恭皇后'，各自设置左右总管（詹事），采邑如同长信宫和中宫。"（王政君住长信宫，赵飞燕住中宫。也就是傅太后比照王政君〔二人本来就同是十一任帝刘奭的大老婆和小老婆〕，丁姬比赵飞燕。）追尊傅太后的老爹（名不详）当崇祖侯，丁姬的老爹当褒德侯。封刘欣的舅父丁明当阳安侯，舅父的儿子丁满当平周侯，岳父傅晏当孔乡侯。再封皇太后赵飞燕的老弟宫廷随从（侍中）、特级国务官（光禄大夫）赵钦当新城侯。太皇太后王政君下令王莽辞职回家，把政权交给刘欣的亲戚。王莽遂上书请求辞职，刘欣派宫廷秘书长（尚书令）传达皇帝命令，勉强王莽继续任职。又派宰相（丞相）孔光、最高监察长（大司空）何武、左将军师丹、皇城保安司令（卫尉）傅喜，向王政君报告："皇上听到太后的诏令，十分悲痛。大司马（王莽）如果拒绝

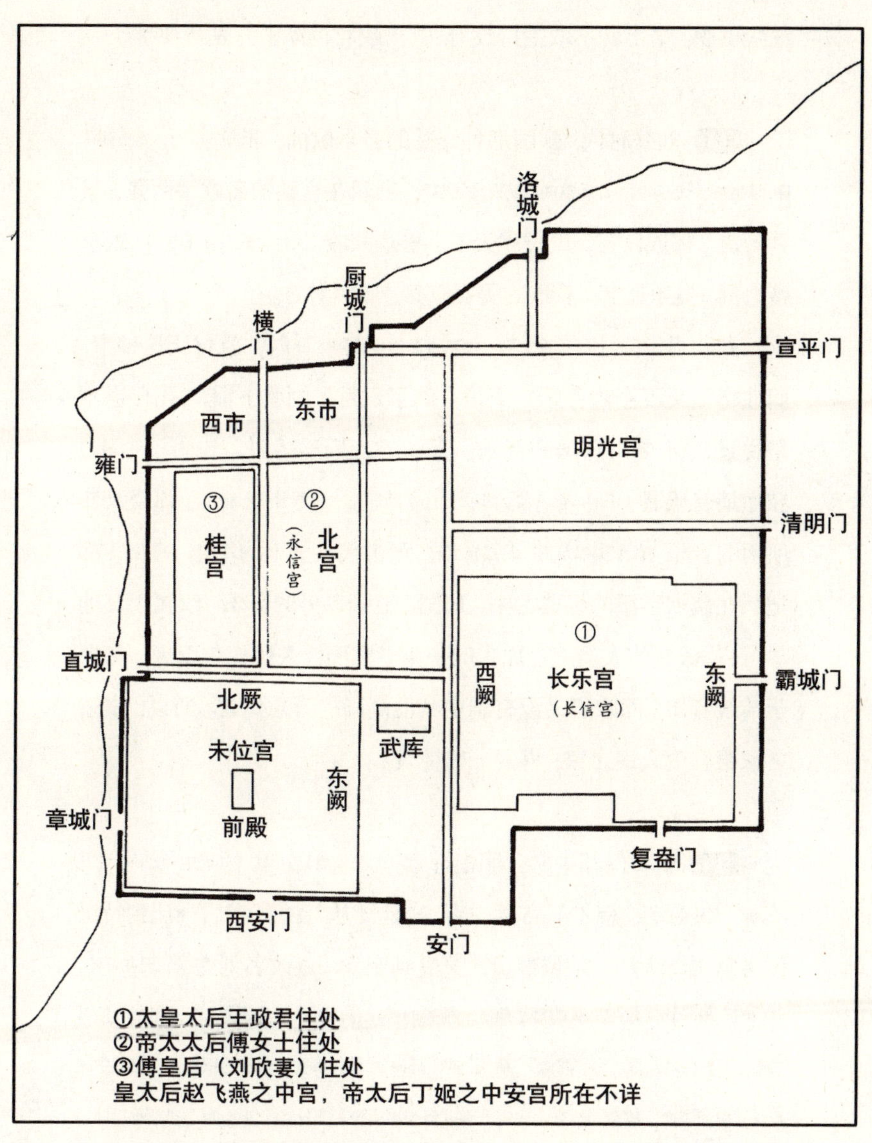

纪元前一世纪·前七年　诸太后住处

继续供职，皇上就不敢主持政府。”王政君再命王莽复行视事。

13 刘骜时代，郑国那种淫荡的音乐歌曲，非常盛行（周王朝末期，封国之一的郑国，音乐歌曲，被视为淫荡），供职在宫廷的名歌手丙彊、景武者流，都成巨富，声誉满天下。皇亲国戚（王姓家族及淳于长等）跟皇帝之间，竞争比赛，看谁的美女歌舞，压倒对方。

刘欣当定陶王（首府定陶〔山东省菏泽市定陶区〕）时，就讨厌这种事，而性格上又不喜欢音乐。于是，到了六月，刘欣下诏：“孔丘岂不是说过：‘不要听郑国的音乐，郑国的音乐淫荡。’（《论语》上的话。）兹撤销音乐署（乐府。前一二〇年，七任帝刘彻设立音乐署〔乐府〕），郊祭大典所用的音乐（首都南郊祭天、北郊祭地），跟古代兵法上的军乐（武乐），都记载在儒家学派的经典之中。郑国、卫国以外的音乐，改属于其他单位。”裁减的人员超过原来的一半。然而，人民长久以来，习惯于传统音乐，而政府又没有制定其他高尚的音乐代替。所以，富豪之家跟官吏人民之家，喜爱一如往昔。

14 王莽保荐中垒兵团指挥官（中垒校尉）刘歆（刘更生〔刘向〕的儿子。歆，音xīn〔心〕），有才干品德，担任宫廷随从（侍中），稍后升迁到特级国务官（光禄大夫），地位尊贵，又受到宠幸，遂改名刘秀（从现在开始，以后的一段长达半世纪之久的日子里，一种类似基督教《新约·启示录》的神秘暧昧预言书简，不断出现，称之为“图谶”“谶语”或“符命”。掌权人物相信它的权威，遂支配中国政坛，引起流血、政变、篡夺。只因一部《河图赤伏符》怪书上有句怪话：“刘秀发兵捕不道，四夷云集龙斗野，四七之际火为主。”刘歆遂改名刘秀，企图应验这项恍惚的预言）。刘欣又命刘秀（刘歆）负责审核儒家学派的五经（《诗经》《书经》《礼经》《易经》《春秋》），完成他老爹刘更生（刘向）未完成的大业（参考前二六年）。刘秀（刘歆）于是综合群书的精华，编成“七略”：《辑略》《六艺略》《诸子略》《诗赋略》《兵书略》《术数略》《方技略》（《辑略》，群书摘要。《六艺略》，儒家学派的六经。《诸子略》，儒家学派之外的其他学派学说。《诗赋略》，包括屈原、荀况、扬雄等著作。《兵书略》，有关权谋、武器、战略、战术。《术数略》，有关天文、历法、占卜、阴阳五行。《方技略》，有关医学、神仙），共六部，包括三十八种著作，五百九十六家言论；共一万三千二百六十九卷。在叙述中国学术思想时，把思想家分为九个学派：一、儒家学派。二、道家学派。三、阴阳家学派。四、法家学派。五、名家学派。六、墨家学派。七、纵横家学派。八、杂家学派。九、农家学派。认为：“当初，王道衰弱，封国国君纷纷独立自主，君王们各有喜爱，九种学派，一时兴起，各自提出主张，坚持他们的理念，互相传播，希望说服各国国君。主张虽然不同，看起来好像水火不能相容，但事实上，却又互相阐扬。‘仁’和‘义’，‘敬’跟‘和’，相反而相成。《易经》说：‘天下人的目的只有一个，可是走向目的地的道路却多得很。天下人的灾难也都相同，可是因应的方法却有一百种。’而今，从每一个学派中，找出它的特点，深入研究它的主旨，发现虽然都有欠缺，但综合它们的意见，大致上不过是儒家学说的支派或末梢下游。他们那些人如果遇到圣明的君王，只要加以修正，都可以成为国家的栋梁之才。孔丘说：古代的礼仪已经失传，但是可以在荒村僻壤中看到。’现今，距离圣人的时代，已很遥远。当时的道德跟治术，都已消失，无法追寻。而我们所列举的九种学派，岂不胜过荒村僻壤？如果专心研习儒家学派的六艺（诗、乐、射、艺、书、数），再参考九家学派的学说，抛弃短处，采取长处，就可以精通万种方略。”

15 河间（惠）王（首府乐成〔河北省献县〕）刘良，能够继承祖先献王刘德的高尚品德（刘良是刘德的六世孙。刘德以品德谨厚，闻名当时，曾向七任帝刘彻呈献"雅乐"。参考前一三〇年），刘良的娘亲王太后逝世，刘良守丧礼仪，完全依照规定。刘欣下诏褒奖，增加采邑到一万户，作为皇族的榜样。（一个亲王仅只为娘亲穿戴丧服，完全依照规定，竟使皇帝动容，可看出大多数"白马王子"连最重要的孝道，已经不能维持。）

16 最初，董仲舒曾劝说刘彻（七任武帝）："秦王国采用公孙鞅的变法，废除井田，人民可以自由买卖。终于，富豪的土地一望无际，贫农却穷得连竖立一个锥子的地方都没有。一个县城，有人像君王那样，神圣不可侵犯。一个乡村，有人像爵爷那样，金钱财富，堆积成山。这种情形下，小民怎么能不困苦？井田制度虽然难以实行，但我们也应该尽量恢复：限制人民购买土地的数量，不使它超过太多。阻止富贵之家吞并，取消随时杀害奴隶婢女的特权，减轻赋税，减少差役，使人民得到休息，然后才可以谈到建立国家秩序。"刘欣即位后，师丹重提此事，再作建议："而今，经过一连几代的太平盛世，富有的官员和小民，家产数目，都有几百万之多，而贫农的穷苦，越发凄惨，请政府限制私有土地的数量。"

刘欣交给高阶层官员会议讨论。宰相（丞相）孔光、大司空（三公之三）何武奏报："从封国亲王，到侯爵、公主，土地都应限制最高数额。关内侯（准侯爵）、官吏、人民，最多不能超过三十顷，奴隶婢女不能超过三十人（《资治通鉴》这段话，含糊不清，《汉书·哀帝纪》：亲王、侯爵，可以在他们的封国购买土地。留在首都长安的侯爵，跟公主们，可以在首都长安购买土地。准侯爵的关内侯、官员、小吏、人民，都可以购买土地。但一律不可以超过三十顷。亲王、刘姓〔皇族〕侯爵的奴隶婢女数目限定二百人，异姓侯爵跟公主的奴隶婢女数目限定一百人，关内侯、官员、小吏、人民的奴隶婢女限定三十人），奴隶婢女的期限是三年，满期时即应恢复自由。不恢复自由的，政府即行接管。”

这个奏章呈报上去之后，土地跟奴隶婢女的价格，急剧下跌，有权势的皇亲国戚认为对自己不利，乘着刘欣的诏书还没有颁发，从中竭力阻挠，结果不能实行。刘欣仅下诏：“设于齐国（首府临淄〔山东省淄博市东临淄区〕）的皇家织造厂（三服官），刺绣绮罗，十分艰难，浪费太多，以及其他有害的织绣等工作，全部停止，不要再向京师运送。撤销‘任子令’（西汉王朝部长级〔二千石〕以上官员，任职满三年，可以保荐同一个娘亲的兄弟或自己的儿子当宫廷禁卫官或政府中级官员〔郎〕。这种人当官，完全靠血缘关系，而不由于学识品德，一直成为攻击的对象，本年废除），废除‘诽谤讥讽法条’。宫中年龄三十岁以下的宫女，一律遣送出宫，使她们婚嫁。判决服役的奴隶婢女，年龄超过五十岁，免除刑罚，恢复平民身份。增加低级官员（三百石以下）的俸禄。”

17 刘欣在未央宫摆设筵席，宫廷内务官（内者令）把傅太后的座位，设在太皇太后王政君的一旁。大司马（三公之二）王莽，在作最后一次检查场地时，看到这种安排，责备内务官（内者令）说：“定陶太后（傅太后）不过是封国的臣属，怎么可以跟至尊的太皇太后（王政君）平起平坐！”下令把座位搬到下面。傅太后气得浑身发抖，拒绝参加宴会，把王莽痛恨入骨。王莽只好再度呈请辞职。

秋季，七月一日，刘欣批准王莽辞呈，赏赐他黄金五百斤，和四匹马驾的安车，送回侯爵府宅。很多高级官员对王莽这项卫道的壮举，十分赞美。刘欣于是更加强恩宠，特别派遣禁宫中级侍从官（中黄门）到王莽家，供给差使。每隔十天，由宫廷送去一桌酒席。

为了安抚王姓家族的情绪，刘欣再下诏增加曲阳侯王根、安阳侯王舜、新都侯王莽、宰相（丞相）孔光、大司空（三公之三）何武等采邑户数，多少不等。再命王莽位置“特进”，担任御前监督官（给事中），每月一日和十五日，到金銮宝殿上朝见，朝见时的礼节，跟三公相同。又下诏把红阳侯王立，征召返回京师（首都长安。去年〔前八〕，王立被遣回封国〔红阳国，今河南省叶县南〕）。

傅太后的堂弟、右将军傅喜，学问丰富，有品德节守。王莽既被罢黜，政府官员全体认为傅喜将接替王莽的位置。最初，刘欣加封傅太后、丁太后（丁姬）娘家人官爵时，只有傅喜谦虚退让，声称患病在身，不肯接受。傅太后刚刚插手政治，傅喜不断进言规劝。傅太后对这位性格退缩的堂弟，深感不满，不愿他掌握大权。

七月四日，刘欣下诏擢升左将军师丹当大司马（三公之二），封高乡亭侯（《汉书 · 师丹传》及《恩泽侯表》，都说封高乐侯），赏赐傅喜黄金一百斤，解除他右将军职务，以特级国务官（光禄大夫）身份，在家养病。任命宫廷禁卫官司令（光禄勋）淮阳国（首府陈县〔河南省周口市淮阳区〕）人彭宣当右将军。

大司空（三公之三）何武、宫廷秘书长（尚书令）唐林，上书说：“傅喜行为谨慎廉洁，忠心为国，是一位最恰当的辅政大臣，而今因患病之故，忽然被遣返家宅，人民大失所望，一致认为：‘傅姓家族的贤能人才，只因为他的见解跟傅太后不合，而被逐出政府。’文武百官，莫不痛惜失去英才。要知道，忠臣是国家的卫士。鲁国的治理衰乱，全看季友是不是掌权（纪元前七世纪，鲁国国君〔十六任庄公〕姬同，有兄一人：姬庆父，弟二人：姬牙、姬友〔即季友〕。姬同逝世，姬牙准备拥戴姬庆父，季友毒死姬牙，立姬同的儿子姬般嗣位〔十七任〕。姬庆父杀姬般，立姬般弟姬启〔十八任闵公〕，但不久又杀姬启，企图篡夺。季友乃再立姬启的老哥姬申〔十九任僖公〕）。楚王国的国际地位，全看成得臣是不是仍在人世（纪元前七世纪，楚王国跟晋国在城濮〔山东省鄄城县西南〕会战，楚军大败。然而晋国国君〔二十四任文公〕姬重耳仍愁眉不展，直到楚王国把统帅成得臣诛杀，才转忧为喜）。魏王国全仗恃王子魏无忌，才能维持主权完整（参考前二四七年）。项羽的西楚王国，则由范增一人，决定兴亡（参考前二〇六年、前二〇四年）。百万精锐的雄兵，不如一个贤能的人才，所以秦王国使用千两黄金，挑拨赵王国政府不再信任廉颇（参考前二五四年）。西汉王朝散发万两黄金，使项羽对范增猜忌怀疑（参考前二〇四年）。傅喜能列身政府，是陛下的光辉，也是傅姓家族兴起或退废的契机。”刘欣一向也尊重傅喜，所以，明年（前六），把傅喜召回。

18 建平侯杜业，上书攻击曲阳侯王根、高阳侯薛宣、安昌侯张禹，竭力赞扬朱博。刘欣在小时候就知道王姓家族骄傲蛮横，气焰不可一世，心里一直都不愉快，只因为刚刚登上宝座，不得不表示优待。不久，大约一个月之后，京畿总卫戍司令（司隶校尉）解光，上书说：“曲阳侯王根，在先帝（刘骜）坟墓还没有完成时，就公然夺取宫廷女歌星、五官（小老婆群第十二级）殷严、王飞君等，在酒席前歌舞。王根的侄儿（王商〔王家班〕子）成都侯王况，也公然夺取宫廷小老婆（贵人）当妻子。这是对皇家的冒犯，没有人臣的礼义，有大不敬不道之罪！”刘欣下诏：“先帝（刘骜）看待王根、王况叔侄，何等优厚，想不到竟如此忘恩负义！”因为王根曾参与并促成刘欣继承帝位的决定，所以仍保留侯爵，仅遣送他返回封国（曲阳国，今安徽省淮南市）。而只撤销王况的侯爵，贬成平民，逐回故里（魏郡元氏县，今河北省大名县东北）。王根、王况，及王况的老爹王商（王家班）所荐举的官员，一律免职。

19 九月二十五日，地震。从首都长安（陕西省西安市）到北方边塞之间，三十余处城郭损坏，共压死四百余人。刘欣就这项灾异，询问候见官（待诏）李寻，李寻回答说： 106

“太阳，是所有男性的领袖，象征君王。君王昏乱，则太阳的光亮和热度减低，景象暗淡。最近，太阳光线尤其微弱，因为被外界某种力量侵夺之故，失去原有颜色。太阳四周，邪气朦胧，副虹屡次出现（副虹，也就是“虹”的内环，俗语称“霓”）。我是一个卑小的臣僚，不知道皇宫里的事。然而观察陛下的行为，比起初即位时，相差太多。只有请陛下意志坚决，严守国家的法令制度，不要接受美女的摆布，不要容忍邪恶臣属的作弄，不要听信保母乳娘甜言蜜语的请托。要有勇气一律拒绝，用大义勉励。并不是请陛下不通人情，而是事不得已。对这些人，可以赏赐他们金银财宝，但不可以任官封爵，这是皇天禁忌。

“我曾经听说：月亮，是所有女性的领袖。象征皇后、小老婆群、大臣、封国的亲王和侯爵。最近，月亮数次发生变化，显示母后可能干预政治。结果阴阳俱伤，两相妨碍。我是政府门外的小臣，不知道政府内的事情。只是就天象变异，判断如此。最亲近的官员，已不足以担负重任。陛下唯有另行遴选贤能人才，切忌把邪恶的人培养壮大。这样才能使国家隆盛，西汉王朝兴旺。

“我曾经听说，五行之中，‘水’是根本（五行：金、木、水、火、土），水的特征是公平。王道就是政治公平。政治公平，则河川治理，脉络畅通。如果政治偏失，河川溃决，土地一定败坏。而今，汝水（淮河支流）、颍水（也是淮河支流），大雨成灾，给人民带来巨大灾害。这正是《诗经》形容的：‘百川沸腾’，责任正在皇甫总管（卿士）之辈（《诗经·十月之交》，本是一篇抒情的诗篇，被朱熹解释为：天象变异的原因，由于小人在外掌权，美人在内迷惑君王）。对皇亲国戚，陛下要少亲近。

“我曾经听说，大地温柔宁静，是阴性事物的正常状态。最近关东（函谷关以东）不断发生地震。唯一的因应办法是，崇扬阳刚，抑制阴柔，才能补救。意志坚强，建立威严，断绝私下请托的道路，选拔英俊的人才。罢黜不称职的官员，加强中央政府的功能。根本强壮，则精神振奋；根本衰弱，则招灾来祸，会受到邪恶的侵凌。当年，淮南王刘安谋反时，他所恐惧的，只不过汲黯一个人，连公孙弘都没看到眼里（参考前一二二年）。而公孙弘，是西汉王朝的著名宰相，直到今天，没有人可以比得上他。他还被轻视，何况现在连公孙弘都没有。所以说，政府中没有人才，贼盗叛徒当然看不起，这是自然趋势。”

20 骑兵总监（骑都尉）平当，兼任治河总监（领河堤），上书说：“古代的九河，而今全都湮灭。依照儒家学派的经典，治理洪水，有决开堵塞，挖深河床的记载；没有兴筑堤防，约束水流的记载。黄河在魏郡（河北省临漳县邺城镇）东边决口，洪水四流，轨迹并不分明（参考前一七年）。四海之内的广大人民，不可以欺骗，请陛下广为征求有治理河水能力的水利工程人员。”刘欣同意。

候见官（待诏）贾让上书说：

“治理河川，有‘上’‘中’‘下’三项方案。古代君王建立都城，集结国民，选择方位，一定放弃低洼地区，物色洪水所不能到达的高地。在洪水不能到达的前提下，供给饮食用的小河小溪，却能流过。山坡底下，聚集成为湖泊沼泽，秋季可以利用它容纳洪水，因面积广阔，流速自然缓慢。大地上之有河川，犹如人之有口。用土石去阻塞河川，就好像为了不让孩子们叫嚷，而去塞住他们的嘴巴；如果不立刻停止，就会死亡。所以说：'优良的水利工程师，一定注意水势的疏导；高明的政治家，一定鼓励人民畅所欲言。'（《国语》召公〔名不详〕规劝周王朝十任王〔厉王〕姬胡的话）因一味兴建堤防，开始于战国时代。各国为了本国利益，修筑堤防，堵塞百川。齐王国（山东省）跟赵王国（河北省中部南部）、魏王国（河南省东部），黄河都在他们的边境之上。赵王国、魏王国，一片高山，而齐王国一片平原。齐王国在距黄河二十五华里处，兴筑堤防。黄河东下，到达齐王国堤防，不能前进，一定在西岸泛滥，使赵王国、魏王国受到水灾。赵王国、魏王国为了因应，也在距黄河二十五华里处，兴筑堤防。虽然已加强了黄河的危险性，但河床还算很宽，足够容纳。洪水过去后，土壤变得十分肥沃，人民就在上面耕种。如果长时间没有再来洪水，有些人就陆续的兴建住宅家园，成为村落。可是，一旦洪水再临，不可避免的，会全部淹没漂流。人们为了自救，只好更使堤防增高。甚至离开城廓，排除积水，在那里定居。由此可以了解，黄河沿岸人民，屡屡受到洪水灾祸，理所当然。现在所有的堤防，近的距河床只数百步，远的不过数华里，大堤之内，又有小堤，小堤往往有数重之多，人民就住在那里，这都是历代的安排。黄河从河内郡（河南省武陟县）黎阳（河南省浚县），到魏郡（河北省临漳县邺城镇）昭阳（河南省濮阳市西北古黄河西岸），两岸互相建筑石头堤防。洪锋受到阻挡，急剧回转。于是，仅只一百余华里的距离，黄河竟成连续的'之'字形状，两次向西流，三次向东流。紧迫成这个样子，必然不断发生灾难。

"上等的方案是：把冀州（河北省中部南部）低洼地区的居民，全部迁徙。然后，在黎阳（河南省浚县）遮害亭（河南省滑县西南古黄河北岸），决开堤防，使河水向北溃决，流入渤海。黄河西受太行山山脉约束，东面被金堤（即千里堤，河南省濮阳市南）拦阻，故道的残水，不会流得太远。决堤所造成的混乱形势，大概一个月左右，就可以稳定。有些人可能提出疑难说：'如果这样，势必埋葬数以万计的城廓、田地、房舍、坟墓，恐怕引起人民怨恨。'然而，姒文命（大禹）当年治理洪水时，山陵挡路，就摧毁山陵，所以凿通龙门（山西省河津市西北龙门口），洞穿伊阙（河南省洛阳市南五公里，有龙门山，也称伊阙山，跟香山平行，悬崖绝壁，互相对峙），开辟底柱（底柱山又称三门山，在河南省三门峡市黄河中流，成语"中流砥柱"来源于此），击破碣石（碣石山，在河北省昌黎县北），完全改变大地固有面貌。而城郭、田地、房舍、坟墓，不过人工造成，根本用不着考虑。现在，沿着黄河的十个郡（河南郡〔河南省洛阳市东白马寺东〕、河内郡〔河南省武陟县〕、东郡〔河南省濮阳市西南〕、陈留郡〔河南省开封市东南陈留镇〕、魏郡〔河北省临漳县邺城镇〕、平原郡〔山东省平原县〕、千乘郡〔山东省高青县东北〕、信都郡〔河北省衡水市冀州区〕、清河郡〔河北省清河县〕、勃海郡〔河北省沧州市东南〕），每年整修河堤的费用，达到万万之巨。一旦决口，堤防全毁，留下来的寥寥无几。如果把数年的筑堤费用，拿来照料被迫迁出洼地的冀州居民，遵照古代办法，确定河水位置，使天上的神跟地上的人，各得其所，互不干扰。中国国土广大万里，难道还跟黄河争那一线土地？这件工程一旦完成，黄河才能稳定，人民才能安居，千年不会再有灾害。所以称为上等方案。

"如果在冀州（河北省中部南部）地区，大量修筑运河沟渠，一方面使人民可以用来灌溉，一方面可以分杀水势。虽不是圣人所指示的法度，但也可救济人民于一时。办法是：从淇口开始（淇口，淇水注入古黄河处，河南省淇县东南十五公里。三国时代，改名枋头，是一著名战场），顺着河势向东，修筑石头堤防，多设闸门。有人可能认为，黄河是庞然大物，闸门不能胜任。但是，荥阳（河南省荥阳市）那里的粮道运河，可作为例证（荥阳境内筑有狼汤渠〔即鸿沟〕，于荥阳西北接驳黄河，使黄河部分河水流向东南方向的淮北地区，以控制黄河下游所承受的水量，运河本身也是东部及东南部地区的西向漕运要道）。冀州（河北省中部南部）灌溉用的河渠干涸时，就关闭荥阳粮道运河闸门，导使河水进入灌溉渠道。旱灾来临时开东方闸门，用来灌溉。洪水暴发时则开西方闸门，使水流分散，农田受到保护。当此之际，堤防才能发挥功用。可以使国家富庶，人民安定，兴利除弊，能维持数百年之久。所以称为中等方案。

“如果只一味整修原有堤防，事倍功半，浪费人力物力，永无止境。我们已经受到无数次灾害，那是最下等的方案。”

柏杨曰

世界上所有的河流，对人类都有益处，但治理疏浚不力，也会带来祸害。比如黄河就横穿中国国土，像一条喜怒无常的巨蟒，翻滚奔腾，血腥四溢，制造了不少灾难。从纪元前二十三世纪，到纪元二十世纪初叶，四千余年间，便有一千五百余次的大小决口，包括七次惨绝人寰的改道——每一次改道，都是一场屠杀，仅次于改道的小型泛滥，每次也都造成沉重伤亡。它一半以上经过黄土高原，冲刷下来的黄土，跟来自北方瀚海沙漠群的尘沙，使它在上游时，就十分浑浊。到了三门峡（位河南省三门峡市），突然从两山中进入坡度极小的平原，河面放宽，水流速度减低，所挟带的超过百分之六十的大量泥沙，开始沉淀。从洛阳到渤海间八百余公里长的河床，逐渐升高，最后终于超过地面，全靠人工修筑的堤防，对它约束。一个投宿在河南省开封市二十层楼上的旅客，如果开窗向北眺望，他会赫然发现黄河正在与他眼齐的高处，滚滚东流。每年春冰融解，和夏秋之际雨量充沛时，都是溃决的危险季节。冬天仅只数百公尺的河面，会陡然扩张，使南岸看不见北岸，只看见一望无际的汹涌黄涛。堤防如承受不住急剧的冲击，即行决口。新河道上的无数人民，除非特别幸运，很少不像灌穴的蚂蚁一样，被洪水吞没。历史上几个重要的王朝，都设有专人和专门机构，负责堤防保持和修护工作。可是，这个专门机构，反而成了最大浪费，和最大贪污场所。为了维持这项最大浪费和最大贪污，官员们甚至还窃窃盼望黄河溃决。因溃决之后，一定合龙，开支一百万元，便可报销一千万元。材料全都沉入河底，无法查验，想报多少，便报多少。黄河带给中国人的，不仅天灾，还有人祸。

中国人的智慧在两件事上，受到无情的考验，一是建立民主法治的政治制度，一是治理黄河。建立民主法治的政治制度，属于人文范围。而治理黄河失败，固然限于科学知识，但更限于政治制度不允许产生伟大的政治家，去支持一项百年千年大计的决策。官场文化只贪图“眼前欢”，缺乏远程眼光。贾让先生的上等方略是不是就是上等方略，我们不知道。基本上，必须用政府力量，使上游两岸的水土保持，达到最高水准，然后含沙量才会减少，才能维持河床不再上升。高堤防不是危险之物，荷兰王国的土地就在高堤防保护之下。危险之物是河床不断上升，只有严格的水土保持才可克制，但软弱的政府和贪污的官员，无力承担这项重担。等到含沙量减少之后，再用坚固的堤防夹紧下游河道，在水势冲刷下，河床自会降低，水色可能清澈，才会产生灌溉、航行、渔业的利益。

21 宰相（丞相）孔光、大司空（三公之三）何武，联名奏称：“撤除皇家祖先祭庙（太庙），应该早日决定原则，请召集高官会议讨论。”（刘奭在位时，贡禹提出撤除皇家祖先祭庙建议。韦玄成、匡衡也都支持，认为除了开国君王刘邦祭庙外，从现任皇帝上推四世，保持四世祭庙，其他的因为亲情已尽，全部撤除。这是“五庙”制度的由来。可是议论纷纷，并没有定案。本年，旧事重提。）宫廷禁卫官司令（光禄勋）彭宣等五十三人，联合表示：“孝武皇帝（七任帝刘彻），虽然对国家有极大的贡献，但亲情已尽，祭庙也应撤除。”交通部长（太仆）王舜、中垒兵团指挥官（中垒校尉）刘秀（刘歆）提出异议，说：“按照《礼记》，天子应有七座祭庙。‘七’是一个‘正数’‘常数’（《礼经·王制》：“天子七庙，三左三右，加上开国君王的祭庙，合而为七。封国国君五庙，二左二右，加上开国国君的祭庙，合而为五。国务官〔大夫〕三庙，一左一右，加上始祖的祭庙，合而为三。”祭庙的排列方法，开国君王或始祖的祭庙在中央，然后顺序排下来，左边第一个祭庙是现任君王的高祖父，右边第一个祭庙是曾祖父，左边第二个祭庙是祖父，右边第二个祭庙则是老爹。左边的祭庙，术语称“昭”。右边的祭庙，术语称“穆”）。但是，被尊为‘宗’的（如“太宗”“高宗”“世宗”等），不在‘七庙’之内，是一个‘变数’。祖先中有特别功业的，则尊称为‘宗’，应不受‘七庙’的限制。我们愚昧的认为：孝武皇帝（七任帝刘彻）功勋是那样盛大，而孝宣皇帝（十任帝刘病已）又是那样的尊崇他（刘病已给刘彻的祭庙，加上尊称“世宗”。参考前七二年），不应撤除。”刘欣看到后，批示：“王舜、刘秀（刘歆）的建议可行。”

22 大司空（三公之三）何武的继母，住在蜀郡（何武原籍蜀郡郫县〔四川省成都市郫都区〕。郫，音pí〔皮〕），何武派人迎接她来首都长安（陕西省西安市）。正逢刘骜（十二任成帝）逝世，护送人员恐怕中央政府的突然震撼，会使道途不宁，遂暂时停止出发。刘欣左右亲信，乘机攻击何武：拒绝奉养继母，是一种不孝。刘欣也有意更换高级官员，重组使自己满意的政府。

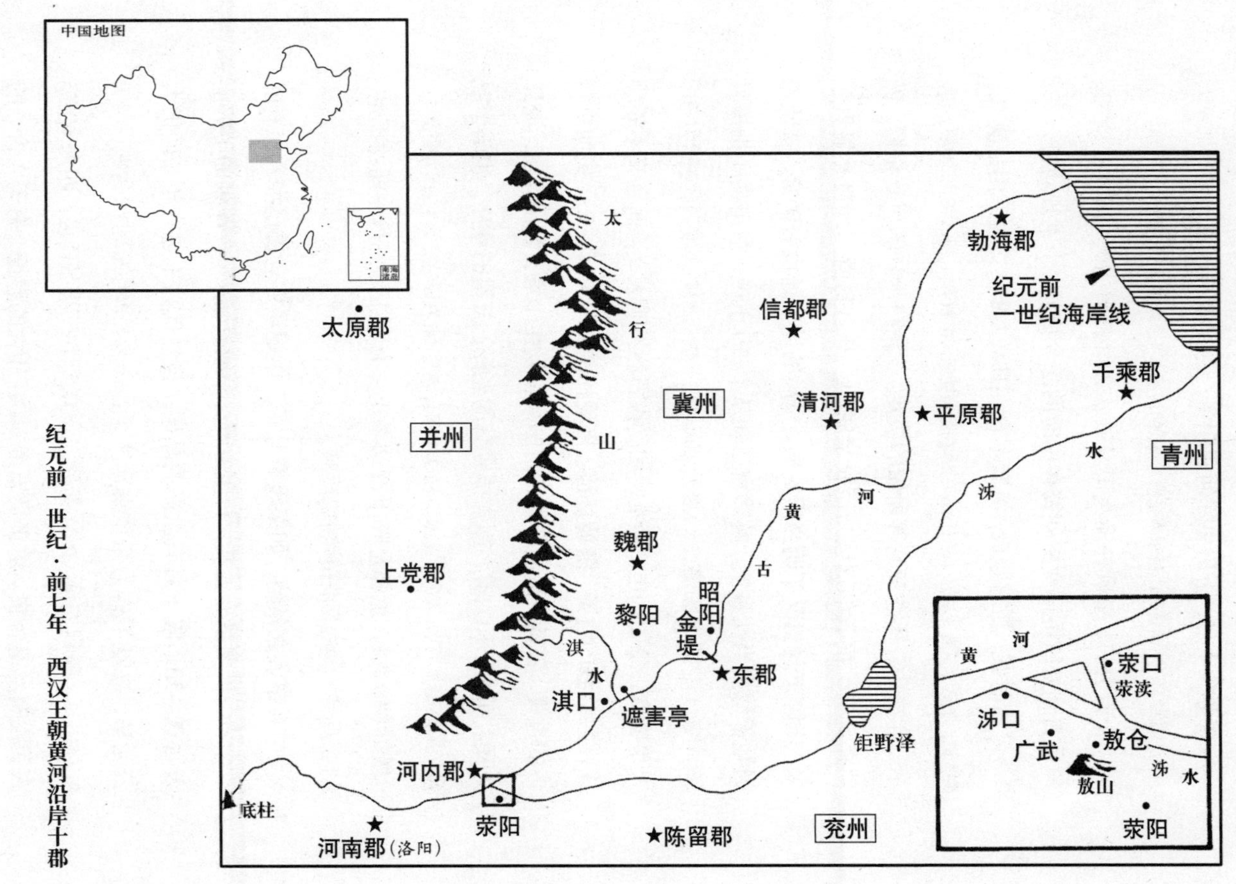

纪元前一世纪·前七年　西汉王朝黄河沿岸十郡

冬季，十月，下诏免除何武职务，遣回他的封国。（何武封汜乡侯，割南阳郡犨县〔河南省鲁山县东南张官营镇〕的博望乡〔今地不详〕设置。） 114

十月九日，刘欣任命大司马（三公之二）师丹当大司空（三公之三）。师丹看到刘欣屡屡变更刘骜在位时的法令措施，上书规劝说：

"古时候，新君登极，沉默不言，国家大事，交给宰相裁决（《书经》说，子武丁〔夏王朝二十三任帝高宗〕在服丧期间，沉默不言，长达三年之久），表示三年之中，不改变老爹所做的决定。先帝（刘骜）的尸首棺柩，仍停在灵堂，而我们这些当臣属亲属的，升官封爵，却赫然显贵起来。像陛下封舅父丁明当阳安侯。皇后的地位还没有确定，就预先封她爹傅晏当孔乡侯。解除宫廷随从（侍中）王邑、射击兵团指挥官（射声校尉）王邯等职务（二人都是太皇太后王政君的亲属）。诏书突然发布，人事剧变，急如闪电，毫不缓和。我固然不明大义，而且又不能辞让赏赐给我的官爵，随波逐流，接受侯爵封号（高乡亭侯），更加重陛下的过失。然而，最近各郡各封国经常发生地震，涌出大水，淹死人民。而太阳和月亮，都失掉应有的光泽，五星的秩序，也陷于混乱（五星：金星〔西方太白星〕、木星〔东方岁星〕、水星〔北方辰星〕、火星〔南方荧惑星〕、土星〔中央镇星〕）。这都是陛下行动举止，有背正道，号令摇摆不定，制度有悖常理，阴阳颠倒的反映。

"观察人之常情，如果没有儿子，年纪虽然老得已经六十岁或七十岁，仍要多娶妻妾，希望生育。孝成皇帝（刘骜）深刻的了解上天旨意，知道陛下具有至高的品德，虽然他只不过壮年，而仍大公无私，立陛下作为帝位继承人（立刘欣当太子时，刘骜四十五岁。参考去年〔前八〕）。等到先帝（刘骜）暴死，舍弃天下，陛下登极，四海安宁，人民没有丝毫惊慌。这正是先帝（刘骜）伟大的恩德，有天人合一的功绩。我听说：'天的威严并不太远，就在面前咫尺。'（参考《左传》

前六五一年。）愿陛下深思先帝（刘骜）所以擢拔陛下当太子的意义，努力克制自己，实践古训，观察臣属们如何从善向上。国家者，是陛下的私产，亲信们何必忧愁没有金钱权势？只是不应该急吼吼如此迫不及待，那就不会长久。”

师丹建议的奏章，呈上过数十次，很多言词，都很痛切率直。（传统史书最特殊的一种畸形现象是，只载言论文章，不载行为实施。目的只在留下这篇言论文章，却不管这篇言论文章的成效。所以刘欣是接受或是拒绝，一概不知）。

傅太后的堂侄傅迁，侍奉刘欣左右，行为邪恶。刘欣讨厌他，下令免职，遣回故乡（河内郡温县〔河南省温县西〕）。傅太后冒火，刘欣不得已，只好再把这位表叔留下。宰相（丞相）孔光跟大司空（三公之三）师丹奏称：“前后所下诏书，内容往往相反，天下无不疑惑，人民对政府将无法信任。我们请求仍把傅迁送回故里，消除奸邪。”但傅迁终于仍留在首都长安，再任宫廷随从（侍中）。刘欣被祖母傅太后控制的情况，都类乎此。

23 参议官（议郎）耿育上疏，为陈汤呼冤（陈汤被放逐到敦煌郡〔甘肃省敦煌市〕，参考前一五年，迄今已经八年），说：

“甘延寿、陈汤，在很远的蛮荒异域，建立威震万国的勋业（诛杀郅支单于，参考前三六年），削除国家经年累月的长久耻辱，讨伐绝域不服从中国的君王。万里之外，捕捉毫无可能制服的强虏，历史上谁能比得上他们？先帝（刘奭）兴奋嘉许，发布诏书，宣扬功绩，并为之更改年号（前三三年，本是“建昭六年”，为了陈汤诛杀郅支单于跟匈奴汗国呼韩邪单于〔十四任〕到西汉王朝朝见，于正月稍后，改称“竟宁元年”），使这项英雄事业，传之无穷。于是，南郡（湖北省江陵县）进贡白虎，边塞再没有警报。先帝（刘奭）卧病在床，仍念念不忘，不断派宫廷秘书（尚书）

催促宰相，迅速核定奖励等级。只宰相匡衡，硬从中排斥，结果只封甘延寿、陈汤数百户采邑。功臣战士，无不失望。

“孝成皇帝（十二任帝刘骜）登极之初，乘着强大战力的威势，兵马不动，四境太平。可是，高级官员层不过一群邪恶之辈，专制立威，嫉妒有功之士，使陈汤像一块泥土一样，囚入监狱，无法把所受的冤枉，向上级倾诉，终于以无罪之身，年老之躯，被遗弃边陲。敦煌郡（甘肃省敦煌市）正当西域（新疆及中亚东部）来往通道，威震万国的名将，一转身工夫，便成了罪犯，呈现在各国使节面前，受到郅支单于残余部众的讥笑，实在可悲。直到今日，西汉前往各国的使节，仍在强调郅支单于的往事，宣扬中国的强盛。利用英雄的功勋，使敌国恐惧。可是我们却把英雄放逐囚禁，使那些谗言陷害的人，称心快意，岂不使人由衷哀痛?

“平安时不忘危险，鼎盛时必须考虑到衰弱。而今，国家并没有文帝（五任帝刘恒）累年节余留下的积蓄，又没有武帝（七任帝刘彻）延揽的那么众多能征惯战的名将，所有的，只不过陈汤一人而已！假如他已经死亡，没有逢到陛下，我们还希望追溯他的功劳，加高他的坟墓，用以鼓励以后的仁人志士。竟而有幸，陈汤得遇圣明的陛下，而距他立功的时间，又不太久，却反被奸佞之辈，用鞭子把他驱逐到偏远边塞，使他家破人散，死无葬身之地。有远见的人，都在自问：陈汤的贡献，几世以来无人能及；陈汤所犯的过失，却都是人情之常，而他还受到如此残酷的待遇。我们纵然断筋碎骨，血战蛮荒，免不了也会被奸佞的官员，用法律条文钳制；被妒火中烧的官员，像对贼虏一样陷害捆绑。这正是我为国家忧心的原因。”

奏章呈上去后，刘欣立即下诏释放陈汤。陈汤后来在首都长安逝世。

纪元前六年

乙卯

西汉　建平　元年

1 春季，正月，十六个陨石，坠落北地郡（甘肃省庆城县西北马岭镇）。

2 西汉王朝（首都长安〔陕西省西安市〕）赦天下。

3 调查前任帝（十二任成帝）刘骜死因案，侦讯结束，京畿总卫戍司令（司隶校尉）解光，奏报，说：

“我曾经听说：许美人跟故皇后宫女教师（女史）曹宫，都蒙孝成皇帝（十二任帝刘骜）的恩典，召唤上床，生下儿子。可是儿子却像被大地吞没了似的，迄今无影无踪。我派官员们调查，每个人的报告，都是一样，事实真相是：纪元前十二年，曹宫怀孕，同年十月，曹宫在宫廷事务署家畜管理官宿舍（牛官令舍），生下一个男孩。而就在此时，禁宫中级侍从官（中黄门）田客，把先帝（刘骜）手写的便条，交给宫廷事务署附设监狱秘书（掖庭狱丞）籍武，命他逮捕曹宫囚禁，并且吩咐籍武：‘不可以问她生的是男孩子或女孩子，也不可以问是和谁生的孩子！’然而，曹宫在被捕时，告诉籍武：‘请好好照顾我儿，你应该知道我儿是什么人！’三天后，田客再来，拿着先帝（刘骜）手写的便条，交给籍武，询问：‘男孩子死了没有？’籍武说：‘没有死！’田客说：‘皇上（刘骜）跟昭仪（赵合德）非常愤怒，你怎么还不下手？’籍武叩头大哭说：‘不杀男孩子，是违抗诏令，固难逃一死；然而杀了男孩子，是谋害皇子储君，也难逃一死。’就在田客面前，写下‘亲启密奏’（封事），呈报先帝（刘骜），‘亲启密奏’上提醒说：‘陛下迄今还没有儿子，而今幸而有了儿子。自己的儿子，还有什么贵贱？请陛下三思。’田客代他呈递上去后，带回来另一张便条，要籍武把男孩子交给另一位禁宫中级侍从官（中黄门）王舜。王舜接受托付，把男孩子抱走，选择乳娘喂奶，告诉乳娘：‘小心喂养他，会有特别赏赐，可是千万不可走漏消息。’乳娘的名字叫张弃，是没入宫廷的女性罪犯。三天后，田客第三次拿着先帝（刘骜）手写的便条，连同毒药，交付曹宫。（刘骜在便条上写着：“信能〔曹宫别名〕：努力饮此药，不可复入宫，汝自知之。”）曹宫哭说：‘果然！赵飞燕姐妹要独霸天下。我生的是一个男孩，额上有壮发，跟他祖父（刘骜的爹刘奭）一模一样（“壮发”，颜师古注：“壮发在额前，侵下而生，今俗称‘圭头'。"颜师古的"今"是七世纪，距二十世纪八〇年代的"今"，相差一千三百年，已无法了解壮发到底是什么样。姑妄推断，"圭"是尖端成为钝角的一种玉石，形状像ㄐ。圭头可解释为：额前中央只有一小撮头发，两边都是光秃秃的）。现在我儿在哪里？难道把他杀了？求求你！用什么方法报告长信宫（皇太后王政君所居）。'遂服毒身死。而张弃所喂养的男孩，到了十月十一日，宫女总管（宫长）李南，拿着先帝（刘骜）的正式诏书，把男孩抱走，以后就再不知道下落。

"至于许美人，于纪元前十一年怀孕，十一月生下一个男孩。昭仪（赵合德）对先帝（刘骜）说：'你每次都骗我，说是从中宫（皇后赵飞燕住处）出来，既然每次从中宫出来，许美人的儿子从哪里出来？许家难道就要翻身？'（最后一句原文："许氏竟当复立邪？"有两种解释：一、许美人曾提名皇后，被赵飞燕夺走，如今许美人有子而赵飞燕无子，母以子贵，可能把赵飞燕挤掉。二、许美人可能是被罢黜的许皇后的亲属，许美人有子，即令不当皇后，也将显示许姓家族的复兴。）昭仪（赵合德）自惭自恨，用手搥她自己的酥胸，又用头撞墙壁跟门柱，从床上故意跌到地下，哭泣悲痛，不肯进食，说：'你把我放到什么地方？我只有回家！'先帝（刘骜）说：'我特地向你请罪，你反而大怒大叫，真是不懂！'也不肯进食。昭仪（赵合德）着急，说：'你如果认为你对，为什么不吃饭？你自己曾经发过誓：永不辜负我！而今，许美人生了孩子，不是背叛盟誓是什么，你还有什么说的？'先帝（刘骜）说：'盟誓仍在：因为赵家的缘故，永不教许家翻身。天下没有人能在赵家之上，你不要忧虑这个！'

"后来，先帝（刘骜）下令，命禁宫中级侍从官（中黄门）靳严，从许美人那里，把男孩抱走，装在箩筐里，放到昭阳舍（赵合德居住）户帘南边。先帝（刘骜）跟昭仪（赵合德）坐在上首，命侍从（御者）

于客子，解开男孩褓褓，还没有完全解开，先帝（刘骜）命于客子等所有侍从，全部退出，自己亲手关闭门户，只剩下先帝与昭仪（赵合德）二人。一会工夫，房门打开，呼叫于客子，教她包起褓褓。先帝（刘骜）亲手写一便条，命禁宫中级侍从官（中黄门）吴恭，拿给籍武，便条上写：'告籍武：箩筐中有男孩尸体，应埋在隐秘处所，不可教外人得知！'籍武在监狱楼墙下挖凿深洞，掩埋其中。

"其他强迫吞服毒药，强迫堕胎的事件，还有无数，虽然都发生在四月十八日大赦令发布之前，但我考察：纪元前四一年，男子忠（姓不详）一伙人，发掘长陵（一任帝刘邦墓，陕西省咸阳市东北二十公里）傅夫人的坟墓，已经过了两次大赦，可是，孝元皇帝（十一任帝刘奭）下诏说：'这件事我不应该饶了他！'严厉追究，全体伏诛，天下人认为立场严正。昭仪赵合德扰乱西汉王朝法度，灭亲断嗣，家属应受到诛杀。可是，她的亲兄弟以及亲属，反而高高在上，位居高官，接近皇上，天下人无不寒心。请求陛下深入调查，交给宰相，召集高官会议，决定刑责。"

西汉帝（十三任哀帝）刘欣（本年二十岁）于是撤销新成侯赵钦、赵钦侄儿咸阳侯赵䜣的封爵，贬作平民。赵姓家属全体放逐到辽西郡（辽宁省义县西）。

赵合德虽然在刘骜死后自杀，但皇太后王政君彻查刘骜死因的命令，仍在继续执行，终于有京畿总卫戍司令解光的这份调查报告。俗云："虎毒不食子。"畜生还爱自己的儿女，刘骜连毙两个亲生骨肉，而最后一子，恐怕还是亲手扼死，这个比畜生都不如的杂种，在班彪笔下，却是"尊严如神”“穆穆天子容”。

把刘骜弄得人性全失的动力，是赵合德的美色。赵合德临死前，愤慨的说：“我把刘骜当成一个婴儿，玩弄股掌之上！”并不夸大。然而，刘骜虽然深爱赵合德，仍然到处打野食，今天跟曹官上床，明天跟许美人睡觉。似乎说明一件事：男人的爱情永久而不易专一，女人的爱情专一而不易永久。

赵合德在惨烈的夺床斗争中，不断获得胜利，但她无法克服能致她于死的重大危机：没有儿子。唯一的救命之路，是抚育曹官或许美人的男孩，爱如亲生之子；此爱必须从内心发出，视同己出。就在东汉王朝以及宋王朝，都有成功的例证。然而赵合德的美丽有余，聪明有余，智慧却十分贫乏，不能支持她的野心，使她以及赵姓全家，付出代价。

在解光奏章中，可看出中国皇宫的全貌：无法无天，血腥残忍，暗如长夜。

4 对赵飞燕的控诉，引起反应。参议官（议郎）耿育上疏说：

“我曾经听说：皇帝宝座的继承秩序，一旦混乱，抛弃嫡子（大老婆所生），而立庶子（小老婆所生），是圣人和法律都不许可的事，古今无不禁止。然而，吴太伯（吴王国始祖）发现老弟姬历适合当嫡子，就逐渐引退，坚决辞让，然后逃到吴越（江苏省南部及浙江省北部）。只因情况特殊，不能考虑到正常法则。情愿把嫡子的地位，让给姬历（王季），用以表示尊重姬历的儿子姬昌（周王朝一任王武王姬发的老爹。不过，事实上，这是一桩夺嫡斗争，吴太伯失败逃亡。儒家学派却美化成嫡子位置是吴太伯自动拱手让出来，为的是姬历有一个“圣嗣”——好儿子），结果姬昌的儿子姬发统一天下，子孙相传，达七八百年之久，功勋居三王之首（三王：夏王朝一任帝姒文命、商王朝一任帝子天乙、周王朝一任王姬发）。道德最为完备，尊贵绰号追加到始祖姬亶父，称为太王。

“世界上有非常的变化，然后才有非常的因应。孝成皇帝（十二任帝刘骜）自知早年没有生下合法的继承人。因而想到，如果晚年再有儿子，万一自己逝世，儿子还小，不能当家作主，政府权柄，一定会转移到娘亲女主之手。一旦娘亲女主骄傲横行，无所不为，少主幼弱，大臣们也束手无策。到那时候，如果没有姬旦（周公）那样抱负的大臣，将面临一个危局，伤害政府，使天下大乱。

“孝成皇帝（刘骜）知道陛下（刘欣）有圣贤英明的品德，仁爱孝顺的厚道。他高瞻远瞩，独具只眼，不再传唤后宫美女们到寝宫陪宿，杜绝她们生子的可能性，目的就在于断绝祸乱的根苗，一心一意，把皇位传授给陛下，使领导中心，固若金汤。有些愚蠢的官员（指解光），既没有安邦定国、可以珍藏到金柜石室（皇家祖庙里的特室）中的长久方略，又不知道传播神圣君王的美德，发扬先帝（刘骜）正大无私的志向。反而到皇宫禁地，挑剔搜索，调查审讯，连床笫（音zǐ〔子〕）上的隐私生活，都揭发出来。诬称先帝（刘骜）竟是那么的被美色迷惑，竟是那么的被嫉妒的小老婆摆布，作无谓的诛杀。没有把握先帝（刘骜）那种远见的圣贤精神，辜负他为国家所做的牺牲。要知道，评论伟大的品格，不应受世俗见解的拘束；建立盖世的功业，也不必要求大多数人同意你的意见。这正是孝成皇帝（刘骜）的深谋远虑，比大家高明万万倍之上。陛下（刘欣）神圣品德的伟大，正符合上帝的要求，岂是现在那些庸庸碌碌、身价不过只值斗升粮食的官员，所能具有？而且，赞美发扬君父的美德，弥补消灭君父以往的过失，是古今共有的大义。当事情发生之时，不敢据理力争，去防止更大的灾祸，反而顺着风向，谄媚拍马。等到先帝（刘骜）

死了之后，皇后（赵飞燕）正式被尊为皇太后，尊号已定，万事都告结束时，却去翻老账，追究已无法挽救的往事，宣扬死人的种种过错，使我至感悲痛。因此建议，请把这件事交给主管单位，再作研究。如果像我所说的，就应该公开向天下宣布，使小民们都了解先帝（刘骜）的神圣旨意；如果不是这样，势将使这种诽谤，伤害到山陵（刘骜坟墓），还要流传到后世，以及流传到四方蛮夷部落，跟全国国土，这可不是先帝（刘骜）把后事托付给陛下（刘欣）的本意。孝的意义是：妥善完成老爹的遗志，妥善完成先人没有完成的工作，请陛下考虑。”

耿育的奏章解除了刘欣的困境。刘欣得以当上太子，曾受皇太后赵飞燕的强大支持，所以对解光的指控，不了了之。傅太后也感激赵飞燕当初对她的厚恩接待，而赵飞燕对傅太后也倾心相结。可是，身为太皇太后的王政君和王姓家族，却更加怨恨。

柏杨曰

耿育这番议论，使人目瞪口呆，他应是中国五千年历史上，最突出的文妖之一。用他的文字功力，和丰富的知识，去颠倒是非，混淆黑白。西门庆型的淫棍刘骜，成了“大德”“大圣”，谋杀亲子的凶手，成了“远见”“至思”。把不能生育，解释为故意断子绝孙，以免女主主政。想象力的丰富，跟他内心的邪恶，恰成正比。如果耿育是受了赵飞燕的贿赂，或为了博取后福，固然下流，但不过利令智昏而已；在没有财势可贪图时，良心仍在。如果他由衷的认为确实如此，主动的干这么一票，问题就十分严重，成了败类的标杆：旁引博征，引经据典，杜撰任何有思考力的人都不相信的大谎。企图一手遮天，掩尽天下人耳目。

自耿育之后，“耿育型”身怀绝技的无耻文妖，几乎层出不穷。

5 正月四日，任命特级国务官（光禄大夫）傅喜，当大司马（三公之二），封高武侯。

6 秋季，九月十五日，两块陨石，坠落虞县（河南省虞城县北）。

7 宫廷禁卫官司令（郎中令〔此时没有郎中令〕）泠褒、禁宫顾问官（黄门郎）段犹等，再次奏称：“定陶共皇太后（刘欣祖母傅太后）、定陶共皇后（刘欣娘亲丁姬），都不应该把‘定陶’封国名称，加到尊号（太后、皇后）之上。我们建议：她们的车马仪仗，以及衣裳服装，都应符合‘皇’的身份，并应设立官属，选任部长级（二千石）以下官员，担任各项职务。并且应该为共皇（刘欣的老爹刘康）在首都长安，建立祭庙。”刘欣交付高官会议讨论，官员们早已了解大势所趋，都顺着方向说：“儿子尊贵，母亲当然也跟着尊贵。应该建立尊号，使孝道发扬。”只有宰相（丞相）孔光、大司马（三公之二）傅喜、大司空（三公之三）师丹，认为不可。师丹说：“圣明君王建立国家体制，仿效天地的运作法则。有尊有卑，为的是使天地立于正确地位，不要混乱。现在，定陶共皇太后（傅太后）、定陶共皇后（丁姬），特别加上‘定陶’称号，表示母亲跟随儿子、妻子跟随丈夫。假如设立官属，车马衣服都跟太皇太后（王政君）一样，就无法显明‘至尊只有一个’的大义。定陶共皇（刘康）的绰号，前已确定，绝不允许更改。《礼记》：‘老爹是武官（士），儿子当天子，祭祀时，用天子的祭礼。但代替老爹受祭的人（尸），则仍穿老爹生前的武官制服。’（古代祭祀，需要请一位活人，穿着死者生前的衣服，站在那里，代替死者受祭。这位代替受祭的人，称“尸”。这样做当然十分麻烦，所以，后来改由画像或牌位代替。）表示儿子不能对老爹任官封爵，而只能表示尊敬。‘为人后者为人子’（当某人的继承人，就是某人的儿子），所以被继承人一旦死亡，继承人就要穿上不缝边的粗麻衣服（斩衰），守三年之丧。而对亲爹亲娘，却只守一年之丧。主要的用意是，明显的表示尊重被继承人的祖先，坚持正统。

“孝成皇帝（刘骜）恩深德重，特别给共皇（刘康）选定继承人（刘骜在征召定陶王〔共王〕刘康的独生子刘欣入继大宗，特别选定楚王〔孝王〕刘嚣的孙儿刘景，封定陶王，作为刘康的儿子。参考前八年），使刘景接续刘康的香火，使共皇刘康成为定陶国的开国始祖，即令延续一万代，祭庙也不会拆除，恩德仁义，两者俱备。陛下（刘欣）既是先帝（刘骜）的继承人，身居‘大宗’（宗法制度下的嫡子系统），上承祖庙、天地、神坛的祭祀，绝对不可以同时再把共皇（刘康）奉入皇家祖庙。而今打算把祭庙设在首都长安，由我们当臣僚的观察，那将是一座无主孤庙。同时，皇帝的祭庙，当亲情已尽时，有被撤除的厄运。平白抛弃封国始祖高位，跟永远存在的祭祀，而去兴建既无主而又不能长久，既要毁弃而又违背礼教的建筑，这并不是尊敬共皇（刘康）的方法。”

从此，刘欣不满意师丹。

就在这时，有人上书，说：“古代用龟甲、贝壳，当作货币。而今，改成用钱，所以人民贫穷。为了使人民富庶，应该改变货币。”刘欣询问师丹的意见，师丹认为应该改变。于是，把奏章交付主管单位讨论。讨论的结果，一致认为钱币流行的时间，已经很长，不可能一下子废除。师丹年纪太老，忘记了他所说过的话，就又反对改变，转而附和大家的意见。刘欣对他的反复，大不高兴。不久又发生一件事：师丹命他的助理，代写奏章，助理暗中留下原稿，流传到外边。丁姓家族跟傅姓家族的子弟们得到消息，使别人出面，上书指控："师丹呈递'亲启密奏'（封事），而街市上行路的人，却拿到那份最机密的奏章的副本。"

刘欣询问将军跟宫廷官员（中朝臣），大家都说："当一个忠臣，绝不炫耀他对君王的规劝。大臣们的奏章建议，更不可泄露，应交付司法部（廷尉）依法办理。"于是司法部（廷尉）弹劾师丹：犯了大不敬罪（大不敬，十恶不赦中的一恶，唯一死刑）。刘欣还没有作最后裁决，御前监督官（给事中）兼研究官（博士）申咸、炔钦（炔，音guì〔桂〕。这是一个奇异的姓），上书抗议说："师丹的经学（儒家学派五经）跟品德，都高贵无比。近世大臣之中，能像师丹的很少。由于对国家的悲愤，呈递'亲启密奏'，没有深思远虑，交给主任秘书（主簿）拟稿。泄露的过失，不在师丹。假如用这个理由，把他贬斥，恐怕人心不服。"刘欣下令：申咸、炔钦，降级二等（研究官年俸比六百石，降级二等之后，只有四百石）。接着下诏免除师丹的职务跟封爵，说："阁下位居高官，责任重大，却心怀虚伪，误导国家。无论进退，全违诏令，反复无常，言词矛盾，我为阁下感到羞耻。只因阁下曾担任过我的师傅（刘欣当太子时，师丹任太子太傅），不忍心交付法庭审判。请交还大司空（三公之三）以及高乐侯的印信、绣带，贬作平民。"

宫廷秘书长（尚书令）唐林，上书说：

"我曾拜读对师丹撤职夺爵的诏书，至感悲痛。正人君子发诸文章，一定会对贤能的人，隐瞒过失。师丹，精通五经，是儒家学派一代宗师。品德高洁，又是国家重要元老。亲自教导辅佐陛下，位居三公高官。而被指控的过失，却极轻微，全国人民看不到他有什么错误。即令处罚，如果连侯爵也都撤销，未免太重。首都长安有见识的人士，都认为应恢复师丹的爵位跟采邑，使他有机会参加御前朝见（奉朝请）。请陛下考察大家心愿，用以安慰当过师傅的大臣。”

刘欣接受建议。下诏：封师丹关内侯（准侯爵）。同时，也接受杜业的建议（参考前七年），召见朱博（朱博原任后将军，因淳于长案，被宰相翟方进劾奏免职。参考前八年），命他当特级国务官（光禄大夫）。不久，擢升朱博当首都长安特别市长（京兆尹）。

冬季，十月二十三日，再擢升朱博当大司空（三公之三）。

8 中山王（首府卢奴〔河北省定州市〕）刘箕子（祖父十一任帝刘奭，老爹中山王刘兴），患有先天性心脏狭窄症（中医称“眚病”〔眚，音shěng · 省〕，或称“肝厥”。病发时，嘴唇跟手脚十个指甲，都呈青色）。祖母冯媛太后亲自喂养，不断求神问鬼，祭祀祷告。刘欣派宫廷礼宾官（中郎谒者）张由，陪伴御医，前往医治。张由精神一向失常（狂易病），到中山国后，忽然病发，一霎时怒不可遏，谁也挽留不住，返回长安。宫廷秘书（尚书）用正式公文要张由回答他仓猝返回长安的原因，张由这时才感到恐惧。于是编了一个故事，说他发觉中山太后冯媛，诅咒现任皇帝刘欣跟傅太后，才急急回来奏报。

这一项诬陷竟击中要害。因傅太后跟冯媛，都是十一任帝刘奭的一级小老婆——倢伃（后来才改昭仪），在夺床斗争中，傅倢伃总是挫败。现在新仇旧恨，一时爆发。傅太后认为机会已到，于是派监察官（御史）丁玄，前去调查，历时几十天，调查不出指控的事迹。傅太后加派宫廷内务宦官（中谒者令）史立，取代丁玄。史立决心完成傅太后交给他的任务，希望因为侦破这项打击领导中心的巫蛊阴谋，而封一个侯爵。

于是，史立逮捕冯媛太后的妹妹冯习，跟亡弟妻子冯君之等。酷刑之下，拷死数十人。遂取得口供，奏称："冯太后诅咒并且阴谋杀害皇上，另立中山王刘箕子。"史立在公堂上，义正词严的要冯媛太后承认这项罪行，冯媛拒绝承认。史立讥诮说："当年，野熊破栏上殿时，你何等英勇（参考前三八年）！今天怎么又怕成这个样子？"冯媛回宫之后，对左右说："挡熊救夫的事，距今已三十年，怎么还有人记起？而宫禁秘密，史立不过一个小官，又怎么知道？情势十分明显，宫中有人陷害，无人可救。我不死，她不会罢休。"服毒自杀。宜乡侯冯参、冯君之、冯习、冯习的丈夫、儿子，凡被口供牵连在内的，有的自杀，有的被绑到街头斩首。丧生的十七人，天下怜惜。

京畿总卫戍司令（司隶。前七年，把"司隶校尉"改为"司隶"，改属大司空〔三公之三〕）孙宝，认为这是一场冤狱，请求重新调查。傅太后咆哮说："皇上任命京畿总卫戍司令（孙宝），原来是要打击我呀！姓冯的谋反叛乱，事实这么明显，证据这么确凿，孙宝却认为我公报私仇，破坏我的形象。好吧，诬告反坐，我就去投案！"刘欣为了安抚祖母，只好下令逮捕孙宝。宫廷秘书署执行官（尚书仆射）唐林上疏抗议，刘欣认为唐林结党营私，袒护党羽，把唐林贬谪到敦煌郡（甘肃省敦煌市）鱼泽障（敦煌市东北）当哨官（候）。大司马（三公之二）傅喜、特级国务官（光禄大夫）龚胜，强烈的要求收回成命。刘欣禀报傅太后，才释放孙宝，官复原职。

张由因为首先检举叛乱案，封关内侯。史立擢升皇后宫交通官（中太仆）。

柏杨曰

因为司法的无边黑暗，和司法官的普遍堕落，中国人不得不发出“屈死不告状”的哀鸣。其实，不仅小民，失势的皇亲国戚，一旦落到狱吏之手，遭遇同样悲惨。上古时代一连串冤狱，狱吏的名字，往往失传，冯媛冤狱中，史立堂皇出现。拷死了冯媛的妹妹冯习，和冯媛的亡弟妻子冯君之之后，仍得不到口供。于是，他在医治刘箕子小娃御医群中，挑选了徐遂成。经过一番密谈，徐遂成挺身作证说：“冯习跟冯君之，曾秘密拜托我。她们说：‘武帝（七任帝刘彻）有个名医修先生，医好皇帝的病，赏赐不过两千万。而现在，听说皇上（刘欣）的身体不好，你曾经自告奋勇，给他治病。即令把病治愈，不过多赏赐几个钱而已，总不能封侯吧？不如把他毒死，中山王刘箕子就可以登极，包管封你一个侯爵。’”

任何一场像样的冤狱，在判决书上都看不出是一场冤狱。路温舒曾经指出：仅凭判决书，即令皋陶看了，都不得不承认铁证如山，罪有应得（参考前六七年）。徐遂成这段供词，绘影绘声，跟真的一样。而在情理上，也确实有这种可能。当徐遂成肯定有这种事时，没有人敢肯定绝对没有这种事，口供主义的刑事诉讼法下，“贼咬一口，入骨三分”。但是，诬陷终是诬陷，冯媛当堂把徐遂成的伪证拆穿。眼看全案就要瓦解之时，史立才发出最后一击，明白告诉对方底细。幸亏冯媛是封国的太后，而法庭又设在封国之内，否则，冯媛连回宫自杀的机会都没有。

法律是神圣的，一旦被权势或金钱污染，法律就不再神圣，人民只有诉诸比法律更神圣的东西——公义。冤狱制造者就在这个公义上，为他的恶行，受到惩罚。

纪元前五年 丙辰

西汉 建平 二年
太初 元年

1 春季，正月，牵牛星旁，出现孛星。

2 西汉王朝（首都长安〔陕西省西安市〕）丁姓家族（刘欣的母族）、傅姓家族（刘欣的祖母族），骄傲奢侈，对傅喜（傅太后堂弟）的谦虚节俭，事必克己，认为非我族类，十分厌恶。而傅太后强烈要求她的尊号跟太皇太后王政君的一模一样。傅喜、孔光、师丹，又联合反对。西汉帝（十三任哀帝）刘欣（本年二十一岁）不愿意跟三位最高级的国家官员，发生冲突，但又不愿意拒抗祖母傅太后的旨意，拖延了一年有余。傅太后大发雷霆，刘欣不得已，先行把师丹免职，希望影响傅喜，但傅喜仍坚持原来立场。朱博跟孔乡侯傅晏，互相结交，共同发起一项改变傅太后尊号运动。经常晋见刘欣，并经常呈递“亲启密奏”（封事），不断强调傅喜跟孔光的短处。

二月二十日（原文误置于正月，据《汉书·百官公卿表》改），刘欣下诏把傅喜免职，以侯爵身份返回家宅。

3 纪元前八年，西汉政府撤销“御史大夫”（最高监察长）。文武百官中多数人认为：古今的制度，并不相同，西汉王朝上自天子，下到最低层的官员小吏，名称都跟古代不一样（西汉王朝继承秦王朝的制度；而秦王朝制度，很多自行创设），仅只变更“三公”的称号，职权难以分明，对治理国家，毫无帮助。朱博奏称：“依照前例，遴选各郡郡长，及各封国宰相，考绩最优的，颁发部长级最高阶薪俸（中二千石）。而在最高阶薪俸（中二千石）官员中，物色最高监察长（御史大夫）。如果能胜任愉快，则升作宰相（丞相）。升迁有一定的顺序，目的在于发扬皇上圣德，加重宰相权威。而今，最高阶薪俸（中二千石）官员，不必经过最高监察长（御史大夫）这一阶层，就直接升到宰相（丞相）高位，权威不能建立，不是加强中央政府功能的办法。我愚昧的认为，大司空（三公之三）可以撤销，仍设最高监察长（御史大夫），恢复旧有制度。我愿放弃大司空（三公之三）头衔，担任改制后较低一阶的最高监察长（御史大夫），作为表率。”刘欣接受。

夏季，四月二日，任命朱博当最高监察长（御史大夫）。再任命丁太后（丁姬）的老哥阳安侯丁明，当大司马（三公之二）兼首都卫戍司令

（卫将军），设立总部。大司马（三公之二）仅名义上统率武装部队（恢复纪元前八年之前原状）。

4 傅太后深恨堂弟傅喜不肯合作，亲自下诏给宰相（丞相）、最高监察长（御史大夫），说："高武侯傅喜，欺下骗上，和前任大司空（三公之三）师丹，勾搭为奸，有心背叛，违反法令，毁灭宗族，不适合出席早会，应立即送返回他的封国！"

5 前任帝（十二任成帝）刘骜在位时，讨论建立储君，宰相（丞相）孔光曾表示异议（刘骜跟大臣们讨论选立继承人，大家都推荐定陶王刘欣，只孔光推荐中山王刘兴。参考前八年），傅太后对他已经衔恨。接着，孔光又一连串冒犯傅太后（如：反对傅太后住进北宫，弹劾傅迁，不赞成傅太后尊号）。傅姓家族官员，跟朱博结合，共同诋毁孔光。

四月十九日，刘欣下诏罢黜孔光，贬成平民。任命最高监察长（御史大夫）朱博当宰相，封阳乡侯。再任命宫廷供应部长（少府）赵玄当最高监察长（御史大夫）。

二人上殿接受任命时，天际忽然传出雷一样的巨响。在金銮宝殿值勤的宫廷禁卫官（郎）跟其他低级职员（吏），以及手执武器、站在阶前的卫士，全都听到。刘欣询问禁宫顾问官（黄门侍郎）蜀郡（四川省成都市）人扬雄（《法言》的作者）、李寻。李寻说："这正是《洪范五行传》上说的那种'鼓妖'。凡是君王听闻不广，被人迷惑，拥有虚名的人进入政府，获得升迁，则'鼓妖'发言——有声无形，不知来自何处？注解说：'凡是发生在一年中期、一月中期、一日中期，高级官员（正卿）将承受灾害。'一年分为三等份，四月已入年的中期。一日分为三等份，辰（七时到九时）巳（九时到十一时）已入日的中期。

高级官员（正卿），指实际掌握权柄人士。应该罢黜宰相（朱博）、最高监察长（赵玄），用以因应天象变异。如果现在不罢黜，恐怕不出一年，他们将为自己招来灾难。”扬雄也认为：“鼓妖，是一种不听规劝的象征。朱博这个人，强悍而富于权术，应该命他当将领，不应该命他当宰相，恐怕他会引来凶恶危险的反应。”

刘欣听不进去。

朱博既当宰相，刘欣接受他的建议，下诏说：“定陶共皇这个称号，不应特别加上‘定陶’二字。现在，尊共皇太后（傅太后）为‘帝太太后’，称永信宫。共皇后（丁姬）为‘帝太后’，称中安宫。在首都长安（陕西省西安市）兴建共皇（刘欣的爹刘康）祭庙，比照宣帝（十任帝刘病已）老爹‘悼皇考’（刘据）祭庙规模。”

于是，宫廷之内，四太后并立（太皇太后王政君、皇太后赵飞燕、帝太太后傅太后、帝太后丁姬）。每个太后所住的皇宫，都设供应官（少府）、交通官（太仆），支领部长级俸禄（中二千石）。

傅太后取得中央尊号后，更加骄横，跟王政君对话时，甚至称她“老太婆”（妪）。当时，丁姓家族跟傅姓家族，在一二年短促的时间内，从平地崛起，霎时间贵不可言，很多人被封侯爵，或担任部长高级官员（公卿）。然而刘欣不太赋给他们实权，所以实质权力不如刘骜初即位时的王姓家族。

6 宰相（丞相）朱博、最高监察长（御史大夫）赵玄奏称：“前高昌侯董宏，首先建议改正尊号，竟受到关内侯师丹弹劾，贬作平民（参考前七年）。当时正逢大丧，由师丹主持政府，不仅不深思推崇尊号的大义，反而荒谬的压制尊号。伤害陛下的孝道，是最大的不忠。幸而陛下仁慈圣明，明确的使尊号实现。董宏应恢复高昌侯爵位；师丹叛逆恶状，已经暴露，虽然经过赦免，但不应再有封爵采邑，请贬作平民。”刘欣批准。

朱博、赵玄又奏称：“新都侯王莽，担任大司马（三公之二）时，不能阐扬推崇尊贵的大义，反而故意贬抑尊号，伤害孝道，应该公开诛杀。幸而经过赦免，得免一死，但不应该再有爵位采邑，请贬作平民。”刘欣说：“王莽是太皇太后（王政君）的亲属（侄儿），免予处分，只遣送他回封国（新都国，今河南省新野县东南）。”平阿侯王仁（王谭子）因藏匿赵合德的亲属，也遣回封国（平阿国，今安徽省淮南市西北）。

政府官员对王姓家族成员，连续受到惩处，大都心抱不平。议论官（谏大夫）杨宣，呈递“亲启密奏”（封事），说：“孝成皇帝（刘骜）深思祖宗祭庙的重要，夸奖陛下至高的品德，入继正统。圣明的决定，非常深远，丰富的恩德，更是厚重。推想先帝（刘骜）的原意，岂不是想请你代替他，侍奉太皇太后（王政君）？而今，太皇太后（王政君）已七十高龄，经历很多忧伤（先是哭夫刘奭，继又哭子刘骜），仍下令王姓家属退避，而把政权转让丁姓家族跟傅姓家族。用心之苦，路上的行人，听了都会流泪。陛下如果登高远眺，望见延陵（刘骜坟墓，陕西省咸阳市北四公里），难道不觉得惭愧？”

刘欣深为感动，复封成都侯王商（王家班）的第二子王邑当成都侯（前七年，王商〔王家班〕嫡子王况因罪撤销爵位，本年由王邑继封）。

7 朱博又奏称：“西汉王朝规矩，中央政府设立‘州督导官’（部刺史），地位卑微，而前途远大（州督导官年俸六百石，在官九年，就可能出任郡长或封国宰相〔二千石〕）。大家兢兢业业，工作认真。纪元前八年，撤销‘州督导官’（部刺史），改设‘全权州长’（州牧），年俸跟中央‘次部长（列卿）’级官员（真二千石）相同，地位仅比正式部长（中二千石）低一阶而已。部长（九卿）出缺，自然由‘全权州长’（州牧）递补。才干庸碌的，谨慎自保，功能消失，犯法的行为，无法禁止。我建议撤销‘全权州长’（州牧），恢复‘州督导官’（部刺史）。”刘欣批准（约在此时，“刺史”开始在各州有固定办公处所。长期驻守，权力渐凌驾郡政府，我们改译为“州长”，以符合实际情况）。

8 六月五日，帝太后丁姬逝世。刘欣下诏把娘亲的棺柩运回定陶（济阴郡郡政府所在县，山东省菏泽市定陶区。原为定陶国首府），跟老爹共皇刘康，埋在一起。征发定陶附近陈留郡（河南省开封市东南陈留镇）、济阴郡（山东省菏泽市定陶区）等郡跟封国民伕五万人，挖土填坟，完成合葬。

9 最初，刘骜在位时，齐郡（山东省淄博市东临淄区）人甘忠可，假造《天官历》《包元太平经》共十二卷。预言西汉王朝正逢天地生命的转换点，将丧失政权，然后再行夺回。把这两部神秘的书传授给勃海郡（河北省沧州市东南）人夏贺良等。中垒兵团指挥官（中垒校尉）刘更生（刘向），向刘骜检举：“甘忠可假借鬼神，诬蔑圣上，蛊惑民众。”（甘忠可声称：“天帝命真人赤精子，下到凡尘，教导于我。”其实刘更生的那一套，跟甘忠可一模一样，都是装神弄鬼，只不过甘忠可不幸是一个平民，刘更生在朝当官。）于是逮捕甘忠可，取得认罪的口供，还没有结案，甘忠可在狱中病死。但夏贺良等仍私相教授。

刘欣即位后，京畿总卫戍司令（司隶校尉）解光、骑兵总监（骑都尉）李寻，向刘欣推荐夏贺良等，命他们当候见官（待诏黄门），经常不断的被召见。夏贺良陈述说：

“西汉王朝已经中衰，但将再度崛起。成帝（十二任帝刘骜）不在天命之中，所以没有后嗣。而今陛下卧病已久，天象变异，屡屡发生，正是上天的警告。应该立即改换年号，才能延年增寿，诞生皇子，平息灾难。了解道理而不去实行，所有祸害都会降临——洪水会出，火灾会起，祸延人民。”

刘欣一直患病，盼望有助于恢复健康，遂采纳夏贺良的建议，下诏大赦天下，改本年“建平二年”为“太初元年”（宋祁考证：根据《汉书·王莽传》神秘预言书解释，年号应是“太初元将”，后人不了解四字年号，削去“元将”二字。唐王朝的《汉书》版本，还存有“元将”二字。司马光根据的《汉书》，恐怕并非唐版），自称“陈圣刘太平皇帝”。把计时用的漏器，刻成一百二十度（旧制一百度，现在增二十度）。

10 秋季，七月，刘欣在渭城（陕西省咸阳市）西北平原上永陵亭（陕西省咸阳市东北南贺村），为自己兴筑坟墓。不再强迫各郡各封国富户移民。

11 刘欣改年号月余，病情依旧。夏贺良等还打算建议改变行政措施，高级官员都坚持绝不可以。夏贺良等奏称：“大臣们都不知道天命，应该罢黜宰相（朱博）、最高监察长（御史大夫赵玄），而任命解光、李寻辅政。”刘欣认为他的预言不能应验，决定予以惩处。

八月，下诏说：

“候见官（待诏）夏贺良等建议改变年号，增加时漏度数，就可以永保国家平安。我的自信心不够坚定，竟作错误的选择，听信他们的说法，只不过盼望为人民谋求幸福，可是并没有效果。有过失而不知道改正，才是真正的过失。六月九日发布的诏书，除了大赦一项之外，其他所有措施（如改年号、称“陈圣刘太平皇帝”、增加漏刻度数），全都撤销。夏贺良等妖言惑众，奸恶行径，应予追究彻查。”

夏贺良跟他的党羽，全体下狱，诛杀。李寻跟解光，特免除死刑，放逐敦煌郡（甘肃省敦煌市）。

12 刘欣因患病之故，把从前撤除或停止祭祀的所有祭坛神庙（刘骜在位时，匡衡等建议废除祭坛神庙，参考前三一年），共七百余所，全部恢复。一年之中，举行祭祀大典三万七千次（有一年五次祭祀的，有一年四次祭祀的，所以次数可观。而人民的负担，相对沉重）。

13 傅太后对堂弟傅喜越来越恨。命孔乡侯傅晏，传话给宰相（丞相）朱博，定要免除傅喜的侯爵。朱博跟最高监察长（御史大夫）赵玄商议。赵玄说：“皇上已经裁决（已裁决遣回封国），不能作第二次处罚，是不是不合时宜？”朱博说：“我已对傅晏承诺。平民相约，还誓死履行，何况对于至尊（傅太后），我只有一死。”赵玄马上答应。朱博不敢单独指控傅喜，以免露出马脚，因想到前大司空（三公之三）汜乡侯何武，在被指控后免职，遣回封国（参考前七年），事情跟傅喜相似。于是，同时弹劾二人，说：“傅喜、何武，在位之时，对国家都没有贡献，虽然已经免职，但爵位采邑，不应该继续拥有，请一律贬作平民。”

刘欣知道祖母傅太后一向厌恶傅喜，疑心朱博、赵玄受到指使。立即召见赵玄查问，赵玄承认。刘欣遂下诏：“左将军彭宣，与高级将领（中朝官）组织合议法庭审讯。”（西汉王朝有“外朝官”“中朝官”之分。“外朝官”指文官系统；“中朝官”指宫廷系统，与武官系统。朱博、赵玄是文官系统最高首长，其他官员都是属下，不便主持审判，所以由武官系统高级将领出面。）彭宣等即行提出弹劾说："朱博、赵玄、傅晏，所作所为，不道不敬，请他们前往司法部（廷尉）诏狱报到。"

刘欣减赵玄死罪三等，罚作苦役。削傅晏采邑封户四分之一。派皇家礼宾官（谒者）"持节"，命宰相朱博前往司法部诏狱，朱博自杀，封国撤除。

14 九月，刘欣任命宫廷禁卫官司令（光禄勋）平当，当最高监察长（御史大夫）。

冬季，十月一日，擢升平当当宰相（丞相）。因是冬季的缘故，暂时封关内侯（西汉王朝行政惯例，冬季是刑杀的季节，不封爵位）。再擢升首都长安特别市长（京兆尹）平陵（陕西省咸阳市西北双照街道）人王嘉，当最高监察长（御史大夫）。

15 刘欣打算使丁姓家族（母族）、傅姓家族（祖母族）掌握权柄。本年（前五），免除左将军、淮阳国（首府陈县〔河南省周口市淮阳区〕）人彭宣职务，以关内侯（准侯爵）身份遣回家宅；任命宫廷禁卫官司令（光禄勋）丁望代替。

16 乌孙王国（首都赤谷城〔中亚伊赛克湖东南〕）流亡将领卑爰疐（乌孙王国小国王末振将的老弟，参考前一一年），侵略劫掠匈奴汗国（王庭设蒙古国哈拉和林市）西境。匈奴汗国反击，杀数百人，俘获千余人跟大批牲畜。卑爰疐大为恐慌，吞并大小国王的雄心顿消，派儿子趋逯（音心〔鹿〕）到匈奴汗国当人质。匈奴汗国接受，呈报西汉政府；西汉政府使节到匈奴，命归还人质（卑爰疐叛离祖国，跟中国对抗，是中国之敌）。乌珠留若鞮单于（十八任）挛鞮囊知牙斯服从，把人质送回。

纪元前四年 丁巳

西汉　建平　三年

1 春季，正月，西汉王朝（首都长安〔陕西省西安市〕）皇帝（十三任哀帝）刘欣（本年二十二岁）封广德（夷）王（首府广德〔安徽省黟县〕）刘云客的老弟刘广汉，当广平王（首府广平〔河北省曲周县东北〕）。

2 帝太太后（傅太后）所住的桂宫，正殿失火。

3 刘欣派使节召唤宰相（丞相）平当，要封侯爵（春季已至），平当虽然病重，仍可行动，但不愿前往。家人对他说：“难道不能勉强去接受印信，为子孙打算？”平当说：“我居宰相高位，已不能胜任。勉强起床，到金殿上接受侯爵印信，回家后却马上死掉，岂不是死有余罪？我所以不勉强前去接受，正是为子孙打算。”上书请求辞职，刘欣不许。

三月二十八日，平当逝世。

4 河鼓星旁，出现孛星。

5 夏季，四月十七日，刘欣任命王嘉当宰相（丞相），河南郡（河南省洛阳市东白马寺东）郡长（太守）王崇当最高监察长（御史大夫）。王崇，是前首都长安特别市长（京兆尹）王骏的儿子（王骏，参考前二一年九月）。王嘉看到当时政治严苛，郡长跟封国宰相经常变动，上书说：

“我曾经听说：圣明君王最主要的工作，在于得到贤能人才。孔丘说：‘人才难得！难道不是如此？’所以，‘后代遴选封国国君（诸侯），只要多少有一点半点像老爹或祖父的就够了。’（《礼记·郊特牲》篇。意思是，只要有老爹或祖父一点半点本领就够了。）虽然不能赶得上老爹、祖父那么贤能，也没有关系，天子会为他遴选助理，委派幕僚（卿），作为辅佐（《礼记·王制》：大封国三位幕僚长，全由天子任命。次封国三位幕僚长，二位由天子任命，一位由国君任命。小封国二位幕僚长，全由国君任命。西汉王朝封国则亲王师傅〔傅〕、封国宰相〔相〕、首府警备区司令〔中尉〕，全由皇帝任命），定居在封国之中，一连数世，代代尊荣，然后官员人民，才能顺服。礼教文化，才可以推行，社会才能建立秩序。

“现代的郡长，尊贵远超过古代封国的国君（周王朝初期，爵分五等。

公爵侯爵，地方一百华里。子爵男爵，地方五十华里。西汉王朝郡的面积，地方一千华里，拥有十数巨城），前代物色贤能人才，而贤能人才却不容易获得。为了擢拔可以胜任的官员，甚至不惜起用囚犯。像魏尚被羁押监狱，文帝（五任帝刘恒）被冯唐的言论感动，派人'持节'赦免他的罪，任命他当云中郡（内蒙古托克托县）郡长，匈奴深为畏惧（参考前一六六年）。武帝（七任帝刘彻）在囚犯群中挑出韩安国，任命他当梁国（首府睢阳〔河南省商丘市〕）秘书长（内史），使骨肉得到平安（这是六任帝刘启的事，王嘉误记。《汉书·韩安国传》：韩安国被控犯罪，囚禁监狱。正好梁国秘书长出缺，中央政府使节就在监狱中布达命令，年俸一开始就是最高阶〔中二千石〕）。张敞当首都长安特别市长（京兆尹），犯罪应该免职，狡猾的小官僚知道他当权不久，故意冒犯他，张敞把他诛杀，死者家属呼冤，钦差大臣查办，弹劾张敞杀人，要求逮捕；宣帝（十任帝刘病已）搁置不批，张敞逃亡十数日，最后却征召他当冀州（河北省中部南部）督导官（刺史），国家终于得到他的贡献（参考前五三年）。前世君王，并不是对这三人怀有私心，而是贪图他们的贤明和干才，有益于国家人民。

"孝文皇帝（五任帝刘恒）在位时，官吏担任公职，甚至子孙们把官名当作姓氏。像仓姓、库姓，就是管理仓库官员们的后裔。其他部长级高官（二千石）、高级官员（长吏），也都安于现状，敬爱他的工作，上下互相勉励，没有苟且混世的想法。以后逐渐改变，从部长级高官起，层层督促，要求严苛，不断更改法令规章。京畿总卫戍司令部（辖区：一、首都长安特别市〔京兆〕，二、西长安市〔右扶风〕，三、北长安市〔左冯翊〕；以上称"三辅"，三市市政府都设在长安城内。四、河东郡〔山西省夏县〕，五、河内郡〔河南省武陟县〕，六、河南郡〔河南省洛阳市东白马寺东〕；以上称"三河"。另外，七、弘农郡〔河南省灵宝市东北〕）和中央派到各州、各郡、各封国的州长（刺史），他们吹毛求疵，连最细小的过失，都提出指责，甚至揭发别人隐私。官员们在座位上不过几个月，就要离开。大家不停的送旧迎新，路上不停的奔走回乡的和上任的官员。中等才干的人，都无法保护自己。下等才干的人，更怕开罪别人，恐惧畏缩，只求保住饭碗。于是，郡长和封国宰相（二千石）的威信，越发低落，属下官员人民，也越发瞧他不起。有的更抓住长官们一点细微的过失，作为把柄，再把它扩大，向京畿总卫戍司令部（司隶），或各州州长（刺史）检举。人民发现郡长跟封国宰相原来这么脆弱，禁不住一次控告。于是，遇到小不如意，立刻生出背叛之心。

"前些时，山阳郡（山东省巨野县东南大谢集镇）亡命之徒苏令等，纵横各郡及各封国（参考前一四年），政府官员面对危险，没有一个人肯伏节死义，因为他们的威信和权力，早被破坏。孝成皇帝（十二任帝刘骜）非常懊悔，下诏说，郡长跟封国宰相，不适用'故意纵敌'之罪。派使节前往各郡，赏赐他们黄金，诚恳安慰。国家如果发生急难，关键握在郡长跟封国宰相之手；郡长跟封国宰相如果有威信有权力，才能使急难消灭。孝宣皇帝（十任帝刘病已）最重视治绩优良的地方政府首长，凡是弹劾他们的奏章，都故意搁置，不马上处理，等拖到颁发赦令，这件控案，也就无形化解。依照惯例，宫廷秘书（尚书）很少把弹劾的奏章，交付查办。为的是，一旦交付查办，一定使人民骚动不安，搜证、询问、逮捕、囚禁，有的甚至屈死牢房。所以，弹劾奏章上必须注明'诬告反坐'，才认真处理。

"我建议陛下，留意选择贤能人才，永记他们的善行，忘掉他们的过失。容忍部下的短处缺点，不去要求完美。郡长、封国宰相（二千石）、各州州长（部刺史）、三辅（大长安）所属各县县长（县令），有能力才干，可以升迁的，都应升迁。人之常情，谁能不犯错误？所以请把标准放宽，使那些尽心努力的官员，得到鼓励。这正是当今最迫切的需要，可以使国家蒙受其利。当苏令事件发生之时，中央打算派遣国务官（大夫），去跟苏令谈判，调查所以聚众起兵的原因，而竟找不到适当人选。后来，征召盩厔（陕西省周至县东）县长尹逢，擢升他当议论官（谏大夫）前往。而今，官员中有这样才能的人更少，应该早日培养，才能使知识分子（士）面对危难时，不辞一死。事到临头，再仓惶找寻，不是政府的光荣。”

王嘉乘势保荐儒家学派知识分子（儒生）公孙光、满昌，跟干练的官吏萧咸、薛修，都是已经离职，而素有声誉的郡长，跟封国宰相级（二千石）官员。

刘欣采纳。

6 六月，刘欣封鲁（顷）王（首府鲁县〔山东省曲阜市〕）刘封的儿子部乡侯刘闵，继承王位。

7 刘欣一直患病。

冬季，十一月五日，由太皇太后王政君下令：恢复甘泉（陕西省淳化县西北）天神祭坛（泰畤）、汾阴（山西省万荣县西南荣河镇）地神祭庙（后土祠）。撤销首都南郊祭天、北郊祭地典礼（参考前七年）。但刘欣并不能亲自到甘泉、河东（汾阴属河东郡），只好派主管官员代表祭祀。

8 无盐县（东平国首府，山东省东平县东南）境内的危山（东平县东北），山上泥土忽然翻动，压盖草木，形成一条道路，好像人工开凿的御用大道（驰道）。县境内的另一座瓠山（东平县西北。瓠，音hù〔户〕），山腰有块大石头，忽然自行起立。东平王（首府无盐）刘云，跟他的王

纪元前一世纪·前四年四月 『司隶』七郡

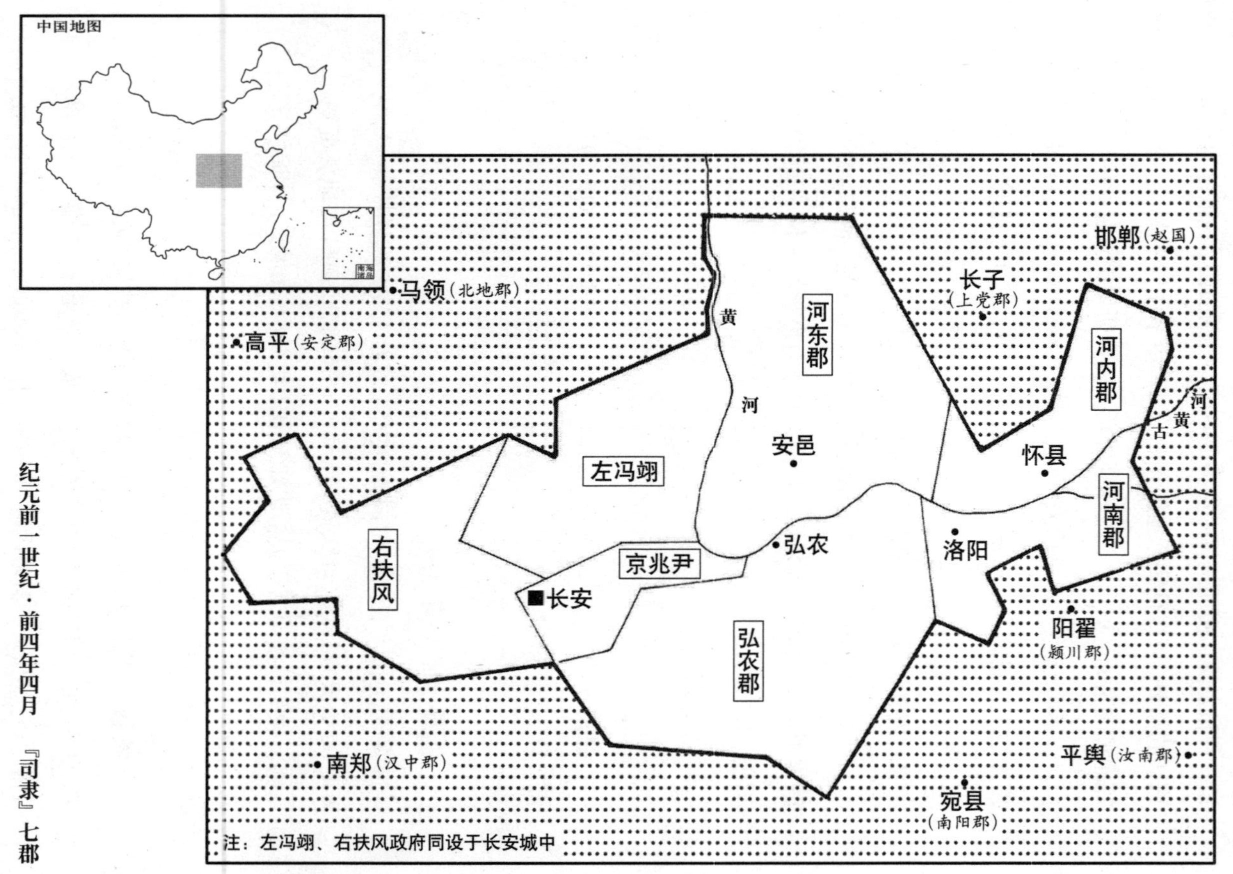

后妻子刘谒（姓不详，且冠夫姓），前往祭拜。并在王宫中兴筑一个跟瓠山一模一样的假山，把那块大石头搬到上面，用茅草搭一个遮棚，向它祈祷。

河内郡（河南省武陟县）人息夫躬（息夫，复姓）、长安（陕西省西安市）人孙宠，准备向中央检举，互相祝贺说："这是封侯的妙计。"于是，跟皇家警卫官（中郎）右师谭（右师，复姓），通过寝殿侍奉官（中常侍）宋弘，上书紧急揭发。这时，刘欣体弱多病，心神不安，疑神疑鬼，禁忌特别的多。这项消息正击中痛脚，立刻交付主管单位查办。主管单位逮捕王后刘谒，下狱审问。刘谒承认："祭祀大石，诅咒皇上，妄求刘云当天子。认为大石忽然起立，跟宣帝（十任帝刘病已）时发生的事（参考前七八年），应验相同。"主管单位要求诛杀刘云。

刘欣下诏，把刘云贬作平民，放逐房陵（湖北省房县），刘云自杀。刘谒，跟刘云的舅父伍宏、刘骜的舅父安成（共）侯王崇（王家班，已逝世）的夫人王放，全体绑赴街市，斩首（伍宏医术精良，王放推荐他当御医，现在一并受祸）。事情牵连最高监察长（御史大夫）王崇（非王家班），贬作农林部长（大司农）。任命孙宠当南阳郡（河南省南阳市）郡长（太守）、右师谭当颍川郡（河南省禹州市）民兵司令（都尉），宋弘、息夫躬，分别当特级国务官（光禄大夫），兼宫廷秘书署左厢主管（左曹），兼御前监督官（给事中）。

纪元前三年

戊午

西汉　建平　四年

1 春季，正月，大旱。

2 西汉王朝（首都长安〔陕西省西安市〕）关东地区（函谷关以东）人民，不知道什么原因，忽然间发生惊恐，每个人手里都拿一支麦秆或一支麻秆，互相传递，并互相告诉说：“这是西天王母娘娘的信牌（筹）！”（王母娘娘，古代神话中一位法术高强的美貌仙女，住在神话世界最古老的西方仙山——新疆跟西藏交界，长达二千五百公里，高达五千公尺到七千公尺的昆仑山。据说，纪元前二十二世纪时，她曾把一帖长生不死的仙药，赠送给夏王朝第六任君王后羿，被后羿的妻子嫦娥偷吃，上升到月球居住。又据说，纪元前十世纪时，周王朝第五任国王姬满，曾驾着有神性马车，从当时的首都镐京〔陕西省西安市长安区西〕出发，一夜间奔驰三千公里，到昆仑山，跟她相会。神话学家为了使人深信不疑，还坚持那一年是纪元前九八六年。）在道途中奔走相告，多到千余人。有的披散着头发，光着双脚，有的半夜都不休息，硬闯关卡。有的跳墙逃到官府，有的乘车骑马狂跑，有的坐上政府供给官员们专用的驿马车，经过二十六个郡和封国，向首都长安进发，政府无法禁止。地痞流氓们，就在街巷或野地，公开设立赌场，唱歌跳舞，声称祭祀西方王母娘娘。一片混乱，拖延到秋季，才总算停止。

3 西汉帝（十三任哀帝）刘欣（本年二十三岁）打算封傅太后的堂弟、宫廷随从（侍中）、特级国务官（光禄大夫）傅商侯爵。宫廷秘书署执行官（尚书仆射）、平陵（陕西省咸阳市西北双照街道）人郑崇规劝说：“孝成皇帝（十二任帝刘骜）封亲舅父五人侯爵，天色变成赤黄，浓雾四起，白昼黑暗，太阳中冒出黑气（参考前三二年）。孔乡侯傅晏、皇后的老爹高武侯傅喜，身为三公，对他们封爵，多少还有点缘由。而今凭空要封傅商，势将把西汉王朝制度，全部破坏，违背大心人心，不是傅姓家族之福，我愿以生命承当惩罚。”说罢，拿起诏书草稿就走。

傅太后诟骂刘欣，说：“要你这个皇上干什么？反而被一个小职员控制！”

二月二十八日，刘欣下诏封傅商当汝昌侯。

4 御马总监（驸马都尉）、宫廷随从（侍中）、云阳（陕西省淳化县西北）人董贤，深受刘欣宠爱。出宫的时候，陪同乘车（参乘）；回到皇宫，则在身旁侍奉。刘欣对他赏赐累积到数百千万。尊贵烜赫，使中央政府官员们震动。董贤时常跟刘欣睡在一张床上，曾经有一次，二人同睡午觉，董贤的头压住刘欣的袖子，刘欣想起床，可是董贤还睡得正沉，刘欣不忍心把董贤唤醒，就用佩剑把袖子割断，再悄悄离开（这正是把同性恋形容为"断袖之癖"成语的来源）。刘欣命董贤的妻子，出入皇宫，跟董贤同住。刘欣又把董贤的妹妹召入皇宫当小老婆，封一级"昭仪"，地位仅低于皇后。夫妻兄妹三人，日夜侍奉刘欣。刘欣任命董贤的老爹董恭，当宫廷供应部长（少府），封关内侯（准侯爵）。

刘欣下令工程总监（将作大匠），在未央宫北门外，给董贤兴建一座豪华住宅。住宅里有前殿、后殿，殿门广阔，相当于天子所住的皇宫。工程浩大，精巧绝伦。赏赐给他军械库（武库）中最锐利的武器，跟御用库房（上方）里稀世珍宝。皇家第一流的贵重物品，都集中董家；刘欣所用的，也不过第二流货色。不仅如此，还有皇家陪葬用具（东园秘器），包括明珠制成的外套，跟璧玉制成的长裤（珠襦玉匣。依原文的形容，应是"金缕玉衣"），都预先赏赐给董贤，应有尽有，无所不备。刘欣又命工程总监（将作大匠）在义陵（刘欣预定墓地，陕西省咸阳市东北南贺村）旁边，给董贤预筑墓园，墓园里建有秘密房间。用坚实的柏木，根部朝内，作为外椁。墓园之外，修筑武装警卫巡察的道路，四周环绕，长达好几华里。墓门和围墙，箭垛高耸，威严壮观。

郑崇认为对董贤的宠爱，已超过最高限度，上书规劝。刘欣对郑崇的恶感，也与日俱增，每每借口其他公事，向他责备。郑崇忧虑愤懑，脖子上遂生出疔疮。打算辞职，却又不敢提出。宫廷秘书长（尚书令）赵昌，是一个老奸巨猾，一向讨厌郑崇，知道刘欣对郑崇已经疏远，认为排除障碍的机会已经成熟，遂奏称：“郑崇跟他的家属交往频繁，我怀疑有什么不可告人的邪恶勾当，请准予查办。”刘欣诘问郑崇，说：“你家热闹得跟街市一样，为什么要求君王不能交朋友？”郑崇说：“我家固然热闹，但我心平静如水，任凭调查。”这句顶撞的话，使刘欣暴怒，把郑崇交付审判，囚禁监狱。京畿总卫戍司令（司隶）孙宝，上书营救，说：“宫廷秘书长（尚书令）赵昌指控宫廷秘书署执行官（尚书仆射）郑崇一案，经过调查求证，把郑崇拷打得已经半死，并没有吐出一句口供。道路上的行人，都知道他冤枉。我怀疑赵昌跟郑崇私人之间，藏有怨恨，才使用这种阴险手段陷害。郑崇在宫禁之内，主管机要，是皇上最亲密的近臣，被诬陷冤枉，将使政府受到伤害，为国家招来诽谤。我要求对赵昌加以调查，解开人心的困惑。”奏章呈上之后，刘欣立即颁下诏书：“京畿总卫戍司令（司隶）孙宝，附会臣下，欺罔上级，竟企图利用春季为宽大赦免之季，做出欺骗诋毁之事，满足他奸诈之心，这种人是国家的蠹贼。免职，贬作平民。”

郑崇最后死在监狱。

在性质上，冤狱分为两种：法律性的，当然由于司法黑暗或证据错误；政策性的，则司法再清明，也没有用。孙宝身为京畿总卫戍司令（司隶），他完全了解郑崇是一场诬害，却无法平反。当他企图平反时，自己却先陷了进去。凶手手握权柄，正坐高堂，法官有什么办法？

5 三月，擢升护从顾问（散骑）、宫廷禁卫官司令（光禄勋）贾延，当最高监察长（御史大夫）。

6 刘欣决心封董贤侯爵，一时找不到借口。宫廷随从（侍中）傅嘉，建议在息夫躬、孙宠检举东平王（首府无盐〔山东省东平县东北〕）刘云诅咒叛逆（参考前四年）的奏章上动手脚：删掉宋弘，改成董贤（本来是透过寝殿侍奉官宋弘告发的，现在则成了透过董贤告发），就可以借口这项功绩加封。刘欣十分高兴，于是，把所有有功人士，一律先封关内侯（准侯爵）。

稍后，封正式侯爵时，刘欣恐怕宰相王嘉阻挠，派孔乡侯傅晏，先把诏书送给宰相（丞相）、最高监察长（御史大夫）过目，征求意见。宰相王嘉、最高监察长（御史大夫）贾延呈递"亲启密奏"（封事）反对，说：

"我们看到，董贤等三人封关内侯时，众人议论纷纷，一致认为：为了尊宠董贤，才这样做，息夫躬跟孙宠，不过搭配。到今天流言还没有平息，而陛下对董贤等的深恩厚德，却有增无已。那么，就应该把董贤等当初的奏章，公开出示，召集高阶层官员（公卿）、国务官（大夫）、研究官（博士）、参议官（议郎），共同查考古今前例，使大义显明，然后再赐爵位采邑。不然的话，恐大失民心，引起激烈抨击。公开讨论时，一定会有人认为应该加封，然后陛下再加裁决。即令有人抨击，但责任分担，过失不在陛下。从前，定陵侯淳于长初封爵位时，也曾交给高官会议研究（参考前一五年），农林部长（大司农）谷永认为淳于长应该封爵，大家只责备谷永，与先帝（刘骜）并无干系。臣王嘉、臣贾延，至为愚劣，不胜任职位，虽死仍有余责。明知道顺应陛下的旨意，可以全家保身。而所以不敢这样做的，只是为了回报陛下相待的厚恩。”

刘欣大不高兴，但不能反驳，只好暂停。

7 夏季，六月，改称帝太太后（傅太后）为“皇太太后”。

8 秋季，八月十九日，刘欣忍耐已到极限，决定采取蛮干手段。颁布诏书，严厉责备高级官员（公卿），措辞激烈，说：“从前，楚王国有成得臣，晋国国君（二十四任文公）姬重耳，坐都坐不住。近世，汲黯挫折淮南王刘安的阴谋（参考前一二二年。事实上刘安只是在谈话中表示汲黯不可轻视而已，汲黯根本没有“挫折”谁）。而今，东平王刘云等，企图谋杀天子，而身为国家栋梁的高级官员，却丝毫没有察觉，不能消除祸患于无形。幸赖祖先在天之灵，宫廷随从（侍中）、御马总监（驸马都尉）董贤等，揭发阴谋，罪犯得以伏诛。《书经》岂不是说过：‘用奖赏公开褒扬善行！’现在，封董贤当高安侯，南阳郡（河南省南阳市）郡长孙宠当方阳侯，宫廷秘书署左厢主管（左曹）兼特级国务官（光禄大夫）息夫躬当宜陵侯，皇家警卫官（中郎）右师谭当关内侯。”

接着，封傅太后亲弟傅郑恽的儿子傅业当阳信侯。

息夫躬既受到宠信，常向皇帝进言，议论抨击，毫无顾忌。上疏诋毁所有部长级以上的高级官员（公卿），政府中人人畏惧，遇到他不敢正眼相看。

9 刘欣派禁宫中级侍从官（中黄门），到军械库（武库）精选锋利的武器，送给董贤，又送到刘欣的乳娘王阿舍，共十余次之多。首都长安警备区司令（执金吾）毋将隆（毋将，复姓）奏称：

“军械库（武库）武器，是帝国财产。武装部队的武器供应，各种攻击防御装备的冶炼制造，都是用农林部（大司农）的钱。农林部只负担政府预算以内的开支，连皇上的生活费用，都不负担。皇上的一切开支，都由宫廷供应部（少府）负责。从不把维持国家命脉的钱，供给君王赏赐，从不把人民的财力，去作无谓消耗。公私十分分明，我们应选择正道。

“古时候封国国君（诸侯），或独当一面的军政高级官员（方伯），天子授权给他，使他有资格可以随时发动讨伐战争，事先一定颁发给他御斧（“斧钺”或“鈇钺”）。西汉王朝边疆官员有军事重任的，才准许动用军械库的武器。但是总在就任正式官职之后，再赏赐这种特权。《春秋》强调，臣民之家，不可私藏武器。目的在于压制臣属的威信，剥夺私人的力量。现在，董贤等不过是一个供陛下欢乐游戏的弄臣，应在私底下以臣妾的身份，承受厚恩。陛下却把国库的东西，送进他们的私门，拿保国卫民的武器，作为他们的家庭用具。人民的纳税钱落到弄臣之手，国家的武器放到卑贱臣妾之家，措施并不恰当。将促使他们骄傲蛮横，引起非分野心，不是显示给四方仿效的好榜样。孔丘说：‘为什么会到三家的庙堂？’（三家，指鲁国三位强大的国务官〔大夫〕家族：仲孙、叔孙、季孙。周王朝君王在祭庙祭祀祖先时，用“雍乐”在旁演奏。“雍乐”，是祭祀大典结束时的歌曲。周王朝末期，连封国国务官〔大夫〕祭祀时都用这种音乐，引起孔丘感慨。）我请陛下把武器收回，交还军械库。”

刘欣大不高兴。

不久，傅太后命皇家礼宾官（谒者）向首都长安警备区司令部（执金吾），用最便宜的价钱，购买官府婢女八人。毋将隆上奏章抗议说：“出的价值太低，应照市价补缴。”刘欣不耐烦，下诏给宰相（丞相）、最高监察长（御史大夫）：“毋将隆官居部长级高位（九卿），既不能纠正政府的过失，反而跟永信宫（傅太后居所）争论婢女贵贱，伤害教化，败坏风俗。姑念及毋将隆以前曾有推荐我当太子的功劳，贬到沛郡（安徽省淮北市）当民兵司令（都尉）。”最初，刘骜在位末期，毋将隆担任议论官（谏大夫），曾经呈递“亲启密奏”（封事），说：“古时候，遴选封国国君到中央当部长级以上官员（公卿），用以奖励他们的功绩和品德。请征召定陶王（刘欣）前来京师，镇守天下。”刘欣为了回报这项推荐，才没有加重处分。

柏杨曰

当毋将隆正在纠正政府的过失时，刘欣却愤怒的指责他不能纠正政府的过失。以太后之尊，金银财宝，堆积如山，却贪小便宜，贱买官婢。毋将隆动用正式奏章，向皇家讨债，不仅仅是纠正政府的过失，也是希望皇帝警觉到傅老太婆的脏手，无孔不入，下令阻止。刘欣责备毋将隆向傅太后索钱，而索回的钱却是交还国库，他并没有下私人口袋，这种看守政府财产，一丝不苟的行为，理应受到尊崇。可是，刘欣却倒打一耙，只问毋将隆谈论价款，不问傅老太婆半抢半买。保护政府利益的有罪了，半买半抢的反而神圣不可侵犯。这就是官场文化：有了权，就等于有了理；谁的权大，谁的理就也跟着大。

10 议论官（谏大夫）勃海郡（河北省沧州市东南）人鲍宣，上书说：

“私下观察孝成皇帝（十二任帝刘骜）时，皇亲国戚的权势特重，每个人都引用他的亲信，使王姓家族的私人，充满政府。妨碍贤能人才上进的道路，以致天下混乱，奢侈豪华，失去控制。而人民穷困，与日俱增。所以发生十次日蚀，四次彗星。危险覆亡的征候，陛下亲眼看见。想不到，今日情形，比那时更为严重。

"今日，人民面对七种苦难：其一，阴阳不调和，水灾旱灾频仍；其二，政府加重赋税，严苛征收；其三，贪官污吏，勒索不止；其四，富有的大地主，永不停止的兼并；其五，苛刻繁杂的差役，和不断调发民伕，无法种田；其六，乡村不靖，警报相接，人民一夕数惊；其七，强盗匪徒，抢劫财物。

"七种苦难，还可勉强忍受。然而，除了七种苦难外，人民还面对七种死亡：其一，陷入法网，被残忍的暴官酷吏刑死；其二，入狱之后，难逃虐死；其三，一旦被捕，无处申诉，含恨冤死；其四，落入盗贼之手，逼献财物拷死；其五，报仇雪恨，互相杀死；其六，荒年饥馑，活活饿死；其七，瘟疫传染，辗转床上病死。

"人民面对七种苦难，没有一种可以逃避。面对七种死亡，更没有一条生路。而竟然想全靠刑罚，促使天下太平，根本就不可能。这难道不是中央高级官员（公卿）、地方郡长（守）、封国宰相（相）贪赃枉法的结果？

"这些官员，有幸的居于高位，享受高薪，谁肯稍稍怜惜小民，帮助陛下推广教化？他们唯一的志向，不过是经营私产，招徕帮闲分子（宾客），建立摇尾系统，为奸图利而已。认为苟且偷生，遇事听话，才是识时务的俊杰。认为少开口，不抱怨，装聋作哑，才是高度的明智。像我这样指摘弊端，直率陈词，不过被他们肯定我是书生之见，愚不可及。然而，陛下把我从山洞岩穴之中，擢升到政府当官，当然希望我能有羽毛般细微的贡献，难道只是教我吃得好、穿得好、一直上爬，上爬到未央宫高门殿的尊贵地位？

"天下，是皇天的天下。对上，陛下是皇天之子。对下，陛下是人民的父母（儒家学派的重要学说：皇帝不但是人民的君王，还是人民的爹娘。这种伤天害理的话，不久就成为专制政治的理论基础），代替皇天，像牧养牛马一样的，牧养人民。应没有分别，一视同仁，符合《尸鸠》的诗篇（《诗经·尸鸠》：布谷鸟在桑树上／爱它的七个儿子／善良的君子／行为一致）。而今，人民穷苦，无菜无米，身穿满是破洞的衣服。父子夫妇，不能保存，使人酸鼻。陛下，你如果不救你的子民，教他们向谁哀求？为什么只供养皇亲国戚跟宠爱董贤，给他们那么多赏赐，动辄就是十万百万，使他们的奴仆、随从、门客，把酒当成水，把肉当成豆叶，挥霍浪费？奴仆以及奴仆的奴仆，都成了富翁，这不是皇天之意！

“汝昌侯傅商，对国家没有军功，而竟封爵。要知道，官爵不是陛下的官爵，而为天下公器。此官不应加给此人，此人也不应接受此官。在这种情形下，却希望上天喜悦、人民心服，岂不困难？方阳侯孙宠、宜陵侯息夫躬，辩才可以改变群众的意见，坚强可以使他胜任孤军奋斗；却是奸邪中最凶恶、迷惑世人中最厉害的角色，应该逐出政府。其他，凡是皇亲国戚，以及仅只不过尚是顽童的权贵，连儒家学派的经典都不了解，自不该继续当官，应教他们辞职上学。

“请迅速征召前大司马（三公之二）傅喜，使他作皇亲国戚的领袖。前大司空（三公之三）何武、师丹、前宰相孔光、前左将军彭宣，他们对儒家学派经典的研究，都出自名师传授，而官位高到国家的‘三公’。宰相府执行官（司直）龚胜，态度严正，以致各郡各封国向中央政府推荐人才时，不得不十分慎重。这种官员，应该赋给他们更大的任务。陛下前些时，因一时生气，罢黜何武等，全国人民，都感失望。陛下对一些没有功勋、没有品德的人，都能容忍，难道不能容忍何武之辈？治理天下，应把人民的心意，当作自己的心意，不能凭着自己的高兴或不高兴，想干什么就干什么。”

鲍宣措辞激烈，刘欣因为他是有名的儒家高级知识分子，对他特别包容。

柏杨曰

鲍宣这篇沉痛的奏章，把纪元前一世纪，西汉王朝末年，人民的悲苦，和官吏的暴虐，叙述得历历如绘。且听他的呼吁："陛下，你如果不救你的子民，教他们向谁哀求？"两千年之后捧读，都忍不住热泪盈眶。可是唯一的反应，只因为建言的人有相当知名度，不贬谪他、不逮捕他、不诛杀他而已。这种皇恩浩荡，已使儒家学派沾沾自喜，感激涕零。而人民的七种灾难和七种死亡，依然如故。饿死的尸体，仍横荒野；拷死的囚徒，仍从监狱拖出。以董贤为首的癌细胞群，仍在庙堂之上，回转金莲步，歌舞玉堂春。

刘欣是癌细胞的制造者，西汉王朝政权内溃，已到癌症三期，死亡迫在眉睫。

11 匈奴汗国（王庭设蒙古国哈拉和林市）乌珠留若鞮单于（十八任）挛鞮囊知牙斯，上书西汉政府，请求明年（前二）入朝。这时，刘欣身体一直有病，有人警告说："匈奴从黄河上游，乘势南下，气势压人。自从前四九年、前三三年以来，单于每到中国朝见，中国就会发生巨大变故（前四九年十二月，十任宣帝刘病已逝世。前三三年五月，十一任元帝刘奭逝世）。"刘欣被这项警告吓住，征求高级官员们意见，大家一致认为：招待匈奴单于，徒浪费国库，应该婉转拒绝。

匈奴使节已经告辞，还没有出发。禁宫顾问官（黄门郎）扬雄上疏，说："我曾经听说，儒家用六部经典治理国家（六经：《诗经》《书经》《礼经》《乐经》《易经》《春秋》。《乐经》早已失传），最重要的是把变乱消灭于无形。最伟大的军事行动，在于不必经过战争，就把敌人克制。二者的运作，十分微妙。但这都是最基本的理论，不可以不加留意。而今，单于要求来西汉朝见皇帝，政府不肯批准。我愚昧的认为：两国之间的猜忌，将从此开始。匈奴汗国是一个强大的国度，五帝不能使他臣服（五帝：黄帝王朝的姬轩辕、姬颛顼、姬夋、伊祁放勋、姚重华），三王对他无法控制（三王：夏王朝一任帝姒文命、商王朝一任帝子天乙、周王朝一任王姬发）。说明两国之间的关系，绝不可以发生间隙。我不敢追溯到上古时代，仅就秦王朝以来的近事，向陛下作一分析：

"以嬴政（秦王朝一任帝）的强大，蒙恬的雄威，都无法挺进到西河（河西走廊，甘肃省中西部），只好在临洮（甘肃省岷县）修筑长城，防备进犯。稍后，西汉王朝崛起，以高祖（一任帝刘邦）的英明，率领三十万人精锐兵团，却在平城（山西省大同市）被围（参考前二〇〇年）。当时，猛将如云，谋士如雨，虽然终于逃生，但世人迄今都不知道其中内幕。到了高后（吕雉）当权，匈奴傲慢横暴，幸靠大臣们通权达变，用卑微的书信回答，才把危险化解（参考前一九二年）。到了孝文（五任帝刘恒）在位，匈奴大举侵犯北方边防要塞，斥候部队，挺进到甘泉（陕西省淳化县西北）、雍县（陕西省宝鸡市凤翔区），以致京师（首都长安）震动，民心骇恐。中央派出三位将军，驻屯棘门、细柳（陕西省咸阳市西南）、霸上（陕西省西安市东灞河畔），僵持数月之久，敌军才告撤退（参考前一五八年）。到了孝武（七任帝刘彻）即位，设下马邑（山西省朔州市）陷阱，打算引诱匈奴主力深入，结果徒然劳师动众，连一个敌人都没有捕获（参考前一三三年），更不要说看见单于的影子。以后，为了国家存亡大计，拟订万年太平策略，动员大军数十万，派卫青、霍去病统率，前后长达十余年之久。穿过西河（内蒙古准格尔旗西南），越过沙漠，攻破窴颜山（今地不详）匈奴防线，袭击王庭，征服土地，乘胜追逐，然后在狼居胥山（蒙古国乌兰巴托市东肯特山）祭天，在姑衍山（乌兰巴托市东南三十公里）祭地，穿过瀚海沙漠，擒获名王贵族，达数百人之多（参考前二世纪七〇、八〇年代）。自此之后，匈奴受到最大创伤和震恐，越发盼望跟中国和亲，然而，仍不肯向中国臣服。

“我们的祖先，岂乐意于消耗无数财力，驱使纯洁国民，在那个狼烟遍地之处（边塞遇警，烽火台夜间燃火，白昼用狼粪燃烟），只不过为了称一时之心？快一时之意？而是因为，不能一劳，就不能永逸，不愿一时浪费，就要永远浪费。这才狠下心来，投下百万之师，摧毁饿虎之口；运输国家的财产，填满卢山（即窴颜山，今地不详）深谷，而永不后悔。到了纪元前七三年左右，匈奴包藏祸心，准备侵犯乌孙，俘虏西汉公主（刘细君），西汉政府动员五位大将，率领十五万骑兵，向他们攻击。当时并没有辉煌的胜利，而只是展示国力，显明西汉王朝武装部队，疾如雷电。然而，虽然没有损失，只因为空手而返，中央政府仍诛杀两位司令（参考前七一年）。这可看出，如果不能使北方蛮夷顺服，中国就不能高枕安卧。

“本世纪（前一）四〇年代，中国的优秀文化，上通神明，皇恩远被，国泰民安。而匈奴汗国发生内乱，五位单于争夺政权（参考前五七年）。日逐王跟呼韩邪单于（十四任），率领他们的国家，归服中国，匍匐称臣。但西汉政府对他们仍然以客礼相待，并不能把他们完全置于控制之下。

“从那时候开始，只要单于提出入朝的要求，西汉政府从不拒绝。如果单于不想前来，西汉政府也绝不勉强。他们天性凶猛，身体魁梧，仗恃力量，全凭一股盛气。难以教化他们改过行善，却容易激起他们为恶。他们性情倔犟，难使他们屈服。所以目前两国的和平状态，应该特别珍惜。他们没有臣服时，中国出动大军，长征万里，耗尽全国财力，伏尸沙场，流血成河，攻破坚阵，击碎强敌，是那么困难。当他们臣服之后，安抚慰藉，赠送礼物，传布中国威仪，又是这样完备。

“从前，中国曾攻破大宛王国的首都（贵山城〔中亚纳曼干市西北卡散赛城〕）。参考前一〇二年），踏平乌桓部落（内蒙古西辽河上游）的堡垒（参考前七八年），削平姑缯部落（云南省楚雄市）的反抗（参考前八三年），扫荡杉姐（青海省东北部。原文误为荡姐）部落的战场（参考前四二年），砍倒朝鲜（卫氏朝鲜。首都王险城〔朝鲜半岛平壤市〕）的帐幕（参考前一〇八年），拔掉南越王国（首都番禺〔广东省广州市〕）的国旗（参考前一一一年）。历时最短的只十天或一月，历时最长的顶多也不过半年，就可以收功奏捷，在他们王宫那里，耕田种桑；把他们的国土，改成中国郡县。像风吹天上残云，从此晴朗，再没有后遗症。只有北方的蛮夷，跟此不同，那才是中国最强最坚的敌人，跟东南西三方的敌人相比，好像天跟地相比，差距太大。前世所以看重他，由此之故，绝不可以轻视此事。

“而今，单于归心，怀着爱慕诚恳之情，打算远离他的王庭，亲来西汉王朝朝见，这正是前世遗留下来的恩德，祖先神灵所盼望的景象。政府虽然大大破费，也是不得不如此。为什么因为‘他是从上游来的’一句怪话，就加以拒绝？而且只说请单于以后再来，并不另行指定一个确期。把历年所有恩德，一笔勾销，埋伏下将来不愉快的种子。因猜忌而造成误会，将使单于含恨于心，收回对中国的承诺，一味记住今天的不悦，把错误和怨恨，全部归到西汉政府头上，势将跟中国决裂，终于失去臣服之念。到那时候，我们的威力吓不住他们，言词说服不了他们，怎能不造成大的灾难？

“眼睛明亮的人，能看到别人看不到的事物。耳朵敏锐的人，能听到别人听不到的声音。假如我们事先防范，则军事行动不会有，祸害灾难不会生。不然，猜忌一旦开始，即令智慧的人在内辛苦策划，善辩的人在外奔走劝解，都不如在事情没有发生之前，有正确的决策。从前，开拓西域，制服车师国（新疆吐鲁番市），兴筑城池，设立西域总督（参考前六〇年），统御三十六国，岂是为了防备康居王国（首都卑阗城〔中亚巴尔喀什湖西南锡尔河北岸〕）和乌孙王国（首都赤谷城〔中亚伊赛克湖东南〕），恐怕他们越过白龙堆沙漠（新疆罗布泊东），攻击中国西疆边塞？最后目标仍在于伤害匈奴而已。一百余年辛劳获得的辉煌成果，却于今天一日之间丧失。当初开支十分费用去克制匈奴，却只为了爱惜一分费用，激起背叛。我深为国家的前途，感到忧虑。请陛下稍加留意，在还没有发生战争，还没有发生变乱时，阻止它发生。”

奏章呈上去，刘欣惊悟，立即召回刚踏上归途的匈奴汗国使节，改换国书，表示欢迎单于明年（前二）访问。赏赐扬雄绸缎五十匹、黄金十斤。

乌珠留若鞮单于（十八任）挛鞮囊知牙斯还没有动身，生病，再派使节前来西汉王朝，请求延后一年，刘欣允许。

12 董贤的权势和地位，急剧膨胀，丁姓家族和傅姓家族，对这个突然间冒出的宠儿，不能容忍。孔乡侯傅晏，跟息夫躬，打算谋取辅政大臣（三公）的高位。正好匈奴汗国单于因病不能来朝，息夫躬终于找到借口，上书说：

“匈奴单于挛鞮囊知牙斯，应当在十一月进入边塞，后来却忽然声称有病，我疑心可能有什么变化。乌孙王国有两个国王，都十分衰弱，而逃亡在外的将领卑爰疐（参考前一一年），兵力强盛，跟单于勾结，还派儿子到匈奴去当人质（参考前五年）。我恐怕他们联合起来，吞并乌孙。乌孙王国灭亡，则匈奴强盛，西域陷于险境。我建议：命归降西汉王朝的乌孙人，假扮卑爰疐的使节，前来首都长安，上书陛下，请求西汉政府对匈奴施加压力，归还他们的人质。然后把奏章交给主管单位，故意泄露给匈奴人知道。这正是：‘上等的取胜之道，不用流血，只用谋略。其次，则是断绝敌人的外援。’”（《孙武子》原文：“上兵伐谋，其次伐交。”纪元前五年，西汉政府已下令匈奴归还卑爰疐的人质，匈奴也已经归还，不知此时为什么再提此事？或许尚未归还，也许再派人质。）

刘欣召见息夫躬，然后召集高阶层文武官员（公卿、将军），举行御前会议。左将军公孙禄，认为：“中国全靠威望和信誉，使蛮夷听命。息夫躬却先肯定对方有诈，采取激烈反应。贡献不光荣的阴谋，不可以允许。而且，匈奴汗国承受先帝（十任宣帝刘病已以下）的恩德，作为中国藩属，替中国保卫边塞。只因为单于临时患病，不能朝见，但他已经派人前来报告，完全尽到作藩臣的职责。我愿保证，直到我死，匈奴绝不会进犯。”息夫躬阻止他说下去，说：“我只是为了国家，先它一步行动，消灭外患于无形，为万年太平着想，而公孙禄却只看到他有生之年不会有变化。我们的眼光不同、层面不同，无法交换意见。”

刘欣遂停止讨论，跟息夫躬单独磋商。

息夫躬因之建议：“灾异屡次发生，恐怕会有可怕的巨变。应该派高级将领巡查边塞，重整军备，诛杀一个郡长，建立威严，震动四方邻邦，用来因应天意。”刘欣认为正确，询问宰相王嘉，王嘉反对，说：

“我曾经听说，引导人民，靠行为不靠言词。因应天象变异，要有实质，不能只做表面文章。人民卑微脆弱，还不可以用诈术对待，何况上天神明，岂允许欺骗？变异发生，正是为了警告君王，使君王觉醒，改正过失，诚心诚意，推行善政。人民欢悦，天心自然欢悦。能言善辩之士，只看见一点迹象，便用自己的意思，附会星象，推测匈奴、西羌将要发动灾难，竟想大动干戈，发出奇想，不是因应上天之道。

“郡长或封国宰相，如果犯了死罪，应该押解到首都长安宫门之前，捆绑斩首。岂可事先阴谋杀戮？现在，雄辩之士，要摇动安全之基，走向危亡之道，徒逞口舌之快，事实上不可以采信。凡是谈论国家大事，最困扰的是，一些谄媚、拍马、阴险、用心恶毒之辈，在那里口若悬河。从前，秦国国君（九任穆公）嬴任好，拒绝百里奚、蹇叔二人的劝阻，结果辱国丧师，对自己责备至深，痛恨误国的大臣；想起白发老人的忠言，而使他们名垂后世。（前六二七年，嬴任好派大将孟明，率军袭击郑国。百里奚、蹇叔，竭力劝阻，嬴任好不听，结果在崤山遇到晋国伏兵，全军覆没。嬴任好追悔哀伤，作《秦誓》。）请陛下查考古代鉴戒，反复思考，不要受先入为主意见的影响！”

刘欣听不进去。

纪元前二年 己未

西汉　元寿　元年

1 春季，正月一日，西汉王朝（首都长安〔陕西省西安市〕）皇帝（十三任哀帝）刘欣（本年二十四岁）下诏："将军（武官最高级）、部长级以上（中二千石）官员，分别推举深懂军事，跟熟读兵法的人选各一人。"根据推选的结果，任命孔乡侯傅晏当大司马（三公之二），兼首都卫戍司令（卫将军），阳安侯丁明，也当大司马（三公之二），兼骠骑将军（依息夫躬建议，准备巡查边塞，诛杀郡长）。

2 就在当天（正月一日），日蚀。刘欣命国务官（大夫）以上官员，诚心的指出政府过失。下令保荐“贤良”“方正”“直言”各一人。大赦天下。

宰相（丞相）王嘉呈递“亲启密奏”（封事），说：

“孝元皇帝（十一任帝刘奭）继承皇帝宝座，温柔谦恭，自我克制。农林部总库（都内）存钱四十亿；有一次到御花园（上林苑），冯贵人陪同左右，参观兽园，猛兽突然出笼，冯贵人用身遮住皇上（参考前三八年。冯贵人因此跟当时的傅倢伃结下怨恨，被诬谋反，身死族灭。参考前六年）。孝元皇帝（十一任帝刘奭）嘉勉她的义勇，赏赐也不过五万钱。在深宫后院，对宠爱的人，如果有特别奖赏，总是特别嘱咐，不要在众人面前谢恩，不愿使人觉得不公，目的在于珍视人心，鼓励节约。所以皇亲国戚的财产，达到千万钱的，十分稀少。而宫廷供应部（少府）跟水利署（水衡）的存款，非常丰富（水利署辖钱币铸造厂〔钟官〕）。虽然遭受五〇年代（前五〇年至前四一年）凶年的大饥馑灾难，再加西方羌部落的叛变（参考前四二年），对外供应野战部队，对内赈济贫苦灾民，开支庞大，但没有倾覆崩溃的威胁，因为国库充实。后来，孝成皇帝（十二任帝刘骜）时，很多官员抨击皇上（刘骜）私自出宫的不当，以及过度宠爱美女，过度酗酒，不但有损品德，还要缩短年寿。言论都非常激烈，但皇上（刘骜）总是包容，从不发怒。最宠信淳于长、张放、史育。而史育屡被贬谪，家产不满千万（史育的史迹不详），张放则被逐回他的封国（张放并没有被逐回封国，而是贬降到郡政府当民兵司令〔都尉〕，参考前七年），而淳于长则被苦刑拷死监狱（淳于长死时悲惨遭遇，在此透露。参考前八年），并不以私情妨害公义。所以虽然招来很大讥刺，而政府没有受到影响，这才能够把皇帝宝座，传给陛下。

"陛下在封国（定陶国）之日，喜爱《诗经》《书经》，崇尚节俭。征召前来首都长安（陕西省西安市）之时，经过的郡县，同声赞美。使上天之心，再度垂爱。陛下登极之初，更换帷帐，撤去锦绣，御驾所坐席次，不过用绸缎包边而已。共皇（刘欣的爹刘康）的祭庙，本应该兴建，只因为怜悯人民穷苦，思虑国家用度不足，为了公义，舍弃亲情，暂时停止，直到现在，才开始动工。可是御马总监（驸马都尉）董贤，却在御花园（上林苑）中设立官衙，而陛下又给他兴建广大的住宅，大门向北，引用御河的水，灌溉花园。在皇上使节监督下，日夜赶工；士卒赏赐很重，比盖皇家祖庙，还要盛大。董贤娘亲害病，首都长安离宫膳食管理官（长安厨）为她施舍食物祈祷，行路的人，都分到菜饭。给董贤制造的家具，完工之后，必须报告陛下审查，才送过去；如果工艺精巧，还特别赏赐工匠。即令奉献皇家祖庙，或奉献三宫太后（太皇太后王政君住长信宫、皇太太后傅太后住永信宫、皇太后赵飞燕住中宫），也没有如此认真隆重。董贤家的宾客和姻亲之间的生活费用，都由政府供应。对仆人、奴隶、婢女的赏赐，多达十万钱。在皇上使节保护下，强行用贱价购买货物，商人震恐，看到那种半抢半购声势，连走路的人都喧哗奔跑，文武百官也都惊惶。陛下撤销若干御用苑林之时，一下子就赏赐给董贤田地二千余顷。官员限田制度，遂完全破坏（官员限田制度，参考前七年左将军师丹建言，但并没有实施。看此指控，可能稍后实施），奢侈横暴，阴阳颠倒，天象变异，不断发生。人民听信谣言，手拿禾稼麻秆，惊恐奔走（参考前三年）。上天迷惑他们，使他们身不由己。陛下一向仁慈智慧，行事谨慎，却造成这种讽刺形势。

"孔丘说：'有危险而不去解除，见跌倒而不去扶持，要这样的辅佐干什么？'（《论语》语。）我有幸在宰相位置上，常内心悲苦，无法使陛下相信我一片愚忠。身死如果对国家有益，绝不敢爱惜自己。请求陛下检讨自己的专断，考察众人共同的疑惧。从前，邓通、韩嫣，骄傲尊贵，荒淫糜烂，超过国家的法度。小人物没有能力克制自己的情欲，终于犯下滔天大罪。把国家搞乱，而自己丧生，不能保全富贵。（五任帝刘恒，宠爱邓通，赏赐给他一座铜山，让他铸钱，参考前一七五年。刘恒逝世，子六任帝刘启即位，没收邓通的家产，邓通饿死。七任帝刘彻宠爱韩嫣，共起共卧，随意出入皇宫。后来有人控告韩嫣奸情，皇太后王娡下令诛杀。）这正是：'看起来爱他，实际上害他。'请陛下留意前世教训，对董贤的宠爱要有节制，用以保全他的性命。"

刘欣看了奏章，把王嘉恨入骨髓。

前凉州（甘肃省）州长（刺史）杜邺，以"方正"身份，在试卷上回答：

"我曾经听说：'阳'尊贵而'阴'卑贱，是上天之道。所以，男子虽卑贱，仍是一家之'阳'。女子虽尊贵，仍是一国之'阴'。礼教明显的定下'三从'大义（三从：女子在家时听从父亲，结婚后听从丈夫，丈夫死后听从儿子），即令有文母（周王朝一任国王姬发的娘亲太姒）的盛德，也得依靠儿子。从前，郑国国君（三任庄公）姬寤生，听从娘亲武姜的摆布，而终有姬段叛变的灾难（武姜生二子，长子姬寤生，幼子姬段。她厌恶姬寤生而喜爱姬段，要求把姬段封到京邑〔河南省荥阳市东南〕，大臣祭仲警告说："这可是国家的大灾难。"姬寤生说："娘亲要这样，有什么办法？"姬段果然集结武装部队，预备突击姬寤生。前七二二年，姬寤生反击，姬段逃走）。周王朝国王（二十任襄王）姬郑，因娘亲惠后的影响，受到逃亡郑国的困辱（周王朝十九任王〔惠王〕姬阆有二子，长子姬郑，幼子姬带。姬阆正妻惠后，厌恶姬郑，喜爱姬带。等到姬郑继承王位〔二十任襄王〕，前六三六年，姬带跟北方的狄部落结盟，攻陷京师〔河南省洛阳市〕，姬郑投奔郑国）。西汉王朝兴起时，吕太后（吕雉）把大权交给她的家属，几乎断送国家（参考前二世纪一〇年代）。

“我私下观察，陛下节俭克己，本希望改革弊端，开始一种新的气象；然而，祥瑞没有降临，降临的却是日蚀、地震。《春秋》上记载的灾变，是上天显示的一种警告。太阳象征君王，日蚀，是君王被阴气侵犯。而阴气，指的是皇后姬妾，以及文武百官。我们称‘阴’为‘坤’，‘坤’的根基是‘地’，所以称‘坤’为‘土’为‘母’，主要的特质是安静。也就是说，安静是‘坤’的美德。而竟然发生地震，是阴气已经失去控制，逸出正常轨道。上天的警告，至为明显，我不敢不直率的据实报告。古代，曾参曾向孔丘请教：‘听从老爹的命令，是不是孝顺？’孔丘生气说：‘这是什么话！’孔丘特别夸奖闵子骞：待人做事，不受他父母兄弟的影响。因他的行为合理，无法挑剔。

“现在，皇亲国戚父子兄弟，不管贤能或坏胚，都进入宫廷，位居要津。有的掌握中央军权，有的率兵在外驻防。把宠爱荣耀，集中在一个家族。膨胀的迅速，历史上很少看到，也很少听到。甚至更恢复大司马（三公之二）、将军的官职，比起古代：皇甫虽然强大（胡三省原注：皇甫是周王朝初叶有权势的贵族），三桓虽然势大，建立三军（鲁国十五任国君〔桓公〕姬允，庶子三人：姬庆父〔孟孙〕、姬牙〔叔孙〕、姬友〔季孙〕，世称“三桓”〔桓公之子〕。他们的子孙把鲁国国防军分割，各建一军，掌握鲁国政权），都没有今大这么严重。

“这批皇亲国戚接受任命的那天，突然日蚀。不前不后，恰恰在关键时期发生，是在显明陛下太过谦逊，不能独行专断。上面说什么听什么，上面希望得到什么，就让她得到什么（古文往往没有主词，但可看出指的是刘欣处在傅太后压力之下）。犯罪的人不处罚，没有功勋的人却受封升官。上天种种变异，原因在此。盼望英明的政府，早早觉悟。诗人（《诗经》）的讽刺，《春秋》的讥笑，都是针对这种现象，而不在其他。后人看前人，悲愤前人的错误。可是，自己去做时，却瞧不见自己的行为，自以为所做正确，却正好是一种过失。但愿陛下自我勉励，回顾当初即位之时，每件事都遵守古代规定，用以满足安抚民心。则人民欢悦，上天神灵将收回怒气。然后，祥瑞吉兆，怎么会不回报陛下？”

3 刘欣征召孔光到未央宫公车门，询问关于日蚀的事。任命孔光当特级国务官（光禄大夫），支部长级最高阶俸禄（中二千石），兼御前监督官（给事中），地位仅低于宰相。

4 最初，王莽被遣回他的封国（新都国，河南省新野县东南。参考前五年），闭门不见宾客。次子王获杀死家奴，王莽严厉追究，命王获自杀赎罪。在封国三年，官吏人民数百人向中央政府上疏，为王莽呼冤。而“贤良”周护、宋崇等，在应试的考卷上，更歌颂王莽的功德。刘欣遂征召王莽跟平阿侯王仁（时在平阿国〔安徽省淮南市西北〕），回到首都长安（陕西省西安市），侍奉太皇太后王政君。

5 董贤对傅晏、息夫躬反击。指控：所以日蚀，完全是二人阴谋挑起战争之故。

正月十一日，刘欣收回傅晏大司马（三公之二）及首都卫戍司令（卫将军）印信、绣带，以侯爵身份遣返家宅。

6 正月十七日，帝太太后傅女士逝世，跟丈夫十一任帝（元帝）刘奭合葬渭陵（陕西省咸阳市东北七公里。刘奭正妻王政君仍在，而小老婆合葬，将来王政君葬在哪里？此仇已不可解），称孝元傅皇后。

7 宰相（丞相）王嘉、最高监察长（御史大夫）王崇，弹劾息夫躬、孙宠等犯法有罪。刘欣下令息夫躬、孙宠免职，遣返封国（息夫躬封国〔宜陵国〕在杜衍县〔河南省南阳市西南〕境；孙宠封国〔方阳国〕在龙亢县〔安徽省怀远县西北龙亢镇〕境）。又罢黜宫廷随从（侍中）、宫廷秘书署各单位主管（诸曹）、禁宫顾问官（黄门郎），凡数十人之多（都是傅姓家族、丁姓家族官员。祖母、娘亲既死，刘欣已无顾忌。董姓妻族，代之而兴）。

议论官（谏大夫）鲍宣上疏说：

“陛下把上天当作父亲一样侍奉，把大地当作母亲一样敬重，把人民当作儿女一样抚养。自从即位以来，上天日蚀，大地震动，儿女一样的人民，则奔走惊恐。元旦当天，发生日蚀，而元旦属于‘三始’（三始：一年之始、一月之始、一日之始），使我们恐惧。小民在元旦都小心翼翼，唯恐怕碰坏一件器具，何况日蚀？陛下深刻的责备自己，不坐正殿，征求坦白的建议，垂听臣属直率的指摘过失，罢黜皇亲国戚跟身旁帮闲分子。征召孔光当特级国务官（光禄大夫），发觉孙宠、息夫躬的丑陋，立刻免职，遣返封国。人民欢悦，普天同庆。人心就是天心，人心欢悦，则天心的愤怒，自然化解。

“可是二月十六日，白虹干犯太阳（胡三省原注：“‘虹’是太阳旁边的一种气。‘白虹’象征战争。”占天文学家认为，这表示臣属将冒犯君王），天气又连阴不雨，显示重大的忧虑仍然存在，人民的怨恨还没有平息。宫廷随从（侍中）、御马总监（驸马都尉）董贤，跟陛下连一点最疏远的关系都没有，只靠他的巧言花语，跟他的谄颜媚态，博取陛下欢心，以致陛下赏赐没有限度，国库浪费一空。把赏赐给他的三座家宅，合并成一座，还认为太小。为了扩充，索性连宫廷事务署纺织厂（暴室）

都被拆掉。董贤跟他的老爹，高高上坐，对皇上的使节，随意呼来喝去。工程总监（将作大匠）为他大兴土木，连夜间巡逻的士兵，都得到奖赏。每次到坟前祭典，全由御厨房（太官）供应。

“全国人民完粮纳税，为的是要奉养君王一人，如今反而到了董贤家宅，岂是天意，又岂是民意？不可久负上天之恩。陛下待董贤太厚，这不是爱他，而是害他。假如陛下怜惜董贤，就应该向天地请罪，解除全国官民对他的仇视。免除官职，以侯爵身份，回到封国。所用的各种御器，归还宫廷，保全他们父子性命。不然的话，在全国仇视之下，不可能有长久的平安。孙宠、息夫躬，没有资格拥有封国，应该免除侯爵，向天下表示大公无私。再请召回何武、师丹、彭宣、傅喜，使人民一目了然，呼应天心。则治理之政建立，太平之世开始。”

刘欣感到惊奇，接受鲍宣的建议。征召何武、彭宣（不到一月，都再擢升到三公官位）。任命鲍宣当京畿总卫戍司令（司隶）。

8 刘欣假托傅太后的遗诏，请太皇太后王政君下令给宰相（丞相）、最高监察长（御史大夫），增加董贤采邑二千户人家（董贤原封一千户人家）。再赏赐给孔乡侯傅晏、汝昌侯傅商、阳新侯郑业三人采邑。

宰相王嘉把诏书封起来退回，呈递“亲启密奏”（封事）说：

“我听说：爵位、俸禄、土地，是上天所有。《书经》：‘上天教有品德的人当君王，有五种显示尊卑的衣服（皇帝〔天子〕、封爵〔诸侯〕、高级官员〔卿〕、中级官员〔大夫〕、知识分子〔士〕，衣服色彩不一样），色彩、质料、图案，都不相同。’（天命有德，五服五章哉！）君王代表上帝，对人民封爵任官，应该特别慎重。割裂土地，划作采邑，如果不能恰当，人心就会不服。刺激阴阳，伤害就会太重。而今，陛下的身体很久不能复原，使我恐惧。

“高安侯董贤，不过一个靠着媚工得到宠爱的奸臣，陛下恨不得把所有的爵位都封给他，恨不得把所有的财富都赏给他，甚至贬降自己的身份去荣耀他。君王的权威，已被降低，国库的储备，已经枯竭，而仍认为不能满足。财富都来自人民的赋税，孝文皇帝（五任帝刘恒）打算兴建一个露台，但不愿浪费黄金二千两，克制自己，终于作罢（参考前一五七年）。而今，董贤却把人民的纳税钱，作为私人恩惠，仅只一家，就得到二万两黄金的赏赐。自从开天辟地，再尊贵的大臣，从来没有过这种情形。流言传布四方，人人痛恨。俗谚说：‘千人所指，无病而死。’我为他寒心。

“现在，太皇太后（王政君）根据永信宫傅太后的遗诏，下令宰相、最高监察长（御史大夫）增加董贤采邑，赏赐三位侯爵封国，我感到很大困惑。就在元旦之日，山崩、地震、日蚀，同时发生，全是阴气太盛，侵犯阳气之故。董贤已是第二次封爵（先封关内侯，继封高安侯），傅晏、傅商，都换过封国（傅商最初封汝昌侯，参考前三年二月。后继承崇祖侯〔傅太后老爹的爵位，参考前七年五月〕，增加采邑至五千户。孔乡侯傅晏一开始就封三千户，后来又增加二千户）。至于郑业，利用私情（参考前三年），横求不已，对他的恩德，已经过厚，而他仍任意贪图，不知道满足，对‘尊尊之义’，是一种侮辱（封三人侯爵，本来是为了尊敬傅太后，如果太滥，便不尊贵），不可以向天下公开。因为，它为害至大。

“臣属们骄傲蛮横，冒犯欺骗，以致天地阴阳，都失去正常调节。激动感应，伤害身体。陛下久病不愈，继承人还没有诞生，正应该使万事纳入正轨，顺应天心人心，祈求保佑。而竟忽略自己健康，为什么不念及高祖（一任帝刘邦）当初创业的勤劳刻苦，建立制度，岂不是希望帝位传到永远？我谨慎的把诏书封还，秘密陈述，并不是爱惜生命，不敢承认我违抗诏旨，只恐怕天下人知道，所以不敢自我弹劾（弹劾奏章一上，事便公开）。”

刘欣怒不可遏。

最初，司法部长（廷尉）梁相，审理东平王（首府无盐）刘云案时，冬季只剩下二十天。梁相疑心刘云事件是一个冤狱，并不真实。请求刘欣把全案有关人犯，押解首都长安，作深入调查。刘欣交付高官会议决定。宫廷秘书长（尚书令）鞫谭（鞠，音jū〔居〕）、宫廷秘书署执行官（尚书仆射）宗伯凤，认为合理。然而刘欣却认为梁相等别有居心，因自己病情一直不见起色，梁相显然脚踏两只船，等拖过冬季，东平王刘云就有减刑免死的可能；梁相等显然没有痛恨奸邪，为领袖讨贼的忠心，于是，把梁相等免职，贬作平民。几个月后，大赦。王嘉上书说：“梁相等都有才干品德，圣明的君王对臣僚总是纪念功劳，忘掉过失。不用这三个人，我为政府惋惜。”刘欣看了这份奏章，大不高兴。

而二十余天后，王嘉封还诏书，阻挠对董贤等的封赏，刘欣决心教王嘉知道谁是主人。抓住梁相这个题目，下令王嘉到宫廷秘书署（尚书），命宫廷秘书（尚书）责问：“梁相等因为心怀奸诈，不忠君王，罪恶至为明确。当时，你也曾自我弹劾。而今又赞扬他们，说‘为政府惋惜’，是什么意思？”王嘉脱下官帽，请求宽恕。

刘欣把全案交付文武百官讨论，特级国务官（光禄大夫）孔光等指控：“王嘉背叛国家，欺骗领袖，大逆不道，请派皇家礼宾官（谒者）通知王嘉，去司法部（廷尉）诏狱报到。”参议官（议郎）龚（姓不详）等，认为：“王嘉对一件事情的看法，前后不一致，应剥夺封爵，贬作平民。”永信宫供应官（永信少府）猛（姓不详）等，认为：“虽然王嘉所犯的法条，应逮捕下狱。但是，国家的最高官员，一旦束住头发，戴上刑具，脱光衣服，被苦刑拷打，并不是尊重国家，赞美祭庙的办法。”刘欣不理会猛（姓不详）等的意见，而采纳孔光的建议，下诏：“命皇家礼宾官（谒者）‘持节’，送宰相到司法部（廷尉）诏狱。”

皇家礼宾官“持节”到宰相府时，宰相府全体官员，流泪泣涕，共同送上毒药；王嘉拒绝。主任秘书（主簿）说：“宰相、大将，一旦受到皇上指控，从不到法庭为自己诉冤，已成了惯例（自周亚夫事件〔参考前一四三年〕之后，将相一旦下狱，铁定诛杀，所以都在逮捕之前自尽。不过也不见得每人都有此幸运，像刘彻对付公孙贺、刘屈牦，就是要他们在屈辱痛苦中死亡，逮捕行动快速，想自尽也不能自尽），宰相应早日决定。”皇帝使节严肃的坐在宰相府大门那里，主任秘书（主簿）再把毒药送上，王嘉把装毒药的杯子扔到地下，对他的部属说：“我有幸成为‘三公’之一，担负重责大任，而竟辜负国家，应当在街市上接受国法制裁，向万民宣告。我岂是小儿小女，为什么服毒？”穿上正式官服，出来接见皇帝使节，恭恭敬敬跪下叩头，接受诏书。然后，坐上小吏们坐的小车，去掉车篷，脱掉官帽，随着使节前往司法部（廷尉）。司法部收缴王嘉的宰相印信，跟新甫侯印信，用绳索把王嘉捆绑，直接送到河道治安署监狱（都船诏狱。首都长安警备区司令部〔执金吾〕，辖有四个单位：一、中垒营房管理官〔中垒令〕。二、宫门守卫指挥官〔寺互令〕。三、皇家军械库管理官〔武库令〕。四、河道治安官〔都船令〕）。

刘欣本来要逼王嘉自杀，一听说他竟然投案，可能使真相完全暴露，霎时间暴跳如雷，下令除了指定的五位部长级高级官员（二千石）外，加派武官将军以下官员，参与审讯（西汉王朝审理大臣，一向由五位部长组织合议法庭。今加派武职官员，看出刘欣愤怒已极。而且用这种加派武官的方式，展示他的杀机，摧毁别人营救的意图）。

审问官盘问王嘉，王嘉说："处理诉讼案件，主要的任务是求得事实真相。梁相审理东平王刘云时，并不认为刘云不该处死，只是盼望公开在高级官员之前，表示慎重。根本没有两面张望、攀附刘云的证据，后来更侥幸蒙受大赦。梁相等都是优秀的干部，我只是为国家惜才，并不是对这三个人有私心。"审问官说："假定你说的是实话，那么，当初免除他们官职的时候，为什么自我弹劾？这正是辜负国恩。逮捕下狱，一点也不冤枉。"对王嘉开始凌辱，王嘉仰天叹息，说："我有幸能够充当宰相，不能推荐贤能，不能罢黜奸佞，诚然辜负国恩，死有余责。"审问官问："谁是贤能？谁是奸佞？"王嘉说："贤能，像前宰相孔光、大司空（三公之三）何武，我无法推荐。奸佞，像高安侯董贤父子，扰乱政府，却不能排斥。我应该死，死无所恨！"于是不进饮食，二十余日后，大口吐血，气绝而亡。

柏杨曰

当王嘉肯定孔光是一代贤才的时候，孔光正在主子面前，猛摇其尾，不但没有一句公道的话，更没有一句像龚、猛二位那样要求保持王嘉自尊或性命的话，反而用"大逆不道"最可怖的必死罪名，套牢王嘉。这位备受赞扬的国家栋梁，事实只不过一只官场中的风信鸽。

宰相是审问官的最高阶层的顶头上司，现在，面对宰相，嘴脸大变。我们对这类小人物，不作苛责。在诏狱中，审问官只是一个工具，对周亚夫都能发明地下谋反，对颜异都能发明肚子里诽谤，王嘉岂能逃生？纵令审问官待王嘉如同上宾，完全确定他的清白，也救不了王嘉。

后来，刘欣看到王嘉的口供，考虑到他的意见，正好，最高监察长（御史大夫）贾延免职。

夏季，五月十七日，刘欣就任命孔光当最高监察长（御史大夫）。

秋季，七月九日，再擢升孔光当宰相，恢复博山侯封爵。任命汜乡侯何武当最高监察长（御史大夫）。刘欣承认当初免除孔光的罪名，全是诬陷（参考前五年）。责备那些打小报告的左右亲信，下诏说："傅嘉前些时担任宫廷随从（侍中），诋毁贤能，诬陷大臣，使栋梁之才，失去官位。傅嘉的官爵全部撤除，贬作平民，遣返故乡（傅嘉，温县〔河南省温县西〕人）。"

9 八月，任命何武当前将军。

八月二十四日，任命高级国务官（光禄大夫）彭宣当最高监察长（御史大夫）。

10 京畿总卫戍司令（司隶）鲍宣，被控侮辱宰相，又闭门拒绝使节，失去作臣属的礼节。免除死刑，判处髡刑（剃光头发），身戴脚镣手铐（宰相孔光巡查历任皇帝坟墓，官属走到御用大道〔驰道〕上，正好被鲍宣碰上，下令拘捕，把车马没收。刘欣认为鲍宣侮辱宰相，交给总监察官〔御史中丞〕查办。总监察官派执法监察官〔侍御史〕前往逮捕鲍宣，鲍宣闭门拒绝）。

11 大司马（三公之二）丁明（刘欣舅父），一向尊敬王嘉。对王嘉之死，十分痛惜。刘欣立即反应。

九月十九日，把丁明免职，以侯爵身份，遣返家宅。

12 冬季，十一月壬午日（十一月丙申朔，没有壬午），刘欣任命前定陶国（首府定陶）亲王师傅（定陶太傅）、特级国务官（光禄大夫）韦赏，当大司马（三公之二）、车骑将军。十一月己丑日（十一月也没有己丑），韦赏逝世。

13 十二月六日，刘欣下诏，任命宫廷随从（侍中）、御马总监（驸马都尉）董贤，当大司马（三公之二）兼首都卫戍司令（卫将军），诏书说："上天赐下你，作为西汉王朝的辅臣。我一向知道你的忠心，盼望你领导国家，择善固执（允执厥中）。"本年（前二），董贤二十二岁，却跻身到'三公'高位。但虽然是三公之一，却只在宫中服务（给事中），主管宫廷机要（领尚书事），文武百官必须透过董贤，才能见到皇帝，才能把奏章呈送到皇帝面前。董贤的老爹董恭，本来担任皇城保安司令（卫尉），以儿子尊贵，不适合再当部长级官员，调任特级国务官（光禄大夫），支部长级最高阶俸禄（中二千石）。董贤的老弟董宽信，接替老哥御马总监（驸马都尉）位置，董姓家族都当宫廷随从（侍中）、宫廷秘书署各单位主管（诸曹），定期参加御前朝见（奉朝请），宠幸荣耀，超过丁、傅二姓家族。

最初，宰相孔光当最高监察长（御史大夫），董贤的老爹董恭当监察官（御史），见到孔光，毕恭毕敬。等到董贤当大司马（三公之二），跟孔光地位相等，同是三公。刘欣唯恐孔光抵制，故意命董贤去孔光家拜访。孔光谨慎小心，了解皇帝的目的在使他承认董贤的尊贵。于是，听说董贤驾到，孔光立刻穿上正式官服，到大门口等候。直等到看见董贤车队，才退回中门。董贤车到中门，孔光再退回客厅。董贤下车后，孔光才出面，下跪叩头晋见。无论迎接或送别，都十分恭敬，不敢把董贤当作跟自己平等地位的同僚看待。刘欣得到消息后，喜上眉梢，立刻回报，任命孔光的两个侄儿当议论官

（谏大夫），兼寝殿侍奉官（中常侍）。

从此，董贤的权势，跟皇帝相等。

14 这个时候，前任帝（十二任成帝）刘骜的皇亲王姓家族，衰退微弱，只有故平阿侯王谭的儿子王去疾，还担任宫廷随从（侍中）。王去疾的老弟王闳，担任寝殿侍奉官（中常侍）。王闳的岳父皇家警卫指挥官（中郎将）萧咸，是前任前将军萧望之的儿子。董贤的老爹董恭，对他一向恭敬，打算替儿子董宽信，向萧咸求婚，请王闳先行禀告。萧咸诚惶诚恐，表示小女无福，不敢匹配，然后秘密告诉王闳："董贤当大司马（三公之二）的任命诏书中，有'择善固执'（允执厥中），这可是伊祁放勋（尧）把宝座禅让给姚重华（舜）时用的话，而不是任命'三公'的话。前辈们看到，无不感到恐惧，这岂是平民承当得起的？"王闳有智慧又有谋略，被岳父萧咸提醒，马上醒悟。回报董恭，代萧咸深表歉意。董恭叹息说："我家有什么地方得罪天下，竟被人怕成这个样子？"大不高兴。

后来，刘欣在未央宫麒麟殿，摆设酒宴，招待董贤父子跟亲属；宫廷随从（侍中）、寝殿侍奉官（中常侍），都在旁侍候。刘欣有点醉意，安详的看着董贤，笑说："我打算效法伊祁放勋（尧）禅让给姚重华（舜）的故事，你觉得如何？"王闳插嘴说："天下是高皇帝（一任帝刘邦）打下的天下，并不是陛下一个人私有。陛下继承祖庙的香火，应该传子传孙，直到永远，大业至为尊贵，皇上不可以随便开玩笑。"刘欣不再讲话，左右的人全都震恐。刘欣命王闳出去，回到宫廷禁卫官总部（郎署），免除他宫廷随从（侍中）官衔（以后便不能入宫）。

很久之后，太皇太后王政君代王闳道歉，才把王闳召回。王闳乘机上书规劝：

“我听说：君王设立‘三公’官位，是效法‘日’‘月’‘星’三光，得到这种官位的人，必须是贤能人才。《易经》说：‘鼎的脚如果折断，里面的食物就倾泻出来（鼎折足，覆公餗）。’这是说明三公人选不恰当的后果。从前，孝文帝（五任帝刘恒）宠幸邓通，不过任命他当中级国务官（太中大夫）。孝武帝（七任帝刘彻）宠幸韩嫣，不过多加赏赐而已。二人都没有身居国家最高官位。可是，今天的大司马（三公之二），兼首都卫戍司令（卫将军）董贤，对西汉政府毫无贡献，跟皇家血统又没有一丝关联，在这世界上更没有高贵的知名度，却几年之间，成为鼎脚之一。掌握武装部队，升官封爵，父子兄弟，全居高位。赏赐之多，使国库空虚，人民喧哗，在道路上传播，真是不得民心。从前，褒国神灵变化成美女褒姒，使周王朝大乱（夏王朝末年，最后一任帝姒履癸在位，有两条龙降落皇宫，口吐人言，说：“我们，是褒国的两位神灵。”姒履癸把它们的唾涎保存起来。到了一千年后的周王朝十任王厉王姬胡，在宝库中发现，打开一看，唾涎流满一地，一位妙龄宫女不小心踩了一下，竟然怀孕。生下一女，抛弃到水沟里，被一位贩卖弓箭的老汉救起，投奔褒国〔陕西省汉中市西北河东店镇〕长大后成为美女，取名褒姒。褒国国君褒珦得罪了十二任王姬宫涅，献上褒姒赎罪。姬宫涅爱她爱得发昏，生子姬伯服，遂把正妻申后罢黜，改立褒姒当皇后，把太子姬宜臼罢黜，改立姬伯服当太子。申后的娘家申国〔河南省南阳市〕国君，跟犬戎部落结盟，攻陷首都镐京〔陕西省西安市长安区西〕，诛杀姬宫涅、姬伯服，掳走褒姒，周王朝遂不得不迁都洛阳〔河南省洛阳市〕）。恐怕陛下的过失受到讥刺，也恐怕董贤受到小人不知道进退的凶祸，这可不是永垂后世的榜样。”

刘欣虽不采纳王闳的建言，但欣赏他年轻气壮，百折不屈，所以也不再降罪。

纪元前一年 庚申

西汉　元寿　二年

1 春季，正月，匈奴汗国（王庭设蒙古国哈拉和林市）乌珠留若鞮单于（十八任）挛鞮囊知牙斯，跟乌孙王国（首都赤谷城〔中亚伊赛克湖东南〕）国王伊秩靡，同时到中国朝见。西汉政府（首都长安〔陕西省西安市〕）认为是一项最大的荣耀。

这时，西域（新疆及中亚东部）共五十国（原为三十六国，参考前六〇年），从翻译官（译长）到将军、宰相、侯爵、国王，接受西汉政府封爵，佩带西汉政府颁发印信、绣带的，有三百七十六人。而康居王国（首都卑阗城〔中亚巴尔喀什湖西南锡尔河北岸〕）、大月氏王国（即月氏王国，首都蓝市城〔阿富汗北部瓦齐拉巴德市〕）、安息王国（伊朗）、罽宾王国（首都循鲜城〔巴基斯坦伊斯兰堡市西北塔克西拉〕)、乌弋王国(即乌弋山离王国,国境东至阿富汗西南至兴都库什山山脉西南,西至伊朗东部。首都在今阿富汗西南法拉市)等,因距离很远,还不包括在五十国之内。只有在他们进贡时,才作回报,不归西域总督(都护)管辖。

自从纪元前四九年以来,匈奴单于每次前来中国朝见,赏赐给他的绸缎锦绣,都比前次更多,用作安抚。本年(前一),乌珠留若鞮单于挛鞮囊知牙斯,在金銮宝殿上拜谒时,刘欣设筵招待,文武百官云集。挛鞮囊知牙斯对大司马(三公之二)董贤的年轻,大为惊奇。向翻译官询问,刘欣教翻译官回答说:"大司马(三公之二)年纪虽轻,可是因为他是中国最伟大的圣贤,才居高位。"挛鞮囊知牙斯起身,祝贺西汉政府得到贤臣辅佐。这时,刘欣因为"太岁"正在"申"地("太岁"是什么?神秘的占卜书上,说不清楚,总括起来推测,似是一种"地下凶神",故俗语有:"太岁头上动土。""申"指南方),所以特别请挛鞮囊知牙斯住在御花园(上林苑)的蒲陶宫(葡萄,于攻击大宛王国〔首都贵山城,中亚纳曼干市西北卡散赛城〕时传入中原,种植御花园内,宫由此得名),告诉他这是一种更隆重的荣耀。

可是,挛鞮囊知牙斯仍然得到内幕消息,原来是用他压镇凶神的,大不高兴。

2 夏季,三月二十九日(原文误置于四月,据《汉书·五行志》改),日蚀。

3 五月二日,西汉政府正式确定三公官名跟职掌(大司徒主管行政,大司马主管军事,大司空负责监察)。于是重新任命董贤当大司马(三公之二)、孔光当大司徒(三公之一)、彭宣当大司空(三公之三),封彭宣当长平侯(三公分职,只是官名改变,实质没有改变)。

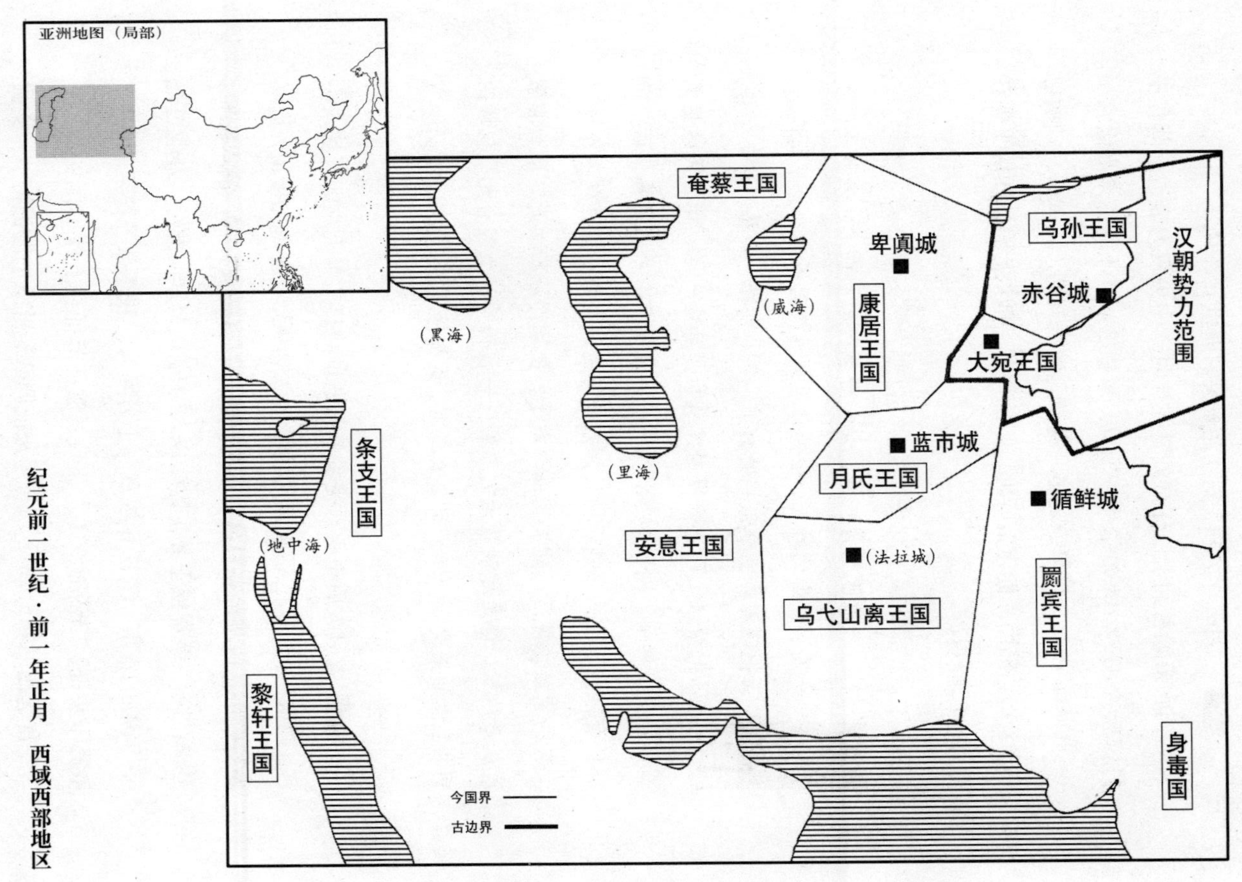

纪元前一世纪·前一年正月　西域西部地区

4 六月二十六日，刘欣在未央宫逝世（二十五岁）。

刘欣亲眼看到十二任帝刘骜在位时，中央权力衰退，落在王姓家族（太后王政君家族）之手。所以，登极之后，不断诛杀高级官员（指宰相朱博、王嘉），打算恢复皇帝尊严，效法刘彻（七任武帝）、刘病已（十任宣帝）。然而，他宠信奸邪，听信谗言，憎恨忠良，西汉王朝在他在位时顿衰。

柏杨曰

刘欣跟董贤之间，是一种疯狂的同性恋。刘欣不是唯一搞同性恋的君王，但他却是同性恋君王中，为了同性恋，而把政府体制全部摧毁的第一人。刘奭、刘骜，挥动利斧，已把西汉王朝砍杀得遍体鳞伤，奄奄一息，但官民效忠的惯性，仍在继续，刘欣如果稍微有一点点正常，小心翼翼，西汉政府仍有维持下去的可能。然而，刘欣却是一个败子。任何一个富贵太久的家族，最后必然要出一个败子，把家产一扫而光。皇家的家产就是政权，这是专制政治的悲剧——领袖是一个拥有无限权威的司机，他如果决心把车开进万丈深谷，谁都挡不住，谁都救不了。

5 太皇太后王政君得到刘欣逝世消息，当天立即赶到未央宫，收取皇帝印信，召唤大司马（三公之二）董贤，在东厢接见，询问丧葬后事。董贤惊恐过度，不能回答，只有脱去官帽，请求恕罪。王政君说："新都侯王莽，曾经以大司马（三公之二）身份，办理过先帝（刘骜）的丧事，对法令规章，十分熟习，我想教王莽帮助你！"董贤叩头说："无限感激！"王政君派使节征召王莽（当时正在京师）。下令宫廷秘书署（尚书）：所有用来征调武装部队的印信符节、文武百官所有的报告，禁宫中级侍从官（中黄门）、期门禁卫武士（期门兵。

参考前七四年），统归王莽掌管。

王莽遵照王政君指示，命宫廷秘书（尚书）弹劾董贤："在皇上（刘欣）卧病时，没有亲自侍奉医药！"禁止董贤进入皇宫司马门；董贤六神无主，不知道做什么才好，只有脱下官帽，赤着双脚，到未央宫门外叩谢。

六月二十七日，王莽派皇家礼宾官（谒者）拿着太皇太后王政君的诏书，就在宫门外向董贤宣布："董贤年轻，不懂事理，当大司马（三公之二），不孚众望。着即收回印信、绣带，免职，遣返家宅。"当天，董贤跟妻子，一齐自杀。全家悲哀恐慌，不敢声张，连夜埋葬。王莽还疑心他诈死，命主管单位奏请查验。于是挖掘坟墓，剖开棺木，把尸体抬到监狱验尸，证实确是董贤之后，就埋在监狱之中。

柏杨曰

董贤不过一个无知娈童，没有政治欲望，甚至没有官位欲望。然而，刘欣害了他。董贤的悲惨结局人人都看得见，只当事人看不见。刘欣早死，董贤固然如此；即令刘欣晚死，董贤也会如此。女性的美色还不足恃，何况男性？三五年后，已成了胡子脸，而其他的同志多如牛毛，董贤岂有别的妙法套牢刘欣？赵飞燕失宠，妹妹赵合德卷袖而上。董贤失宠，弟弟董宽信恐怕接不上班。刘欣不把他放上高位，还有逃生可能，一旦把他放上高位，成为愤怒的目标，就注定要为他以及他的全家，带来大祸。董贤被迫自杀之时，回想当初那么多人阻止他升官握权，他恨透了他们，如今才明白，那些人都是救命神仙。

6 太皇太后王政君下诏："三公跟部长级高级官员，推举可以担任大司马（三公之二）的人选。"王莽曾经担任过大司马（三公之二），为了避开丁姓跟傅姓皇亲国戚，才辞去职务。朝野官民，都认为王莽贤明（参考前七年），而他又是王政君的近亲（王政君的亲侄），于是，大司徒（三公之一）孔光以下，全体官员，一致推荐王莽。只有前将军何武、左将军公孙禄，二人磋商，认为："往年，孝惠（二任帝刘盈）、孝昭（八任帝刘弗陵）时代，皇亲吕姓家族、霍姓家族、上官家族，分别把持政权，几乎危害王朝生存。而今，孝成（十二任帝刘骜）、孝哀（十三任帝刘欣），一连两任，没有后嗣，面临选立新皇帝的重大决策，不应该再使皇亲国戚，掌握权柄，应教亲近（皇亲）的跟疏远的（皇亲之外其他异姓官员），互相羼杂，对国家有益。"于是，何武推荐公孙禄担任大司马（三公之二），而公孙禄也推荐何武。

六月二十八日（推荐王莽的次日），太皇太后王政君任命王莽当大司马（三公之二），主管宫廷机要（领尚书事）。

王政君跟王莽决定皇帝宝座继承人。安阳侯王舜，是王莽的堂弟，为人谨慎小心，王政君欣赏他，王莽推荐他当车骑将军。

秋季，七月，派王舜跟藩属事务部长（大鸿胪）左咸，"持节"迎接中山王（首府卢奴〔河北省定州市〕）刘箕子继位。

同时，王莽用雷霆万钧手段，打击政敌，报告太皇太后王政君之后，用太皇太后名义下诏："皇太后（赵飞燕）跟妹妹昭仪（赵合德），专宠恃爱，杜绝其他美女上床之路，残忍的灭绝皇帝继承人（参考前六年），贬她为孝成皇后，迁到北宫居住（北宫，刘邦时代兴筑的古老建筑，在古长安城西北七公里，二任帝刘盈的正妻张嫣，就迁住北宫，直到逝世）。定陶（共）王（刘康）太后（傅太后）跟孔乡侯傅晏，勾结密谋，忘恩负义，图谋不轨；现任皇后（刘欣正妻傅女士），应迁到桂宫居住。傅姓家族、丁姓家族大小官员，一律免职，遣送回乡。傅晏连同妻子儿女，放逐合浦郡（广西合浦县东北）。"

王政君唯独下诏褒扬傅喜："高武侯傅喜，性情谨严，议论正直，虽然跟故定陶太后（傅太后）是亲属，但始终不肯顺应旨意，附从邪恶，严正的保持节操，因此被逐回封国。古书岂不是说过：'严冬来临，才知道松树柏树，永不凋谢。'征召傅喜前来首都长安，位置'特进'（朝会时，位在三公之下，侯爵之上），定时参加御前朝见（奉朝请）。"傅喜虽然在表面上很受优待，但他知道他的孤立，内心忧惧。后来，再被遣回封国（高武国，在杜衍县〔河南省南阳市西南〕境），终其天年。

王莽扩大复仇范围。于是，撤销傅太后"皇太太后"的称号，改称"定陶共王母"。撤销丁姬"帝太后"称号，改称"丁姬"。王莽又请王政君下令："董贤父子骄奢淫乱，过去所赏赐给他家的金银财宝，全部收回。凡是因董贤关系当官的，一律免职。董贤老爹董恭、老弟董宽信，跟董姓家族，全体放逐合浦郡（广西合浦县东北）。特准董贤娘亲回她的故乡钜鹿郡（河北省平乡县）。"董姓家族霎时崩溃，民间人心大快；长安一些无赖流氓，前往董家假装哭泣致哀，其实只为了乘虚偷点东西。政府变卖董家财产，值四十三亿钱之多。董贤所宠信的干部沛郡（安徽省淮北市）人朱诩，辞去大司马府的职务，购买衣服鞋帽，收殓董贤尸体安葬。王莽立刻找一个罪名罩到朱诩头上，处死。

王莽知道宰相孔光，是著名的儒家学派高级知识分子（名儒），一连在三任皇帝手下担任宰相（十二任帝刘骜、十三任帝刘欣、十四任帝刘箕子）。太皇太后王政君尊敬他，全国人民信任他。于是，对孔光毕恭毕敬。任命孔光的女婿甄邯，当宫廷随从（侍中），兼御车总监（奉车都尉）。王莽对平常所不喜欢的人，统统给他们加一个罪名，然后写好弹劾奏章，教甄邯拿给岳父孔光，告诉他那是太皇太后（王政君）的意思。孔光一向胆小怕事，不敢不用自己的名字呈递。然后，王莽再在王政君面前，支持孔光的建议，王政君没有理由不批准。于是，开始一连串打击行动：弹劾何武、公孙禄，竟然交互保荐，二人免职。何武因为是侯爵的缘故，遣回封国。又弹劾高昌侯董武的老爹董宏，附会奸佞（董宏请称丁姬“帝太后”，参考前七年），撤销董武的封爵。又弹劾南郡（湖北省江陵县）郡长（太守）毋将隆，从前担任冀州（河北省中部南部）全权州长（牧）时，审理中山国太后冯媛案件，制造冤狱，残杀无罪；关内侯张由，诬告皇家骨肉（冯媛）；皇后宫交通官（中太仆）史立、泰山郡（山东省泰安市东）郡长丁玄，共同把人陷入死刑（从毋将隆到丁玄，都是诬杀中山太后冯媛案主要角色，参考前六年）；河内郡（河南省武陟县）郡长赵昌，诬害郑崇，使死于监狱（参考前三年）；他们的事情，幸运的都发生在大赦之前，可以免除一死，但不应该再留在中原土地；一律撤职，免除封爵，贬作平民，放逐合浦郡（广西合浦县东北）。中山太后冯媛事件，本是史立、丁玄自编自导，负责处理，毋将隆不过在奏章上签名而已。王莽年轻时崇拜毋将隆，渴望结交，但毋将隆不太听王莽的摆布，王莽遂找出这项借口，把他排出政坛。

红阳侯王立，是太皇太后王政君的亲弟，虽然没有官位，但王莽因王立是叔父的缘故，对他十分尊敬，但也唯恐怕王立在言语中顺便影响王政君，使自己不能随心所欲。于是，教孔光指控王立的罪恶：“从前，王立明明知道定陵侯淳于长，犯下大逆不道的滔天大罪（参考前八年），却接受贿赂，用虚假言语，欺骗政府。后来，更私自建议，把婢女杨寄的私生子当作皇子；大家都反对说：‘吕后（吕雉）跟少帝（三任帝刘恭、四任帝刘弘）的局面再度出现（指刘恭、刘弘不是二任帝刘盈的儿子）。’因为天下已起疑窦，不能公开，遂破坏了他辅佐幼主的盼望。罪大恶极，请把王立遣返封国。”王政君拒绝。王莽说：“而今，西汉王朝衰弱，一连两任皇帝（十二任成帝刘骜、十三任哀帝刘欣），没有子嗣。太后独当一面，代替幼主，主持国家大计，危机四伏，使人惊惧。即令完全大公无私，还怕人心不服；如果因私人亲情，摧折国家大臣的建议，恐怕邪恶的人将在下面互相倾轧，大乱从此而起。最好命王立先返封国，等情势稍微缓和，再请他回来。”王政君不得已，命王立返回他的封国（红阳国，今河南省叶县南）。王莽之所以胁持上下，都用这种手段。

于是，凡是向王莽靠拢的，全都升迁；冒犯王莽的，一律诛杀。王莽用王舜、王邑，作为心腹；甄丰、甄邯，主持司法机关；平晏主管宫廷机要；刘秀（刘歆）负责文字宣传；孙建总管武装部队。甄丰的儿子甄寻、刘秀（刘歆）的儿子刘棻、涿郡（河北省涿州市）人崔发、南阳郡（河南省南阳市）人陈崇，各有才干，同时受到王莽的器重。王莽外貌仪态，故意装得十分严肃，言论决断，也故意表示正直公平。将有行动，只要略为示意，摇尾系统立刻依照他的盼望上奏。遇到擢升他的时候，王莽一定叩头流泪，坚决推辞。对上迷惑当太皇太后的姑妈王政君，对下炫耀他谦恭的美德。

7 八月，王莽再请太皇太后王政君批准：把孝成皇后赵飞燕（十二任帝刘骜正妻）、孝哀皇后傅女士（十三任帝刘欣正妻），贬作平民，遣送二人到各人丈夫的墓园守墓。当天，二人自杀。

四大美女之一的赵飞燕，似乎徒拥虚名，美丽不如赵合德，而宫廷暴行，又全与自己没有关系。她比妹妹多活了六年，死时大概三十六七岁，正是魅力如火的年龄。一对姐妹花的惨剧，为中国文学提供丰富的素材。然而，傅皇后也跟着一并被贬，使人感到政治斗争的无情。留得这个年轻寡妇在，对任何人都没有伤害。王莽却要赶尽杀绝，一代皇后，像一粒微尘，无声无息消失。狭窄的胸襟有时候像只眼睛，连一粒微尘都容纳不下。

8 大司空（三公之三）彭宣，对王莽专横行事，深为痛恨，而又无可奈何，上书说："三公（大司徒、大司马、大司空）像鼎的三只脚，承奉君王，只要有一只脚不能胜任，就会倾覆，把鼎里的食物倒出。我天资浅薄，年纪又老，连年患病，头昏眼花，记忆力衰退。现在，缴上大司空（三公之三）跟长平侯的印信、绣带，请求准许我辞职，返回家乡，等待死亡。"王莽报告王政君，命他仍保留侯爵，返回封国（长平国，在济南郡〔山东省济南市章丘区〕境内）。王莽对彭宣没有经过他的同意而竟然辞职，大不满意，所以没有依照惯例赏赐黄金、安车、四马。彭宣回到封国若干年后，逝世。

班固曰

薛广德保持他悬车的荣耀（参考前四三年）；平当拒绝封爵，明礼知耻（参考前四年）；彭宣则发现危险时，立即止步。跟患得患失之辈，大不一样。

9 八月二十七日，王政君任命右将军王崇当大司空（三公之三)；宫廷禁卫官司令(光禄勋)东海郡(山东省郯城县)人马宫当右将军；擢升宫廷秘书署左厢主管(左曹)、皇家警卫指挥官(中郎将)甄丰，当宫廷禁卫官司令(光禄勋)。

10 九月一日，中山王(首府卢奴〔河北省定州市〕)刘箕子即皇帝位(十四任平帝)。大赦天下。

刘箕子本年(前一)九岁，太皇太后王政君临朝听政，大司马(三公之二)王莽主持政府，文武百官，全由王莽管辖。王莽权势，急剧上升。大司徒(三公之一)孔光忧愁恐惧，不知道如何才好，只有上书请求退休。王莽报告王政君，认为皇帝年幼，应该遴选师傅。于是，调迁孔光当皇家师傅(太傅)，位居“四辅”(《礼记》：古代天子，都有四位年高德重的辅政大臣：一、前疑；二、后丞；三、左辅；四、右弼，称为“四辅”。奇异的古官名，此后继续不断的出现，显示王莽崇古狂的政治取向)兼御前监督官(给事中)，主管宫廷警卫，及皇帝供养，巡查宫内各单位门户，监督皇帝所用的衣服食物。

任命马宫当大司徒(三公之一)，甄丰当右将军。

11 冬季，十月十二日，把刘欣埋葬义陵(陕西省咸阳市东北南贺村。自死到葬，共一百零五日)。

王莽篡夺

导读

王莽用和平手段取得西汉王朝政权，是儒家学派赞不绝口的“禅让”的实践。可惜的是，王莽在正常的官场操作中，是第一把好手，一旦掌握专制大权，却没有能力运转。用官场那一套，使自己步步高升有余；用官场那一套治理国家，便一无是处。王莽绝顶聪明，只缺少智慧。他跟项羽十分相像，用尽心机夺取到大好山河，却被自己愚不可及的蠢动断送。他们到死都不了解，或拒绝了解失败的真正原因。

他们带给中国人的灾难，同样惨重。尤其是王莽，他还带给儒家学派一种难堪，以致迫使儒家学派的一些知识分子，必须用一种一提起他就咬牙切齿的表态，来保护自己的饭碗。

柏杨　一九八四·四·一五

目录

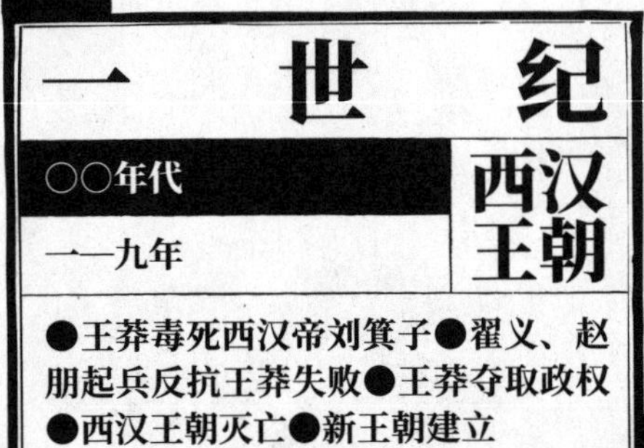

一世纪

○○年代 一—九年 西汉王朝

●王莽毒死西汉帝刘箕子●翟义、赵朋起兵反抗王莽失败●王莽夺取政权●西汉王朝灭亡●新王朝建立 193

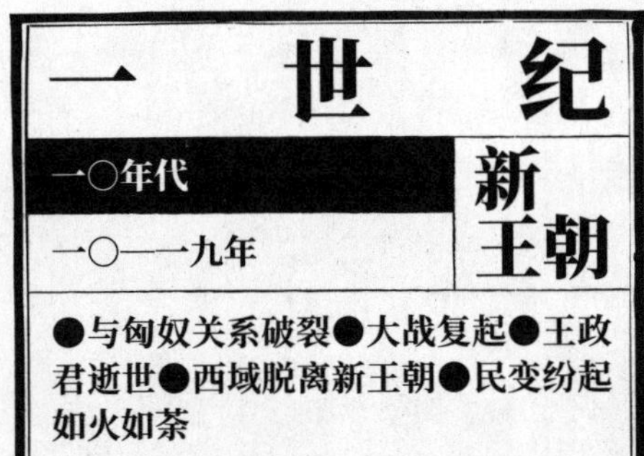

一世纪

一○年代 一○—一九年 新王朝

●与匈奴关系破裂●大战复起●王政君逝世●西域脱离新王朝●民变纷起如火如荼 263

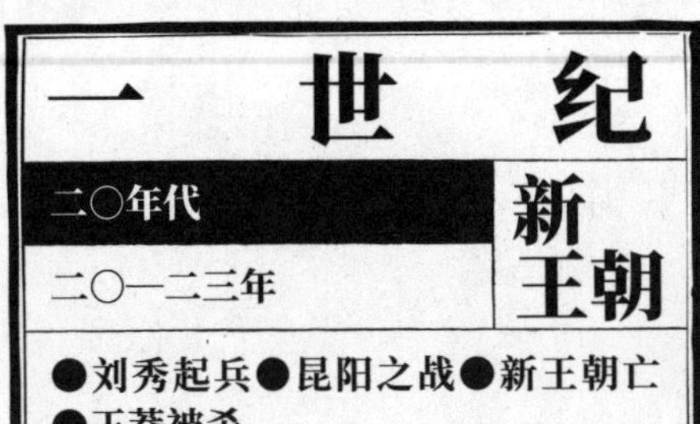

一世纪

二○年代 二○—二三年 新王朝

●刘秀起兵●昆阳之战●新王朝亡●王莽被杀 338

本世纪中，腐败透了顶的西汉王朝政权，在下坡路上奔驰，终于被他的辅佐大臣王莽，全盘接收。刘邦的西汉王朝灭亡，王莽的新王朝建立。王莽是儒家学派的大儒，上台后刻意的推行儒家学派最崇拜的古代政治制度，结果把全国搞得大乱，逼使包括匈奴在内的所有外族，重跟中原为敌。新王朝仅十五年，便告覆灭。西汉王朝皇族苗裔刘秀，在混战后统一全国，建立东汉王朝。虽然羌民族构兵，西域脱幅，但东汉仍保持相当程度的强大。

西汉王朝

- 王莽毒死西汉帝刘箕子。
- 翟义、赵朋起兵反抗王莽失败。
- 王莽夺取政权。
- 西汉王朝灭亡。
- 新王朝建立。

- 耶稣纪元开始。
- 佛诺尼斯当安息皇帝。
- 罗马大将米拉斯率领二万人北击日耳曼，大败。从此，罗马帝国不能再向北扩张。

一年 辛酉

西汉　元始　元年

1 春季，正月，西汉王朝（首都长安〔陕西省西安市〕）大司马（三公之二）王莽（本年四十六岁），暗中命益州郡（云南省昆明市晋宁区东）发动边境之外的越裳部落，经过几次翻译，向中国呈献一只白野鸡，和两只黑野鸡（越裳部落的精确位置，一直不清楚，只知道他们在现在的越南南部。而越南的南部，跟益州郡〔云南省昆明市晋宁区东〕并不接壤。王莽在国内已享有高度声誉，又用谁都不知道在何方，但却知道在很远的越裳部落，烘托他的威望）。王莽向太皇太后王政君报告这项大事，王政君下诏："用白野鸡祭祀皇家祖庙（太庙）。"于是，政府官员们大肆歌颂王莽的功德，说："像姬旦（周公）使周王朝获得白野鸡的祥瑞一样，王莽也使西汉王朝获得白野鸡的祥瑞。姬旦活着的时候，就被称为周公。圣明君王的法则是，臣属有极大的功勋时，一定有极高的荣誉称号。所以应擢升王莽当公爵，称安汉公，并使他的采邑足额。”（王莽本是侯爵〔新都侯〕，侯爵有侯爵的采邑。既封公爵，公爵有公爵的采邑。）

王政君命宫廷秘书（尚书）讨论，王莽上书说：“我跟孔光、王舜、甄丰、甄邯，共同决定迎立今上皇帝（刘箕子）的国策大计，只希望对他们四人的功劳，加以赏赐。我的些微贡献，请不要列进去。”甄邯报告王政君，王政君下诏给王莽：“《书经》说：‘不偏心，不搞党派，君王的道理，就是如此坦荡。’你有安邦定国的功勋，不能因为你跟我是骨肉之亲，故意使它埋没，不可推辞。”但王莽坚决拒绝——不但再三拒绝，而且再四拒绝。当拒绝不能获得批准时，他就宣称有病，卧床不起，用以表示谦让的决心。左右向王政君进言：“最好不要太勉强王莽，只赏赐孔光等就够了，如此王莽才肯起床。”王政君同意。

二月二十八日，王政君下诏：“擢升太傅、博山侯孔光当太师。车骑将军、安阳侯王舜当太保，分别增加采邑一万户人家。擢升左将军、宫廷禁卫官司令（光禄勋）甄丰当少傅（皇家教师），封广阳侯。以上三人，分别担任‘四辅’中的三辅（四辅：前疑、后丞、左辅、右弼。参考前一年九月）。封宫廷随从（侍中）、御车总监（奉车都尉）甄邯当承阳侯。”

四人既然担任高官，而王莽仍在称病。于是文武百官再上奏章：“王莽虽然谦让，可是国家对应该表扬的，一定还是要表扬，还是要及时的颁发奖励，使功勋展示天下，不教文武百官跟全国人民失望。”王政君遂再下诏：“擢升大司马（三公之二）、新都侯王莽当太傅（“太傅”“太师”“太保”，称“上三公”，太师本来最为尊贵，王莽任太傅后，太傅最为尊贵），主持‘四辅’事务，晋封公爵，称‘安汉公’，采邑二万八千户。”（比“太师”“太保”多出一万八千户。）于是，王莽假装更是惶恐，认为如果他再继续卧病，官爵可能还要擢升，为了避免这种尴尬局面，不得不勉强病愈，复行视事。但他仅接受"太傅""安汉公"封号，而不接受采邑。呈递奏章，说："我愿意等到全国人民，每家都能过水准以上的生活之后，再接受封赏。"摇尾系统极力争取，王政君再下诏："你盼望等到每家都过水准以上的生活，我尊重你的意见；但对你的俸禄，将加两倍付给；等到全国人民，每家都过水准以上的生活时，大司徒（三公之一）、大司空（三公之三），再行奏报。"

王莽再度拒绝两倍的俸禄，并且建议应该先行褒扬刘姓皇族官员。于是，王政君下令：封故东平王刘云（参考前五年）的儿子刘开明继任东平王；封故东平（思）王（首府无盐〔山东省东平县东北〕）刘宇（刘病已子）的孙子刘成都当中山王（首府卢奴〔河北省定州市〕），作为中山王刘兴的后裔（刘兴独生子刘箕子已当皇帝）；再封十任帝刘病已曾孙刘信等三十六人侯爵。交通部长（太仆）王恽等二十五人，全封关内侯（王恽因不顺从傅太后之故，受到褒赏）。又下诏：凡亲王、公爵、侯爵、关内侯，如果没有嫡长子，却有庶子生的孙辈，或有同母兄弟的儿子，都可以继承爵位（西汉王朝制度，如果没有嫡长子，就是"无子"，"无子"则封国撤除）。近亲皇族，因为犯罪而被剔除家谱的，都恢复原来记载。中央总监级以上高级官员（比二千石）年老退休的，以俸禄的三分之一，作为退休金，直到死亡。对全国平民，以及鳏夫（无妻）寡妇（无夫），照顾深厚，只要对人民有益的，无不实施。

王莽在全国官员跟人民都感谢欢悦之后，追求更强大的独裁权力；知道太皇太后王政君年纪已老（王政君本年七十二岁），厌烦国家大事，于是，教唆高级官员再上奏章："从前，地方政府官员，因为考绩优良，一步一步升迁，最后升到部长（二千石）。而各州（部）州长（刺史）所推荐的优异官吏，事实上，他们的才能往往不能胜任他们的职务，为了特别慎重，并加强政府功能，这些人在任命之前，应由安汉公（王莽）接见考察。太皇太后春秋已高，玉体重要，不应再去处理这类琐碎事务。”王政君在引导下，下诏说：“从今以后，只有封爵这类大事，才奏报我。其他事项，则交给安汉公（王莽）、四辅（孔光、王舜、甄丰、王莽），由他们裁决。全权州长（州牧）、部长级官员（二千石），以及优秀人才第一次任官时，应该召见的，一律直接晋谒安汉公（王莽），由安汉公（王莽）查核过去工作，询问未来计划，考察他是不是有能力担当。”（这是一个重大的转折点，从此，大小官员的任命大权，不动声色的，轻轻滑入王莽之手。一旦掌握官员的任命大权，便等于掌握政府。）

王莽在接见这些官员时，态度谦和诚恳，一一长谈，非常亲切关怀，临行再致送厚重的礼物。对不能迎合他旨意的人，就奏报王政君，予以免职。王莽的权力，遂逐渐跟皇帝相等。

2 西汉政府设立“羲和”一官，支领次部长级（二千石）年俸（“羲和”是纪元前二十四世纪黄帝王朝六任帝伊祁放勋、七任帝姚重华时代的首席部长。稍后，把“大司农”改称“羲和”，再译农林部长。这是王莽一连串复古行动的第二件事〔第一件事是设立“四辅”〕）。

3 夏季，五月一日，日蚀。大赦天下，命部长级（公卿）以下官员，推荐“敦厚”“直言”各一人。

4 王莽深怕西汉帝（十四任平帝）刘箕子的舅父——卫姓家族，夺取政权，遂报告王政君说：“从前，哀帝（十三任帝刘欣）坐上宝座，立刻忘恩负义，把他的亲戚丁姓家族（母族）、傅姓家族（祖母族），擢升到权贵地位，使国家陷于混乱，几乎倾覆了皇家祖庙。而今，皇上（刘箕子）入继大宗（嫡子系统），当成帝（十二任帝刘骜）的儿子，应该特别强调宗法正统的大义，不能再顾私情。把前事作为鉴戒，为后代创立可以效法的楷模。"

六月，派遣"四辅"之一的甄丰，带着印信，前往中山国（首都卢奴〔河北省定州市〕），封刘箕子的娘亲卫姬当中山孝王后，封刘箕子的舅父卫宝、卫宝的老弟卫玄当关内侯。封刘箕子的三个妹妹当"君"。命他们留在中山国，不准前往首都长安。

西长安市政府（右扶风）行政官（功曹）申屠刚，被推荐"直言"，在试卷上说："我听说，姬诵（周王朝二任王成王）年幼，姬旦（周公）主持政府，采纳民间贤才的意见，把权力分割，使君王的宠爱普及，一举一动，都顺应天地，再没有错误和过失。然而，在政府中，姬奭（召公）还不愉快；在政府外，四个封国还制造谣言（李贤注引《书经》："姬旦既还政给天子，自己就应退休，不应仍留在政府，继续担任宰相，所以姬奭大不高兴。"四国：管国、蔡国、霍国、殷国，他们怀疑姬旦可能对年纪尚幼的天子，有不利的行动）。而今，皇上刚刚脱离襁褓（本年刘箕子十岁），即位之后，骨肉竟被隔开，亲戚也被断绝，使恩情不能交流。同时，西汉王朝制度，虽然任命英才，但也依靠皇族，亲疏交错，互相牵制，堵塞不良企图，目的在于使皇家祖庙平安、国家平安。所以，应该迅速派遣使节，征召中山太后（刘箕子娘亲卫姬）到首都长安，安顿到另外的宫殿，使他们母子时常相见。再征召冯姓家族（刘箕子祖母娘家）、卫姓家族（刘箕子母亲娘家）到首都长安，教他们担任闲散的官职，得以亲拿武器，在宫廷充当侍卫。这样才能阻止灾祸兴起，对上可以保护国家，对下可以保护'四辅'。"

王莽教王政君下诏："申屠刚的言论，背叛儒家学派经典，有违大义。"免职，遣回故乡。

5 五月二十日，封春秋时代鲁国最后一任国君（三十七任顷公）姬雠（前二七四年至前二四九年）的八世孙姬宽当褒鲁侯，负责祖先姬旦（周公）的祭祀（前一一〇八年，周王朝二任王成王姬诵，封姬旦的儿子姬伯禽当鲁国国君）。再封褒成君孔霸的曾孙孔均当褒成侯，负责祖先孔丘的祭祀。

6 下诏（没有说明是谁下的诏，可能是用太皇太后王政君名义，也可能是用皇帝刘箕子名义，但不管谁的名义，实质上都是王莽）："凡是已经判决苦刑确定的女子，准予释放回家，但每月须缴三百钱，由政府代为雇人从事劳役（恩及女子，为的是推广太皇太后王政君的恩德）。对于贞节的女子，每乡核定一人，免除她家的差役。派遣农业顾问（大司农部丞）十三人，分别前往十三州，每州一人，鼓励并指导人民种桑耕田。"

7 秋季，九月，赦天下徒刑囚犯。

二年 壬戌

西汉　元始　二年

1 春季，黄支国向中国进贡犀牛（犀，音ㄒㄧ〔西〕）。黄支国在南海，距首都长安三万华里（在越南最南部，似比越裳部落更远）。安汉公王莽想要炫耀他的威望盛德，所以先向黄支国致送厚重的贿赂，命他们派人前来中国进贡。

2 越嶲郡（四川省西昌市）发现黄龙在长江中游泳。太师（上三公之二）孔光、大司徒（三公之一）马宫等一致认为："王莽的功德可以上比姬旦(周公),应该禀告皇家祖庙。”农林部长(大司农)孙宝说:“姬旦(周公)是最伟大的圣人,姬奭(召公)是最高贵的贤人,互相间还不能和睦,经过情形,记载在儒家经典上。但对二人的人格,并没有伤害。而今,天下并没有风调雨顺,也没有家给户足。然而每逢遇到小小事情,政府中文武官员,异口同声,意见竟然完全一致。我们赞美的,莫非是不应该赞美的东西?”这段话一出口,所有官员都被恐惧抓住,脸色全变。宫廷禁卫官司令(光禄勋)甄邯立即宣称,奉到圣旨指示,停止讨论。

这时候,正好孙宝派人去迎接娘亲,而娘亲在中途患病,住在弟弟家里,命孙宝的妻子先到长安。宰相府执行官(司直)陈崇,立即弹劾孙宝对父母不孝。奏章交付三公,教孙宝当面解释。孙宝说:“我年已七十,糊涂昏聩,不知道供养娘亲,只知道供养妻子,应受到法律处罚。”(孙宝的悲愤跟急于求去的心情,跃然纸上。他知道任何答辩都没有用,又知道即令留下来,祸事可能更大。)于是,孙宝被免职,寿终自己家宅。

3 西汉帝(十四任平帝)刘箕子(本年十一岁)改名刘衎(音kàn〔看〕。这是中国历史上第二个登极后改名的君王,第一个是刘病已,改名刘询。参考前六四年)。

4 三月二十一日,大司空(三公之三)王崇,为了避开王莽,称病辞职。

5 夏季,四月十六日,擢升左将军甄丰当大司空(三公之三)、右将军孙建当左将军、宫廷禁卫官司令(光禄勋)甄邯当右将军。

6 封代（孝）王（首府代县〔河北省蔚县〕）刘参玄孙的儿子刘如意当广宗王（首府广宗〔河北省威县东〕）、江都（易）王（首府广陵〔江苏省扬州市〕）刘非的孙儿盱台侯刘宫当广川王（首府信都〔河北省衡水市冀州区〕）、广川（惠）王刘越的曾孙刘伦当广德王（首府广德〔安徽省黟县〕）。

又下诏恢复西汉王朝建立以来，丧失爵位的功臣后裔——周共等：侯爵、关内侯（周共，是周勃的玄孙），共一百一十七人。

7 各郡各封国大旱灾、大蝗灾。青州（山东省北部）尤其严重，人民向四方流亡。王莽建议王政君：改穿素色而没有花纹的衣服，减少御用饮食的数量，向天下表示对灾民的关切，也表示皇家的节约。王莽遂乘机上疏，声称捐钱一百万，献田三十公顷（三千亩），交给农林部（大司农）帮助贫苦民众。王莽开端之后，高级官员都争着效法，捐出田宅的共有二百三十人，按照人数，分配给贫苦民众居住。又在首都长安，兴建五个“里”的平民住宅二百座，陆续分配给贫苦民众。然后，王莽率领政府全体官员，奏报王政君：“国家有幸，蒙受陛下的恩泽，最近以来，风雨及时，甘露下降，灵芝出现，蓂荚生长（蓂荚，是一种传说中奇异的树。《白虎通》说：这种怪树，从一日起，每天生一个荚，生到十五日，即行停止。从十六日起，每天掉落一荚，落到月底停止），朱草兴旺，嘉禾茂盛。祥瑞的征兆，一时并至。请陛下恢复君王正常的服装，跟正常的饮食供应。使我们做臣属的，能够安心，尽力奉养。”王莽又教王政君下诏推辞。然而，每逢发生水灾、旱灾，王莽都一定不吃荤腥，只进素菜，左右报告王政君，王政君就颁下诏书给王莽：“听说你只吃素菜，为人民忧心太深了。今年秋天的庄稼，幸而丰收，你应即时吃肉，为国家保重身体。”

8 六月，天际降下两颗陨石，坠落钜鹿（河北省平乡县）。

9 特级国务官（光禄大夫）楚国（首府彭城〔江苏省徐州市〕）人龚胜、中级国务官（太中大夫）琅邪（山东省诸城市）人邴汉，不能忍受王莽的独裁，同时请求辞职。王莽教王政君下诏说："我不能把官职勉强加到你们身上，你们可以依自己的意思去做，达到高龄。"赏赐优厚，遣送回乡。

10 梅福（参考前一四年）看出王莽将来一定篡夺西汉王朝的政权，有一天，忽然抛弃妻子儿女失踪，不知道去什么地方。后来，有人在会稽郡（江苏省苏州市）看见他，已改名换姓，在那里看守城门。

柏杨曰

梅福的行动很难理解，王莽篡夺政权也好，不篡夺政权也好，对一介平民的梅福而言，都没有立即的灾难，用不着先行逃命。如果为了保护他效忠西汉王朝的名节，那么，到篡夺时再开溜也来得及，而且他又怎么敢肯定王莽一定篡夺？如果太皇太后王政君女士本年（纪元二年）就死，王莽的前途仍在未定之天。至于跑到会稽郡（江苏省苏州市）改名换姓看守城门，更不可思议。会稽既是大郡，城门更是交通要道。梅福曾当过南昌县警察官（南昌尉），岂不是冒着随时暴露身份的危险？而且仅只言语口音上的差异，便使他不能不特别引人注目，无法达到藏匿的目的。

我们猜测：梅福可能死于迄今都不知道的原因，或是受到谋杀，看守城门，不过"有人"故造谣言，只因王莽后来发动政变，传统史学家遂加以政治性解释，栽赃栽到王莽头上。

11 秋季，九月三十日，日蚀。赦天下徒刑囚犯。

12 安汉公王莽派首都长安警备区侦察官（执金吾候）陈茂，说服江湖巨盗成重。成重率领同党二百余人，放下武器，投降自首。西汉政府分别遣送他们返回自己的家乡。成重则安顿云阳（陕西省淳化县），赏赐给他公田跟房宅。

13 王莽想使姑妈王政君觉得她的威望和恩德，空前伟大，超过从前。于是，教唆匈奴汗国（王庭设蒙古国哈拉和林市）乌珠留若鞮单于（十八任）挛鞮囊知牙斯，把王昭君（王昭君出嫁匈奴呼韩邪单于〔十四任〕，参考前三三年）生的长女、须卜公主挛鞮云（参考前三一年），送到西汉王朝侍奉王政君，对挛鞮云的赏赐，异常厚重。

14 车师后国（首都务涂谷〔新疆吉木萨尔县南〕），有一条新的小道，可以直通中国玉门关（甘肃省敦煌市西北），比现有的大道要近得多（新道绕过白龙堆沙漠〔新疆罗布泊东〕，可近一半路程）。西域总督（都护）所属的戊己指挥官（戊己校尉）徐普，打算拓宽（戊己本是两个单位，现在指挥官只有一人，不知是已经合并？或暂时兼代），车师后王姑句，认为他们止位置在中国前往西域（新疆及中亚东部）北道（新疆天山山脉南麓）的要冲，如果再加上一条便捷的新路，仅只供应中国来往的使节，就不胜负担，所以不愿徐普的愿望实现。

徐普打算先行测量疆界，然后奏报中央政府。所以召见姑句到指挥部（戊己指挥部设高昌壁〔新疆吐鲁番市东南四十公里〕），要他证明新道确较旧道为近，姑句拒绝，徐普遂把姑句扣押。姑句的妻子股紫陬（音zōu〔邹〕）对姑句说："从前，车师前国（首都交河城〔新疆吐鲁番市〕）国王，被中国西域总督府的军政官（司马）杀掉（《资治通鉴》对这件事无报导），而今你被囚禁这么久，恐怕难逃一死，不如投降匈奴。"遂即发动突袭，救出姑句，率领部队，闯出高昌壁（吐鲁番市东南四十公里），逃入匈奴（"高昌壁"第一次在史书上出现，到了五世纪四六〇年，阚伯周在此建立独立政权，遂取名高昌王国）。

就在这件事的同时，婼羌国（新疆若羌县东南阿尔金山南麓）去胡来王（即婼羌国王）唐兜，跟相邻的赤水羌部落，不断互相攻击。唐兜挫败，向中国西域总督（都护）但钦（但，姓）告急求救。但钦推拖延误，不能及时派出部队。唐兜东投玉门关，玉门关拒绝收容。唐兜狼狈，怨恨但钦，只好率领他的妻子，以及追随他逃亡的民众一千余人，逃入匈奴。匈奴收容他们，安顿在左谷蠡王的牧地。

匈奴汗国把收容姑句、唐兜二人情形，报告中国。西汉政府皇家警卫指挥官（中郎将）韩隆等，出使匈奴，就收容反抗西汉的叛徒一事，严厉责备。乌珠留若鞮单于（十八任）挛鞮囊知牙斯恐慌，叩头请求宽恕，捆绑姑句、唐兜，交付西汉使节。西汉政府命另一位皇家警卫指挥官（中郎将）王萌，在西域恶都奴山谷（今地不详），等候接受俘虏。挛鞮囊知牙斯一面派人护送二人到恶都奴山谷，一面上奏章给西汉政府，陈述二人被迫逃亡理由，请求宽恕。西汉使节转报，王莽拒绝，并下诏召集西域所有国王，在大家面前，诛杀姑句、唐兜示众。于是颁布四项条例：

一、逃亡到匈奴的汉人；

二、逃亡到匈奴的乌孙王国人；

三、逃亡到匈奴的西域各国接受西汉政府封爵的人；

四、逃亡到匈奴的乌桓部落人。

属于上列四项条例之内的逃亡者，匈奴汗国都不可以接受。西汉政府再派皇家警卫指挥官（中郎将）王骏、王昌，副指挥官（副校尉）甄阜、王寻，前往匈奴；把这四项条件，装到正式国书的封套之内，交给挛鞮囊知牙斯执行。并收回十任帝刘病已时代制定的约束诏令（当时约束是：长城以南属西汉王朝，长城以北属匈奴，双方都不可以接受对方的叛徒。本年更明确的一一列出，代替当初协定。参考前五一年）。

这时，王莽已开始谋求儒家学派崇古复古理想的实现，正在发动一项“单名运动”（周王朝初叶，中国人都是一个字的名字，如姬发、姬旦、孔丘之类。中叶之后，两个字的名字逐渐出现。这是对古代文化的一种反动，儒家学派遂痛心疾首。《春秋公羊传》前五〇四年：“季孙斯、仲孙忌，率军包围运邑。这个仲孙忌，就是仲孙何忌。为什么称他仲孙忌，去掉‘何’字？目的在讥刺他用两个字作名字。人名用两个字，不合礼教。”王莽是儒家学派的激进分子，他的崇古复古运动，从恢复单名着手）。遂教西汉使节把这项运动的精神，告诉挛鞮囊知牙斯（挛鞮囊知牙斯竟然用四个字作名，在王莽看来，更离经叛道）。建议他最好是上书西汉政府，表示羡慕中国的优美文化，改为一个字的单名。如果能够这样，西汉政府将用丰厚的赏赐作为回报。挛鞮囊知牙斯不在乎单名不单名，但在乎金银财宝，就上书说：“我有幸得以当中国的藩属，乐于看到太平圣王的制度。我本名囊知牙斯，从今天起，改名知——挛鞮知。”王莽大为高兴，报告王政君。派使节前往奖励，赏赐无数。

15 王莽打算把女儿嫁给十一岁的西汉小皇帝刘箕子，使自己的权力更加巩固。于是，上奏章说：“皇帝即位，已经三年，皇后还没有确定，小老婆群（媵）也没有建立。多少年来，国家最大的危机，在于皇帝无子。而皇帝无子，由于正妻的来路不正。我建议考察儒家学派的《五经》（《诗经》《书经》《礼经》《易经》《春秋》），使‘十二妻妾’的遴选，纳入正轨（《春秋公羊传》：古时天子一娶十二女〔在更古，天子一娶九女〕。《列女传》：天子娶十二女，封国国君娶九女，高级官员〔大夫〕娶三女，知识分子〔士〕娶二女）。应该调查商王朝皇族，跟周王朝皇族、姬旦（周公）、孔丘，以及侯爵们，在首都长安的后裔，物色正妻（大老婆）所生的女儿。”

奏章交付主管单位，命调查后列出名册呈报。主管单位知道他们应该怎么办，在呈上去的处女名册中，王姓家族的女儿，差不多都列进去。王莽突然发现他的女儿有被挤掉的可能性，就改变策略。上书说：“我没有高尚的品德，女儿又不成才，不应该跟其他贤惠的女子同时列入名册。”王政君认为她的侄儿诚心诚意，下诏说：“王姓家族的女儿，是我的娘家，不必考虑。”在意料之中，摇尾系统立即发动群众攻势。平民、儒家学派知识分子、中下级官员（郎吏），每天数千人之多，齐集到未央宫宫门，向政府请愿，而部长级以上高级官员（公卿大夫），则纷纷前往宫廷秘书署（廷中），或也挤到宫门（省户），一致要求：“安汉公（王莽）盛大功德，堂堂如此，而今遴选皇后，为什么单独剔除他的女儿？岂不违背天命，我们坚持由他的女儿当天下所有母亲的榜样！”王莽派他的秘书长（长史）以下官员，分别劝阻。可是，请愿的和上书的，更风起云涌，无法阻止。王政君不得已，批准部长级高官推荐王莽女儿的决定。王莽再请求：“应该扩大遴选范围，包括原来名册上所有的女儿。”部长级高官抗议说：“不可以遴选别家女儿，那将破坏正统。”王莽表示无可奈何，才奏报说：“请察看我的女儿！”

三年 癸亥

西汉　元始　三年

1 春季，西汉王朝（首都长安〔陕西省西安市〕）太皇太后王政君，派长乐宫供应官（长乐少府）夏侯藩、皇族事务部长（宗正）刘宏、宫廷秘书长（尚书令）平晏，前往王莽家，对王莽的女儿，进行调查。回来后，向王政君奏报，说："安汉公（王莽）的女儿，受到最好的教育，有美丽善良的容貌，非常适宜于承受天命，侍奉皇家祖庙香火。"太师（上三公之二）孔光、大司徒（三公之一）马宫、大司空（三公之三）甄丰、左将军孙建、首都长安警备区司令（执金吾）尹赏、代理祭祀部长（行太常事）中级国务官（太中大夫）刘秀（刘歆），以及卜卦官（太卜）、天文台长（太史令），都戴上鹿皮帽，穿上素色衣裳。依照仪式，共同卜卦，请求天神指示。然后，把卜卦的结果，奏报王政君，说："这是'金''水'互相辅佐的吉兆，父母和睦喜悦的卦象。说明身体健康，子孙繁衍。"接着，用太牢（牛猪羊各一）祭告皇家祖庙。

主管机关奏报说："依照前例，皇帝娶皇后时，聘礼是黄金二万斤，折合钱二万万。"（吕雉制定：皇后聘礼黄金二百斤，马十二匹。夫人聘礼黄金五十斤，马四匹。但她自己却破坏这项规定，在给儿子刘盈下聘礼时，用黄金二万斤。）王莽再坚决表示辞让，只愿接受钱六千三百万。而且又在其中拨出四千三百万，分赠给被选入宫当小老婆（媵）的十一家，以及王姓家族中九族以内的贫苦亲属。

2 夏季，安汉公王莽奏请并得到批准：关于车马的限制和衣服穿着，全国官吏人民日常生活，丧葬送终、男婚女嫁，以及奴隶婢女的买卖和待遇，田地房产的转移，各种用具等，分别订定等级。

又设置祭祀五谷的神庙。又在各郡、各封国、各县、各乡、各村，设置教育官（学官）。

3 大司徒府执行官（大司徒司直）陈崇，命张敞（参考前七四年）的孙儿张竦，精心撰写奏章，歌颂王莽的功德，说："应该把公爵的采邑，扩大到跟姬旦（周公）当年的采邑一样（周王朝把鲁邑二百五十公里土地，封给姬旦）。公爵的嫡长子称'公子'，地位跟姬伯禽（姬旦之子，鲁国第一任国君）一样。赏赐的数量跟等级，完全相同。其他儿子，则跟姬旦的其他六个儿子一样（姬伯禽的六个老弟，分别封到凡国、蒋国、邢国、茅国、胙国、祭国，担任国君)。”王政君把奏章交给高级官员会商。

高级官员们正在讨论，而吕宽事件发生。

最初，王莽的长子王宇，不赞成老爹隔绝卫姓家族的措施，恐怕将来受到报复。就暗中跟卫宝（刘箕子的舅父）建立友谊，私通书信。教卫姬（刘箕子的娘亲）上书谢恩，并攻击丁姓家族（十三任哀帝刘欣母族）跟傅姓家族（刘欣祖母族）的罪恶。盼望因此项表态，而被召到首都长安，跟儿子（刘箕子）团聚。王莽报告太皇太后王政君，仅下诏赏赐卫姬，增加汤沐邑七千户，却没有更进一步的反应。卫姬思念儿子，日夜哭泣，想见儿子一面，可是王莽却只是增加她的采邑。王宇教她再次上书，直接要求前来京师（首都长安）探望。王莽拒绝。

王宇跟他的教师吴章，以及妻子的哥哥吕宽，研究突破的方法。吴章认为，任何理论及言词都不可能说服王莽，只有鬼神才可使王莽惊恐，然后吴章再乘势推演，教王莽把政权让给卫姓家族。计议已定，王宇命吕宽弄一罐鲜血，在夜间洒到王莽大门上，不料被守门人发觉。王莽遂逮捕王宇，羁押监狱，王宇服毒自杀。王宇的妻子吕焉，怀有身孕，在监狱中生产之后处决。

右将军甄邯等报告王政君，王政君下诏褒扬王莽："你居于姬旦（周公）的位置，辅佐像姬诵（周王朝二任王成王）这样的幼主，而实施姬旦对管国国君（姬鲜）、蔡国国君（姬度）大义灭亲的诛杀，不以骨肉私情，伤害君臣之间的大义，特予嘉勉。"

王莽遂下令屠杀卫姓家族，只留下卫姬一人。吴章腰斩后，在长安东市门，五马分尸。

最初，吴章是当代著名的儒家学派学者，广收学生，有千余人之多。王莽认为那些学生全是恶人的党徒，下令剥夺他们的政治权利，不准当官。学生们都隐瞒自己的身份，改投别的教师。平陵

（陕西省西安市长安区西）人云敞（云，姓），在大司徒府当秘书（大司徒掾），上书自我弹劾，自称是吴章的学生，把吴章的尸体抱回，买一口棺木收殓埋葬。首都长安称道他的高义。

王莽抓住这个机会，扩大打击面，用血腥手段，消灭潜在敌人。下令追究吕宽的党羽，凡是在口供中出现的名字，一网打尽。包括十一任帝（元帝）刘奭的妹妹敬武长公主（名不详），她一向跟丁姓家族、傅姓家族友善，而在王莽独揽政权后，又时常批评王莽。红阳侯王立，是王莽的亲叔父；平阿侯王仁（王谭之子），性格刚直；王莽都用王政君的名义，颁下诏书，派使节看守，强迫他们自杀，然后报告王政君说：敬武长公主患急病死亡，王政君要亲自前去祭吊（她们是姑嫂关系），王莽竭力劝阻，才罢。

大司徒（三公之一）甄丰派遣专人，乘坐政府驿马车，前往各地诛杀卫姓家族党羽，各郡各封国不顺附王莽的英雄豪杰，跟仍效忠西汉王朝政府的忠臣义士，统统被扣上“叛乱”罪名，一律处决。前任前将军何武（参考前一年）、前任京畿总卫戍司令（司隶）鲍宣（参考前二年），以及王商（非王家班，参考前二五年）的儿子乐昌侯王安、前任左将军辛庆忌（参考前一二年）的三个儿子：西羌保安司令（护羌校尉）辛通、函谷关（河南省新安县）驻军司令（函谷都尉）辛遵、水利总监（水衡都尉）辛茂，以及南郡（湖北省江陵县）郡长（太守）辛伯，全都处死（何武拒绝推荐王莽当大司马。鲍宣以正直骨休，闻名于世。王商〔非王家班〕被王凤陷害，吐血而死，王安更不附王家。辛庆忌本跟王凤感情友善，王莽见他的三个儿子，都是人才，很想结交。但辛茂自以为是名臣的后裔，不附王莽，又对甄丰、甄邯十分冷淡。辛伯则是辛姓家族一员，也一并算进去）。短期间内，诛杀数百人，而且都是至亲至贵，全国震惊。北海郡（山东省昌乐县东南）人逢萌对朋友说：“三纲已绝（王莽杀亲叔父，是不孝；杀亲生儿子，是不慈；杀皇帝的祖姑母，及正直人士，是对国家不忠），再不离开，大祸临头！”就把冠帽解下，挂到东都门上，回到故乡，全家乘舟，渡过渤海，到辽东郡（辽宁省辽阳市）定居。

4 王莽征召深明古礼的宫廷供应部长（少府）宗伯凤（宗伯，复姓），在金銮宝殿上讲解“为人子者为人后”的大义。由王政君下令，部长级官员（公卿）、将军、宫廷随从（侍中），跟全体文武百官，都要参加听讲学习。目的在于教育十二岁的小皇帝刘箕子，并清除人民的不平议论。

在此之前，秺侯金日磾的儿子金赏、都成侯金安上的儿子金常，都因为没有儿子，封爵撤除（不是没有儿子，而是没有嫡子）。王莽命金赏的曾孙金当、金安上的孙儿首都长安特别市长（京兆尹）金钦，分别继承爵位。在金銮宝殿上，金钦为金当请求，说：“金当应给他亲爹、亲爷建立祭庙（金当是金赏老弟金健〔庶母所生〕的孙儿），而另外派封国国务官（大夫）主持伯祖父金赏的祭祀。”这时，甄邯正在旁边，当着皇帝及文武百官，像被踩了尾巴一样，号叫起来，弹劾说：“金钦诬蔑祖先，不孝，犯大不敬之罪！”逮捕金钦，金钦在狱中自杀。

甄邯被认为是维护国家纲纪的圣贤，立场严正，不顾私情，忠孝双全，增加采邑一千户。

改封金安上的曾孙金汤当都成侯。金汤受封之后，当天就不敢回家，用以显示“为人后者为人子”的大义。

5 本年（三），宫廷秘书长（尚书令）颍川郡（河南省禹州市）人钟元，担任司法部长（大理。前一年，把“廷尉”改作“大理”）。

当初，颍川郡长、陵阳（安徽省黄山市西北）人严诩，以对父母的孝顺行为，闻名于世，才被推荐当官。性情善良，把秘书（掾）、办事员（史）等属官，都当作教师或朋友，遇到过错，就关起门来，自我责备，从没有大声说过一句话。后来，全郡大乱（为什么大乱，没有交代明白。胡三省原注：这是表示，仅仅依靠良好的品德，无法治理国家），王莽派使节征召严诩，郡政府官员好几百人，设宴给严诩饯行，严诩匍伏地上大哭（古人席地而坐，所以俯到地上，不过弯一下腰），官员们说："中央征召您，是一件喜事，不应该这么悲伤。"严诩说："我为颍川人悲伤，岂是为我自己？我因为柔弱的缘故被调走，接我位置的人，一定刚猛。到时候，必然有人身死刀下，所以我才垂泪。"

官场人物，只有想到官，不会想到民。只有想到上级，不会想到下级。颍川郡的大乱原因不明，但有一件事却是十分清楚的：受害的是民，而不是官。严诩所谓的颍川"人"，实际上指的是颍川"官"。他想的只是"官"的人头将来可能落地，而看不见"民"的人头早已落地。所以官逼民反之后，官仍是只想到官的利益。也只有想到官的利益的人，才是上级最欣赏的官，这是王莽征召他的原因之一。这种阴暗面，使中国政治的脚步停滞。

人民必须自己觉醒，才能使官场人物无所遁形。

严诩到了首都长安（陕西省西安市），王莽任命他当"美好风俗推行特派官"（美俗使者），调任陇西郡（甘肃省临洮县）郡长（太守）。

何并接任颍川郡长，何并到差后，逮捕钟元的老弟钟威，跟阳翟（颍川郡郡政府所在县，河南省禹州市）轻生重义的豪杰赵季、李款，一齐诛杀，全郡颤栗。

四年 甲子

西汉 元始 四年

1 春季，正月，西汉王朝（首都长安〔陕西省西安市〕）皇帝（十四任平帝）刘箕子（本年十三岁）在首都长安郊外，祭祀一任帝（高祖）刘邦，使刘邦跟上天共享香火。再在皇家大会堂（明堂）祭祀五任帝（文帝）刘恒，使刘恒跟上帝共享香火。

2 改封殷绍嘉公当宋公、周承休公当郑公（参考前八年）。

3 刘箕子下诏："妇女除非本人犯法，不准囚禁。男子八十岁以上，七岁以下，除非被指控'大逆不道'，或政府指名逮捕，不准囚禁。必须调查时，官员应到妇女或老幼所在的地方调查，不准传唤到法庭。本诏书自即日起，成为法律。"

4 二月七日，刘箕子结婚。派大司徒（三公之一）马宫、大司空（三公之三）甄丰等，带着御用车轿跟皇家仪队，前往安汉公王莽家，参见王莽的女儿（本年十二岁），呈上皇后印信，迎回未央宫。大赦天下。

5 派交通部长（太仆）王恽等八人当钦差大臣，各人再设立副钦差大臣，"持节"，分别出发，访问全国各地，考察社会风俗。

6 夏季，太保（上三公之三）王舜等率领官员、人民等八千余人，上书中央，一致要求："请接受陈崇的建议（参考去年〔三〕），重赏安汉公王莽。"奏章交给主管单位，主管单位奏报说："增加王莽公爵的采邑，把召陵（河南省漯河市郾城区东）、新息（河南省息县）二县，跟黄邮聚（河南省新野县东北）、新野（河南省新野县）两地的耕田，全都划入。合并伊尹、姬旦（周公）的称号（伊尹称阿衡，姬旦称冢宰），尊称王莽为'宰衡'，位在三公之上。三公上书给'宰衡'，开头要谦卑的说：'冒死陈述。'封王莽的母亲当功显君，封王莽的两个儿子：王安当褒新侯、王临当赏都侯。追加皇后聘礼三千七百万钱，共合一万万钱，用以显明盛大的典礼。由太皇太后王政君亲自到金銮宝殿发布诏书，安汉公（王莽）在前叩谢，二子在后叩谢，和从前姬旦的故事，一模一样。"（胡三省原注：周王朝二任王姬诵封姬伯禽当鲁国国君时，老爹姬旦在前叩拜，当儿子的姬伯禽在后叩拜。）

王莽叩头辞让，呈递“亲启密奏”（封事），说：“我愿接受对我娘亲的封号，但不敢接受对王安、王临的封爵和采邑。”太师（上三公之二）孔光等，据理力争，说：“再大的奖赏，都不足以酬庸功劳，而谦恭退让，是安汉公（王莽）一向的节操；陛下绝不可批准他的请求。忠臣的气节，有时应该屈服，使主上的大义，得以伸张。我们建议：派遣大司徒（三公之一）、大司空（三公之三）‘持节’，代表皇上，征召安汉公（王莽）复行视事。并下令宫廷秘书署（尚书），拒绝接受安汉公（王莽）任何辞职退让的奏章。”王政君同意。王莽这才勉强恢复办公，仅只减少召陵（河南省漯河市郾城区东）、黄邮聚、新野（河南省新野县）三地的封土而已。

王莽在所增加聘金的三千七百万钱中，提出一千万钱，送给王政君左右侍从人员。王莽虽已完全控制政府，权威无上，但他之谄媚取悦王政君，全都经过精密设计，无微不至。甚至对王政君手下那些铺床叠被的婢女，都会找出理由，成千成万的致送贿赂。又建议封王政君的姐妹君爵（女性侯爵），各有汤沐邑（老姐王君挟当广恩君、王君力当广惠君、王君弟当广施君）。所以王政君听到的，全是赞美王莽的声音。

王莽知道，王政君虽是太皇太后，仍是一个女人，早已厌恶深宫中的封闭生活。王莽有计划的用欢娱的节目，换取握在王政君手里的残余权柄。于是，利用春夏秋冬四季，每季都请王政君到首都长安四郊游逛，慰问孤儿寡妇、贞妇烈女。所到各县，广施恩惠，赏赐给人民金钱、绸缎、布匹、牛肉、猪肉，跟各种美酒，年年都是如此。王政君身旁供给指使的小子（弄儿）有病，王莽都亲自去探望。对王政君的手段，大致类此。

太保（上三公之三）王舜奏称："全国人民听到安汉公（王莽）拒绝接受公爵应有的采邑，更拒绝接受一万钱的聘礼，都景慕向往这种昭然大义、身体力行的风度。蜀郡（四川省成都市）男子路建等，正在诉讼，十分惭愧，自行撤销官司。即令是周王朝姬昌（文王）感动虞国国君和芮国国君，也不过如此（纪元前十二世纪商王朝末年，虞国〔山西省平陆县北〕国君跟芮国〔陕西省华阴市东北〕国君，互相争夺田地，久不能解决。听说周部落酋长姬昌有极高的品德，一同前往拜访，请求仲裁。可是进入周部落境内后，发现耕田的农夫在田边相让，走路的行人在道上相让，不禁汗颜，互相说："我们真是小人，没有脸到君子的门庭。"遂自行和解）。应该宣布天下，使全国都知道这件事。"

太师（上三公之二）孔光发现政治气氛诡异，越来越恐惧，声称有病，坚决辞职。王政君下诏："太师（孔光）不必再到金銮殿上参加朝会，只要每隔十天入宫一次就可以了。宫廷当为你准备几案手杖，跟十七种食物，等处理大事完毕之后再回家。太师府的官员，仍然维持原状。"

7 王莽奏准：设立皇家大会堂（明堂）、国立大学（辟雍）、御用天文台（灵台）。兴建宿舍一万栋，召请儒家学派学者居住，制度庞大而隆重。再设立《乐经》研究所，增加研究官（《乐经》博士）名额，每一种经典，研究官（博士）都增加到五人。王莽又征求：只要能精通儒家学派六经中的一经，而又收过十一个学生以上的人，凡是藏有散落不全的《礼经》，或其他古书，以及天文、神秘预言书（图谶）、音乐、历法、兵法、周王朝中期用大篆古文写的史书等，或能了解其中意义的，一律乘坐政府驿马车，前来首都长安。

王莽设下阴谋，礼聘天下各种有才干、有奇异能力的人士，集中首都长安，多达一千余人。教他们把所知道的写下来，准备指出其中谬误，消灭异端，使思想统一。

8 王莽征求治理黄河的水利工程师，有一百余位专家应征。各人的主张，并不相同。长水外籍兵团指挥官（长水校尉）平陵（陕西省咸阳市长安区西）人关并，认为："黄河经常溃决的地点，总在平原郡（山东省平原县）、东郡（河南省濮阳市西南）左右，那一带地势下陷，土质松软。据说，姒文命（禹）治理黄河时，特别把这一带低凹地区空出来，作为调节。水大时，流到那里聚成一个小湖，水小时，自会干涸。虽然时代有变，此法不变。上古往事，难以考察。考察秦王朝以及西汉王朝近事，黄河在古曹国（山东省菏泽市定陶区）、古卫国（河南省淇县）决口，南北相距不过一百八十华里。我建议把这一带腾空，不再兴建官舍、农庄、耕田。"监察官（御史）临淮（江苏省泗洪县南）人韩牧，认为："《书经·禹贡》篇有九条河流的记载（参考前一七年注），我们应大略的在故道上挖掘，即令不能发现九条河流的全部，能发现四五条，也有裨益。"大司空府秘书（大司空掾）王横进言，说："黄河注入渤海的出口，比韩牧主张挖掘地带的地势，要高得多。过去，遇到连绵大雨，东北风起，海水倒灌，黄河向西南倒流，泛滥数百华里。古九河的故道，早就被海水吞没。姒文命（禹）当初治理黄河，本来是要顺着西山（太行山），流向东北。《周谱》说：'前六〇二年，黄河改道。'说明今天的黄河，并非姒文命（禹）当年挖掘的故河道。又查，秦王国灭魏王国时（参考前二二五年），决开黄河堤岸，用河水灌入魏王国首都大梁（河南省开封市），决口扩大，无法堵塞。所以，我的建议是：把平地人民全部迁移，用人工开凿决口，使河水顺着西山（太行山）居高临下，向东北注入渤海，才能避免水患。”大司空府另一位秘书（大司空掾）沛郡（安徽省淮北市）人桓谭，参加这项讨论，向少傅（皇家教师）甄丰说：“这些建议中，一定有一个是对的。只要详细考察，便可以发现。计划既定而后行动，费用不过数亿万，而且还可以使一些无业游民，找到工作。他们游手好闲，跟使他们参与劳动，同样都需要那么多粮食和衣服；转而由国家供应，对政府和人民，都有好处。这项伟大工程，上可以继承姒文命的大业，下可以为人民除害。”

然而，王莽追求的只是虚浮的空话，博取眼前看得见的一点政治利益，无意于国家建设。

9 文武百官奏称：“从前，姬旦（周公）摄政七年，国家的制度才厘定妥当。而今，安汉公（王莽）辅政，不过四年，而实际上负责，不过两年，却大都完成。所以，应该把‘宰衡’的地位，提高到侯爵亲王之上（原来仅在“三公”之上）。”刘箕子下诏说：“照准。”同时下诏研究“九锡法”。（“锡”和“赐”在古代相通。既然相通，为什么不用“九赐”而用“九锡”？因为必须用“九锡”而再去解释跟“九赐”相通，才能展示学问，以增加它的神秘性和严肃性，九锡〔九赐〕：一、赐车马，二、赐衣服，三、赐乐章〔乐则〕，四、赐朱红色大门〔朱户〕，五、赐斜坡台阶〔纳陛〕，六、赐武装卫士一百人〔虎贲百人〕，七、赐武器〔弓矢〕，八、赐大旗斧钺〔鈇钺〕，九、赐祭祀用的美酒〔秬鬯〕。《礼经·含文嘉》宋均注：“封国国君有高尚的品德，当增加他的采邑。再建立大功时，则加九赐：进退有节，行步有度，赐给车马代步。言成文章，行成法则，赐给衣服，表彰善行。长于教育，心怀仁爱，赐给乐章去教化人民。家宅整洁，户内严谨，赐给朱红大门，使他与众不同。动作合礼，行为有节，赐给他斜坡台阶，使他保持体力。勇敢正直，仗义执言，赐给他武装卫士保护安全。良心慈悲，择善固执，赐给他武器弓箭，使他得以代表中央讨伐叛逆。刚烈威武，立志保卫皇家，赐给他斧钺，使他得以专断诛杀。孝顺父母，友爱兄弟，赐给他美酒，使他得以

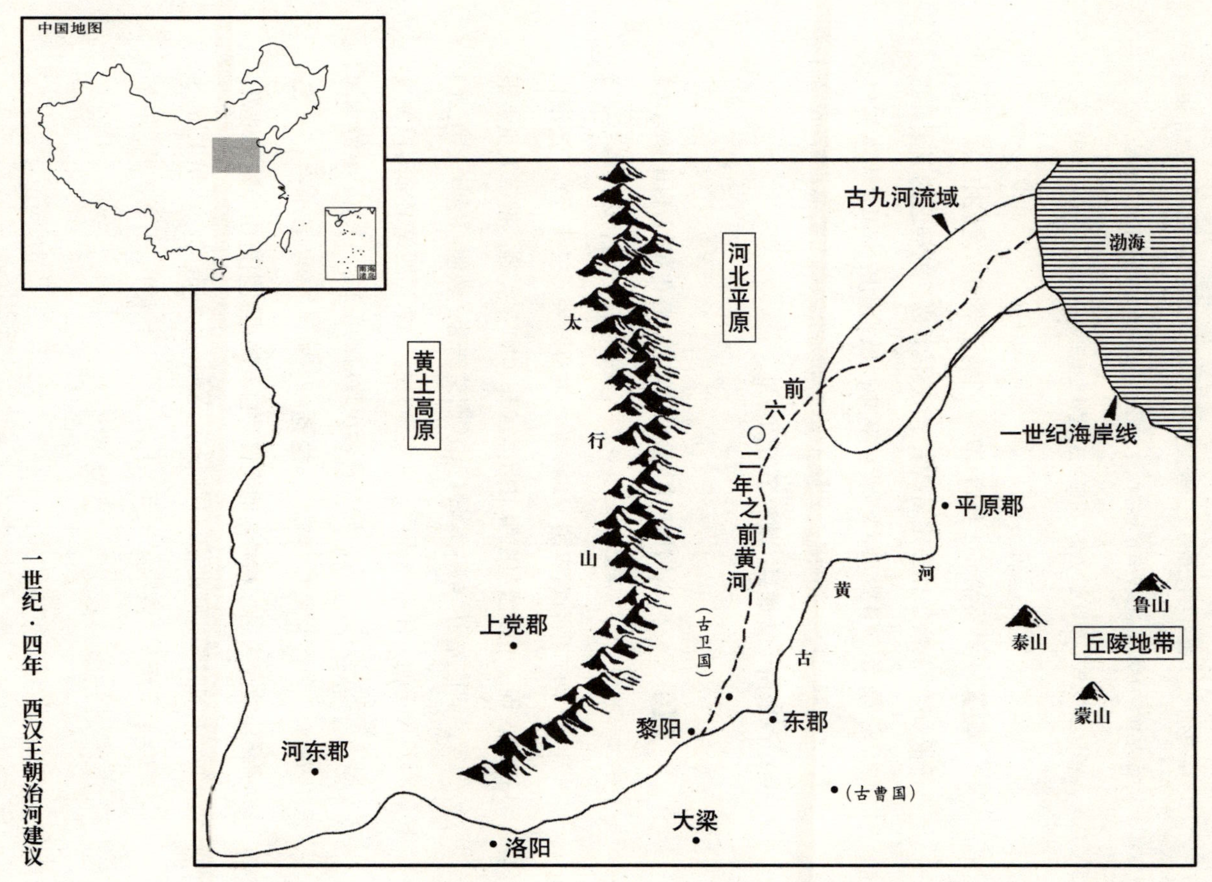

一世纪·四年 西汉王朝治河建议

祭祀祖先。”“九锡”没有实质意义，但能造成一种与众不同的飞越形象。王莽之后，强梁高官要篡夺政权时，总要先玩这套把戏，教那位即将被诛杀或即将被罢黜的倒霉皇帝，先加给自己“九锡”。所以当“九锡”出现之日，也就是旧王朝结束，新王朝登场之时！）

10 王莽奏请：十任帝（宣帝）刘病已祭庙应定名中宗、十一任帝（元帝）刘奭祭庙应定名高宗。再奏请：废弃刘病已的老爹刘进（史皇孙）祭庙（孝宣皇考庙，长安城南奉明园），撤销南陵（五任帝刘恒娘亲薄太后坟，陕西省西安市东浐河畔）、云陵（八任帝刘弗陵娘亲赵钩弋墓，陕西省淳化县东南），改成两个普通县。刘箕子下诏批准。

11 王莽自以为他的德威，北方已经感化匈奴汗国（匈奴乌珠留若鞮单于〔十八任〕挛鞮囊知牙斯，改成单名挛鞮知），东方已到达大海（东夷进贡珍宝），南方则有黄支国（越南最南部）进贡犀牛。只有西方，还没有特别表现，于是派皇家警卫指挥官（中郎将）平宪等，携带大量金银财宝，前往羌中（青海省东北部）引诱西羌部落，教他们呈献土地，归附西汉王朝。任务完成后，平宪等奏报，说：“西羌诸部落首领良愿等，约一万二千人，愿意作西汉政府的臣属，特地呈献鲜水海（青海湖）、允谷（应在青海湖附近）、盐池（青海湖东北尕海），该地平原茂草，情愿让给汉人居住耕种。他们自动自发的退到附近山岭险要地带，作为中国屏障。问他们这样做的用意何在，回答说：‘太皇太后（王政君）至圣至明，安汉公王莽大仁大义。天下太平，五谷丰收，有的稻禾长达一丈有余，有的一个粟米秆上，能结出三穗。甚至有的并没有播种，却照样生长。而蚕不必吃桑叶，就可以吐丝成茧。甘露从天而降，甜水自地下涌出。凤凰都飞到首都朝拜，神雀也云集京师。四年以来（从王莽当权算起），西羌人民毫无痛苦，所以愿意归附。’政府应该把握时机作业，设置移民区（属国）保护。”

奏章交付王莽，王莽上奏，说：“中国已有东海郡（山东省郯城县）、南海郡（广东省广州市）、北海郡（山东省昌乐县东南），请接受良愿所献土地，设置西海郡。全国分为十二州，以符合古代地理规划。”批准。

冬季，设置西海郡（郡政府设青海省海晏县）。同时修订法律，增加五十条，罪犯们都放逐到西海郡。成千上万人被驱逐到荒凉的青海湖畔。这时候，人们开始对王莽怨恨。

12 梁王（首府睢阳〔河南省商丘市〕）刘立，被控跟卫姓家族勾结，封国撤除，放逐到南郑（陕西省汉中市）。刘立自杀。

13 西汉政府把首都长安市，分割为“前烽光”“后丞烈”二郡（前烽光郡管辖长安南部诸县，后丞烈郡管辖长安北部诸县）。更改三公、部长、国务官（大夫）、八十一种中央级官称和等级，以及十二州州名。更改各郡、各封国的管辖区域，或取消、或变更、或新设立，花样百出，全国沸腾。一向平静的政府，开始多事，既繁琐而又多变，官吏记不胜记。

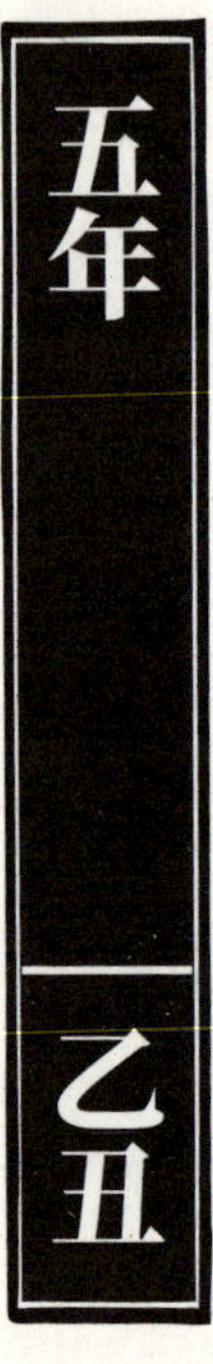

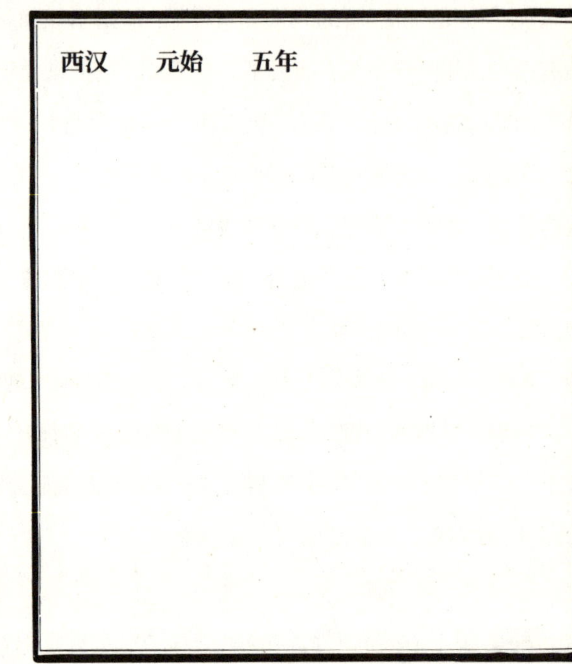

1 春季，正月，西汉王朝（首都长安〔陕西省西安市〕）皇帝（十四任平帝）刘箕子（本年十四岁）在皇家大会堂（明堂）向皇家祖先，作三年一次的总祭（祫祭）。陪祭的亲王二十八人，侯爵一百二十人，皇家子弟九百余人。典礼既毕，已有封爵的增加采邑，没有封爵的加封爵位，已当官的赏赐金银绸缎，已有俸禄的提高俸禄，没有当官的任命当官（景观可以想象，对王莽一片歌功颂德）。

2 安汉公王莽再奏请：恢复首都长安南郊祭天，北郊祭地大典。三十余年间，祭祀天地之礼，变更五次（胡三省原注：一、前三二年，撤除甘泉天神坛及汾阴后土神庙，设立长安南北郊天地大祭。二、前一四年，恢复甘泉天神坛及汾阴后土神庙，取消长安南北郊天地大祭。三、前七年，刘骜逝世，再撤除甘泉天神坛及汾阴后土神庙，恢复长安南北郊天地大祭。四、前四年，恢复甘泉天神坛及汾阴后土神庙，撤除长安南北郊天地大祭。五、本年〔五〕，再恢复长安南北郊天地大祭）。

3 刘箕子下诏（王莽诏）："自从西汉王朝建立迄今，皇家子弟已有十余万人。各郡各封国，应设置皇族教师（宗师），负责管理教导。"

4 夏季，四月一日，太师（上三公之二）、博山（简烈）侯孔光逝世。赏赐的葬礼极为丰厚，仅参加典礼的车辆，就有一万多辆。

班固曰

自从武帝（西汉，七任帝刘彻）兴学以来，公孙弘以儒家学派巨子，担任宰相。之后，蔡义、韦贤、韦玄成、匡衡、张禹、翟方进、孔光、平当、马宫，以及平当的儿子平晏、平咸，都以儒家学派巨子的身份，居于宰相高位，穿着儒家的衣服，戴着儒家的帽子，传播先王的言语，风范温柔敦厚。然而，他们无不全力从事于保护自己的俸禄跟官位，被人讽刺为谄媚拍马。我们如果用古人的标准衡量，他们怎么能够胜任宰相的职务？

柏杨曰

儒家学派知识分子最终极的盼望是明哲保身，所以大多数都避谗畏讥，胆小如鼠。但在官场上，他们却精于摇旗呐喊，为当权分子制造迫害人民的理论根据。骨鲠的也只不过远远躲开，唯恐怕大厦倒塌，被碎瓦击中。在班固列举的宰相群中，逐个检查，简直没有一个不是在那里混世。尤其孔光，这位王嘉面临死刑前还肯定的贤才忠良，事实上不过是一个卖友求荣的老滑头。

正因为曲学媚世、持禄固位的人太多，野心家受到鼓舞，才打算骑到人民头上与天公比高。

刘箕子任命马宫当太师（上三公之二）。

5 全国官员和人民，因为王莽拒绝接受新野（河南省新野县）采邑（参考去年〔四〕），纷纷上书抗议，前后有四十八万七千五百七十二人，以及现有的亲王、侯爵、皇族代表，一致叩头要求："请对安汉公（王莽）的赏赐，采取积极行动。"于是，王莽再上书陈情："对于全国官民有关这方面的奏章，请不要接受，使臣，王莽，得以专心制作礼仪和乐章。等到制作完成，唯一的愿望是准予辞职，返回故乡，让出贤能人才上进的道路。"右将军甄邯等，奏报王政君，王政君下诏给王莽，说："你每次晋见，都流着眼泪，叩头陈情，坚决拒绝奖赏。如果一定要奖赏，你就辞职。现在礼乐制度，正在进行，这件大事，全靠你决定，所以仍请你专心工作。等候工作完成，有关官员呈报之后，再研究大家从前的建议。但关于'九锡礼仪'，仍要迅速制定奏报。"

6 五月，西汉政府正式加赐王莽"九锡"，王莽叩头再叩头，接受下列九项物件：遮蔽膝盖用的彩绸（绿韨）、龙帽（衮冕）、龙袍（衣裳）、刀柄装饰璧玉的佩刀（玚琫）、刀鞘装饰璧玉的佩刀（玚珌）、鞋尖上翘的御鞋（句履。朝鲜半岛民间迄今仍穿这种鞋样）、皇帝专用的御车（鸾路）、四匹骏马（乘马）、有九个尾梢的龙旗（龙旂九旒）。

王莽同时接受：皮帽（皮弁）、白袍（素积）、作战指挥车（戎路）、四匹骏马（乘马）；红色弓箭（彤弓矢）、黑色弓箭（卢弓矢）；大门外左边竖立赤色巨斧（朱钺）、右边竖立金色巨斧（金戚）；铠甲、头盔，各一顶；美酒两坛（秬鬯二卣）、璧玉酒壶两个（圭瓒），作为最高官位（九命）信物的青色玉珪（像“介”字形状的上尖下方宝石）两个，特准修建朱红色大门和台阶（纳陛）；设置宗族官、祭祀官、占卜官、天文官，武装卫士三百人（王莽接受的东西，超过“九锡”太多。“九锡”已不能作机械解释，而王莽所拟定的这项制度，也并不完全跟古代相符。然而，用和平手段转移政权时，只要迈过“九锡”一关，就大局已定）。

7 去年（四）派出王恽等八人，分赴各地考察民间风俗，任务完成，返回首都长安。宣称：“全国风俗全都美好。”并假造各郡各封国乡土气息的民歌童谣，歌颂王莽的功德，共达三万余言（一世纪时，中国写字仍以刀刻的竹简为主，三万余言是一个庞大的巨著，可以跟二十世纪的三千万言媲美）。

闰四月四日，刘箕子下诏（王莽诏）：命首席部长（羲和）刘秀（刘歆）等四人，负责兴建皇家大会堂（明堂），和国立大学（辟雍），使西汉王朝的土木工程，跟周王朝姬昌（文王）兴建御用天文台（灵台）、姬旦（周公）兴建洛阳城，互相符合。交通部长（太仆）王恽等八人，周游全国，考察风俗，宣扬中央政府的恩德教化，天下同声赞扬。刘秀（刘歆）等四人，跟王恽等八人，全封侯爵（刘秀〔刘歆〕封红休侯、平晏封防乡侯、孔永封宁乡侯、孙迁封定乡侯、王恽封常乡侯、阎迁封望乡侯、陈崇封南乡侯、李翕封邑乡侯、郝党封亭乡侯、谢殷封章乡侯、逯普封蒙乡侯、陈凤封卢乡侯）。

当时，只有广平国（首府广平〔河北省曲周县东北〕）宰相班稚，不肯奏报祥瑞跟民歌童谣；琅邪（山东省诸城市）郡长（太守）公孙闳，在郡政府公开陈诉民间灾害贫苦。最高监察长（御史大夫）甄丰，派出专使，前往两地，挑动官员人民，上书弹劾说：“公孙闳伪造灾害的消息，班稚拒绝反映上天的祥瑞。二人嫉妒痛恨皇家的圣政，都属大逆不道。”班稚，是班倢伃的老弟（参考前十八年）。王政君说：“不宣扬美德，应该跟伪造灾害消息，分开处罚。而且班稚是宫廷姬妾的家人，我不忍心。”

于是，逮捕公孙闳入狱，诛杀。班稚恐惧，上书陈述自己世受国恩，请求恕罪，愿缴回封国宰相印信（辞职），到首都长安当延陵（十二任成帝刘骜墓，陕西省咸阳市北四公里）管理员；王政君批准。

王莽的个人崇拜行动，如火如荼，这正是摇尾系统大显身手的大好舞台，对一个二十世纪的读者来说，一点也不陌生，纳粹猛捧希特勒，法西斯猛捧墨索里尼，狂热之中，上位的人为了夺权，下位的人为了夺利，纯洁的青年群众，则被拨弄得蠢血沸腾，理性全失。白的变成黑的，黑的变成白的，是非忠奸，完全颠倒，道德遂跟着崩溃。

一个道德崩溃的社会，一定受到惩罚，这惩罚的大小，跟崩溃的程度成正比例。王莽杀叔、杀子、杀公主、杀老友，不过残忍而已；而杀公孙闳，却是公开向正义挑战。摇尾系统吹响了魔笛，像魔法师引导老鼠一样，引导广大而昏迷的群众，载歌载舞，投向毁灭的深谷。

8 王莽又奏报说：现在全国一派升平，商品价格，童叟无欺，从不讨价还价。司法机关没有诉讼，监狱里没有囚犯。乡村县城，没有盗贼。郊野更没有挨饿的人民，家给户足。道路遗失的东西，没有人捡。而男女区分严格，连走路都不混杂在一起。所有刑罚，都应废除。万一有人犯法，则用“象刑”处理（《书经·大传》：黄帝王朝六任帝伊祁放勋、七任帝姚重华时，使用"象刑"：最重的"象刑"是使犯人穿土黄色不缝边的衣服。中等"象刑"穿上草鞋。最轻的"象刑"用黑布包头。是一种象征性的刑罚，表示一片和睦，没有人犯罪）。

9 王莽报复前任帝（十三任哀帝）刘欣的祖母傅太后，跟娘亲丁姬，奏称："定陶共王刘康的母亲傅太后、前任帝（十三任哀帝刘欣）的娘亲丁姬，不遵守藩臣姬妾的规矩，坟墓竟然跟元帝（十一任帝刘奭）一般高，而且身怀'皇太太后'（傅太后）、'帝太后'（丁姬）的御玺，一块埋葬。我建议发掘定陶共王刘康娘亲（傅太后）跟丁姬的坟墓，取回玉玺。然后把定陶共王刘康娘亲（傅太后）的尸体，运回她的定陶国（首府定陶〔山东省菏泽市定陶区〕），安葬在儿子（刘康）的墓园。"王政君认为，这都是过去的事了，不必重提。但王莽坚持，王政君只好下令：用傅太后原来的棺木改葬。王莽再奏称："定陶共王刘康的娘亲（傅太后）跟丁姬的棺材，都是最名贵的梓木，而且尸体上还穿着金缕玉衣，这都不是一个藩臣姬妾应该享有的。我请求用普通棺材代替，剥去金缕玉衣。丁姬应埋葬在小老婆群坟墓之旁。"王政君批准。

政府文武官员都顺着风向，捐出金钱财宝。各家都派遣子弟以及儒家学派的学者、四方邻国旅居中原的人士，总共动员了十余万人，拿着锄头、箩筐等工具，开始挖掘傅太后跟丁姬坟墓。二十天左右，两座坟墓，全被铲平。王莽又用荆棘把原地围绕一圈，作为世人的鉴戒。

王莽又下令撤除共皇祭庙（刘康祭庙）。追查当初提议人泠褒、段犹（参考前六年），全都放逐合浦郡（广西合浦县东北）。

征召师丹乘政府驿马车来首都长安（前六年，泠褒、段犹提议时，师丹当大司空〔三公之三〕，因反对而被免职，撤销封爵），封关内侯，恢复他原来高乐侯的采邑。数月后，改封义阳侯。月余，师丹逝世。

10 最初，十三任帝（哀帝）刘欣时，马宫当宫廷禁卫官司令（光禄勋），跟宰相（丞相）、监察官（御史），在会议中决定傅太后的绰号是：孝元傅皇后。现在，王莽追溯以往，诛杀从前所有参与的人，马宫跟王莽私交笃厚，所以血案株连，单独漏过马宫。但马宫惭愧恐惧，不能自安，于是上书说："从前，在讨论定陶共王（刘康）娘亲绰号时，我承仰上级意旨，附和别人意见，违背儒家学派经典，坚持荒谬的学说，迷惑主上。对一个臣僚而言，我并没有尽到忠心。虽然幸运的，准许我改过自新，但已没有颜面再看到宫门金殿，也没有心情再居住官府，更没有资格拥有封爵采邑，请准许我缴回太师（上三公之二）、大司徒（三公之一），以及扶德侯的印信，让出贤能人才上进之路。"

八月二十日，王莽用太皇太后王政君的名义，下诏给马宫，说："'四辅'的职务，是国家的命脉。三公的责任，好像鼎的三脚，支持君王。不坚守原则，就无法居于高位。阁下的陈述，不掩饰自己的过失，至为诚恳，我十分尊敬。现在，仍保留你的封爵和采邑，仅准缴回太师（上三公之二）、大司徒（三公之一）印信，以侯爵身份，返回家宅。"

11 王莽认为他的皇后女儿是一个多子的体型，而本年正十四岁，初有月经，于是开凿"子午道"（法术书上，"子"指北方，"午"指南方），从杜陵（陕西省西安市东南）开始，横穿南山（秦岭），直到汉中郡（陕西省安康市）。

12 泉陵侯刘庆上书说："周王朝二任王（成王）姬诵年纪幼小，姬旦（周公）摄政。而今，皇上（刘箕子）尚未成年，应请安汉公（王莽）代理天子，主持政府，像姬旦当年。"政府官员异口同声说："应该批准刘庆的建议。"

13 本年（五），小皇帝刘箕子的身体日渐茁壮。因娘亲卫姬不能前来京师，以及舅父家全被屠杀的缘故，对王莽含恨在心。王莽了解他面对的危机。

冬季，十二月，腊日大祭（腊日，冬至〔农历十二月二十二日或二十三日〕后第三个戌日，俗称"小岁"，子女拜贺父母，臣僚拜贺君王），王莽向刘箕子呈献椒酒（把胡椒放到酒中，据说可以驱逐邪鬼），而在椒酒中下毒。刘箕子毒发，在床上辗转呼号。王莽立刻撰写祷文，向天神（泰畤）祈求，愿用自己的生命，代替皇帝一死。祈求后把祷文锁入金柜，放到金銮前殿，下令知道此事的官员，不可泄露（周王朝一任王姬发有病，姬旦撰写祷文，愿代替姬发一死，把祷文藏到金线织成的书柜之中，并写《金滕》一文，叙述这件事的始末经过。后来有人陷害姬旦，姬发在金柜中发现这些文件，误会才告冰解。这件事十分古怪，依传统习惯，必须把祷文焚烧，才能上达天庭，锁到书柜之中，除了存心要让人发觉外，别无他用。姬发何至如此之呆？王莽却企图用这个小动作，欺骗天下，邪恶的人总是认为别人都是呆瓜）。

十二月丙午日（十二月辛酉朔，没有丙午），刘箕子在未央宫逝世（十四岁）；大赦天下。王莽命年俸六百石以上的官员，一律服丧三年。又奏报王政君，尊称十二任帝（成帝）刘骜祭庙为统宗，刚断气的皇帝（平帝）刘箕子祭庙为元宗。收殓刘箕子，戴上成人冠帽（刘箕子还未成年），埋葬康陵（陕西省咸阳市北七公里）。

孝平皇帝(刘箕子)在位时，由王莽发号施令，褒扬善行，宣扬功德，用来展示他的威严尊贵。仅只从文件上考察，甚至连很远的各个蛮夷部落，没有一个不归附臣服。祥瑞纷起，歌颂的声音充满耳鼓。然而，事实上，上有天象的变异，下有沸腾的民怨，王莽也无法掩饰。

中国历史上，刘箕子是第一个被毒死的君王。但在所谓正史上，却看不出这项记载。《汉书》只有一句："冬十二月丙午，崩于未央宫。"钱大昭注说："刘箕子被王莽鸩杀，所以不写出'杀'字，原因是，《春秋》讳内部大恶之意。""讳"在这里又发出威力。不知道究竟为谁而"讳"？如果是为刘箕子讳，刘箕子被人毒死，不但没有人敢挺身出来作证或挺身出来指控，反而隐瞒事实真相，使冤沉大海，永世难伸。如果是为王莽讳，那就更可怕，有权杀人的人都要唱歌，无论他杀了谁，都有摇尾系统给他重写历史。

《汉书》写于王莽的新王朝覆灭之后，则显然不是为王莽而讳，而是为帝王的形象而讳，不让人民知道宫廷是一团污乱，不让人民知道神圣不可侵犯的帝王跟山洼小民一样，可以宰、可以屠、可以毒死、可以侵犯。

人民有知的权利，只有专制政治下的大小家伙，才自以为聪明非凡，可以决定哪些可以使人民知，哪些不可使人民知。

14 任命长乐宫供应官(长乐少府)平晏当大司徒(三公之一)。

15 太皇太后王政君，召集文武百官，磋商遴选继任皇帝。当时，十一任帝（元帝）刘奭的后裔已全死光。而十任帝（宣帝）刘病已的曾孙，活在世上的，还有五位亲王（淮阳王〔首府陈县，河南省周口市淮阳区〕刘缜、中山王〔首府卢奴，河北省定州市〕刘成都、楚王〔首府彭城，江苏省徐州市〕刘纡、信都王〔首府信都，河北省衡水市冀州区〕刘景、东平王〔首府无盐，山东省东平县东南〕刘开明）、四十八位侯爵（阳兴侯刘寄、陵阳侯刘嘉、高乐侯刘修、平邑侯刘闵、平纂侯刘况、合昌侯刘辅、伊乡侯刘开、就乡侯刘不害、胶乡侯刘武、宜乡侯刘恢、昌城侯刘丰、乐安侯刘禹、陶乡侯刘恢、釐乡侯刘褒、昌乡侯刘且、新乡侯刘鲤、部乡侯刘光、新城侯刘武、堂乡侯刘护、成陵侯刘由、成阳侯刘众、复昌侯刘休、安陆侯刘平、梧安侯刘誉、朝乡侯刘充、扶乡侯刘普、外黄侯刘圉、高阳侯刘并、平陆侯刘宠、春城侯刘允、吕乡侯刘尚、李乡侯刘殷、宛乡侯刘隆、寿泉侯刘承、杏山侯刘遵、严乡侯刘信、武平侯刘璜、陵乡侯刘曾、武安侯刘慢、承乡侯刘闿、阴平侯刘诗、西阳侯刘偃、桃乡侯刘立、金乡侯刘不害、平通侯刘旦、西安侯刘汉、湖乡侯刘开、重乡侯刘少柏）。王莽厌恶他们都已长大成人，不容易掌握，宣称："兄弟平辈之间，不可以继承帝位。"（刘箕子是刘病已曾孙。）于是，把刘病已玄孙（四世孙）辈全体征召到首都长安，逐一审查。

就在本月（十二），前辉光郡（北长安）郡长谢嚣，奏称："武功（陕西省武功县）县长孟通，挖浚水井的时候，在井里挖出一块白石头，上圆下方，上面有朱红色字样：'告安汉公王莽当皇帝。'"神秘预言（符命）运动，自此开始。王莽教三公禀报王政君，王政君说："这是欺骗天下的手段，怎么可以当真？"太保（上三公之三）王舜对王政君说："事情已到了这个地步，无可奈何。如果阻止，我们已没有力量阻止。而且，王莽并不敢有什么野心，目的只在求一个摄政名义，加强权力，镇服天下，如此而已。"王政君知道不可以这样做，但王莽已非当年，对他已不能控制，只好答应。王舜等就跟高级官员共请王政君下诏，说："孝平皇帝（十四任刘箕子）短命逝世，已命主管机关征召孝宣皇帝（十任刘病已）玄孙二十三人，遴选合适的，继承帝座。可是，玄孙们还都是婴儿，裹在襁褓之中，不能处理政务。如果没有品德高尚的君子，谁能保护他？安汉公王莽，辅政已经三世，跟姬旦相比，时代虽然不同，事迹却是相同。而今，前辉光郡（北长安）郡长谢嚣、武功县长孟通，呈献白石红字的文字，我深思它的含义，所谓'当皇帝'的意思是：'代理皇帝'（摄行皇帝事）。现在指定安汉公（王莽）代理皇帝，如同当年姬旦故事。至于用什么仪式，有关单位应迅速制定。"

不久，文武官员联合奏报：

"太皇太后（王政君）神圣的美德，显示全国，深刻明了上天的旨意，所以下令安汉公（王莽）居于'代理皇帝'高位。我们请求：安汉公（王莽）应坐上宝座，戴皇帝冠帽，穿皇帝衣服，背后是画着巨斧的屏风，站在门跟窗之间，面向南方，接受文武官员朝拜，裁决国家大事。出入宫廷，沿途戒严。官员及小民，一律自称'臣''妾'。安汉公（王莽）跟天子完全一样，分别在首都长安南北郊祭祀天地，在皇家大会堂（明堂）祭祀神灵，在祖庙祭祀祖宗。祭祀典礼中，司仪称安汉公'假皇帝'，政府官员或民间，则称安汉公'摄皇帝'，而安汉公自称'予'（跟真皇帝自称"朕"略有不同）。裁决国家大事，发号施令，不用'诏书'，而用'制书'。这样才可以顺应皇天的苦心，保卫西汉王朝的安全，抚育孝平皇帝（十四任刘箕子）的幼小后嗣。不但符合'寄以天下，托以孤幼'的古义，也符合治国、平天下的隆重大义。但代理皇帝（王莽）朝见太皇太后（王政君）、平帝皇后（刘箕子妻）时，仍用臣属的礼节。安汉公（王莽）原来的家宅，改作宫殿。封国新都（河南省新野县东南）依旧，另划武功县（陕西省武功县）作为采邑。其他礼仪，仿效亲王侯爵。"

王政君批准。

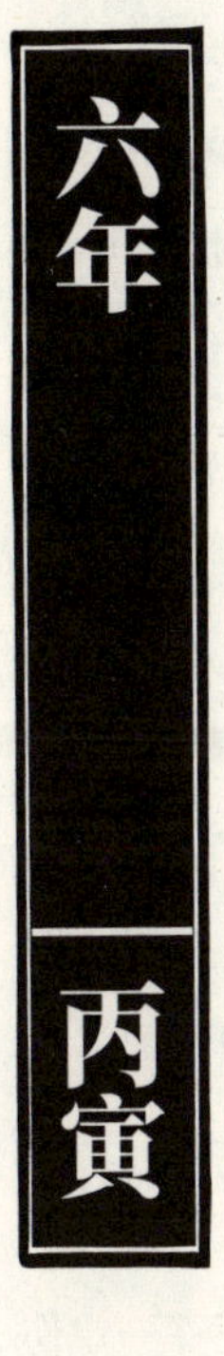

西汉　居摄　元年

1 春季，正月，西汉王朝（首都长安〔陕西省西安市〕）代理皇帝王莽（本年五十一岁），在首都长安南郊，祭祀天神。又举行“迎春”“大射”“养老”仪式。

2 三月一日，拥立十任帝（宣帝）刘病已的玄孙刘婴当皇太子，号称“孺子（小娃）”（儒家认为，当初姬旦辅佐周王朝二任王姬诵时，谣言指控姬旦将有对“孺子”不利的行动，结果姬旦忠心耿耿。王莽在此使用，表示他的一贯）。

刘婴，是前广戚侯刘显的儿子（刘病已生刘嚣，封楚王。刘嚣生刘勋，封广戚侯。刘勋生刘显，刘显继承侯爵，但不久因罪被中央撤销封爵。刘显生刘婴），年仅二岁。王莽坚称：卜卦的结果，认为他大吉大利，才有此项决定。尊皇后王女士（王莽女）当皇太后（刘弗陵正妻上官女士十五岁当皇太后。我们正惊讶她是世界上最年轻的皇太后，而今王女士也是十五岁当皇太后。只有宫廷，才不断出现怪事）。

3 王莽任命王舜当太傅（上三公之一）。左辅（四辅之三）甄丰当太阿（即阿衡）、右拂（即右弼。四辅之四）。甄邯当太保（上三公之三）、后承（即后丞。四辅之二）。又设置“四少”官位（四少：少师、少傅、少阿、少保），都列入次部长级阶俸（二千石，这些官名，全是古老的，对一世纪的中国人而言，已十分陌生）。

4 四月，安众侯刘崇，跟封国宰相张绍密商：“王莽一定伤害刘姓皇族，天下都反对他，可是却没有人敢先动手，这是皇家的耻辱。我当代表皇家，发出一击，全国都会响应。”张绍同意，集结一百余人，袭击宛县（南阳郡郡政府所在县，河南省南阳市），宛县固守。张绍等攻不进去，败还。

张绍的堂弟张竦，跟刘崇的堂叔刘嘉，到首都长安未央宫门前，自首待罪，王莽赦免他们。张竦代替刘嘉撰写奏章，歌颂王莽美德，痛斥刘崇叛逆，声称：“我愿作为皇家表率，父子兄弟，担着竹筐，拿着铁锹，奔赴南阳郡（河南省南阳市），用水灌入刘崇的家宅，使之符合古代的刑罚（上古时代，封国国君叛变，被诛杀后，就用水把他的家宅淹没，使成为一潭污水，参考《礼记 · 檀弓》）；并拆毁刘崇的祖庙（首任安众侯为长沙〔定〕王刘发〔六任景帝刘启子〕子刘丹，刘崇是刘丹的五世孙。如今包括刘丹以下各任侯爵的祭庙全部撤除)，犹如周王朝拆毁商王朝的祖庙（周王朝第一任国王姬发灭掉商王朝后，拆毁商王朝的祖庙，把拆下来的祭器之类，分别赏赐给全国封国国君，在于彻底铲除死亡幽灵跟活着的后裔交通，免得受到煽动，起来反抗）。把刘崇祖庙的祭器等，分别赏赐给其他封国国君，作为永远鉴戒。”王莽大为高兴，封刘嘉当率礼侯，刘嘉的七个儿子，一齐封关内侯。稍后，当知道是张竦执笔时，又封张竦当淑德侯。长安遂有歌谣形容这件事：“要想封，找张柏松（张竦别名柏松）。拼命战斗，不如来一个妙奏。”

从此，凡是叛乱案的当事人，家宅都用水灌满，成为污水池塘。

文武百官再建议：“刘崇等所以谋反，在于代理皇帝的权力仍然太轻，应该更加尊重，才能镇服海内。”

五月十七日，王政君下诏：王莽嗣后朝见太皇太后时，不必再自称“臣”，改为自称“代理皇帝”（假皇帝）。

5 冬季，十月一日，日蚀。

6 十二月，文武官员奏请：王莽休息处应命名“摄省”，办公处应命名“摄殿”，家宅应命名“摄宫”。王政君批准。

7 本年（六），西羌部落（青海省东部）酋长庞恬、傅幡等，怨恨西汉政府夺取他们的土地（在青海湖畔，设立西海郡，参考四年），遂攻击西海郡（青海省海晏县），郡长（太守）程永逃走。王莽斩程永，命西羌保安司令（护羌校尉）窦况出兵攻击。

1 春季，西汉王朝（首都长安〔陕西省西安市〕）西羌保安司令（护羌校尉）窦况，大破西羌部落（青海省东部）。

2 五月，西汉政府铸造发行新的货币“错刀钱”，一个值五千（黄金铸成刀的形状，上写“一刀值五千”）；“契刀钱”，一个值五百（用铁铸成刀的形状，上写“契刀五百”）；“大钱”，一个值五十（也是铁铸刀形，上写“大钱五十”）；跟五铢钱同时通行，民间很多人盗铸。摄皇帝王莽（本年五十二岁）下令：封国国君以下全国官民，不准私自持有黄金，所有黄金都要缴出，由宫廷供应部（少府）御库管理官（御府令）用市价收购——可是很多遵守法令，缴出黄金的人，却得不到价款。

3 东郡（河南省濮阳市西南）郡长（太守）翟义，是前宰相翟方进的儿子，跟姐姐的儿子上蔡（河南省上蔡县）人陈丰，密谋说：“新都侯王莽代理皇帝，向天下发号施令，故意在皇族中挑选一个小娃，称他‘孺子’，假托姬旦（周公）辅佐姬诵（周王朝二任王成王）故事，用来作为缓冲，试探天下人心，一定会篡夺西汉王朝帝位自立，迹象十分明显。而今皇家本身衰弱，首都长安之外，又没有强大的封国，以致天下全都低头顺服，没有人能抵御这项灾难。我，有幸是宰相的儿子，又是一个大郡的郡长，父子们都受西汉王朝的厚恩，有义务为国家讨伐叛贼，用以安定刘姓皇家敬神的祭坛（社稷）。所以我决定动员军队，向西进攻，诛杀所谓的‘代理皇帝’，而另行拥戴皇族子弟当皇帝。即令事情不能成功，身虽埋葬，英名永照寰宇，也可以对得起先帝（历代皇帝）。我准备行动，你肯不肯追随我？”陈丰才十八岁，年轻气盛，一口承诺。

翟义遂跟东郡民兵司令（都尉。司令部设东阿〔山东省阳谷县东北阿城镇〕）刘宇、严乡侯刘信、刘信的老弟武平侯刘璜结盟（严乡国、武平国今地皆不详，其地约在今山东省东平县西附近）。

九月，乘着检阅武装部队（都试）的日子（西汉王朝每年立秋日，地方政府检阅民兵），发动攻击，诛杀观县（河南省清丰县）县长（令），集结战车、骑兵、射击手，再征召郡中勇士，组成大军，部署将帅。刘信的儿子刘匡，当时是东平王，遂把东平国（首府无盐〔山东省东平县东南〕）的防卫部队交出，拥护刘信当皇帝。翟义自称大司马（三公之二），兼柱天大将军。通报各郡各封国，指出："王莽毒死孝平皇帝（十四任刘箕子），代理皇帝，目的在铲除西汉王朝的政权。现在，天子已经即位，当共同代天行罚。"各郡各封国大为震动。大军西行，抵达山阳郡（山东省巨野县东南大谢集镇）时，已有十余万人。

王莽得到消息，惊惶失措，连饭都吃不下。太皇太后王政君对她的左右侍从说："人同此心，心同此理。我虽然是一个女人，也知道王莽会吓得要死！"王莽出动他所有的重要同党和亲属（同党：孙建、刘宏、窦况。亲属：王邑、王骏、王况、王昌），任命轻车将军成武侯孙建，当奋武兵团司令；宫廷禁卫官司令（光禄勋）成都侯王邑，当虎牙兵团司令；明义侯王骏，当强弩兵团司令；首都长安城防指挥官（春王城门校尉）王况，当震威兵团司令；皇族事务部长（宗伯）忠孝侯刘宏，当奋冲兵团司令；长乐宫供应官（中少府）建威侯王昌，当中坚兵团司令；皇家警卫指挥官（中郎将）震羌侯窦况，当奋威兵团司令；共七人，由各人自己选择他们的将领跟参谋，但限于关西人（"关西"，即"关中""京畿""三辅"地区，指函谷关以西。不用"关东人"当指挥官，预防跟叛军接触时，阵前起义）。率领以关东（函谷关以东）士兵为主的部队，再征调各郡机动部队（奔命），向翟义叛军，发动攻击。王莽更任命交通部长（太仆）武让，当积弩兵团司令，驻防函谷关（河南省新安县）。工程总监（将作大匠）蒙乡侯逯并，当横野兵团司令，驻防武关（陕西省商南县西南）。首席部长（羲和）红休侯刘秀（刘歆），当扬武兵团司令，驻防宛县（南阳郡郡政府所在县，河南省南阳市）。

京畿地区（关中地区，三辅），听到翟义起兵消息，东自茂陵（陕西省兴平市东北），西到汧县（陕西省陇县南），凡二十三县，变民一齐暴动。槐里（陕西省兴平市）男子赵朋、霍鸿，自称兵团司令（将军），攻击焚烧政府机关，击斩西长安市民兵司令（驻郿县〔陕西省眉县〕），跟斄县（斄，音tái〔台〕，陕西省武功县西南）县长。他们会商说："中央将领们跟精锐部队，全都东征，京师（首都长安）空虚，我们可以直接进攻长安。"此时，已拥有十余万人，沿途纵火，火光照耀未央宫前殿。王莽再任命皇城保安司令（卫尉）王级，当虎贲兵团司令；藩属事务部长（大鸿胪）望乡侯阎迁，当折冲兵团司令；向西攻击赵朋。任命常乡侯王恽，当车骑兵团司令，驻防平乐馆（在未央宫北御花园内）；骑兵总监（骑都尉）王晏，当建威兵团司令，驻防首都长安城北；首都长安城防指挥官（城门校尉）赵恢，当城门兵团司令，保护京师（首都长安）。各兵团完全动员，进入战斗状态。再任命太保（上三公之三）、后承（四辅之二）、承阳侯甄邯，当全国最高统帅（大将军），在刘邦祭庙接受象征最高军权、可以专断诛杀的斧钺，统率天下所有武装部队；虎帐之中，左边是皇帝的符节，右边是军令的斧钺，驻防长安近郊。而王舜、甄丰，在皇宫警戒，日夜巡查。

4 王莽每天抱着三岁的"孺子"刘婴，到郊外皇家祖庙祈祷，集合文武官员，宣称："从前，姬诵（周王朝二任王）年幼，姬旦（周公）摄政，管国国君（姬鲜）、蔡国国君（姬度），挟持子武庚（商王朝后裔）叛变。而今，翟义也挟持刘信叛变。古时候的大圣人还怕发生这种事情，何况我，王莽，这样渺小！"大家异口同声说："不经过这样的变局，就不能展示你神圣的功德！"

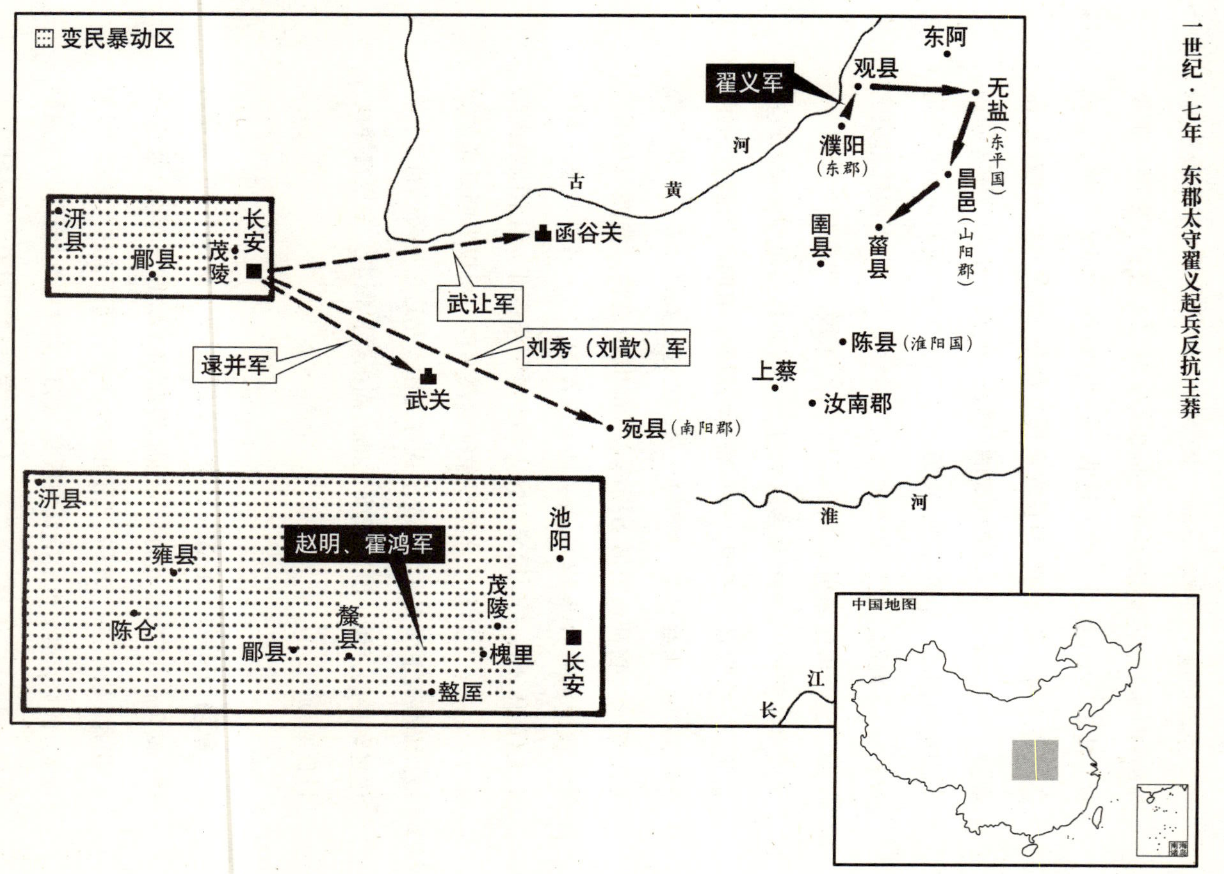

一世纪·七年　东郡太守翟义起兵反抗王莽

冬季，十月十五日，王莽仿效《书经·大诰》，也撰写《大诰》（姬旦东征管蔡诸国时，作《大诰》。“大诰”，即“文告”“宣言”），说：“当叛乱的文书传到的那天，刘姓皇族在首都的精英，有四百人。而民众贡献忠诚的，有九万人。我仗恃的是这些精英和忠诚，保卫皇家继承人，建立功业。”派国务官（大夫）桓谭等，前往全国传达，誓言一定把皇帝宝座，交还刘婴。

中央大军抵达陈留郡的菑县（河南省民权县东），跟翟义的反抗军会战，大破反抗军，斩刘璜。王莽大喜，立即下诏，机动兵团司令（车骑都尉）孙贤等五十五人，全封侯爵，就在军中接受爵位，随即大赦天下。于是，大军挺进，用精锐攻击翟义的基地圉县（河南省杞县南圉镇镇。圉，音yǔ〔禹〕）。

十二月，攻陷圉县，翟义跟刘信放弃军队逃亡。逃到固始（河南省周口市淮阳区北）边界，翟义被捕，押解到淮阳国首府陈县（河南省周口市淮阳区），五马分尸，在街头示众。而刘信竟终于逃掉，不知所终。

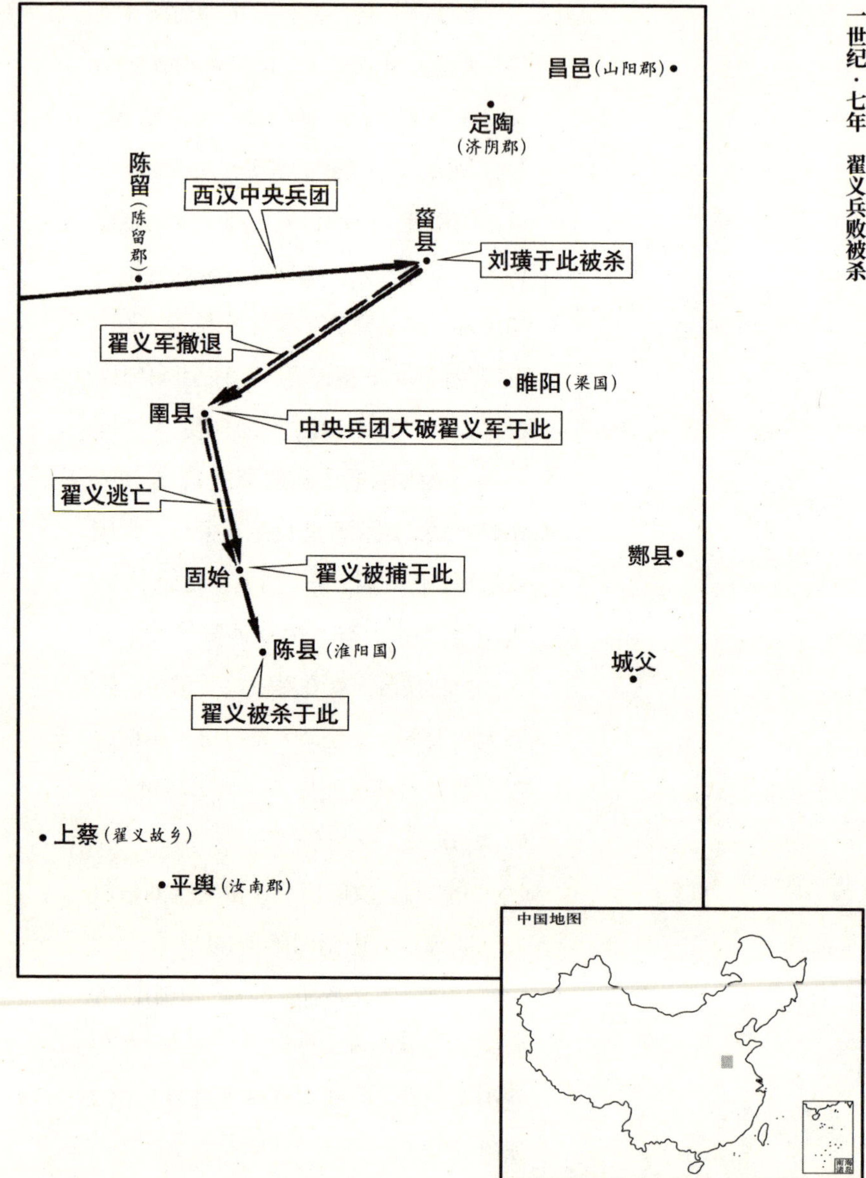
昌邑（山阳郡）
定陶（济阴郡）
陈留（陈留郡）
西汉中央兵团
菑县
刘璜于此被杀
翟义军撤退
睢阳（梁国）
圉县
中央兵团大破翟义军于此
翟义逃亡
鄫县
固始
翟义被捕于此
陈县（淮阳国）
城父
翟义被杀于此
上蔡（翟义故乡）
平舆（汝南郡）
中国地图
南海诸岛

八年

戊辰

西汉　始初　元年

1 春季，地震。大赦天下。

2 西汉王朝（首都长安〔陕西省西安市〕）虎牙兵团司令（虎牙将军）王邑等，从前线回到首都长安。再向西与虎贲兵团司令（虎贲将军）王级会合，共同攻击赵朋、霍鸿反抗军。

二月，赵朋、霍鸿反抗军完全消灭，各县秩序恢复。王邑胜利凯旋，王莽在未央宫白虎殿，摆下盛大酒宴，慰劳出征的高级将领。下诏南乡侯陈崇：迅速核定功劳，分别等级。依照一千年前周王朝的制度，把爵位分为“公”“侯”“伯”“子”“男”五级（西汉王朝只有两级：“王”“侯”），共封爵三百九十五人。指出他们的贡献：“用愤怒的心情，东征西讨。羌寇、蛮盗、反虏、逆贼，还没有转过脚跟，便即时扑灭，天下人无不由衷敬服。”封爵全用这种理由。应封准侯爵“关内侯”的，改名“附城”，也有数百人（周王朝初期，封国直属天子，但太小的封国，不过一两个村落，连城堡都没有，也无力兴建城堡，没有资格晋见天子，只能晋见邻近的封国国君，则称“附庸”。王莽改“庸”为“城”，遂成“附城”）。

王莽下令挖掘翟义老爹翟方进、跟他祖先们在汝南郡（河南省平舆县西北射桥镇）的坟墓，把棺木焚烧，诛杀翟姓三族，连幼儿都不能幸免。斩首之后，把男女老少的尸体，推进一个大坑，用荆棘跟五毒羼杂（羼，音chàn〔忏〕），一齐埋葬（五毒：蝎子、蜈蚣、蛇、马蜂、蟾蜍）。又下令把翟义、赵朋、霍鸿所属反抗军们的尸体，聚集在大路旁边，分置在濮阳（东郡郡政府所在县，河南省濮阳市西南）、无盐（东平国首府，山东省东平县东北）、圉县（河南省杞县南圉镇镇）、槐里（陕西省兴平市）、盩厔（陕西省周至县东）五个地方（翟义首先在濮阳发难，在无盐集结，而最后在圉县被灭。赵朋用槐里的环堤做根据地，霍鸿用盩厔的芒竹做根据地）。尸堆插上木牌，写出：“反虏、逆贼、男鲸、女鲵。”

平定翟义等叛军之后，王莽对他自己的威望和恩德，作一新的评估，信心倍增，遂决定对西汉王朝政权，施予最后一击。

3 于是，文武官员再奏准：代理皇帝王莽的儿子王安、王临，晋封公爵。封王莽老哥的儿子王光当衍功侯。这时，王莽把他的采邑新都国（河南省新野县东南），交回中央。文武百官再奏准：封王莽的孙儿王宗（王宇子）当新都侯。

4 九月，王莽的娘亲（王曼妻）功显君（姓名不详）逝世。王莽认为他身为代理皇帝，登上西汉政府的宝座，继承西汉王朝皇家系统的“大宗”（嫡子系统），不能为亲娘穿孝服，只能穿天子哀悼封国国君时的丧服（缌缞弁而加麻环绖），到灵位前作一次祭拜、两次巡视。而命孙儿王宗当丧主，服三年之丧（儒家学派规定，三年之丧中，不见客人、不处理公务、不从事劳动、不能跟妻子同床，日夜思念哭泣）。

5 总弹劾官（司威）陈崇奏称：王莽老哥的儿子、衍功侯王光（王莽侄儿），跟首都长安警备区司令（执金吾）窦况勾结，教窦况代他杀人。窦况把那人逮捕，判处死刑斩首。王莽勃然大恐，责备王光。王光的娘亲对王光说：“你自以为比王宇、王获，哪一个亲近？”（王宇之死，参考三年。王获之死，参考前二年）母子遂同时自杀，窦况也被处决。

最初，王莽侍奉娘亲，奉养寡嫂，抚养侄儿，受到人们赞扬尊敬（参考前一六年）。等到后来，意图夺取政权，遂用骨肉之亲，显示公正。王光既死，王莽命王光的儿子王嘉，继承爵位。

王莽连杀子侄，被认为他故意用骨肉的鲜血，显示他的公正，这是一种混淆视听的恶毒抨击。只因他的篡夺行为受到谴责，遂连对的也被诬蔑成错的。公正就是公正，不管他为什么公正，更不管他心怀什么动机。王莽的次子王获，诛杀奴仆，事情发生在纪元前二年，董贤正在当权，王莽闲居在家，切责凶手，岂是意图夺取政权？王宇的行为，已严重触犯国法。至于王光，竟制造冤狱杀人。我们盼望王莽如何反应？为了骨肉亲情（或为了政府威信），不了了之？或是杀人抵命，欠债还钱？中国有句俗话："王子犯法，与庶民同罪。"然而五千年历史上，能坚持这个立场的，只少数人而已。试看西汉王朝那些杀人如麻的亲王，如刘去之残暴（参考前七〇年），皇帝刘病已可是顾念亲情的。我们身为一介平民，将作何选择？选择不顾亲情的王莽？或是选择很顾亲情的刘病已？

6 本年（八），广饶侯刘京报告说：齐郡（山东省淄博市东临淄区）忽然冒出一口新井。车骑兵团所属营长（千人）扈云报告说，巴郡（重庆市）发现一头石牛。太保府职员（太保属）臧鸿报告说，在西长安市（右扶风）雍县（陕西省宝鸡市凤翔区）发现仙石。王莽肯定都是上天赐下的祥瑞，下令把石牛、仙石，运到首都长安（陕西省西安市）。

十一月二十一日，王莽奏报太皇太后王政君，说：

"陛下现在的处境是：西汉王朝已经十二世（自刘邦到刘婴，以辈份计算，共十一世。以帝位计算，则共十五个皇帝。所称的"十二世"，并不正确。但是传统史学家以及当时的政治市场，却是排除三任帝刘恭、四任帝刘弘、九任帝刘贺的），正碰上'三七'数字的危险命运（神秘预言书上说，三七者，二百一十年，而西汉王朝自从前二〇六年建立，到本年〔八〕，恰二百一十四年，已超过三年），承受上天的旨意，陛下命我，臣，王莽，居于代理皇帝的高位。

"现在，广饶侯刘京上书说：'七月时，齐郡临淄县（齐郡郡政府所在县，山东省淄博市东临淄区）昌兴村村长（亭长）辛当，一晚做了很多次梦，听见有声音告诉他，说："我，上帝的使节，上帝教我向你宣布：代理皇帝应成为真正皇帝。你如果不相信，驿站中会突然出现新井。”辛当第二天早上，起来巡查，果然有一口新井，深有百尺。’十一月九日，正是冬至日，巴郡（重庆市）发现石牛。十一月十五日，雍县（陕西省宝鸡市凤翔区）又发现仙石；都已送到未央宫前殿。我跟太保（上三公之三）、安阳侯王舜等，亲自观察。忽然之间，狂风大起，尘土飞扬，天昏地暗，太阳无光，等到狂风停止，在仙石之前，看到一块铜牌，和一段有图案的绸缎，上面写的是：‘上天显示的皇帝符信，呈献它的人加封侯爵。’骑兵总监（骑都尉）崔发等，探讨文字的涵义，纷纷解释。

“孔丘说：‘敬畏天命，敬畏伟人，敬畏圣贤的评论。’（参考《论语》。）臣，王莽，怎敢不接受上天的命令？请准许我共同祭祀神灵、祖庙，奏报太皇太后（王政君）、孝平皇后（刘箕子正妻、王莽女）时，都自称‘代理皇帝’（假皇帝）。对天下发号施令，或天下臣民启奏时，不再称‘摄政’；本年（八）本是‘居摄三年’，特改为‘始初元年’；宫中计时的漏刻，改为一百二十度，用以顺应天命。我日夜养育孺子（刘婴），能跟周王朝二任王（成王）姬诵媲美，使太皇太后（王政君）的威望和恩德，传播万国。盼望他长大成人，受到很好教育。等到孺子（刘婴）年满二十岁，行过加冠礼，我就把政权原样归还，跟姬旦当初所作的一样。”王政君批准。

全国人民都看出王莽的目的，在于显示天命所归，授意高级官员发动拥护攻势，使他能去掉“代理”二字。

7 期门禁卫官（期门郎）张充等六人，阴谋劫持王莽，另立楚王（首府彭城〔江苏省徐州市〕）刘纡（十任帝刘病已曾孙）当皇帝。事情发觉，张充等六人全被诛杀。

8 梓潼（广汉郡郡政府所在县，四川省梓潼县）人哀章，留学首都长安（陕西省西安市），品行素来低劣，喜爱吹牛。看见王莽摄政，决心押上赌注。就做了一个铜柜，在里面放两张信笺（那时还没有纸，恐怕仍是竹简），一写："天帝行玺金柜图"，另一写："赤帝玺邦传给皇帝金策书"。邦者，指西汉王朝一任帝刘邦。信笺上说：王莽应即位当真天子，太皇太后（王政君）当遵守天命。图上画出王莽跟他的亲密助手八人，再增添：王兴、王盛，并把自己哀章的名字也加进去，共十一人。还加上官爵，都是最高职位。哀章知道"齐郡新井""巴郡石牛"的妙用。于是，等到一天黄昏，他穿上黄色衣服，把铜柜送到刘邦祭庙（高庙），交给祭庙执行官（仆射）。执行官奏报。 250

王莽认为时机已经成熟，决定就在此时向西汉王朝下手。

十一月二十五日，王莽亲自驾临刘邦祭庙，向铜柜下跪叩头。然后，戴上国王的王冠，晋谒王政君。回到未央宫，登上前殿，发表文告说：

"我虽然缺少品德，但幸而是皇初祖黄帝姬轩辕的后代，和皇始祖虞帝姚重华的苗裔，以及太皇太后（王政君）的微末亲属。皇天上帝，赐给厚重的恩典，教我继承大统。一切预言、符命、图画、文字，以及金柜诏书，都是神灵明显的指示，把天下人民，全数托付给我。赤帝、西汉王朝高皇帝刘邦的神灵，更谨遵天命，用金柜交下旨意，我十分敬畏，敢不接受？兹定于下月（十二月）一日，我将头戴天王冠，登上宝座，当正式天子，建立'新王朝'，改变历法（正朔）、改变衣服颜色、改变祭祀用的供品、改变旗帜、改变用具。以十二月一日作为每年的元旦，明年定为'始建国元年'。以午夜后二时（丑）作为一天的开始。衣服采用淡黄色，祭祀用品一律白色。钦差大臣的符节都用纯黄，上写‘新政府五威节’，用以显示皇天上帝的威望和使命。”

王莽在行动之前，先教人把各种祥瑞，拿给太皇太后王政君过目，表示意愿。王政君大吃一惊。这时，因孺子刘婴并没有即位，所以皇帝御玺，仍放在王政君住的长乐宫。王莽即位之后，向王政君索取御玺，王政君拒绝，王莽派安阳侯王舜前往规劝。王舜小心谨慎，王政君一向都喜欢他，并且绝对信任。王舜晋见王政君，王政君知道他来替王莽索取御玺，义愤填膺，诟骂说：“你们父子兄弟、家庭宗族，靠着西汉王朝的恩典，几代下来，享尽荣华富贵，不但没有回报，反而利用别人托孤寄子的机会，夺取政权，一点也不顾念恩德情义。这种人，连猪狗都不吃他的尸体，天下怎么会有你们这种东西！你们既认为金柜符命，教他当新王朝皇帝，改变历法、改变衣裳、改变制度，就应该刻一颗自己的御玺，使它传到千年万世，要这个亡国的不祥之物干什么，非索取不可？我是西汉王朝的一个老寡妇，随时会死，打算跟御玺一同埋葬。别打主意，我不会给他！”一面说，一面悲痛流涕，左右侍从人员，都跟着哭泣。王舜也哀恸落泪，不能自止。停了很久一阵，王舜才抬头问王政君，说：“我已没有话可说，只是王莽一定要把这件传国宝弄到手。太后，你难道有办法一直不给他？”王政君看王舜态度恳切，且击中要害，又恐怕王莽施用暴力，只好交出。但怒不可遏，把御玺投到地上，告诉王舜说：“我快要死了，已看不到你们兄弟全族屠灭！”

王舜把御玺献给王莽，王莽乐不可支，特地在未央宫渐台（宫中西南隅名苍池的人工湖中间小岛），摆设酒筵，宴请王政君，一片欢乐。

9 王莽又打算改变王政君西汉王朝的封号，更换王政君的印信，但又恐怕拒绝。王莽的远族王谏，抓住机会，也押上赌注。上书说："皇天废除西汉王朝，建立新王朝，太皇太后(王政君)不宜再用西汉王朝尊号，应跟西汉王朝同时废除，顺应天命。"

王莽把奏章呈报王政君，王政君气得张口结舌，冷笑说："他的话有理！"王莽看情形不对劲，改口说："这个人违背道义，留他不得。"于是，冠军(河南省邓州市西北冠军村)人张永，呈献璧玉形状的铜片，上面有神秘的文字(符命铜璧文)，说：太皇太后(王政君)的尊号，应称"新王朝文母太皇太后"(文母，周王朝一任王姬发的娘亲，姬昌的正妻，姬昌绰号文王)。

王莽下诏接受。于是，毒死王谏；封张永子爵(贡符子)。

班彪曰

自从三代（夏商周）以降，无论君王或国君，失去权势，很少不种因于女人。王莽的兴起，也是如此。孝元皇后（王政君）经历了西汉王朝四世皇帝（八世刘奭、九世刘骜、十世刘欣、刘箕子、十一世刘婴），身居国母高位，享受政府奉养，凡六十余年。王姓家族一些小人物，世代把持政权，掌握国家命脉。共计出现五位大将、十位侯爵（五将：王凤、王音、王商〔王家班〕、王根、王莽，都当过全国武装部队最高指挥官〔大司马〕。十侯：王禁阳平〔顷〕侯、王凤阳平〔敬成〕侯、王崇安成侯、王谭平阿侯、王商〔王家班〕成都侯、王立红阳侯、王根曲阳侯、王逢时高平侯、王音安阳侯、王莽新都侯），而最后终于归于王莽。君王的名义和宝座，已完全丧失，而孝元皇后（王政君）还恋恋不舍一颗印信，不打算交给王莽。妇人之仁，使人兴悲！

九年 己巳

西汉	始初	二年
新	始建国	元年

1 春季，正月一日，新王朝（首都长安〔陕西省西安市〕）皇帝（一任）王莽（本年五十四岁）率领文武官员，向西汉王朝太皇太后王政君，呈献玉玺。恭祝顺应天命，遵从神秘预言（符命），并从此除去西汉王朝称号（西汉王朝共十五任国君，凡十五个皇帝。前二〇六至后九，建立二百一十五年）。

王莽是去年（八）登极，并下令改变历法（正朔），恢复秦王朝制度，以十二月一日，作为元旦，所以本年（九）的元旦不是正月一日，而是去年（八）的十二月一日。可是，在《资治通鉴》上，却一点也看不出痕迹，好像什么都没有改变一

样。胡三省指出:“《资治通鉴》所以不予理会,是否认这项改变。”政治挂帅下的史学家谋杀历史真相,连眼都不眨。元旦的位置都可随自己的意识形态乱搬,证明信史的难求。

我们可以抨击事实,可以赞扬事实,但不可以为了政治立场或自己利益,去抹杀或歪曲事实。

2 最初,王莽娶故宰相(丞相)王䜣孙儿宜春侯王咸的女儿,现在封王女士当皇后(王䜣,参考前八〇年九月)。王皇后共生四个儿子,王宇、王获,已经死亡;而王安是个花花公子,没有才干;于是封王临当皇太子;封王安当新嘉国君(新嘉辟);王宇的六个儿子,全封公爵(王千功隆公、王寿功明公、王吉功成公、王宗功崇公、王世功昭公、王利功著公)。大赦天下。

王莽封西汉王朝孺子(末任帝)刘婴当定安公,采邑一万户人家,土地一百华里。在定安国内(定安国,包括平原〔平原郡郡政府所在县,山东省平原县、安德〔山东省平原县东北〕、漯阴〔山东省济南市济阳区西〕、鬲县〔山东省德州市东南〕、重丘〔山东省德州市陵城区东北神头镇〕五县),建立西汉王朝历代皇帝的祭庙。跟周王朝后裔一样,准许使用西汉的历法(正朔)跟衣服颜色(所有承诺,全属一句空话)。封刘箕子(西汉王朝十四任帝平帝)正妻王女士(王莽女)当定安太后。宣读诏书后,王莽亲自握着年仅五岁的刘婴的小手,流涕唏嘘,说:“从前,姬旦代理君王,终于把宝座归还原主,我在皇天严厉的压迫之下,却不能如愿以偿!”悲哀叹息,很久不止。皇家辅导宦官(中傅)牵着刘婴,走下金殿,刘婴向北叩头,自己称“臣”。在旁观礼的文武百官,莫不感动。

王莽依照哀章制造的金柜预言书,封爵任官:命太傅(上三公之一)、左辅(四辅之三)王舜当太师,封安新公;命大司徒(三公之一)

平晏当太傅，封就新公。命少阿（四少之三）、羲和（首席部长）刘秀（刘歆）当国师，封嘉新公。命广汉郡梓潼（四川省梓潼县）人哀章当国将，封美新公，以上称“四辅”，位居“上公”。命太保（上三公之三）、后承（四辅之二）甄邯，当大司马（三公之二），封承新公。命丕进侯王寻，当大司徒（三公之一），封章新公。命步兵将军王邑，当大司空（三公之三），封隆新公。以上称“三公”。命太阿（阿衡）、右拂（四辅之四）、大司空（三公之三）甄丰，当更始将军，封广新公。命长安（京兆）人王兴，当卫将军，封奉新公；命轻车将军孙建，当立国将军，封成新公。命首都长安（京兆）人王盛，当前将军，封崇新公，以上称“四将”。总共公爵十一人。王兴，本是首都城防指挥部文书员（城门令史）。王盛，本是卖烧饼的小贩。王莽按照神秘预言书（符命），物色到同姓名的十余人，又物色到容貌长得跟卜卦中预言应命功臣相似的两人。从一介平民，擢升到高位，用以向天下显示，一切出于神意。

同一天（正月一日），大量任命部长级官员（卿大夫）、宫廷随从（侍中）、宫廷秘书（尚书），达几百人之多。凡西汉王朝刘姓皇族担任郡长（郡守）的，全部调任议论官（谏大夫）。把明光宫改为定安馆，由定安太后王女士（王莽女）居住。把藩属事务部（大鸿胪）改作定安公官邸；设立警卫，加以监视。下令刘婴的保母乳娘，不准跟刘婴谈话。刘婴软禁在家宅之中，不能出门，不能跟外界接触。长大成人之后，连牛、马、羊、鸡、狗、猪，都不认识。后来，王莽把孙女——王宇的女儿嫁给他。

3 王莽命政府各单位的职掌，完全依照古代《书经》的规定，设“大司马司允”（大司马府执行官）、“大司徒司直”（大司徒府执行官）、

"大司空司若"(大司空府执行官),称"孤卿"(三孤,官阶跟部长相等)。"大司农"改名"羲和",后又改名"纳言"(农林部长),"大理"改名"作士"(司法部长)、"太常"改名"秩宗"(祭祀部长)、"大鸿胪"改名"典乐"(藩属事务部长)、"少府"改名"共工"(宫廷供应部长)、"水衡都尉"改名"予虞"(水利总监),跟三公府的执行长(司允、司直、司若),分别隶属三公(大司徒、大司马、大司空)。

再设立二十七个"大夫(国务官)、八十一个"元士"(政事官),分别担任中央各级官职。又把"光禄勋"等官名,改称"六监",都属高阶("光禄勋"改名"司中"〔宫廷禁卫官司令〕、"太仆"改名"太御"〔交通部长〕、"卫尉"改名"太卫"〔皇城保安司令〕、"执金吾"改名"奋武"〔首都常安警备区司令〕、"中垒校尉"改名"军正",另设"大赘"〔国库长〕)。又把"郡太守"改名"大尹"(郡长)、"都尉"改名"大尉"(民兵司令)、"县令""县长"改名"宰"(县长)。"长乐宫"改名"常乐室"。首都"长安",改名"常安"。其他,一百多个官职、宫殿、郡、县,全都改名,不能尽记。

4 王莽大封王姓皇族,同一祖父的(齐缞)一律封侯爵,同一曾祖父的(大功)一律封伯爵,同一高祖父的(小功)一律封子爵,同一玄祖父的(缌麻)一律封男爵——以上爵爷们的女儿,一律封"任爵"(女爵位,即"公主")。在封号上,男人用"睦",女子用"隆"。

王莽又下诏:"西汉王朝时代,封国国君中有的称'王',甚至四方蛮夷部落,也使用这种称号,严重的违背古代的典章制度,伤害'一统'的大义。现在规定:凡是王爵,一律改称公爵;四方少数蛮夷僭越的王爵,一律改称侯爵。"于是西汉王朝的三十二个亲王,全降级称公爵,一百八十一个侯爵,一律改称子爵。稍后,更全都撤销。

5 王莽又对黄帝王朝一任帝（黄帝）姬轩辕、二任帝（少昊）己挚、三任帝姬颛顼、四任帝（喾帝）姬夋、六任帝（尧帝）伊祁放勋、七任帝（舜帝）姚重华，以及夏王朝、商王朝、周王朝皇族，跟皋陶、伊尹的后裔，分别加封公爵、侯爵，使他们各自祭祀自己的祖先（姚恂封初睦侯，作姬轩辕后裔。梁护封修远伯，作己挚后裔。皇孙王千封功隆公，作姬夋后裔。刘秀〔刘歆〕封祁烈伯，作姬颛顼后裔。刘秀〔刘歆〕的儿子刘叠封伊休侯，作伊祁放勋后裔。妫昌封始睦侯，作姚重华后裔。山遵封褒谋子，作皋陶后裔。伊玄封褒衡子，作伊尹后裔。周卫公姬党，改封章平公。殷宋公孔弘，改封章昭侯。夏王朝后裔、辽西郡〔辽宁省义县西〕姒丰封章功侯）。

6 王莽承受西汉王朝盛世的庞大基业，政府、仓库、文武百官，资产丰厚，所有蛮夷部落，都归附顺从，天下一派升平。现在，全落到王莽之手。王莽雄心勃勃，仍不满足，总觉得西汉王朝那一套格局太小，打算恢复古代的恢弘气概。于是，自称是黄帝姬轩辕，跟舜帝姚重华的后裔，一直传到齐王国（首都临淄〔山东省淄博市东临淄区〕）五任王田建的孙儿济北王田安，才失去政权（参考前二〇六年）。残留在齐王国的皇族，人们称为“王家”就索性姓“王”。所以，王姓的初祖，应是黄帝姬轩辕。而始祖，应是姚重华。

王莽下诏：追封陈国第一任国君妫满（胡公）当陈胡王，田完（敬仲）当田敬王，济北王田安当济北（愍）王。于是，兴筑五座祖宗祭庙，四座皇族祭庙。天下姚姓、妫姓、陈姓、田姓、王姓，都是皇族（据说：黄帝姬轩辕二十五子，有十二个改姓：姚重华改姓“姚”，后裔改姓“妫”，周王朝时改姓“陈”，在齐国的一支改姓“田”，在济南郡〔山东省济南市章丘区〕的一支改姓“王”）。世世代代，不缴纳赋税，不服政府差役，对国家不负担任何义务。再封陈崇、田丰二人侯爵（陈崇封统睦侯，田丰封世睦侯），使他们作陈胡王妫满、田敬王田完的后裔，承传香火。

7 在翟义、赵朋动乱时（参考七年），天下全权州长（牧）、郡长（守），都坚守岗位，心怀忠孝。王莽把所有全权州长（牧）都封男爵，郡长都封“附城”（比男爵低一级的爵位）。

王莽对刘邦（西汉王朝一任帝）的祭庙，尊称“文祖庙”。在首都常安（陕西省西安市）的刘姓皇帝墓园祭庙，仍保持原状，香火如故。刘姓皇族继续免缴赋税、免服差役，直到这一代去世。王莽命各州全权州长（州牧）不断慰问安抚，不准受到冤抑欺凌。

8 王莽认为“劉”字由“卯”“金”“刀”拼成，下诏：“禁止‘刚卯佩饰’跟‘金刀钱币’。”（“刚卯”是一种佩到身上的装饰品，或用金，或用玉，或用桃木，长三寸，宽一寸。每年正月“卯日”做成，挂到身上。服虔注：有一种玉做的，上面刻字：“正月刚卯”。）于是，废除“错刀币”“契刀币”（参考七年）；废除五铢钱，更铸小钱——一铢钱，直径六分，上面文字：“小钱值一”，跟从前发行的“大钱五十”，两种并行。为了防止人民盗铸，下令人民不准携带铜、炭。

9 夏季，四月，徐乡侯刘快（西汉王朝胶东〔恭〕王刘授的儿子），集结数千人，在他的封国（徐乡，山东省龙口市东北）起兵。刘快的老哥刘殷——西汉王朝时胶东王（首府即墨〔山东省平度市〕），新王朝改封扶崇公。刘快集结兵力，进攻老哥的封国首府即墨（山东省平度市）。刘殷紧闭城门，并自投监狱，向新王朝中央政府请求治罪。官民合力抵抗，刘快失败，逃到长广（山东省莱阳市东），死亡。王莽下令

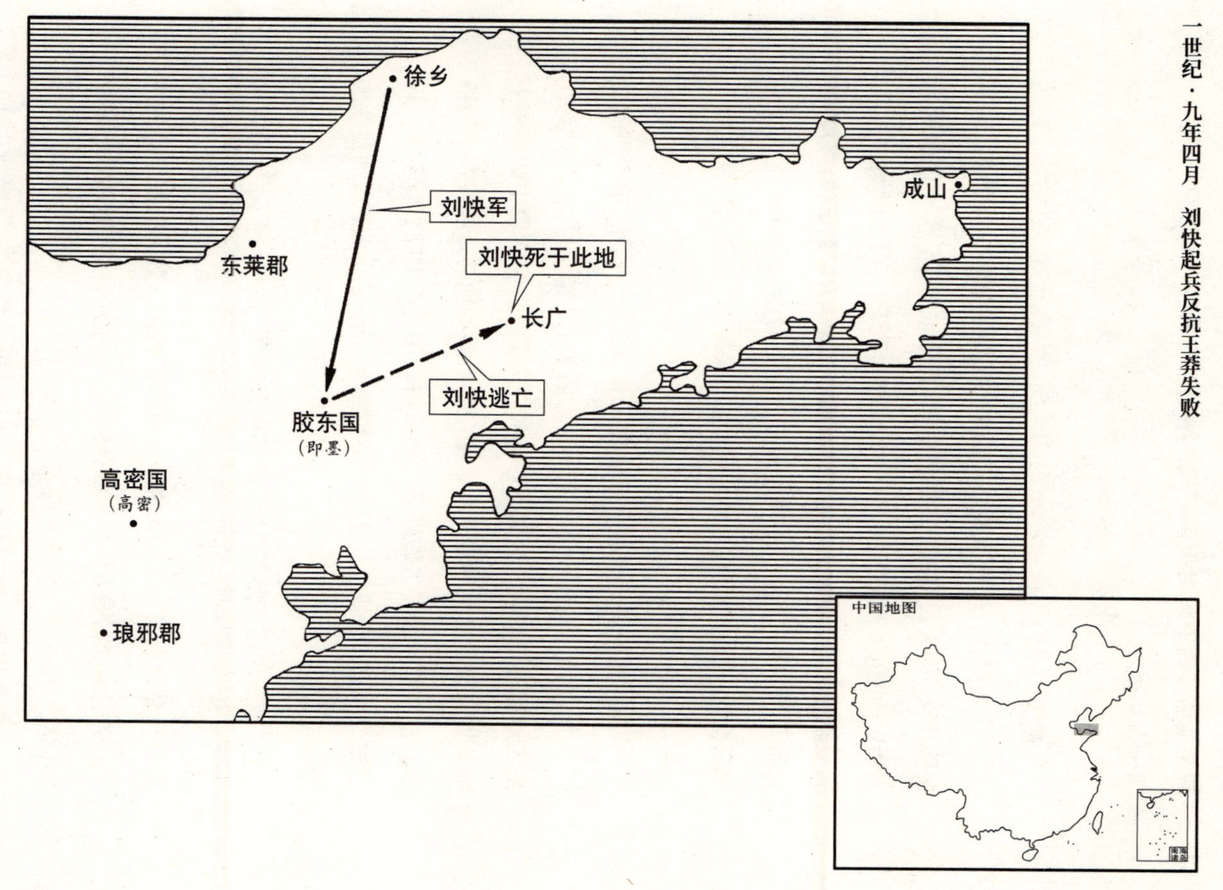

一世纪·九年四月　刘快起兵反抗王莽失败

赦免刘殷，因他大义灭亲之故，增加他的采邑满一万户，面积方圆一百华里。

10 王莽下诏，说：

“上古时代，一个人有一百亩田，缴纳十分之一所得税，国家足够开支，而人民富裕，到处都是歌功颂德的声音。秦王朝破坏圣人所定的制度，废除井田（参考前三五〇年），于是，人们开始兼并，生出贪鄙的念头。强梁的地主，购买田地，以一千亩为单位；穷苦贫弱的人，连竖一个锥子的地方都没有。又兴起奴隶市场，把人民像牛马畜牲一样，关闭在栅栏之内，被小民控制，甚至可以裁决他们的生命，实违背‘天地本性，人最尊贵’（语出《孝经》）的大义。

“当时也曾减轻赋税，只征收三十分之一。然而，却不时的临时追加，虽老弱疾病，都不能幸免。再加上土豪劣绅的欺压迫害，把田地放租给贫农。名义上只征收三十分之一，实质上却征收十分之五。以致富翁财主之类的豪门，所养的狗马，都有剩余的粮食，遂桀骜不驯，去做邪恶勾当，贫苦小民连糟糠都吃不到，只好去当小偷、当强盗。最后，全都触犯国法，陷于监狱，刑罚无法宽恕。

“现在规定：天下土地，一律收归国有，改名‘王田’；奴隶婢女，改称‘私属’，二者都不可以自由买卖。一家人丁不超过八口，而田地超过九百亩（一井）的，应自动把超过之数，分割给你的族人、邻居或同村亲友。本来没有田地，现在开始授有田地的，限制的标准一样。

“胆敢抨击土地国有政策，就犯了煽动群众、反抗政府之罪，一律放逐边疆，去跟牛鬼蛇神作伴，如同我始祖虞帝（姚重华）当初行事。”（《左传》前六〇九年：姚重华放逐共工、三苗、驩兜，诛杀姒鲧。）

11 秋季，王莽派“五威将”王奇等十二人，分别前往各郡县，展示四十二种神秘文件（符命），解释西汉王朝之所以灭亡，跟新王朝之所以兴起，都是一种天命。包括：品德方面的祥瑞五种，文学方面的预言二十五种，器物方面的异象十二种。

“五威将”王奇等十二人，带着神秘文件（符命）跟各式各样的印信，王爵以下改变官称的官员，以及匈奴汗国、西域各国，和更远的蛮夷部落，都要收回西汉王朝的印信，换发新王朝的印信。

大赦天下。

12 “五威将”乘坐画着满天星斗的车辆，使用六匹母马，背上插着野鸡的羽毛（谁背上插着野鸡的羽毛？人背上，马背上？这种因文法不谨严而造成的难懂，是一大困扰）。服装以及场面，非常壮观。每一位五威将，手下都有五位元帅。五威将手拿符节（持节），五威帅则手持幡旗（持幢）。东到玄菟郡（辽宁省沈阳市东）、乐浪郡（朝鲜半岛平壤市）、高句骊王国（首都国内城〔吉林省集安市〕）、夫余王国（大兴安岭东东北平原）。南到边塞之外，经过益州郡（云南省昆明市晋宁区东），把句町王（云南省广南县）改为句町侯。西到西域（中国新疆及中亚东部），把各国国王，全改封侯爵。北方到匈奴汗国王庭（蒙古国哈拉和林市）收回西汉王朝的旧印信，改发新王朝的新印信，印文仅把“玺”字改作“章”字（“王爵”的印信称“玺”，“侯爵”的印信称“章”）。

13 冬季，响雷，桐树开花（在正常情形下，北方冬季无雷，桐树也不会开花）。

14 王莽任命统睦侯陈崇，当公安部长（司命），负责监视除皇帝外所有政府官员（上公以下）。

又任命说符侯崔发等，当京师及关中地区（陕西省中部）绥靖司令（中城、四关将军），负责首都十二城门，及绕霤（陕西省商洛市至丹凤县一带，七盘十二绕险要）、羊头（山西省长子县东南羊头山）、肴黾（崤山、渑池，在河南省三门峡市东）、汧陇（汧水、陇山，在陕西省陇县境）四方防务。

每人官衔上都加“五威”二字。

15 派遣议论官（谏大夫）五十人，到各郡、各封国铸钱。

16 本年（九），真定（河北省正定县）、常山（河北省元氏县），天降冰雹。

新王朝

- 与匈奴关系破裂。
- 大战复起。
- 王政君逝世。
- 西域脱离新王朝。
- 民变纷起如火如荼。

- 罗马奥古斯都大帝屋大维逝世，提比留即位。

1 春季，二月，赦天下。

2 新王朝（首都常安〔陕西省西安市〕）“五威将”（十二人）跟所属的“五威帅”（六十人），共七十二人，出巡任务完成（参考去年〔九〕），回到首都常安（陕西省西安市）复命。西汉王朝亲王被降封公爵的，全都缴还公爵印信，自愿贬作平民，没有一个敢违抗命令，只有故广阳王（首府蓟县〔北京市〕）刘嘉（燕王刘旦的玄孙。刘旦，是燕盖之乱的主角，参考前八〇年)，**因向王莽呈献过神秘预言书**(符命)；**鲁王**(首府鲁县〔山东省曲阜市〕)**刘闵，呈献过神书；中山王**(首府卢奴〔河北省定州市〕)**刘成都，呈献过祥瑞，歌颂过王莽功德，改封侯爵。**

班固曰

从前，周王朝分割国土，封国有八百之多，其中同姓家族，就有五十余人。这正是友爱亲属，尊重贤才，关系政权兴衰的重要措施。所以根要深植，本要坚固，使外人无法动摇。强盛的时候，姬旦(周公)、姬奭(召公)共同治理，使刑罚绝迹；衰弱的时候，则五霸在下扶助(五霸：齐姜小白、晋姬重耳、秦嬴任好、楚芈侣、吴吴光)，共同维持社会秩序，认为周王是天下的“共主”。封国的力量再大，不敢冒犯。历时八百余年，恩德已尽，日子已到，才被贬降为平民，但乃终其天年。

秦王朝讥笑三代(夏商周)，自称“皇帝”。可是皇帝的子弟，因为没有爵位采邑的缘故，不过一介小民。这个政权，内没有骨肉之亲辅佐，外没有藩属封国护卫。一旦陈胜、吴广，拿着木棒起事，高祖(西汉王朝一任帝刘邦)、项羽，从后跟进，秦王朝就只好倒毙。所以说：周王朝长到超过期限，秦王朝短到没有达到期限。封建形势，造成这种现象。

西汉王朝初建立的时候，警觉到秦王朝政府覆亡的原因，是皇族孤立。所以，大封皇族子弟建立九个封国。西从雁门郡(山西省右玉县)，东到辽阳(辽宁省辽阳市)，有代国(首府晋阳〔山西省太原市〕)、燕国(首府蓟县〔北京市〕)。常山(恒山，河北省曲阳县西北)以南、太行山以东，越过黄河、济水(今已堙没)，直到黄海、渤海，有齐国(首府临淄〔山东省淄博市东临淄区〕)、赵国(首府邯郸〔河北省邯郸市〕)。谷水、泗水之南，龟山、蒙山(二山皆在山东省平邑县东北)一带，有梁国(首府定陶〔山东省菏泽市定陶区〕)、楚国

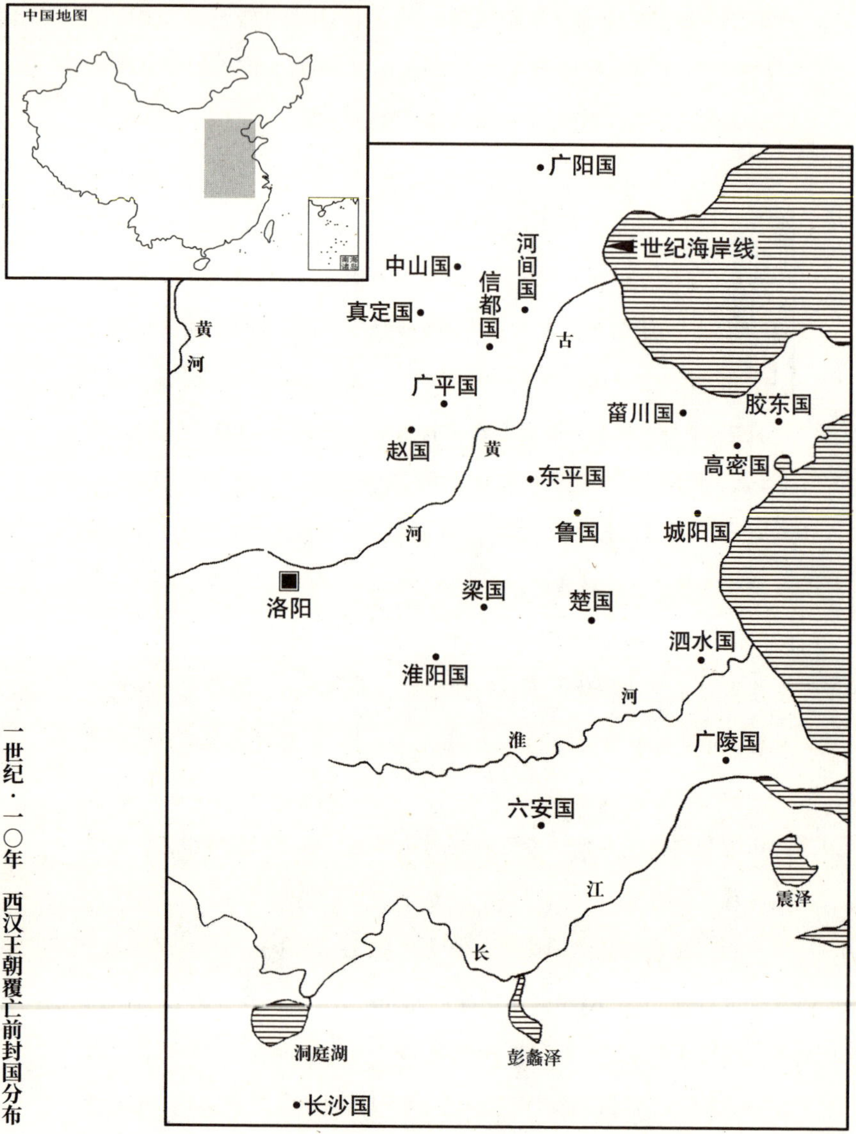

一世纪·一〇年　西汉王朝覆亡前封国分布

中国地图
南海诸岛
广阳国
河间国
世纪海岸线
中山国
信都国
真定国
黄河
古黄河
广平国
菑川国
胶东国
赵国
东平国
高密国
鲁国
城阳国
洛阳
梁国
楚国
泗水国
淮阳国
淮河
广陵国
六安国
震泽
长江
洞庭湖
彭蠡泽
长沙国

（首府彭城〔江苏省徐州市〕）。东边靠长江、太湖、会稽山（浙江省绍兴市南）之旁，有荆国（首府吴县〔江苏省苏州市〕）、吴国（首府广陵〔江苏省扬州市〕。吴国前身便是荆国）。北边是淮河，庐山（江西省九江市南）、衡山（安徽省霍山县西南霍山）一带，有淮南国（首府寿春〔安徽省寿县〕）。顺着汉水而下，九嶷山（湖南省宁远县南）一带，有长沙国（首府临湘〔湖南省长沙市〕）。各封国边界相接，环绕着东方、北方、南方三面边疆。北跟匈奴汗国（王庭设蒙古国哈拉和林市）等接壤，南跟南越王国（首都番禺〔广东省广州市〕）等接壤。皇帝直接控制的地区，则有三河（河东郡〔山西省夏县〕、河南郡〔河南省洛阳市东白马寺东〕、河内郡〔河南省武陟县〕）、东郡（河南省濮阳市西南）、颍川郡（河南省禹州市）、南阳郡（河南省南阳市）。东从江陵（湖北省江陵县），西到巴郡（重庆市）、蜀郡（四川省成都市）。北从云中郡（内蒙古托克托县），南到陇西郡（甘肃省临洮县），加上首都长安特别市、京畿，共十五郡，而公主和侯爵的采邑，也分布在十五郡之内。

当时，大的封国，面积有几个州、几个郡那么大，重要城镇，连绵数十座，官殿跟封国政府制度，几乎与中央完全相同。对秦王朝而言，可以说是矫枉过正。高祖（西汉王朝一任帝刘邦）创立大业，每天忙得连吃饭的时间都没有。惠帝（二任帝刘盈）在位的时间又太短（只八年），高后（吕雉）以女主人身份，主持政府，全国却一派升平，没有叛乱。高后（吕雉）死后，高级官员同心合力下，终于摧毁吕家的阴谋，完成太帝（五任帝刘恒）的盛世，也全靠这些封国。

然而，封国国君，本是皇族的末流，末流太滥，就会满溢，造成灾害。小焉者违犯国家法律，大焉者谋反叛逆，结果自己断送性命，封国也被撤除。所以文帝（西汉王朝五任帝刘恒）分割齐国、赵国（参考前一七八年、前一六四年），景帝（西汉王朝六任帝刘启）削减吴国、楚国（参考前一五四年），武帝（西汉王朝七任帝刘彻）更颁布“推恩令”（参考前一二七年），使封国自行瓦解。从此之后，齐国瓜分成七国（齐国、城阳国、济北国、济南国、菑川国、胶西国、胶东国），赵国瓜分成六国（赵国、清河国、常山国、中山国、广川国、河间国），梁国瓜分成五国（梁国、济川国、济东国、山阳国、济阴国），淮南国瓜分成三国（淮南国、衡山国、庐江国）。

皇子封亲王的时候，封国大的不过十多个城镇。长沙国、燕国、代国，虽然仍是旧名，已不再紧邻南北蛮夷（七国之乱数年后〔参考前一五四年〕，各封国属郡，除了首府所在的该郡之外，余郡皆缴回中央管辖。三个地处边境的封国缴回边区郡之后，便不再与边界接触）。七国之乱（参考前一五四年）后，景帝（西汉王朝六任帝刘启）更贬低亲王地位，剥夺封国权力，缩小封国政府人员编制（诸如"丞相"〔封国宰相〕改称"相"，撤销封国的最高监察长〔御史大夫〕、司法官〔廷尉〕、王宫供应官〔少府〕、王族事务官〔宗正〕、研究官〔博士〕；减少国务官〔大夫〕、王宫礼宾官〔谒者〕等名额）。

武帝（西汉王朝七任帝刘彻）时代，衡山王刘赐，跟淮南王刘安，阴谋不轨（参考前一二四年、前一二二年），于是中央颁布"封国官员任用条例"（左官律），制定"结交及阿附封国国君治罪条例"（附益法）。封国国君权力，一天比一天衰弱，唯一的享受是采邑的赋税，跟政治完全疏离。到了哀帝（西汉王朝十三任帝刘欣）、平帝（西汉王朝十四任帝刘箕子）时代，封国国君都是后代苗裔，跟皇帝的血缘和亲情，越加疏远。生长在封闭的王宫之中，受不到人民的敬畏，事实上不过当地一个富家翁而已。尤其是，中央君王在位的时间，都那么短促，又一连三代（十二任刘骜、十三任刘欣、十四任刘箕子）没有后嗣。王莽深切了解刘姓皇族，已经瘫痪，无论根本或末梢，都同样脆弱，所以才毫无忌惮，顿生野心，依靠着太皇太后（王政君）的权势，假托伊尹、姬旦的美名，在金銮宝殿上，作威作福。用不着走下台阶，就把西汉王朝政权，全部夺取。

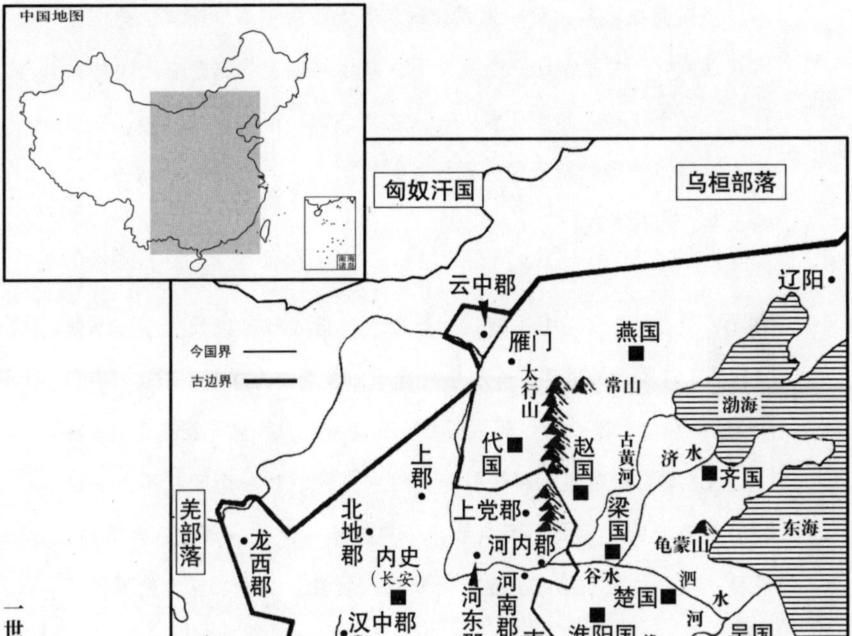

一世纪·一〇〇年　班固分析西汉初期十封国十五郡形势

阴谋完成之后，王莽正式称帝，登上面向南方的宝座，分别派出“五威将”之辈官员，走遍天下，展示祥瑞跟神秘预言之类的文件。西汉王朝那些封国国君——亲王者流，一个个用头叩地，双手呈上印信，唯恐怕新王朝怀疑他呈献得太晚。有些更歌功颂德，谄媚王莽，岂不可哀！

柏杨曰

任何一个王朝，一旦覆亡，后人都可以找出一万个使它覆亡的原因。连欢乐的音乐，都能成为罪魁。不过，事实俱在，覆亡的主要原因，只不过一个，那就是君王昏庸。昏庸引起腐烂，腐烂引起神经中枢死亡。一个政权不是一记丧钟就敲垮的，而是不断在敲，一声接连一声，一声比一声凄厉，最后一敲，才全盘结束。也只有领袖人物自己，才有能力敲下自己的丧钟。

丧钟都是自己敲的，周王朝亡于昏君，秦王朝亡于暴君，西汉王朝亡于刘骜、刘欣的自掘坟墓。和有没有封建制度，毫无关系。周王朝有封建固亡，秦王朝无封建也亡，足可以证明封建的地位，并不重要。西汉王朝的封建除了招惹出来七国之乱，千万人民丧生外，贡献至微。可是，议论却总是绕着这个问题打转——一转就是一千余年，以后每个新兴政权，几乎都为此喋喋不休。

保护政权的唯一办法，只有使掌握权柄的人永远处于理性的清醒状态。像嬴胡亥先生之类，用钢刀不断猛砍自己的脚、自己的手、自己的头，最后又把利刃狠狠的刺进自己的心脏，无论有没有封建，结局都是一样。

3 国师（四辅之三）刘秀（刘歆）奏称：“周王朝有经济官（泉府之

官)，收购民间卖不出去的产品，供应民间缺乏的货物，也就是《易经》说的：'钱财和产物得到公正分配，则人民不会犯法。'"

王莽下诏："《周礼》上有赊欠货款的记载，《乐语》上有物资调节官（五均）的设立，各有管辖。现在，设立经济官（泉府），与物资调节官（五均），分派各地，目的在于帮助平民，抑止富豪的侵吞兼并。"

于是，分别在首都常安（陕西省西安市），以及洛阳（河南省洛阳市东白马寺东）、邯郸（河北省邯郸市）、临淄（山东省淄博市东临淄区）、宛县（河南省南阳市）、成都（四川省成都市），设立物资调节官（五均司市），跟经济官（钱府官。由于物资调节官〔五均〕及经济官〔钱府〕的设立，可看出纪元前二世纪直到纪元后一世纪二百余年间，中国六大都市经济上的重要地位）。物资调节官（五均）于每季的第二个月（二月、五月、八月、十一月），对物价作一个评估，定出"上""中""下"三等价钱，保持它的稳定。民间卖不出去多余的粮食、布匹、丝绸、棉絮等，物资调节官（五均）调查，认为确实之后，依照成本收购。一旦物价上涨，超过市价十分之一以上，物资调节官（五均）就用评定的价钱卖出。如果物价低于评定的价格，则人民可以自由买卖贸易。人民如果缺乏资金，则由经济官（钱府官）贷款，每月利息百分之三。

新政府依照古书《周官》规定：地主不耕种田地，任凭荒芜，称为"不植"，处罚三个人的赋税。城市中家宅，不种树的，称为"不毛"，处罚三个人的布匹。人民游手好闲，无所事事，处罚棉布一匹。穷苦缴不出布匹的，则应为政府作工，由地方政府给他工资。凡是金矿、银矿、铅矿、锡矿的工人，捕捉鸟兽鱼鳖的猎人、渔夫，养蚕种桑纺织、缝纫的技术人员，以及工匠、医生、巫师、算卦、摊贩、商人、祭祀等专业人员，全都要自己申报营利所得的总额，由地方政府除去成本，在纯利中，征收十分之一的所得税。拒绝申报，或作虚伪申报的，把全部资产没收，判处充当政府差役一年。

农林部长（羲和）鲁匡，奏请酒类由政府专卖，王莽批准（开放卖酒，参考前八一年七月）。又下令禁止人民携带武器，违犯的放逐到西海郡（青海省海晏县，与常安航空距离七百五十公里）。

4 最初，王莽曾给匈奴汗国（王庭设蒙古国哈拉和林市）颁布关于处理降人的四项约束（一、汉人逃亡匈奴，二、乌孙人逃亡匈奴，三、西域诸国接受政府任命印信的官员逃亡匈奴，四、乌桓人逃亡匈奴，匈奴不应接受。参考二年）。后来，乌桓保安司令（护乌桓使者）通告乌桓（内蒙古西辽河上游）各部落不要再向匈奴汗国进贡兽皮、布匹（纪元前二〇一年，乌桓被匈奴汗国二任单于挛鞮冒顿击破，即行臣服，每年进贡兽皮、棉布。超过时限，匈奴就掳掠乌桓妇女作抵），匈奴派人催促乌桓进贡，并逮捕乌桓部落的酋长和重要官员，捆绑结实，头朝下脚朝上，倒着悬挂。乌桓部落大为愤怒，起兵击斩匈奴使节。

匈奴汗国得到消息，左贤王兵团长驱进入乌桓，展开复仇性攻击，杀伤人民牲畜，掳掠妇女儿童约一千余人而去，留置在东部地区。告诉乌桓说：“拿牛马兽皮跟布匹来赎！”乌桓部落如数把牛马兽皮布匹送去，匈奴照单全收，但对遣送俘虏，却只字不提。

稍后，“五威将”王骏等六人，抵达匈奴，致送非常厚重的礼物，对新王朝取代西汉王朝事件，作一简报，表示前来更换单于印信。西汉王朝的印文是：“匈奴单于玺”，新王朝的印文则是“新匈奴单于章”。新印信既交给乌珠留若鞮单于（十八任）挛鞮知（挛鞮囊知牙斯），要求交回西汉王朝旧印。挛鞮知拜谢，接受诏书。翻译官上前，准备从挛鞮知身上解开印信绣带，挛鞮知坦然的抬起手臂。然而，左姑夕侯挛鞮苏在旁插嘴说："在没有看到新印的印文之前，不应该交出旧印。"挛鞮知遂不准翻译官来解绣带，只请中国使节上坐，斟酒祝福。五威将说："在这时候，旧印应该缴回。"挛鞮知说："对的。"再抬起手臂，让翻译官解带，挛鞮苏再提醒说："我们还没有看到印文，暂时不要给他们。"挛鞮知说："有什么关系，印文怎么会变？"遂把旧印交回。五威将接到后，把新印交给挛鞮知。新印包在华丽的装潢之中，没有立刻打开审视，然后杯盘交错，饮到午夜，尽欢而散。

五威将的右翼帅（右帅）陈饶，对大家说："刚才左姑夕侯挛鞮苏，已经怀疑印文，几乎使单于拒绝交出。现在他们回去，发现印文有变，必然要求旧印，靠我们的解释，恐怕无法阻挡。旧印已经到手而又失去它，将侮辱我们的使命。依我之意，不如把旧印击碎，这是根绝祸根最有效的办法。"五威将帅们犹豫畏惧，不敢决定。陈饶，是燕国（指河北省北部）壮士，果断而勇悍，立即用巨斧把旧印劈坏。

第二天，单于（十八任）挛鞮知，果然派右翼队长（右骨都侯）挛鞮当，前来请求："西汉王朝政府发给我们的印信，是'玺'，不是'章'，而且没有'汉'字。王爵以下的官员，才加上'汉'字，用'章'。而今，不但把'玺'改成'章'，而又加上'新'字，使单于跟臣属之间，没有分别，我们希望还是用我们的旧印。"五威将帅把已损坏了的旧印拿给他看，解释说："新王朝顺应天命，制定新的印信。旧印自交还后，在我们这里，没有人动它，它却自行损毁。单于应该接受上天旨意，遵照新王朝制度。"挛鞮当回去报告挛鞮知。挛鞮知知道事已至此，无可奈何，而且贪图新王朝丰厚的赏赐，只好屈服。派他的老弟右贤王挛鞮舆，带着进贡的马牛，跟随

一世纪·一〇年 新王朝设六大物资调节中心

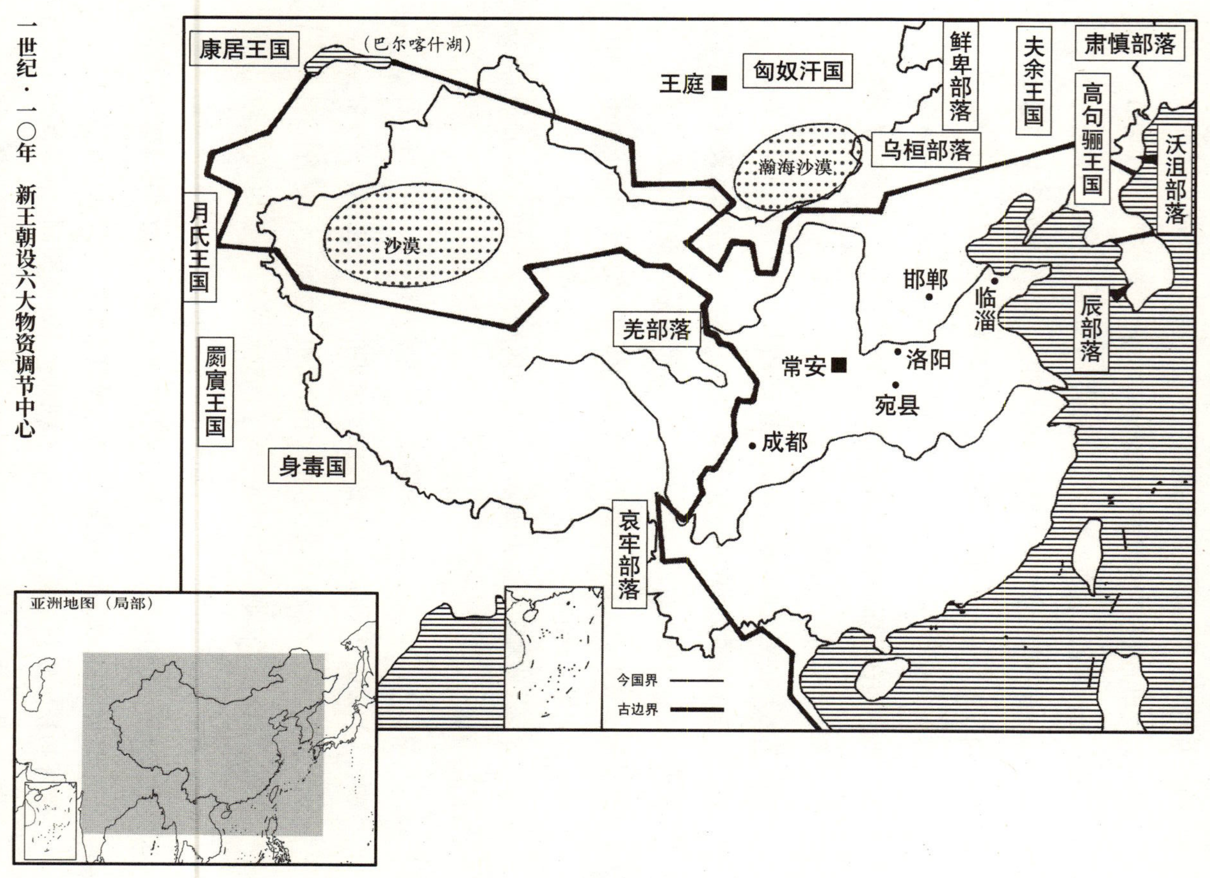

五威将帅，前往新王朝致谢。但仍上书新政府，要求重用旧印。

五威将帅回国途中，经过左犁汗王挛鞮咸管辖的地区，看到乌桓人那么多，询问挛鞮咸，挛鞮咸报告事情经过。五威将帅说："从前，中央政府对匈奴汗国有四项约束，其中一项是不可以接受乌桓人逃亡，请送他们回去才好。"挛鞮咸说："有机会的话，请跟单于秘密交换意见，单于吩咐下来，我自当遵命办理。"挛鞮知教挛鞮咸询问："是从塞内遣回他们？还是从塞外遣回他们？"五威将帅不敢决定，请求指示。王莽下诏："就在塞外送返。"

王莽把出使匈奴的五威将等，一律加封子爵；五威帅一律加封男爵。只陈饶以击毁西汉王朝印信的功劳，特别封威德子爵。

匈奴单于（十八任）挛鞮知，从前曾拒绝夏侯藩割地的要求（参考前八年）。后来为了追索乌桓部落（内蒙古西辽河上游）兽皮、布匹的贡品，攻击劫掠乌桓。汉匈两国邦交，已发生裂痕。等到发生更改印信，由"玺"变"章"，对新王朝更感怨恨。于是，派西部军区总监（右大且渠）蒲呼卢等十余人，率领一万骑兵，宣称护送乌桓俘虏回国，在朔方郡（内蒙古杭锦旗北黄河南岸）边塞之外，构筑工事。朔方郡长（太守）奏报中央政府。

王莽任命广新公甄丰，当"西中国总督"（右伯），出使西域（新疆及中亚东部）。车师后王（新疆吉木萨尔县南）须置离，得到消息，对于送往迎来的庞大开支，感到忧虑。打算放弃王位，逃入匈奴。西域总督（都护。总督府设乌垒城〔新疆轮台县东北〕）但钦，召唤须置离，诛杀。须置离的老哥辅国侯狐兰支，率领须置离直属部队二千余人，逃入匈奴。匈奴单于（十八任）挛鞮知接受，派出部队，跟狐兰支联军攻击车师，击斩车师后国（首都务涂谷〔新疆吉木萨尔县南〕）王城司令（后城长），击伤西域总督府军政官（司马），然后撤退。

当时，戊己指挥官（戊己校尉）刁护，正在患病。指挥部秘书（史）陈良、终带、参谋部秘书（司马丞）韩玄、西部防卫官（右曲候）任商，共同商议，说："西域（新疆及中亚东部）各国，有些开始背叛。而匈奴不断侵袭，我们可是死路一条。不如杀掉指挥官（刁护）等，率领部下，投降匈奴。"于是，斩刁护跟他的儿子、兄弟，裹挟全体文武官员，及眷属男女，约二千余人，投奔匈奴。匈奴任命陈良、终带，同当乌贲民兵司令（乌贲都尉）。

冬季，十一月，立国将军（四将之三）孙建奏称：

"九月辛巳日（九月癸巳朔，没有辛巳），陈良、终带，自称'废汉大将军'，逃入匈奴。本月（十一）十二日，不知道从什么地方闯出一个男子，拦住我的军队，叫说：'我是西汉王朝皇族刘子舆，成帝（西汉王朝十二任帝刘骜）小老婆的儿子。刘家就要重登宝座，快去把宫殿腾出来。'当时把该男子逮捕，原是首都常安（陕西省西安市）人，姓武，名仲。这些人都逆天行事，大逆不道。因之，我认为：西汉王朝君王的祭庙，不应该仍留在常安城内；而刘姓家族，应该跟西汉王朝同时废弃。陛下（王莽）大仁大义，一直不忍心早下决定，以致前安众侯刘崇等，聚众谋反（参考六年）。使一些野心家地痞流氓之类，假托已灭亡了的西汉王朝，使家族陷于屠灭的惨境。而竟然仍不能绝迹，原因在于陛下不早早的根除他们的盼望。我建议：西汉王朝君王在京师（首都常安）的祭庙，应全部废除。而刘姓在政府中当官的，应一律开革，教他们各自回家。"

王莽批准，下诏说：

"嘉新公、国师（四辅之三）刘秀（刘歆），应神秘的祥瑞预言（符命），当我的'四辅'。明德侯刘龚、率礼侯刘嘉等三十二人，都深切了解天命有归，或呈献文件，或呈献祥瑞，或捕获叛乱分子，建立重大功勋。凡刘姓中跟这三十二人同一个祖父的，不予撤职，赐他们姓‘王’。”只有嘉新公、国师（四辅之三）刘秀（刘歆），因为女儿刘愔嫁给皇太子王临的缘故，不必改姓。

5 定安公太后王女士（王莽的女儿），自从西汉王朝覆亡，时常称病，不朝见老爹王莽。还不满二十岁（本年，王女士十九岁），王莽对这位女儿，既尊敬，又哀怜，打算给她另择婚配，于是取消定安公太后称号，改称黄皇公主（黄皇室主），表示跟西汉王朝一刀两断。命孙建的儿子刻意装扮，陪同御医，前往请安问候。王女知道来意后，火冒三丈，鞭打她左右侍女（责怪她们不该通报相见），大怒之下，竟真的患病，更不肯起床。王莽因而不敢再予勉强。

6 十二月，响雷（北方冬季有雷，是一种反常现象。新王朝既以十二月作为一年的第一个月，则本月应属明年〔一一〕）。

7 王莽仗恃国库丰富，打算在匈奴汗国身上展示国威，于是把“匈奴单于”，改称“降奴服于”，下诏讨伐。派立国将军（四将之三）孙建等，率领十二位将领，分道并出：五威兵团司令苗䜣、虎贲兵团司令王况，出五原郡（内蒙古包头市）；厌难兵团司令陈钦、震狄兵团司令王巡，出云中郡（内蒙古托克托县）；振武兵团司令王嘉、平狄兵团司令王萌，出代郡（河北省蔚县）；相威兵团司令李棽（音chēn〔嗔〕）、镇远兵团司令李翁，出西河郡（内蒙古准格尔旗西南）；诛貉兵团司令杨俊（貉，音hé〔合〕），讨濊（濊，音huì〔惠〕）兵团司令严尤，出渔阳郡（北京市密云区）；奋武兵团司令王骏、定胡兵团司令王晏，出张掖郡（甘肃省张掖市）。

除了十二位兵团司令（将军），还有兵团副司令（偏）、兵团指挥官（裨）等一百八十人。征召募集天下囚犯、青年、战士，约三十万人。国内的后勤支援，立即开始。军服、皮袄、武器、粮食、饲料，从长江、淮河，直运到北方边塞。政府官员坐着驿马车，来往奔驰，监督催促，手段严酷，一切以战时军法从事（“军法从事”一词，就是诛杀）。征集的部队，先到指定地区的，暂时驻防。准备全部集结完成之后，同时出动。作战目标是：穷追匈奴单于（十八任）挛鞮知，直追到丁令部落（西伯利亚贝加尔湖畔）。计划把匈奴分割成十五个小汗国，物色呼韩邪单于（十四任）挛鞮稽侯狦的子孙十五人，分别当那十五个小匈奴汗国的单于。

8 新政府所发行的钱币，人民不愿使用。王莽下诏说：“钱币面额太大（分量太重），则不能应付小额交易。钱币面额太小（分量太轻），则携带困难。大小重轻，如果有适当的发行，使用既方便，人民一定乐于使用。”

于是，更铸“宝币”六种：金币、银币、龟币、贝币、钱币、布币。其中“钱币”再分六种（一、直径六分，重一铢，刻文：“小钱值一。”二、直径七分，重三铢，刻文：“幺钱一十。”三、直径八分，重五铢，刻文：“幼钱二十。”四、直径九分，重七铢，刻文：“中钱三十。”五、直径一寸，重九铢，刻文：“壮钱四十。”加上市面正流通的“大钱五十”，共六种）。“金币”一种。“银币”再分两种（一、朱提银，重八两，值一千五百八十钱。二、其他杂银，也重八两，但仅值一千钱。朱提，山名，在云南省鲁甸县，有高品质的银矿。因王莽在这次诏书中正式使用朱提，以后世人遂把它用作银币的别称）。“龟币”再分四种（一、元龟币，横宽一尺二寸，值二千六百十一钱。二、公龟币，横宽九寸，值五百钱。三、侯龟币，横宽七寸以上，值三百钱。四、子龟币，横宽五寸以上，值一百钱）。“贝币”再分五种（一、大贝壳，横宽四寸八分以上，两个称“一对”，一对值二百一十六钱。二、壮贝壳，横宽三寸六分以上，一对值五十钱。三、幺贝壳，横宽二寸四分以上，一对值三十钱。四、小紫贝壳，一寸二分以上，一对值十钱。五、横宽不满一寸二分，不以一对为单位，而以一个为单位，每个值三钱）。“布币”再分十种（布币不是用布做的钱，而是用铜做的钱。一、大布币。二、次布币。三、弟布币。四、壮布币。五、中布币。六、差布币。七、厚布币。八、幼布币。九、幺布币。十、小布币。小布币长一寸五分，重十六铢，刻文：“小布一百。”从“小布币”以上，每一等长多一分，重多一铢，值多一百。“大布币”长二寸四分，重一两，值一千钱）。总计，货币共有五类（金、银、铜、龟、贝），而有六种名称（金币、银币、钱币、布币、龟币、贝币），凡二十八种币值（指上述各币）。“钱币”“布币”，都用铜铸，羼杂锡铅。

因为币值的种类太多，人民生活，陷于混乱，经济行为，几乎消失。货币完全丧失功能，没有人愿意使用。

新政府知道人民的反应，于是下令只保留两种：“小钱值一”和“大钱五十”。龟币、贝币、布币，全部停止。然而，盗铸的行为却无法禁绝。新政府就加重处罚：一家盗铸，五家连坐；六家人口，全被政府没收，男当奴，女当婢。无论官员或小民，出门旅行时带钱，数目多少，都要在通行证上注明。通行证上不注明钱数的，沿途旅舍，拒绝收留，关卡更百般留难。王莽下令，三公以下高级官员，进宫朝见时，都要缴验这种文件，在于向天下展示它的重要性。于是，人民怨声四起，都怀念西汉王朝时的五铢钱。因新王朝币制混乱，有大有小，不容易分辨。然而更主要的是，它不断在变，人民毫无信心，市场上仍然暗中使用西汉王朝的五铢钱，谣言纷纷，众口一词的认为：大钱马上就会废除。以致没有人肯接受它，更不肯储存。

王莽深为烦恼，再下诏书：“凡是携带五铢钱，造谣大钱要废

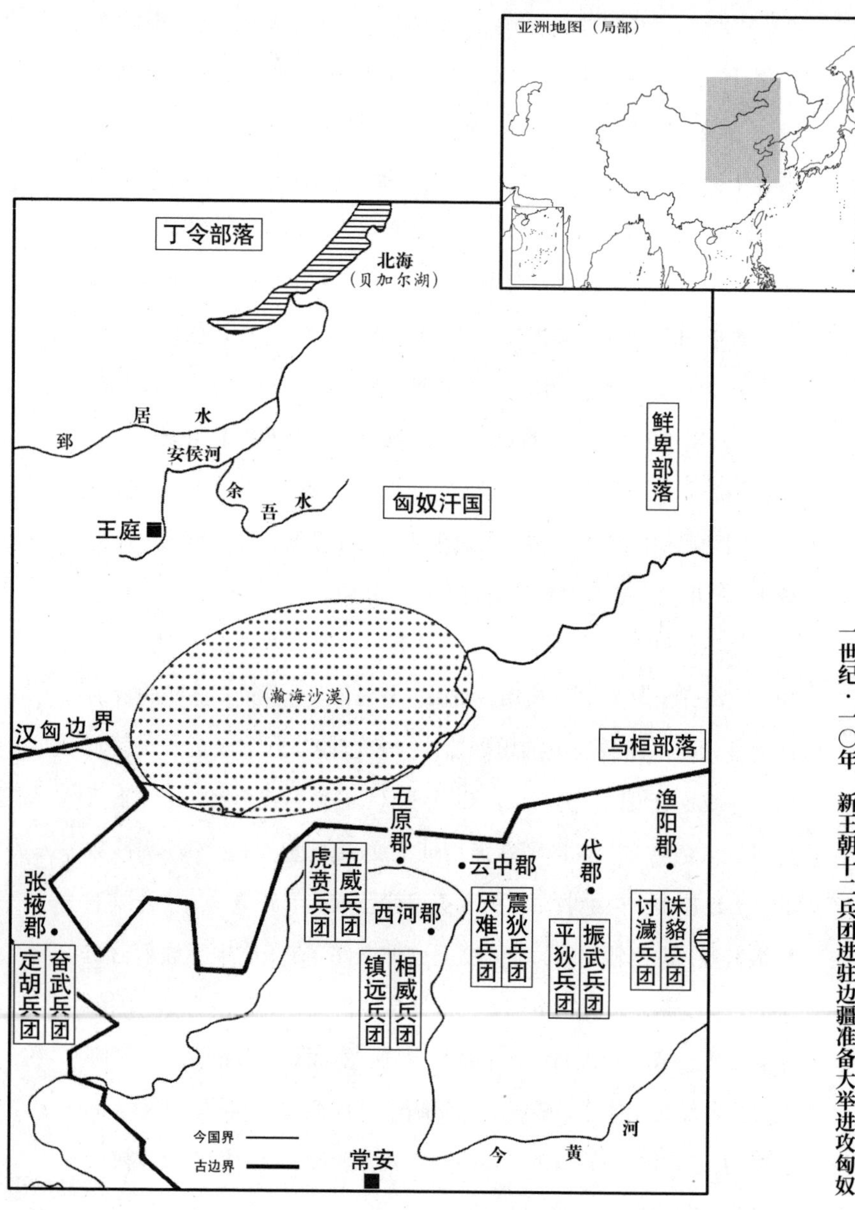

一世纪·一〇年　新王朝十二兵团进驻边疆准备大举进攻匈奴

除的人，比照‘诽谤井田制’罪状，放逐到四方蛮荒地带。”于是被指控“买卖田宅”“买卖奴婢”“盗铸钱币”的人，包括封国国君、政府部长级官员，以及小民，犯法入狱、贬窜远方的，不计其数。结果是农夫失去田地，商人失去市场，全国经济崩溃。人民既没有粮食，又没有金钱，流落无依，彷徨在道旁哭泣，呼天不应。

9 王莽篡夺西汉王朝政权时，官员小民，争先恐后的呈献神秘预言（符命），都被封侯爵。有些没有干这种勾当的人，互相幽默说：“你怎么没接到神仙写的信呀？”公安部长（司命）陈崇奏称：“这将为奸臣开辟作威作福的契机，混乱天命，应该根绝源头。”王莽既已达到目的，对这些神秘预言（符命）也感到厌倦，遂派宫廷秘书署副署长（尚书大夫）赵并，负责审查，凡不属于五威将帅所颁布的神秘预言，传播的人一律逮捕入狱。

最初，大司空（三公之三）、更始将军（四将之一）甄丰，国师（四辅之三）刘秀（刘歆），左辅（此是西汉王朝时的官称，新王朝已撤销）、太师（四辅之一）王舜；都是王莽的心腹死党，发动号召，向王莽歌功颂德。“安汉公”“宰衡”等称号，以及封王莽娘亲和两个儿子跟侄儿，都出于这个摇尾系统的设计。而在这场摇尾作业中，甄丰、王舜、刘秀（刘歆），也同样得到富贵。然而，他们的目的并不是抬王莽坐上宝座。

摄政皇帝（居摄）的建议，出于另一个摇尾系统——泉陵侯刘庆、北常安市（前煇光）人谢嚣，和常安县长（令）田终术。那时王莽的羽毛已经丰满，渴望代理皇帝，甄丰只好顺着他的意思，帮助完成。王莽则对甄丰、王舜、刘秀（刘歆）的子弟晋官封爵，作为回报。

甄丰等爵位已达到高峰，官位也到高峰，心满意足；但对西汉王朝皇族，跟天下英雄豪杰，却深怀畏惧。反而是，情谊疏远却企图往上爬的野心人士（指哀章等），继续呈献神秘预言（符命）。王莽立即抓住机会，坐上宝座。王舜、刘秀（刘歆）内心才开始恐惧。甄丰性情刚直，王莽发现他心情不快，就假托神秘预言，命甄丰当更始将军（四将之一），跟卖烧饼的王盛（前将军，四将之四），排列在一起。甄丰跟他的儿子甄寻，一直沉默，不作任何表示。当时，甄寻当宫廷随从（侍中）、首都常安特别市长（京兆大尹），封茂德侯。

甄寻抓住王莽的弱点，也制造一些神秘预言，指出：新王朝应该跟周王朝一样，以陕县（河南省三门峡市）为中间线，把中国一分为二，东西各设立一个总督，任命甄丰当西部总督（右伯），太傅（四辅之二）平晏当东部总督（左伯），如同姬旦、姬奭例（周王朝初建时，以陕邑〔河南省三门峡市〕为中间线，东中原由姬旦主持，西中原由姬奭主持）。王莽含怒允许，即任命甄丰当西部总督（右伯）。甄丰只等朝见皇帝之后，便出发就职。而就在这个等候期间，甄寻吃到甜头，就再制作第二次神秘预言，指出，黄皇公主（黄皇室主）应嫁给甄寻为妻。

王莽完全靠诈术取得政权，一直怀疑高级官员们心怀不服，可能怨望诽谤，正打算用激烈手段镇压，于是乘机发作，咆哮说：“黄皇公主是天下母亲的模范，这是什么话！”下令逮捕甄寻。甄寻逃亡，老爹甄丰知道大祸已临，自杀。甄寻跟随一位法术师逃入华山（陕西省华阴市南）。经过一年余的追缉，终于捕获。在审讯口供中，牵涉到国师（四辅之三）刘秀（刘歆）的儿子隆威侯刘棻，以及刘棻的弟弟宫廷秘书署西厢主管（右曹）、长水外籍兵团指挥官（长水校尉）、伐虏侯刘泳，又牵涉到大司马（三公之二）王邑的老弟、函谷关防卫司令（左关将军）、掌威侯王奇，以及刘秀（刘歆）的学生、宫廷随从（侍中）、骑兵总监（骑都尉）丁隆等。再由他们的口供中，牵连到部长级官员跟他们的亲戚、党羽，以及侯爵们，共几百人。王莽下令一律诛杀。把刘棻放逐到幽州，把甄寻放逐到三危，把丁隆押解到羽山斩首，都用政府驿马车运送尸体（黄帝王朝时，姚重华把政敌，被他称为“四凶”的共工放逐到幽州，驩兜放逐到崇山，三苗放逐到三危，姒鲧则在羽山斩首。王莽一切仿古，杀人整人，也都仿古，新王朝此时尚未更改地名，而所改地名中，有无三危、羽山？或在何地？均不得而知；大概只是在文告中顺序套用一下典故）。

10 本年（一〇），王莽开始崇拜神仙，听信法术师（方士）苏乐的建议，兴建“八风台”，用费达黄金二十万两。又在金銮宝殿上，种植五色谷米；播种之前，先把种子放到煮过玉的水里浸泡。计算起来，一斛粟米，成本要黄金二十两。

1 新政府（首都常安〔陕西省西安市〕）命田禾兵团司令赵并，征调边防军在五原郡（内蒙古包头市）、北假（河套黄河〔乌加河〕南北两岸）一带，开荒屯垦，生产军粮。

2 新帝（一任）王莽（本年五十六岁）派皇家警卫指挥官（中郎将）蔺苞、副指挥官（副校尉）戴级，率军一万余人，携带大量金银，进驻云中郡（内蒙古托克托县）边塞，负责引诱匈奴汗国（王庭设蒙古国哈拉和林市）呼韩邪单于（十四任）挛鞮稽侯狦的儿子们，准备依照顺序，封他们当十五个小单于之一，以使匈奴分裂。蔺苞、戴级派翻译官出塞，用诈术把左犁汙王挛鞮咸（呼韩邪单于的幼子），以及挛鞮咸的儿子挛鞮登、挛鞮助等三人，骗到云中郡。王莽封挛鞮咸当孝单于，挛鞮助当顺单于，赏赐厚重，用政府驿马车把挛鞮登、挛鞮助，送到首都常安（陕西省西安市）。封蔺苞当宣威公，当虎牙兵团司令。封戴级当扬威公，当虎贲兵团司令。

匈奴单于（十八任）挛鞮知接到报告后，大为震怒，说："先单于（呼韩邪单于）所受西汉王朝皇帝（十任宣帝）刘病已的厚恩（参考前五二年），不能辜负。现在中国皇帝并不是刘病已的子孙，凭什么坐上宝座？"于是派左翼队长（左骨都侯）右伊秩訾王挛鞮呼卢訾、左贤王挛鞮乐，分别率军进攻云中郡益寿要塞（地望在内蒙古土默特右旗境），大肆屠杀中国官吏跟人民。

至此，两国邦交，完全破裂，挛鞮知下令东西两大军区司令（左右部都尉）、沿边各亲王，对边塞发动不断攻击。兵力大时，有一万余人；有时数千人；最小规模时，则只数百人。然而战果至丰，计击斩中原雁门郡（山西省右玉县）郡长、朔方郡（内蒙古杭锦旗北黄河南岸）郡长，以及各郡民兵司令（都尉），掳掠人民畜产，不可胜数，沿边边塞一带各县，顿时衰败。

3 去年（一〇），北伐军十二个兵团司令，开始在北方边塞集结部队。然而迄今还不能集结完成，各军不敢单独出击。讨濊兵团司令严尤（时驻渔阳郡〔北京市密云区〕），上书建议说：

"我曾经听说：匈奴侵害中国，为时已久，从没有听说在上古之世，非讨伐不可。后来，周、秦、西汉，三代王朝，才用武力攻击，然而所用的全不是上等谋略。周王朝不过中等，西汉王朝则是下等，秦王朝则根本谈不到谋略。

“周王朝十一任王（宣王）姬靖时代，猃狁部落（匈奴前身）侵略中国，兵锋抵达泾阳（甘肃省平凉市西北）。周政府派军出击，把他们逐出境外，即行班师。看蛮夷的侵略，犹如蚊虫虱子，扫除掉也就算了，所以天下称颂英明，应是中等谋略。西汉王朝七任帝（武帝）刘彻，选择将领，操练人马，携带轻装备跟粮秣，深入敌人心脏地带，虽然建立战胜功勋，但蛮夷反击，以致兵连祸结，三十余年，中国疲惫，匈奴也受到创伤，刘彻因之被天下人称为‘武帝’，应是下等谋略。而秦王朝一任帝（始皇帝）嬴政，忍不住小的耻辱愤怒，轻率的浪费民力，修筑长城，长达万里，运输调动，从海滨开始，虽然保持边境完整，国内却告枯竭，终于丧失政权，这种做法谈不到谋略。

“而今，国家正遭受荒旱天灾（阳九），连年饥馑，西北边陲，尤其严重。而中央政府却动员大军三十万人，携带三百天粮秣，东方搜括到海滨、泰山（岱山，山东省泰安市北），南方搜括到长江、淮河，然后才能凑够数目。计算道路，迄今一年，还不能集结完成。先到边塞的部队，聚在一起，扎营露天之下，士气已衰，武器已钝，在气势上，已不可能作战，这是困难之一。边塞空虚，无法供应粮秣，从内地各郡各封国征集运送，而又远水难救近火，这是困难之二。总计：一个士兵仅吃干粮，三百天粮食，就要十八斛，一只牛很难载得动，而牛本身也要饲养，必须多加二十斛，更重。塞外匈奴境内，全是沙漠碱地，缺水缺草，考察从前经验，大军一旦出发，不满一百天，牛只将全部倒毙，剩下的粮秣虽多，士兵却无法搬运携带，这是困难之三。

“匈奴秋冬之季，天气酷寒，而春夏又有暴风。大部队行军，锅碗、木柴、炭火，都是沉重负担。而吞吃干粮，全靠饮水。一年下来，可能发生瘟疫。所以，从前攻击匈奴汗国的军事行动，不超过一百天，并不是不想持久，而是力量不够，这是困难之四。大军既然有那么多补给品，则机动部队相对减少，前进缓慢，敌人如果撤退迅速，便无法追及。幸而追及，又被辎重拖累，不能发生威力。遇到险要关隘，大军鱼贯而进，后面马头，紧接前面马尾，敌人前后夹攻，后果可怕，这是困难之五。

“就一般而言，驱使人民，如果超过人民所能承受的程度，功业就无法建立，所以我深感忧虑。而今既然已经动员，我建议先到边塞的部队，应先行发动攻击。使臣，严尤等，深入匈奴，用雷霆万钧之势，给匈奴一个重创。”

王莽仍坚持大军全面集结完成后，同时出动，拒绝严尤的建议，继续征召丁壮跟粮秣，运往边塞。天下骚动。

4 被新政府封为孝单于的挛鞮咸，乘防卫松懈，逃回匈奴汗国投奔王庭（蒙古国哈拉和林市），把被胁迫经过，向老哥乌珠留若鞮单于（十八任）挛鞮知，作一简报。挛鞮知大不高兴，封他匈奴最贱的侯爵称号于栗置支侯。

不久，新政府封的顺单于挛鞮助逝世，老弟挛鞮登，继任顺单于。

5 在沿边集结，即将进攻匈奴的北伐军，越来越多，放纵暴虐，扰民犯法。而内地各郡，征召丁壮，催缴捐税，苛刻惨急，人民不堪痛苦，纷纷抛弃家园，沦落成为盗贼，并州（山西省）、平州（河北省东北部及辽宁省）尤其严重。

王莽下令“七公”“六卿”（七公：“四辅”〔太师、太傅、国师、国将〕及“三公”〔大司徒、大司马、大司空〕。六卿：农林部长〔羲和〕、司法部长〔作士〕、祭祀部长〔秩宗〕、藩属事务部长〔典乐〕、宫廷供应部长〔共工〕、水利总监〔予虞〕），都兼任“将军”。于是，派著武将军逯并等，分别镇守各大著名都城；另派皇家警卫指挥官（中郎将）五十五人、绣衣戒严官（绣衣执法）五十五人，分别镇守沿边大郡。然而，这些派出去的钦差大臣，不但不能恢复社会秩序，反而抓住机会，贪赃枉法，更加狂暴。各州各郡，被他们扰乱，贿赂完全公开，对人民更百般凌辱压榨，全国沸腾。王莽下诏斥责：“从今天开始，胆敢再犯的，立即逮捕，开列姓名奏报。”然而，贪暴依旧。

中国北方边疆，自从西汉王朝十任帝（宣帝）刘病已以来（前一世纪三〇年代以后），人民已好几代不见烽火（迄今八十年左右，以北方普通十五岁或二十岁结婚年龄计算，太平日子，至少已过了四代）。人口繁殖，田园茂盛，牛马遍野。自从王莽触怒匈奴汗国，沿边人民或死亡，或被政府逮捕，只几年工夫，边疆一片荒凉，郊外已有无人掩埋的白骨。

6 太师（四辅之一）王舜，自从王莽篡夺皇帝宝座之后，患上一种心悸病，病情加重。本年（一一）逝世。

7 王莽给太子王临设立教师四人、宾友四人，都支国务官（大夫）薪俸。任命前大司徒（三公之一）马宫等，分别担任“师疑”“傅丞”“阿辅”“保拂”，称为“四师”（马宫“师疑”、宗伯凤“傅丞”、袁圣“阿辅”、王嘉“保拂”）。任命前宫廷秘书长（尚书令）唐林等，当“胥附”“奔走”“先后”“御侮”，称为“四友”（唐林“胥附”、李充“奔走”、赵襄“先后”、廉丹“御侮”）。

又设立“师友”一人、“太子随从”（侍中）一人、“议论官”（谏议）

一人、六经(《诗》《书》《礼》《易》《乐》《春秋》)每一经设“大宗师”(祭酒)各一人。共九人,都支领部长级薪俸。

8 王莽为了增强政府的号召力,广为征召天下知名的儒家学派知识分子。

首先,派钦差大臣,带着皇帝的诏书、印信,乘坐四匹马的安车(可以坐下的车辆),前往彭城(江苏省徐州市),迎接龚胜(参考二年)担任“师友”及“大宗师”(祭酒)。钦差大臣,跟郡长、县长、县政府高级官员、乡村教育官(三老)、德行官(行义)、学校学生(诸生),约有千人以上,涌到龚胜住的街巷,宣读诏书。钦差大臣打算教龚胜亲自出来迎接,于是,站在门外久等。龚胜声称他病情沉重,把床放到卧室门西侧,南窗之下,头向东方,身穿官服(孔丘有病时,有人来探望,就是这种装束。龚胜跟王莽同是儒家,所以也事事崇古)。钦差大臣无可奈何,只好到床边把皇帝诏书跟“师友”及“大宗师”(祭酒)的印信交给他,把四匹马驾的安车拉到院子里,向龚胜致意说:“圣明的新王朝政府,没有一天忘记先生。制度的厘定,还没有完成,等待先生主持。请教你,我们应该怎么做,才能使国家太平?”龚胜回答说:“我一向愚昧,加上年纪老迈,而又身染重病,命在旦夕,如果随阁下上道,一定死在中途,对谁都没有万分之一的益处。”钦差大臣为了要他愉快,勉强要把印信佩带到他身上,龚胜坚决推辞。钦差大臣只好奏报,说:“现在正值盛夏,天气酷热,龚胜病势,逐渐好转,是不是可以等到秋季动身?”王莽下诏允许。

钦差大臣每隔五天,就跟郡长一同去问候龚胜起居饮食,并告诉龚胜的两个儿子,跟学生高晖说:“政府这么虚心的用封爵跟采邑，等候龚先生前往首都。龚先生虽然身患疾病，但应该移住在政府驿马车站官舍，表示确有应征进京的诚意，这样做将为子孙后代，留下庞大的家产（指封爵及采邑）。”高晖等把钦差大臣的话，转告龚胜。龚胜发现已不可能逃避，对高晖等说：“我接受西汉王朝政府的厚恩，无法报答，而今年已衰老，随时都会埋入地下，岂可以一身而侍奉两个姓？将来如何面对故主？”吩咐他们准备后事，说：“衣服只要能包住身子就够了，棺材只要能包住衣服就够了。既葬之后，绝不可以跟时下流行的风俗一样，再翻墓土，种植柏树，或建立祠堂。”交代已毕，便闭口不进饮食，历时十四日而死，年七十九岁。

柏杨曰

龚胜用死亡拒绝当权分子的官爵，情操之高，千载之下，仍怀景慕。俗云：“烈妇易，节妇难。”对抗压力暴力易，对抗万人称羡的荣华富贵难。中国传统社会中，知识分子唯一的出路，就是当官，试看迎接龚胜的场面，可说新政府已抛出最鲜美的钓饵，而且很有把握的预测对手定会上钩。看惯了太多的大言不惭、声震屋瓦的高风亮节之徒，一旦富贵逼面，立刻改变立场的节目。深感龚胜为我们立下千古尊严的榜样。

然而龚胜的基本观念，使我们惋惜，儒家学派“君尊臣卑”的毒素，已孕育下怪胎，那就是：只效忠于一个姓。后来更变本加厉，只效忠于一个人。龚胜的论点有难以自圆其说之处，其一，他宣称西汉政府对他有厚恩，事实上西汉政府对他并没有厚恩，如果用官爵来衡量，则他的官不过是一个没有实权的特级国务官（光禄大夫）。其二，如果立场建立在“厚恩”上，新政府的“厚恩”超过西汉政府百倍。其三，西汉政府既然待他那么好，在西汉政府危险时，他为什么竟然明哲保身，一逃了之（参考二年）？所以，“一身侍奉二姓”才是他不肯复出的重点。儒家系统鼓励并认定：知识分子跟牧场中的猪羊一样，只要烙上张家记号，便永远是张家家畜；烙上李家记号，便永远是李家家畜。胆敢不以某人的家畜自居，便立刻受到其他家畜攻击。久而久之，很多人遂养成一种被主子豢养的情结。眼目中只有那个主子，而把国家民族，放到脑后。为了自尊或心理平衡，还一口咬定：主子就是国家民族。法国国王路易十四自称：“我就是国家。”中国传统知识分子的这种被豢养的情结，却指着领袖叫喊：“他就是国家。”于是演变成政党跟政府不分，政府跟国家不分，国家跟民族不分，脑筋混沌得像一罐浆糊。

我们对龚胜充分尊敬，尊敬他为他的理念牺牲。但我们却从他身上，发现愚民政策的后果，而这正是统治者所盼望的。要想突破这层有两千年功夫的魔障，需要更大的努力。

9 当时，有志向德行的知名之士，还有琅邪（山东省诸城市）人纪逡，齐郡（山东省淄博市东临淄区）人薛方，太原（山西省太原市）人郇越、郇相（郇，音xún〔旬〕），沛郡（安徽省淮北市）人唐林、唐尊，都以深明儒家学派经典，行为端正，受到世人尊敬。纪逡、唐林、唐尊，都在新王朝政府供职，被封侯爵，大富大贵，历任部长级高级官员。唐林不断上书提出建议，忠直刚烈。唐尊则穿着破衣服，跟磨透了鞋底的鞋子，假冒清高，享受虚名。郇相是太子王临的四友之一，逝世后，王临派人送去入殓时的寿衣，郇相的儿子，手攀棺木，誓死拒绝，说：“老爹死时，曾有遗言：‘对教师或宾友们的馈赠，不可接受。’而今，皇太子（王临）自称是我家老爹的朋友，所以不能例外。”首都常安（陕西省西安市）知识分子，一致称道。

新政府派出四匹马拉的安车，前往迎接薛方，薛方透过钦差大臣推辞说：“伊祁放勋、姚重华，高高在上，仍有巢父、许由等一些平民朋友。而今，圣明的主上，正在宣扬伊祁放勋、姚重华的盛德，而小臣愿坚守箕山，不再入世。”（传说故事，巢父，黄帝王朝人；伊祁放勋曾打算把元首的宝座让给他，巢父拒绝。许由；也是黄帝王朝人；伊祁放勋也曾经打算把元首宝座让给他，许由逃到箕山〔河南省登封市东南〕。伊祁放勋又征召他当宰相〔九州长〕，许由认为是一种侮辱，跑到颍水那里洗净他的耳朵。）钦差大臣奏报，王莽喜爱这番说词，不再勉强。

10 最初，隃麋（陕西省千阳县）人郭钦，当南郡（湖北省江陵县）郡长；杜陵（陕西省西安市东南）人蒋诩，当兖州（山东省西部）州长（刺史），同时以廉洁正直，闻名于世。王莽代理西汉王朝皇帝时期（一世纪〇〇年代后期），二人都被以患病的理由，免职，回到故乡，闭户不出，在家逝世。

西汉王朝十三任帝（哀帝）刘欣，跟十四任帝（平帝）刘箕子在位期间，沛郡（安徽省淮北市）人陈咸，由于通晓法令，担任宫廷秘书（尚书）。王莽辅政，大举更改祖宗所定的制度，陈咸心里反对。等到何武、鲍宣被诛杀（参考三年），陈咸叹息说：“《易经》说：‘抓住机会，立即行动，不要等到天晚。’我可以走了！”即提出辞呈。王莽当了新王朝皇帝后，征召陈咸当司法部副部长（掌寇大夫）。陈咸声称有病，不肯接受。当时，他的三个儿子陈参、陈钦、陈丰，都在新政府供职，陈咸教他们全都辞职回家，闭门不出，不跟外界来往。逢到祭祀，仍用西汉王朝规定的日子。人们问他缘故，陈咸说：“我祖先怎么知道新王朝祭祀日子？”把家中所有的有关法令的书籍，都藏到墙壁之中（胡三省原注：“按，纪元前八年，陈咸因淳于长案件，被放逐回乡，忧愁过度逝世。本年所述的陈咸，取自《后汉书·陈宠传》。二陈咸虽同是沛郡人，而各是一人。”按：两个人同名同姓，同一郡县，同一时代，同在中央政府，同任高官，而所有记录又从无任何分辨，二人应是一人的可能性最大。《后汉书》是陈宠在东汉王朝阔了之后的作品，追述祖先往事，坚持陈咸用西汉王朝祭日，比忧虑过度而死，对自己的仕途，要有利得多）。

另有齐郡（山东省淄博市东临淄区）人栗融、北海郡（山东省昌乐县东南）人禽庆、苏章，山阳郡（山东省巨野县东南大谢集镇）人曹竟，也是儒家学派的知识分子，辞去官位，脱离新政府。

班固曰

从春秋时代各封国部长（卿）、国务官（大夫）到西汉王朝的宰相、将领、著名大臣，为了保护自己的荣华富贵，而丧失了立身处世原则的，多不胜数。所以，节操纯洁的人士，至为可贵。然而，大多数只能约束自己，不能影响别人。王商（非王家班）、贡禹的才干，超过龚胜、鲍宣，但用死坚守立场，龚胜要高一等。用诡诈言语，达到忠贞目的，薛方的行迹相近。郭钦、蒋诩，跳出污秽，跟纪逡、唐林、唐尊，完全不同。

11 本年（一一），黄河流域各郡，蝗虫四起。

12 黄河在魏郡（河北省临漳县西南邺城镇）决口，清河郡（河北省清河县）以东好几个郡，洪水成灾。最初，王莽深恐黄河淹没元城（河北省大名县东北）王姓皇族祖宗坟墓（王莽曾祖父王贺以下，坟墓都在元城）。稍后黄河向东泛滥，元城没有水患，遂决定不加堵塞。

一二年 壬申

新 始建国 四年

1 春季，二月，新王朝政府（首都常安〔陕西省西安市〕）赦天下。

2 厌难兵团司令陈钦、震狄兵团司令王巡（二人同驻云中郡〔内蒙古托克托县〕）上书说：“在边塞捕获俘虏，供称：匈奴（王庭设蒙古国哈拉和林市）屡次侵犯，都是孝单于挛鞮咸的儿子挛鞮角担任主谋。”新帝（一任）王莽（本年五十七岁）大为震怒，召集外国所有驻在首都常安（陕西省西安市）使节，在大众面前把挛鞮咸的儿子顺单于挛鞮登斩首。

3 大司马（三公之二）甄邯逝世。

4 王莽驾临皇家大会堂（明堂），下诏：

“定洛阳（河南省洛阳市东白马寺东）为‘东都’，定常安（陕西省西安市）为‘西都’。京师跟地方，联合一体，男女各得其所。遵从《禹贡》的记载，全国划为九州（冀州、兖州、青州、徐州、扬州、豫州、荆州、雍州、梁州）。依照周王朝制度，分为五等爵位（公爵、侯爵、伯爵、子爵、男爵），共一千八百个封国，跟相同数量的‘附城’（比男爵低一级的爵位），等待有功之士。凡是公爵，一律平等，封一万户人家。其他爵位，等差而下。现在，已经受封的公侯伯子男，有七百九十六人，‘附城’有一千五百五十一人。只因户籍地簿，还没有调查测量完毕，无法指定采邑，所以特别规定：暂时向中央政府支领薪俸，每月数千钱。”

数千钱当然不够使用，上自公爵、侯爵，下到子爵、男爵，没有一人不贫困交集，有的甚至到富有人家当仆人婢女。

5 王莽性格浮躁，不能有一刻安静。每决定一件事情，一定要跟古代一模一样，或从古代找出根据，不管适合不适合现实社会。而制度始终不能确定，贪官污吏，就在混乱状态中，为非作歹，天下一片悲号。大批人民，被法律套牢，身陷监狱。

王莽知道民怨日升，下诏撤销土地国有，及禁止贩卖奴仆政策，说：“凡是持有国家土地的，可以自由变卖，不受法律限制。凡私自买卖人口的，不再处罚。”然而，仅此一项，不能挽救混乱。其他荒谬的政令、残酷的刑罚，以及沉重而频繁的捐税，依然如故。

6 最初，五威将帅，出使西南夷（四川省西部南部、贵州省西部及云南省），把句町王（云南省广南县）邯（姓不详）改封句町侯（参考九年）。邯大为愤怒，跟新王朝政府保持距离。王莽唆使牂牁（贵州省福泉市）郡长（大尹）周歆，用诈欺手段，把邯杀掉。邯的老弟承起兵复仇，率领反抗军击斩周歆。王莽下令州郡政府发兵讨伐，无法取胜。

王莽征调高句骊部落出击匈奴，高句骊部落拒绝。王莽强迫征召，他们索性率领部众，向北逃出边塞，当起强盗。辽西（河北省卢龙县）郡长（大尹）田谭追捕，被杀。地方政府把责任推到高句骊侯驺（姓不详）身上。讨濊兵团司令严尤上书警告说：

"貉民族违法乱纪，并不由驺开始。即令有贰心，也应命州郡对他安抚。现在把过失全都加到他身上，恐怕逼他叛逆；如果突然行动，夫余地区人民，必然有附和他的。届时，匈奴还没有消灭，而夫余、濊貉，又跟我们对抗，可是最大的忧虑。"（夫余，是濊貉〔貊〕民族建立的王国，活动于大兴安岭东东北平原上。纪元前三七年，夫余人朱蒙〔以后改姓高〕，在卒本地区纥升骨城〔辽宁省桓仁县〕起兵，建立高句骊王国，而于纪元后三年，迁都国内城〔吉林省集安市〕。朱蒙于六六年才逝世，则《资治通鉴》本年所载的高句骊侯，显然跟高句骊王国无关，可能是高句骊王国的一位酋长；也可能是中国辖区内濊貉族的一位领袖，被中国封为侯爵。也可能是夫余王国的什么人。濊貉民族是朝鲜民族先民的总称，中国政府官员对他们内部复杂情形，未必清楚。）

王莽毫不理会，濊貉人遂公开反抗。王莽下令严尤进击。严尤用甜言蜜语把高句骊侯驺引诱到边寨大营，诛杀，把人头用政府驿马车送到首都常安（陕西省西安市）。王莽大喜，把高句骊改名下句骊。濊貉人不能忍受这种欺骗，对北方边境，攻击更烈。于是，东北跟西南，同时大乱。

这时候，王莽意气轩昂，认为四邻的蛮夷，不过癣疥之疾，终

一世纪·一二年　东北诸部落形势

亚洲地图（局部）
今国界
古边界
弱水（黑龙江）
大兴安岭
小兴安岭
长白山脉
鲜卑部落
肃慎部落
夫余王国
乌桓部落
高句骊王国
饶乐水（西辽河）
汉朝边界
玄菟郡
沃沮部落
渔阳郡
辽东郡
乐浪郡
濊貉部落
汉朝边界
今黄河
辰韩
马韩
弁韩
汉朝[新]

必消灭。只专心致力于考察古人古事，亦步亦趋的效法。下诏说：“就在本年（一二）二月，我要到东方视察，有关单位迅速拟定礼仪制度。”然而，因为文母皇太后（王政君）身体有病，下令暂缓出发。

7 最初，王莽当西汉王朝的安汉公时，为了谄媚权力所来自的魔杖、太皇太后王政君，所以特别推崇她丈夫刘奭诛杀北匈奴郅支单于的功业，奏准尊称祭庙为“高宗”（参考四年）。当时宣称：王政君逝世之后，牌位就送到这个“高宗祭庙”，跟丈夫共享祭祀。

新王朝建立后，王政君改称新王朝的“文母”，表示跟西汉王朝的关系，一刀两断。为了不让她享受西汉王朝的祭祀，下令把“高宗祭庙”撤除，而给新王朝的“文母”，另盖一座祭庙，只保留“高宗祭庙”的一个殿，作为新王朝“文母”的祭堂。落成之后，名“长寿宫”——只因王政君仍在人世，不便称“庙”。

王莽在长寿宫设下酒席，宴请王政君。王政君到了之后，看见她丈夫刘奭（西汉王朝十一任帝）的祭庙，竟被铲除，惊骇悲伤，不禁流泪，说："这是西汉王朝的祭庙，有神灵保佑，什么地方得罪了你，非把它摧毁不可？假使没有鬼魂，何必盖庙？假使有鬼魂，我是他的妻子，岂可以把丈夫的公堂，改成我的祭堂？"悄悄对左右侍从说："这个人（指王莽）得罪神灵的地方太多了，神灵怎么还一直保佑他？"这场宴会，在不愉快中结束。

王莽篡夺政权之后，知道姑妈王政君悲愤怨恨。所以，凡是可以取悦王政君的方法，全部用出。只要王政君高兴，王莽就无所不为。然而，症结既无法解开，王莽越是殷勤，王政君越是触景伤怀。西汉王朝宫廷服装，都是黑色貂皮，王莽下令改穿黄色貂皮。西汉王朝以正月一日作为元旦，王莽改十二月一日作为元旦。西汉王朝每年十二月祭祀天地神灵，王莽改在九月祭祀。王政君教他的侍卫随从，仍穿西汉王朝的黑色貂皮，在西汉王朝元旦，跟祭祀天地神灵之日，独自跟左右聚餐。

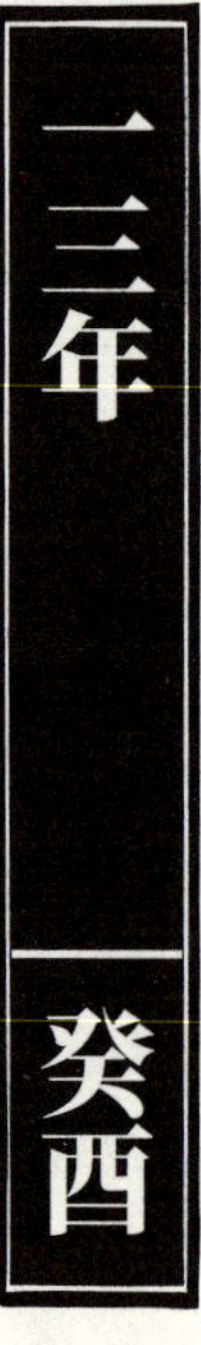

1 春季，二月，新王朝（首都常安〔陕西省西安市〕）文母、皇太后王政君逝世，年八十四岁（参考前五一年）。跟她亡夫刘奭（西汉王朝十一任帝）合葬渭陵（陕西省咸阳市东北七公里）。可是，却在她跟刘奭之间，挖掘一条深沟，象征各不相干。新王朝皇家世世祭祀王政君，而由刘奭在旁担任配角。新帝（一任）王莽（本年五十八岁）为王政君服丧三年。

柏杨曰

王政君是西汉王朝的终结者，十三任皇帝刘欣逝世时，她用迅雷不及掩耳的手段，突入未央宫，夺取印信，胁迫董贤，征召王莽，行动疾如闪电，跟当初刘邦突入韩信大营，夺取印信、收回军权的行动，如出一辙。只因机会一失，就是用十辆卡车的力量，都无法追回。当时，英姿焕发。

可是她的高寿害了西汉王朝，也害了王莽与王姓家族，更害了千万中国人民。她如果只活四十岁——不要说只活四十岁，纵然活到七十岁，王莽失去这个权力魔杖，他的野心就无法实现。再一次证明专制政治体制下，当权派年老，固然是一种安定力量，但年老而昏庸，甚至昏暴，便成了灾难。对自己、对他主持的政府、对国家、对人民，都没有裨益。

2 乌孙王国（首都赤谷城〔中亚伊赛克湖东南〕）大小国王（大小昆弥），派使节到新王朝朝贡。王莽看出，乌孙人多数都亲附小国王。而今，跟匈奴汗国已经决裂，引起匈奴不断入侵，为了得到乌孙王国小国王的欢心，在国宴时，命礼宾官故意把小国王的使节，引导在大国王使节的上席。太子师友、人宗师（师友祭酒）满昌，弹劾礼宾官，说："蛮夷们因为中国是礼仪之邦，所以才向中国屈服。大国王，是乌孙正式国王。小国王，不过臣属。而礼宾官却使臣属的使节，坐到君王使节的上席，不是对待蛮夷的办法，他犯了对皇命大不敬之罪。"

王莽大怒，把满昌免职（以前龚胜拒绝担任这个职位，王莽才敦聘满昌）。

3 西域（新疆及中亚东部）各国，因新政府既无恩德，又失威信，已不能统御。于是，焉耆国（新疆焉耆县）首先叛变，击斩西域总督（都护。驻地在乌垒城〔新疆轮台县东北〕）但钦。西域遂全部脱离中国政权（自从纪元前二世纪六〇年代，张骞叩开西域大门，西汉政府惨淡经营，历时一百四十年。到本年〔一三〕，被昏头昏脑的王莽，轻率断送）。

4 十一月，彗星出现，二十余日才消失不见。

5 本年（一三），因人民携带铜铁跟熔器的太多，捕不胜捕，禁不胜禁，遂撤销“盗铸法”。

6 匈奴汗国（王庭设蒙古国哈拉和林市）乌珠留若鞮单于（十八任）挛鞮知（挛鞮囊知牙斯）逝世，当权大臣右翼队长（右骨都侯）须卜当，正是王昭君的大女儿伊墨公主（须卜）挛鞮云的丈夫。挛鞮云一直主张跟中国和睦通婚，而又跟于栗置支侯（参考十一年）挛鞮咸友善，看到挛鞮咸曾经被封作孝单于，认为正可利用这种关系，使双方恢复昔日友谊，于是拥护挛鞮咸继位，是为乌累若鞮单于（十九任）。

挛鞮咸即位后，封老弟挛鞮舆当右谷蠡王。前任单于（十八任）挛鞮知的儿子挛鞮苏屠胡，本封左贤王，后来把左贤王改称“护于”（挛鞮知在位时，当“左贤王”的人先后死亡，认为“左贤王”名称不祥，改称“护于”），打算把单于宝座传给他。挛鞮咸怨恨老哥挛鞮知贬低自己的称号（从“左犁汙王”贬称“于栗置支侯”），就把挛鞮苏屠胡也贬作左屠耆王。

一四年 甲戌

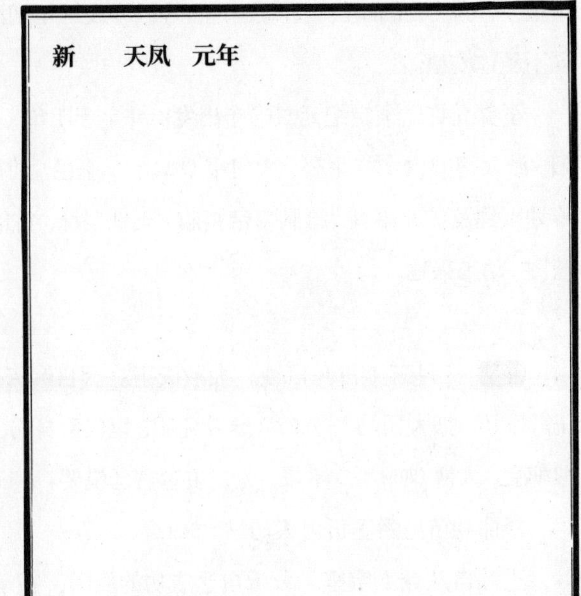
新　天凤　元年

1 春季，正月，新王朝（首都常安〔陕西省西安市〕）赦天下。

2 新帝（一任）王莽（本年五十九岁）下诏："兹定于本年（一四）四季的中间月（二月、五月、八月、十一月），周游全国，举行巡狩之礼（天子出京视察，古称"巡狩"），御厨房（太官）准备干粮、干肉之类，皇宫官员（内者）准备帐篷及卧室用品。一切自带，不接受沿途地方政府任何供应。等视察完毕，就在归程中，迁都洛阳（河南省洛阳市东白马寺东）。"高级官员奏称："陛下天性至孝，而又刚逢文母（王政君）的丧事，因悲痛过度之故，健康还没有恢复，还不能多进饮食。却在一年之中，作四次出巡，道路有万里之遥，陛下年纪已高，恐怕无法消化干粮、干肉。我们建议：暂缓出巡，等候守丧三年期满，用以保护陛下圣体安康。”

王莽允许，预定纪元二〇年出发，并定于明年（一五），迁都洛阳。派太傅（四辅之二）平晏、大司空（三公之三）王邑，前往洛阳，调查筹划兴建及扩充事宜，绘制皇帝祖庙、天地祭坛、首都南北郊祭坛蓝图，动工兴建。

3 三月三十日，日蚀。大赦天下。因日蚀天象变异之故，王莽下诏，把大司马（三公之二）逯并免职，以侯爵身份，参加金銮宝殿朝会。太傅（四辅之二）平晏，免去主管宫廷机要（领尚书事）兼职。

任命利苗男爵王䜣当大司马（三公之二）。

王莽自从登上宝座，分析自己成功的原因，在于先行掌握大权，所以特别注意不使大权滑到臣属之手。官员中有抨击当权派官员过失的，王莽就立予擢升。孔仁、赵博、费兴等人，都以敢于指控高官，获得皇帝信任，被任命充当重要官职。

国将（四辅之四）哀章，贪污狼藉，王莽特设立国将秘书长（和叔）官位（固然是国将的助手，但主要任务却是监视国将），下诏给哀章说：“和叔一官，不但保护你的门户，也保护你在西州（四川省梓潼县）的家族，免得你闯出大祸，全体诛杀。”新政府所有公爵（十一公，参考九年）都贪鄙不堪，而哀章尤其下流。

4 夏季，四月，天降重霜，草木都死，沿海地区，受害最重。

六月，黄色大雾弥漫。

秋季，七月，狂风骤起，大树连根拔除，未央宫北门，以及直城门（常安西面南头第二门）上的屋瓦，都被掀掉。天降冰雹，击毙牛羊。

5 王莽遵照《周官 · 王制》规定，对全国官名地名，全盘更改。设立“卒正”“连率”“大尹”，代替“太守”（郡长）。又设立“州牧”“部监”二十五人（各管辖五个郡）。把首都常安郊区，分为六个“乡”，各设一个“乡长”（乡帅）。把三辅（京兆〔首都常安市〕、左冯翊〔北常安市〕、右扶风〔西常安市〕）分割六个“尉郡”（郡长称“大夫”，计：京尉大夫、师尉大夫，翊尉大夫、光尉大夫、扶尉大夫、烈尉大夫）。改河内郡（河南省武陟县）、河东郡（山西省夏县）、弘农郡（河南省灵宝市东北）、荥阳郡（河南省荥阳市。原文是河南郡，颜师古考证，认为有误）、颍川郡（河南省禹州市）、南阳郡（河南省南阳市）等为六个“队郡”（河内后队、河东兆队、弘农右队、荥阳祈队、颍川左队、南阳前队）。把河南郡（河南省洛阳市东白马寺东）郡长（大尹），改称“保忠信卿”，增加到三十个县。洛阳郊区分为六郊州，各设州长一人，每人管辖五县。

其他所有官制，都有改变。把大郡分割成五郡，全国合计一百二十五郡、二千二百零三县。又模仿古代的“六服”（《书经 · 周官》：全国土地，以首都为中心，向外延伸计算，分为六服：侯服、甸服、男服、采服、卫服、蛮服。而《书经 · 益稷》，则为五服：侯服、甸服、绥服、要服、荒服。这种分法，不过古人纸上的概念作业，没有实质意义），把国土划分为：惟城（侯服）、惟宁（甸服）、惟翰（男服）、惟屏（采服）、惟垣（卫服）、惟藩（蛮服）；分别加上方位，作为称呼，总数是一万封国（新王朝对州、郡、县的改变，不单在名称上更改，对州、郡的辖地面积也重新规划，若干郡政府更有迁移。对此，除非其地方政府的迁移有充足的史料记载或在《资治通鉴》中有明确记录，否则，我们一概假定其郡政府皆与西汉王朝时代的相同，以免去繁重的全盘考据）。

后来，每年都有改变，有的郡名竟改了五次，最后仍改回原名。变化既快又多，官员人民，无法记忆，以致在皇帝诏书上，新名之下，都不得不加上旧名（举一个例：祈队〔故荥阳〕、陈定〔故梁郡〕、治亭〔故东郡〕）。

6 匈奴汗国（王庭设蒙古国哈拉和林市）当权大臣右翼队长（右骨都侯）须卜当，跟他的妻子挛鞮云（王昭君女），建议乌累若鞮单于（十九任）挛鞮咸，跟中国和解结亲。挛鞮咸同意，派人到西河郡（内蒙古准格尔旗西南）虎猛县（内蒙古伊金霍洛旗西南）制虏塞，告诉边塞的官员："匈奴汗国单于，想见和亲侯。"和亲侯，指王昭君老哥的儿子王歙（音xī〔悉〕）。中部民兵司令（中部都尉）奏报中央。

此时，王莽对打败匈奴的必胜信心，已在减低，这正是下台阶的机会。于是，派王歙，跟王歙的老弟骑兵总监（骑都尉）、展德侯王飒（音sà〔萨〕），出使匈奴，祝贺挛鞮咸登极，赏赐黄金、衣服、被褥、绸缎、布匹，誓言单于的人质儿子挛鞮登，仍在人间。乘势要求遣回中国罪犯陈良、终带（参考一〇年）。挛鞮咸把陈良等二十七人，一古脑逮捕，戴上脚镣手铐，交付使节。派厨唯姑夕王挛鞮富等四十余人，护送王歙、王飒回国。

王莽把陈良等二十七人恨入骨髓，特别制定一种"火烧刑"（《易经》有"焚如""死如""弃如"字样，王莽用作刑名），把陈良等活活烧死。

7 沿着北方边界的各郡，发生大饥馑，人民饥饿难忍，互相格杀，煮食死者尸体（惨绝人寰）。议论官（谏大夫）如普，视察边塞，回到首都常安（陕西省西安市），提出建议，说："大军长久驻屯边塞，士兵寒苦，郡政府已无力供应。而今匈奴单于（挛鞮咸）新登宝座，应该乘这个机会，下令复员。"指挥官（校尉）韩威进言说："以新王朝政府的雄威，消灭匈奴，好像吞下一个跳蚤。我愿陛下赐给我勇士五千人，不带粮秣，饿了吃敌人的肉，渴了喝敌人的血，横行敌人国土！"王莽嘉勉他的壮志，任命他当将军。

但王莽仍采纳如普的建议，取消讨伐匈奴的军事行动。召回

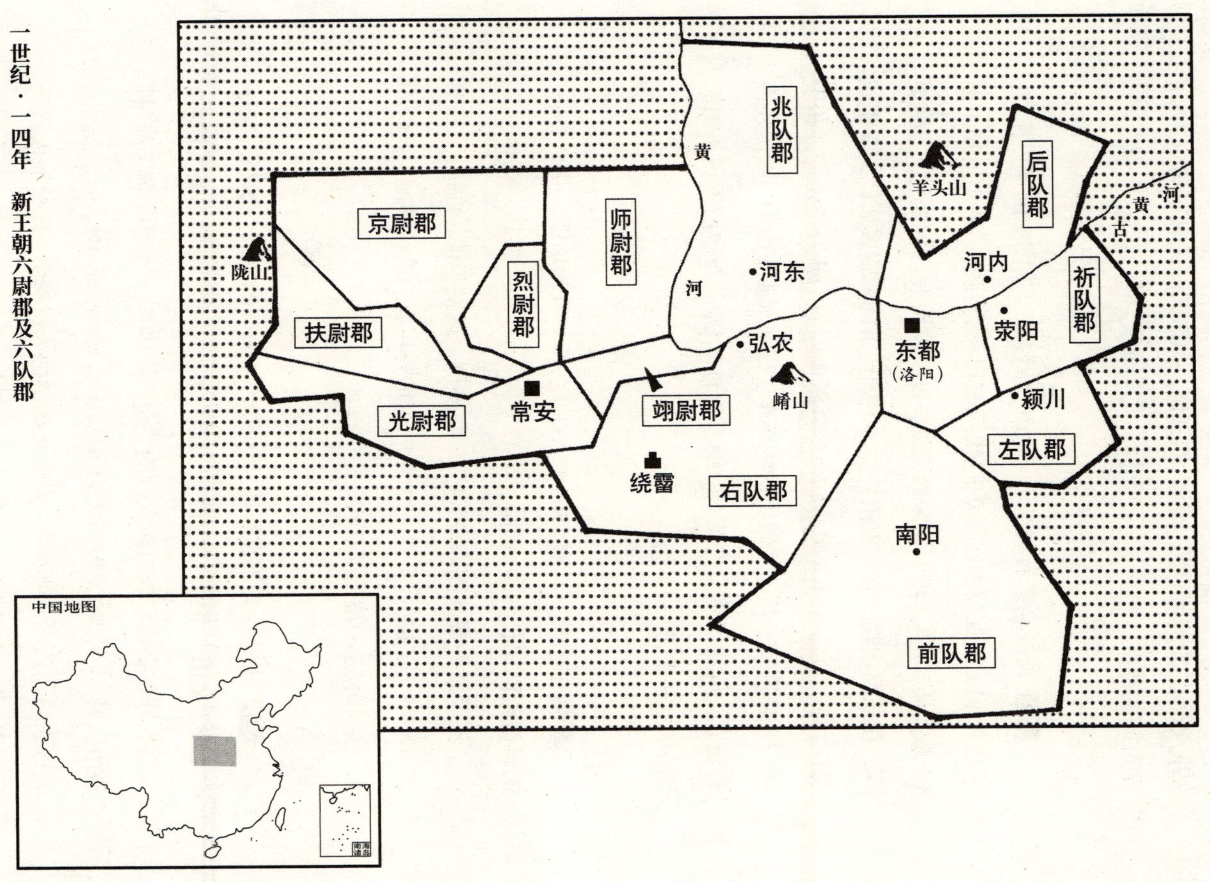

一世纪·一四年　新王朝六尉郡及六队郡

边防将领，免除陈钦等十八人的官位，再撤销四关驻军司令（都尉）跟驻防的部队。

8 匈奴乌累若鞮单于（十九任）挛鞮咸，贪图中国厚重礼物，所以外貌上仍保持西汉王朝时代两国和睦的假象，事实上却不断侵袭劫掠。尤其，匈奴使节回去后，证实挛鞮登已被处死，怨恨更深，在东部边疆一带，攻击更烈。中国使节向挛鞮咸质问，挛鞮咸每次都回答：“乌桓（内蒙古西辽河上游）跟匈奴的一些奸猾无赖，和中国的强盗匪徒一样，才做出这种坏事。我刚刚接管政府，威信还没有建立，但我当尽全力禁止，绝不敢有二心。”新政府不得不再派遣军队，进驻北方边塞。

9 益州郡（云南省昆明市晋宁区东）各蛮夷互相串联，同时叛变，击斩益州郡郡长（大尹）程隆。

王莽派平蛮兵团司令（平蛮将军）冯茂，调发巴郡（重庆市）、蜀郡（四川省邛崃市）、犍为郡（四川省宜宾市）等地方民兵。粮秣薪饷，直接向人民征收；进击益州郡变民。

10 王莽念念不忘克服货币复古所遇到的挫折，于是，又下令恢复“金币”“银币”“龟币”“贝币”（参考一〇年），对价值略加调整。取消大钱、小钱，改由新发行的“布币”（货布）、“泉币”（货泉）二种钱币代替（布币，重二十五铢，值二十五钱。泉币，重五铢，值一钱）。但是，因为大钱流通已久，一旦废除，恐怕无法禁绝人民携带，遂特准大钱仍可通用，以六年为期，六年后完全禁绝。

每改变一次币制，很多人随着破产一次，或者陷于刑网。

一五年　乙亥

新　天凤　二年

1 春季，二月，新王朝（首都常安〔陕西省西安市〕）大赦天下。

2 民间忽然谣传，有条黄龙坠到黄山宫（宫在陕西省兴平市西南）中，跌死。人民奔走相告，蜂拥到那里探视，一时聚集一万人之多。

新帝（一任）王莽（本年六十岁）大为厌恶，下令逮捕，追查谣言来源，却无法查出。

3 匈奴汗国（王庭设蒙古国哈拉和林市）乌累若鞮单于（十九任）挛鞮咸，既跟中国和解，要求新政府归还他儿子挛鞮登的尸首。王莽准备派人送回，又怕挛鞮咸因怨生怒，诛杀护送使节，于是逮捕当初建议应该诛杀人质的前厌难兵团司令陈钦（参考一二年），用别的罪名把他处死。

王莽遴选辩士济南（山东省济南市章丘区）人王咸，当使节团团长（大使）。

夏季，五月，王莽再加派和亲侯王歙，跟王咸等，护送右厨唯姑夕王，以及被处死的挛鞮登，和他的侍从贵族们的灵柩（可看出一二年杀的不仅挛鞮登一人，还包括他所携带的全体侍从），返回匈奴。

挛鞮咸派挛鞮云（王昭君大女儿）、右翼队长（右骨都侯）须卜当（挛鞮云丈夫）的儿子军区总监（大且渠）须卜奢，到国境线上迎接。

王咸到了王庭（蒙古国哈拉和林市）之后，宣传新王朝的恩德跟威严，加上王莽又致送挛鞮咸无数金银财宝，顺势劝他尊重新王朝的盼望，改变称号——改“匈奴”为“恭奴”，“单于”为“善于”，接受新政府颁发的印信。封须卜当为后安公，须卜奢为后安侯。

挛鞮咸看金银财宝份上，不愿拒绝，勉强同意。但对边塞的攻击掳掠，依然如故。

4 王莽坚信：制度一旦确定，天下自然太平，社会秩序自然建立。所以把全副精力，去研究地理，制定礼仪，创作圣乐，考证儒家学派六经（《诗》《书》《礼》《乐》《易》《春秋》）的真义。高级官员早上入宫晋见，晚上出宫回家，整天都在议论研究，一连多少年，不能作最后决定，根本没有时间过问诉讼案件和被冤陷者的呼号，而这些正是人民最迫切的要求。有些县几年没有县长，都派人代理。贪污残暴，一天比一天惨厉。

中央政府派出驻在各郡、各封国的监察大员，像皇家警卫指挥官（中郎将）、绣衣戒严官（绣衣执法），都仗恃自己的权势，互相检举攻击。十一位公爵（参考九年）分别派出部属，到各地劝勉农民耕田种桑，宣告季节时令，以及传达政令；这些人前后相接，在道路上擦肩而过。每到一处，都要召集官员小民开会听训；稍不如意，就逮捕下狱。郡政府跟县政府不得不苛征暴敛，用人民的血汗钱行贿，只求平安。黑白不分，是非不明，各地哀哀无告的人民，纷纷到首都常安（陕西省西安市），俯伏到未央宫宫门，向王莽呈递冤情。

王莽知道他因为独掌权柄之故，才取代西汉王朝政权，所以绝不允许臣僚有权，一切都亲自处理。主管官员也乐得轻松，任何问题，都推给上级决定。凡是宝库、金银库、钱币库、粮仓，全由宦官担任主管。官员或人民呈递“亲启密奏”（封事），都由宦官或王莽左右随从人员拆封，宫廷秘书（尚书）根本不知道所言何事（王莽恐怕宫廷秘书蒙蔽，才委任宦官，而宦官照样蒙蔽）。王莽缺乏安全感的心理状态，就是如此。

王莽最大的乐趣，在于改变制度。政令如此的繁多，有时他也记不清楚，本可以立即决定的，却要一再研究。以致旧的问题还没有解决，新的问题跟着发生。王莽既不肯下放他的权力，只好全部由他个人承担，在灯下批示公文，往往工作到天亮，还不能胜任。

宫廷秘书遂利用这种情势，为非作歹，即令是万分火急的奏章，都有方法使它无法到达王莽面前。呈递奏章等候回批的官员，一等就是几年，而仍拿不到回批。狱政更加黑暗，被逮捕的无法受到审判，唯一的盼望是遇到赦免，才能出狱。而卫戍部队不能换防，一拖三年之久。粮食价格飞涨，边防军二十余万人，全部仰赖郡县政府。五原郡（内蒙古包头市）、代郡（河北省蔚县）受到的毒害更重，人民活不下去，纷纷去当盗贼，多的时候，能集结数千人，到附近郡县游击。王莽派捕盗将军孔仁，率军跟郡县地方民兵，联合出击，一年有余，才告平定。

5 邯郸（河北省邯郸市）以北，连绵大雨。地下涌出大水，有些地方积水有好几丈之深，漂流淹死几千人。

一六年 丙子

新　天凤　三年

1 春季，二月乙酉日（二月壬辰朔，没有乙酉），地震、大雪，关东（函谷关以东）受到的伤害更重。雪深时达一丈，竹子、柏树，有些竟被冻死。大司空（三公之三）王邑上书，以地震的缘故，呈请辞职。新王朝（首都常安〔陕西省西安市〕）皇帝（一任）王莽（本年六十一岁）不准，批示说："大地有'震'有'动'，'震'有害而'动'无害。《春秋》记载地震，《易经 · 系辞上传》只说'坤动'，动静配合得宜，万物欣欣向荣。"

王莽喜爱自我欺骗，大都类此。

2 从前，王莽厘定制度，一直没有决定，以致上自公爵侯爵，下到最低级的官员小吏，全没有薪俸。

夏季，五月，王莽下诏："我因遭受到天地间最不幸的命运，灾难交集（原文："予遭阳九之厄，百六之会。""阳九""百六"，都是玄学家的术语。《汉书·律历志》对此有长篇大论的解释，却越解释越糊涂，试录一段："《易·九厄》曰：初入元，百六，阳九。次三百七十四，阴九。次四百八十，阳九。次七百二十，阴七。次七百二十，阳七。次六百，阴五。次六百，阳五。次四百八十，阴三。次四百八十，阳三。凡四千六百一十七岁，而一元终。经岁四千五百六十，灾岁五十七。"反正知道是"不幸""灾难"之意就够了）。国家用度不足，人民生活困苦，从高级官员（公卿）以下，一个月的薪俸，不过八十支线的细布二匹或绸缎一匹而已。我对此十分系念，而且心中悲怆。而今，困顿的命运已经过去，国库虽然还不能充实，但总算略为宽舒。现在规定，从六月一日开始，发放官员薪俸，一切依照新订的文官待遇。"

新订的文官待遇是："四辅"最高，"公卿"次之，顺序而下是：国务官（大夫）、政事官（士〔元士〕），直到"舆"跟最低级的"僚"，共十五等。"僚"的薪俸每年六十六斛，等差上升，"四辅"则是一万斛。

王莽又下诏："古时候，年岁丰收，则薪俸增加，年岁歉收，则薪俸减少，表示官员跟人民一体，同喜同忧。现在，用丰收年岁作为最高标准。天下没有灾害，御厨房膳食，各种全备。如有灾害，则分等级降低减少。从十一位公爵开始，六司（胡三省原注："六司即六监。"六监，参考九年）、六卿（部长），分别前往各郡各封国，负责保护平安，无灾无难（东岳，太师、立国将军，保东方三州、一部、二十五郡。南岳，太傅、前

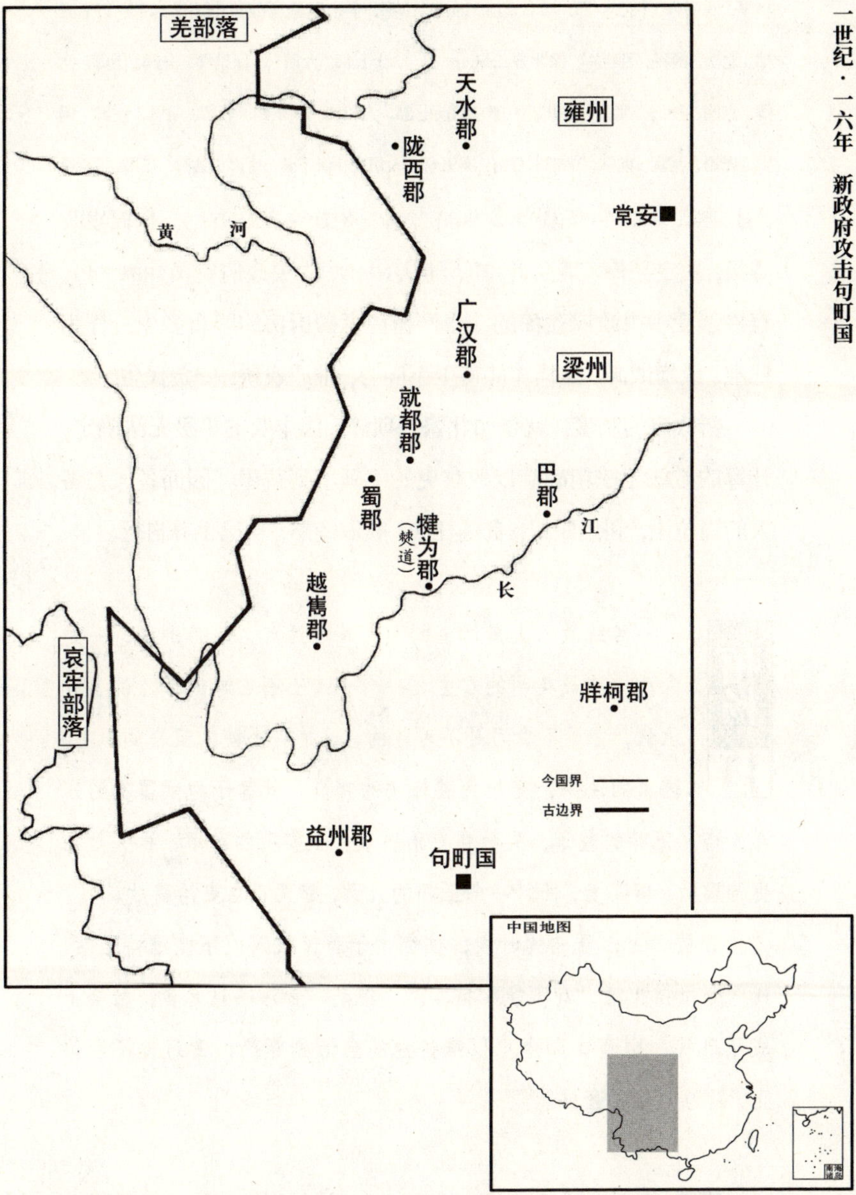

羌部落
天水郡
雍州
陇西郡
常安
黄　河
广汉郡
梁州
就都郡
巴郡
蜀郡
犍为郡
（僰道）
江
长
越嶲郡
牂柯郡
哀牢部落
今国界
古边界
益州郡
句町国
中国地图

将军，保南方二州、一部、二十五郡。西岳，国师、宁始将军，保西方二州、二部、三十五郡。北岳，国将、卫将军，保北方二州、一部、二十五郡。大司马，保纳卿、言卿、士卿、作卿、京尉、扶尉、兆队、右队、中部左洎前七部。大司徒，保乐卿、典卿、宗卿、秩卿，翼尉、光尉、左队、前队、中部、右部，有五郡。大司空，保予卿、虞卿、共卿、工卿，师尉、烈尉，祈队、后队、中部洎后十郡。“六司”“六卿”，各受所属的公爵保护）。也以岁收等级，决定薪俸。禁卫官（郎）、随从（从官）、中央政府官员（中都官吏），直接领受中央政府薪俸的，当严密注意御厨房的膳食多少，作为标准，或增或减。这样才能使上下同心，推广农耕，安定民生。”

新政府的制度，就是如此繁杂琐碎。因丰收的等级无法确定，计算的方法无法精确，以致官吏始终领不到薪俸。因而各人在各人的岗位上，利用职权，贪赃枉法，收取贿赂，自己供养自己。

柏杨曰

传统政治上最严重的两大致命污点，一是刑求，一是贪污。连最英明的君主之一——清王朝玄烨大帝，都公开承认，官员不贪污是不可能的。这是一个使人沮丧的讯息。国家的法令，交给贪赃枉法的官员，就等于把武器交给江洋大盗。王莽的改革，失败在吏治腐败；王安石的改革，也失败在吏治腐败。事实上，任何一个王朝的灭亡，都灭亡在吏治腐败。

官员贪污，开始的时候，往往由于薪俸收入，不能维持生活。或即令维持生活，却不能维持尊严。但是，贪污一旦起步，社会上成了风气，则薪俸即令可以维持他的生活和尊严，贪污也不会停止，因为他还要奢侈。

3 五月戊辰日（五月庚寅朔，没有戊辰），长平馆（长平观，陕西省泾阳县东南〕）西边堤岸崩裂，泥土坠入泾水（发源于宁夏泾源县，东南流至陕西省西安市高陵区注入渭河)，堆成堤坝。泾水被阻，无法宣泄，在北岸决口，泛滥成灾。文武百官一齐向王莽祝贺，认为《河图》上说“用土填水”，正是匈奴汗国(王庭设蒙古国哈拉和林市)即将覆亡的预兆。王莽认同这种解释，派并州(山西省)全权州长(牧)宋弘、游击部队司令(游击都尉)任萌等，率军抵达北方边塞驻扎，准备进攻匈奴。

4 秋季，七月辛酉日(七月己丑朔，没有辛酉)，霸城门(常安东面南头第一门)火灾。

5 七月三十日，日蚀。大赦天下。

6 平蛮兵团司令冯茂，讨伐句町(云南省广南县。参考一四年)，大军传染瘟疫，死亡达十分之六七，而向人民征收的军事费用，赋税额高达十分之五。益州郡(云南省昆明市晋宁区东)破产，但对敌人仍无可奈何。王莽征召冯茂回京(首都常安)，下狱处死。

冬季，王莽更派宁始兵团司令廉丹，跟庸部(王莽改益州为庸部)全权州长(牧)史熊(王莽设立“州牧”“部监”，则“州”“部”有别，“牧”“监”不同。而今史熊官称“部牧”，似乎二者又是一体)，大肆征发天水(甘肃省通渭县)、陇西(甘肃省临洮县)骑兵，广汉(四川省梓潼县)、巴郡(重庆市)、蜀郡(四川省邛崃市)、犍为(四川省宜宾市)等郡官员丁壮十万人，而负责粮秣运输的又十万人，共计二十万人，发动攻击。一开始时，还有战果，斩杀敌人几千人。可是，不久，粮秣无法供应，大军饥寒，士兵又染上瘟疫。

王莽把廉丹、史熊，召回京师。廉丹、史熊要求增加支援，誓言消灭句町。于是，捐税更重。就都郡(四川省成都市南)郡长(大尹)冯英，不肯供应，上书建议，说："自从西南夷叛变，十有余年。郡县先已用兵，接着派遣冯茂，企图一击平定。然而，僰道（四川省宜宾市）以南，山高谷深，林恶水险，蛮夷远居，大军进击，费用以亿为单位计算。官兵被瘴气毒死，为数达十分之七。而今，廉丹、史熊，因恐惧受到惩罚，自我欺骗，要求征调各郡民兵粮秣。评估小民财产，勒索十分之四，是白白毁了梁州（四川省及云南省。王莽改益州为梁州），而仍无法取得胜利。我建议，下令复员，只留少数部队，沿边屯垦，用赏格购买蛮夷酋长的屈服。"

王莽大怒，把冯英免职。但稍后又有点醒悟，说："对冯英不应该这么深责。"再任命冯英当长沙（湖南省长沙市）郡长（连率）。

越嶲郡（四川省西昌市）蛮夷酋长任贵，击斩郡长（连率）枚根。

7 翟义党羽王孙庆被捕获（参考七年），王莽命御医（太医）、御用库房（尚方），跟精巧的屠夫，共同下手，把王孙庆剖腹剥皮，挖出五脏（心、肺、肝、脾、肾），研究它们的位置及功能。用竹签插入血管，探求脉搏终始。据称，可以治病。

王孙庆逃亡九年之久，终于落网，陷此酷刑，使人落泪。王莽是儒家学派的大儒，以仁义道德自居，然而看他对付反对者的手段，从挖掘傅昭仪、丁姬的坟墓（参考五年），到临时发明"烧杀"死刑（参考一四年），以及在王孙庆身上肆虐，岂真的应验："满口仁义道德之人，定是一肚男盗女娼之辈？"再看王夫之对楼兰国的凶蛮言论（参考前七七年），以及韩愈先生公开倡言焚烧佛教经书，拆毁寺庙房舍（韩愈著《原道》，参考八一九年正月）。面对被歌颂的传统文化，不禁毛骨悚然。

一世纪·一六年
新王朝四辅、三公分地监察示意图

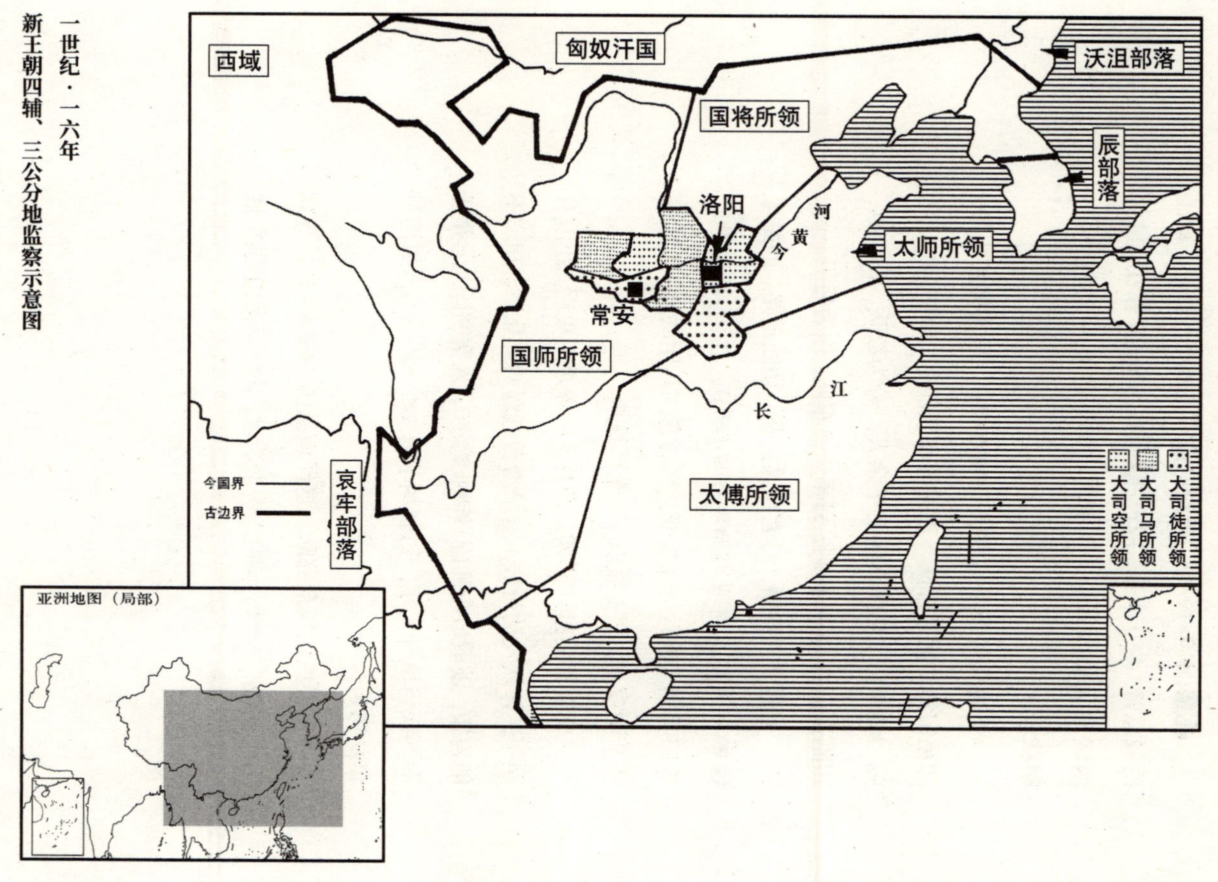

8 本年（一六），新政府派“五威将”王骏、新任西域总督（都护）李崇、戊己指挥官（戊己校尉）郭钦，进入西域（新疆及中亚东部）。各国都到郊外迎接，供应民伕及粮秣。

王骏准备袭击焉耆国（新疆焉耆县），焉耆假装投降，却秘密集结武装部队。王骏等率领莎车（新疆莎车县）、龟兹（新疆库车市）两国兵团七千余人，分为数队。命郭钦，跟副指挥官（佐帅）何封，另率一支军队，作为后卫。

王骏进入焉耆，焉耆伏兵突起，切断退路。而姑墨（新疆阿克苏市）、封犁（即尉犁，新疆博湖县）、危须（新疆和硕县）等国兵团，霎时全部叛变，与焉耆国兵团联合，向中国使节团攻击，把王骏以下，全部诛杀。

郭钦稍后抵达焉耆，焉耆兵团诛杀王骏后，还没有回军，郭钦发动奇袭，屠杀焉耆老弱妇女儿童。知道不能再留，遂取道车师国（新疆吐鲁番市），入塞回国。王莽任命郭钦当填外将军，封剿胡子爵（剿，音jiǎo〔剿〕），封何封集胡男爵。

李崇集结残余部队，退保龟兹国（新疆库车市）。等到新王朝覆亡（参考二三年），李崇逝世，西域遂跟中国彻底隔绝。

中国地图
乌孙王国
赤谷城
姑墨国
新·李崇撤退路线
龟兹国
西域总督府
新·王骏军
危须国
焉耆国
尉犁国
车师国
戊己指挥部
新·郭钦撤退路线
盐泽
（罗布泊）
（塔克拉玛干沙漠）
鄯善国
莎车国
于阗国
今国界

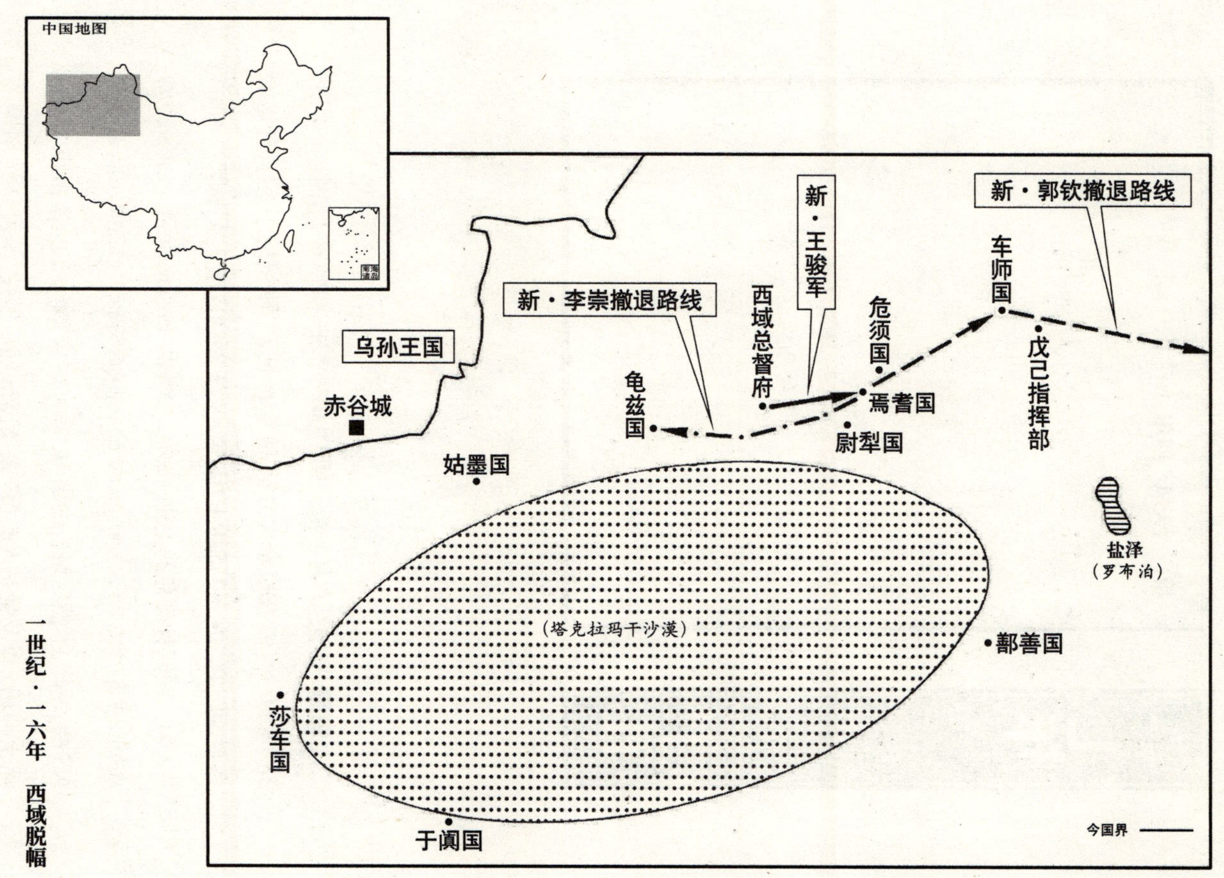

一世纪·一六年 西域脱幅

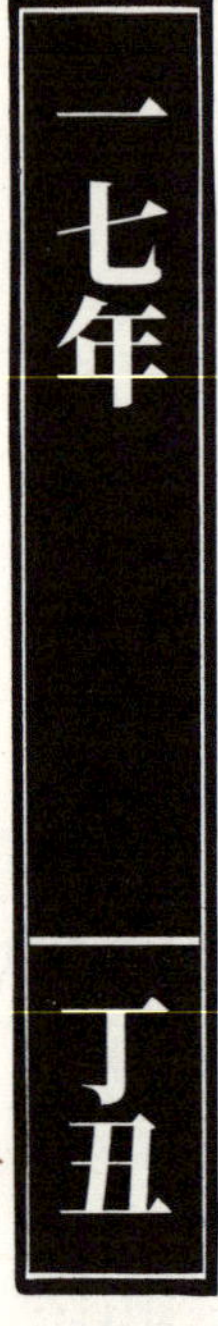

1 夏季，六月，新王朝（首都常安〔陕西省西安市〕）皇帝（一任）王莽（本年六十二岁）在皇家大会堂（明堂），把茅草跟泥土一包，分送给各封国国君。在玉石制成的几案上，王莽亲自摆上青茅草（一种带刺的茅草），跟四种颜色的泥土（东方青、南方赤、西方白、北方黑。封国在东方的取青土，在南方的取赤土，在西方的取白土，在北方的取黑土。土用茅草包住，表示承受天子赐给的采邑）。然后祭告泰山（岱宗，山东省泰安市北）、皇家祖庙（泰社）、后土神坛，以及受封人的祖先跟娘亲，然后颁授。

王莽好说空话，又崇古若狂，大肆封爵。可是本性却刻薄吝啬，器量狭小。形式上虽有爵位，但一直推托地界还没有划定清楚，只先授给象征采邑的茅土，姑且安慰喜欢封爵虚名的一些人士。

2 秋季，八月，王莽亲自到首都常安（陕西省西安市）南郊，祭祀天神。特别用五种颜色的矿石，跟铜一起烧炼，铸成一个类似北斗七星一样的东西，称“威斗”，长二尺五寸，用以诅咒镇压所有叛乱。铸成之后，命公安部长（司命）背起来。王莽出巡，“威斗”先行。王莽回宫，即放在御座之旁。

3 新政府设立经济总监（羲和命士），督促新近分别设立在各重要都市的物资调节官（计六大都市：一、首都常安，二、洛阳〔河南省洛阳市东白马寺东〕，三、临淄〔山东省淄博市东临淄区〕，四、宛县〔河南省南阳市〕，五、成都〔四川省成都市〕，六、邯郸〔河北省邯郸市〕），主管六种业务（一、酒专卖，二、盐专卖，三、铁专卖，四、铸钱独占，五、林产独占，六、渔业独占）。每郡（设物资调节官的六郡）有数人主持，都由富商之家担任。这些官员，乘坐政府驿马车，来往全国，乘势跟郡县政府官员勾结，谋求奸利，设立假账。国库并不能充实，而人民反而更加穷苦。

本年（一七），王莽再下诏，重新肯定六种专卖独占业务（六筦），并为每一种业务，订下防止犯罪条例，最重的处罚是死刑。然而，正因为处罚太重，贪官污吏跟奸猾之徒，结合得更是密切，人民不能得到平安。王莽又下诏上公（即“四辅”：太师、太傅、国师、国将。参考九年）以下，有奴婢的人，每一奴婢，要缴纳三千六百钱的税金，天下更为愁苦。

农林部长（纳言）冯常，建议撤销六种专卖独占条例（六筦）。王莽大怒，把冯常免职。

4 新政府的法令，多如牛毛，而又琐碎苛刻。人民只要摇一摇手，都会触犯法网。而差役既多又重，农夫没有时间种田；水利损坏，遂成旱灾；蝗虫接连发生，使灾情更重。诉讼和监狱中羁押的囚犯，长久不能结案。官吏用残暴手段，建立威严；利用政府禁令，侵占人民财产。富有的人不能保护自己的财富，贫苦的人不能活命。于是，无论贫富，大家都自行武装，盘踞高山大湖，当起强盗。官员无法制止，只好蒙蔽上级。变民遍地。

临淮（江苏省盱眙县）人瓜田仪（瓜田，复姓），盘踞会稽郡（江苏省苏州市）长州苑（江苏省苏州市西南）。琅邪（山东省诸城市）人吕母，聚众数千人，击斩海曲（山东省日照市）县长，乘船入海，当起海盗，人数越来越多，有一万人左右。

柏杨曰

仅只看这份官方报道，吕母平空谋反，如果不是一个十恶不赦的刁民，也定是一个顽劣凶恶的泼妇。然而，其中却含有多少鲜血和多少眼泪，以及多少无奈。吕母的儿子在海曲县政府当一名小官，被县长诬陷诛杀。吕母如果是一个传统的平凡女人，痛哭一场，只有认命。最多遵循正常轨道，上诉到郡政府。一个人能当到县长，当然跟郡政府的官员，关系密切，岂会为一个小职员伸冤？一切和稀泥的安慰话：“人死不能复生，悲愤也是枉然，算啦，算啦！”恐怕连耳朵都能震聋。意志稍微薄弱，只有含垢忍辱。

然而，吕母是一个奇女，她选择了反击之路。把家产散尽，秘密结交贫苦少年，在集合到百余人时，突击县政府，诛杀县长，用县长的人头，祭祀儿子的坟墓。假使有“大汉天声”的话，这正是“大汉天声”。可是，这种“大汉天声”，却由善良的人民和着血泪唱出，使人悲痛。

荆州（湖北省及湖南省）发生大饥馑，人们逃入山野沼泽，挖掘野草吞食。饥民多而野草有限，饥民互相攻击。新市（湖北省京山市东北）人王匡、王凤，出面为大家排难解纷，遂被推作首领，拥有好几百人。于是，一些亡命客：南阳（河南省南阳市）人马武、颍川（河南省禹州市）人王常、成丹等，都来投奔；率领大家攻击劫掠距城市较远的村落，盘踞绿林山（湖北省随州市西南），几个月之间，集结到七八千人。

又有南郡（湖北省江陵县）人张霸、江夏（湖北省武汉市新洲区）人羊牧等，跟王匡同时崛起，各有一万人之众。

王莽派出钦差大臣，颁发赦令，希望瓦解这些变民。回京（首都常安）之后，有些人忠心耿耿，奏称：“盗匪们解散之后，不久就又聚合，问他们原因，都说：‘法令太多太苛，无法靠劳力谋生。辛苦得到的工钱，还不够缴纳税捐。就算闭门自守，偏偏邻居私自铸钱或携带铜铁，又要连坐入狱，贪官污吏，逼人欲死。’人民走投无路，才不得不落草为寇。”王莽大怒，立即下令免职。聪明伶俐的人就顺着风向，说：“小民顽劣刁蛮，应该诛杀。”或说：“这只是一时的变态现象，不久自然消灭。”王莽就会大悦，升他的官。

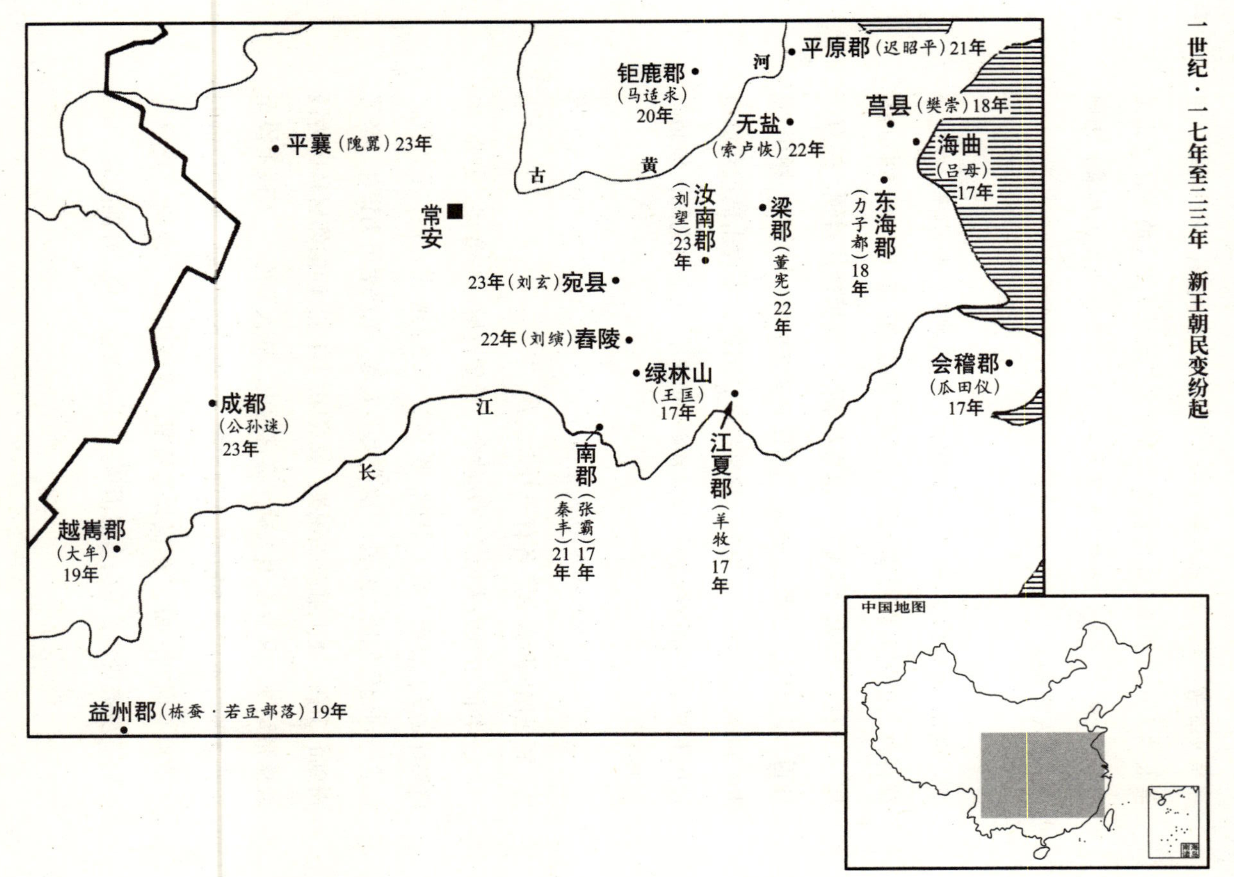

一世纪·一七年至二三年 新王朝民变纷起

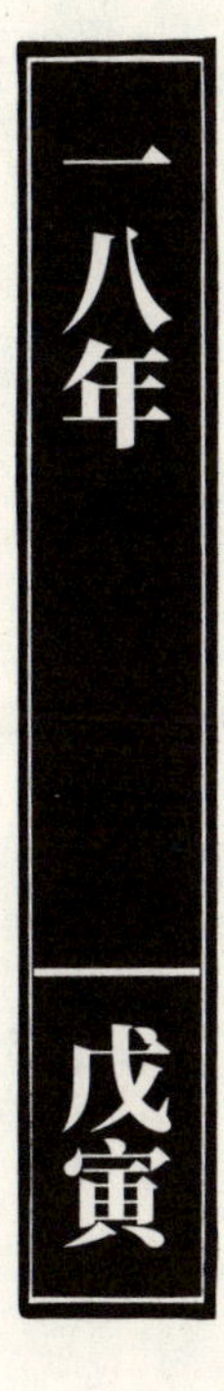

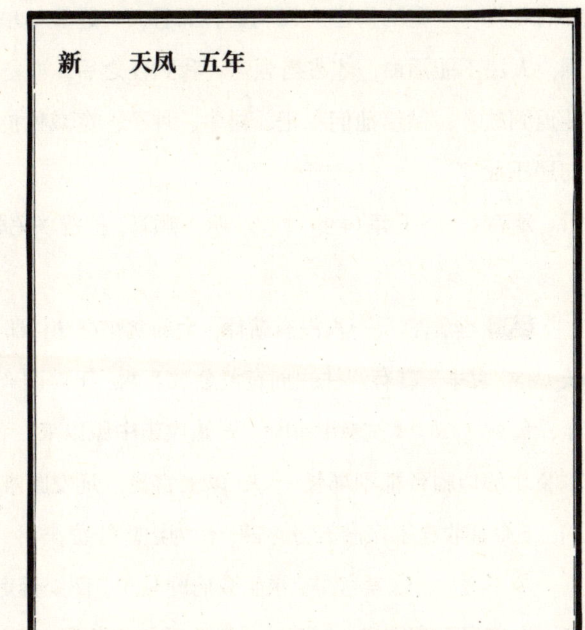

1 春季，正月一日，北军（野战军）南营门失火。

2 新政府（首都常安〔陕西省西安市〕）任命大司马府执行官（司允）费兴，当荆州（湖北省及湖南省）全权州长（牧）。在晋见辞行时，王莽问他如何做法，费兴回答说：“荆州（湖北省及湖南省）、扬州（江苏省南部直到岭南地区）人民，大都住在山岭水泽附近，靠着砍柴捕鱼，维持生活。现在，政府颁布六种专卖条例（六筦），无论砍柴捕鱼，都有税捐，严重的伤害人民利益。而且，一连数年旱灾，遍地饥馑，人民不能活命，才去当强盗。我到任之后，准备鼓励强盗匪徒返回故乡，供给他们犁耙、耕牛、种子，宽减税捐，希望他们安居乐业。”

新帝（一任）王莽（本年六十三岁）听不顺耳，把费兴免职。

3 全国官员一直没有薪俸，全靠贪赃枉法，郡长（郡尹）、县长（县宰）家里，富有的往往拥有黄金数万两。王莽调查自纪元一〇年、匈奴（王庭设蒙古国哈拉和林市）开始攻击中原以来，各军事将领、以及北部边疆各郡副郡长（大夫）以上官员，凡发国难财成了富翁的，下令征收全部家产五分之四，作为边防经费。

令下之后，钦差官员，乘坐政府驿马车，四处奔走，全国就更多一批官员勒索敲诈。而且，促使士兵控告将领，奴婢检举主人。本来的目的在遏阻邪恶，邪恶反而越发严重。

4 王莽幼孙功崇公王宗，被控身穿天子衣，头戴天子帽，画了一幅画像；而又自己雕刻三颗神秘恍惚的印信（王宗封国在谷城郡〔山东省平阴县西南东阿镇〕，三颗印信的印文是：“维祉冠／存己夏／处南山／臧薄冰”“肃圣宝继”“德封昌图”），事情发觉后，王宗自杀。王宗的姐姐王妨，嫁给卫将军（四将之二）王兴，被控诅咒婆母，然后又把婢女杀掉灭口。王妨、王兴，双双自杀。

5 本年（一八），扬雄逝世。

最初，西汉王朝十二任帝（成帝）刘骜时，扬雄当宫廷禁卫官（郎），派驻禁宫宫门（黄门），跟王莽、刘秀（刘歆）一起供职。十三任帝（哀帝）刘欣时，又曾跟董贤同事。王莽、董贤后来都擢升到“三公”高位，权力超过皇帝，只要他们推荐保举，就会立刻升迁。可是，扬雄经历了三任皇帝（事实上是四任皇帝：十二任刘骜、十三任刘欣、十四任刘箕子、十五任刘婴），仍是原位。新王朝建立，扬雄以前辈资格，被擢升当国务官（大夫）。扬雄对势利看得很淡，只崇拜古人古事，喜爱儒家学派的道理，打算用文章使自己留名后世，于是撰写《太玄》一书，讨论天地人三方面综合关系。扬雄发现其他学派的学说，都是用智慧的言语，诋毁儒家学派的圣人（孔丘等），荒唐怪异，巧妙辩解，阻挠思想的划一。虽然都是小节目，但最后可能破坏儒家学派的基础，迷惑知识分子，使知识分子信奉他们，却不知道他们的错误何在。当时，常有人向扬雄提出问题，扬雄都一一回答，遂收集成书，定名《法言》。只求内省，不向外宣传，因此不被当时人们注意。只有刘秀（刘歆）跟范逡，对他十分尊敬。桓谭也推崇该书精彩绝伦。钜鹿（河北省平乡县）人侯芭，更拜扬雄当教师。

大司空（三公之三）王邑、农林部长（纳言）严尤，听到扬雄逝世消息，问桓谭说：“你常称道扬雄的著作，不知道能不能留传后世？”桓谭说：“一定可以，可惜的是，你我都无法看到。因为人之常情，对眼前的都很忽视，对遥远的都当成宝贝。大家看到的扬雄，官位这么小，地位这么低，容貌这么平庸，没有一点动人之处，所以瞧不起他的著作。从前，李耳把他的虚无思想，写成文章（指《老子》），贬低仁义，抨击礼义，喜欢它的人，还以为价值超过儒家的五经（《诗》《书》《礼》《易》《春秋》），上自西汉王朝刘恒（五任文帝）、刘启（六任景帝）等君王，下到司马迁，都有这种肯定。何况扬雄，文字功力和文章内容，都十分深刻，但所发议论，却不违背儒家学派的圣人，将来一定超越他们。”

扬雄的学问和见解，到底如何？经司马光不断引用他《法言》的结果，《资治通鉴》读者，当不陌生，自会判断。

扬雄当时的处境是：官位太小，地位太低，以致连他的著作，都受到轻视。势利眼之辈，缺乏鉴赏力，才有“远来和尚会念经”观念。古时候只有纵的关系，于是媚古。十九世纪后又有横的关系，于是媚外。连耶稣都不得不感叹：“先知在本乡本土总是受不到尊敬的。”

鉴赏能力一旦随着政治市场的价码起伏，便无法独立。结果当然造成一种反淘汰，官场中的歌颂，往往正是小民的愤怒或不屑。官是一个标准，民又是一个标准。民的标准被政治市场涨跌的巨棒击碎，得不到公正的肯定，长此以往，民族的灵性和生机就奄奄一息。所以我们必须做到：只问对方的成就，不问对方的成分。

6 琅邪（山东省诸城市）人樊崇，在莒县（山东省莒县）聚众起兵，有一百余人，辗转进入泰山郡（山东省泰安市东）境内。附近一些变民，敬佩樊崇的勇猛，纷纷投靠。一年之间，集结到一万余人。

樊崇同郡人逄安（逄，音páng〔旁〕）、东海（山东省郯城县）人徐宣、谢禄、杨音，也分别聚众起兵，总共有几万人之多，于是，跟樊崇会合，回军进攻莒县。莒县严密防守，不能攻下。他们就在青州（山东省北部）、徐州（江苏省北部）一带流窜，抢劫掳掠。

又有，东海人刁子都，也聚众起兵，在徐州、兖州（山东省西部）一带抢劫掳掠。

新政府派钦差大使征调各郡、各封国部队进击，不能取胜。

7 匈奴汗国（王庭设蒙古国哈拉和林市）乌累若鞮单于（十九任）挛鞮咸逝世，老弟左贤王挛鞮舆继位，是为呼都而尸道皋若鞮单于（二十任）。

挛鞮舆既坐上宝座，贪图新王朝赏赐，派军区总监（大且渠）须卜奢（参考一五年），跟挛鞮云（王昭君长女），以及挛鞮云的妹妹（王昭君幼女）的儿子醯椟王（醯，音xī〔西〕。椟，音dú〔牍〕），同到常安（陕西省西安市）进贡。到常安后，王莽派和亲侯王歙，跟须卜奢等，一块到制虏塞（内蒙古伊金霍洛旗西南），跟挛鞮云、须卜当会面。

就在会面时，新王朝施展诡计，伏兵杀出，把挛鞮云跟她丈夫须卜当，强行押送到首都常安（陕西省西安市）。二人的小儿子在危急中逃回匈奴境内。须卜当到常安后，王莽封他当须卜单于，准备派出大军，把他送回匈奴境内，接管政权。然而大军一时无法集结。

匈奴汗国对王莽这种卑鄙无聊手段，怒不可遏，侵犯边塞更急。

一九年

己卯

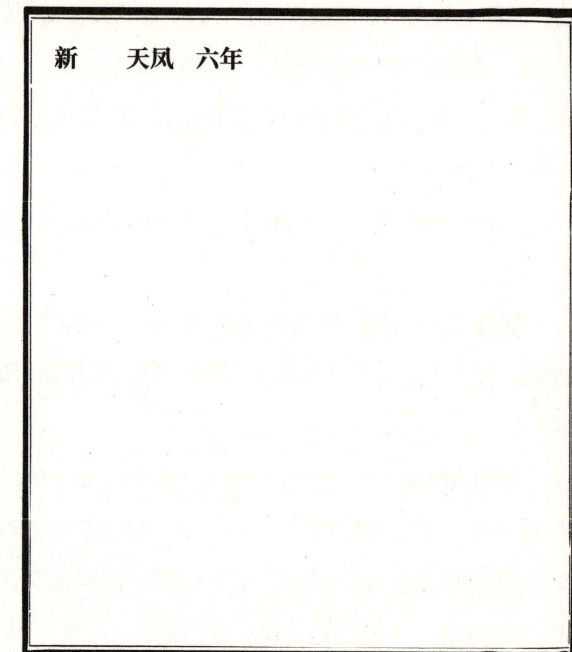

新　天凤　六年

1 春季，新王朝（首都常安〔陕西省西安市〕）皇帝（一任）王莽（本年六十四岁）发现，全国变民越来越多，有一种无法收拾的趋势。于是命天文台（太史）推算出三万六千年的日历。下令：“每隔六年，改换一次年号，布告天下周知。”又下诏昭告全国：“我当跟黄帝姬轩辕一样，成仙升天。”（刘彻曾认为他会跟姬轩辕一样，成仙升天，王莽是第二人有此信念。）打算欺骗人民，瓦解变民。听到的人无不哑然失笑。

权势人物经常会做出使人哑然失笑的糗事，王莽不过其中之一，并不特殊。我们感到有趣的是，王莽并不是白痴，若干权势人物更都聪明非凡，为什么总是干出这种只能自欺，却不能欺人的勾当？只有一种解释是合理的，一个人封闭在自我陶醉的洞穴中太久，心智无法成长，总认为别人的智力商数比他更低，可以任凭他牵着鼻子走。

社会上充斥着阿谀之徒，领袖放个屁，立刻就有人研究出来它的哲学基础。社会也充斥着混沌之辈，有人怎么说，他就怎么信。于是鼓励当事人表演更多使人哑然失笑的节目，供人茶余饭后的谈助。盼望每一个人物，在如灵附体的时候，最好评估一下被人哑然失笑的可能性。则对自己、对国家，都有裨益。

2 王莽把他御制的“新王朝圣乐”（新乐），呈献给皇家大会堂（明堂）跟皇家祖庙。

3 更始兵团司令（四将之一）廉丹（廉丹原是宁始兵团司令），攻击益州郡（云南省昆明市晋宁区东）叛乱的部落（句町王。在云南省广南县），无法取胜。益州郡栋蚕部落、若豆部落（今地皆不详）也起兵反抗，击斩郡长。越嶲郡（四川省西昌市）夷人大牟，率领他的部落，武装叛变，生擒及杀戮平民及官员。

王莽召回廉丹，另派大司马府大军保护总监（大司马护军）郭兴、庸部（益州）全权州长（牧）李晔等，攻击若豆部落等。任命太傅府秘书长（太傅羲叔）士孙喜（士孙，复姓），当全国剿匪司令。

4 匈奴汗国（王庭设蒙古国哈拉和林市）侵犯边境，形势更为严重。

王莽下令全国动员，征召所有适龄丁壮，与因死罪将被处决的囚犯，以及官员小民所有奴隶仆人，组成“猪突兵团”“猪勇兵团”（豨勇），训练成精锐部队。又下令扩大征收捐税，收取人民财产的三十分之一，连同绸缎布匹，全部运到首都常安（陕西省西安市）。又下令中央政府高级官员以下，直到县政府最低级官员，都要负责饲养并保护军马，不许死伤。薪俸越高的，饲养保护的军马数目越多。结果，官吏把所负责饲养保护的军马，全转交给平民。

王莽征召全国可以攻击匈奴的奇技之士，允许不拘限正轨制度，越级擢升高位。于是，上书陈述方略的，有一万人左右。有的声称：渡水可以不用舟船，只要使马匹首尾相接，就可运送百万雄师。有的声称：不用携带粮秣，只要服用一种药物，大军就不会饥饿。有的声称：能够飞翔，一日飞一千华里，可以深入匈奴汗国心脏侦察——王莽当面试验，不过是用羽毛做成两个大翅膀，头上身上用羽毛贴满，翅膀用扣环跟绳索操纵；飞几百步便堕落在地。

王莽知道他们的技术没有实用价值，但总希望遇到真有价值的。于是，一律命他们当三军技术官（理军），赏赐给他们军马，等待出发。

5 最初，王莽诱擒须卜当（拏䩶云的丈夫），大司马（三公之二）严尤进谏说：“须卜当在匈奴汗国西部，他的部队从没有侵犯过中国（抢劫掳掠，都在东部发生），匈奴单于的一举一动，须卜当都告诉我国，这对我国是一项重大的帮助。一旦把他迎接到首都常安（陕西省西安市），住在槁街（外国使节集中地区），不过一个平凡的外国人而已，不如把他留在匈奴，对中国有益。”

王莽拒绝采纳。等到获得须卜当，王莽准备派严尤跟廉丹，攻击匈奴汗国。特别赐给二人新姓：“征”，号“二征将军”（把两位统帅全改姓“征”，定和“古”有关），要他们诛杀现任单于（二十任）挛鞮舆，而立须卜当代替。严尤是一位极有韬略的将领，一向反对攻击四方蛮夷，不断规劝，王莽全听不进去。这次出征，司令部已经先行，驻扎常安车城西养马场，等候统帅跟须卜当出发。出发之日，举行最后一次御前会议，严尤再提出警告，说：“匈奴的事，不妨后延，我们最大的忧虑，是山东（崤山以东）的强盗匪徒。”

王莽怒火冲天，把严尤免职。

6 大司空府议论员（大司空议曹史）代郡（河北省蔚县）人范升，向大司空（三公之三）王邑提出备忘录：

“我曾经听说，做儿子的，不离间父母之间的感情，才称为孝子。做臣属的，不诋毁君王，才称为忠臣。而今，大家异口同声，歌颂皇上（王莽）神圣，赞扬阁下英明。然而，神圣的意义是无所不知，英明的意义是无所不见。现在天下大事如何？比日月在天上还要明显，比雷霆万钧还要震撼。然而，皇上不知道，阁下也看不见。善良的人民，去哪里求救呼天？阁下认为措施是对的而不开口，过失还小；阁下认为措施是错的而仍奉命唯谨，过失更大。两者之中，阁下一定居于一项，就怪不得天下所有怨恨，都集中到你身上。皇上一直认为：远方不服从（指匈奴、西域、西南夷），是最大的忧虑，我却以为国内人民的愤怒，才值得担心。现在任何举动，都跟事实抵触；所决定的事实，都跟人民的盼望相反。在翻车的道路上奔驰，在失败的轨迹上步步跟进，一种必然降临的灾祸，出现得越晚，就越严重。而爆发得越迟，程度就越可怖。正逢一年开始的春季，却征调丁壮，远征蛮荒，田地荒芜，无人耕种，野草也都吃光，粮食价格猛涨，一斛竟达数千钱，低级公务人员跟全国人民，陷在深水热火之中，已不再是国家的基石。不久，胡人（匈奴）、貊人（濊貊部落，朝鲜半岛东北部）就要把守未央宫宫门，而青州（山东省北部）、徐州（江苏省北部）的强盗匪徒，就要登上床帐。我有几句话，可以解除天下倒悬的痛苦，免除人民的窘迫，无法用文字表达，请求召见，愿当面陈述。”王邑听不进去。

新王朝武有严尤，文有范升，不能说没有人才。问题只在于呆头鹅掌舵，人才遂被埋葬。看了严尤的对话跟范升的对策，和王莽、王邑的颟顸的反应，一种无力感油然而生。每个王朝政权衰落时，都会呈现两种征候：在上位的人耳朵和心灵，全都关闭，在下位有能力的人椎心泣血，贡献无门。

7 翼平（山东省寿光市东北）郡长（连率）田况，在奏章中指控郡县调查人民的财产，并不确实。王莽下令再征收三十分之一的捐税，认为田况大忠大信、爱国爱民，晋封伯爵，赏赐二百万钱。人民对田况无不破口大骂。于是，青州（山东省北部）、徐州（江苏省北部）

人民，更大批离乡背井，向外逃亡。老弱就死在中途，年轻力壮的，投奔强盗匪徒。

8 夙夜（山东省荣成市北）郡长（连率）韩博，奏报说：

“有一位奇士，高有一丈，腰粗十个人才能围住。来到县政府，声称：要从军出战匈奴，介绍自己名叫巨毋霸，生长在蓬莱（泛指山东省烟台市蓬莱区以北一带岛屿）东南五城西北昭如海畔，小车坐不下，三匹马拉不动。当天，我就派出四匹马驾的大车，竖立猛虎旗帜，送他前往首都常安（陕西省西安市）。巨毋霸睡的时候，头枕战鼓，醒的时候，用铁筷子进餐，这正是皇天派他来帮助新王朝政府。建议陛下制造特别大的盔甲，特别大的战车，缝纫古代勇士孟贲、夏育所穿的衣服。派大将一人，跟武士百余人，在道上迎接。京师门户如果不能容纳，应该拆除，另行改建，用以向外邦蛮夷展示，镇服天下。”

韩博的意思是讽刺王莽（王莽别名巨君），王莽果然大为厌恶。命巨毋霸停在新丰（陕西省西安市临潼区东北），改姓巨母，声称因文母（王政君）之故，天降此人，作为霸王信号。然后，征召韩博到京师（首都常安），下狱。指控他说话过分，绑到街市斩首。

9 关东（函谷关以东）连年大饥馑、大旱灾，东海郡（山东省郯城县）变民首领刁子都聚集的武装部队更多，已达六七万人。

新王朝

- 刘秀起兵。
- 昆阳之战。
- 新王朝亡。
- 王莽被杀。

- 耶稣受洗。
- 耶稣钉死十字架，年三十二岁。

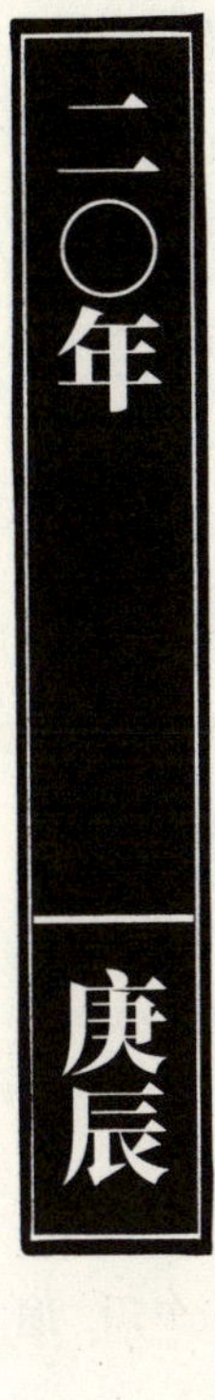

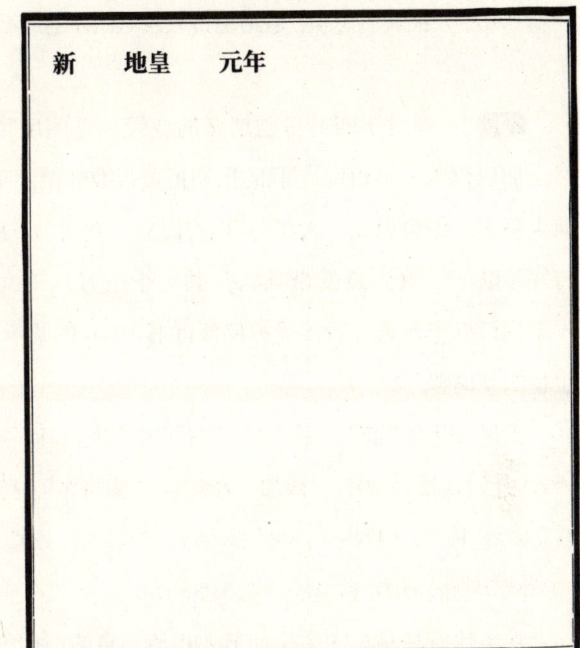

1 春季，正月乙未日（正月己亥朔，没有乙未），新王朝（首都常安〔陕西省西安市〕）赦天下，根据三万六千年日历（参考去年〔一九〕），改本年年号“地皇”。

2 新帝（一任）王莽（本年六十五岁）下诏，说：“大军即将出动，胆敢在街头奔跑、号叫、触犯法令的，立即斩首，不问季节。”于是，即令是春季、夏季，也照样诛杀（西汉王朝遵古代立法精神，春夏不但不行刑，甚至不逮捕人犯。王莽这位大儒，在“古”对他碍手碍脚时，立刻把“古”像破鞋一样抛弃，这就是政治）。人民震骇恐惧，道路上行人用眼睛示意，不敢发言。

3 王莽对于四方日益增多的变民，企图用暧昧的心理攻势，加以镇压。下诏说："我的皇初祖黄帝姬轩辕，平定天下，身兼大将军，中央设立'大将'，地方设立'大司马'五人，自'大将军'以下，直到最低带兵官，共七十三万八千九百人，士兵一千三百五十万人。我接受神秘预言书（符命）的昭示，效法古人，也将如此调整。"

于是，设立"前""后""左""右""中"大司马。各州全权州长（州牧）直到县长（县宰），一律加"大将军""偏将军""裨将军""指挥官"（校尉）称号。（全权州长〔州牧〕称大将军。郡长〔卒正、连率、大尹〕称偏将军。民兵司令〔属令长〕称裨将军。县长〔县宰〕称指挥官。）

乘坐政府驿马车的中央使节，川流不息的前往郡县，每天都有十余位。仓库已没有存粮可以供应，驿马车缺少马匹、车辆，途中遇到民间马匹、车辆，就强行夺取，或直接向民间征收。

4 秋季，七月，狂风摧毁未央宫的王路堂（王莽改"前殿"为"王路堂"）。王莽突然下诏罢黜皇太子王临，诏书上说：

"七月壬午日（七月丙申朔，没有壬午），黄昏，发生狂风暴雨、折木毁屋巨变，我内心十分恐惧。沉思十天之久，才终于解开这项谜底。从前，神秘预言书（符命）上，明白显示应封皇子王安当新迁王，另一皇子王临的采邑在洛阳（河南省洛阳市东白马寺东），应封统义阳王。议论的人都说：'王临封国洛阳，而竟然称"统"，显明他据于大地之中，作为新王朝的正统，应该当皇太子。'于是封王临当皇太子。想不到，从此之后，王临一直患病，虽然痊愈，却不能恢复当初健康。王临有兄长而称皇太子，名分不正。

“我自即位以来，阴阳未能调和，农作物收成减少，蛮夷侵犯中国，强盗匪徒日起，人民辛苦工作，惶恐不安，连手脚都没有地方放。深入的探讨原因，发现都是因为名分不正的缘故。兹改封王安当新迁王，封王临当统义阳王。”

5 王莽又下诏，说：“黄色尊贵，赤色卑贱（西汉王朝时赤色尊贵，王莽故意贬低），宫廷禁卫官及政府中下级官员（郎），以后应穿红色服装。”

6 属于星象学的很多望气专家，认为天象显示，将有使山河移动的庞大事件发生。王莽为了使它应验，采取行动。

九月甲申日（九月乙未朔，没有甲申），在首都常安（陕西省西安市）南郊，兴建皇家九座祖庙，以“皇初祖”黄帝姬轩辕的祭庙最大，方四十丈，高十七丈。其他祖庙则只有一半，堂皇富丽，极为壮观。征求全国土木工程师，以及捐钱捐粮赞助人。人员粮食，在道路上络绎不断，无论设计跟施工，都十分精密，巧夺天工，支出数百万钱，而工人跟士兵丧生的在一万人左右。

7 自七月开始，大雨倾盆六十余日。

8 钜鹿（河北省平乡县）男子马适求（马适，复姓）等，阴谋策动燕赵地区（古燕王国、赵王国故地，今河北省）民兵及驻军叛变，反抗新王朝政府，讨伐王莽。大司空府秘书（大司空士）王丹发觉，奏报王莽。王莽派三公（大司徒、大司马、大司空）审理，大肆逮捕主犯跟党羽，牵连地方绅士豪杰好几千人，一律诛杀。

封王丹当辅国侯。

9 新政府法令：凡是私自铸钱，跟动摇人民对币值信心的，一律放逐到四方蛮荒（参考一〇年）。可是犯法的太多，多到无法执行。于是，把处罚减轻：私自铸钱的，夫妻同时被没收，丈夫当奴隶，妻子当婢女。官员或邻居知道而不检举的，同罪。散布谣言，破坏币制信用的，人民被罚做苦工一年，官员免职。

10 太傅（四辅之二）平晏逝世。

王莽擢升水利总监（予虞）唐尊当太傅（四辅之二）。唐尊说："国家虚弱，人民穷苦，原因在于奢侈浪费。"于是，身穿短衣小袄，骑母马（西汉王朝盛时，人人都骑公马，骑母马的被人轻视，连聚会都不邀他），坐简陋的柴车，睡在用麦秸填成的褥子上，锅碗都用陶制品，并把这些东西，分送给部长级（公卿）官员。每逢上街，发现男女不分开走，而竟并肩走的，唐尊就从他的柴车上跳下来，施行"象刑"——用红土泥水弄脏他们的衣服。王莽对他大为嘉许，下诏给所有文武官员："你们要向唐尊看齐。"封唐尊当平化侯。

11 汝南（河南省平舆县西北射桥镇）人郅恽，深明天文星象跟历法，认为西汉王朝一定复兴，上书王莽，说：

"上天所以发生异象，是在盼望陛下觉悟，使陛下早早的回到臣僚的位置上。陛下的宝座，来自上天，现在应该还给上天，才算是知道天命。"

王莽大怒若狂，逮捕郅恽下入诏狱。但郅恽十分幸运，过了一个冬天之后，逢到赦免，竟恢复自由。

二一年 辛巳

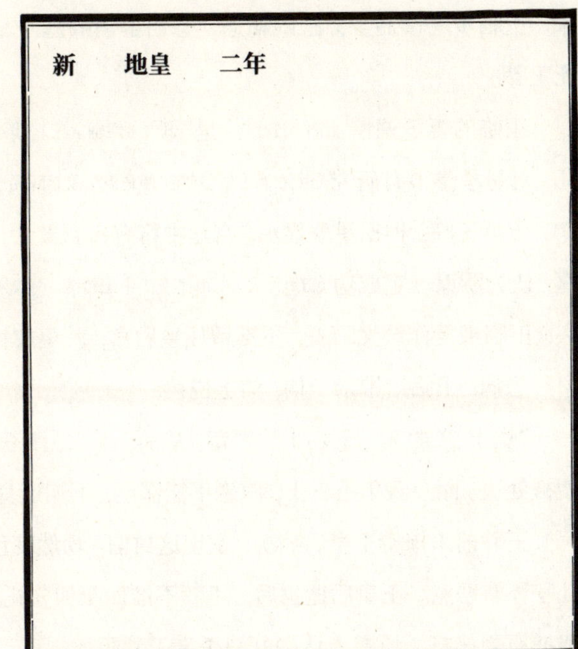
新　地皇　二年

1 春季，正月，新王朝（首都常安〔陕西省西安市〕）王皇后逝世，尊称孝睦皇后。最初，王皇后因丈夫王莽一连诛杀亲生之子（前五年，杀王获，后三年，杀王宇），娘亲无力阻止，只有悲哀哭泣，以致双目失明。新帝（一任）王莽（本年六十六岁）教皇太子王临，住进皇宫，就近奉养。王皇后的一位得力的美丽侍女原碧，王莽曾跟她上床。王临步老爹后尘，跟她私通，恐怕事情败露，二人遂密谋害死王莽。

王临的妻子刘愔（音yīn〔音〕），是国师（四辅之三）刘秀（刘歆）的女儿，对星象学很有研究（祖父刘更生〔刘向〕便是以星象学闻名于世，应是家学渊源），告诉王临，根据星象显示，宫廷中将有白衣聚会。王临心中暗喜，认为阴谋一定成功（直到纪元后二十世纪，中国传统，白衣是一种丧服）。不久，王临被贬作统义阳王，不准留住皇后宫，就更加忧惧。正好王皇后患病，王临给娘亲一信，信上说：

"皇上（王莽）对子孙，十分严苛。从前，王宇、王获，三十岁时，便被处决。而今我年正三十，深恐不能保全，不知道身死何所？"

王莽前来探望王皇后病况，发现这封信，勃然变色，认为这个儿子怀有恶意。王皇后逝世后，王莽不准他参加葬礼。安葬之后，逮捕原碧拷打，原碧承认通奸及杀害王莽阴谋。王莽恐怕这种弑父逆案泄露，影响形象，决定杀人灭口。就把负责审讯的公安部参谋官（司命从事）全部秘密处决，尸首埋在监狱中，连家人都不知道他们下落。

王莽命王临服毒，王临拒绝；拔剑自杀。王莽下诏给国师（四辅之三）刘秀（刘歆）："王临根本不懂星象，追根到底，跟你女儿有关。"刘愔也自杀。

2 七月，新迁王王安逝世。

最初，王莽以侯爵身份返回封国时（参考前七年），跟侍女增秩、怀能（二女姓不详）上床，生下儿子王兴、王匡；一直留在封国新都（河南省新野县东南），因身份不能公开，所以未带到首都常安（陕西省西安市）。王安逝世后，王莽跟王皇后生的四个儿子，全部死亡，于是派使节把二子迎到首都常安（陕西省西安市），封王兴当功修公、王匡当功建公。

3 卜卦算命先生王况，告诉魏成郡（河北省临漳县西南邺城镇）郡长（大尹）李焉说："西汉王朝会复兴，姓李的人将当辅佐大臣。"遂替李焉编造神秘预言书（谶书），有十余万字之多。被人告发，二人全被诛杀。

4 王莽派太师府秘书长（太师羲仲）景尚、更始将军（四将之一）所属的大军保护总监（护军）王党，率大军征剿青州（山东省北部）、徐州（江苏省北部）地区变民。国师府秘书长（和仲）曹放，协助郭兴攻击句町（云南省广南县），都不能取胜。政府军风纪败坏，人民更为困苦。

5 新政府征收天下粮秣布匹，运往西河（内蒙古准格尔旗西南）、五原（内蒙古包头市）、朔方（内蒙古杭锦旗北黄河南岸）、渔阳（北京市密云区）等郡，每郡达到百万（是百万钱？百万斛？百万石？百万匹？说不清楚），准备攻击匈奴汗国（王庭设蒙古国哈拉和林市）。

而这时，被封为单于的须卜当，因病逝世。王莽把另一位女儿王捷（侍女开明〔姓不详〕所生），嫁给须卜当的儿子后安公须卜奢（须卜奢本是侯爵，因皇帝女儿嫁他，才晋封公爵），尊荣赏赐，都很丰厚，决心用武力送他回国当匈奴元首。

不久，新王朝覆亡。而挛鞮云、须卜奢，也先后在中原逝世。

6 秋季，大霜伤害庄稼。关东（函谷关以东）大饥馑，蝗虫成灾。

7 新政府既减轻私自筹钱的处罚，犯法的就更多。加上邻居们跟知情不报者的连坐，男子被没入官府当奴隶，女子被没入官府当婢女。各郡各封国，男子装入囚车，女子步行，都用铁链锁住脖子，押送首都钱币铸造厂（钟官）监狱，为数有十万人。到了目的地之后，官员就拆散他们夫妇，强迫改配。仅愁苦而死亡的，占十分之六七。

8 上谷（河北省怀来县）人储夏，自我推荐，愿去说服会稽郡（江苏省苏州市）变民首领瓜田仪（参考一七年）投降。瓜田仪允诺，但还没有出面，即行逝世。王莽下令寻访他的尸首安葬，还特别兴建一座大墓，盖了一座大庙，追封瓜宁男爵（绰号殇男）。

9 闰八月二十七日，大赦。

10 宫廷禁卫官（郎）阳成修（阳成，复姓）呈献“神秘预言书”（符命），建议应该选立“人民之母”（皇后），强调说：“黄帝姬轩辕，当初就是因为和一百二十位美女上床，才得道成仙。”这提议使王莽大乐，于是派出初级国务官（中散大夫）、皇家礼宾官（谒者），各四十五人，分别到全国各郡县乡里，选拔所有美貌淑女，登记名册。

11 王莽对西汉王朝一任帝（高祖）刘邦祭庙的神灵，深为厌恶。派武士到刘邦祭庙，用武器四面捶击，捣毁门窗，用桃木煮的水，四处浇泼（民间传统，桃木水有镇邪的功能），再用肮脏的、涂满红泥的皮鞭，鞭打墙壁。命轻车指挥官（轻车校尉）驻扎里面。

12 本年（二一），南郡（湖北省江陵县）变民首领秦丰，已有部众将近一万人。平原（山东省平原县）变民女首领迟昭平，也拥有部众数千人，盘踞黄河泛滥地区。

王莽向文武百官询问剿匪策略，大家异口同声，说："这些人得罪上天，不过是一群尸体，立刻就会消灭。"前任左将军公孙禄（公孙禄因不举荐王莽当大司马被罢黜，参考前一年），也被征召前来参与会议。公孙禄说："天文台长（太史令）宗宣，观察星象，测量天气，把凶恶说成吉祥，扰乱天文，贻害政府。太傅（四辅之二）、平化侯唐尊，假冒善良，贪恋权位，害人害己。国师（四辅之三）、嘉新公刘秀（刘歆），颠倒儒家学派的五经，毁师灭法，使知识分子迷惑。明学男张邯、地理侯孙阳，推行井田，使人民田产全部失去。农林部长（羲和）鲁匡，颁订六种专卖独占条例（六筦），使工商穷困。说符侯崔发，谄媚拍马，阻塞下情，不能上达。应该把这几个人诛杀，安慰天下。"又说："绝不可以对匈奴汗国（王庭设蒙古国哈拉和林市）采取军事行动，应该跟他们和解。我深恐怕，新王朝的忧虑，不在匈奴，而在国境之内。"

王莽脸色大变，命武士把公孙禄架出殿门。然而，公孙禄的耿直建议，也使他反省。于是把鲁匡贬作五原（内蒙古包头市）郡长（卒正），以减轻人民的愤怒。事实上六种专卖独占条例，不是鲁匡一个人的意见，王莽贬谪他，只是安抚民心。

13 最初，变民们都是受到饥寒穷苦的压迫，不得不铤而走险。虽然聚集在一起，却总是盼望年景好转，仍回家耕田。所以，好几万人的庞大武装部队，却不敢攻击劫掠城市。抢夺到手的粮食，也只能维持当天的生活。地方政府首长们（州长、郡长）也有战死的，但都死于自己部队的互斗，变民们并不敢击杀。可是，王莽对此，一直不能了解。

本年（二一），荆州（湖北省及湖南省）全权州长（牧），动员机动部队二万人，攻击绿林（湖北省随州市西南）变民集团。变民首领王匡等，率部众在云杜（湖北省京山市）迎战，大破州政府军，杀好几千人，把所有的粮草辎重，全部掳获。荆州州长准备向北撤退，绿林将领马武等，再迎头痛击，摧毁州长座车的篷帐，刺杀陪乘官。可是，却不敢冒犯州长。而只挥军攻破竟陵（湖北省潜江市），转击云杜、安陆（湖北省云梦县），大量抢夺妇女，退回绿林山（湖北省随州市西南）；此时已增加到五万余人。州郡地方政府，已无法对付。

14 大司马府秘书官（大司马士），到豫州（河南省）查案，被变民集团捕获，尊敬他是官员，送他回到县城。参谋官返首都常安后，上书王莽，报告变民集团的内情及盼望。因为跟王莽所设定的内情及盼望不一样，使王莽大为光火，逮捕秘书官下狱，认为秘书官丧尽天良，欺骗政府。下诏责备七公（“四辅”加“三公”），说：

“官吏的意义，是处理国家事务，传扬政府恩德。牧养人民，是仁义的基础。打击强梁，明察奸恶，捕杀盗贼，是仁义的关键。可是，现在却不然，盗贼四起，不但捉不到他们，反而成群结党，劫掠政府驿马车，掳掠政府官员。官员脱逃的，又信口胡言：‘我曾经责问盗贼：“为什么这样？”盗贼说：“只是为了贫苦。”然后盗贼送我出境。’庸俗的人，论断事情，大都如此。

要知道，因为贫困饥寒，而违法犯罪，大的当强盗，小的当小偷，不外这两条路。可是现在，他们却集结党羽，成千成百。这是最明显的谋反叛乱，怎么能扯上饥寒？你们七位公爵，要严格督促部长（卿）、国务官（大夫）、郡长（卒正、连率）、副郡长（庶尹），谨慎小心，照顾善良人民，加强逮捕和消灭盗贼。如果不同心合力，痛恨狡黠匪徒，而仍胡说他们为饥寒所迫，立刻逮捕，专案奏报定罪。”

新政府官员全体震恐。于是，再没有人敢反映民变实情，而州郡政府又没有权力调发武装部队，对变民遂失去控制。

15 翼平（山东省寿光市东北）郡长（连率）田况，果敢而有谋略。擅自动员十八岁以上的丁壮，集结四万余人，发给他们武器，把誓约刻到石头上。樊崇集团得到消息，不敢侵入郡境，田况上奏章自我弹劾，王莽责备他说：“中央没有颁发虎符，而你擅自征调武装部队，这是擅自兴兵，违犯军纪。只因田况自信可以消灭盗贼，姑且不交付军法审判。”

后来，田况自请出界征剿，军锋所到，无不攻破。王莽下诏，命田况暂代青州（山东省北部）跟徐州（江苏省北部）二州全权州长。田况上书说：

“盗贼初起时，事件十分轻微。州政府的小官或士兵，人人都可以擒拿。可是地方政府，并不在意。县政府欺骗郡政府，郡政府欺骗中央。实际有一百人，声称只有十人。实际有一千人，声称只有一百人。中央忽略了它的严重性，不能及时督责，遂至蔓延数州。这时候才派出将帅使节，层层追究。郡县政府面对上官，应对塞责，供应饮食，奉献金银财宝，只求自救不死，根本没有时间考虑盗贼，也没有时间处理公务。而将帅又不能身先士卒，一旦发生冲突，动辄被盗贼击败，士气沮丧，徒使人民受到痛苦。

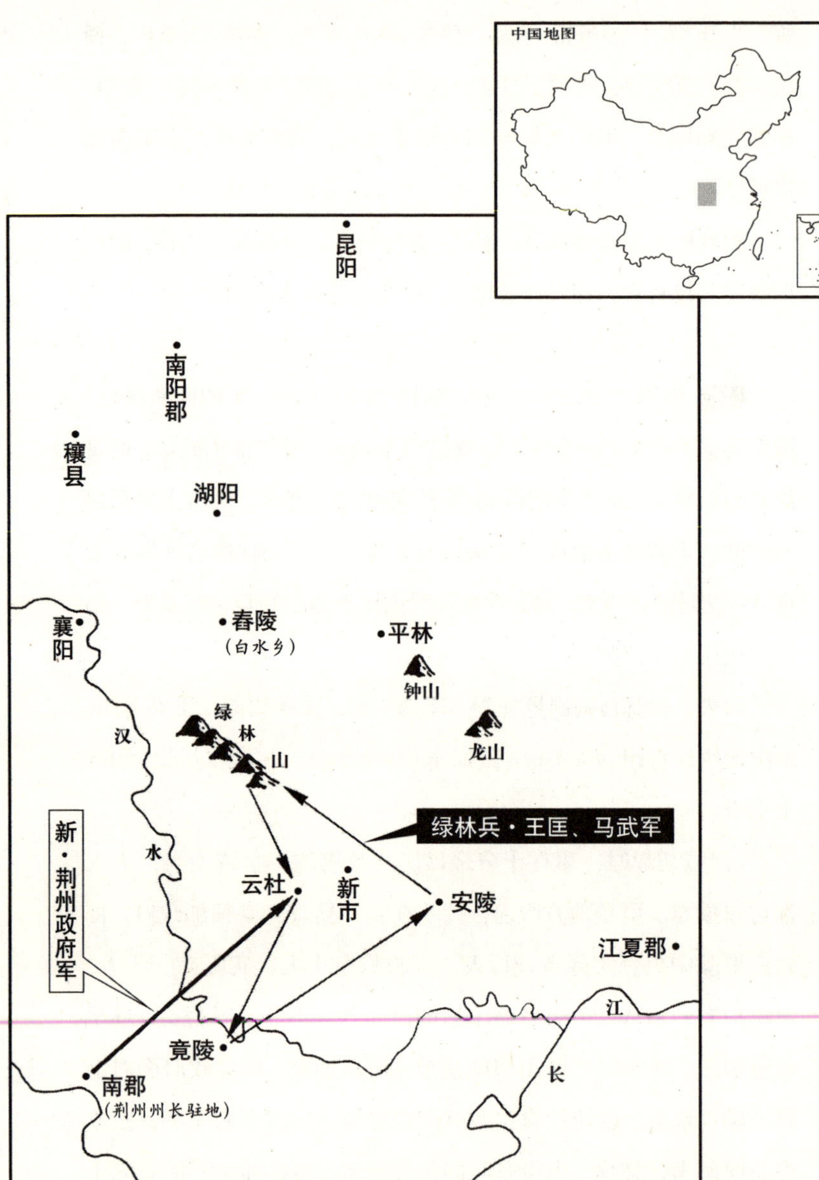

一世纪·二二年　新王朝攻击绿林兵失败

“之前，有幸的蒙中央赦免，盗贼本来就要瓦解。想不到，反而受到拦击。他们在恐惧下，再逃入山谷，互相转告。以致各郡县已投降的盗贼，一时间大为惊骇，恐怕受到欺骗，被政府消灭。而又逢饥馑如初，群情激动。十天左右，就又集结十余万人，盗贼之所以多不胜数，原因在此。

“而今，洛阳（河南省洛阳市东白马寺东）以东，谷米一石，高达二千钱。看到陛下诏书，准备派遣太师（王匡）、更始兵团司令（廉丹），率军征剿。我认为，二人都是国家重臣。人马过多，沿途无法供应；人马过少，又无法向四方展示威力。我建议：应该火速在州长、郡长以下官员中，选拔有才干之士，申明赏罚，然后坚壁清野，对离城太远的乡村，或没有城墙的小封国，把所有老弱妇孺，迁移到附近大都市之中，多存粮草，合力固守。盗贼前来攻城，必不能攻陷。如果不来攻城，四方游击，又抢劫不到粮食，势不能长久聚集。到那时候，如果招降，他们必然投降。如果征剿，他们必然覆灭。而今，一味派出将帅，郡县负担，比应付盗贼还苦。请陛下召回所有乘政府驿马车到各郡县的使节，使郡县获得休息。委任臣，田况，负责所属的两州盗贼，一定可以平定。”

对田况的干才，王莽忽然兴起警觉。于是暗中布置，派使节赐给山况诏书，使节到田况处，面见田况时，即宣布皇帝命令，接管田况的军权。送田况到首都常安（陕西省西安市），任命当师尉郡（东北长安市）郡长（大夫）。

田况既离职，齐地（山东省）社会秩序全部败坏。

二二年 壬午

1 春季，正月，新王朝（首都常安〔陕西省西安市〕）王姓皇家的九位祖先祭庙落成，把牌位供奉起来。新帝（一任）王莽（本年六十七岁）前往叩头谒见，御车驾马六匹，用五色羽毛编成神龙图案的锦绣，披到马身上，四角落地，长达三尺。又制造御用的“华盖伞”（一种像伞一样的装饰品），密密九层，高八丈一尺，竖立在四轮大车上，拉车的人一面拉车，一面高呼：“登仙！”王莽御驾出发时，由此车在前开道。文武官员窃窃私语说：“这很像丧车，不像神物！”

2 二月，青（山东省北部）、徐（江苏省北部）二州变民首领樊崇，击斩新政府太师府秘书长（太师羲仲）、剿匪司令景尚（参考去年〔二一〕）。

3 关东（函谷关以东）大饥馑，人民互相格杀，吞食尸体（人间惨事）。

4 夏季，四月，新政府派太师（四辅之一）王匡、更始兵团司令（四将之一）廉丹，讨伐东方变民。

最初，樊崇等变民集团，声势日益扩张，互相约定："杀人抵命，伤人赔偿。"最尊贵的称号是"乡村教育官"（三老），其次是"参谋官"（从事），再其次是"法警"（卒史。在这个变民集团中，没有"将军""王""侯"之类名称。他们来自民间，所见所闻，也只有这些乡级官员。也说明他们只不过饥饿所迫，铤而走险，并没有政治野心，而新政府却把他们逼得非有野心不可）。现在，得到太师跟更始兵团司令，率领十余万精锐的政府正规军前来攻击的消息，恐怕部众跟政府军混战时，难以辨别敌我，于是下令用朱砂涂抹双眉，号称"赤眉"。

王匡、廉丹十余万大军，浩浩荡荡东下，军容风纪败坏，所经过地方，奸淫、掳掠、烧杀，无所不为。东方人民哀号说："宁愿碰到赤眉，不愿碰到太师（王匡）。太师（王匡）还算温和，更始（廉丹）却要杀我！"

情况一如田况预料。

5 新政府又派出大批国务官（大夫）、皇家礼宾官（谒者），到各地教导穷苦人民，用杂草、树枝煮成稀汁充饥。但这种杂草、树枝稀汁，肠胃不能吸收。对贫苦人民毫无益处，但派出来官员的费用，却十分庞大，反而更加重人民负担。

6 绿林（湖北省随州市西南）变民集团，突然遇到严重瘟疫，死亡二万五千人以上，将近全部人数的一半。这个沉重的打击，使集团瓦解。王常、成丹等率领一部分部队，向西方的南郡（湖北省江陵县）移动，称“下江兵”。王凤、王匡、马武等，跟他们的支党朱鲔（音wěi〔伟〕）、张卬（音áng〔昂〕）等，率领一部分部队，向北进入南阳（前队郡，河南省南阳市）郡境，称“新市兵”（新市，今湖北省京山市东北）。首领们都称“将军”。

新政府派公安部长（司命）大将军孔仁，征剿豫州（河南省）境内变民。命农林部长（纳言）大将军严尤、祭祀部长（秩宗）大将军陈茂，征剿荆州（湖北省及湖南省）境内变民。每人率领官员一百余人，乘坐政府驿马车，到达所辖各州，招募士兵。严尤激动的对陈茂说：“派遣大将，却不发给可以调动军队的兵符（虎符）。必须先行请示，然后才能行动。这就跟用绳子拴住凶猛的韩卢（韩卢，战国时代韩国著名的猎狗），而要它捕捉野兽，有什么分别？”

7 蝗虫从东方向四方蔓延，满天横飞，遮蔽太阳。

8 难民逃亡到关中（陕西省中部）的有好几十万人。新政府在各地设立救济官（养赡官）施舍粮食粥饭，由中央派员监督。可是，监督人跟负责人共同舞弊，盗卖粮食，难民饿死的占十分之七八。

在此之前，新政府任命禁宫中级侍从宦官（中黄门）王业，负责首都常安专卖工作（物资调节官），把购入的价格，尽量压低，人民一片抱怨。然而王业却因为节省国家经费，受封附城（比男爵低一级的爵位）。王莽听到首都发生饥馑消息，询问王业，王业回答说："死的只不过是一些流氓罢了。"还拿出证据，把市上售卖的米饭跟肉羹，呈献王莽，说："本城居民们吃的都是这些东西。"王莽深信不疑。

9 秋季，七月，"新市兵"首领王匡等，攻击随县（湖北省随州市）。平林（随州市东北平林关）人陈牧、廖湛，也聚众起兵，有一千余人，称"平林兵"，响应"新市兵"的攻势。

10 王莽下诏给更始兵团司令（四将之一）廉丹，催促出战，说："仓库粮食已尽，国库财物已空，是震怒时候，也是发动攻击时候。将军身受政府委信，如果不能把身体抛弃到中原战场，就无法报答国家厚恩，和尽到所负的重责大任。"廉丹恐惧。当晚，召唤他的秘书冯衍，把诏书拿给他看。冯衍乘机提出建议，说："张良因为五代都是韩王国的宰相，所以才在博浪沙（河南省中牟县）中，用铁椎谋刺嬴政（参考前二一八年）。将军的祖先，是西汉王朝的大臣（西汉王朝十二任帝刘骜时，右将军廉褒，就是廉丹的老爹。参考前一六年），新王朝兴起，天下英雄豪杰，没有人心悦诚服。而今，全国大乱，农村崩溃，人民思念西汉王朝的美好日子，远超过周王朝人民之思念姬奭（《诗经》有《甘棠》，据说是周王朝人民思念姬奭的诗篇）。人心所歌颂的行为，上天都会追随它。我为将军设计，最好是把部队驻扎在一个富饶的大郡，安抚训练，砥砺士气，延揽结交有才干的人士，采纳忠直智慧的谋略，复兴国家，为万人除害。那么，你的福分将保持无穷，功勋和贡献，将永垂青史。何必连同你的军队，一齐在中原毁灭？何必使你的尸体，跟草木同时腐烂，身败名裂，使祖先蒙羞？”（蒯彻劝说韩信背叛的历史，于此重演，参考前二〇三年。）廉丹不肯接受。冯衍，是西汉王朝左将军冯奉世的曾孙（冯奉世任左将军，参考前四一年二月）。

冬季，无盐（山东省东平县东南）人索卢恢（索卢，复姓）等聚众起兵，占领县城，响应赤眉。廉丹、王匡攻陷无盐，杀一万余人。王莽派一位皇家警卫指挥官（中郎将）携带诏书到防地慰问，晋封二人公爵，又封有功官员十余人。

赤眉变民集团一位指挥官（别校）董宪，有数万人部队，据守梁郡（河南省商丘市），王匡准备乘胜进击。廉丹认为刚破一个坚城，官兵疲劳，应当休养一段时间。王匡不听，单独挺进，廉丹不得已，只好追随。在成昌（山东省东平县境）会战，赤眉军勇不可当，新政府军大败，王匡逃走。廉丹派人把他的印信、符节，全送给王匡，叹息说：“小孩子可以逃走，我不可以！”遂战死。部下指挥官汝云、王隆等二十余人，正在厮杀，得到统帅阵亡消息，喊说：“廉公已死，我们还为谁活？”直奔敌阵，全都牺牲。

国将（四辅之四）哀章，自愿扫平山东（崤山以东）所有变民。王莽派他立即前往跟太师（四辅之一）王匡会合。又派大将军阳浚，驻守敖仓（河南省荥阳市北敖山粮仓）。又派大司徒（三公之一）王寻，率十几万大军，进驻洛阳（河南省洛阳市东白马寺东），坐镇南宫（皇宫之一）。又命大司马（三公之二）董忠，在首都常安（陕西省西安市）北军（野战军）中垒营，加强骑射训练。又命大司空（三公之三）王邑，兼其他二公（大司徒及大司马）职务。

11 最初，西汉王朝长沙（定）王（首府临湘〔湖南省长沙市〕）刘发（西汉王朝六任帝刘启的儿子）生刘买（春陵节侯），刘买生刘熊渠（春陵戴侯），刘熊渠生刘仁（春陵考侯）。刘仁时，因采邑春陵（湖南省宁远县。舂，音chōng〔充〕），位于南方，地势低下，气候潮湿，西汉政府把采邑改封到南阳郡（河南省南阳市）所属的白水乡（湖北省枣阳市南），封国名称不改，仍称春陵，家族遂永远定居。刘仁逝世后，儿子刘敞继承爵位，而正逢王莽夺取政权，新王朝建立，封国撤除。

刘买的幼子刘外，当郁林（广西桂平市）郡长。刘外生刘回（钜鹿郡〔河北省平乡县〕民兵司令），刘回生刘钦（南顿〔河南省项城市〕县长）。

刘钦娶湖阳（河南省唐河县西南湖阳镇）人樊重的女儿为妻，生三个儿子：刘缜、刘仲、刘秀。刘钦早早去世，弟兄三人，被叔父刘良抚养长大。刘缜性情刚毅慷慨，野心勃勃。自从王莽夺取西汉王朝刘姓家族的政权之后，刘缜便一直愤愤不平，常想恢复原状。平常不但不经营家产，反而卖田卖宅，投身江湖，结交天下英豪才俊。刘秀长得“隆准日角”（隆准，高鼻子。西汉王朝一任帝刘邦就是以高鼻子闻名于世，杜甫曾有诗句：“高帝〔刘邦〕子孙尽龙准。”角，指额角，也就是鬓角。额角骨如果隆起，相术家称之为“日角”，是帝王之相），但性格保守，谨慎小心，每天下田耕种，满足农家现状。老哥刘缜常讥笑他，把他比作刘邦的老哥刘喜。（刘邦爱好游荡，刘喜则耕作勤奋，老爹刘执嘉常常夸奖刘喜，而责备刘邦。后来，刘邦当了皇帝，向老爷敬酒，说：“你老人家常怪我不事生产，没有老哥好。如今，比起产业，我跟老哥的谁多？”）刘秀的姐姐刘元，是新野（河南省新野县）人邓晨的妻子，刘秀曾经跟邓晨一块到穰县（河南省邓州市）蔡少公家，蔡少公对神秘预言书（图谶）很有研究，说：“刘秀当做天子！”有人接着说：“莫非应验到国师（四辅之三）刘秀（刘歆）身上？”刘秀幽默说：“你怎么知道不是我？”在座的人哄堂大笑。只邓晨暗喜。

宛县（南阳郡郡政府所在县，河南省南阳市）人李守，喜好星象跟神秘预言书，当时担任新王朝皇族教育官（宗卿师），曾告诉他的儿子李通说："刘姓会再复兴，李姓会当辅佐大臣。"后来，"新市兵""平林兵"纷纷崛起，南阳郡人心浮动，李通的堂弟李轶，对李通说："现在天下已乱，西汉王朝势必再有河山。南阳刘姓皇族，只有刘缜兄弟，有相当声望，受大家敬爱，可以磋商大事。"

李通欣然说："我正有此意。"正好，刘秀运粮食到宛县贩卖，李通派李轶找到刘秀，迎接到家里，就神秘预言书上"刘秀当天子"的事，交换意见，遂互相结交，共同商议。李通主张在立秋节日那天，乘着骑兵武士大检阅的时候，劫持南阳郡长（前队大夫）甄阜，跟民兵司令（属正）梁丘赐，然后发号施令，起兵叛变。而刘秀跟李轶，则返回春陵（湖北省枣阳市南），发动响应。

刘秀回春陵（湖北省枣阳市南）后，老哥刘缜召集当地豪杰，共同讨论："王莽暴虐，人民分崩离析，而今又连年大旱，到处兵荒马乱，上天灭亡他的时机已到。恢复高祖（西汉一任帝刘邦）当年的大业，建立千秋万世的功劳，正在我辈身上。"大家一致同意。于是分别派出亲友宾客，到各县招兵买马，策动人民武装起事。刘缜则征召春陵的年轻子弟；那些年轻子弟一听说叛乱谋反，吓得魂飞天外，纷纷逃避，埋怨说："刘缜害死了我！"可是，后来发现刘秀竟然也全副武装，改穿将军制服——红色衣裳，头戴宽大的官帽，不禁吃了一惊，说："谨慎忠厚的人都干上了呀！"心里才逐渐不再惊慌。

最后，刘缜集结同乡子弟兵七八千人，组织司令部，自称"柱天司令"（柱天都部）。本年（二二），刘秀二十八岁。不幸，李通聚众起兵的密谋泄露，李通逃亡，老爹李守跟家属，被新政府诛杀，共死六十四人。

刘縯派同族刘嘉，前往说服“新市兵”“平林兵”，跟他们的首领王凤、陈牧，联军向西攻击长聚（今地不详），攻陷唐子乡（湖北省枣阳市北），不分男女老幼，全体屠杀，又斩湖阳（河南省唐河县西南湖阳镇）警察官（尉）。然而，这批杂牌部队，却因为分配抢夺来的财物，不能公平，“新市兵”“平林兵”愤怒喧哗，要反击刘縯的刘家班部队。刘秀采取紧急措施，把刘家班所掠夺的财物，全部交出，大家才回嗔为喜。于是，再向前挺进，攻陷棘阳（河南省南阳市南）。李轶、邓晨，各带着他们的亲友宾朋，前来会合。

12 新政府严尤、陈茂，大破“下江兵”；“下江兵”首领王常、成丹、张卬等，集结残兵败将，退入蒌谿（湖北省随州市北），在钟山（随州市东北）跟龙山（湖北省广水市东北）之间，展开游击。不久，人数增多，声势又震，跟新政府的荆州（湖北省及湖南省）全权州长（牧），在上唐（湖北省枣阳市东南）会战，大破州政府军。

13 十一月，张六星旁，出现孛星。

14 刘縯打算夺取宛县（南阳郡郡政府所在县，河南省南阳市），挺进到小长安聚（南阳市南十八公里），跟南阳郡长（前队大夫）甄阜、民兵司令（属正）梁丘赐，发生遭遇战。当时大雾弥漫，视线模糊，刘縯部队崩溃。刘秀骑马逃命，遇到妹妹刘伯姬，兄妹共乘一马狂奔。不久，又遇到姐姐刘元，刘秀教她火速上马。刘元挥手说：“还不快跑，你们无法救我，能逃一个是一个，不要死在一起！”（三人一马，还有三个小孩，马绝对不能支持，马一倒毙，只有全死。）这时追兵已到。刘元跟她的三个女儿，被政府军诛杀。刘縯的弟弟刘仲，以及其他家族，

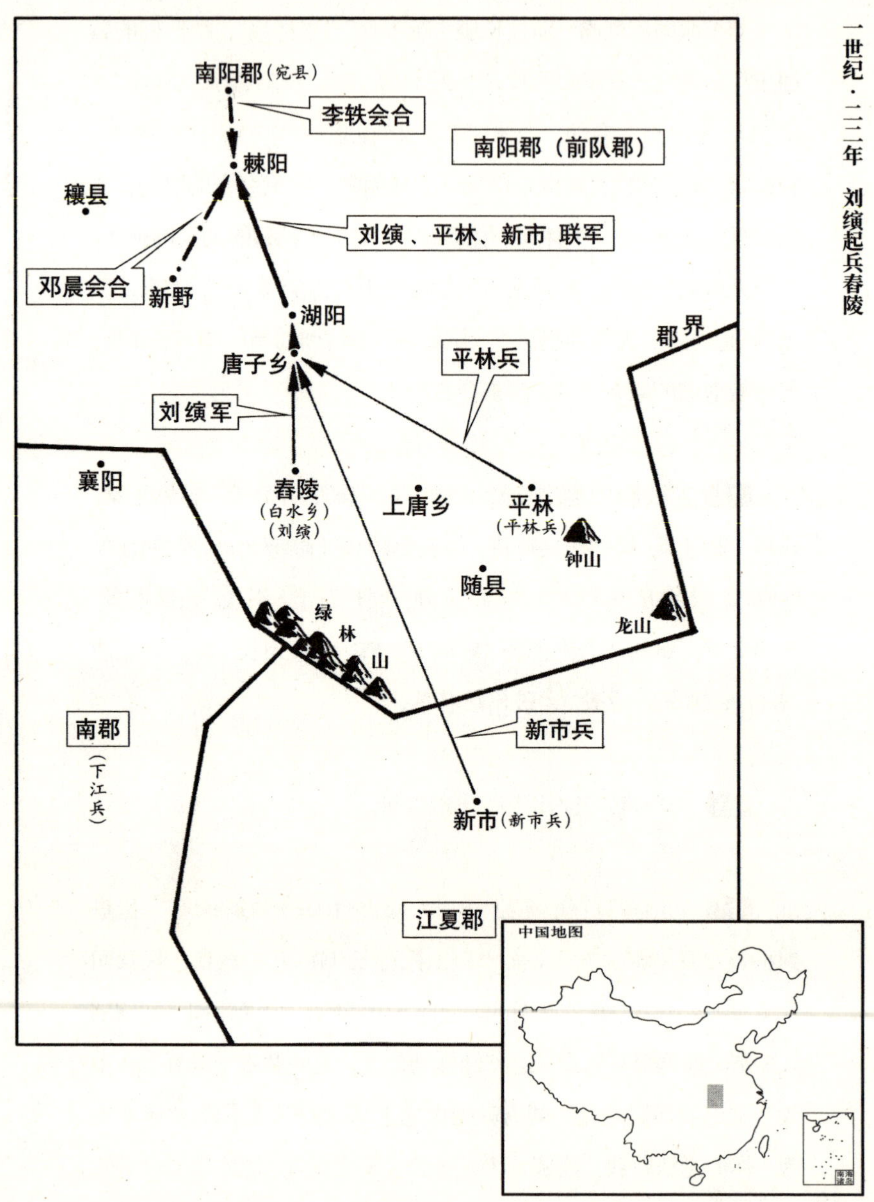
南阳郡（宛县）
李轶会合
南阳郡（前队郡）
棘阳
穰县
刘縯、平林、新市 联军
邓晨会合
新野
湖阳
郡界
唐子乡
平林兵
刘縯军
襄阳
舂陵
（白水乡）
（刘縯）
上唐乡
平林
（平林兵）
钟山
随县
绿
林
山
龙山
南郡
（下江兵）
新市兵
新市（新市兵）
江夏郡
中国地图

在这场溃败中死亡的有数十人。

刘𬙂集结残余，撤退到棘阳（河南省南阳市）。甄阜、梁丘赐把粮秣辎重，留在蓝乡（地望在今河南省新野县东北），率领十万人庞大的精锐兵团，渡过潢淳水（新野县境），到达沘水（沘水，流经河南省唐河县北），在潢淳水跟沘水之间，扎营布防，破坏潢淳水上的桥梁，表示绝不生还的决心。

“新市兵”（王凤）、“平林兵”（陈牧），眼看到刘𬙂的刘家班部队受到挫败，而甄阜的郡政府军势如泰山压顶，信心开始动摇，准备撤出部队逃走，刘𬙂忧心如焚。正好，“下江兵”（王常）五千余人，进抵宜秋聚（河南省唐河县东南）。刘𬙂带着刘秀、李通，亲自到他们营寨拜访，说：“我们愿会见贵军的贤明将领，商议大事。”“下江兵”推举王常。刘𬙂遂跟王常长谈，分析联合作战的利益，跟分散的危险。王常省悟，说：“王莽残暴，人心思念西汉王朝，而今刘家出来领导，就是真正的天下之主。我们应该贡献自己的生命，辅佐大业。”刘𬙂说：“只要事情成功，我岂敢独自享受？”深相接纳，告辞而去。

王常回去，把他的想法，告诉“下江兵”的其他将领成丹、张卬。成丹、张卬自负他们的兵力强大，说：“大丈夫既然起事，应该自己当主子，为什么听别人摆布？”王常向他们分析利害说：

“王莽苛刻残暴，不断的犯错，把民心全部摧毁。人民思念西汉王朝当年的和平日子，并不是最近几天的事。正因为如此，我们才能够乘机崛起。人民怨恨的，上天定会铲除。人民盼望的，上天定会赐予。举行大事，开创大业，必须下顺民心，上合天意，然后大功才可以成就。如果仗恃自己强大勇猛，毫无忌惮，即令成功，最后也会失败。以秦王朝跟西楚王国的威不可当，还归于消灭，何况我们不过一介平民，在山林水畔，聚集成群，如果也任情纵欲，那是自取败亡。而今，南阳郡刘家，领头发动，观察他们派来跟我们商谈的这几位领袖人物，深谋远虑，是王爵公爵的奇才。如果跟他们合作，必然成功，这正是上天保佑我们，指出一条明路。”

“下江兵”将领们虽然顽强桀骜，而又缺少见识，然而一向尊敬王常，于是一致抱歉说：“如果不是王将军，我们可能走上不义之途。”遂即率军投奔刘缜，跟“新市兵”（王凤）“平林兵”（陈牧）联合。各部同心协力，士气高昂。刘缜大肆犒军，订定盟约，休养三天。然后，把联合兵团分为六路。

十二月三十日，刘缜下令秘密拔营，夜袭蓝乡（地望在今河南省新野县东北），把甄阜郡政府军的辎重，全部夺取。

二三年 癸未

新　地皇　四年
玄汉　更始　元年
（汉帝刘望元年）
（汉帝王郎元年）
（淮南王李宪元年）
（上将军隗嚣汉复元年）

1 春季，正月一日，南阳（河南省南阳市）变民军首领刘縯率领部众，与“下江兵”（王常）向前队（南阳郡）郡长（大夫）甄阜的郡政府军，发动猛烈攻击，斩甄阜和民兵司令（属止）梁丘赐，杀二万余人。

新政府（首都常安〔陕西省西安市〕）农林部长（纳言）大将军严尤、祭祀部长（秩宗）大将军陈茂，率大军前进，打算驻防宛县（南阳郡郡政府所在县，河南省南阳市）。刘縯迎击，在淯阳（南阳市南三十公里）会战，大破严尤、陈茂军，遂包围宛县。

在此之前，青州（山东省北部）、徐州（江苏省北部）等地变民集团，虽有几十万人，可是全属乌合之众，始终没有文书、号令、旗帜、行政组织。自刘縯起事，大家才自称“将军”，进攻城市，夺取土地。发布文件，揭发王莽的罪行，情势大不相同。王莽得到情报，才开始恐惧。

春陵（戴）侯刘熊渠的曾孙刘玄，原来在“平林兵”（陈牧）中，称“更始将军”。这时，刘縯集结的兵力已有十几万，将领们发现，军队虽多，却没有共同的领袖。于是打算拥立一位西汉王朝的刘姓皇族，作为号召。南阳郡的刘家班部众，跟“下江兵”王常等，都拥戴刘縯。可是“新市兵”（王凤）、“平林兵”（陈牧）的将领，为了保持他们的放纵生活，对刘縯的严明公正，心存忌惮。而刘玄懦弱无能，正合他们的要求。于是，先行秘密决定，造成既成事实，然后征求刘縯的意见。刘縯说：

“蒙各位将军厚爱，尊重刘姓皇族，推举刘玄担任领袖，我万分感动。问题是，青州（山东省北部）、徐州（江苏省北部）的赤眉集团，有数十万人之多，一旦得到我们拥立刘姓皇族的消息，如果他们也拥立一位刘姓皇族，则新王朝还没有消灭，而刘姓皇族就要先行内斗，使天下人心疑惧不安，自己伤害自己，恐怕不是消灭王莽的最好办法。而且，春陵（湖北省枣阳市南）到宛县（河南省南阳市）不过三百华里，在这么绿豆大的面积上，自称皇帝，成为被攻击的目标，让人民承受灾难，更不是良好的计谋。我的意见是，暂时称‘王’，先发号施令，国王的权力同样可以诛杀将领，跟皇帝并没有什么不同。如果赤眉集团拥立的人贤能，我们就去投奔归附，绝不会剥夺我们的官爵。如果赤眉集团没有行动，那么，等我们消灭了新王朝，收服了赤眉集团，然后再登皇帝宝座，并不算晚。”

将领们很多人赞成，说：“好极！”“新市兵”（王凤）的将领张印，扬眉怒目，拔出佩剑，砍击地面，喊叫说："对自己做的事情，抱着怀疑态度，一定不能成功。今天这项决定，不允许有第二种想法。"大家一致赞成。

二月一日，在淯水（白河，发源于河南省嵩县西南白河镇，向南流经南阳市南）河畔沙滩上，建立高台。就在这高台上，刘玄被宣布是汉王朝皇帝，面向南方站立，接受群臣朝拜。刘玄既紧张又羞惭，满脸流汗，举起手来，一句话都讲不出。但仍然像一个正式皇帝一样，下令大赦，改变年号（把新王朝的"地皇四年"，改成"更始元年"）。任命堂叔刘良当"国三老"、王匡（新市兵）当"定国上公"、王凤（新市兵）当"成国上公"。再任命朱鲔（新市兵）当大司马（三公之二）、刘縯当大司徒（三公之一）、陈牧（平林兵）当大司空（三公之三）。其他将领，统统当"部长将军"（九卿将军。王匡、王凤，位居"上公"，而又加"定国""成国"，是一种美称；"部长将军"者，身为"部长"，而兼"将军"名号；都不是西汉王朝制度，而是新王朝制度）。由于刘玄表现得不像一个有胆识的领袖，很多英雄豪杰，感到失望，内心不服（为了叙述方便，以及不跟刘邦建立的西汉王朝混淆，我们称以刘玄为首的这个政权为玄汉王朝）。

2 新王朝（首都常安〔陕西省西安市〕）皇帝（一任）王莽（本年六十八岁），为了表示自信、镇静，和坦荡自若，特别把白了的头发染黑，遴选杜陵（陕西省西安市东南）人史谌的女儿当皇后，并遴选小老婆一百二十人，计三位"夫人"，位比公爵；九位"嫔"，位比部长（卿）；二十七位"世妇"，位比国务官（大夫）；八十一位"御妻"，位比政事官（元士）。

3 王莽下诏赦天下囚犯："王匡（太师）、哀章等，讨伐青州

(山东省北部)、徐州(江苏省北部)盗匪(赤眉)。严尤、陈茂，讨伐前队郡(南阳郡，河南省南阳市)盗匪(刘玄)。为他们明显的指出生路，确切保证，如果再执迷不悟，拒绝解散，我将派出大司空(三公之三)隆新公(王邑)，率百万大军，剿除根绝。”

4 三月，玄汉政府成国上公王凤(新市兵)，跟祭祀部长(太常)偏将军刘秀等，率军攻击昆阳(河南省叶县)、定陵(河南省漯河市郾城区西北)、郾县(河南省漯河市郾城区)，先后攻克。

5 王莽接到严尤、陈茂战败消息，打出最后一张王牌，下令大司空(三公之三)王邑，乘政府驿马车，跟大司徒(三公之一)王寻，调动正式武装部队，负责扫平山东(崤山以东)变乱。征召精通兵法的六十三位专家，充任参谋官。任命体躯庞大的巨毋霸，当营区司令(垒尉)。并携带大量凶猛野兽——老虎、斑豹、犀牛、大象之类，助长威势。

王邑到洛阳(河南省洛阳市东白马寺东)时，各州各郡的精兵，分别在全权州长(牧)、郡长(守)亲自率领下，已集结四十三万人，对外宣称一百万人。其余还没有到达的部队，仍向洛阳进发，旗帜、辎重、人马，络绎于途，千里不绝。

夏季，五月，王邑、王寻率大军南下，经过颍川(河南省禹州市)，跟严尤、陈茂兵团会合。

玄汉政府那些变民组成的部队，发现新政府军声势浩大，惊慌失措，纷纷向后撤退，最后退入昆阳(河南省叶县)。恐怕把他们抓住，将领们一个个面无人色，忧虑带在军中的妻子儿女。大家认为不如各回各城，使目标分散。刘秀竭力反对，说：“我们的兵力既

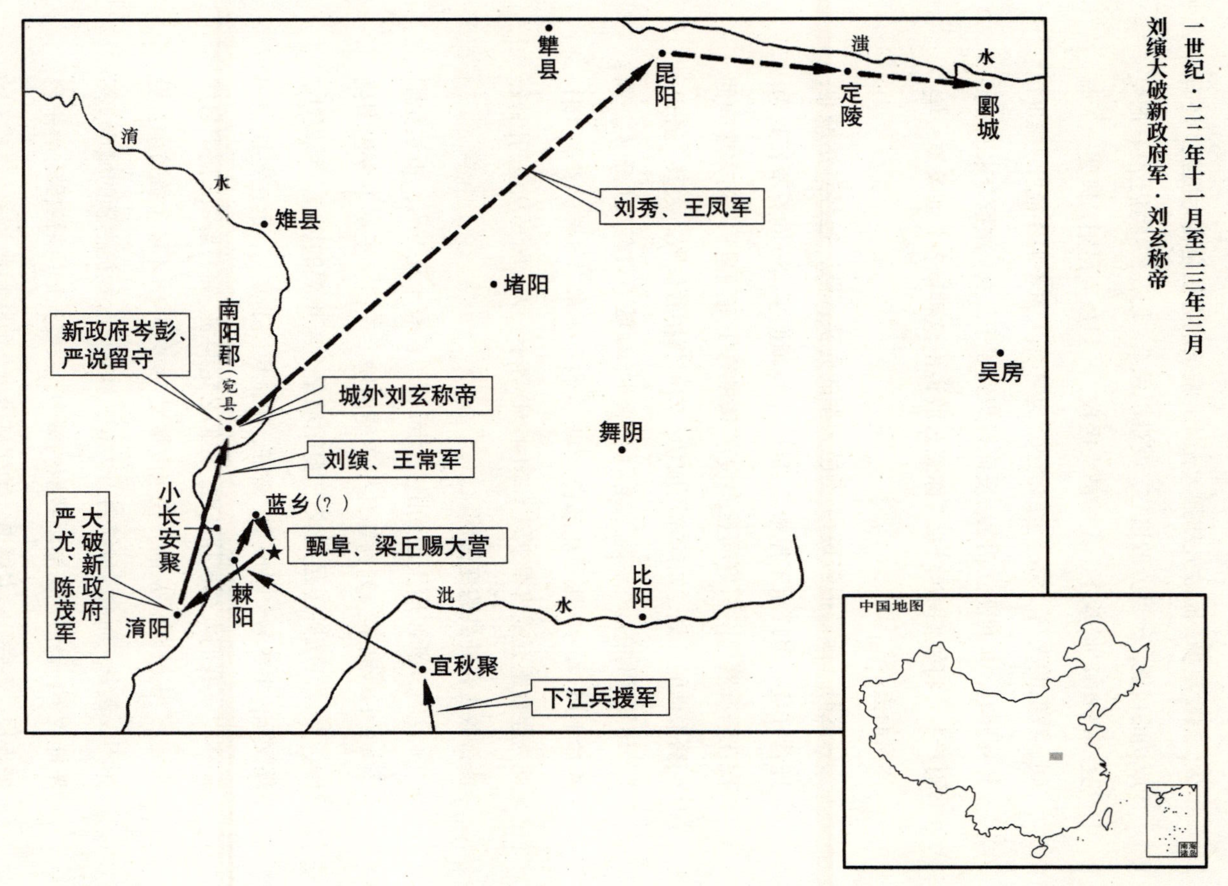

一世纪·二二年十一月至二三年三月
刘縯大破新政府军·刘玄称帝

少，粮食更少，而敌人却强大无比，唯一的办法是合力抵抗，还有成功的可能，一旦分散逃亡，就难以保全。现在，刘縯还没有把宛县（河南省南阳市）攻下，无法前来援救。一旦放弃昆阳，只要一天时间，我们的人马，势必全部消灭，想不到大家不但不能肝胆相照，誓死同心，共同建立功名，反而只想到妻子儿女，跟抢夺来的一点财产！”将领们咆哮说：“你怎么敢说出这种话？”刘秀笑一笑，离席而去。

这时，斥候报告说：“王邑大军的先头部队，已经到达城北，连营好几百里，看不见殿后部队。”将领们平常一向看不起刘秀，现在情况紧急，只好同意，说：“请刘秀出来商量！”刘秀遂向他们简报他的计划：如何才可成功，如何将招致失败。大家一齐说：“一切都听你的。”这时，昆阳（河南省叶县）城中只有八九千人。刘秀命王凤（新市兵）跟司法部长（廷尉）大将军王常（下江兵），留守昆阳。刘秀连夜跟五威将军李轶（南阳刘家班）等十三人，骑马从南门出城，征召散居在外县的变民部队。

这时，新政府王邑剿匪兵团前锋，已有十几万人，抵达昆阳（河南省叶县）城下，刘秀等几乎不能出城。王邑、王寻下令包围昆阳。严尤向统帅王邑建议：“昆阳城是个不重要的据点，城既小，墙又坚，不容易一举成功。现在，叛乱集团的主角，远在宛县（河南省南阳市），我们大军直扑基地，他们必定崩溃。宛县解决，昆阳自然平定。”王邑说：“从前，我包围翟义（参考七年），不能生擒首脑，受到不少责备。而今，身统百万大军，对第一个叛徒占领的城市，都不能攻下，恐怕无法展示我们的威力。我要先把昆阳攻破，屠杀全城人民。然后，踏着鲜血，向宛县挺进，前队唱歌，后队舞蹈，岂不称心快意？”

于是，把昆阳包围得水泄不通，阵地纵深几十重，营寨几百个，战鼓和号角的声音，几十里之外，都听得见。有些部队挖掘地道，有些部队用撞车攻城，箭下如雨。昆阳守军奋力抵抗，身背门板，运送饮水（身背门板，用以防箭）。守军统帅王凤（新市兵）不能支持，请求投降。新政府大军统帅王邑，断然拒绝（接受投降，就不能屠城，而王邑的目的正是要屠城，老幼妇女儿童，一口不留）。王邑、王寻自以为成功就在眼前，对敌人毫不在意。严尤提醒说："《孙子兵法》：'包围城市，一定要留个缺口。'（目的在动摇敌人的军心，引诱敌人放弃战斗。）我们也应该留一个缺口，使守军逃走，把恐怖带到宛县（河南省南阳市）他们的基地。"

王邑听不进去。

6 新政府棘阳（河南省南阳市南）代理县长（守长）岑彭，跟前队（南阳郡，河南省南阳市）副郡长（贰）严说，共同坚守宛县（河南省南阳市）。玄汉政府部众围攻好几个月，城内粮食耗尽，人民饥饿，互相格杀吞食（人间惨事），不能抵抗，举城投降。刘玄进入宛县，作为临时首都。

将领们要诛杀岑彭，报复他坚守带来的灾难。刘縯说："岑彭，是郡政府的高级长官。坚守城垣，是他应尽的责任。我们创立大业，应当尊敬表扬义士，杀他反而不如封他官爵。"刘玄遂封岑彭当归德侯。

7 刘秀冲出昆阳（河南省叶县）后，奔驰到郾县（河南省漯河市郾城区）、定陵（河南省漯河市郾城区西北），征调所可能征调的变民部队。一些将领贪图夺到的财产宝物，打算留一部分士兵看守。刘秀警告说："我们这次出击，如果打败敌人，有一万倍的金银财宝等着我们，而且还可以建立大业。如果失败，人头都没有了，还谈什么财产？"于是全部投入战场。

六月一日，刘秀跟各路变民部队，同时进发。刘秀亲自率领一千余人步骑兵，作为前锋，在距王邑兵团四五华里地方，构筑阵地。王邑、王寻派几千人迎击，刘秀奋战，杀几十人，新军败走。玄汉将领们兴奋说："刘秀一向胆怯，看见一小撮敌人，就害怕得不得了，可是今天面对大敌，却这么勇敢，真是奇怪！而且还亲当前锋，我们应该帮助他。"

刘秀再向前挺进，王邑、王寻兵团，稍稍向后移动。玄汉各路军乘势攻击，又杀好几百人，甚至杀一千余人。一连串小小胜利后，再继续攻击，将领们胆量顿壮，以一当百。刘秀挑选三千壮士，组成敢死队，从昆阳城西郊，沿着护城河攻击，直冲王邑兵团的中央营垒。王邑、王寻没有把这支渺小的部队看到眼里，亲自率领一万余人的精锐，在阵前巡视；下令各营：不得允许，不可以出动，而单独迎击玄汉军。想不到一经接触，竟不能阻挡，略为向后撤退，各营没有奉到命令，不敢增援。于是，霎时间，新军阵地动摇，陷于混乱。玄汉各路军猛烈攻击，就在阵前斩杀王寻。昆阳守军看到形势倒转，立即开城出战，前后夹击，呼声惨厉，震动天地，新政府兵团六神无主，哗然崩溃，四散逃命，不能再成行列，互相践踏而死，跟被杀而死，一百华里之遥，尸体遍地。就在这时，天气忽然剧变，巨雷响起，狂风大作，屋瓦都被掀起，四处飞荡，天空像裂开了似的，大雨倾盆。滍水（沙河，发源于河南省鲁山县西，向东流经叶县北，至襄城县东南注入汝河）暴涨，虎豹猛兽，在木笼中恐惧发抖。新政府剿匪兵团的士兵，被水淹死的有一万余

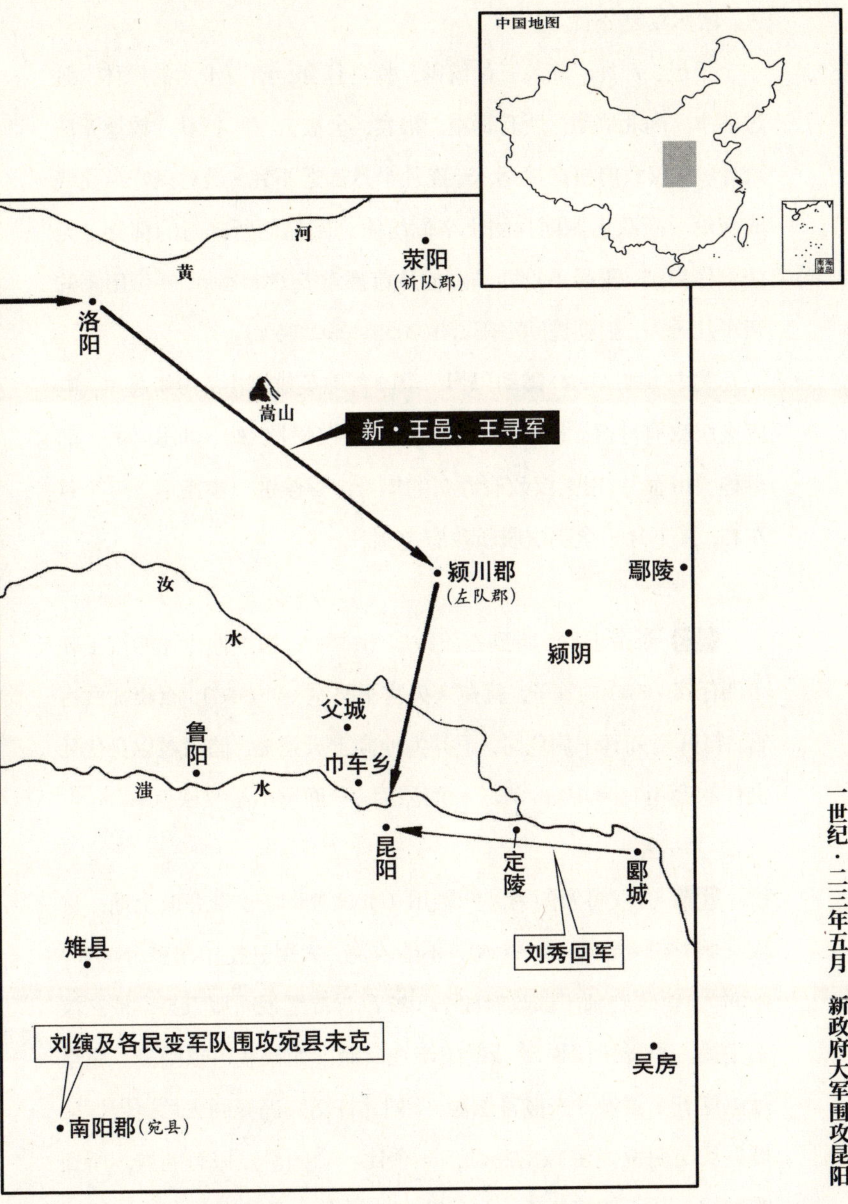

一世纪·二三年五月 新政府大军围攻昆阳

人，河水堵塞不流。

王邑、严尤、陈茂三位统帅，骑马狂奔，踏着士兵的尸体，渡过滍水，向北逃走。所有辎重、粮食，全被玄汉军掳获，数量无法统计。玄汉政府拼命抢运，一连几个月都运不完，最后只好纵火烧成灰烬。新政府剿匪兵团士卒们纷纷逃回他们所来自的郡县，无法再作集结。王邑单枪匹马跟他从首都常安（陕西省西安市）带出来的亲军几千人，狼狈逃回洛阳（河南省洛阳市东白马寺东）。

关中（陕西省中部）震动恐惧，全国各地英雄豪杰，纷纷起事，响应玄汉政府号召，诛杀新政府所派的全权州长（牧）、郡长（守），而自称“将军”，用玄汉政府颁布的年号，等候进一步指示。一个月左右，天下几乎全部摆脱新政府控制。

8 新帝王莽，听到玄汉政府（首都宛县）指控他毒死西汉王朝十四任帝（平帝）刘箕子，就在未央宫王路堂（即“前殿”），召集文武百官，打开当刘箕子病危时，王莽为他向上天请命，储藏愿以身代死文件的金柜（参考五年十二月），一面流泪，一面展示给文武百官。

9 玄汉将领刘秀，向颍川（河南省禹州市）一带夺取土地，进攻父城（河南省宝丰县东李庄乡西），不能攻克，大军驻扎巾车乡（河南省平顶山市）。新政府颍川郡政府秘书（掾）冯异，巡视所属五县，被玄汉军生擒。冯异建议说：“我的娘亲在父城，如果我可以回去，愿意献上这五个县城，来报答恩德。”刘秀许诺。冯异回去后，告诉父城县长苗萌说：“玄汉的将领，一个比一个凶暴。只有刘秀，所到的地方，从不掳掠烧杀，看他的言谈举止，不是一个庸碌之辈。”遂跟苗萌连同五个县城，一齐归降。

中国地图
南海诸岛
黄
河
荥阳
(祈队郡)
洛阳
嵩山
新・王邑逃亡洛阳
汝
水
颍川郡(左队郡)
颍阴
玄汉・刘秀
征集变民军队
定
陵
滍
水
昆阳
郾
城
刘秀大破王邑等
军于昆阳城外
玄汉・刘秀回
击昆阳围城军
雉县
吴房
宛县(玄汉王朝临时首都)

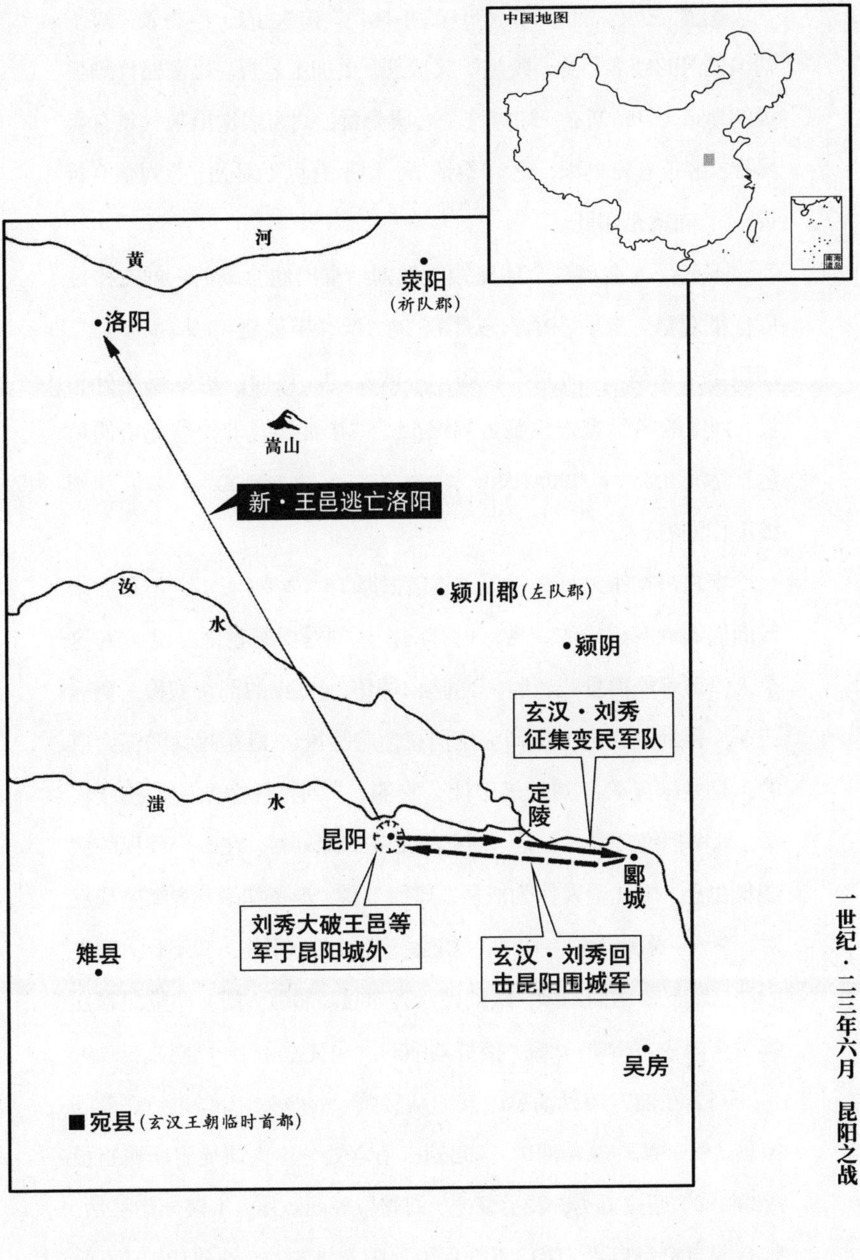

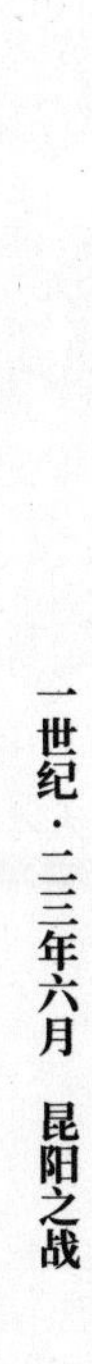

10 玄汉“新市兵”（王凤）“平林兵”（陈牧）的一些将领，对于刘縯兄弟的威名日盛，既嫉妒又厌恶，更加上恐惧。秘密建议刚登极的皇帝（一任）刘玄，除掉这个心腹隐忧。刘秀察觉出来气氛有点异样，警告老哥刘縯，说：“看情形，似乎有点不对劲！”刘縯笑着说：“一向就是如此。”

不久，刘玄集合全体将领，教刘縯拿出他的佩剑，刘玄接过后仔细观察。这时，绣衣戒严官（绣衣御史）申徒建（申徒，复姓），立即呈上“玉玦”，而刘玄软弱，不敢发动。然而，迹象已十分明显，刘縯的舅父樊宏也警告刘縯，说：“申徒建莫非扮演范增的角色？”（鸿门宴时，范增向项羽呈上“玉玦”，暗示下手，参考前二〇六年十二月。）刘縯不作回答。

李轶最初跟刘縯两兄弟，感情很厚（参考去年〔二二〕），可是后来转而谄媚拥有权柄的新贵，抛弃旧友。刘秀提醒老哥，说：“对这个人，可不能再推心置腹。”刘縯不相信。刘縯的部将刘稷，勇冠三军，得到刘玄坐上皇帝宝座消息，咆哮说：“最初起兵图谋大事的，是刘縯兄弟，刘玄是干什么吃的？”刘玄任命刘稷当抗威将军，刘稷拒绝接受。于是，刘玄决定先铲除刘稷。在一个预谋的武装集会上，用几千人作为戒备，逮捕刘稷，准备诛杀。刘縯坚决反对。李轶、朱鲔（新市兵），抓住机会，命刘玄一不作，二不休。刘玄心动，遂下令逮捕刘縯，跟刘稷一齐斩首。然后，刘玄命堂兄宫廷禁卫官司令（光禄勋）刘赐，接替刘縯的大司徒（三公之一）官位。

刘秀在前方得到消息，立即从父城（河南省宝丰县东李庄乡西）奔回宛县（玄汉首都，河南省南阳市），向刘玄请求处分。大司徒府所属官员（刘縯旧部），迎接刘秀，表示哀悼。刘秀只表面致谢，不谈一句私话，唯有深自责备自己，闭口不提保卫昆阳（河南省叶县）的战功，又不敢为亡兄穿丧服；饮食言谈欢笑，跟平常一样。刘玄感到内疚，十分惭愧，任命刘秀当破虏大将军，封武信侯。

11 道士西门君惠（西门，复姓。此时中国还没有道教，“道士”一词，似指法术师之类），告诉新政府卫将军（四将之二）王涉说：“查考神秘预言书（谶文），刘姓皇族一定复兴，连名字都指出来——国师（四辅之三）刘秀（刘歆）。”王涉遂跟国师（四辅之三）刘秀（刘歆）、大司马（三公之二）董忠、宫廷禁卫官司令部国库长（司中大赘）孙伋，秘密结盟，准备用他们的部队，逮捕王莽，向玄汉政府（首都宛县）投降，用来保全自己的家族。

秋季，七月，孙伋向王莽告密。王莽召见董忠盘问，当场格杀，命虎贲武士用斩马剑把董忠尸体剁成碎片。逮捕董忠的家族，无论男女老幼，全推到一个大坑里，浇上浓醋、毒药，又用利刀、荆棘搅拌，然后埋葬。刘秀（刘歆）、王涉，得到消息后自杀。王莽眼看众叛亲离，骨肉、老友，从内部崩溃的窘境（王涉，是王根的儿子、王莽的堂兄。刘秀〔刘歆〕则是王莽称帝的主谋），无法公开交代，只好密而不宣。然而，政府主力军已破，亲信大臣又纷纷背叛，不知道应该信任什么人，雄心大志，顿然消失，不但不再考虑对付匈奴（王庭设蒙古国哈拉和林市），也不再照顾到关中（大常安地区，陕西省中部）以外的其他郡县。于是，命大司空（三公之三）王邑返回首都常安，接替董忠的遗缺——大司马（三公之二）。任命皇后宫总管（大长秋）张邯当大司徒（三公之一）、崔发当大司空（三公之三），宫廷禁卫官司令（司中）“寿容”（不懂二字意义）苗䜣当国师（四辅之三）。

王莽现在面对的是他用诈术无法克服的局面，过度的忧虑、悲痛、愤怒，使他食不下咽，只有配一点鲍鱼，饮酒解愁。其他时间，都在阅读兵法，疲倦时就靠着几案入睡，不能上床安枕。

12 成纪（甘肃省静宁县西南）人隗崔、隗义（隗，音wěi〔伟〕），上邽（甘肃省天水市）人杨广、冀县（甘肃省甘谷县）人周宗；同时聚众起兵，响应远在宛县（河南省南阳市）的玄汉政府。突袭平襄（甘肃省通渭县），斩新政府镇戎郡（天水郡，郡政府设平襄）郡长（大尹）李育。

隗崔老哥的儿子隗嚣，一向有很好名声，喜爱儒家学派经典。隗崔等共同推举隗嚣当首领，称“上将军”。隗崔则称“白虎将军”、隗义称“左将军”。

隗嚣派人敦请平陵（陕西省咸阳市西北双照街道）人方望，担任总参谋长（军师）。方望建议，在平襄（甘肃省通渭县）东郊，兴建西汉王朝一任帝刘邦祭庙。

七月二十日，举行盛大典礼，祭祀刘邦（西汉一任帝高祖）、刘恒（西汉五任文帝）、刘彻（西汉七任武帝）。隗嚣等称臣，杀马发誓，同心合力，拥护刘姓皇家，恢复西汉王朝政府。然后，向各郡各封国传递文告，声讨王莽罪行，集结武装部队十万人，一连击斩新政府委派的雍州（甘肃省）全权州长（牧）陈庆、安定郡（宁夏固原市）郡长（大尹）王向（王家班王谭的儿子）。然后，派出将领，一连串攻陷陇西（甘肃省临洮县）、武都（甘肃省西和县西南蒿林乡）、金城（甘肃省永靖县西北）、武威（甘肃省武威市）、张掖（甘肃省张掖市）、酒泉（甘肃省酒泉市）、敦煌（甘肃省敦煌市）。

13 最初，茂陵（陕西省兴平市东北）人公孙述，当清水（甘肃省清水县）县长，以才能干练，闻名于世，新政府擢升他当导江郡（蜀郡）郡长（卒正）；郡政府设于临邛（四川省邛崃市）。玄汉兵团起事时，南阳（河南省南阳市）人宗成、商县（陕西省丹凤县）人王岑，也分别聚众起兵响

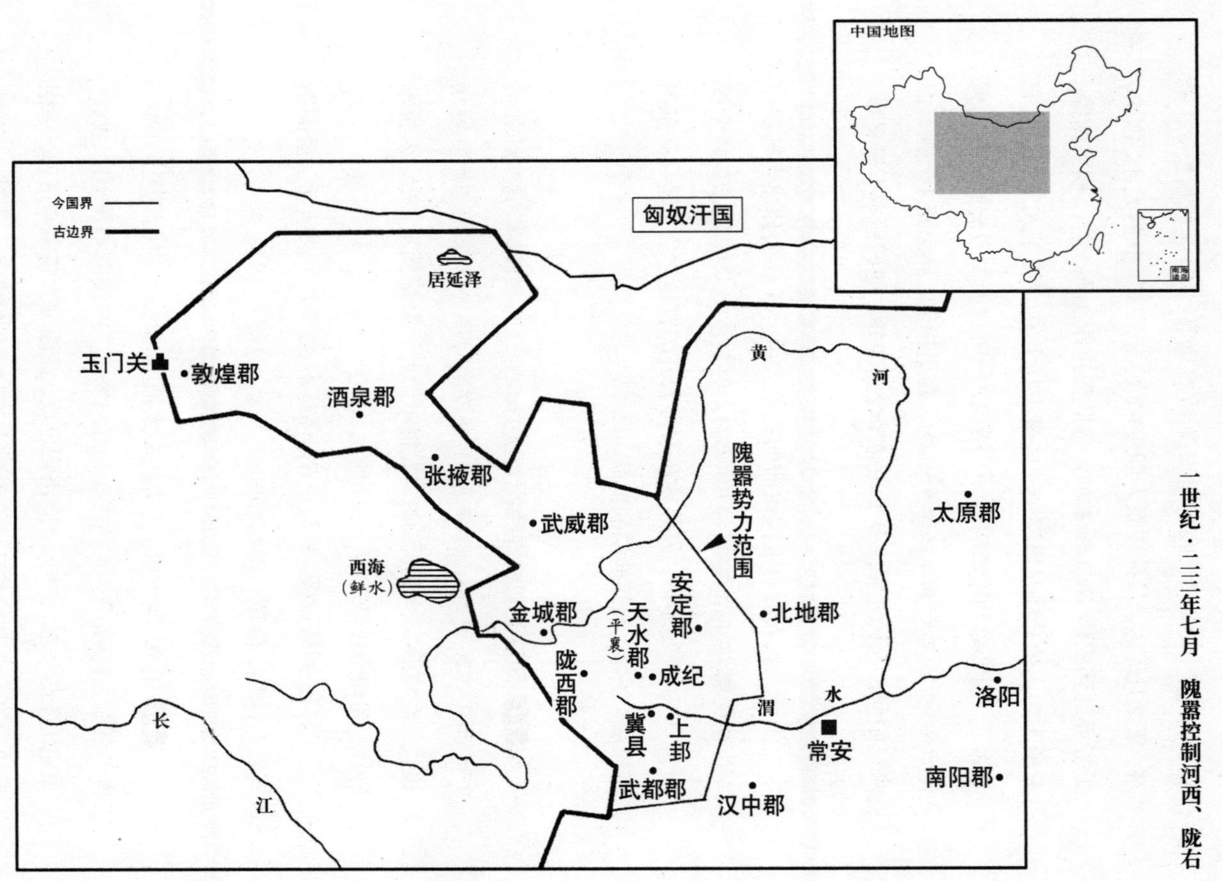

一世纪·二三年七月　隗嚣控制河西、陇右

应，夺取汉中（陕西省汉中市），击斩新政府庸部（益州）全权州长（牧）宋遵，集结几万人。公孙述派人迎接宗成、王岑等，共商大计。宗成、王岑等既到成都（四川省成都市），部队简直跟土匪一样，横暴掳掠，无所不为。公孙述召集郡中一些豪杰壮士说："天下人不堪新政府迫害，一直怀念西汉政府日子。所以，一听说西汉政府的将军驾到（玄汉政府一直以西汉王朝的合法继承者自居），奔走相告，到道路上迎接。而今又如何？人民无罪，妻子儿女却受到凌辱。他们根本不是义军，而是强盗。"

于是，派人假冒玄汉政府的钦差大臣，任命公孙述当辅汉将军，兼蜀郡（四川省成都市）郡长（太守），更兼益州（四川省及云南省）全权州长（牧），颁发印信。公孙述在取得公开的官位之后，起兵向东击斩宗成、王岑，吞并他们的部队。

14 西汉王朝前钟武侯刘望（长沙〔定〕王〔首府临湘，湖南省长沙市〕刘发的后裔。刘发，参考前一五五年三月），在汝南（河南省平舆县西北射桥镇）聚众起兵。新政府农林部长（纳言）大将军严尤、祭祀部长（秩宗）大将军陈茂，向刘望投降。

八月，刘望登极，称汉王朝皇帝，任命严尤当武装部队最高指挥官（大司马）、陈茂当宰相（丞相）。

15 新帝（首都常安）王莽，命太师（四辅之一）王匡、国将（四辅之四）哀章，驻防洛阳（河南省洛阳市东白马寺东）。玄汉帝（首都宛县）刘玄，命定国上公王匡（新市兵），向洛阳进攻。命西屏大将军申屠建、宰相府执行官（丞相司直）李松，直扑武关（陕西省商南县西南）。三辅（大常安地区〔陕西省中部〕），惊骇震动。

析县（河南省西峡县）人邓晔、于匡，在南乡（河南省淅川县西南）聚众起兵，响应玄汉政府，就近进攻武关。新政府任命的武关驻军司令（武关都尉）朱萌，开关投降。邓晔等进攻右队郡（弘农郡，河南省灵宝市东北），斩郡长（大夫）宋纲。向西推进，攻陷湖县（河南省灵宝市西）。

不断的噩耗使王莽忧惧交加，而又束手无策。大司空（三公之三）崔发建议说："古代，国家遇有大的灾难，则用哭声化解，我们应向上天哀告求救！"（《周礼》，国家有大灾难时，女巫就要一面唱一面哭，向上天哀告。）王莽相信，亲自率领文武百官，到首都常安南郊，向上天陈述神秘预言书（符命）的来龙去脉。然后，仰天大哭，哭得筋疲力尽，再俯地叩头。儒家学派知识分子（诸生），以及被动员集合的小民，每天早晨和晚上，都集合在一起大哭，新政府供应早点跟晚饭。对大哭最力的人士，一律任命当宫廷禁卫官或政府中级官员（郎），一时擢升五千余人。

王莽仍作最后挣扎，任命九位将军，都用"虎"字作为称号。率领北军（野战军）精锐几万人，出发东征。把他们的妻子，接到皇宫之中，作为人质。这时，宫廷所存黄金，还有六十余万斤，其他的贵重珍宝差不多也是这个数目。可是，王莽却爱不释手，对九虎将军部属，每人仅赏赐四千钱。激起全体怨恨，大家离心离德，毫无斗志。

九虎将军率领一群散沙部队，进驻华阴（陕西省华阴市）东方的回谿（今地不详，应在华阴市东），凭险据守。邓晔、于匡变民军进击，六位虎将军战败逃走；其中两位虎将军（史熊、王况）回到首都请罪，王莽派使节责问他们："死的人在哪里？"二人自杀，另四位虎将军（姓名不详）逃走后，不知去向。其他三位虎将军（郭钦、陈翚、成重），收集残兵败将，退保京师仓（陕西省华阴市北）。

邓晔大开武关（陕西省商南县西南）关门，迎接玄汉先锋部队。玄汉宰相府执行官（丞相司直）李松，率三千余人抵达湖县（河南省灵宝市西），跟邓晔相会，联合进攻京师仓，不能攻克。邓晔任命弘农（河南省灵宝市东北）郡政府秘书（掾）王宪当指挥官。王宪率几百人向北进发，渡过渭河，进入北常安市（左冯翊。即新王朝的烈尉郡及翊尉郡）境界。

李松派他的助手偏将军韩臣等，向西从小路挺进到新丰（陕西省西安市临潼区东北），攻击新政府波水将军窦融。窦融败退，韩臣追击，直抵长门宫（首都常安东郊）。王宪部队推进到频阳（陕西省富平县东北），沿途各县城，望风迎降，地方乡绅也纷纷聚众起兵，自称是汉王朝将军，率领部众，追随王宪。这时，李松、邓晔的变民军主力，已抵达华阴（陕西省华阴市），首都常安（陕西省西安市）城下，游击部队开始出现。大家听说天水隗家军（根据地在平襄〔甘肃省通渭县〕）也将抵达，更为振奋，争着要第一个进入首都，一则建立大功，二则可以大肆抢劫财宝。

王莽再作困兽之斗，赦免监狱里的囚犯，发给他们武器，杀猪饮血，教他们发誓："如果做出不利于新政府的事，神鬼降罪。"派更始将军（四将之四）史谌（王莽的岳父）率领出战。可是，一过渭桥，大家即一哄而散，史谌只好空手而回。

变民军在城外把王莽妻子、父亲、儿子，以及祖先的坟墓，全部挖掘，焚烧他们的尸体、棺木、祭庙。又焚烧皇家大会堂（明堂）、国立大学（辟雍）。火光上冲霄汉，直照城中。

九月一日，变民军攻破首都常安宣平城门（常安东面北头第一门）。新政府大司徒（三公之一）张邯，首先被变民军击斩。大司马（三公之二）王邑，率领王林、王巡、䔥（音dì〔帝〕）恽等将领，在未央宫北门，企图遏阻变民攻势。而天色已晚，新政府各机关官署跟官员家宅，逃亡一空。

九月二日，常安（陕西省西安市）城里年轻小伙朱弟、张鱼等，为了保卫自己家门不被变民军抢劫，聚集成群，也参加变民军行列。直扑未央宫，纵火焚烧工匠们出入的便门（作室门），用斧劈开敬法殿小门，喊叫说："叛徒王莽，怎么还不出来投降？"大火迅速蔓延到后宫承明殿。承明殿是黄皇公主王女士（西汉王朝十四任帝刘箕子正妻）住处，眼看天崩地裂，叹息说："我还有什么脸面，再见西汉王朝家人？"纵身投入火窟而死（三十二岁）。

16 王莽逃到未央宫宣室殿避火，而火舌跟踪而至。王莽身穿赤青色的衣服，手拿两千二百年前姚重华拿过的小刀（纪元前二十三世纪，姚重华在位时，尚是石器时代，哪里来的"匕首"？王莽自己制造古董，最初用来愚弄别人，现在用来愚弄自己），天文官（天文郎）就在王莽面前，占卜时日方位，王莽绕着桌案兜圈子，最后终于找到占卜上显示最吉祥的位置——斗柄，才坐下来。神志不清的喃喃自语说："上天照顾我，西汉军能把我怎么样！"

九月三日，黎明，高级官员扶着王莽，从宣室殿，逃到太液池中四面环水的渐台，这时仍有一千余位官员追随左右。大司马（三公之二）王邑，日夜血战，疲惫不能支持，而士兵死伤将尽。王邑奔回皇宫，辗转进入渐台。碰见他儿子宫廷随从（侍中）王睦，正在那里脱下官衣官帽，改变服装，准备溜走。王邑喝止他，教他回来。于是，父子二人一同进去，保护王莽。

变民杀入宣室殿中之后，听说王莽逃入渐台，遂把渐台密密包围，有几百重之多。渐台守军仍然发箭拒抗。等到箭被射完，变民冲杀，双方短兵相接。王邑父子、𨛬恽、王巡，在肉搏中战死。王莽逃到一个小房间，大约下午晚饭的时分，变民杀入渐台。国师王政君“寿容”（不懂二字意义）苗䜣、太傅（四辅之二）唐尊、王盛等，全都丧生刀下。商县（陕西省丹凤县）人杜吴，直闯而入，击杀王莽，指挥官（校尉）东海（山东省郯城县）人公宾就（公宾，复姓），砍下王莽的人头（本年王莽六十八岁）。士兵一拥而上，乱刀齐下，把王莽尸体砍成碎块。为了争夺这项诛杀元凶的功勋，互相攻击，杀死几十人（新王朝亡，九至二三，立国十五年）。

公宾就拿着王莽的人头，呈献给王宪。王宪自称玄汉政府全国最高统帅（大将军），长安（玄汉把新王朝的常安改回原名）城中变民部队数十万人，全归他管辖。王宪霎时间掌握大权，住入东宫（长乐宫），命王莽的小老婆群陪他上床。每次出巡，都穿上王莽的皇家服装，坐王莽的皇家车辆。

九月六日，玄汉政府宰相府执行官（司直）李松、析县（河南省西峡县）变民首领邓晔，进入长安；将军赵萌、西屏大将军申屠建，接踵而至。认为王宪拿到皇帝玉玺印信，不肯呈缴；而又淫乱宫女，建立天子旗帜鼓号，罪不容赦，遂逮捕王宪，诛杀（王宪只威风三日）；把王莽的人头送到临时首都宛县（河南省南阳市），悬挂街市示众。愤怒的民众，把它踢来踢去，有的甚至把他的舌头割下吃掉。

王莽以皇亲国戚的身份，在西汉政府供职，谦虚恭谨，博取到美好的声望。等到升居高位，主持政府，刻苦自励，献身国家，一切依照正直道路行事。岂不是外貌仁义，而行为恰恰相反？

王莽虽然包藏祸心，但他有奸邪谄佞的特殊才干，继承四位伯父和叔父所累积下来的权力基础（四位伯父叔父：王凤、王音、王商〔王家班〕、王根），又遇上西汉王朝政府机能的衰退，一连三代，都没有皇位继承人(十二任帝刘骜无子，十三任帝刘欣无子，十四任帝刘箕子无子)。偏偏皇太后(王政君)，却享有高寿，为王莽作主。王莽这才施展他的阴谋，完成篡夺。从这个观点来看，事属上天注定，并不关世间人事。

王莽坐上宝座，面向南方称帝。危险的局势，比姒履癸(桀帝)、子受辛(纣帝)时代，更为严重。可是，王莽却沾沾自喜，认为他就是姬轩辕(黄帝)、姚重华(虞帝)再世复出。这才任意作为，施展威力和诈术，毒害流满全国，灾祸蔓延到外邦蛮夷，而仍不能使他的欲望满足，于是四海之内，一片愁苦，人民丧失生存的乐趣。内外一齐愤怒怨恨，远近同时背叛反抗。城市不能守，身体被肢解，使有人居住之处，都变成废墟，害苦了天下苍生。

自从经典上记载乱臣贼子以来，考察他们引起的灾难，跟失败的凄惨，从没有一个超过王莽。从前，秦王朝焚烧《诗经》《书经》，制定不准私自议论政治的刑罚(参考前二一三年)。王莽精通儒家学派的六种经典(《诗经》《书经》《礼经》《易经》《乐经》《春秋》)，却加以曲解。他们的方法虽不一样，目的却是一样。结果都归于灭亡，不过是替圣明的君主开道铺路而已(秦王朝为刘邦开道铺路，新王朝为刘秀开道铺路)。

西汉王朝政权中道衰落之时，偏偏皇太后王政君的寿命太长。王莽借着她的力量，控制政府，坚持由一个婴儿当皇帝，只手掌握大权。假装仿效姬旦(周公)辅佐周王朝二任王姬诵(成王)故事，由“安汉公”而“宰衡”、由“宰衡”而代理皇帝(居摄)，由代理皇帝而成为真正皇帝。权势影响下，歌功颂德的，开始时八千余人，接着亲王、侯爵、部长级高级官员(公卿)，主张加“九锡”的，就有九百零二人。官员、人民上书的，前后有四十八万七千五百七十二人。

虽然，皇族方面，安众侯刘崇、徐乡侯刘快等；臣僚方面，东郡（河南省濮阳市西南）郡长翟义、期门禁卫官（期门郎）张充等，先后起兵反抗，但立即就被扑灭。王莽累积下来的威力，已遍天下，风起云从，不可动摇。假使王莽能够逆来顺受，虽然用邪恶的手段攫得，却用正常规范治理，推广恩德，团结人心。即令人们仍没有完全忘掉西汉王朝，也会渐渐接受新王朝的统治，不见得有人敢冒险行动，起兵抗衡。

王莽失败的原因：第一件事是把私有土地，全部收归国有，称为“王田”，禁止人民买卖。一个人的田地如果超过一百里，余田便要分给邻居或亲属，如果表示反对，一律放逐边陲蛮荒。又禁止储蓄和携带人民称便的五铢钱，违犯的也一律放逐边陲蛮荒。于是农夫、商人，相继失业，被控告买卖田亩，或被控告持有五铢钱，而被判刑的，不可胜数。接着又制定六项专卖条例（六筦令），命地方政府专卖酒、专卖盐、专卖铁器，山林湖泊出产的东西，全都抽税。这都是激怒人民的措施。

王莽自以为北方已经感化匈奴汗国（王庭设蒙古国哈拉和林市），东方已经感化海滨蛮夷，南方已经感化黄支部落（地望在越南最南部），只有西方还没有全服。于是派人引诱西羌部落，献出土地，设立西海郡（青海省海晏县），而西羌部落因为失去土地，遂行叛变。又把蛮夷的王爵，都改成侯爵，派人颁发匈奴单于新印，收回西汉王朝颁发的旧印，把“玺”字改为“章”字，单于想要旧印，使节却把旧印敲碎，单于气愤，才开始侵扰边界。句町王（云南省广南县）也因把“王爵”改成“侯爵”，起兵反叛。这都是激怒外国的措施。

因为匈奴的侵扰，王莽指派十二位将领出击，偏将裨将以下

一世纪·二三年七月至九月
王莽被杀，新王朝覆亡

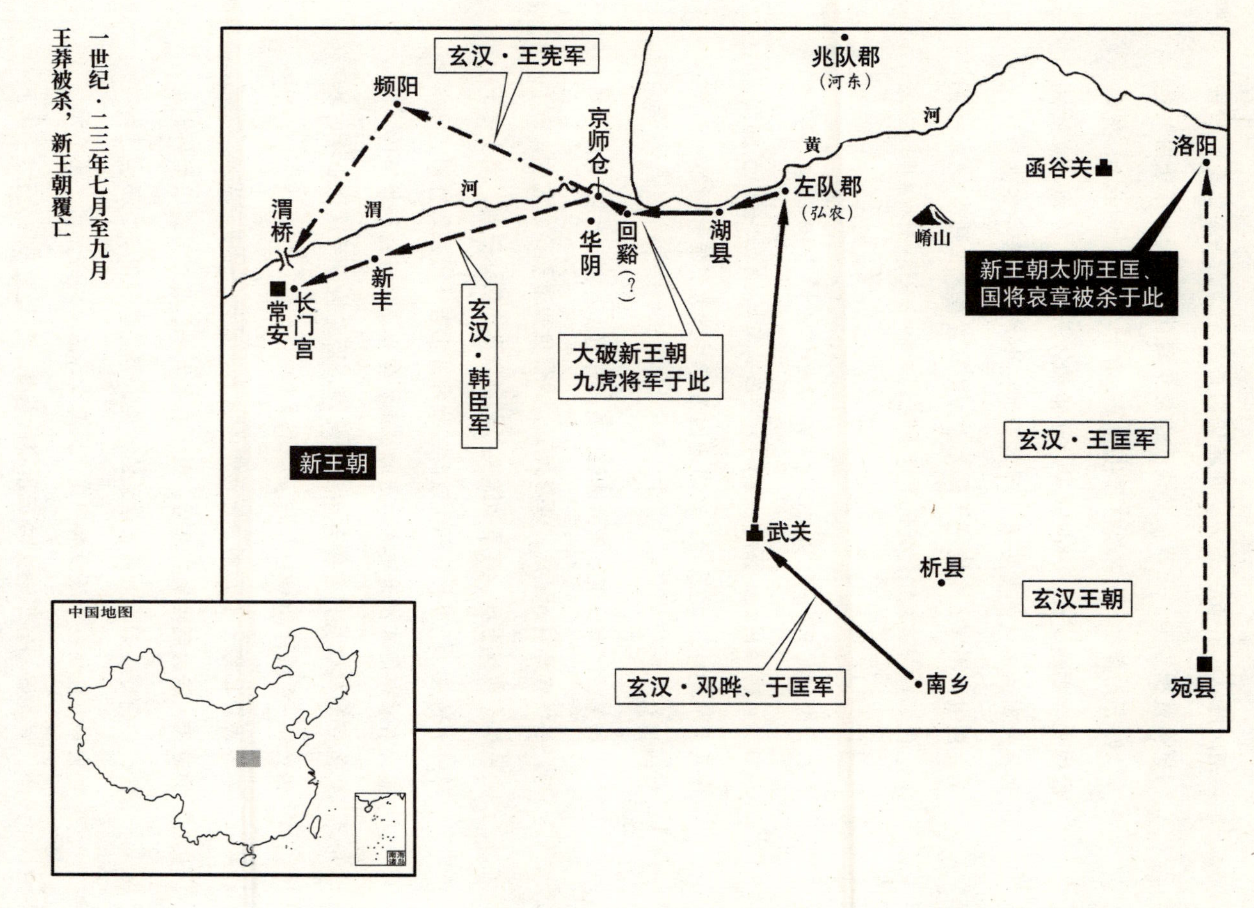

一百八十人，士兵三十万。凡私铸国币的主角，当然定罪，邻居们也会被捕连坐。王莽征发这些连坐犯到前方服役，男子囚入槛车，妇女儿童步行，用铁链锁住脖子，约十余万人。到达后，把他们的夫妻拆散交配。地方政府运送粮饷，从长江、东海，直抵极北。先到的部队扎营安寨，等候大军完全集结，再一齐出动。于是，将领及军官，在边境无法无天，造成灾害。五原郡（内蒙古包头市）、代郡（河北省蔚县），受到荼毒最深（《汉书·匈奴传》：北边自从十任帝刘病已〔前七四〕以来，一派升平，不见烽火狼烟，人口繁盛，牛马遍野。等到王莽跟匈奴决裂，沿边人民，死亡相继。加上十二个兵团〔参考一〇年十二月〕驻屯太久，却不出击，官兵对人民横肆暴虐，郊野开始暴骨）。讨伐句町（云南省广南县）的部队，士兵死亡达十分之五六，这都是因为穷兵黩武，使外国跟中国结怨的措施。

结果，四海像滚水般的沸腾，变民蜂起。刘玄、赤眉（樊崇）、刘秀，都扬言是刘姓皇族，号召天下。人们但知道王莽的失败，由于人民思念西汉王朝，却不知道人心之所以思念西汉王朝，完全是王莽一力造成。王莽初开始执政时，故意做出若干激烈的行动，建立盛大名誉，用来作为更大邪恶的基础，但也不过普通奸雄而已。等到篡夺政权之后，却不知道安抚统御，而竟认为可以无止境的欺骗。遂一意孤行，结怨中国，更结怨外国。

天下已经土崩瓦解，王莽却不在意，反而一味把头埋到“古”的时代，认为制度制定之后，天下自然太平，日夜只追求如何定礼仪，如何定圣乐，对儒家学派的六经，尽量牵强附会，不去过问国家大事。礼仪圣乐还没有完成，而身受诛杀。这种见识，还不如一个三岁儿童。俗语说：“今天所谓的愚蠢，不过是一种诡计。”像王莽这种人，他的诡计，却不过是一种愚蠢。

中国历史上，每一次政权转移，都要发生一次改朝换代型的全国混战。野心家或英雄豪杰，各自掌握武力，互相争夺吞噬，人民死伤千万，白骨遍地，孤儿寡妇遍地。最后，只剩下一个头目，这个头目遂成为儒家学派所称颂的“得国最正”的圣君，在血海哭声中建立他的王朝政权。王莽打破这个惯例，他用和平手段，把政权转移到自己手中。在历史上，他不是第一个用和平手段转移政权的君王。最早的一位是黄帝王朝姚重华，其次是夏王朝后羿、寒浞，第四位是齐国田和，第五位是燕王国子之；王莽应排行第六。但是，王莽却是第一个使用和平手段转移政权后，跟旧政权一刀两断，另行建立一个崭新王朝和崭新政府的君王。过去的篡夺，只是统治者搬家，而王莽的篡夺，却确确实实是改朝换代，还包括一种政治理想的实践。不同的是，姚重华在孔丘“托古改制”运动中，被塑造成一个神圣形象，“篡夺”被美化为“禅让”，而如法炮制的一些后生晚辈，“禅让”反被丑化成“篡夺”。

对于王莽事件，儒家学派处于进退两难的窘境，如果新王朝寿命有八百年之久，儒家知识分子自然振振有词。偏偏十五年便亡，而更糟的是，继起的统治者又偏偏是西汉王朝皇家苗裔，王莽就非是“乱臣贼子”不可。所以，虽然王莽是一位“大儒”，而且用政治力量推动儒家学派的崇古政治理想，儒家学派却不得不放弃原则，对他痛加诟骂。这诟骂包括一种痛恨的心情，痛恨他不争气。不过，无论如何，王莽创造的权臣夺取宝座的分解动作，却为后世定下模式，很多同样情形下的权臣，都照葫芦画瓢。

以一个学者而建立一个庞大的帝国，中国历史上仅此一次（中国所有王朝的开创帝王，如果不是地痞流氓、恶棍无赖，便准是拥兵的武夫），他掌握权柄后，所从事的社会革命，可归纳为八大项目：一、土地国有，二、耕地重新分配，三、冻结奴隶，四、强迫劳动，五、实行专卖，六、建立贷款制度，七、计划经济，八、征收所得税。司马光在《资治通鉴》中只记其害，不记其利。

从这些剧烈的措施，可发现王莽所从事的是一项惊天动地的全面社会大革命。王莽的失败，使人惋惜；如果他能成功，将使人类文化史重新写过。然而，有五项原因，使他不能逃过厄运。

第一，王莽是一个忠实的儒家学派，而儒家学派的基本精神是崇古。所以王莽的眼光不是向前看而是向后看。他对他诊断出来的社会病态的治疗，认为只要吃下古老儒书上所用的那些古药，就可痊愈。像土地重新分配，固是创举，可是王莽坚持恢复井田，便根本无法做到。脚步向前走而眼睛向后看，仅这一点，就注定他必然跌倒。

第二，那个时代还没有推动这么庞大改革的技术能力，像贷款利息和所得税，都是“纯利”的十分之一，这涉到复杂的成本会计，当时的人还不可能胜任。即令有此人才，王莽更需要一个有组织的干部群去执行。但他仰仗的却只是行政命令，把所有责任都加到行政官员身上，而行政官员大多数又都腐败无耻（这是中国传统的严重病态）。于是，纵是善政，也会转化为暴政，民变因之燎原般爆发。

第三，王莽没有办法控制丧失既得利益者的反击。土地国有使地主怨恨，禁止奴隶买卖使奴隶主和奴隶贩子怨恨，强迫劳动使贵族和一些地痞流氓寄生虫怨恨，禁止铸钱使富豪怨恨。这些怨恨容易掩盖因改革而受益者的欢呼和感谢。一遇机会，就向改革反击。

第四，王莽机械的迷信制度万能，他认为：“制度确立之后，天下自然太平。”大部分时间都用在厘定新的制度上，而他用的又是儒家学派所特有的繁文缛节，不惮其烦的改官名、改地名，凡是“现代”的全都取消，一律恢复“古代”原状。改得太多，以致没有人能够记得住。这改革是不必要的，但王莽懔遵儒家“正名”学说，却特别认真，而也就在这些小动作上，按下大失败连锁反应的电钮。西汉政府对西南夷诸部落酋长，大都用王爵羁绊，不过是不费一文钱的虚名，王莽却改封他们为侯爵。句町王首先反抗。王莽又把西汉政府颁给匈奴汗国“匈奴单于玺”，改为“新匈奴单于章”。皇帝的印称“玺”，而“章”只用于侯爵，这改革更不必要。却为此发动南北两边大规模讨伐战事，征兵征粮，引起骚动与饥馑和吴广式的暴动。

第五，王莽是一位狡狯而又蠢笨的高级知识分子，兼儒家学派的经济学者，绝不是一位智慧的政治家。智慧的政治家永不会认为自己比任何人都聪明，王莽恰恰认为自己如此，因之他不能容纳与他意见相异的建议，固执的自以为高人一等。所以他对句町国和匈奴汗国，采取迎头痛击政策。对因饥饿而抢掠的变民，一味高压，遂使形势更加恶化。

王莽死，新王朝灭。本来已经被避免了的改朝换代型大混战，仍然出现，自一世纪一〇年代吕母起兵开始，到三〇年代全国再度统一为止，前后继续二十年，中国人生命财产的损失，无法估计。可是，儒家学派在无数次复古溃败之后，没有接受丝毫教训，仍在推销他们的“古”，人民照样被迫接受，实在是一个困惑的课题。

17 玄汉政府（首都宛县）定国上公王匡（新市兵），攻陷洛阳（河南省洛阳市东白马寺东），生擒新政府太师（四辅之一）王匡、国将（四辅之四）哀章，斩首。

18 冬季，十月，玄汉政府奋威大将军刘信，攻击汝南（河南省平舆县西北射桥镇），诛杀刚称帝的刘望（参考本年〔二三〕八月），并诛杀刚被任命为最高指挥官（大司马）的严尤、宰相（丞相）陈茂。所属郡县，全都降附。

19 玄汉帝（一任）刘玄，准备把中央政府从宛县（河南省南阳市）迁到洛阳（河南省洛阳市东白马寺东）。任命刘秀代理京畿总卫戍司令（行司隶校尉），派他先去洛阳修建宫殿，跟政府机关。刘秀依照西汉王朝旧章，组成司令部，设立官职，用正式公文通知所属郡县。

当时，三辅（长安市、北长安市、西长安市）官员们，派代表到洛阳迎接玄汉政府官员，看见将领们服装狼狈，用布包头（地位卑贱的人，没有钱购买冠帽，才只用布包头），穿着女人的衣裳，忍不住失笑。现在，看见京畿总卫戍司令部的官员，兴奋得不能自制，有些年纪大的职员，甚至感动得流泪说："想不到今天还能看到西汉王朝官员的威仪！"

从此，有见识的人，对刘秀留下深刻印象。

20 刘玄定都洛阳（河南省洛阳市东白马寺东），派出使节到各郡各封国，宣布说："最先投降的，保持他的封爵跟官位。"

使节到了上谷郡（河北省怀来县），上谷郡长（太守）、扶风（西长安市）人耿况迎接，缴纳印信（表示降附），使节接受。可是，过了一夜，却不发还，而且也没有发还的意思。郡政府行政官（功曹）寇恂，带着武装部队，拜访使节，请求发还印信。使节拒绝，说："我是皇上的钦差大臣，你打算威胁呀？"寇恂说："我并不敢威胁阁下，只是替你的思虑不够周密，感到可惜。而今，天下刚刚安定，阁下代表皇上驾临，各郡各封国，莫不伸长脖子，洗耳倾听。第一站到上谷，便先自毁承诺，还有什么方法对别的郡国发号施令？”使节不作答复。寇恂愤怒的吆喝左右随从，教他们用使节的名义，召唤耿况。等到耿况来到，寇恂自己把印信交给耿况。使节无可奈何，只好用刘玄的名义下诏（承制），任命耿况当上谷郡长。耿况受命后告辞。

宛县（河南省南阳市）人彭宠、吴汉，逃亡到渔阳郡（北京市密云区）。同乡韩鸿，担任玄汉政府使节，前往北方沿边郡县，用刘玄名义下诏（承制），任命彭宠当偏将军，代理渔阳郡长，任命吴汉当安乐（北京市顺义区）县长。

玄汉政府派人前往说服赤眉，赤眉首领樊崇等听到西汉王朝复兴消息，留下部众，率领首领人物二十余人，随同使节，前往洛阳。刘玄把他们都封侯爵。可是，并没有采邑，而留在原地的部众，又有人开始背叛离去。樊崇等就再逃回他的基地（赤眉此时驻扎濮阳〔河南省濮阳市西南〕）。

21 新政府庐江（安徽省庐江县）郡长（连率）、颍川（河南省禹州市）人李宪，就在本郡，自称淮南王。

22 西汉王朝梁王（首府睢阳〔河南省商丘市〕）刘立的儿子刘永（刘立被控跟卫姓家族勾结，自杀，参考四年），到洛阳朝见刘玄，刘玄封刘永继位梁王，首府仍设睢阳（河南省商丘市）。

23 刘玄打算派亲信大将前往河北（黄河以北）地区招降宣抚。大司徒（三公之一）刘赐建议：“南阳（河南省南阳市）子弟中，只有刘秀有这种能力。”朱鲔等坚决反对，刘玄也疑惑不决。刘赐恳切规劝，刘玄才任命刘秀当代理大司马（行大司马事），“持节”北渡黄河，收揽各郡归附中央。

24 玄汉政府（首都洛阳）任命大司徒（三公之一）刘赐当宰相（丞相，此时官位混乱，西汉王朝制度跟新王朝制度，羼杂使用。“丞相”似又高过“大司徒”），命他先到长安（陕西省西安市），整修皇家祭庙跟皇宫宝殿。

25 大司马（三公之二）刘秀，到达黄河以北（刘秀渡过黄河之后，《资治通鉴》即不再提“代理”，可能是玄汉政府下令取消，也可能是刘秀自己故意省略，以加强权威），所经的郡县，考察官吏政绩，奖励有功，惩罚有罪，公平审理诉讼刑狱，废除新王朝时代的暴政，恢复西汉王朝官名制度。官民一片欢腾，争先恐后的献上牛羊跟美酒，迎接慰劳。刘秀一律不接受招待。

南阳（河南省南阳市）人邓禹，手提马鞭，骑马北渡黄河，投奔刘秀，直追到邺县（魏郡郡政府所在县，河北省临漳县西南邺城镇）才追到，晋见刘秀，刘秀说：“皇上（刘玄）授权给我，可以封爵任官，先生这么远前来，莫非想进入仕途？”邓禹说：“不想。”刘秀说：“那你想什么？”邓禹说：“唯一想的是，阁下的威望和恩德，普及四海，我能做你属下，尽一尺一寸的忠心，使我的声名，记载在史书之上。”刘秀笑起来，遂留邓禹住下，秘密交换意见。邓禹建议说：“而今，山东（崤山以东）仍没有完全平定，赤眉集团（樊崇）跟青犊集团（青犊是一个变民集团的称号，参考明年〔二四〕五月），他们的部队，都以‘一万人’作一个单位。刘玄不过一个平凡人物，而且又作不了主；所有将领，更都是庸碌之辈，靠着机运爬到高位，目的只在发财和弄权，快乐一天算一天。没有聪明智慧、远大眼光，更没有安邦定国的志向。观察古代一些圣明君王的兴起，不过两个条件：‘天时’和‘人事’。现在从‘天时’来看，刘玄当了皇帝后，天象变异更多。从‘人事’来看，帝王大业，绝对不是一个平凡人物所能开创。土崩瓦解的形势，十分明显。阁下虽然建立辅佐大功，到时候也会无立足之地。可是，阁下曾有过轰轰烈烈的贡献（指昆阳之战，参考本年〔二三〕六月），受到天下人的敬佩。无论从政或带兵，纪律严肃，赏罚公平。为了因应即将来临的变局，最好是招揽英雄，收回民心。创立高祖（西汉王朝一任帝刘邦）当年创立的功业，拯救人民于水深火热之中。以阁下的英明，不难统一天下。”

刘秀大为兴奋，命邓禹在营中下榻，随时磋商。刘秀任命将领，或派出使节，差不多都征求邓禹的意见。事实证明邓禹的判断，都很正确。

刘秀自老哥刘縯被诬杀，表面上十分平静，但每逢单独自处时，不吃酒肉（表示哀悼），枕头上常有他悲兄的泪痕。主任秘书（主簿）冯异，曾经悄悄进言规劝（冯异在父城追随刘秀，当京畿总卫戍司令部主任秘书〔司隶主簿〕后来渡黄河而北，继当大司马府主任秘书〔大司马主簿〕）。刘秀阻止他说：“你可别瞎讲！”（如悲兄的事情外泄，可能招来杀身之祸。）冯异索性直率的说：“今上皇上（刘玄）政治混乱，人民无依无靠。一个人饥渴得太久，就容易使他吃饱（《孟子》：饥饿的人，不选择食物）。阁下得以控制一大块土地，应该派遣官属使节，分别前往所有郡县，传播善政恩德。”

刘秀采纳。

骑兵总监（骑都尉）宋子（河北省赵县东北）人耿纯，在邯郸（河北省邯郸市）晋见刘秀。告辞后，发现刘秀的官属、部队，跟其他将领，大不相同，遂留下来，跟刘秀作更深结交。

26 西汉王朝故赵（缪）王（首府邯郸〔河北省邯郸市〕）刘元的儿子刘林（刘元是西汉王朝六任帝刘启的七世孙），建议刘秀：在列人（河北省邯郸市肥乡区）境内，决开黄河，可以把赤眉变民集团，全部淹死（刘林向刘秀献策：赤眉现在黄河东岸，黄河经列人北流，如果决开河堤，能使赤眉全成鱼鳖）。刘秀拒绝，前往真定（河北省正定县）。

刘林有谋略，在赵魏（河北省南部及河南省北部）之间，行侠仗义。新王朝时，首都常安（陕西省西安市）有人自称是西汉王朝十二任帝（成帝）刘骜的儿子刘子舆，王莽把他处决（参考一〇年）。现在，邯郸（河北省邯郸市）一位摆卦摊的算命先生王郎，宣称他才是真正的刘子舆，解释说："娘亲本是刘骜的一位歌女，曾经看见一股黄气罩到她身上，就怀了孕。赵飞燕打算谋害他，幸而用别人家的婴儿顶替，才保全一命。"刘林等对这项解释，深信不疑。于是，跟赵国（指河北省南部）有影响力的豪杰李育、张参等，准备拥戴王郎（刘子舆）当皇帝。正在此时，民间传说：赤眉集团将西渡黄河，民心惶恐。刘林等利用机会，传播暧昧的谣言："赤眉当立刘子舆（王郎）。"试探反应。而反应良好，人民也深信不疑。

十二月，刘林等率领骑兵跟军队数百人，于凌晨时分，进入邯郸，接收故赵王王宫，宣布王郎（刘子舆）是西汉王朝正统皇帝。然后，派出将领，分别向幽州（河北省北部及辽宁省）、冀州（河北省中部南部）夺取土地；把文告分送各州、各郡。赵国（此指西汉王朝封国，首府邯郸〔河北省邯郸市〕）以北，辽东郡（辽宁省辽阳市）以西，广大的北中原地区，都望风响应。

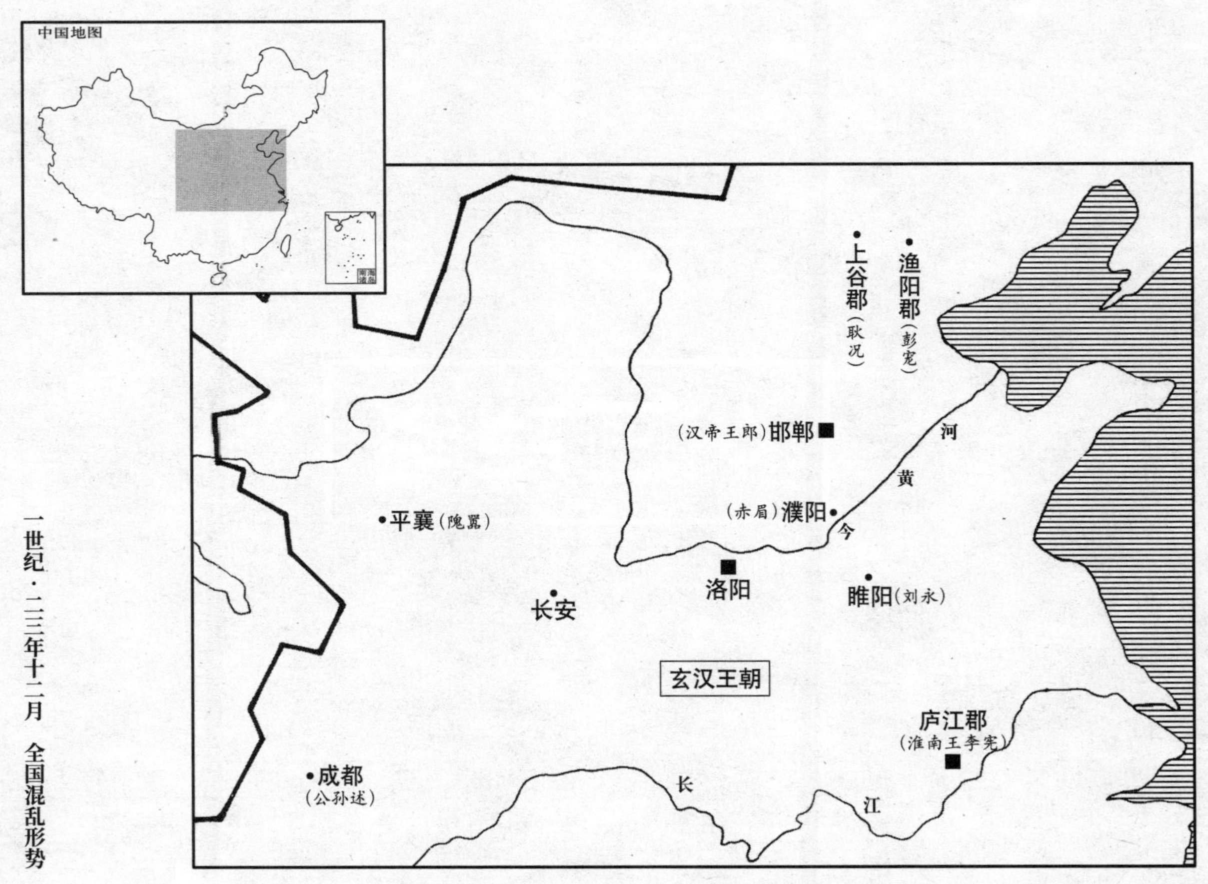

一世纪·二三年十二月　全国混乱形势

全国混战

导读

专制封建社会中，有一项钢铁法则，那就是“昏君辈出”之后，一定“全国混战”。

我们也用这个顺序，前面两册《昏君辈出》《王莽篡夺》，这一册《全国混战》。

改朝换代型战事，是五千年历史特有产物。一个王朝覆灭，一个政府崩溃，野心家们风起云涌，就像一群疯狗，抢夺那块政权骨头。有的自己抢，有的帮别人抢。抢到手了的，摇尾系统一声呐喊，疯狗就成了圣君英主，而那些躺下来的尸体，则成了盗匪。在激烈的抢骨头厮杀中，每个野心家的口号，千篇一律是“为了人民”！结果千篇一律的都是为了自己。人民悲哀的发现，自己不过是个棋子。

什么时候，改朝换代不再流血，而用的是和平手段，中国人就有福了。

柏杨　一九八四·六·一五

目录

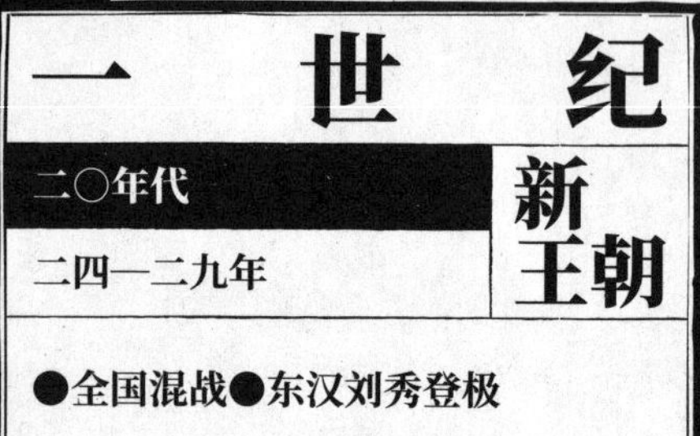

一世纪

二〇年代　新王朝

二四—二九年

●全国混战●东汉刘秀登极　399

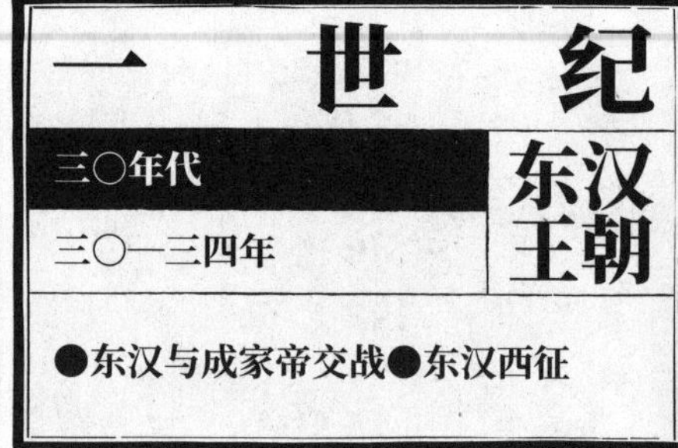

一世纪

三〇年代　东汉王朝

三〇—三四年

●东汉与成家帝交战●东汉西征　544

新王朝

◎ 全国混战。

◎ 东汉刘秀登极。

◎ 耶稣受洗。

◎ 耶稣钉死十字架，年三十二岁。

二四年 甲申

玄汉　更始　二年
（汉帝王郎二年）
（淮南王李宪二年）
（上将军隗嚣汉复二年）
（蜀王公孙述元年）
（楚黎王秦丰元年）
（周成王田戎元年）
（梁王刘永元年）

1 春季，正月，玄汉王朝（首都洛阳〔河南省洛阳市东白马寺东〕）全国武装部队最高指挥官（大司马）刘秀，抵抗不住汉帝（首都邯郸〔河北省邯郸市〕）王郎（刘子舆）声势的威胁，向北逃走，抵达蓟县（广阳郡郡政府所在县，北京市）。

2 玄汉西屏大将军申屠建、宰相府执行官（司直）李松，从长安（陕西省西安市）到洛阳（河南省洛阳市东白马寺东），迎接玄汉帝（一任）刘玄迁都。

二月，刘玄自洛阳出发。

最初，三辅地区（大长安）一些假借西汉王朝名义，聚众起兵，诛杀王莽的英雄豪杰，人人都盼望封一个侯爵。想不到申屠建到后，先斩王宪，又扬言说："三辅（大长安）的年轻人够奸猾的了，犯上作乱，竟然杀掉领袖（指王莽）！"官员平民对自己的义行被如此曲解，既惊恐又愤怒，于是各霸一方，拒绝跟玄汉政府合作，申屠建无力恢复正常秩序。

刘玄到长安后，下诏大赦："除非王莽的子孙，其他人所犯的罪，完全免除。"

三辅（大长安）的紧张局势，才告平息。

3 这时候，长安城中，只有未央宫被火焚毁，其他宫殿、设备，以及仓库、官府，仍都保持原状，街市繁华，也如往昔。刘玄住进长乐宫（原是皇太后所居），正式登金銮宝殿，接见群臣。文武官员依照尊卑次序，集合大庭，庄严肃穆。刘玄从没有见过这种场面，张皇失措，低着头，一味用手指甲刮他的座席，不敢抬头面对臣僚。有些将领稍后晋见，刘玄就问："抢了多少东西？"左右侍从、宦官，都是宫廷旧人，听到皇帝这种问话，你看我，我看你，惊讶得合不拢嘴巴。

4 李松跟棘阳（河南省南阳市南）人赵萌，建议刘玄：把所有功臣，都封王爵。朱鲔坚决反对，认为刘邦（西汉王朝一任帝）曾有规定，非姓刘的不可以封王爵。于是，刘玄遂先行晋封刘姓皇族：

刘祉封定陶王（首府定陶〔山东省菏泽市定陶区〕），刘庆封燕王（首府蓟县〔北京市〕），刘歙封元氏王（首府元氏〔河北省元氏县〕），刘嘉封汉中王（首府南郑〔陕西省汉中市〕)，刘赐封宛王(首府宛县〔河南省南阳市〕)，刘信封汝阴王(首府汝阴〔安徽省阜阳市〕)。

再封非刘姓功臣：

王匡(新市兵)封沘阳王(首府比阳〔河南省泌阳县〕)，王凤(新市兵)封宜城王(首府宜城〔湖北省宜城市〕)，朱鲔封胶东王(首府郁秩〔山东省平度市〕)，王常封邓王(首府邓县〔湖北省襄阳市汉水北岸〕)，申屠建封平氏王(首府平氏〔河南省桐柏县西北平氏镇〕)，陈牧封阴平王(首府阴平〔甘肃省文县〕)，皇城保安司令(卫尉)大将军张卬封淮阳王(首府陈县〔河南省周口市淮阳区〕)，首都长安警备区司令(执金吾)大将军廖湛封穰王(首府穰县〔河南省邓州市〕)，宫廷秘书(尚书)胡殷封随王(首府随县〔湖北省随州市〕)，柱天大将军李通封西平王(首府西平〔河南省舞钢市东北〕)，五威警卫指挥官(五威中郎将)李轶封舞阴王(首府舞阴〔河南省泌阳县北〕)，水利总监(水衡)大将军成丹封襄邑王(首府襄邑〔河南省睢县〕)，骠骑大将军宗佻封颍阴王(首府颍阴〔河南省许昌市〕)，尹尊封郾王(首府郾县〔河南省漯河市郾城区〕)。

只有朱鲔坚决推辞，不肯接受。刘玄遂任命朱鲔当左翼最高指挥官(左大司马)，宛王刘赐当前翼最高指挥官(前大司马)，派二人跟李轶等前往洛阳，镇压及安抚关东(崤山以东)。又派西平王李通，镇守荆州(湖北省及湖南省)。邓王王常代理南阳郡(河南省南阳市)郡长。

再任命李松当宰相(丞相)，赵萌当右翼最高指挥官(右大司马)，共同主持中央政府。

5 刘玄把赵萌的女儿接入皇宫，封夫人，遂把大权交给赵萌。刘玄在后宫不分昼夜的欢宴，官员们有要事报告，刘玄都喝醉了，不能接见。实在不能推辞时，就教宫廷随从(侍中)坐在帷帐里，代他回答。刘玄的另一位漂亮的小老婆韩夫人，尤其嗜爱饮酒，每

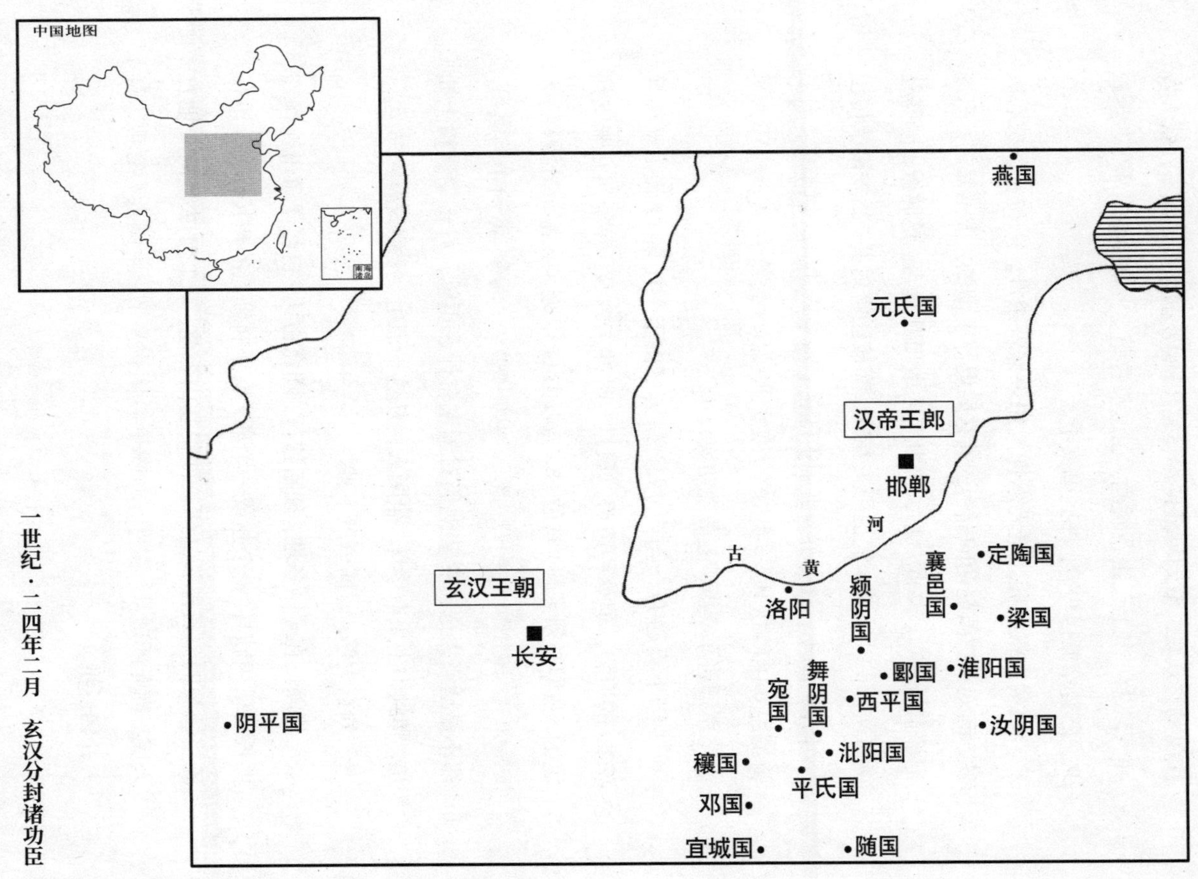

一世纪·二四年二月　玄汉分封诸功臣

次陪刘玄欢宴，看到寝殿侍奉宦官（中常侍）前来奏报国事，就大发脾气，说：“皇上正跟我喝酒，在这节骨眼上，就偏偏有事？”跳起来，把奏章撕得粉碎，摔到书案上。

赵萌大权在握，毫无忌惮，想杀谁就杀谁。一位官员忠心耿耿，向刘玄透露赵萌的罪行，刘玄像爆炸了似的，拔出佩剑，当场把那官员斩首。从此之后，再没有人敢口吐真言。这时候，一些社会低阶层的小人物，包括厨夫在内，都被任官封爵。长安街头传出“顺口溜”，说：“灶下养，当了中郎将（皇家警卫指挥官）。烂羊胃，当了骑都尉（骑兵总监）。烂羊头，当了关内侯（准侯爵）。”

军师将军李淑，上书规劝说：

“陛下奠定统一全国的大业，固然由于下江兵（王常）、平林兵（陈牧）的声势，但这种声势，只是一种冲击力量，不能用它来安邦定国。我们必须了解，官位（名）与权力（器），连圣人都十分重视（《左传》孔丘说：只有官位〔名〕与权力〔器〕，不可以随便给人）。而今，政府中的官员，都不是适当人选，希望他们对国家有什么贡献，好像攀到树上捕鱼，爬到山上采取珍珠。全国人民从这一点上，推测政府的命运。”

刘玄大怒，逮捕李淑下狱。

将领们在全国各地，独断独行，随意赏罚，自己任命州长（牧）、郡长（守），有时候一个州或一个郡，有甲将领派的州长郡长，也有乙将领派的州长郡长，州长郡长互相重叠，无论中央政府及地方人民，都无所适从。关中（陕西省中部）人民离散，全国人心怨恨，有人开始反抗。

6 刘玄征召隗嚣（隗，音wěi〔伟〕。时驻天水郡〔甘肃省通渭县〕）跟隗嚣的叔父隗崔、隗义等，隗嚣就要动身，他的智囊方望，认为玄汉政府的成败，仍是一个未定数，竭力劝阻。隗嚣不接受，方望就留下一份辞呈，飘然而去。隗嚣等到了长安，刘玄任命隗嚣当右将军，隗崔、隗义，仍维持自称的官位（隗崔自称白虎将军，隗义自称左将军）。

7 上谷（河北省怀来县）郡长耿况，派他的儿子耿弇（音yǎn〔眼〕），到长安向玄汉政府呈送奏章。耿弇本年二十一岁，走到宋子（河北省赵县东北），正遇上王郎（刘子舆）起兵称帝（参考去年〔二三〕十二月）。耿弇随从官孙仓、卫包说："刘子舆（王郎），可是西汉王朝皇帝（成帝）刘骜的嫡亲骨肉，真正皇家血统，不去投奔他，跑那么远干什么？"耿弇手按剑柄，说："刘子舆（王郎）不过一群盗贼，最后终会被人俘虏。我到首都长安，向政府（玄汉）呈献上谷、渔阳（北京市密云区）两郡兵马。回来后，出动突击部队，对付刘子舆（王郎）那批乌合之众，好比摧枯拉朽。阁下不在大节上站稳立场，不久就会全族覆灭。"

孙仓、卫包仍悄悄逃走，投奔王郎（刘子舆）。

耿弇听说玄汉全国武装部队最高指挥官（大司马）刘秀，正在卢奴（中山国首府，河北省定州市），遂直接北上晋见。刘秀留他下来担任参谋官（长史），一同再向北到蓟县（北京市）。而王郎（刘子舆）的文告也跟着到达，悬赏十万户侯爵，购买刘秀的人头。刘秀命郡政府行政助理（功曹令史）颍川（河南省禹州市）人王霸，到街头招募新兵，用以反击王郎（刘子舆），市民们忍不住大笑，围绕住王霸，比手画脚，挖苦他不自量力。王霸既羞惭又难过，狼狈逃回。

刘秀绝望，打算南下返首都长安。耿弇说："我们的敌人在南方，正向北攻击。如果南下，岂不自投罗网。渔阳（北京市密云区）郡长（太守）彭宠，是您的同乡（都属南阳郡）；上谷（河北省怀来县）郡长（太守），是我的老爹。如果能发动这两郡的武装部队——一万骑兵，用不着担心邯郸。”可是刘秀的亲信官属，一致反对，说：“即令是死，头也要朝南，为什么远投北方，岂不是掉到布袋里？”刘秀指着耿弇说：“他就是我的‘北道主人’！”

就在这时候，西汉王朝故广阳王（首府蓟县）刘嘉（七任帝刘彻五世孙）的儿子刘接，在蓟县（北京市）发动群众，响应王郎（刘子舆），刹那间全城混乱，传言邯郸派出的钦差大臣，已经抵达，郡长级（二千石）以下官员都迎接去了。刘秀大为惊恐，急急从下榻的招待所奔出，向南逃走。到了南门，城门已经关闭，遂攻击守城卫士，破门而出。人心惶惶，昼夜不停的狂奔，不敢进入城市，饥渴时就在路旁进餐，疲倦时就倒在路旁睡觉。好不容易到了芜蒌亭（河北省肃宁县南）。天气酷寒，冯异不知道从哪里弄来一碗热豆浆，端给刘秀。抵达饶阳（河北省饶阳县东北，跟蓟县航空距离一百八十公里），这群亡命之徒饥寒交迫，不能支持。无可奈何，刘秀决定冒险一试，遂自称是邯郸皇帝陛下（王郎〔刘子舆〕）的使节，堂堂皇皇，叫开城门，住进招待所。招待所官员设宴招待，刘秀部属一个个饥渴难忍，一看香喷喷的大鱼大肉上桌，就像叫化子（叫化）般争饭抢菜，一团糟乱，不成体统。招待所官员瞧在眼里，顿然起疑，认为不像是真的皇帝使节，暗中派人在外面擂起大鼓，连续几十通，大声喊：“邯郸（汉帝王郎〔刘子舆〕）将军驾到！”大家霎时脸色大变，刘秀跳上马车，就要狂奔，可是想了一想，被困城中，无法逃掉，只好再回到座位上，硬着头皮说：“请邯郸将军相见！”

经过一场虚惊，停了一阵，才离开饶阳（河北省饶阳县东北）。沿途不敢停留，日夜前进，头冒风霜，脚踏冰雪，脸部都被冻裂。

到了下曲阳（河北省晋州市西），得到情报：王郎（刘子舆）的追兵已经接近。刘秀等震恐，奔驰到滹沱河（滹沱，音hū tuó〔呼驼〕），走在前面

一世纪·二四年二月　刘秀转战河北

的探马回来报告，说：“河上布满碎冰，又没有船只，无法过渡！”刘秀再派王霸前往亲探，情形果然。王霸恐怕大家惊恐，可能一哄而散，准备走一步算一步，等到了河边，真不能过渡，再折回不迟，于是宣称：“河冰已经凝结，连马车都过得去。”大家立刻欢腾，刘秀笑说：“探马果然胡说八道。”继续前进。奇事就在此时发生，等他们到了河边，因天气大寒之故，河冰竟然真的已经凝结坚固。刘秀命王霸部署渡河，人马只剩下几匹没有渡完，河冰复行融解。

到了南宫（河北省南宫市），又遇狂风暴雨，刘秀等躲到路边空屋暂避。冯异找了一些木柴，邓禹把它燃起，刘秀脱下湿淋淋的衣裳，对火烤干，冯异再奉上用小麦煮成的稀粥。

到了下博（河北省深州市东南）城西，刘秀等一行，四顾茫然，不知道应向何处投奔。正好，一位白衣服老汉在路旁，指点说：“各位，不要气馁，信都郡（河北省衡水市冀州区）仍然效忠长安（玄汉政府），离这里只有八十华里。”刘秀遂奔向信都（河北省衡水市冀州区）。这时，黄河以北各郡、各封国，全都归附王郎（刘子舆），只信都郡长南阳（河南省南阳市）人任光、和戎（河北省晋州市西）郡长信都（河北省衡水市冀州区）人邳彤（音róng〔融〕），拒绝接受（新政府把信都郡分割出和戎郡，和戎郡政府设下曲阳〔河北省晋州市西〕）。任光正在忧愁以一座孤城，势不能单独坚持，恐怕终会陷落。听到刘秀抵达，好像救星驾到，不禁大喜，全城官民高喊万岁。邳彤也从和戎（河北省晋州市西）前来会面。

参与紧急会议的人，多半主张在信都郡（河北省衡水市冀州区）地方部队护送之下，迅速返回长安。邳彤对刘秀说：“人民思念西汉王朝，已非一日。所以，皇上（刘玄）一登宝座，天下响应。三辅（大长安）一带，清洁宫殿，打扫街道，恭敬迎接。而今，王郎（刘子舆）不过一个摆卦摊的算命先生，假借名号形势，用暴力集结一些乌合之众，侥幸的取得燕赵之地（河北省），基础并不稳固。您如果发动两郡（信都郡、和戎郡）兵力，对他讨伐，难道还愁得不到胜利？不此之图，只求回去，不但平白失去了黄河以北，也势将惊动三辅（大长安），使中央政府的威信，受很大伤害，不是良好的计谋。如果您无意于此，却希望信都地方部队护送，更不可能。为什么？形势很明显，您一旦西行，邯郸局势就会安定。小民绝不肯抛弃父母妻子，背叛现成的领袖（王郎〔刘子舆〕），千里迢迢，护送一群亡命之徒。可以断定的，他们会逃散一空。”刘秀遂决定留下。

然而，两郡的兵力，实在太弱。刘秀打算投奔城头子路，或投奔刁子都（参考一八年）。任光坚决反对。刘秀下令征集邻县精锐部队四千人，任命任光当左大将军，信都郡（河北省衡水市冀州区）民兵司令（都尉）李忠当右大将军，邳彤当后大将军，仍兼和戎（河北省晋州市西）郡长，信都县长（令）万脩当偏将军，全封侯爵。任命南阳（河南省南阳市）人宗广，暂兼信都郡长。然后，刘秀、任光、李忠、万脩，率领全部武力，向王郎（刘子舆）反击。

邳彤部队充当前锋，先行出动。任光命秘书人员尽量缮写文告：“全国武装部队最高指挥官（大司马）刘秀，率城头子路、刁子都等大军百万，从东方西征，讨伐叛徒！”派骑兵到钜鹿（河北省平乡县）郡内散发。官员人民看到文告后，辗转传播。刘秀于暮色苍茫中抵达堂阳（河北省新河县）边界，大量设置旗帜跟火把，水边一片光亮，堂阳守军惊慌失措，马上迎降。刘秀遂进击贳县（河北省辛集市西南。贳，音shì〔世〕），贳县守军也迎降。城头子路者，是东平郡（山东省东平县东南）人爰曾，在黄河、济水一带抢劫掳掠，有部众二十余万人；而刁子都部众也有六七万人，实力强大，所以刘秀一度考虑前往投奔。

昌城（河北省衡水市冀州区西北）人刘植，集结士卒几千人，占据昌城，响应刘秀。刘秀任命刘植当骁骑将军。耿纯率领亲族跟宾客二千余人，包括年老的跟患病的，各自带着棺木，在育县归附刘秀（胡三省考证：两汉王朝都没有"育县"，当是"贳县"）。刘秀任命耿纯当前将军，进攻下曲阳（和戎郡郡政府所在县，河北省晋州市西），接受下曲阳投降。刘秀的部队逐渐膨胀，已有好几万人。就更向北挺进，进攻中山（河北省定州市）。耿纯恐怕亲族怀有贰心，派他的堂弟耿䜣回到故乡，把所有家宅房舍都纵火烧掉，根绝他们的退路。

刘秀攻陷卢奴（中山国首府，河北省定州市），所经过的郡县，征集地方政府的警备部队，传令沿边各郡县，出兵进攻邯郸（河北省邯郸市），各郡县纷纷响应。这时，真定王（首府真定〔河北省正定县〕）刘杨（西汉王朝六任帝刘启的儿子刘舜，封常山王〔宪王〕。刘杨是刘舜的六世孙），起兵拥护王郎（刘子舆），部众十几万。刘秀派刘植前往游说，刘杨愿意改变立场。刘秀遂进入真定（元氏国首府，河北省正定县），并娶刘杨的甥女郭圣通当夫人，用婚姻加强双方团结密度。然后，一连攻陷元氏（元氏国首府，河北省元氏县）、防子（河北省高邑县西南），进抵鄗县（河北省柏乡县北），击斩王郎（刘子舆）的部将李恽。进抵柏人（河北省隆尧县西南），击败王郎（刘子舆）的另一部将李育。李育退回柏人城固守。刘秀围攻，不能夺取。

8 南郑（汉中国首府，陕西省汉中市）人延岑，在汉中（陕西省汉中市）聚众起兵，占领南郑。汉中王（首府南郑）刘嘉讨伐他，延岑投降，刘嘉部众遂多到几十万。指挥官（校尉）南阳（河南省南阳市）人贾复，眼见玄汉政府腐败混乱，向刘嘉建议说："而今，天下还没有安定，大王却对你目前所有的东西，心满意足。你有什么办法保护你目前所有的东西？"刘嘉说："您的野心太大，我恐怕会使你失望。

全国武装部队最高指挥官（大司马）刘秀在黄河以北，一定欣赏你。”于是写信给刘秀，介绍贾复和另一位秘书长（长史）、南阳（河南省南阳市）人陈俊，前往晋见。贾复等抵达柏人（河北省隆尧县西南），刘秀任命贾复当破虏将军，陈俊当保安官（安集掾）。

9 刘秀内宅小厮犯法，军法官（军市令）颍川（河南省禹州市）人祭遵，把小厮诛杀。刘秀光火，下令逮捕祭遵。主任秘书（主簿）陈副规劝说：“领袖平常一直要求军容整齐，纪律严明。现在，祭遵守法不阿，不避权势，说明你的命令，已彻底执行。”刘秀赦免祭遵，任命祭遵当刺奸将军，向将领们宣布，说：“你们要小心祭遵，我家里的小厮犯了法，他都诛杀，绝不会私心偏袒谁。”

10 最初，新帝王莽诬杀鲍宣（参考三年），上党郡（山西省长子县）民兵司令（都尉。在新王朝，应称“大尉”）路平，打算连鲍宣的儿子鲍永，一齐斩首。郡长（太守）苟谏，竭力保护，鲍永才逃脱一死。玄汉政府成立，皇帝刘玄任命鲍永当宫廷秘书署执行官（尚书仆射），代理大将军（行大将军事），率军安抚并镇压河东郡（山西省夏县）及并州（山西省）所属郡县，由鲍永自行任命将领。鲍永到河东郡，攻击青犊变民集团，大获全胜。任命冯衍当立汉将军，驻屯太原（山西省太原市），跟上党郡（山西省长子县）郡长山邑等，加紧修补盔甲、训练士卒，保卫并州（山西省）。

11 有人向全国武装部队最高指挥官（大司马）刘秀建议，用柏人（河北省隆尧县西南）当基地，不如用钜鹿（河北省平乡县）。刘秀认为有理（柏人与邯郸航空距离五百公里，与钜鹿仅八十公里）。于是，率军南下，攻陷广阿（河北省隆尧县东，跟钜鹿航空距离五十公里）。刘秀面对地图凝视，对邓禹说："天下郡国这么多，到今天我才占领一个，你前些时认为我的忧虑是多余的，为什么？"邓禹说："现在天下大乱，人民渴望出现英明的君王，就好像婴儿渴望慈母。古代兴起的，只在他品德的厚薄，不在他地盘的大小。" 412

12 蓟县（北京市）仓猝逃亡时，耿弇跟刘秀分散，向北逃到昌平（北京市昌平区南），回到老爹耿况（上谷〔河北省怀来县〕郡长）那里，劝说老爹南下攻击邯郸（汉帝王郎〔刘子舆〕首都，河北省邯郸市）。而这时候，王郎（刘子舆）派出的将领，正北上到渔阳（北京市密云区）、上谷，夺取土地，并征调沿边郡县的武装部队。沿边郡县疑惧不定，但多数都打算接受。

上谷（河北省怀来县）郡政府行政官（功曹）寇恂、总务官（门下掾）闵业，向耿况建议，说："邯郸（王郎〔刘子舆〕）突然崛起，情况混沌，不了解它的可信度有多少。而刘秀是刘縯的亲弟弟，礼贤下士，我们应该归附他。"耿况犹豫说："邯郸（王郎〔刘子舆〕）势力，正如日中天，我们单独不能抵抗，应该怎么办？"寇恂、闵业说："上谷郡疆域完整，作战部队有一万人，有资格选择自己的前途。如果决心确定，我愿前往东方的渔阳（北京市密云区），说服彭宠，同心合力，就用不着把邯郸（王郎〔刘子舆〕）放在心上。"耿况同意，派寇恂前往晋见彭宠，准备要求每郡出动骑兵突击部队两千人、步兵一千人，支援全国武装部队最高指挥官（大司马）刘秀。

安乐（北京市顺义区）县长（令）吴汉、大军保护总监（护军）盖延、狐奴（北京市顺义区东北）县长（令）王梁，也建议彭宠归附刘秀，彭宠同意。可是，郡政府其他官员，盼望归附王郎（刘子舆），彭宠不能立即

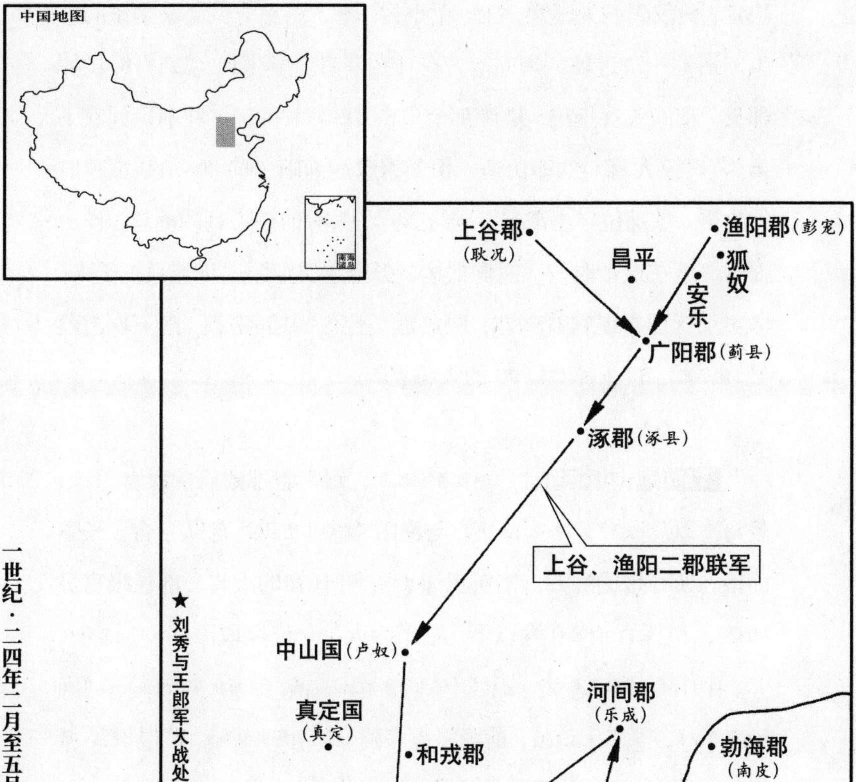

一世纪·二四年二月至五月　刘秀与上谷、渔阳二郡联军，击灭王郎

中国地图

★ 刘秀与王郎军大战处

上谷郡
（耿况）
渔阳郡（彭宠）
昌平
狐奴
安乐
广阳郡（蓟县）
涿郡（涿县）
上谷、渔阳二郡联军
中山国（卢奴）
真定国
（真定）
和戎郡
河间郡
（乐成）
勃海郡
（南皮）
鄗县
刘秀军会合
广阿
信都郡
（信都）
（刘秀）柏人
南䜌
刘秀与北方
二郡联军
平原郡（平原）
钜鹿郡
（钜鹿）
清河郡
（清阳）
济南郡（东平陵）
邯郸
（王郎）
馆陶
古
黄
河
魏郡（邺县）

决定。吴汉到城外巡察，在一个小村落里，遇到一位儒家学派的学生，请他一块进餐，询问南方有什么消息。学生说："刘秀经过的郡县，都向人民指出：邯郸那个皇帝（王郎〔刘子舆〕），并不是刘家子弟。"吴汉大喜，立即伪造一份刘秀致送渔阳（北京市密云区）郡政府的文告，教那位学生拿着，送给彭宠，嘱咐他把听到的消息，作一报告。就在这个时候，寇恂抵达。彭宠遂决定派出步骑兵三千人，命吴汉代理参谋官（行长史），跟盖延、王梁，共同率领，南下攻击蓟县（北京市），斩王郎（刘子舆）的大将赵闳。

13 寇恂返回上谷（河北省怀来县），跟上谷郡政府参谋官（长史）景丹，以及耿弇，率军南下；与渔阳（北京市密云区）部队会合，长驱而南。所经过的地方，击斩王郎（刘子舆）任命的大将、部长级官员（九卿）、指挥官（校尉）等以下，共三万人。一连夺取涿郡（河北省涿州市）、中山（河北省定州市）、钜鹿（河北省平乡县）、清河（河北省清河县）、河间（河北省献县）等二十二县，前锋将近广阿（河北省隆尧县东）。情报说："城里兵马很多。"景丹等紧急戒备，勒住马缰，向路人打听消息，说："什么人的军队？"回答说："最高指挥官（大司马）刘秀！"将领们大为兴奋，遂即抵达城下。

广阿（河北省隆尧县东）城里一直谣传北方两郡（上谷郡、渔阳郡）的武装部队已投效邯郸，将对广阿发动攻击，人心恐慌。刘秀也感到事态严重，命守军紧急戒备，亲自登上西城楼，询问来意。耿弇下马，就在城下拜见。刘秀立即请他入城，耿弇把两郡发兵经过，作一简报。又把景丹等全部将领，请到城里。刘秀笑说："邯郸（王郎〔刘子舆〕）方面将领，屡次宣传征召渔阳（彭宠）、上谷（耿况）部队，我吹牛说：'我也征召渔阳（彭宠）、上谷（耿况）部队。'想不到两郡兵马真的为我而来，我正要跟各位朋友（士大夫），共享荣华富贵。”任命景丹、寇恂、耿弇、盖延、吴汉、王梁，都当偏将军，出城统领自己的部队。擢升耿况、彭宠当大将军。封耿况、彭宠、景丹、盖延等四人侯爵。

吴汉为人，朴实忠厚，不善言辞，遇到紧急情况，词不达意，然而沉着敦厚，而有谋略。邓禹不断向刘秀推荐，刘秀逐渐对他亲近尊重。

14 玄汉政府派宫廷秘书长（尚书令）谢躬，率领六位将军，围攻邯郸（河北省邯郸市），毫无进展。刘秀兵团增援，两军相合，向东再攻钜鹿（河北省平乡县），一月有余，也不能取胜。而王郎（刘子舆）反击，进攻信都（河北省衡水市冀州区），城中豪杰马宠等在内响应，大开城门迎接。玄汉军队再反击，又把信都收复。刘秀命李忠回信都，代理郡长（行太守事）。

王郎（刘子舆）派遣大将倪宏、刘奉，率几万人援救钜鹿（河北省平乡县）。刘秀在南䜌（河北省钜鹿县北。䜌，音luán〔峦〕）迎战，不能抵挡，向后撤退。景丹等率骑兵突击部队，及时投入战场，倪宏等大败。刘秀赞叹说：“我听说，两郡（信都郡、钜鹿郡）的骑兵突击部队，是天下精锐，今天亲眼看到，使人兴奋。”

15 耿纯向刘秀建议，说：“我们困在钜鹿（河北省平乡县）城下，官兵无不疲惫。不如用我们的精锐部队，直接进攻邯郸（河北省邯郸市），一旦王郎（刘子舆）伏诛，钜鹿用不着战斗，自会到手。”刘秀采纳。

夏季，四月，刘秀留下将军邓满，继续围困钜鹿。自己亲率大军向邯郸挺进，连战连胜。王郎（刘子舆）不能支持，派议论官（谏大夫）杜威，谈判投降。杜威强调王郎（刘子舆）确实是西汉王朝十二任帝（成帝）刘骜的嫡亲骨肉。刘秀说："就是成帝（刘骜）本人复活，从棺材里爬出来，也不能再坐宝座，何况他的冒牌儿子？"杜威请求封王郎（刘子舆）万户侯爵。刘秀说："饶他不死，已经够了。"杜威大怒告辞。

刘秀发动猛烈攻击，历时二十余日。

五月一日，王郎（刘子舆）的皇家教师（少傅）李立，打开城门，迎接玄汉军进城，邯郸陷落。王郎（刘子舆）乘夜逃走，王霸追捕擒获，就地斩首。刘秀检查王郎（刘子舆）政府档案，发现竟然有若干自己部属写的信件，而且达数千封之多，书信上除了向王郎（刘子舆）表示效忠外，还对刘秀有侮辱性的抨击。刘秀拒绝拆看，集合全体将领，当着大家的面，用火烧毁，说："使背叛的人安心！"

刘秀重新调整部队，把新收容的官兵，分配给各将领，大家都愿隶属"大树将军"。"大树将军"者，指偏将军冯异。冯异谦虚退让，从不逞能逞强，下令他的部队，除非跟敌人作战，其他时候，都要排在别人部队后面。每到一个地方，将领们聚在一起，大谈自己的功劳，只冯异独自坐在树荫底下，所以军中称他"大树将军"。

16 大军保护总监（护军）宛县（宛国首府，河南省南阳市）人朱祐，向刘秀建议，说："长安玄汉政府，越来越乱，阁下有'日角'的相貌，这是上天的旨意。"刘秀紧张说："快教刺奸将军（祭遵）逮捕朱祐。"朱祐不敢再开口。

17 玄汉帝（一任）刘玄，封刘秀王爵——萧王（首府萧县〔安徽省萧县]），下令黄河以北所有部队，全部复员。命刘秀跟有功官员，一同返回长安。另行任命苗曾当幽州（河北省北部及辽宁省）全权州长（牧），韦顺当上谷（河北省怀来县）郡长，蔡充当渔阳（北京市密云区）郡长，直接到北方接事。

刘秀住在邯郸（河北省邯郸市）故赵王王宫，一天，在温明殿睡午觉。耿弇直闯而入，冲到床前，请求单独谈话，建议说："官兵死伤太多，请准我回上谷（河北省怀来县）补充。"刘秀说："王郎（刘子舆）已经消灭，黄河以北已经太平，还补充部队干什么？"耿弇说："王郎（刘子舆）虽然消灭，全国混战之局，并没有结束。而且恰恰相反，不过刚刚开始。现在，中央政府使节从西方传达诏令，要全体复员，绝不可以听从。铜马（河北省东南部）、赤眉（河南省北部及山东省西部）等变民集团，共有几十个之多，每一个集团都有几十万人，甚至一百万人，所向无敌。刘玄没有能力应付，不久就会溃败。"刘秀从床上跳起来说："你说错了话，我只有杀你。"耿弇说："大王厚待我，如同父子，所以才掏出赤心。"刘秀说："我开玩笑罢了，请说下去。"耿弇说："全国人民，被王莽害得苦不堪言，因而想念刘姓皇家。听说西汉王朝中兴重建，无不欢欣鼓舞，好像逃脱虎口，扑到慈母怀抱。现在，刘玄当天子，山东（崤山以东）将领们，各霸一方。中央的皇亲国戚，又烧杀掳掠，无恶不作，人民痛苦，已到极点，内心泣血，甚至反过来思念新王朝的太平日子。所以，我推断刘玄必定失败。阁下建立伟大的功业，英名传播海内，用仁义作为号召，天下可以靠着一纸文告，恢复秩序。政权是一件重要的工具，阁下应该自己取得，莫让非刘姓的人占有。"刘秀大为欣赏。遂向刘玄报告，认为黄河以北还没有完全平定，无法抽身返回首都长安。至此，刘秀已决心叛变，只等时机。

柏杨曰

千余年来，“人心思汉”四字，成为一种指标，表示人心所归。却不知道还有“人心思新”，较之“人心思汉”，更值得深思。试读鲍宣的奏章，纪元前一世纪太平盛世时，人民面对的有七项灾难，和七项死亡，凄凉悲惨的情景，使人惊悸，于是人心思变。王莽以儒家学派正统宗师，满口满纸，都是仁义道德，却带来更大的痛苦，使人认为前一世纪的七项灾难，和七项死亡的社会，还是天堂，于是人心思汉。接着被思的汉复出，奸淫烧杀，血腥混战，人民更求生不得，求死不能，相形之下，新王朝也成了天堂。

这就是中国人的命运：苦难之后，接着是更大的苦难。手拿救国救民招牌的野心家和野心集团，一旦掌握权柄，立刻露出凶相，举起屠刀。鲁迅有诗形容：“一阔便翻脸”，固是讽刺小人物丑态，同时也是形容大人物对小民的情结。只要专制制度不变，封建意识不变，这种情结也不会变。流氓刘邦上台也好，大儒王莽上台也好，结果完全一样。中国就被这种罪恶抓住，难以摆脱。

使野心家或野心集团永远保持当初所持正义的方法，只有基于人权思想产生的民主制度，把统治者置于人民控制之下，而不是把人民置于统治者控制之下。一旦人民被置于统治者控制之下，就只好永远的生活在“人心思变”——思念过去所谓“好”日子——之中。

18 当时，庞大的变民群，还有铜马、大彤（音tóng〔童〕）、高湖、重连、铁胫、大枪、尤来、上江、青犊、五校、檀乡、五幡、五楼、富平、获索等（李贤注：这些称号，或是他们根据地的名字，或是一种雄壮的形容词。铜马首领东山荒秃、大彤首领樊重、尤来首领樊崇、五校首领高扈、五楼首领张文、檀乡首领董次仲、富平首领徐少、获索首领古师郎，其他则史无记载），总数有几百万人，到处抢夺掳掠。

刘秀准备把他们肃清，于是，代表玄汉帝（一任）刘玄，任命吴汉、耿弇，同时当大将军，“持节”（玄汉政府的符信），征调幽州（河北省北部及辽宁省）所属十郡的骑兵突击部队（突骑。十郡：涿郡〔河北省涿州市〕、广阳郡〔燕国，北京市〕、勃海郡〔河北省沧州市东南〕、上谷郡〔河北省怀来县〕、渔阳郡〔北京市密云区〕、辽西郡〔辽宁省义县西〕、右北平郡〔河北省唐山市丰润区〕、辽东郡〔辽宁省辽阳市〕、玄菟郡〔辽宁省沈阳市东〕、乐浪郡〔朝鲜半岛平壤市〕）。幽州州长（刺史）苗曾，发现刘秀拒抗中央命令，暗中吩咐各郡不要理会。刘秀立即行动，派吴汉率骑兵二十人，驰往州政府所在地无终（天津市蓟州区）。苗曾出城迎接，吴汉逮捕苗曾，当场处决。另一位大将军耿弇，到达上谷（河北省怀来县），逮捕郡长韦顺，和渔阳（北京市密云区）郡长蔡充，也当场处决。各郡大为震骇，完全听命。

秋季，刘秀进逼铜马变民基地鄡县（河北省辛集市东。鄡，音qiāo〔敲〕）。吴汉率领征调的骑兵突击部队，赶到清阳（清河郡郡政府所在县，河北省清河县），跟刘秀会合，军容雄壮。吴汉把全军官兵名册，毫无隐瞒的呈报司令部，然后，再请拨付，没有一点私心，刘秀对他更为信任器重。

刘秀代表玄汉帝刘玄任命偏将军沛郡（安徽省淮北市）人朱浮当最高统帅（大将军）兼幽州全权州长（牧），把州政府迁到蓟县（北京市）。

铜马变民集团粮食已尽，乘夜突围，刘秀尾追到馆陶（河北省馆陶县），发动攻击，铜马大败，投降。刘秀正在受降，而高湖变民集团跟重连变民集团，从东方蜂拥而至，和还没有投降的铜马变民结合，向北进发。刘秀尾追到蒲阳山（河北省保定市满城区西），再发动攻击，叛民集团再大败，投降。刘秀代表刘玄把他们的首领、将领，都封侯爵。

因为降兵降将数目庞大，刘秀手下的将领们不敢相信他们的诚意。而降兵降将们也发现他们没有受到信任，因而疑惧惊恐、内心不安。刘秀了解，如果处理不当，将爆发大祸。于是，命降将们各自回到自己的部队，武装备战。然后，刘秀只带着少数卫士，前往巡视。降将降兵们被刘秀的诚意感动，互相告诫说："萧王（刘秀）对我们推心置腹，怎么能不教我们为他效死？"大家全都心悦诚服。

刘秀把投降的部队，分配给各将领，此时已拥有数十万大军。

赤眉变民集团的一位将领，跟青犊、上江、大肜、铁胫、五幡，约有十余万人，在射犬（河南省武陟县西北）集结。刘秀率军南下攻击，大破敌营，遂进逼河内（河南省武陟县），河内郡长韩歆投降（韩歆是玄汉政府任命的地方官，此时刘秀羽毛渐丰，已不再顾忌）。

19 最初，玄汉宫廷秘书长（尚书令）谢躬，联合刘秀，两军合力，共同攻克邯郸（河北省邯郸市），消灭王郎（刘子舆）。但二人之间，不断发生争执，谢躬时常想对刘秀攻击，却因畏惧刘秀兵力强大，不敢发动。二人的部队，虽然都进入邯郸，却各有营地防区。谢躬对行政工作，细心而又认真。刘秀为了安抚，经常称赞，说："谢秘书长（谢躬）真是国家的栋梁。"谢躬听到后，稍稍松懈戒备。他的妻子警告他，说："你跟刘秀的怨仇已深，势不两立，可是你却相信他表面上那套虚情假意，终必栽到他手！"谢躬不相信。

稍后，谢躬率领他的数万部队，南下驻屯邺县（魏郡郡政府所在县，河北省临漳县西南邺城镇）。再稍后，刘秀攻击青犊变民集团，命谢躬讨伐盘踞在隆虑山（河南省林州市北）的尤来变民集团。谢躬出师不利，大败。刘秀抓住他领兵在外，基地空虚的良机，命吴汉跟刺奸大将军岑彭，用劲旅夺取郪县。谢躬不知道内部有变，仅率领少数部队返防，吴汉等把谢躬生擒处决。谢躬部队，全部投降。

20 玄汉帝刘玄，派柱功侯李宝、益州（四川省及云南省）州长（刺史）李忠，率军一万余人，南下夺取汉中郡（陕西省汉中市）、蜀郡（四川省成都市）。据守成都（蜀郡郡政府所在县）的公孙述，派他的老弟公孙恢迎击，在绵竹（四川省德阳市北黄许镇）会战，大败玄汉军，李宝、李忠撤退。

公孙述遂自称蜀王，建都成都（四川省成都市）。汉人跟蛮夷，全都归附。

21 冬季，刘玄派皇家警卫指挥官（中郎将）归德侯刘飒、最高指挥部大军保护总监（大司马护军）陈遵，出使匈奴汗国（王庭设蒙古国哈拉和林市），颁发西汉王朝旧有的印信（西汉王朝旧印"匈奴单于玺"，新王朝改成"新匈奴单于章"，以致激怒匈奴。参考一一年。本年恢复旧有印文），并顺便把挛鞮云，以及她丈夫须卜当的亲属、贵族、随从，送回匈奴（参考一八年）。匈奴汗国呼都而尸道皋若鞮单于（二十任）挛鞮舆，并不买账，而且态度傲慢，告诉刘飒、陈遵说：

"匈奴跟中国本是兄弟之邦，匈奴内乱时，西汉皇帝刘病已（西汉王朝十任宣帝），帮助呼韩邪单于（十四任。挛鞮舆的老爹）登位，所以匈奴称臣，尊敬中国。而今中国也有内乱，西汉政府被王莽篡夺，匈奴也曾出动大军，攻击新王朝，使他们北方边陲，荡然一空，引起天下大乱，产生'人心思汉'的后果，王莽遂告失败，而西汉王朝复兴。这都是我们匈奴的力量，事情就恰恰颠倒过来，中国应该称臣，尊敬匈奴。"

刘飒、陈遵反复辩解，但李鞮舆坚持他的立场。

22 据守濮阳（东郡郡政府所在县，河南省濮阳市西南）的赤眉变民集团首领樊崇等，准备南下攻击颍川（河南省禹州市），把部众分为两个支队。樊崇、逄安（逄，音páng〔旁〕）率领一个支队；徐宣、谢禄、杨音率领另一个支队（《后汉书 · 刘盆子传》记载：樊崇、逄安的部队，攻拔长社〔河南省长葛市〕，再进入宛县〔河南省南阳市〕，击斩县长。徐宣、谢禄的部队，攻陷阳翟〔颍川郡郡政府所在县，河南省禹州市〕、梁县〔河南省汝州市〕）。赤眉虽然屡战屡胜，但事实上已筋疲力尽。农民出身的士兵，对战乱早感厌倦，害着严重的思乡病，忧愁不安，日夜哭泣，但求回到东方（赤眉原是琅邪〔山东省诸城市〕一带饥民）。樊崇等商议，认为一旦回到东方，部众势必一哄而散，各奔故乡，不如向西攻击玄汉政府首都长安（陕西省西安市）。

于是，大军西行。樊崇、逄安，穿过武关（陕西省商南县西南），徐宣等穿过陆浑关（河南省嵩县东北），两支部队，分为两路，向长安进发。

刘玄命沘阳王王匡（新市兵）、襄邑王成丹（下江兵），跟抗威将军刘均等，分别驻防河东（山西省夏县）、弘农（河南省灵宝市东北），堵截赤眉。

23 刘秀将对北方燕赵地区（河北省），发动一次大规模的军事扫荡。而又预测赤眉变民集团势将攻破长安，打算利用玄汉政府覆灭的机会，并吞关中（陕西省中部），但不知道把任务交给谁才好。

最后，任命邓禹当前将军，交给他精锐部队二万人，西行入关（函谷关），使邓禹自己选择将领跟幕僚。这时，玄汉政府将领：朱鲔、李轶、田立、陈侨，号称拥有三十万精兵，跟河南郡（河南省洛阳市东

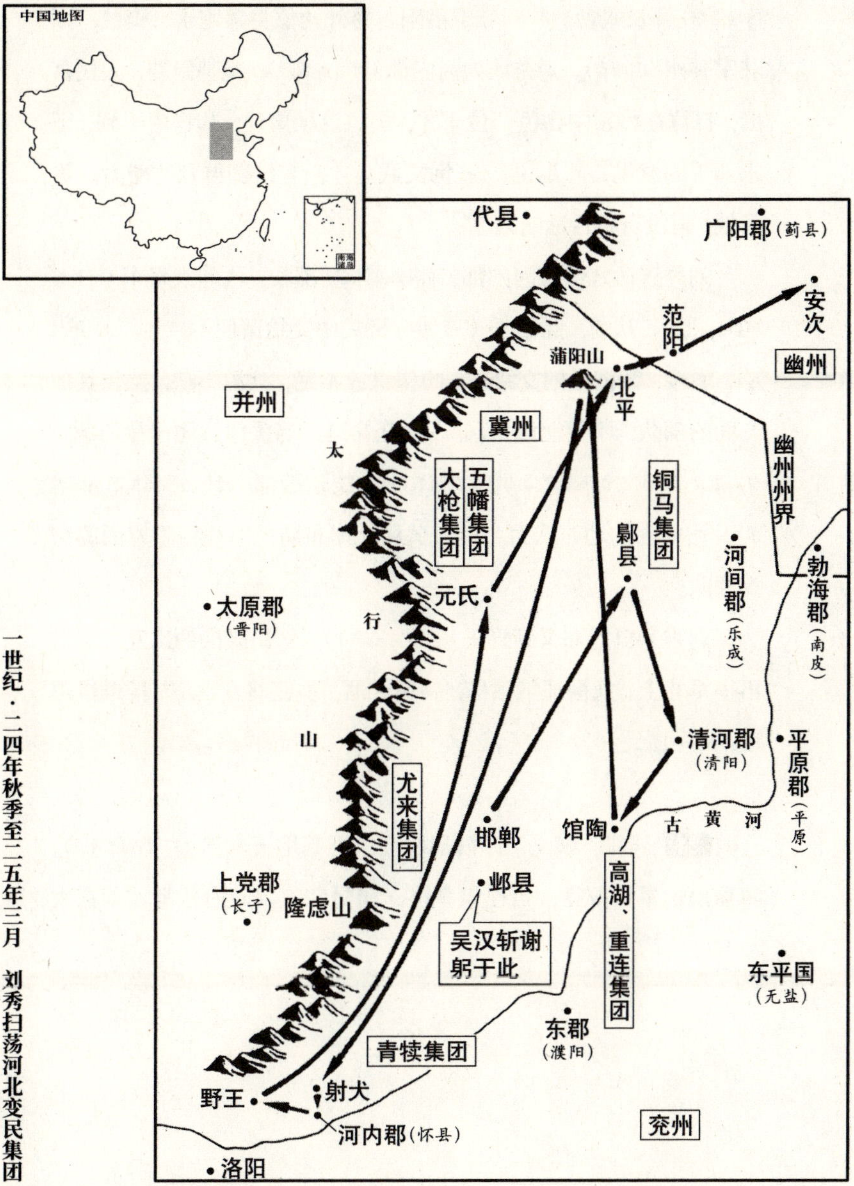

一世纪·二四年秋季至二五年三月　刘秀扫荡河北变民集团

中国地图
南海诸岛

代县
广阳郡（蓟县）
安次
范阳
幽州
蒲阳山
北平
并州
冀州
太
行
山
五幡集团
大枪集团
铜马集团
鄗县
幽州州界
河间郡（乐成）
勃海郡（南皮）
太原郡（晋阳）
元氏
清河郡（清阳）
平原郡（平原）
古黄河
尤来集团
邯郸
馆陶
上党郡（长子）
隆虑山
邺县
吴汉斩谢躬于此
高湖、重连集团
东平国（无盐）
东郡（濮阳）
青犊集团
野王
射犬
河内郡（怀县）
兖州
洛阳

白马寺东）郡长武勃，共同守卫洛阳。另外两位将领鲍永、田邑，则驻军并州（山西省）。刘秀认为河内郡（河南省武陟县）地势险要，人民富庶，打算在将领中物色一位干才，担负这项重任，却物色不到，征求邓禹的意见，邓禹说："寇恂文武全才，有统御群众的能力，除了他，再没有更合适的人。"

刘秀遂命寇恂当河内郡（河南省武陟县）郡长，代理大将军（行大将军事），说："从前，高祖（一任帝刘邦）把关中交给萧何（参考前二〇五年八月），而今，我把河内交给你。盼望供应不绝，兵源不缺，挡住其他方面的部队，不要北渡黄河。"又任命冯异当孟津兵团司令（孟津将军。孟津，今河南省洛阳市孟津区东黄河渡口），统辖魏郡（河北省临漳县西南邺城镇）、河内郡的地方武力，沿着黄河北岸布防，监视洛阳方面的玄汉军队。

刘秀亲自送邓禹到野王（河南省沁阳市）。邓禹既向西出发，刘秀再率军北上。寇恂征集粮秣，制造武器，供应前方。大军推进得再远，从不匮乏。

24 隗崔、隗义，跟隗嚣密商逃回基地天水郡（甘肃省通渭县）。隗嚣恐怕事情败露，自己被牵连，于是向玄汉政府检举。刘玄大怒，诛杀隗崔、隗义，任命隗嚣当最高监察长（御史大夫）。

25 梁王（首府睢阳〔河南省商丘市〕）刘永，在他的封国（梁国）起兵，宣布脱离玄汉政府，招揽各郡英雄豪杰。沛郡（安徽省淮北市）人周建等，都被任命当将领，一连攻陷济阴（山东省菏泽市定陶区）、山阳（山东省巨野县东南大谢集镇）、沛郡、楚郡（江苏省徐州市）、淮阳（河南省周口市淮阳区）、汝南（河南省平舆县西北射桥镇）等，占领二十八个县城。又任命西防（山东省成武县东）变民集团首领山阳（山东省巨野县东南大谢集镇）人佼强（佼，姓）当横行将军，东海（山东省郯城县）变民集团首领董宪当翼汉大将军，琅邪（山东省诸城市）变民集团首领张步当辅汉大将军，统辖青州（山东省北部）、徐州（江苏省北部）两州，集结武力，在东方称霸。

26 邔县（湖北省宜城市东北；邔，音qǐ〔起〕）人秦丰，在黎丘（湖北省襄阳市东南）聚众起兵，攻陷邔县、宜城（湖北省宜城市北）等十余县，将近一万人，称楚黎王。

27 汝南（河南省平舆县西北射桥镇）人田戎，攻陷夷陵（湖北省宜昌市），称“扫地大将军”，流窜各郡县，有几万人。

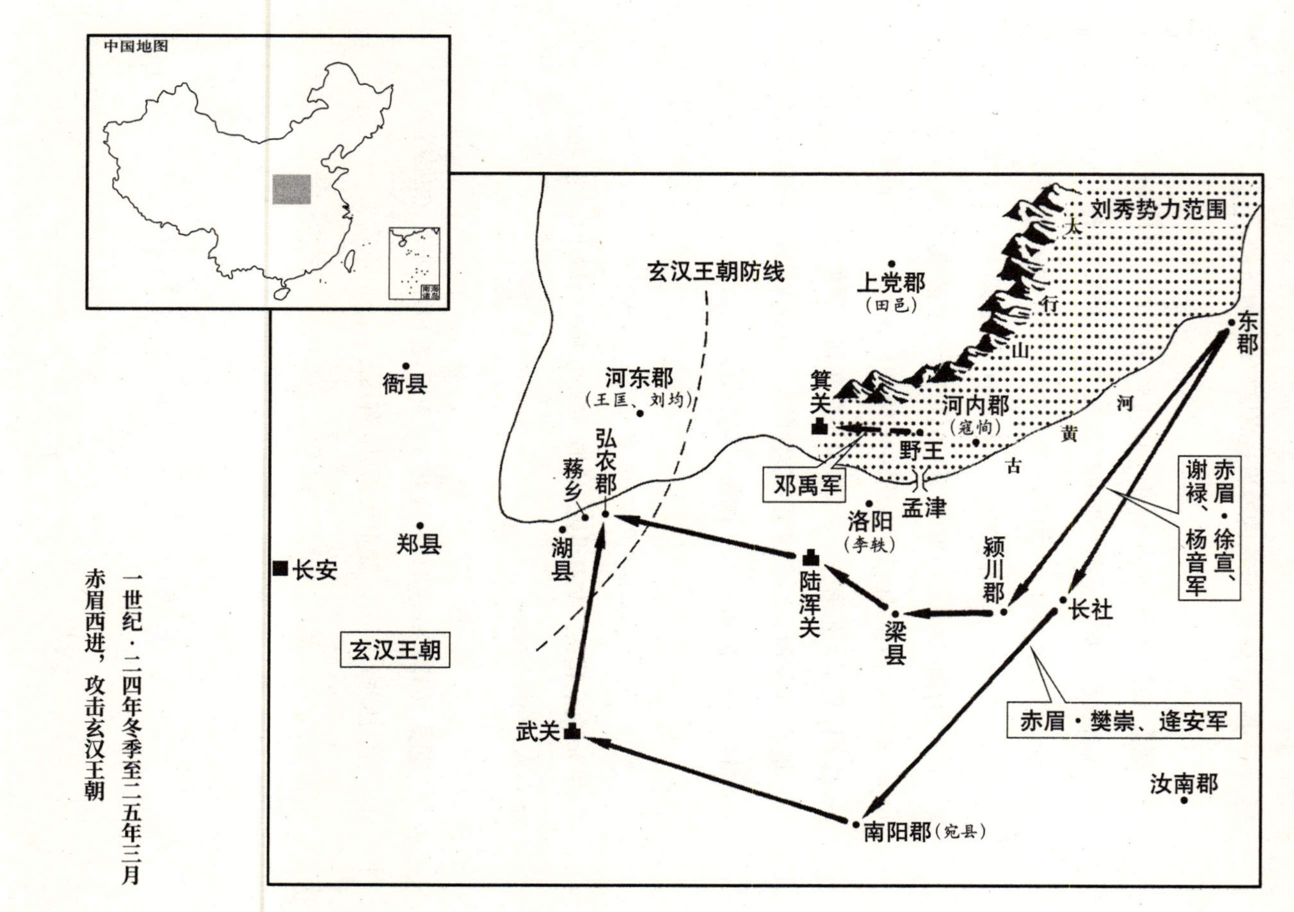

一世纪·二四年冬季至二五年三月
赤眉西进，攻击玄汉王朝

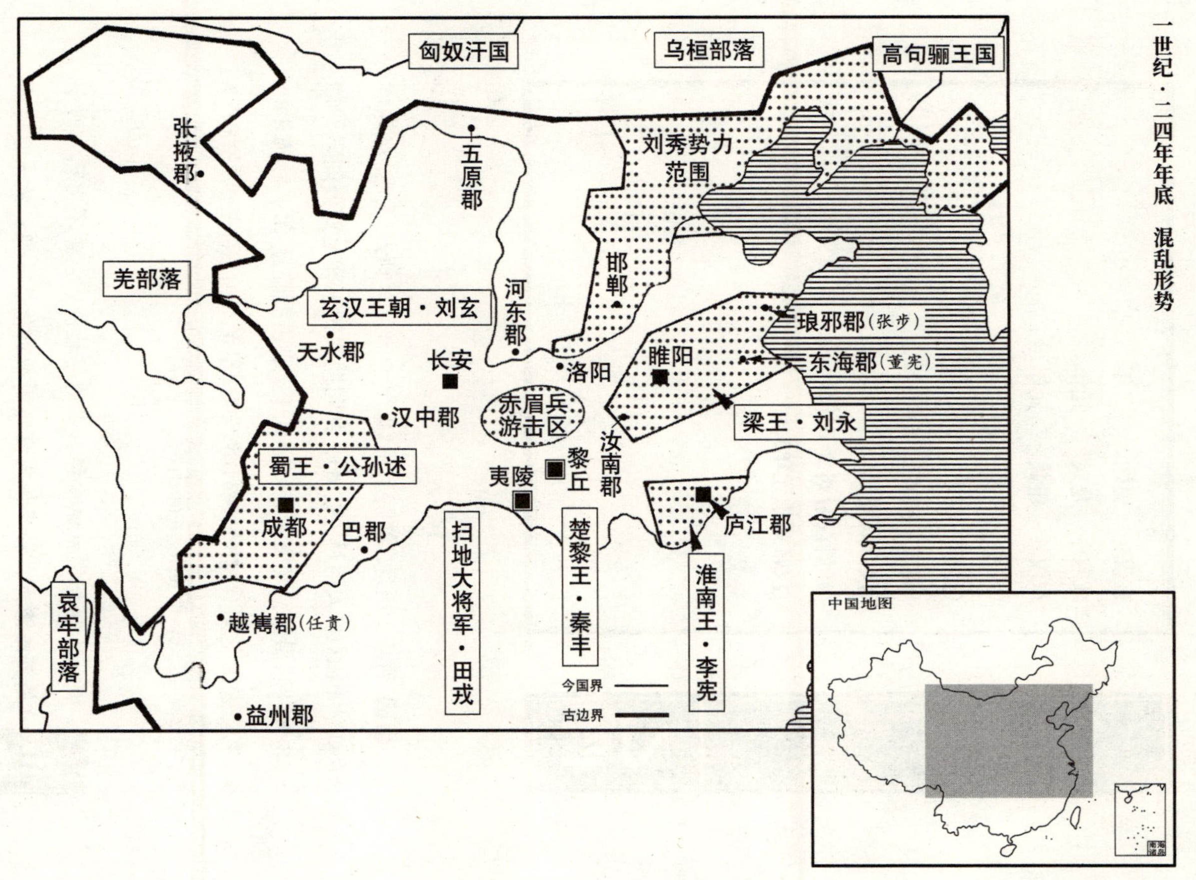

一世纪·二四年年底 混乱形势

二五年 乙酉

玄汉　更始　三年
成家　龙兴　元年
东汉　建武　元年
（淮南王李宪三年）
（楚黎王秦丰二年）
（周成王田戎二年）
（汉帝刘婴元年）
（赤眉汉帝刘盆子建世元年）
（汉帝刘永元年）

1 春季，正月，前隗家班（隗，音wěi〔伟〕）军师方望，跟安陵（陕西省咸阳市渭城区东）人弓林（弓，姓），共同拥戴新王朝定安公刘婴（西汉王朝末任帝）当皇帝，聚集武装变民几千人，占据临泾（甘肃省镇原县东南屯字镇）。玄汉王朝（首都长安〔陕西省西安市〕）皇帝（一任）刘玄，派宰相（丞相）李松等讨伐，把他们全部击斩。

人生好像水泥搅拌器里的一粒沙子，身不由己，即令是英雄豪杰，如果没有好运道帮助他——像：敌人适时的犯下严重错误，也不可能成功。但有些人却被注定的要扮演悲剧角色。

刘婴就提供一个例证，当他只不过两岁，还是一个吃奶的小娃儿时，被选定当最高君王。当他只不过五岁，读幼稚园大班都不够资格时，却被囚禁高墙，连乳母都不准跟他说话。可怜的孩子，不知道他向谁牙牙学语？而本年(二五)，他才二十一岁，尊贵而奇异的经历害了他，被两位不争气的拙劣野心家撺弄上宝座。

刘婴连牛马羊鸡狗猪都不认识，却面临凶险，这是一种谋杀。可是，他又怎能拒绝？我们不仅是为刘婴一人悲，而是为内战中千万玉石俱焚，不能保护自己的善良人悲。

2 前将军邓禹进抵箕关（河南省济源市西），击败玄汉政府河东郡（山西省夏县）民兵司令（都尉）的部队，包围安邑（河东郡郡政府所在县）。

3 赤眉变民集团的两路大军，在弘农（河南省灵宝市东北）会师。玄汉政府派讨难将军苏茂堵截，大败。赤眉更势不可当，重新部署，以一万人作为一营，共三十营。

三月，玄汉政府宰相李松，率领大军，在蓩乡（河南省灵宝市北。蓩，音mǎo〔卯〕）跟赤眉决战，李松崩溃，死三万余人。赤眉遂推进到湖县（河南省灵宝市西）。

4 蜀郡（四川省成都市）郡政府行政官（功曹）李熊，建议蜀王（首都成都，〔四川省成都市〕）公孙述当皇帝。

夏季，四月，公孙述在成都即皇帝位，建立成家政府，定本年年号龙兴，任命李熊当宰相（大司徒），公孙述的老弟公孙光当全国武装部队最高指挥官（大司马），公孙恢当最高监察长（大司空）。

越巂郡（四川省西昌市）蛮夷首领任贵，献出郡城，归附成家政府（任贵击斩郡长枚根，参考一六年）。 430

5 萧王刘秀北进，抵达元氏（元氏国首府，河北省元氏县），攻击尤来、大枪、五幡等变民集团，追到北平（河北省保定市满城区），连战连捷。最后再战于顺水（徐水）北岸，刘秀乘胜利之威，轻率深入，变民军反扑，刘秀大败，无处逃生，又怕被俘，遂跳下悬崖，正好遇到骑兵突击部队战士王丰，王丰跳下坐骑，把马让给刘秀，刘秀有马，才脱险而出。

败兵溃退到范阳（河北省定兴县），发现刘秀失踪，有人说已经阵亡，将领们失去领导人物，一时惊惶失措，不知道如何才好。吴汉说："我们不能懈怠，大王（刘秀）老哥（刘𦈡）的儿子就在南阳（河南省南阳市），何必忧虑没有领袖？"但大家仍然震恐，六神不宁。直到几天之后，刘秀回营，人心才定。

尤来等变民集团虽然战胜，但震于刘秀的威名，心怀忌惮，不敢扩大战果，遂乘夜撤走。刘秀追击，追到安次（河北省廊坊市），发动一连串攻击，每次都大破敌军，尤来等退入渔阳郡（北京市密云区），经过之处，抢劫一空。强弩将军陈俊向刘秀建议说："这群强盗，本身不带辎重，全靠民间粮秣，唯一克制的方法是使他们抢劫不到东西。最好派出轻骑兵，绕到他们大军之前，传令沿途人民坚壁清野，他们抢不到粮食，用不着战斗，就能把他们消灭。"刘秀认为对极，派陈俊率军骑快马绕到前面，对城堡完整坚固的，命人民固守待援；对散落在郊野的，先行抢劫。

尤来等变民集团抢不到粮秣，饥饿难忍，果然溃散。刘秀称赞陈俊说："这群盗匪能够消灭，全靠你的谋略！"

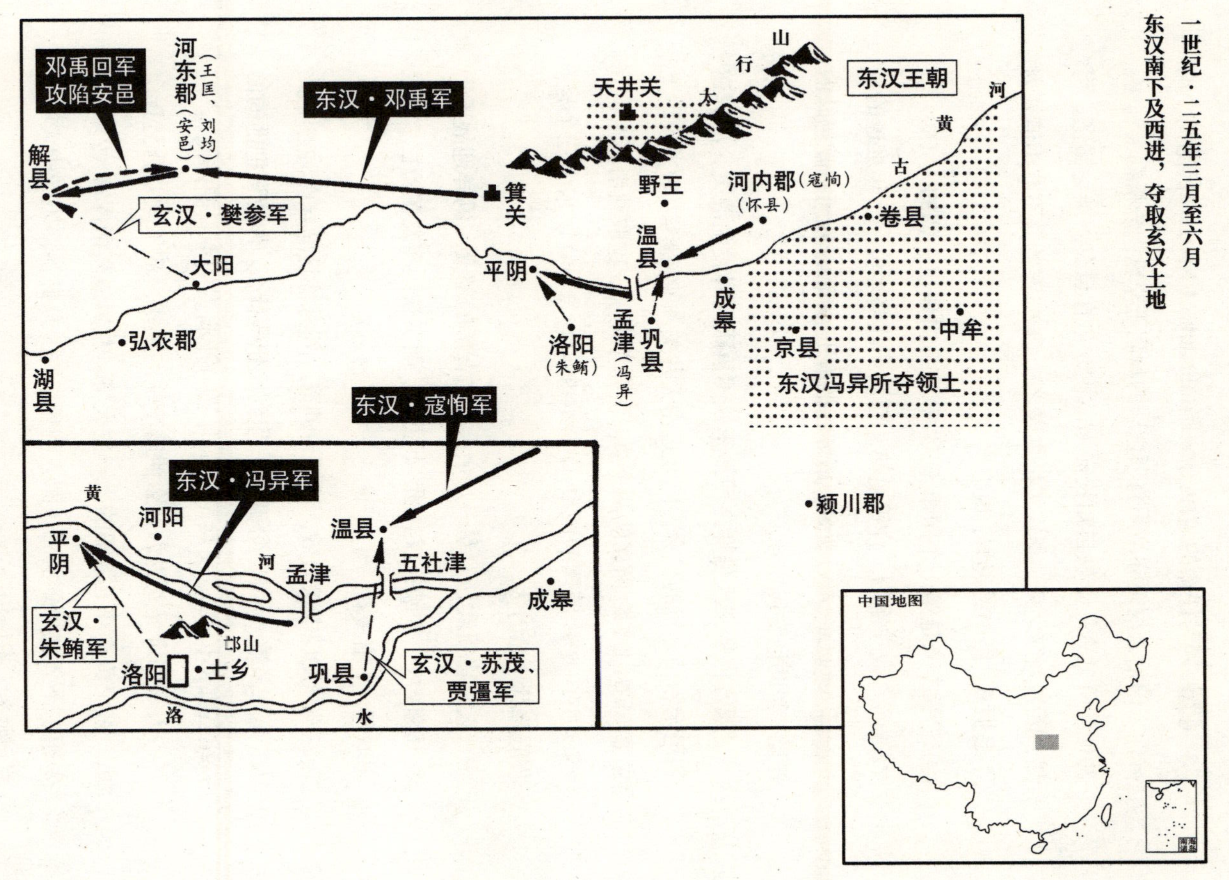

一世纪·二五年三月至六月

东汉南下及西进，夺取玄汉土地

6 刘秀任命的孟津（河南省洛阳市孟津区东黄河渡口）兵团司令冯异，写信给玄汉镇守洛阳将领之一的舞阴王李轶，分析祸福利害，劝他归降刘秀。李轶自知长安（玄汉首都）危在旦夕，前途渺茫。可是，因为刘縯之死，李轶实是主谋之一（参考二三年），不敢相信刘秀不会报复。回信给冯异，说：

“我本来是第一个跟萧王（刘秀）密谋重建汉王朝的人（参考二二年），而今我守洛阳，你镇孟津，都居于战略地位。千年难逢的良机，二人同心，力可断金。请你转报萧王（刘秀），我愿贡献愚昧的策略，帮助他安民定邦。”

双方自从交换信件之后，李轶不再跟冯异发生冲突。冯异遂利用无后顾之忧的机会，向北进击天井关（山西省晋城市南），攻取上党郡（山西省长子县）所属的两个县。再率军南下，攻取河南郡（河南省洛阳市东白马寺东）所属的成皋（河南省荥阳市西北汜水镇）以东十三个县，收服降兵十余万人。

玄汉将领武勃，率一万余人攻击背叛的部众，冯异迎战于士乡（洛阳城东），大破玄汉兵团，斩武勃。而李轶眼看友军覆亡，却紧闭城门，不出援救。

冯异发现书信有效，遂报告刘秀。刘秀答复冯异说：“李轶此人，诡计多端，人们看不透他心里到底想些什么。你应该把他的信抄给各郡郡长（守）、民兵司令（尉），跟守土有责的军官们传阅。”

大家都奇怪刘秀为什么泄露李轶的秘密，却不知刘秀另有深意。玄汉负责守卫洛阳的另一位大将、左翼最高指挥官（左大司马）朱鲔，不久就得到消息，派人刺死李轶。从此，洛阳城中人心猜忌，很多人越城投降。

朱鲔知道刘秀大军北征，河内郡（河南省武陟县）情势孤单。于是，派将领苏茂、贾强，率军三万余人，从巩县（河南省巩义市）渡过黄河，进攻温县（河南省温县西），朱鲔亲自率领主力几万人，进攻平阴（河南省洛阳市孟津区），用以牵制冯异。

情报传到河内（河南省武陟县），郡长寇恂立即紧急集结武装部队出发，一面下令所属各县民兵，火速到温县城下会师。参谋人员劝阻说："现在，洛阳大军北渡黄河，前后不绝，声势庞大，应该等各县民兵集结完成之后，再行出击。"寇恂说："温县，是本郡的屏障，温县一旦陷落，郡城绝不能坚守。"下令战备行军。

第二天，寇恂接战，而冯异派出的救兵，以及各县民兵，也都及时到达。寇恂命士兵在城上呼叫："刘公（刘秀）大军赶到！"苏茂部队受到惊恐，阵地骚动。寇恂乘势攻击，锐不可当；苏茂兵团溃走。冯异也渡过黄河，南下援救平阴（河南省洛阳市孟津区），攻击朱鲔，朱鲔撤退。冯异跟寇恂追击到洛阳，绕城一周，展示军威，才收军班师。洛阳此次出击不利，反而把敌人招到城下，全城震恐。从此，城门白天紧闭。

冯异、寇恂呈报战果，将领们纷纷向刘秀祝贺，乘便请求刘秀登上皇帝宝座。将军南阳（河南省南阳市）人马武首先说："大王虽然谦虚退让，可是皇家祭庙跟天地祭坛，托付给谁？最好请先定尊位，再讨论征伐。现在，位号如果不早日确定，乱闯乱打，到底谁是匪，谁是盗？"刘秀吃惊说："你怎么说出这种话，应该杀头！"率军返回蓟县（北京市），派吴汉率耿弇、景丹等十三位将领，追击尤来等变民集团，杀一万三千余人，直追到浚靡（河北省遵化市西北）之北国界，不能再追为止。变民残众，零星的进入辽西（辽宁省义县西）、辽东（辽宁省辽阳市），被乌桓部落（内蒙古西辽河上游）、濊貊部落（朝鲜半岛东北部）抄掠击杀，几乎全部死尽。

军事总监（都护将军）贾复，跟五校变民集团，在真定（河北省正定县）决战，贾复身受重伤，生命垂危。刘秀大惊说："我所以不教贾复独当一面，就是为了怕他轻敌。果然，丧失我一员名将。听说他妻子怀有身孕，如果生女，嫁给我的儿子；如果生男，娶我的女儿，不教他挂念他的妻子儿女。"然而，贾复伤势竟然好转，赶到蓟县晋见刘秀，二人大为兴奋。

刘秀回到中山（河北省定州市），将领们再请求他当皇帝，刘秀再度拒绝。走到南平棘（河北省赵县南），将领们再坚决敦促，刘秀仍不答应。将领告辞后，耿纯进言说："天下的知识分子（士大夫），抛弃亲戚，离乡背井，追随大王于枪林箭雨之中，目的只有一个，就是希望攀龙附凤，成就他的野心。而今，大王的表现使众人失望。如果不早早确定尊号，恐怕知识分子（士大夫）由失望而绝望，会发生留下来或远离而去的烦恼，不会长久忍耐。只恐怕大家一散，难以再集合在一起。"耿纯态度十分诚恳，刘秀致谢说："等我想一想。"

刘秀走到鄗县（河北省柏乡县北。鄗，音hào〔号〕），召见冯异，探听四方动静，冯异说："刘玄必然失败，刘姓皇家的重担，在大王身上，最好接受大家的建议。"正好，儒家学派学者强华，从关中（陕西省中部）拿着神秘预言书（赤伏符），千里迢迢，前来晋见。上面有句："刘秀发兵捕不道，四夷云集龙斗野，四七之际火为主。"（李贤原注："四七，二十八。自从刘邦兴起，到刘秀兴起，共二百二十八年，正是'四七'的应验。西汉王朝以'火'作为象征，所以说'火为主'。"这三句鬼话，曾使刘歆改名刘秀，希望应验"捕不道""龙斗野"，结果被王莽诛杀。参考前七年、二三年。）将领们再作请求。

六月二十日，刘秀（本年三十岁）在鄗县（河北省柏乡县北）南郊登极，自称皇帝，改年号，大赦（《资治通鉴》原文没有注明刘秀建立政权的名称。由以后事迹，当然知道仍然名汉。为了有别于建都长安的汉王朝，史学家不得不加上一个特定的称号，称建都长安的汉王朝为西汉王朝，称刘秀创立而稍后建都洛阳的汉王朝，为东汉王朝，对刘玄创立的汉王朝，我们已用玄汉王朝作为区别。之后，遇到两个同名的王朝或国度时，也都援例加以区别，免得我们卷到当时政治菜市场的喧闹声中，混淆不清)。

7 东汉（刘秀）前将军邓禹，包围安邑（河东郡郡政府所在县，山西省夏县），几个月之久，不能攻破。玄汉（刘玄）大将军樊参，率几万人，从大阳（山西省平陆县）渡黄河北上，准备进攻邓禹。邓禹在解县（山西省临猗县西南）南郊，迎头痛击，斩樊参。玄汉沘阳王王匡（新市兵）、襄邑王成丹（下江兵），以及抗威将军刘均等，集结十余万大军，攻击邓禹，邓禹败退。

第二天，六月二十四日，二十四日正好是“癸亥”，而癸亥日是“穷日”（“癸”是“天干”最后一字，“亥”是“地支”最后一字，卜卦书上遂称“穷日”）。王匡等为了避免凶险，不愿出战。而邓禹就利用这一天时间，重新整顿部署。

六月二十五日，王匡等才再发动攻击，邓禹下令军中，不准作任何反应，等到王匡等大军逼近营垒时，邓禹悄悄传令，突然间战鼓雷鸣，全军反扑，大破玄汉兵团。王匡等溃散，邓禹追击，斩刘均，又斩河东（山西省夏县）郡长杨宝。河东郡遂全部置于东汉政府控制之下。

王匡等逃回长安（陕西省西安市）。

8 玄汉皇城保安司令（卫尉）大将军淮阳王张卬（下江兵），眼看倾覆在即，无力支持，跟将领们商议说：“赤眉变民集团，随时都会到达，灭亡就在眼前。与其坐以待毙，不如大掠长安，逃回南阳（河南省南阳市）。如果仍然不能生存，咱们就再上山下海，重当强

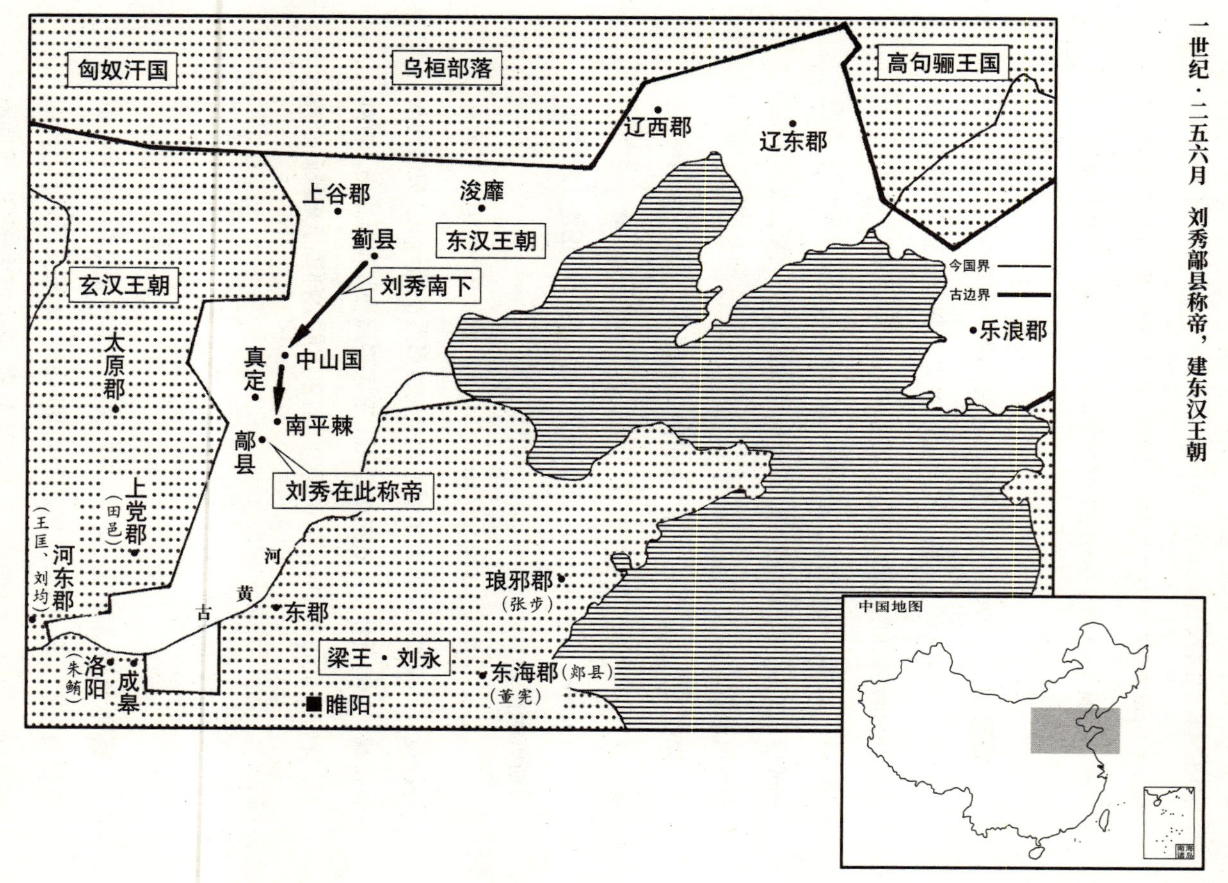

一世纪·二五六月 刘秀鄗县称帝，建东汉王朝

盗。”于是，一同晋见刘玄。刘玄听到报告后，满脸铁青，不发一言，大家不敢坚持。

刘玄作最后挣扎，命王匡（新市兵）、陈牧（平林兵）、成丹（下江兵）、赵萌（刘玄的岳父），率军驻扎新丰（陕西省西安市临潼区东北）；宰相李松率军驻扎掫城（西安市临潼区北。掫，音zōu〔邹〕），阻击赤眉。

张卬（下江兵）跟廖湛、胡殷、申屠建、隗嚣等，阴谋于立秋大祭之时，劫持刘玄，逃亡南阳。刘玄得到消息，到立秋大祭时，声称有病，召唤张卬等入宫，准备一齐诛杀。只有隗嚣觉得有点不对劲，也宣称有病，拒绝进宫，跟他的宾客王遵、周宗等，率同卫士戒备。刘玄犹豫不定，而张卬、廖湛、胡殷，察觉到事情有变，立即突出皇宫。只申屠建仍留下来，刘玄遂斩申屠建，派首都长安警备区司令（执金吾）邓晔，包围隗嚣住宅。张卬、廖湛、胡殷等率领所属部队，反攻皇宫，火烧宫门，杀入后宫，刘玄的卫士拒战，大败。而隗嚣这时也突破包围，逃出长安，返回天水郡（甘肃省通渭县）。

第二天，清晨，刘玄从宫中逃出，投奔驻扎新丰（陕西省西安市临潼区东北）的赵萌。刘玄更疑心王匡（新市兵）、陈牧（平林兵）、成丹（下江兵）等，跟张卬勾结，于是召见他们，陈牧、成丹先到，刘玄把二人斩首。王匡（新市兵）大为恐慌，率军进入长安，跟张卬会合。

9 赤眉进抵华阴（陕西省华阴市），随军的齐国地区（山东省）巫法师，常怂恿赤眉祭祀西汉故城阳王（景王）刘章（刘章有诛杀吕姓家族的功劳，身死之后，齐地人民就为他建立庙宇，祈求降福。参考前一八〇年）。现在，巫法师扬言：“刘章已经大发脾气，说：‘要当就应该当皇帝，为什么当盗贼？’”凡是嘲笑巫法师胡说八道的，全都患病，全军震惊。

方望的老弟方阳，建议赤眉首领樊崇等说：“将军拥有百万大军，向西面对帝王首都，而竟没有一个称号，被人当成一群匪徒，绝不可能长久。不如拥戴一位刘姓皇族，伸张大义，进行讨伐。发号施令，谁敢不从！”樊崇等认为正确，而巫法师也更坚持。等到抵达郑县（陕西省渭南市华州区），共同商议说：“现在，迫近长安，鬼神的旨意十分明显，应该拥护一位姓刘的当皇帝才对。”

10 最初，赤眉经过式县（山东省济宁市兖州区），把西汉王朝故式侯刘萌的儿子刘恭、刘茂、刘盆子三人，掳掠到军中当兵。刘恭自幼学习《书经》，在樊崇等前往洛阳朝见玄汉帝刘玄时（参考二三年），刘恭随同前往。稍后樊崇等逃回基地，刘恭则留在中央，继承式侯爵位，当宫廷随从（侍中），一直追随到长安。而二弟刘茂、幼弟刘盆子，仍留赤眉大营，交给西区劳工营（右校）一位低级军官刘侠卿看管，教他们牧牛。

现在，樊崇等决定要推出一个皇帝，在军中寻访刘章的后裔，共找到七十余人，只有刘茂、刘盆子，以及前西安侯刘孝，血统最是亲近。樊崇等说：“听说，古时候，天子亲自统率大军，称‘上将军’，我们也应该这么办。”于是抽签，用三个竹筒，其中两个竹筒是空的，另一个竹筒放着“上将军”纸条。在郑县（陕西省渭南市华州区）北郊，兴建高台，祭祀刘章。所有乡村教育官（三老）、参谋官（从事），全部出席。请刘盆子等三人站在中间，依照长幼顺序开始，刘盆子年纪最幼，可是他却在最后抽中。

皇帝身份刹那间决定，全军将领向刘盆子称臣叩头。刘盆子本年十五岁，仍是牧童装束，披散着头发，光着双脚，衣不蔽体，紧张得大汗淋漓。看见平常他所畏惧的大将们向他下跪，人为惊

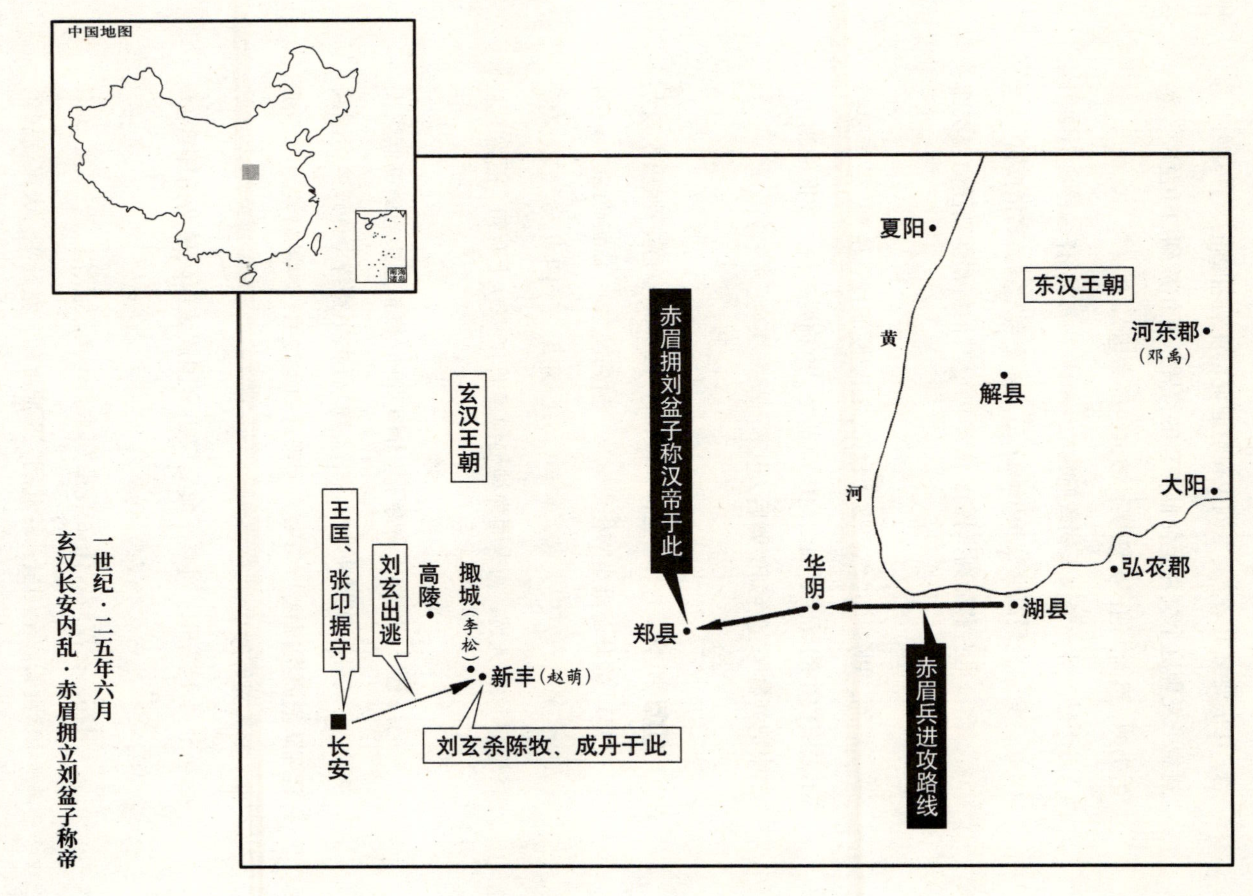

一世纪·二五年六月

玄汉长安内乱·赤眉拥立刘盆子称帝

恐，几乎要哭出来。老哥刘茂嘱咐他说："把你抽到的文件藏好！"刘盆子发现这个文件是使他惊恐的符咒，赶忙放到口中乱咬，然后扔掉。然而，他已无法摆脱被选定的命运。

于是，另一个汉王朝政府建立（史仍称"赤眉"），任命徐宣当宰相（丞相），樊崇当最高监察长（御史大夫），逄安当左翼最高指挥官（左大司马），谢禄当右翼最高指挥官（右大司马），其他将领都被任命当次部长（列卿）将军。

然而，刘盆子虽然已贵为皇帝，却早晚叩拜刘侠卿，总是要跑出去跟牧牛的玩伴胡闹。刘侠卿光火，声称要揍他，才把他制止。樊崇把刘盆子交给刘侠卿后，也不再前来探视。

11 秋季，七月一日，东汉帝（一任光武帝）刘秀，派出钦差大臣"持节"擢升邓禹当宰相（大司徒），封酂侯（酂县，即萧何的采邑，参考前一九年），采邑一万户人家。本年（二五），邓禹二十四岁。对于最高监察长（大司空）人选，刘秀因为神秘预言书（赤伏符）上有句"王梁主卫作玄武"。

七月七日，刘秀任命野王（河南省沁阳市）县长王梁当最高监察长（大司空），又打算依照神秘预言书（谶文）任命平狄将军孙咸当全国武装部队最高指挥官（大司马），大家对刘秀按书行事的做法，都不满意，刘秀只好改变。

七月十二日，刘秀任命吴汉当全国武装部队最高指挥官（大司马）。

最初，玄汉政府任命琅邪（山东省诸城市）人伏湛，当平原（山东省平原县）郡长。全国虽一片混乱，平原郡却一派升平，人民安居乐业。警备官（门下督，姓名不详）建议伏湛起兵独立，伏湛逮捕该官诛杀。官民信任伏湛，平原郡得保安全。刘秀命伏湛当宫廷秘书（尚书），使他整理旧有的典章制度。又因为邓禹赴西方作战，中央缺少宰相，再任命伏湛当宰相府执行官（司直），代理宰相（行大司徒事）。刘秀出外作战时，就由伏湛留守。

12 邓禹从汾阴（山西省万荣县西南荣河镇）渡黄河而西，进入夏阳（陕西省韩城市）。玄汉政府北长安市民兵司令（左辅都尉）公乘歙（音xī〔西〕），率军十万，跟本郡地方部队，在衙县（陕西省白水县东北三十公里）布防，抵御邓禹。邓禹攻击，公乘歙败走。

13 刘姓皇族刘茂，在京县（河南省荥阳市南）、密县（河南省新密市）之间，聚众起兵，自称厌新将军，一连攻陷颍川（河南省禹州市）、汝南（河南省平舆县西北射桥镇），拥有武装部队十余万人。东汉帝（一任光武帝）刘秀命骠骑大将军景丹、建威大将军耿弇、强弩将军陈俊攻击。刘茂投降，刘秀封刘茂当中山王（首府卢奴〔河北省定州市〕）。

14 七月二十九日，刘秀前往怀县（河内郡郡政府所在县，河南省武陟县），派耿弇、陈俊，驻扎五社津（河南省巩义市西北黄河渡口），监视荥阳（河南省荥阳市）以东变化。命吴汉率建义大将军朱祐等十一位将军，包围由朱鲔固守的洛阳（河南省洛阳市东白马寺东）。

八月，刘秀前往河阳（河南省孟州市）。

15 玄汉宰相李松从掫城（陕西省西安市临潼区北。掫，音zōu〔邹〕）还军，在玄汉帝刘玄率领下，跟赵萌组联合兵团，在长安（陕西省西安市）反击王匡（新市兵）、张卬（下江兵）。缠斗月余，王匡等弃城逃走。刘玄再入长安，迁住长信宫。然而，正当庆祝胜利之际，局势急转直下。

赤眉大军已进抵高陵（陕西省西安市高陵区）。逃走的王匡（新市兵）、张卬（下江兵）投降赤眉，反攻长安东都门。李松出战，大败，被赤眉生擒。李松的老弟、首都长安城防指挥官（城门校尉）李况，大开城门，迎接赤眉。

九月，赤眉进入长安。刘玄骑马从厨城门（长安城北面中门）逃走。

原来，玄汉王朝式侯刘恭，由于赤眉拥戴他老弟刘盆子当皇帝，自己到司法机关自首，囚禁诏狱。刘玄逃走后，刘恭才走出诏狱，晋见定陶王刘祉。刘祉把他身上的刑具除掉，追上刘玄，一齐逃到渭水河畔。西长安市民兵司令（右辅都尉）严本，恐怕一旦刘玄逃往远处，赤眉可能把他诛杀，于是把刘玄护送到高陵（陕西省西安市高陵区）：严本亲自率军保护——其实是软禁。

玄汉政府文武百官，全都投降赤眉，只宰相（丞相）曹竟拒绝，用佩剑格斗，被杀。

16 九月六日，东汉帝（一任光武帝）刘秀，下诏封刘玄当淮阳王（首府陈县〔河南省周口市淮阳区〕）。诏书说：“无论官民，胆敢杀害刘玄的，罪状跟大逆相同（“大逆”，十恶不赦的重罪之一）。把刘玄护送给东汉政府的，封侯爵。”

17 最初，宛县（河南省南阳市）人卓茂，宽厚仁爱，谦恭谨慎，安贫乐道，性情朴实，不追求修饰，行为不走极端，从小到老，从没有跟人争论过。乡里亲属宾朋，行为能力虽然不一定跟他相同，但对他都非常爱慕尊重。西汉王朝十三任帝（哀帝）刘欣、十四任帝（平帝）刘箕子时代，他担任密县（河南省新密市）县长，把人民当作自己的儿女一样，推行善政，口中从不出恶言恶语，官民对他敬爱，不忍欺骗。

曾有人控告村长（亭长）接受自己所送的粮食肉类礼物。卓茂说：“是村长向你要的呀，还是你有事请托他？还是平常就有感情你送去他才收下？”那人说：“是我送去他才收下。”卓茂说：“你自愿送他，他欣然接受，这有什么可以告状的？”那人说：“我听说，圣明的长官，能使人民不再惧怕官吏，而官吏也不向人民索取什么。我正是怕他，才送他东西。他竟然接受，所以向你报告。”卓茂说：“你可是真正的所谓刁民。人类之所以聚集在一起而不乱成一团，跟禽兽不同，在于人类有仁爱礼义，知道互相尊敬。而你却不在乎这些，难道你能远走高飞，不食人间烟火？官员主要的守则是，不可以用强力索取。村长是一个善良官员，每年送他一点礼物，正是礼义的表现！”那人说：“假定如此，为什么法律反而禁止？”卓茂笑说：“法律是就行为立下的规则，礼义是人情上的润滑剂。我现在用礼义开导你，你不会怨恨。我如果用法律制裁你，你连手脚都不敢动了。一个大门之内，小错要罚，大错要杀，你回去多想一想！”

开始时，卓茂到密县（河南省新密市），对有些事情，拖延不去处理，官吏人民，都在暗中讥笑，邻县官民也都认为他没有行政能力。河南郡（河南省洛阳市东白马寺东）郡政府特别在密县再设一个县长（密县遂同时有两位县长），卓茂不认为是一种羞辱，仍照常办公。几年之后，礼教感化收到丰富成果，道路上丢了的东西，都没有人捡取。卓茂遂被擢升当首都总卫戍区司令部主任秘书（司隶部丞）。密县人民流着眼泪，送他赴任。等到王莽代理皇帝，卓茂才因病辞职。

刘秀当皇帝之后，寻访卓茂下落。本年（二五），卓茂年已七十有余。

九月十九日，刘秀下诏："知名度普遍天下的，应接受像天下这么大的重赏。兹任命卓茂当皇家师傅（太傅），封褒德侯。"

司马光曰

孔丘说："赞美善行，是一种很好的教育；等于对缺少善行的人，施予谴责。"所以，姚重华（舜）推荐皋陶（古代最正直最公平的法官），子天乙（汤）推荐伊尹；邪恶不仁的人，自然会远远而去，因为二人都有高贵的品德。刘秀刚刚当上皇帝，各地英雄豪杰，争夺政权，四海之内，像滚水般的沸腾。一些冲锋陷阵的人，奇计百出之士，最受尊重。只有刘秀单独的注意到忠厚的干部，表扬规规矩矩的官吏，从低微的民间，一下子擢升到三公中最尊贵的首位。正说明他何以能光复原来政权，而王朝又能维持够久的原因。因为刘秀知道什么事情应该先去做，什么事情才是根本。

刘秀之所以能光复原来西汉王朝的政权，是因为战场上获得一连串胜利，如果处处败仗，纵有十万个卓茂，也没有用。当此之时，刘秀第一优先去做的，是加强他的武装部队，不是物色迂阔的老汉。对卓茂的任命，不过刀光血影下的一个小动作。

儒家学派对"大儒"之类，总是夸张他的功能。既迷惑不了君王，也迷惑不了小民，倒迷惑了自己。成家皇帝公孙述可是一个崇拜"大儒"的人，结局是什么，历史有明白记载。

18 东汉大军包围洛阳（河南省洛阳市东白马寺东），历时数月，而洛阳在朱鲔坚守之下，拒不投降。刘秀知道司法部长（廷尉）岑彭，曾在朱鲔手下当过指挥官，命岑彭前去说服。朱鲔站在城上，岑彭站在城下，向朱鲔分析成败利害。朱鲔说："刘縯被害之事，我是主谋之一，后来又劝皇上（刘玄）不要把刘秀派往黄河以北。我了解我的罪恶深重，所以不敢投降。"岑彭回来把话转告刘秀，刘秀说："一个追求伟大目标的英雄，不会牢记小小怨仇。朱鲔如果投降，连官职和爵位，都可以保持，怎么会有报复？黄河作证，我绝不食言。"

岑彭再到洛阳告诉朱鲔，朱鲔从城上垂下绳索做的软梯，说："如果你讲的是真话，请上城！"岑彭攀着软梯要上。朱鲔看出确是诚意，决定投降。

九月十九日，朱鲔自己五花大绑，跟岑彭同到河阳（河南省孟州市西）。刘秀下令解开他的绳索，接见他。再命岑彭乘夜送朱鲔回洛阳。第二天凌晨，朱鲔跟苏茂等，率领全军，出城归附。刘秀任命朱鲔当平狄将军，封扶沟侯。朱鲔后来担任宫廷供应部长（少府），侯爵世代相传。

刘秀留下千古名言："追求伟大目标的人，不会牢记小小怨仇！"

对于敌人，最上等的策略是消灭他。如果不能，便应该包容。刘秀是一个政治家。中国漫长的历史中，英雄很多，政治家很少。帝王群中，恶棍林立，政治家尤其寥寥可数。

在儒家学派"汉贼不两立"的斗争口号下，朱鲔不但是杀兄凶手，而且是被称为"贼"的主犯，至少有一百个理由，非杀他不可。而朱鲔坚守不屈，自在意料之中。屯兵城下越久，引起四方变民集团反击的机会越大。结果是一死一伤，或二死二伤，天下大势，将再生变化。

宽容和气度，不是天生的，而是高度的智慧和高度的自我克制。古语说："宰相肚里可撑船。"宰相尚且如此，首领肚里更必须容纳奔驰的火车。因为只有胸襟开阔，眼光锐利的人，才有运用智慧的能力。而且，政治是太复杂了，它有个明显的特征是：没有永远的敌人。

政治艺术的最高境界，在于化敌为友，只有半吊子家伙，才确信他的钢刀万能。

刘秀命执法监察官（侍御史）、河内（河南省武陟县）人杜诗，安抚洛阳。将军萧广，放纵他的士兵奸淫烧杀；杜诗命萧广约束，萧广不以为意，杜诗遂诛杀萧广。回来后奏报刘秀，刘秀召见，赏赐杜诗木戟（木戟，一种卫队前导用的，象征刀斧的武器），擢升官职。

冬季，十月十日，刘秀进入洛阳，居住南宫，定为东汉王朝的首都。

19 赤眉帝（首都长安）刘盆子下诏："刘玄如果投降，封长沙王（首府临湘〔湖南省长沙市〕）。超过二十日，不再接受。"刘玄走投无路，由刘恭出面接洽投降事宜，赤眉政府派右翼最高指挥官（右大司马）谢禄，前往迎接。刘玄跟着谢禄，光着臂膀（表示犯罪，准备接受鞭打），把皇帝玉玺，呈献刘盆子。赤眉官员们教刘玄坐在大庭里，准备处决。刘恭、谢禄代他求情，赤眉将领们不理，直接拖刘玄出去行刑。刘恭追上去，高喊："陛下，我已竭尽所能，现在只有死在陛下之前。"拔出宝剑，就要自刎。樊崇等急忙阻止，这才赦免刘玄，

一世纪·二五年七月至十二月

东汉定都洛阳，继续攻占领土

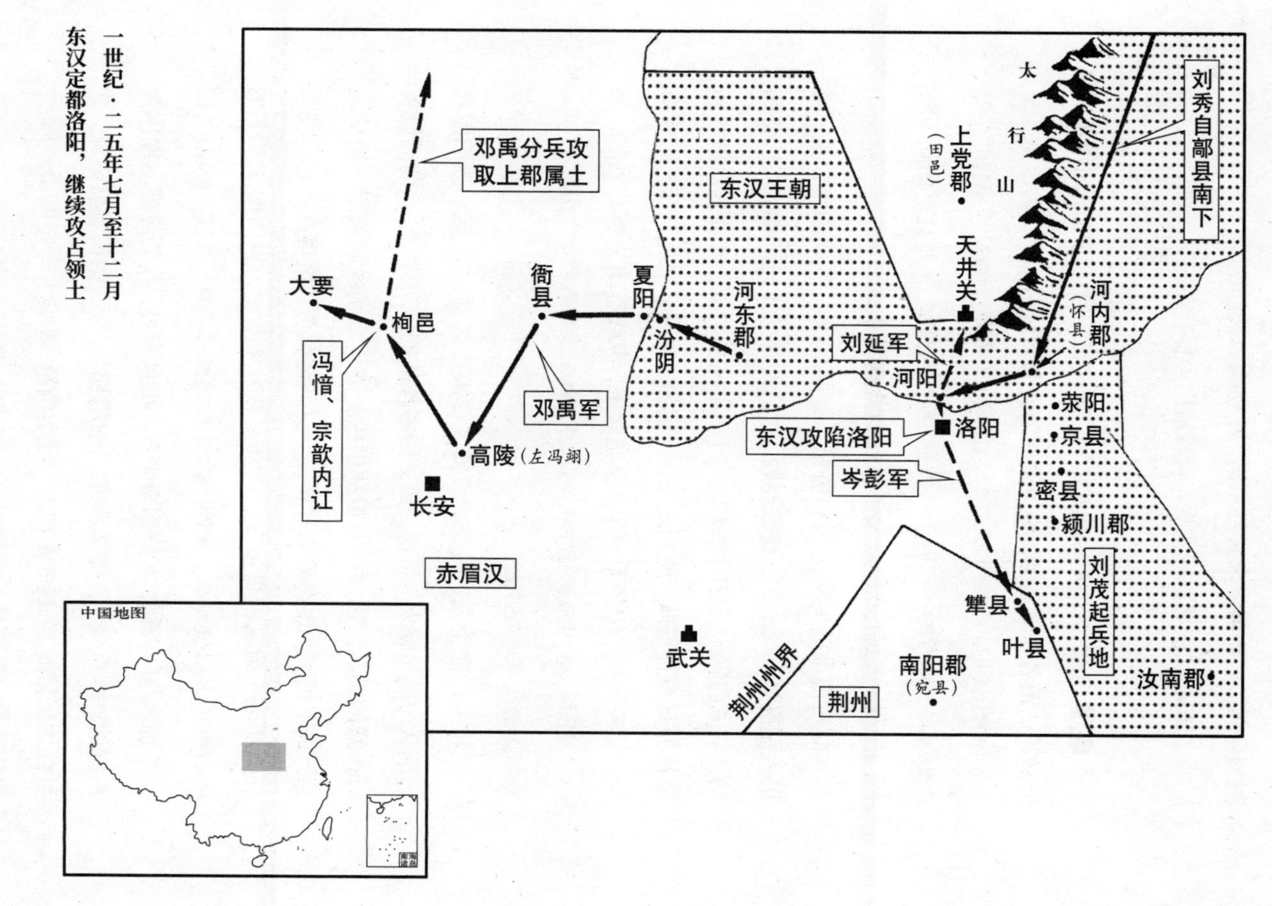

封畏威侯。刘恭再要求履行承诺，才勉强封长沙王。

刘玄从此依靠谢禄定居，刘恭常出力保护他。

20 赤眉帝（首都长安）刘盆子，居住长乐宫。三辅所属郡县地方政府，跟各营寨首领，纷纷派使节到长安进贡（三辅，即大长安，包括京兆〔首都长安市〕，左冯翊〔北长安市〕，右扶风〔西长安市〕。当时三辅人民为了自保，都聚众屯居，构筑营寨）。赤眉士兵就在中途把它抢走，而且对民间不断行凶施暴。人民惊恐，就又各自回到营寨固守。

面对混乱的局势，民心彷徨，听说东汉大将邓禹的军队，已进入左冯翊（北长安市），连战连胜，军队纪律又十分严明，都扶老携幼，望风迎降，归附的每天以一千人为单位计算。于是，邓禹对外宣称拥有百万部队，所到之处，一定停下座车，竖起符节，慰劳降众。父老孩童，围绕着座车，感激欢乐；声威震动关西（关西跟关东相对，关中范围太小，仅指陕西省中部，广义的关西则指当时的中国西部，包括关中，以及更西的甘肃省、青海省、宁夏）。

将领们都主张直接进攻长安，邓禹反对说："不然。我们拥有的部队，虽然庞大，可是，真正能够作战的，为数却少。前面没有可作战的部队，后面没有粮秣供应。赤眉刚刚攻破长安，粮秣充足，锐不可当。现在只有等待，一群强盗匪徒，聚集在一起，没有长远计划，财富粮食虽多，内部必然发生变化，岂能坚守？上郡（陕西省榆林市东南鱼河镇）、北地（甘肃省庆城县西北马岭镇）、安定（宁夏固原市）三个郡，地广人稀，民间家畜繁多，粮食充足，我们应把三郡作为根据地，休养战士，加强训练，密切注意，等到他们最后疲惫，才可以达到目的。"遂率军向北，抵达栒邑（陕西省旬邑县。栒，音xún〔旬〕），兵锋所及，各郡县人民用以自保的营寨，都开门迎接。

21 刘秀派司法部长（廷尉）岑彭，南下扫荡荆州（湖北省及湖南省）一带各变民集团，一连攻击犨县（河南省鲁山县东南张官营镇；犨，音chōu〔抽〕）、叶县（河南省叶县西南叶邑镇）等十余城。

22 十一月二十日，刘秀前往怀县（河内郡郡政府所在县，河南省武陟县）。

23 梁王刘永，在他的封国首府睢阳（河南省商丘市），称汉王朝皇帝。

24 十二月十一日，刘秀返首都洛阳。

25 三辅（大长安地区）人民对赤眉部队的暴虐，无限悲苦。这时，又怀念起来玄汉帝（一任）刘玄，对他今天沦落到这种地步，十分怜悯，准备把他救出。张印等恐惧忧虑（刘玄一旦翻身，张印等死无葬身之地），于是，命谢禄下手，把刘玄绞死（张印当初誓死效忠，拔剑砍地，仍历历在目。参考二三年正月）。刘恭乘夜收藏他的尸体。

刘秀得到消息，命邓禹把刘玄的尸体埋葬霸陵（陕西省西安市东，西汉王朝五任帝刘恒坟墓所在）。

玄汉皇家警卫指挥官（中郎将）宛县（玄汉宛国首府，河南省南阳市）人赵熹，率领部队，将出武关（陕西省商南县西南），在路上遇到逃回故乡的刘玄的亲属，穷苦困顿，没有衣服穿，又缺乏旅费粮食，几天前还是金枝玉叶，如今一个个露着上体，赤着双足，饥寒难忍。赵熹竭尽自己的能力救助他们，护送到南阳。宛王（首府宛县）刘赐得到报告，派人迎接，分别遣返故乡。

26 隗嚣回到天水郡（甘肃省通渭县），重新集结党羽部众，再建昔日声势，自称“西州上将军”（西州指甘肃省东部）。三辅（大长安地区）知识分子逃避战乱，很多人都来投奔。隗嚣礼贤下士，亲切接待，不炫耀自己的高贵，而像平民一样，建立友谊。任命平陵（陕西省咸阳市西北双照街道）人范逡当“师友”，前凉州（甘肃省）州长（刺史）、河内（河南省武陟县）人郑兴当大宗师（祭酒），茂陵（陕西省兴平市东北）人申屠刚、杜林当监察官（治书）；马援当绥德将军；杨广、王遵、周宗，以及平襄（天水郡郡政府所在县，甘肃省通渭县）人行巡（行，姓）、阿阳（甘肃省静宁县）人王捷、长陵（陕西省咸阳市东北二十公里）人王元，一律当大将军，安陵（陕西省咸阳市渭城区东）人班彪等作为幕僚。这些人都是一时俊杰，所以隗嚣声名震动西州（甘肃省东部），并传播到山东（崤山以东）。

马援年轻时，因家境贫穷，向老哥马况要求到边疆郡县，垦荒放牧。马况说：“凡是大的才干，成功往往很晚。优良的工匠，从不把没有完成的作品，拿给别人看。你现在想做什么，就应该去做什么！”马援遂到北地（甘肃省庆城县西北马岭镇）垦荒放牧，常对宾客们说：“大丈夫立志，穷困时更坚定，年老时更壮大。”后来，牛羊累积到数千头，粮食累积到数万斛。叹息说：“发财的目的，在于能够施舍，否则，不过一个守财奴罢了。”遂把全部家产，分赠给亲友故旧。听说隗嚣礼贤下士，前往投奔。隗嚣对他十分敬重，让他参与决策。

班彪，是班稚的儿子（班稚事，参考五年）。

27 最初，平陵（陕西省咸阳市西北双照街道）人窦融，一连几代，都在河西地区当官（河西，指兰州市以西，直到星星峡〔甘肃省跟新疆交界边关〕

一世纪·二五年 关西各独立势力分布

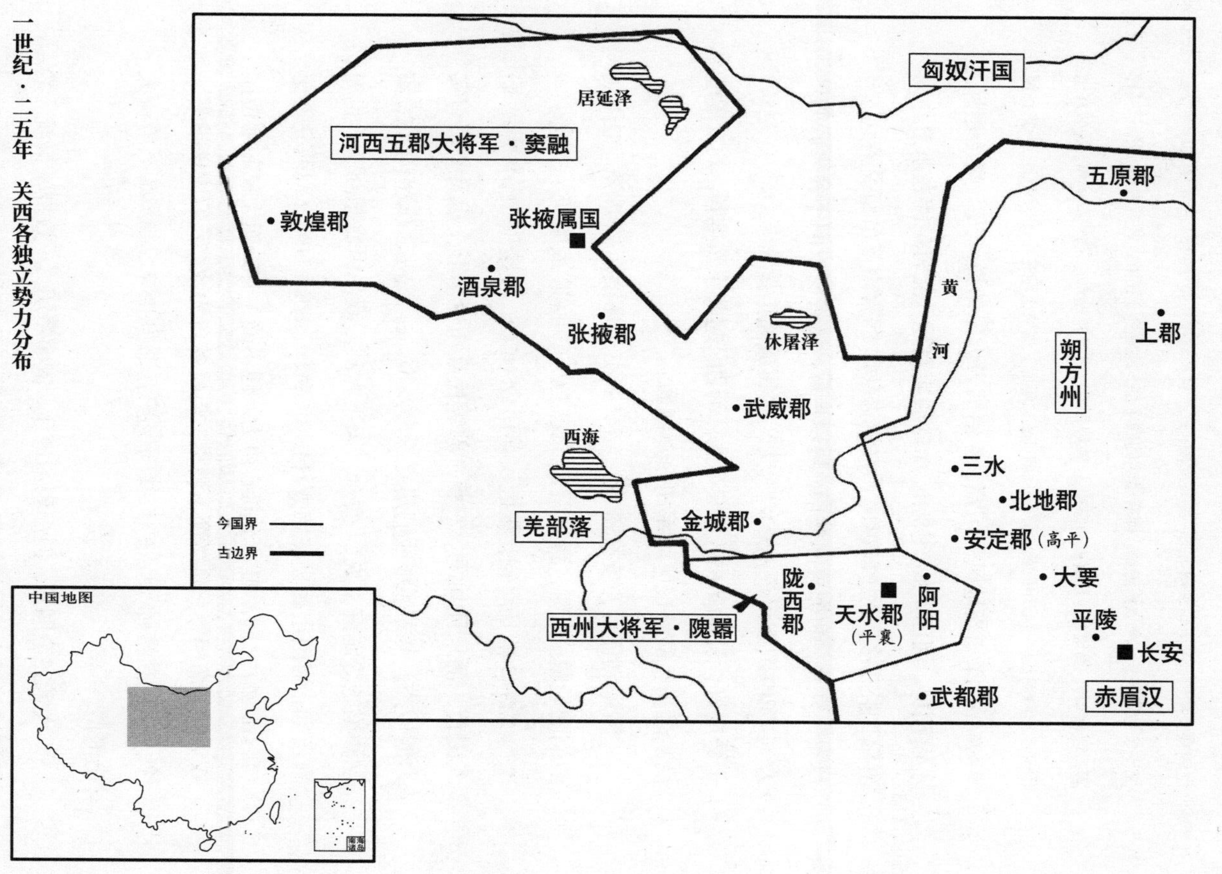

之间狭长地带；黄河到兰州市后，即行北流；这个狭长地带正位于黄河之西，所以称河西。又因该地区狭长，所以称走廊，拥有著名的四个郡：武威郡〔甘肃省武威市〕、张掖郡〔甘肃省张掖市〕、酒泉郡〔甘肃省酒泉市〕、敦煌郡〔甘肃省敦煌市〕。前一二一年，匈奴汗国浑邪王归降西汉，所献出的就是这块土地。从该年起，这块土地在中国历史上，一直扮演重要角色），深知当地风俗习惯，曾悄悄告诉兄弟说："天下是治是乱，不可预料。河西走廊（甘肃省中西部）殷实富足，又有黄河在东方作为屏障，张掖移民区（张掖属国，甘肃省金塔县东）拥有一万余精锐骑兵，一旦发生变化，断绝黄河渡口，足以自保，这是使我们不会灭族的地方。"窦融跟玄汉帝刘玄的岳父、右翼最高指挥官（右大司马）赵萌，十分要好；因而请求赵萌推荐他往河西。赵萌果然推荐，刘玄遂任命窦融当张掖移民区驻军司令（属国都尉）。

窦融到任后，安抚部众，结交豪杰，怀柔西羌部落，很得到他们的爱戴。当时，酒泉郡长、安定（宁夏固原市）人梁统，金城（甘肃省永靖县西北）郡长库钧，张掖民兵司令（都尉）、茂陵（陕西省兴平市东北）人史苞，酒泉民兵司令竺曾，敦煌民兵司令辛肜，以及州郡有实力的俊杰，窦融都跟他们建立深厚友谊。后来，玄汉政府覆亡，窦融和梁统等磋商，说："而今，天下大乱，我们纵然想回家，也无家可回。河西走廊夹在匈奴汗国（王庭设蒙古国哈拉和林市）跟西羌部落（青海省东部）之间，如果不同心协力，便不能生存。而大家的地位跟权力，又都相等，谁都管不着谁，势将各自为政。我们应该推举一个人当最高统帅（大将军），共同保护五郡（四郡外，加金城郡），等待大局澄清。"

大家完全同意，但都表示谦让。依照资历，一致推举梁统。梁统坚决推辞，于是推举窦融，称"代理河西五郡最高统帅"（行河西五郡大将军事）。

武威郡长马期、张掖郡长任仲，人单势孤，又没有党徒众。窦融写信给他们，表示立场。二人立即交出印信，辞职而去。于是，窦融任命梁统当武威郡长，史苞当张掖郡长，竺曾当酒泉郡长，辛肜当敦煌郡长。窦融则把司令部设在张掖移民区（属国），仍兼移民区驻军司令。任命参谋官（从事），监督五郡。河西走廊民情朴实，而窦融等治理方法，也宽大和平，上下亲敬，一派升平气象。一面招兵买马，加强战斗训练，跟情报设施。北方匈奴或南方羌部落侵犯时，窦融亲自率领直属部队跟各郡民兵出击，都能迅速集结，每战必胜。后来，匈奴人跟羌人都被震慑，终于归附中国。内地各郡因饥饿或兵灾逃亡前来的人民，络绎不绝。

28 新王朝时，人民都思念西汉王朝的美好日子。安定郡（宁夏固原市）三水县（宁夏同心县东）人卢芳，住在该县左谷（三水县有左谷、右谷），诈称自己是西汉王朝七任帝（武帝）刘彻的曾孙刘文伯，宣传说：他的曾祖母是浑邪王（参考前一二一年）的姐姐，常用这句话招摇撞骗。新政府末期，跟三水移民区（属国）的羌人、匈奴人等，起兵叛变。后来，玄汉政府建立，刘玄到长安，征召卢芳（刘文伯），任命他当骑兵总监（骑都尉），返回安定，负责安定以西地区的治安。玄汉政府瓦解后，三水豪杰们共同拥戴卢芳（刘文伯）当上将军、西平王。派出使节，跟羌部落及匈奴汗国缔结姻亲。

匈奴汗国呼都而尸道皋若鞮单于（二十任）挛鞮舆高兴说：“西汉王朝政权断绝，刘姓皇族向我们归附。我也要像当年中国对老爹呼韩邪单于（十四任）那样，教中国皇帝尊奉我！”于是，派句林王率数千骑兵，迎接卢芳（刘文伯）兄弟到匈奴，宣布卢芳（刘文伯）是汉王朝的皇帝。任命卢芳（刘文伯）的弟弟卢程，当皇家警卫指挥官

（中郎将），率领匈奴的协防部队，驻扎安定。

29 东汉帝（一任光武帝）刘秀，考虑到关中（陕西省中部）一直不能收复，而邓禹又一直不肯向长安发动攻击，写信责备邓禹，说："宰相：你是伊祁放勋（尧）；而那一撮毛贼，不过是姒履癸（桀）之辈。长安城住民，水深火热，无依无靠。你应该把握时机，大张挞伐，镇压安抚西京（东汉政府定都洛阳，称位于西方的长安为西京或西都，而洛阳自然成为东京或东都），维系人心。"

邓禹仍坚执自己的意见，放弃长安，向北夺取上郡（陕西省榆林市东南鱼河镇）所属各县，更征集各地民兵，囤聚粮秣。而邓禹自己，进驻大要（甘肃省宁县东南）。积弩将军冯愔、车骑将军宗歆，同守栒邑（陕西省旬邑县），两位地位相等、互不隶属的将领，为了争夺权力，由言语冲突而发生流血火并。冯愔击杀宗歆，并一不做，二不休，起兵进攻邓禹。邓禹向刘秀报告，刘秀询问邓禹派来的信差："冯愔最亲信的将领是谁？"信差说："大军保护总监（护军）黄防。"刘秀推测冯愔、黄防二人不能长期保持友谊，终必决裂，因而回信告诉邓禹："逮捕冯愔的，一定是黄防。"于是，派宫廷秘书（尚书）宗广，"持节"，前往招降。月余之后，黄防果然生擒冯愔，率领部队反正。

玄汉政府泚阳王王匡（新市兵）、襄邑王成丹（下江兵）、随王胡殷等，脱离赤眉汉政府，向宗广投降。宗广接受，一同返回洛阳。已经到了安邑（河东郡郡政府所在县，山西省夏县），王匡等却打算逃走，宗广把他们全都诛杀。

冯愔最初叛变时，率军向西攻击天水郡（甘肃省通渭县），隗嚣迎击，在高平（安定郡郡政府所在县，宁夏固原市）接触，大破冯愔军，夺取全部辎重。邓禹遂代表皇帝，派人“持节”，命隗嚣实任西州最高统帅（西州大将军），全权处理凉州（甘肃省），跟朔方州（黄河河套地区）军政大事。

30 腊祭之日（两汉王朝，在“腊日”祭祀天上所有神仙，是一项重要节日。“除夕”“新年”，在十四世纪明王朝之后，才被重视。两汉时，“腊日”远超过“除夕”“新年”，就跟基督教徒对“圣诞节”重视，远超过对“新年”重视一样。“腊日”，指“冬至后第三个戌日”。“冬至”固定〔阳历每年十二月二十二日或二十三日〕，可是“戌日”不固定。古代用“干支”记年、记月、记日、记时。“干”是“天干”：甲乙丙丁戊己庚辛壬癸；“支”是“地支”：子丑寅卯辰巳午未申酉戌亥。然后相配：甲子，乙丑……从“冬至”〔十二月二十二日或二十三日〕那天算起，算到“戌”字第三次出现的那天，就是“腊日”。——这种算法实在辛苦，所以“腊日”的地位，在东汉之后，逐渐没落），赤眉政府（首都长安），在长安举行盛大宴会欢聚，还没有开始饮酒，文武百官已经吵闹成一团，并且互相打斗。不久，更失去控制，将领士兵们从墙上跳进皇宫，砍开宫门，抢夺酒肉，你杀我，我杀你。皇城保安司令（卫尉）诸葛稚得到报告，率领军队入宫，诛杀一百多人，混乱才告平息。

身为赤眉帝的刘盆子怕得要死，日夜啼哭，左右侍从对他充满怜悯。

31 最初，东汉帝（一任光武帝）刘秀，派皇族事务部长（宗正）刘延，进攻天井关（山西省晋城市南），跟玄汉政府守将田邑，连战十余回合，不分胜负，不能前进。后来，玄汉政府覆没，田邑请求投降，刘秀任命他当上党郡（山西省长子县）郡长。

刘秀又派议论官（谏议大夫）储大伯，“持节”，征召鲍永。鲍永不知道刘玄生死存亡消息，怀疑是一项骗局，不肯答应，把储大伯囚禁，派人到长安探听虚实。

32 最初，东汉帝刘秀在宛县（河南省南阳市）追随刘玄时，娶新野（河南省新野县）阴家的女儿阴丽华为妻。本年（二五），派使臣前往迎接阴丽华，并迎接刘秀的姐姐湖阳公主刘黄，跟妹妹宁平公主刘伯姬，同到首都洛阳。封阴丽华当贵人。

玄汉政府西平王李通，是宁平公主刘伯姬的丈夫，刘秀任命李通当皇城保安司令（卫尉）。

33 最初，玄汉帝（一任）刘玄，任命王闳当琅邪（山东省诸城市）郡长，琅邪变民集团首领张步，割据郡土，拒绝接受。王闳分别招降，前后取得赣榆（江苏省连云港市赣榆区北）等六个县份。集结兵力，进攻张步，但不能取胜。

张步既归附在睢阳（河南省商丘市）即位的汉帝刘永（参考去年〔二四〕），接受刘永任命的官位（辅汉大将军），就在剧县（山东省寿光市南）招兵买马，训练武装部队，派出将领，一连攻陷泰山郡（山东省泰安市东）、东莱郡（山东省莱州市）、城阳郡（山东省莒县）、胶东郡（山东省平度市）、北海郡（山东省昌乐县东南）、济南郡（山东省济南市章丘区）、齐郡（山东省淄博市东临淄区），王闳无力抵抗，于是亲自到张步营垒相见。张步向他展示盛大的军容，大发雷霆说：“我有什么罪，你为什么攻打我？而且攻打得那么厉害？”王闳手按剑柄说：“郡长奉中央命令到任，而你阁下拥兵拒抗，我只是剿匪而已，怎么叫厉害不厉害？”张步起身道歉，留他欢宴，待作上宾，允许王闳处理郡长任内的事。

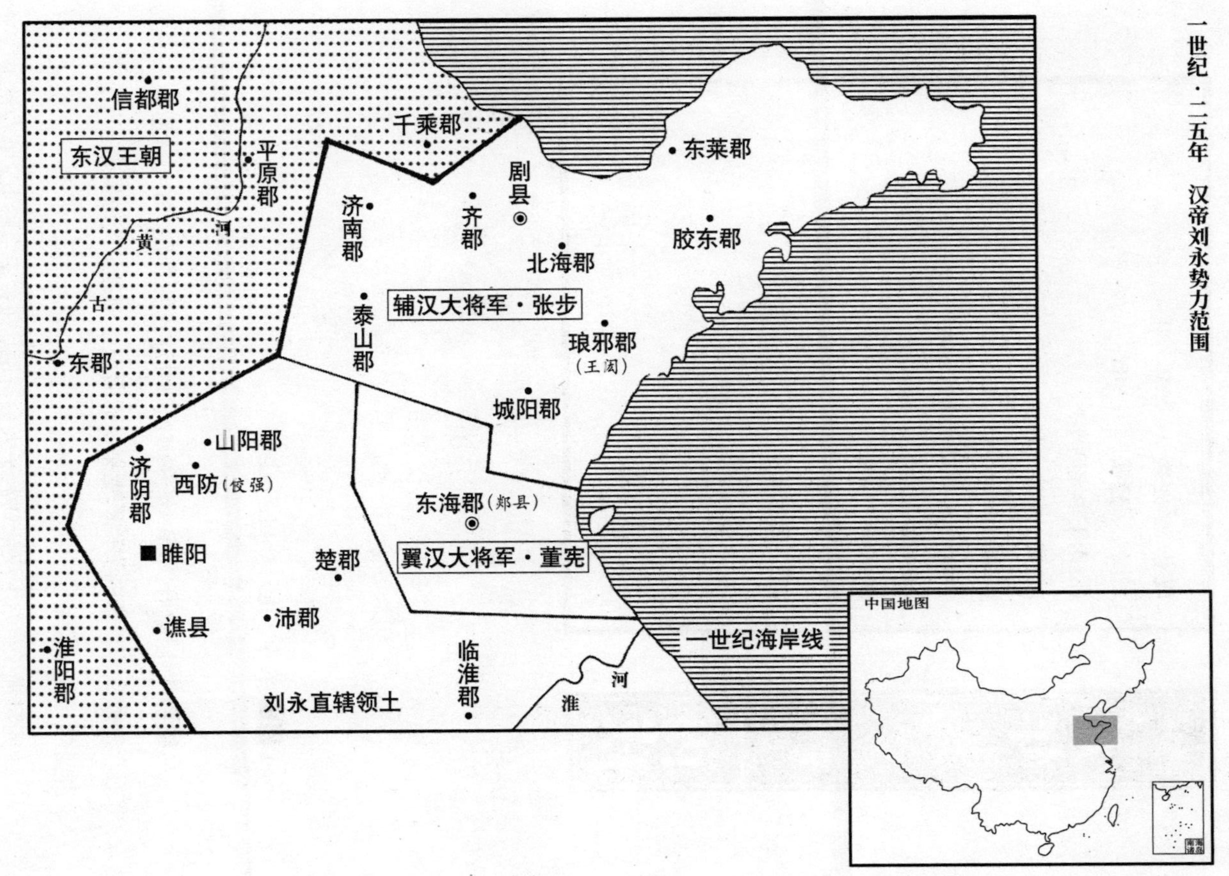

一世纪·二五年　汉帝刘永势力范围

二六年 丙戌

成家　　龙兴　　二年
东汉　　建武　　二年
（淮南王李宪四年）
（楚黎王秦丰三年）
（周成王田戎三年）
（赤眉汉帝刘盆子建世二年）
（汉帝刘永二年）
（皇帝孙登元年）
（武安王延岑元年）
（燕王彭宠元年）

1 春季，正月一日，日蚀。

2 赤眉政府（首都长安〔陕西省西安市〕）式侯刘恭，知道赤眉政府一定败亡，秘密嘱咐他的老弟、赤眉汉帝刘盆子交出皇帝玉玺，并且教导他一段辞让言辞。

元旦那天，赤眉汉帝刘盆子大会群臣。在金銮宝殿上，刘恭首先发言，说："各位将军共同拥戴我弟弟当皇上，恩深德厚，十分感激。可是，即位将近一年，局势混乱，比从前更加严重，证明他没有能力完成大家的托付。恐怕即令是死，对大事也没有帮助。请求各位将军，准许我弟弟退位，当一个平民，另行物色贤能智慧的人选，请各位将军原谅。”樊崇等道歉说：“这都是我们的罪过。”刘恭仍然坚持，有人不耐烦说：“这件事跟你这位侯爷，有什么相干？”刘恭惶恐起身退出。

刘盆子从宝座上跳起来，交出皇帝玉玺，向将领们叩头乞求，说：“现在，既然设立了皇帝，而大家依然继续去当强盗，人民怨恨，不再对我们信服，这都是选择天子选择错了的缘故。请求各位把我的性命还给我，让出圣贤的道路。但各位一定要杀我推卸责任，我也只有一死。”说到沉重处，痛哭流泪。

赤眉首领樊崇等，跟参加朝会的官员数百人，对刘盆子既抱歉又怜恤，大家赶忙离开席位，叩头说：“是我们的错，对不起陛下。从今之后，奉公守法，绝对不敢有一点放肆。”一齐把刘盆子抱上宝座，把皇帝玉玺强行挂到他身上。刘盆子挣扎呼号，但身不由己。

将领们告辞后，果然各自紧闭营垒，不放官兵外出。三辅（大长安地区）秩序恢复，人民称颂刘盆子真是英明的天子。流亡四方的长安人，争着返回家园，街上又熙熙攘攘，繁华如昔。

可是，二十几天之后，将领们故态复萌，官兵出营，照样大肆抢劫。

3 流动于东海郡（山东省郯城县）一带的变民首领刁子都，被他的部下刺杀，余党跟附近的变民集团，在檀乡（山东省济宁市兖州区东北）集结，被称“檀乡贼”，攻掠魏郡（河北省临漳县西南邺城镇）、清河郡（河北省清河县）。

魏郡郡政府高级官员李熊的弟弟李陆，是檀乡变民首领之一，李熊准备作为内应，迎接檀乡变民入城。有人向魏郡郡长、颍川（河南省禹州市）人铫期告密（铫，音yáo〔姚〕）。铫期召见李熊质问，李熊惊恐，叩头承认，请求连同老娘，一同处决。铫期说："当政府官员，如果没有当一个盗贼那么快乐，就不必留在这里，请你带着老娘去投奔你的弟弟李陆。"命人送李熊母子出城。

李熊出城后，找到弟弟李陆，同他一齐回到邺县（魏郡郡政府所在县）西门。李陆不胜惭愧，自杀身亡，表示对铫期的歉意。铫期叹息，按照礼仪规定，把他安葬。恢复李熊原来的职位。

这件事使全郡敬服铫期的威信。

4 东汉帝（一任光武帝）刘秀（本年三十一岁），命全国武装部队最高指挥官（大司马）吴汉，率王梁等九位将军，攻击檀乡（山东省济宁市兖州区东北）变民集团，在邺县东郊漳水畔会战，檀乡变民集团大败，十余万人，全部投降。

刘秀又命王梁，跟最高统帅（大将军）杜茂，率军扫荡魏郡（河北省临漳县西南邺城镇）、清河郡（河北省清河县）、东郡（河南省濮阳市西南）人民聚集自保的所有营垒堡寨。所有营垒堡寨全部归附，三郡底定。从首都洛阳出发到边疆各郡的道路，完全畅通。

5 正月十七日，东汉帝（一任光武帝）刘秀把所有功臣，一律都封侯爵。计：梁侯邓禹、广平侯吴汉，采邑都有四县。研究官（博士）丁恭抗议说："古代侯爵，采邑不过一百华里。使主干（中央政府）强大，枝叶（地方政府）弱小，国家才可以治理。现在一封就是四县，不合规定。"刘秀说："古代政府之所以灭亡，都是因为君王昏乱无道，从来没有听说过由于功臣采邑太大的缘故。”

阴乡侯阴识，是刘秀小老婆（贵人）阴丽华的老哥，由于战功，应该增加采邑。阴识叩头坚辞，说：“全国刚开始安定，有功劳的将领太多。我是后宫的家属，已很荣幸，如果再增加采邑，就无法面对天下人民。这正符合公孙龙告诉赵胜的话：‘亲戚们受到赏赐，全国人民都在评估他的贡献。’”刘秀同意。

刘秀命将领们说出他们最乐意封到哪里，每人都指定富庶的县份。河南郡（河南省洛阳市东白马寺东）郡长、颍川（河南省禹州市）人丁綝，却只求封到自己本乡。有人问他原因，丁綝说：“我的能力小而功劳又少，能封一个二等侯爵（乡侯），就心满意足。”刘秀尊重他的意见，封丁綝当新安乡侯（“侯爵”分三等，一等称“县侯”，采邑一个县或数个县。二等称“乡侯”，采邑一个乡。三等称“亭侯”，采邑一个村落或数个村落。县侯中，大县侯位比三公，小县侯位比部长。乡侯、亭侯，位比中二千石）。

刘秀命宫廷禁卫官（郎中）、魏郡（河北省临漳县西南邺城镇）人冯勤，主办封爵事宜。冯勤考查功劳大小先后轻重，跟采邑远近、土壤好坏，处理得十分恰当，大家全都心服。刘秀认为他是一位优秀的干部，教他总管宫廷秘书署杂事。

惯例是：宫廷秘书署助理（尚书郎）出缺，都由宫廷秘书署低级职员（令史，二百石）升迁递补。刘秀开始命地方政府推荐出来的“孝廉”担任。

6 刘秀在首都洛阳南郊，兴建西汉一任帝刘邦的祭庙（高庙）。每年春夏秋冬四季，向刘邦祭庙、刘恒（西汉王朝五任帝）祭庙、刘彻（西汉王朝七任帝）祭庙，联合献祭。在祭庙西边，兴建祭祀土神跟农神的祭坛（社稷），再在洛阳南郊建立万神庙（在洛阳城南三公里，台上

⑥(刘启)阳陵
①(刘邦)长陵
②(刘盈)安陵
⑬(刘欣)义陵
⑪(刘奭)渭陵
⑭(刘箕子)康陵
⑫(刘骜)延陵
⑧(刘弗陵)平陵
茂陵(刘彻)⑦
今咸阳市
渭
河
西汉长安城
灞
水
浐
水
今西安市
城关
霸陵
⑤(刘恒)
南陵
(薄太后)
杜陵
⑩(刘病已)
图中阿拉伯数字为该陵所属皇帝之任数

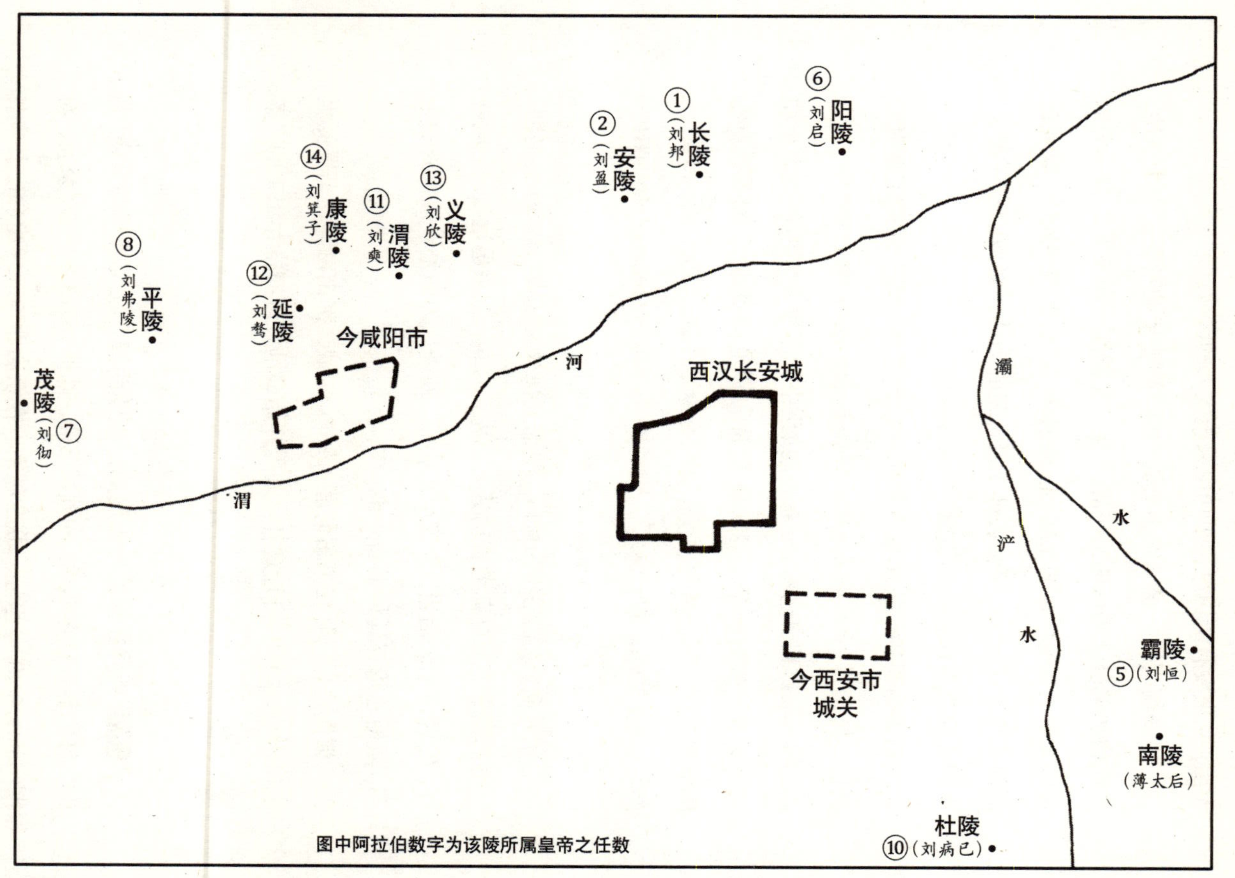

西汉王朝十一陵分布

有台，本台祭天地，外台祭五色帝〔青色帝、赤色帝、黄色帝、白色帝、黑色帝〕。共祭奉一千五百一十四位神仙）。

7 长安城中，民间粮食终于耗尽，赤眉将领们饱载他们掳掠的金银财宝，纵火焚烧宫殿、民间住宅，再乘火势，作更彻底的抢劫。人民死伤逃亡，盖世繁华的长安城，霎时变成废墟，不见人踪。赤眉遂放弃长安，向西流窜，号称百万大军，沿着秦岭山脉，所经过的县城，掳掠一空，最后进入安定郡（宁夏固原市）、北地郡（甘肃省庆城县西北马岭镇）郡境。

东汉大将邓禹进入劫后长安，驻军昆明池，晋谒西汉一任帝刘邦祭庙，收拾西汉十一位皇帝祭庙中的牌位，送往洛阳（十一帝：一任刘邦，二任刘盈，五任刘恒，六任刘启，七任刘彻，八任刘弗陵，十任刘病已，十一任刘奭，十二任刘骜，十三任刘欣，十四任刘箕子。其中三任刘恭，四任刘弘，九任刘贺，被现实的政治市场抹杀）。巡视历任皇帝的墓园，设立官员及卫士守护。

8 真定王（首府真定〔河北省正定县〕）刘杨（参考二四年）制造神秘预言书（谶记）说："赤九之后，瘿杨为主。"（赤九，李贤原注：西汉王朝以"火"作为象征，而刘秀又是刘邦的第九代子孙。赤九之后，暗示刘秀之后。）刘杨脖子上生有赘瘤，正好应验，——用来迷惑民众。跟据守绵曼（河北省平山县）的变民集团，暗中结交。刘秀派骑兵总监（骑都尉）陈副、游击将军邓隆，前往征召刘杨到洛阳。刘杨紧闭城门，拒绝他们入城。

刘秀改用诡计，派前将军耿纯，"持节"，假装前往幽州（河北省北部及辽宁省）、冀州（河北省中部南部），慰问所有的王爵、侯爵；密令他逮捕刘杨。耿纯到了真定（河北省正定县），住在招待所，邀请刘杨见面。耿纯的娘亲，是刘杨亲属的女儿，所以刘杨不疑心耿纯会背叛他，而又仗恃自己兵力强大。耿纯态度安详，不像有特别任务。于是，刘杨带着随从，前往拜访。刘杨兄弟则率领轻装备部队，在门外戒备。刘杨进入招待所，会见耿纯，耿纯对他十分恭敬，使他的戒心松懈。耿纯乘势邀请刘杨兄弟们，一齐进来。在刘杨兄弟们进来后，耿纯迅速关闭屋门，伏兵突起，把刘杨等全部格杀，然后集结所率部队，冲出招待所。全城震惊恐怖，没有一个人敢挺身反抗。

刘秀怜恤刘杨仅有阴谋，还没有发动，便被处死，就再封刘杨的儿子刘德，继任真定王。

9 二月十六日，刘秀前往修武（河南省获嘉县）。

10 玄汉王朝政府故将鲍永、冯衍（二人皆驻扎于并州〔山西省〕境内），终于证实刘玄被害消息，于是发丧追悼，释放储大伯等（囚禁储大伯事，参考去年〔二五〕十二月），把印信封妥献出，遣散所有部队，自己用布巾包头（不戴冠帽，贫贱的小民穿着），前往河内郡（河南省武陟县）归降。刘秀接见鲍永，问道：“你的部队在哪里？”鲍永离开席位，叩头说：“我效忠玄汉政府，却不能保护它。不愿用玄汉政府的部队，作为我富贵的资本，所以已全部复员。”刘秀冷笑说：“你的格调太高。”对鲍永大不满意（刘秀迫切需要的是武装部队，鲍永为了一个空洞的原则，赤手空拳来见，又说了一篇大道理，使刘秀有一种被戏弄的感觉）。

后来，鲍永因对东汉政府有功，受到重用。而冯衍却被摒出政府，不再当官。鲍永对冯衍说：“高祖（西汉王朝一任帝刘邦）奖赏有罪的季布，诛杀有功的丁固（参考前二〇二年）。现在，我们遇到圣明的君王，还有什么担心的？”冯衍说：“从前，某人挑逗邻人的妻妾，年纪大的诟骂他，年纪轻的接受他。后来，邻人逝世，某人娶了年纪大的。有人奇怪说：‘她不是诟骂过你吗？’某人说：‘她是别人的妻，我盼她接受我的挑逗。她是我的妻，我希望她诟骂别人。’（这是陈轸的话，参考《战国策》。）命运难以预卜，而做人的基本原则，却易于遵守。我们只知道坚持基本原则，岂在乎死亡？”

11 东汉（首都洛阳）最高监察长（大司空）王梁，屡次违抗刘秀的诏令（王梁跟吴汉共同攻击檀乡变民集团时，刘秀下令，军事行动全由吴汉决定。王梁没有经过吴汉同意，就征调野王〔河南省沁阳市〕民兵。刘秀命他就在原地停止前进，王梁不理，仍然继续进击），刘秀勃然大怒，派宫廷秘书（尚书）宗广，“持节”，前往军中，就地处决。宗广逮捕王梁后，用囚车送到首都洛阳。既到洛阳，刘秀赦免他，任命他当皇家警卫指挥官（中郎将），去北方镇守箕关（河南省济源市西）。

12 二月十九日，刘秀任命中级国务官（太中大夫）、京兆（陕西省西安市）人宋弘，当最高监察长（大司空）。宋弘推荐沛国（首府相县〔安徽省淮北市〕）人桓谭，担任参议官（议郎），兼御前监督官（给事中）。桓谭是一个业余的弹琴家，刘秀喜欢华丽激情的音乐，就常教桓谭演奏。宋弘得到消息，大不高兴。有一天，等到桓谭从皇宫出来，就派人去找他，找到桓谭后，宋弘穿着官服，高坐堂上，也不请桓谭坐下，责备说：“你能不能改正自己？或是让我提出纠举，用法律制裁你？”桓谭一再顿首承认错误。很久之后，才放他回去。

有一次，刘秀集合文武官员欢宴，教桓谭弹琴，桓谭看见宋弘在座，紧张起来，态度失常。刘秀大为奇怪，问他怎么回事。宋弘就离开席次，脱下官帽，请罪说：“我之所以推荐桓谭，盼望他能忠心的用正义引导陛下，而今陛下喜欢郑国的音乐（春秋时代郑国的音乐，被视为淫荡），这是我的过失。”刘秀动容道歉。

刘秀姐姐湖阳公主刘黄的丈夫胡珍逝世。刘秀跟她共同评估文武官员，用来试探她再嫁的可能性。刘黄说：“宋弘一表人才，相貌堂堂，大臣中没有人胜得过他。”刘秀说：“等我想办法。”

稍后，刘秀教姐姐坐在屏风后面，召见宋弘。谈话中，刘秀说：“民间有句俗话：‘地位尊贵之后，就要另外结交一批新朋友。有了财富之后，就要改换妻子。’这是不是人之常情？”宋弘说：“我听说，贫贱时的朋友，永不可忘。贫贱时的妻子，永不分离。”刘秀回头，对屏风后的姐姐说：“好事恐怕难成了。”

13 刘秀跟王郎（刘子舆）作战时，渔阳郡（北京市密云区）郡长彭宠，征调精锐的骑兵突击部队，开往前线助战（参考二四年），粮食草料，转运千里，从不曾中断。后来，刘秀追击铜马变民集团，抵达蓟县（广阳郡郡政府所在县，北京市）。彭宠觉得他的贡献最大，而且是决定性的，认为刘秀对他一定有特殊的礼遇。想不到，刘秀的表现使他失望，心里愤愤不平。再后来，刘秀当了皇帝，吴汉、王梁，都是彭宠的部将，由彭宠派出帮助刘秀（参考二四年），二人都当了三公，只对彭宠毫无表示，彭宠越发恼怒，叹息说：“如果他们都是三公，我应该封王爵才对。今天这个样子，难道皇上把我忘了。”

这时候，北方沿边各郡，都残破不堪，只渔阳郡（北京市密云区）还算完整。从前曾有铁矿管理局（铁官）设置，矿产丰富，彭宠用来购买粮秣，囤积金银财宝，越发富强。

同时，幽州（河北省北部及辽宁省）全权州长（牧）朱浮（进入东汉王朝时代，州政府才有固定的地点。此时幽州州政府设蓟县〔北京市〕），年轻而才华出众，羡慕古人的风范，收揽知识分子，征召中原地区知名的饱学之士，甚至新王朝时部长级以上官员（二千石），都延聘到州政府，作为幕僚或宾客，而命各郡县给这些人的家属妻子们丰富的供应。

彭宠却是另一种看法，他认为天下并没有真正的全部安定，军事行动，正在开始，不应该设立太多的文职官员，消耗军用物资，所以拒绝接受州政府的命令。朱浮性情偏执急躁，自以为见识高人一等；彭宠性情也倔强好胜。二人之间的嫌隙怨恨，越来越多。朱浮就向中央政府打彭宠的小报告，说彭宠集结军队，囤积粮食，意图难以预料。每次，刘秀都故意泄露朱浮的奏章，使彭宠听到，希望发生阻吓作用。

最后，刘秀下诏征召彭宠。彭宠上书，请求跟朱浮同时前往洛阳（希望跟朱浮在皇帝面前对质），刘秀不准。彭宠发现朱浮的实力，深不可测，更为惊疑恐惧。彭宠的妻子性情刚强，受不了屈辱，坚决反对丈夫接受命令，说：“天下仍一团混乱，四方英雄，各自发展。渔阳（北京市密云区）是个大郡，兵精马壮，为什么被别人的小报告打垮？”彭宠再跟亲信的官员磋商，他们都恨朱浮，没有一个人赞成彭宠应去洛阳。刘秀派彭宠的堂弟子后兰卿去渔阳郡劝导，彭宠遂留下子后兰卿，宣布脱离中央，起兵叛变（彭宠的堂弟应该也姓彭才是，不可能姓子，一世纪的年代，更不可能出现四个字的姓名。我们认为应是彭子后，别名兰卿，或彭兰卿，别名子后，因字的脱落，造成这项困扰）。彭宠遂设立统帅部，任命各级官员。亲自率军二万余人，攻击朱浮所在的蓟县（北京市）。

彭宠又因为跟上谷郡（河北省怀来县）郡长耿况，都有大功，而奖赏同样微薄，几次派出使节，游说耿况。耿况不接受，把派去的使节诛杀。

柏杨曰

彭宠根本没有叛变的意图，不但没有叛变的意图，反而一直忠心耿耿。他之叛变，是逼出来的，主要是刘秀的疏忽，其次是朱浮这个大少爷少不更事、狗仗人势。

当吴汉到北方沿边各郡，征发援军时，刘秀正在穷途，他把随身的佩剑送给彭宠，称他是“北道主人”。后来，彭宠到蓟县晋见，仗恃着对刘秀有救命之恩，自以为刘秀会走出庭外迎接，把臂言欢，交肩并坐，互诉心曲。想不到刘秀已非当初刘秀，基础已固，没有假惺惺的必要，于是露出嘴脸，只把彭宠当作一个普通郡长，使彭宠由失望而怨恨，再加上少年得志的朱浮，他的性情跟他的名字“浮”字相同。仗恃领袖对他的信任，不把彭宠看到眼里，遂一个小报告接一个小报告。太多的史迹显示，任何忠义之士，都经不住鲨鱼的小报告，何况彭宠跟刘秀之间，原本那么疏远。而刘秀竟然拒绝同时征召朱浮，当初对付李轶的那种高级政治艺术，哪里去了？只有一个解释，他被胜利冲昏了头，不能再有细密的思考。幸而，刘秀检讨了这次错误，在以后，对窦融、对隗嚣、对公孙述，都一再忍让，虽然有成有败，但方针正确。

彭宠的叛变，也是一件严重的错误，他完全被情绪控制，正犯了“小不忍则乱大谋”的戒条。从他竟然不能对蓟县突击成功，证明他只不过是一个平庸之辈。如果对蓟县一举夺取，至少可以格杀朱浮，先报私仇，然后大军南下，轰轰烈烈一阵。一击不中，命运已经注定。

一世纪·二六年二月 陇南混战·公孙述控制巴蜀

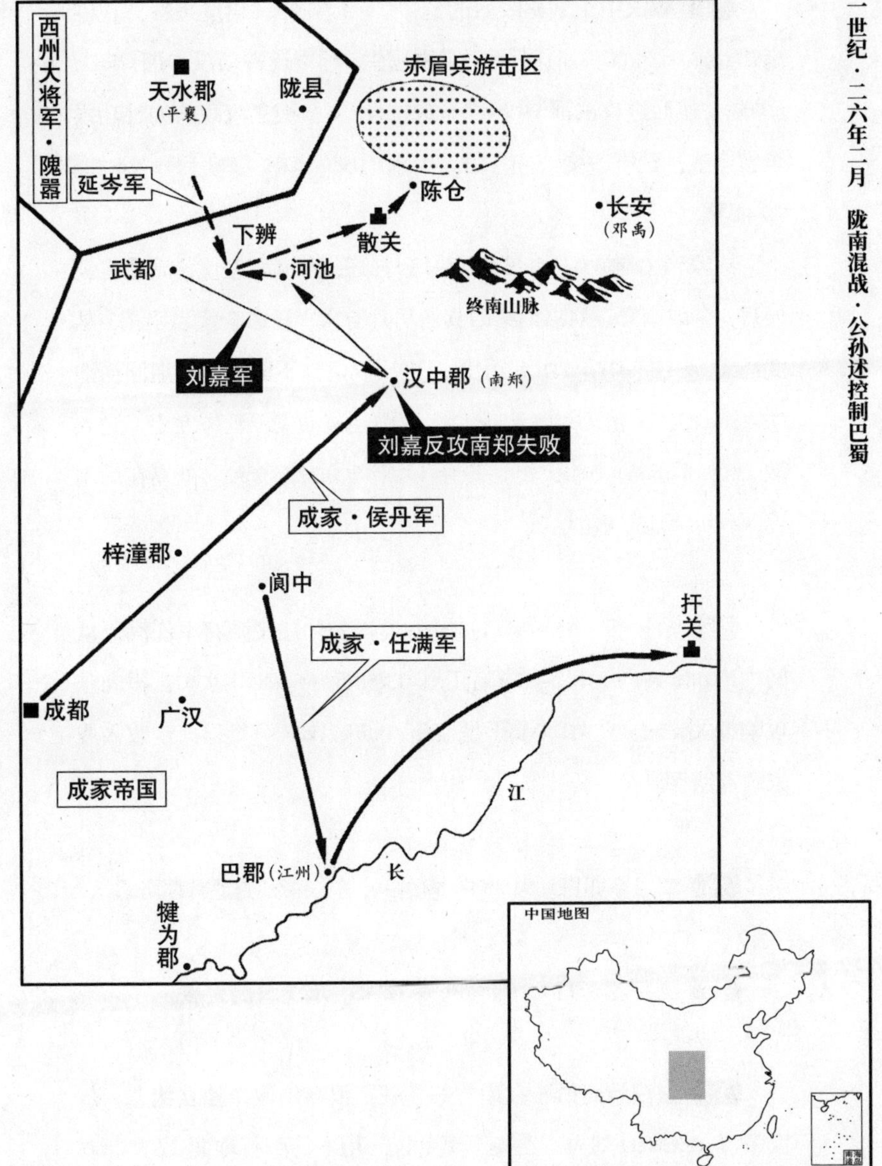

14 被汉中王刘嘉收服的延岑（参考二四年），再度叛变，包围南郑（陕西省汉中市）。刘嘉兵败，突围逃生，延岑遂占领汉中郡（郡政府设南郑），然后进攻武都（甘肃省西和县西南蒿林乡）。被玄汉政府的柱功侯李宝击败，延岑改变方向，进入天水（甘肃省通渭县。西州大将军隗嚣根据地）郡界。

成家帝（首都成都〔四川省成都市〕）公孙述，乘南郑空虚，派遣将领侯丹，夺取南郑。刘嘉集结散兵游勇几万人，任命李宝当宰相，从武都（甘肃省西和县西南蒿林乡）出发，进攻侯丹，不能取胜，退回河池（甘肃省徽县）、下辨（甘肃省成县西北），再跟延岑冲突。延岑北走，进入散关（陕西省宝鸡市西南），抵达陈仓（陕西省宝鸡市东陈仓镇）。刘嘉在后尾追，不断给延岑重创。

15 成家帝（首都成都〔四川省成都市〕）公孙述又派将军任满，从阆中（四川省阆中市）南下，攻陷江州（巴郡郡政府所在县，重庆市），再向东攻陷扞关（重庆市奉节县东）。于是益州（四川省及云南省）地区，全收入成家政府版图。

16 二月辛卯日（二月甲午朔，没有辛卯），东汉帝刘秀返首都洛阳。

17 三月乙未日（三月癸亥朔，没有乙未），东汉政府大赦。

18 玄汉政府散布在南方的将领，很多仍保持独立状态。东汉帝（一任光武帝）刘秀，召集军事会议，用木筒敲打地面（古人席地而坐，所以可敲地面），说："郾县（河南省漯河市郾城区）最强，宛县（河南省南阳市）其次，谁出来打这一仗？"首都洛阳警备区司令（执金吾）贾复轻蔑地说："我去干掉郾县。"刘秀笑说："司令（贾复）出马，我还担心什么？好了，最高指挥官（大司马吴汉）去打宛县。"

于是，贾复攻陷郾县（河南省漯河市郾城区），玄汉郾王（首府郾县）尹尊归降。又进攻淮阳郡（河南省周口市淮阳区），郡长暴汜归降。

19 夏季，四月，东汉虎牙大将军盖延，率御马总监（驸马都尉）马武等四位将军，联合攻击在睢阳（河南省商丘市）称汉帝的刘永。大破刘永军，包围睢阳。

玄汉将军苏茂，曾随朱鲔归降东汉政府，乘机背叛东汉政府，击斩新上任的淮阳郡（河南省周口市淮阳区）郡长潘蹇（蹇，音jiǎn〔剪〕），占领广乐（河南省虞城县北），向刘永称臣。刘永任命苏茂当全国武装部队最高指挥官（大司马），封淮阳王（首府陈县〔河南省周口市淮阳区〕）。

20 东汉全国武装部队最高指挥官（大司马）吴汉，攻击宛县（玄汉宛国首府，河南省南阳市）。宛王（首府宛县）刘赐，带着刘玄的妻子儿女，到洛阳归降。刘秀封刘赐当慎侯（刘秀因刘赐坚决推荐，才能前往黄河以北，奠定独立称帝的基业。参考二三年）。

刘秀的叔父刘良、堂叔刘歙（玄汉元氏王）、堂兄刘祉（玄汉定陶王），都从长安抵达洛阳。

四月二日，刘秀封刘良当广阳王（首府蓟县〔北京市〕）、刘祉当城阳王（首府莒县〔山东省莒县〕。此时莒县属张步〔根据地剧县，山东省寿光市东〕）。又封老哥刘縯的儿子刘章当太原王（首府晋阳〔山西省太原市〕）、刘兴当鲁王（首府鲁县〔山东省曲阜市〕。此时鲁县属汉帝刘永〔首都睢阳〕）。刘玄有三个儿子：刘求、刘歆、刘鲤，都封侯爵（刘求封襄邑侯，刘歆封谷孰侯，刘鲤封寿光侯）。

21 玄汉政府邓王（首府邓县〔湖北省襄阳市汉水北岸〕）王常（下江兵）归降，刘秀跟他见面，大为高兴，说："我有了王部长（王常在玄汉政府当司法部长），不再担心南方。"任命王常当宫廷秘书署左厢主管（左曹），封山桑侯。

22 五月十九日，刘秀封堂叔刘歙当泗水王（首府凌县〔江苏省泗阳县〕。此时凌县属汉帝刘永〔首都睢阳〕）。

23 刘秀因小老婆贵人阴丽华性情温柔宽厚，打算立她当皇后。阴丽华认为，自己没有儿子，而另一位贵人郭圣通却有儿子，坚持拒绝皇后封号。

六月七日，刘秀封郭圣通当皇后，封她的儿子刘彊当皇太子，大赦（西汉宫廷小老婆群，没有"贵人"。东汉宫廷初创，后宫除皇后外，小老婆群只有"贵人"一级，金印，紫色绣带，俸禄不过数十斛）。

24 六月十五日，刘秀封泗水王（首府凌县〔江苏省泗阳县〕）刘歙的儿子刘终当淄川王（首府剧县〔山东省寿光市南。此时剧县属张步〕。刘终幼年时便是刘秀的玩伴，互相亲爱，所以封王）。

25 秋季，东汉首都警备区司令（执金吾）贾复，南下攻击召陵（河南省漯河市郾城区东）、新息（河南省息县），全都夺取。

贾复部将（姓名不详）在颍川郡（河南省禹州市）格杀人民。颍川郡长寇恂，把那位部将逮捕，囚入监狱。当时天下正乱，东汉政权建立不久，军人犯法，无论杀人放火，都被认为是件小事，互相包容掩饰，无人过问。而寇恂最后竟然把那个部将，绑到街头斩首，贾复

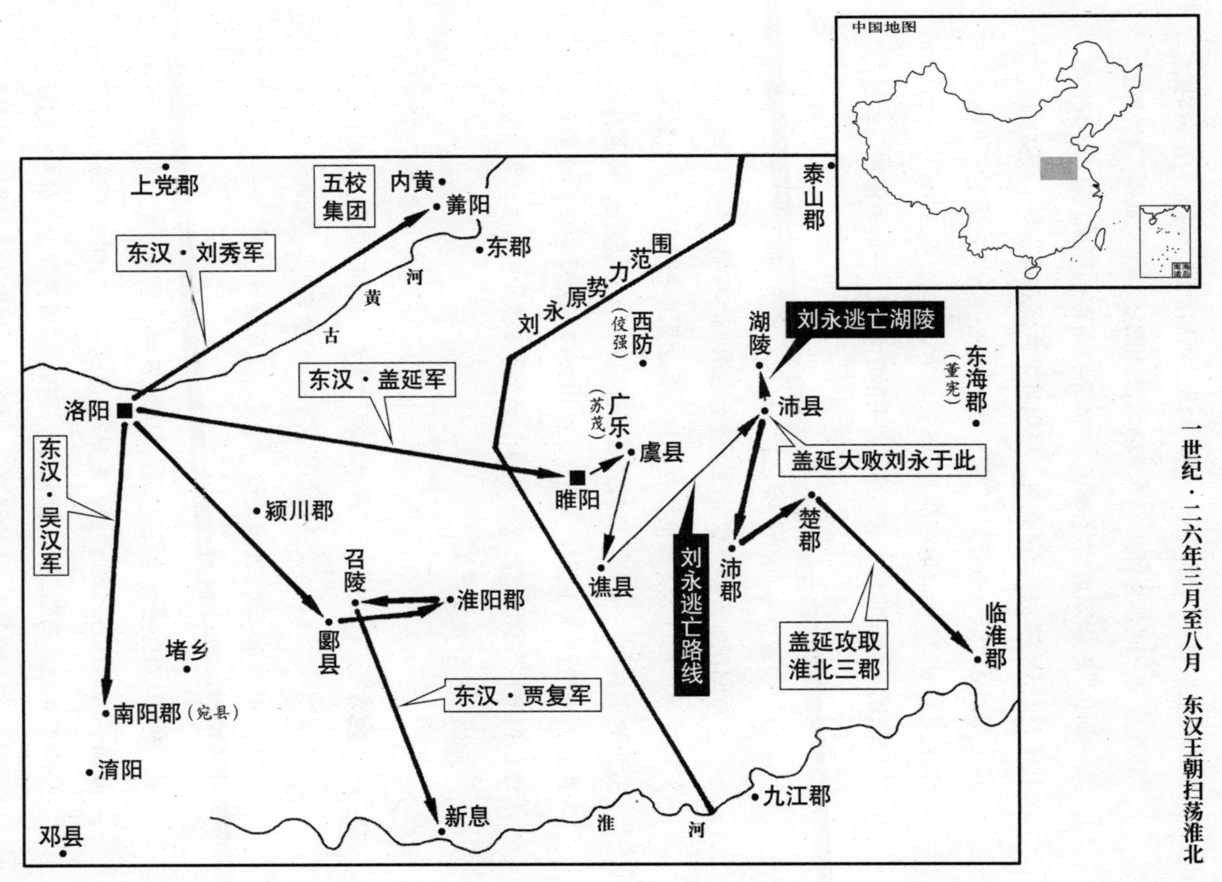

一世纪·二六年三月至八月 东汉王朝扫荡淮北

认为是他的奇耻大辱。大军班师，路过颍川郡时，对他的左右说："我跟寇恂，同是将帅级高官，而竟被他欺负。我看到他，教他吃我一剑！"寇恂知道贾复凶暴，根本不打算跟他见面。寇恂姐姐的儿子谷崇说："我是一员武将，可以携带武器在旁保护，假如有仓猝之变，足可以一较长短。"寇恂说："不必。从前，蔺相如不在乎秦王国的国王，而向廉颇屈服，不过是为了国家。"（参考前二七九年。）下令所属各县，准备丰富供应，和香醇的美酒。一旦首都警备军进入本郡，每人都要有双份饮食。

当首都警备军前锋入境之后，寇恂在道旁迎接，然后声称有病，先行回城。贾复下令备战，要追寇恂，而将领们都已沉醉，只好怒冲冲过境而去。寇恂派谷崇到首都洛阳奏报。刘秀征召寇恂，寇恂到后，刘秀接见。当时贾复正在那里，一见寇恂，便起身躲避。刘秀说："天下未定，两虎怎么可以自己先斗起来？今天我给你们调解！"寇恂、贾复遂并肩而坐，饮宴欢乐，然后同乘一辆车子而出，互相结成好友。

26 八月，东汉帝刘秀亲自率领大军，攻击五校变民集团。

八月二十六日，刘秀到达内黄（河南省内黄县西北），在羛阳（河南省内黄县西南。羛，音xī〔西〕）大破五校，接受归降部众五万人。

27 刘秀派游击将军邓隆，协助朱浮，攻击彭宠。邓隆军驻扎潞县（河北省三河市西）南郊，朱浮军驻扎雍奴（天津市武清区北），派专使向刘秀报告布防情形。刘秀看过报告后，既惊又怒，对专使咆哮说："两个人的营垒，相距约有一百华里，根本不能发生互相支援的功能，等你回去，他们已经吃了败仗！"彭宠果然派出轻装备骑兵攻击，大破邓隆军。朱浮因距离太远，来不及救援。

28 东汉虎牙大将军盖延，包围睢阳（河南省商丘市）好几个月，最后攻陷。汉帝（首都睢阳）刘永逃到虞县（河南省虞城县北），虞县人突然叛变，格杀刘永的娘亲跟妻子。刘永率左右几十人，再逃到谯县（安徽省亳州市）。苏茂、佼强、周建等，集结三万余大军，来救刘永。盖延在沛县（江苏省沛县）西郊迎战，大破苏茂等援军。刘永、佼强、周建等向东逃走，据守湖陵（山东省鱼台县东南）。苏茂回到他的根据地广乐（虞城县北）。

盖延遂占领沛郡（安徽省淮北市）、楚郡（江苏省徐州市）、临淮郡（江苏省泗洪县南）。

刘秀派中级国务官（太中大夫）伏隆，"持节"，出使青州（山东省北部）、徐州（江苏省北部），招降刘永辖下的各郡各封国，以及其他变民集团。那些人听到刘永战败，惊慌恐怖，全都归附。被刘永封为辅汉大将军的张步，也派他的秘书（掾）孙昱，随同伏隆到首都洛阳，呈上奏章跟鳆鱼（鳆，音fù〔负〕）。伏隆，是伏湛的儿子（伏湛，参考去年〔二五〕七月）。

29 东汉堵乡（河南省方城县）人董䜣，在宛县（河南省南阳市）叛变，俘虏南阳（郡政府设宛县）郡长刘骑。东汉扬化将军坚镡，攻陷宛县。董䜣逃回堵乡。

30 东汉全国武装部队最高指挥官（大司马）吴汉，率军夺取南阳郡土地，经过的县市，多有侵暴行为。破虏将军邓奉，请假回故乡新野（河南省新野县）省亲扫墓。对他的乡里受到的痛苦，不能

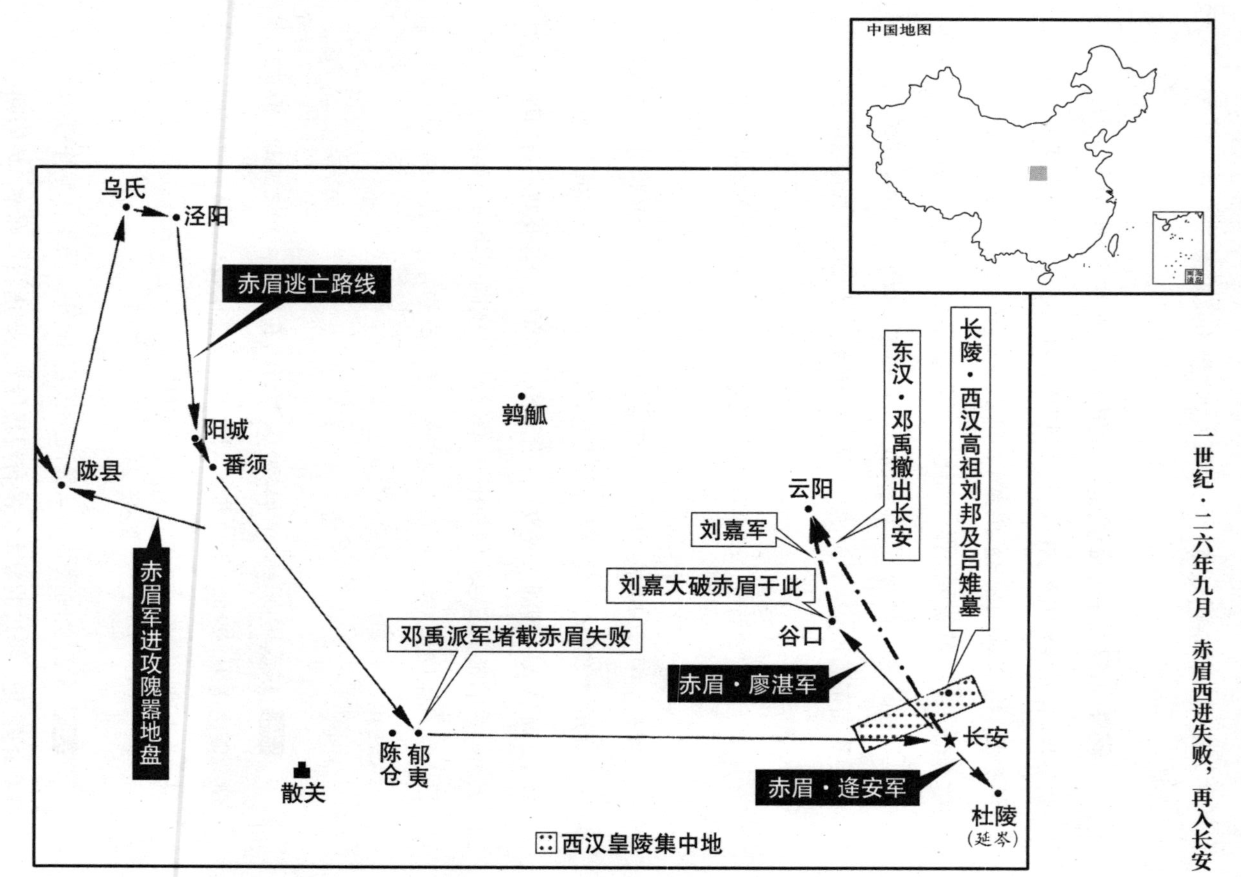

一世纪·二六年九月　赤眉西进失败，再入长安

忍受，愤怒中起兵叛变，击破吴汉军。邓奉驻屯淯阳（河南省南阳市南三十公里），跟其他变民集团合作。

东汉王朝皇帝刘秀的部队，被史书形容为一支解人民于倒悬、救人民出水深火热的仁义之师，而吴汉又是云台绘图的名将（参考六〇年）。然而，他们对平民的暴行，所有史书，包括《资治通鉴》在内，都轻轻一笔带过。千千万万被这些仁义之师杀死、奸死、烧死的冤魂，死不瞑目。尤其是，吴汉的暴行，连他的同僚都不忍卒睹，不惜叛变，就可了解他罪恶的深重。然而《资治通鉴》只温柔敦厚的一句："多有侵暴行为。"

我们歌颂邓奉，歌颂他敢于反抗暴政，不惜叛变。中国历史上的暴政所以层出不穷，都是被中国人苟且求全，和懦弱无能性格宠出来、培养出来、鼓励出来的。中国人如果多出来几个邓奉，暴君暴官就一定大为减少。

31 九月二日，东汉帝（一任光武帝）刘秀从内黄（河南省内黄县西北）回到首都洛阳。

32 陕西（陕县以西）变民集团首领苏况，攻破弘农（河南省灵宝市东北）。刘秀命景丹出征，而景丹逝世。改命征虏将军祭遵出征，祭遵一连击溃弘农（河南省灵宝市东北）、柏华（河南省洛阳市南）、蛮中（河南省汝阳县东南）各地变民集团。

33 赤眉准备西攻陇县（甘肃省张家川县）。西州（甘肃省东部）最高统帅隗嚣，派将军杨广迎击，大破赤眉。杨广追击，在乌氏（宁夏隆德县东北)、泾阳(甘肃省平凉市西北),再度大破赤眉。赤眉抵达阳城(甘肃省华亭市南)、番须(陕西省陇县西北)地带,天降大雪,山谷被大雪填平,气候骤寒,士兵很多冻死,于是转回,向东撤退。挖掘西汉王朝皇帝们的坟墓(西汉王朝十一陵,除霸陵〔五任帝刘恒墓〕、杜陵〔十任帝刘病已墓〕之外,其余九陵都坐落于陕西省咸阳市渭水北岸一带),搜括陪葬的金银财宝。凡是穿金缕玉衣的尸体,都栩栩如生。一任帝刘邦妻子吕雉坟墓(陕西省咸阳市渭城区东二十公里,刘邦墓〔长陵〕东侧)也被挖掘,士兵们大肆奸污吕雉的尸体。

东汉宰相邓禹派军出击,在郁夷(陕西省宝鸡市陈仓区西)会战,反被击败。邓禹急行撤出长安(陕西省西安市),逃往云阳(陕西省淳化县西北),赤眉再度进入长安。

这时候,汉中郡(陕西省汉中市)变民集团首领延岑,驻扎杜陵(陕西省西安市东南)。赤眉派大将逄安进击,延岑反攻,大破赤眉,杀十几万人。邓禹乘逄安出击,长安空虚,率军奇袭长安,恰恰赤眉大将谢禄领兵来救,邓禹战败,撤退。

赤眉将领廖湛(平林兵),率十八万人进攻汉中王刘嘉。在谷口(陕西省礼泉县东北)决战,刘嘉大破赤眉,杀十几万人,手斩廖湛,遂抵达云阳(陕西省淳化县西北),夺取粮秣。刘嘉妻子的老哥新野(河南省新野县)人来歙,是刘秀姑妈的儿子。刘秀命邓禹向刘嘉致意,刘嘉遂由来歙陪同,到邓禹营垒归降。刘嘉的宰相(封国宰相)李宝,态度傲慢,邓禹诛杀李宝。

34 冬季,十一月,东汉政府任命司法部长(廷尉)岑彭,当征南大将军。刘秀在御前会议上,指着王常(下江兵),对文武官员说:“这一位率领下江兵的将领,效忠汉王朝,心跟金石一样坚强,真是忠臣。”（王常一开始就跟刘秀契合。参考二二年。）当天，任命王常当汉忠将军，派他跟岑彭，率领建义大将军朱祐等七位将领，攻击邓奉、董䜣。

岑彭等先行攻击堵乡（河南省方城县）董䜣，邓奉出兵援救。朱祐军大败，被邓奉俘虏。

35 铜马、青犊、尤来等变民集团的残余部众，拥立孙登当皇帝。孙登部将乐玄叛变，斩孙登，率领五万余人，投降东汉政府。

36 东汉宰相（大司徒）邓禹，自从冯愔事件之后，威名大减，声誉低落，而大军又缺少粮草，不断对赤眉发动攻击，又不能取胜，归附的人开始离散。赤眉跟汉中郡（陕西省汉中市）变民首领延岑，同时在三辅（大长安地区）横行暴乱。各郡各县较为庞大的家族，都集结丁壮，武装戒备，各保营寨，形成许多独立王国，邓禹束手无策。

刘秀任命偏将军冯异，前往接替邓禹。亲自送冯异到河南县（河南省洛阳市），对冯异说：“三辅（大长安地区）地区，一连受到王莽、刘玄带来的灾难。现在，更加上赤眉、延岑的暴行，人民涂炭，哀哀无告。将军负责讨伐叛徒，保护善良，把归附的变民首领，送到京师（首都洛阳），遣散部众，使他们去耕田种桑。摧毁营寨，使他们再不能聚集。征伐的意义，并不是非夺取土地，屠杀城池不可，主要的目的在瓦解与安抚。各位将领并不是不会战斗，只是太喜爱掳掠。你本是一位很优秀的统帅人才，应该特别克制自己，不要带给郡县痛苦。”冯异叩头，接受命令，率军西上，所经过的地区，展示威力，建立信誉，变民集团很多归降。

司马光曰 从前，周王朝时，人民歌颂一任王（武王）姬发的善政，说："把令人怀念的功德宣扬出来 / 去追求天下安定。"（《诗经·周颂·赉》。应是歌颂姬发老爹姬昌〔文王〕的功德，司马光误记。）指出：君王的军事行动，目的只在传播恩德，使人民获得和平而已。刘秀之所以夺取关中（陕西省中部），便是走的这条大道，岂不是美好的事！

37 刘秀下诏，征召邓禹回京（首都洛阳），说："切记，不要跟走投无路的盗寇，较量长短。赤眉没有粮食，自然会向东撤退。我用吃饱了的肚子，等待这群饿鬼；用养精蓄锐的战士，等待这群疲惫的乌合之众。只要折一条树枝，就可鞭打他们，你们不必忧虑，万万不可发动攻击。"

38 刘秀任命伏隆当特级国务官（光禄大夫），再派他到张步总部，任命张步当东莱郡（山东省莱州市）郡长。一批新被任命的青州（山东省北部）州长、郡长、民兵司令，都随同伏隆东下，授权伏隆，可以直接任命包括县长在内的下级官员。

39 十二月三十日，刘秀下诏：凡被新王朝政府撤销的刘姓皇族的侯爵（参考一〇年），一律恢复故有封国。

40 三辅（大长安地区）饥馑扩大，人与人之间互相谋害，煮吃对方尸体（人间惨事），城廓全空，遍地都是被杀的或饿死的白骨。残留下来的人民，往往聚集在一起，坚壁清野，兴筑营寨自保。赤眉抢夺不到东西，只好再度放弃长安，向东撤退。这时部众还有二十几万，沿途纷纷逃亡。

东汉帝（一任光武帝）刘秀派破奸将军侯进等，驻防新安（河南省渑池县）、建威大将军耿弇等，驻防宜阳（河南省宜阳县西），堵截赤眉退路。刘秀下令："赤眉如果东走，宜阳兵团即往新安会师。赤眉如果南下，新安兵团即往宜阳会师。"

冯异大军跟赤眉部众，在华阴（陕西省华阴市）遭遇，对抗六十几日，大小会战数十次，赤眉官兵投降的五千余人。

二七年 丁亥

成家　龙兴　三年
东汉　建武　三年
（皇帝李宪元年）
（楚黎王秦丰四年）
（周成王田戎四年）
（赤眉汉帝刘盆子建世三年）
（汉帝刘永三年）
（武安王延岑二年）
（燕王彭宠二年）
（海西王董宪元年）
（齐王张步元年）
（梁王刘纡元年）

1 春季，正月六日，东汉政府（首都洛阳〔河南省洛阳市东白马寺东〕）任命冯异当征西大将军。

宰相邓禹对自己身受大任，而竟然没有建立功劳，十分惭愧。为了挽救颜面，不断驱使饥饿的部队，攻击赤眉，但每次都被击败。这使邓禹更老羞成怒，最后，率车骑将军邓弘等，从河北（山西省芮城县）渡黄河南下，抵达湖县（河南省灵宝市西），要求冯异跟他对赤眉发动总攻。冯异说："我跟赤眉对阵几十天，虽然俘虏了他们的战将，但他们的部队仍十分庞大，可以用恩德信誉引诱他们瓦解，很难用武力把他们击溃。皇上（刘秀）已派大军驻屯东方的渑池（河南省渑池县西），阻截他们东归要道，而由我在西面攻击，前后夹击，只

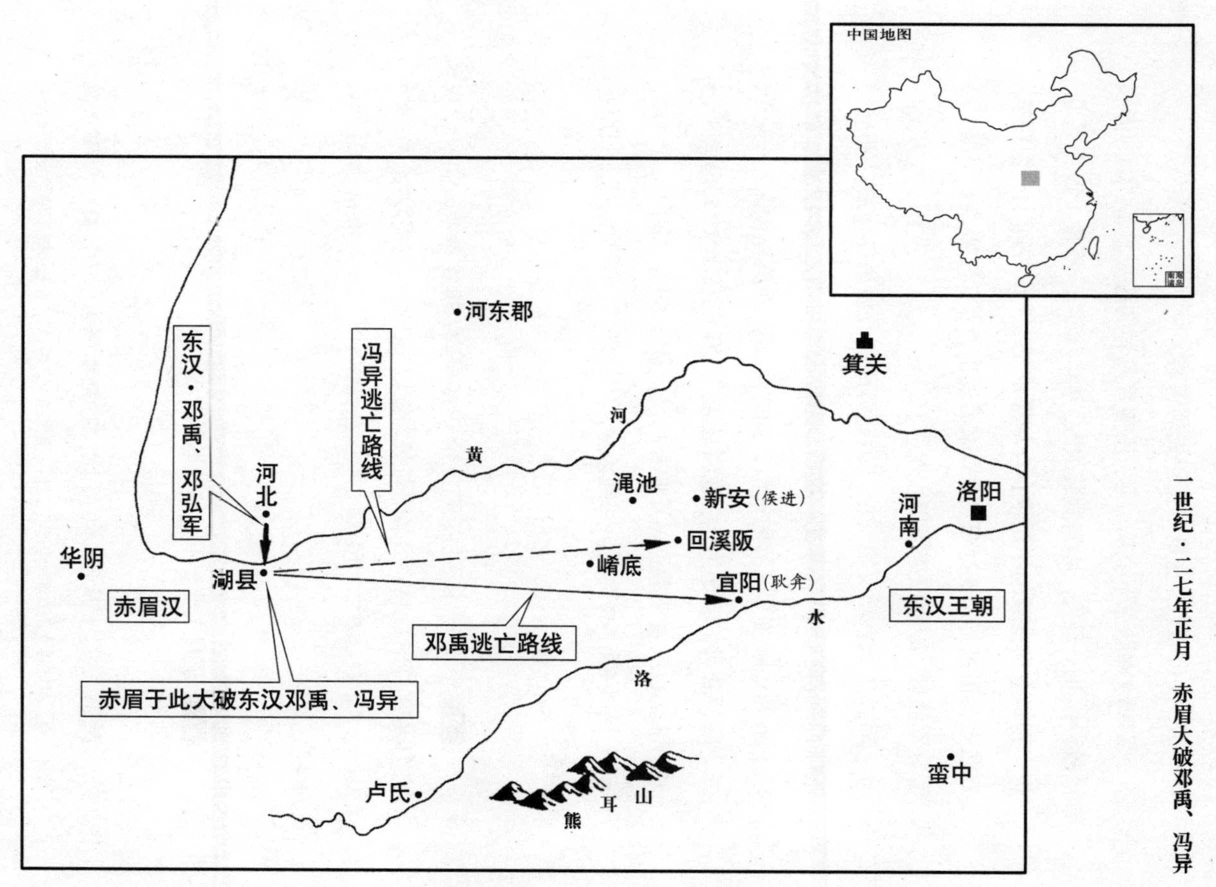

一世纪·二七年正月　赤眉大破邓禹、冯异

要一战，便可获胜，这是万无一失的谋略。”

邓禹、邓弘急于立功雪耻，不接受冯异的意见。邓弘遂向赤眉挑战，缠斗一整天，赤眉假装战败，放弃辎重、粮食，狼狈逃走。想不到辎重车上载的不是粮食，却都是泥土，仅表面上一层豆子。邓弘士兵饥饿，奔驰抢夺。赤眉乘势反击，邓弘军大乱。邓禹、冯异联军急救，赤眉攻势稍稍顿挫。

冯异认为官兵又饥又疲，不能再战，应该稍作休息，邓禹已不能控制自己，径自再发动攻击。赤眉锐不可当，邓禹大败，死伤三千余人，所统军队霎时溃散，四方逃命。邓禹率领左右——仅二十四位骑马的官员卫士，脱离战场，投奔宜阳（河南省宜阳县西）。冯异的部队也跟着溃散，冯异抛弃战马，徒步逃到回溪阪（河南省渑池县南），然后跟部将数人，回到营垒，集结部属，不敢出战，只严密自保。

2 正月二十三日，东汉帝（一任光武帝）刘秀（本年三十二岁），在洛阳兴建“四亲祭庙”，祭祀老爹刘钦以上，直到刘买（四亲：老爹南顿县长刘钦、祖父钜鹿郡民兵司令刘回、曾祖父郁林郡长刘外、高祖父春陵侯〔节侯〕刘买。参考二二年）。

3 正月二十四日，东汉政府大赦。

4 二月十八日（本年闰二月，原文把本月称为“闰月”，置于“二月”之前，当是一误。本月原文〔闰月〕应是“二月”，下月原文〔二月〕，应是“闰二月”，干支才能完全符合），邓禹缴回宰相（大司徒）、侯爵（梁侯）印信。刘秀下诏，准予辞宰相职位，但仍保留侯爵，改任右将军。

5 冯异跟赤眉约定日期决战。冯异挑选精锐部队，变更服装，跟赤眉的部队，穿戴完全相同（当然也染红双眉），在路旁埋伏。

第二天凌晨，决战开始。赤眉派出一万人，攻击冯异正面，冯异只用少数部队增援。赤眉发现敌军人少势弱，遂全军出动。冯异也把全军投入，厮杀呐喊，直到太阳偏西。赤眉气势稍衰，而东汉的伏兵突起，衣服装扮既完全相同，赤眉遂陷于无法分别敌我的窘境，军心动摇，惊骇恐惧。刹那间瓦解，不能战斗，只疯狂般向东方奔跑逃生。冯异追击，直追到崤底（河南省洛宁县西北崤谷之底），再大破赤眉残众，投降的男女八万余人。

刘秀下诏慰劳冯异，说："你开始时虽然在回溪阪（河南省渑池县南）垂下翅膀，但终于在渑池（河南省渑池县西。崤底属渑池县）重振双翼。可以说早上在东方失掉的东西，晚上却在西方获得。中央正在评估你的功劳，回报你对国家的贡献。"

赤眉的残余部众，继续向东溃退，接近宜阳（河南省宜阳县西）。

二月十七日，刘秀亲率大军，在宜阳布置阵地，严密戒备。赤眉忽然遭遇庞大兵团，震惊过度，不知应该如何是好。最后，派出刘恭晋见刘秀，请求投降，刘恭说："我们领袖（刘盆子）率百万部众，归附陛下，陛下如何待他？"刘秀说："饶他不死。"

二月十九日，赤眉帝刘盆子，以及宰相徐宣以下三十余人，露出臂膀，走到东汉军营，献出传国玉玺。赤眉部众放下武器，堆积到宜阳城西，高度几乎跟熊耳山（河南省洛宁县南）相等。这时，赤眉残余部队，还有十余万人，刘秀命宜阳县政府供应饮食。

次日凌晨，刘秀把兵马集结在洛水之滨，命刘盆子君臣站成一列，在旁观看，对樊崇等说："你们莫非后悔这次投降？如果后悔，我送你们回去，重新武装，鸣鼓再战，决一胜负，我不打算使你们觉得委屈。”徐宣等叩头说：“我们一出长安东都门，君臣们就计议，要把生命交付给陛下。只因为人们只可以享受成果，难以在开始时就征求他们同意，所以没有向大家宣布。今天能够投降，好像脱离虎口，投入慈母怀抱，无限高兴欣喜，还有什么怨恨？”刘秀说：“你可以说是铁中之钢，庸人中的英豪。”

二月二十日，刘秀从宜阳返首都洛阳。

刘秀命樊崇等跟他们的妻子儿女，都留住洛阳，由东汉政府拨付住宅和土地。后来，樊崇、逄安，准备再聚众起兵，被逮捕诛杀。杨音、徐宣，在他们的故乡病逝。刘秀怜悯刘盆子的遭遇，任命他当赵国（首府邯郸〔河北省邯郸市〕）王宫禁卫官（赵王郎中；刘秀的叔父刘良封赵王）。后来，刘盆子害病，双目全盲，刘秀把荥阳（河南省荥阳市）物资调节局（均输）所属的国有耕田，赏赐给他，使他终身收取田租维生。

刘恭为刘玄报仇，格杀谢禄（谢禄谋害刘玄，参考二五年十二月），自首，投入监狱。刘秀下令赦免。

6 闰二月，逃亡在湖陵（山东省鱼台县东南）的汉帝刘永，封董宪当海西王（首都郯县〔山东省郯城县〕）。刘永听说东汉使节伏隆到剧县（山东省寿光市南），也派出使节，封张步当齐王。张步贪图王爵，不能马上决定态度。伏隆解释说：“高祖（西汉一任帝刘邦）曾向天下宣布，除非刘姓皇族，其他的人不得封王，东汉政府只能封你十万户人家的侯爵。”张步要求伏隆留下来跟他合作，共同据守已有的二州（青州、徐州）。伏隆拒绝，告辞要返回洛阳报命。张步遂扣押伏隆，而自己接受刘永的王爵。

伏隆秘密派人带信给刘秀，说：“我充当使节，不能完成使命，被叛逆囚禁，处境虽然险恶，只因责任重大，牺牲生命，在所不惜。此地官民，知道张步叛逆，人心不附，请陛下及时进军，不要顾及到我的生死。臣，伏隆，能够生还中央，被主管机关诛杀，是我最大的愿望。如果我死在盗贼之手，那么，我的父母兄弟，就要长期连累陛下照顾他们。祝福陛下跟皇后、太子，永远享受万国的拥戴，像上天一样长久。”

刘秀看到伏隆的密奏，召见伏隆的老爹伏湛，拿给他看，流泪说：“我恨不得应许封张步王爵，只求伏隆生还。”当然，刘秀没有这样做。所以后来，张步终于把伏隆处死。

刘秀北方忧虑渔阳郡（北京市密云区）彭宠，南方忧虑梁国（指刘永及玄汉王朝的残余地方势力）、楚国（指邓奉、秦丰、田戎、李宪）一带其他变民集团，无力对付张步。张步遂成为独立王国，独霸齐国故地（山东省），据有十二郡（城阳郡〔山东省莒县〕、琅邪郡〔山东省诸城市〕、高密郡〔山东省高密市〕、胶东郡〔山东省平度市〕、东莱郡〔山东省莱州市〕、北海郡〔山东省昌乐县东南〕、齐郡〔山东省淄博市东临淄区〕、千乘郡〔山东省高青县东北〕、济南郡〔山东省济南市章丘区〕、平原郡〔山东省平原县〕、泰山郡〔山东省泰安市东〕、菑川郡〔山东省寿光市南〕）。

7 东汉帝（一任光武帝）刘秀，前往怀县（河内郡郡政府所在县，河南省武陟县）。

8 东汉全国武装部队最高指挥官（大司马）吴汉，率耿弇、盖延，在轵县（河南省济源市南轵城镇）西郊，大破青犊变民集团，青犊变民集团归降。

9 三月十六日，东汉政府擢升宰相府执行官（司直）伏湛当宰相（大司徒）。

10 涿郡（河北省涿州市）郡长张丰，背叛东汉政府，自称“无上大将军”，跟渔阳郡（北京市密云区）彭宠结盟。东汉幽州（河北省北部及辽宁省）州长朱浮，因刘秀一直没有亲自征讨彭宠，上书求救。刘秀答复说：“去年（二六），赤眉盘踞长安，无法无天，我判断他们会在粮食吃尽之后，向东方撤退，后来证明果然如此。而今，我认为北方那些叛逆，形势所迫，必不能长久维持现状，内部一定发生变化，互相斩杀。现在中央的军资，不够充实，必须等到下季小麦收割，才能行动。”

可是朱浮被围已久，蓟县（幽州州政府所在县，北京市）粮食吃尽，人民互相格杀吞食（人间惨事）。幸而，上谷郡（河北省怀来县）郡长耿况，派骑兵来救，朱浮遂放弃蓟县（北京市）逃走。

彭宠既攻陷蓟县，就自称燕王。再一连攻陷右北平郡（河北省唐山市丰润区），跟上谷郡（河北省怀来县）所属的几个县。然后送上重礼给北方的匈奴汗国（王庭设蒙古国哈拉和林市），向匈奴借兵。再向南方结交齐王（首府剧县〔山东省寿光市南〕）张步，以及富平、获索等变民集团（根据地在平原郡〔山东省平原县〕、勃海郡〔河北省沧州市东南〕一带）。

11 东汉帝（一任光武帝）刘秀亲率大军攻击邓奉，抵达堵阳（河南省方城县）；董䜣投降，邓奉逃回淯阳（河南省南阳市南三十公里）。

夏季，四月，刘秀追击到小长安（淯阳北），大破邓奉军，邓奉露出臂膀，由朱祜从中联系，出降。刘秀怜恤邓奉是功臣故旧（邓奉，是邓晨的侄儿。邓晨，参考二二年），而且是被吴汉逼反，打算保全他。可是，岑彭、耿弇反对，说：“邓奉背叛恩主，起兵叛乱，扰乱地方，一连数年。陛下御驾亲征，他还不知道悔过，竟然亲自上阵对抗。必须等到打败仗之后，才不得不投降。如果不杀邓奉，就不能消灭邪恶。”于是，斩邓奉，恢复朱祜的官位。

12 关中（陕西省中部）一带，一团混乱。汉中郡（陕西省汉中市）变民首领延岑，既大破赤眉（参考去年〔二六〕），即封爵派官，任命州长郡长，打算独霸关中。但关中战乱正烈，各地变民集团势力正盛。延岑据守蓝田（陕西省蓝田县），王歆据守下邽（陕西省渭南市东北），芳丹据守新丰（陕西省西安市临潼区东北），蒋震据守霸陵（陕西省西安市东），张邯据守长安（陕西省西安市），公孙守据守长陵（陕西省咸阳市东北二十公里），杨周据守谷口（陕西省礼泉县东北），吕鲔据守陈仓（陕西省宝鸡市东陈仓镇），角闳（角，姓）据守汧县（陕西省陇县。汧，音qiān〔千〕），骆延据守盩厔（陕西省周至县东），任良据守鄠县（陕西省西安市鄠邑区），汝章（汝，姓）据守槐里（陕西省兴平市）；都自称“将军”，有的部队多达一万余人，少的也有数千人，互相攻击。

东汉征西大将军冯异，一面作战，一面向前推进，最后抵达西汉御花园（上林苑）。延岑、张邯、任良，联合向冯异反攻，冯异迎头痛击，大破延岑等联军。各地原来归附延岑的营垒，纷纷归附冯异。延岑发现无法抵抗冯异，于是放弃关中（陕西省中部），从武关（陕西省商南县西南）南下南阳郡（河南省南阳市）。

这时候，人民饥饿，黄金一斤，只能买到黄豆五升。关中（陕西省中部）所有通往外地的道路，都被切断，粮食百物，无法运到，冯异大军只好用树上的果实充饥。刘秀命南阳（河南省南阳市）人赵匡，当右扶风（陕西省兴平市）郡长，率军协助冯异，并供应粮秣布匹。冯异部队在获得补给之后，才逐渐恢复出击力量。对反抗的，诛杀；对归附的，奖赏他们中有功劳的，把他们的首领全都送到京师（首都洛阳），解散徒众，各回本来的行业；威令普及关中（陕西省中部）。只

一世纪·二七年四月　冯异安定关中

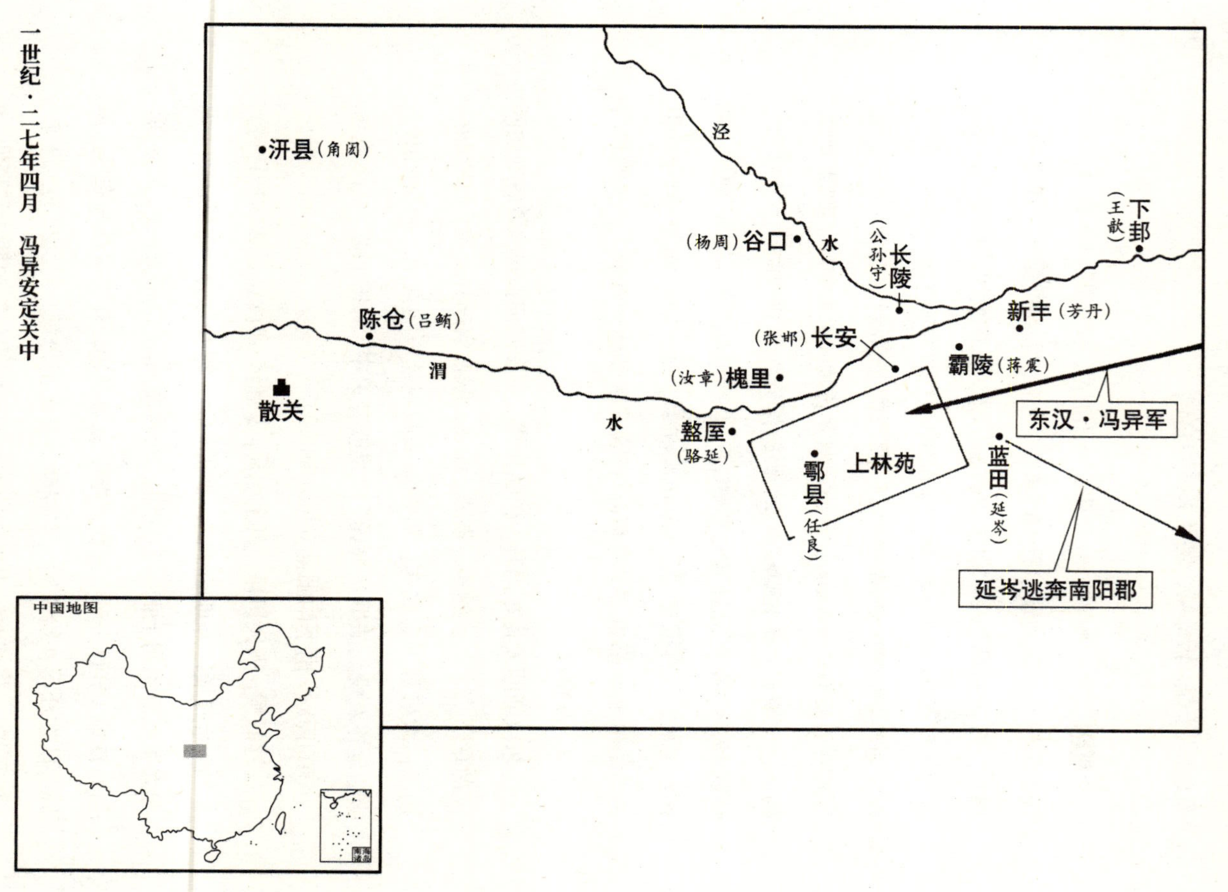

有吕鲔、张邯、蒋震，派出使节到成都（四川省成都市），投降成家帝（一任）公孙述。其他的变民集团，全部平定。

13 东汉全国武装部队最高指挥官（大司马）吴汉，率骠骑大将军杜茂等七位将军，包围汉帝（首都湖陵）刘永大将苏茂的基地广乐（河南省虞城县北）。刘永另一大将周建，集结十余万人救援。吴汉迎战，失利，从马上摔下，伤到膝盖，勉强回营。周建遂带兵入城。将领们对吴汉说："大敌当前，而将军重伤，躺在床上，军心恐惧，情势紧急。"吴汉把膝盖包住，一跳而起，杀牛宰羊，慰劳战士，军心振奋。

第二天凌晨，苏茂、周建，用大军包围吴汉，吴汉全力反击，大破苏周联军。苏茂放弃广乐，投奔湖陵（山东省鱼台县东南）。

就在此时，睢阳（梁郡郡政府所在县，河南省商丘市）城内兵变，驱逐东汉政府官员，迎接刘永还都。东汉大将盖延遂包围睢阳。吴汉留下杜茂、陈俊，据守广乐（河南省虞城县北），自己亲率大军协助盖延，加强包围。

14 东汉帝（一任光武帝）刘秀从小长安（河南省南阳市南）率军北返。命岑彭率傅俊、臧宫、刘宏等三万余人，南下攻击变民首领秦丰（首都黎丘〔湖北省襄阳市东南〕）。

五月二十四日，刘秀回到首都洛阳。

15 五月三十日，日蚀。

16 六月七日，东汉政府大赦。

17 从关中（陕西省中部）向南阳郡（河南省南阳市）前进的变民集团首领延岑，进入南阳郡境，夺取数个县城。东汉建威大将军耿弇，在穰县（河南省邓州市）阻截。延岑大败，率领几位骑兵干部，逃到东阳（河南省邓州市东北穰东镇），准备跟另一变民集团首领秦丰结合；秦丰把女儿嫁给延岑。

东汉建义大将军朱祐，率征虏将军祭遵等，进攻东阳，大破延岑。延岑投奔秦丰的基地黎丘（湖北省襄阳市东南）。朱祐继续追击，南下，跟岑彭合军。

延岑的大军保护总监（护军）邓仲况，率军占领阴县（湖北省老河口市西北），新王朝国师刘秀（刘歆）的孙儿刘龚，是他的智囊。前宫廷随从（侍中）扶风（陕西省兴平市）人苏竟，写信分析利害，劝他们归降东汉政府。邓仲况、刘龚接受。苏竟从来不炫耀这项功劳，隐退乡里，寿终于家。

秦丰派部队到邓县（湖北省襄阳市汉水北岸）堵截岑彭。

秋季，七月，岑彭大破秦丰部队，遂包围秦丰基地黎丘（湖北省襄阳市东南），另派积弩将军傅俊，率军到江东（江苏省南部太湖流域），夺取土地，扬州（安徽省中部及江南地区）全部归降（扬州全境，现只庐江〔安徽省庐江县〕一郡隶属李宪）。

18 东汉虎牙大将军盖延，包围睢阳（河南省商丘市），已一百天。汉帝（首都睢阳）刘永不能支持，率苏茂、周建，突围而出，准备逃往酂县（河南省永城市西酂城镇）。盖延猛烈追击，刘永大将庆吾，看大势已去，砍下刘永人头，投降。

苏茂、周建，逃到垂惠（安徽省蒙城县北），拥护刘永的儿子刘纡当梁王。刘永另一大将佼强，逃到西防（山东省成武县东）据守。

一世纪·二七年六月　东汉进击秦丰、延岑

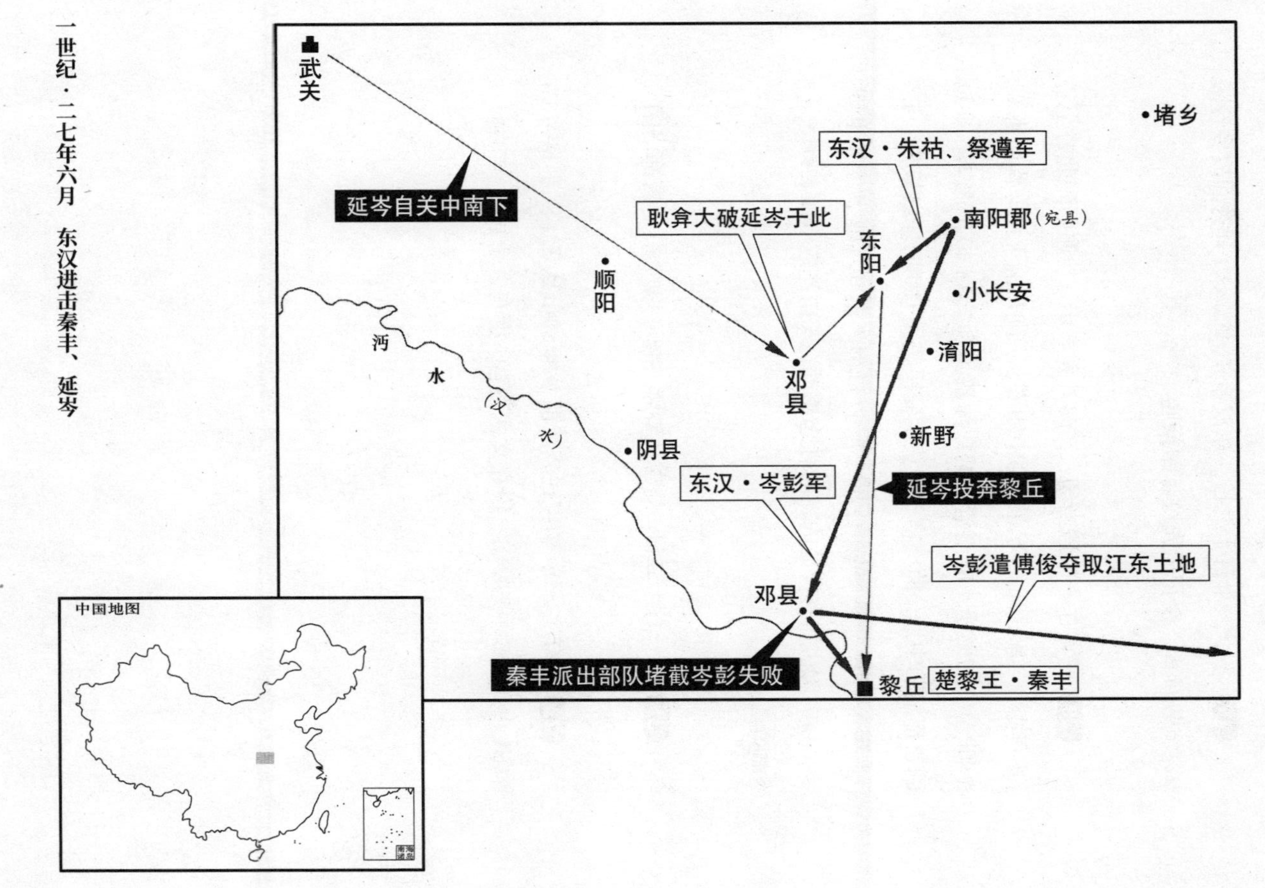

19 冬季，十月十九日，东汉帝（一任光武帝）刘秀回故乡春陵（湖北省枣阳市南），祭祀祖先坟墓跟祭庙。 494

20 耿弇在一个适当场合，向刘秀表示，他愿回到北方上谷郡（河北省怀来县），征集仍留在郡中的部队，向东消灭据守渔阳郡（北京市密云区）的彭宠，向南消灭据守涿郡（河北省涿州市）的张丰。在返回首都洛阳中途，消灭富平、获索变民集团（根据地都在平阳郡〔山东省平原县〕、勃海郡〔河北省沧州市东南〕一带）；再消灭据守齐地（山东省）的张步（首都剧县）。刘秀被他的雄心壮志感动，一口答应（耿弇老爹耿况是上谷郡长）。

21 十一月十二日，刘秀从春陵（湖北省枣阳市南）返首都洛阳。

22 本年（二七），李宪在庐江郡（安徽省庐江县）登极，称皇帝（首都舒县〔庐江郡郡政府所在县〕），设立文武百官，拥有九个县城（庐江郡十二县，李宪占九县)，武装部队十余万人。

23 东汉帝（一任光武帝）刘秀对中级国务官（太中大夫）来歙说："而今，西州（甘肃省东部）还没有归附，公孙述又称皇帝。道路遥远，将领们力量用到关东（函谷关以东），不知道西方情形如何？"来歙说："我在长安，曾经跟隗嚣（隗，音wěi〔伟〕）交往，这个人最初起兵时，以复兴西汉王朝作为政治号召（参考二三年七月），我愿奉陛下之命，开诚布公，相信隗嚣必然束手归附。则只剩下公孙述，就容易对付。"刘秀认为有理，派来歙前往。

隗嚣在玄汉政府时代，建有功勋，而又接受东汉政府宰相（大司徒）邓禹的任命（邓禹任命隗嚣当"西州最高统帅"，参考二五年）。他的心腹亲信以及智囊们，也大多劝他跟东汉政府取得联系。隗嚣遂派使节往洛阳晋见。刘秀用特殊的荣誉回报，在写回信时，称隗嚣的别名（称别名，表示亲昵和尊敬，隗嚣别名季孟），用对待外国元首的礼仪，安慰推许，真情感人。

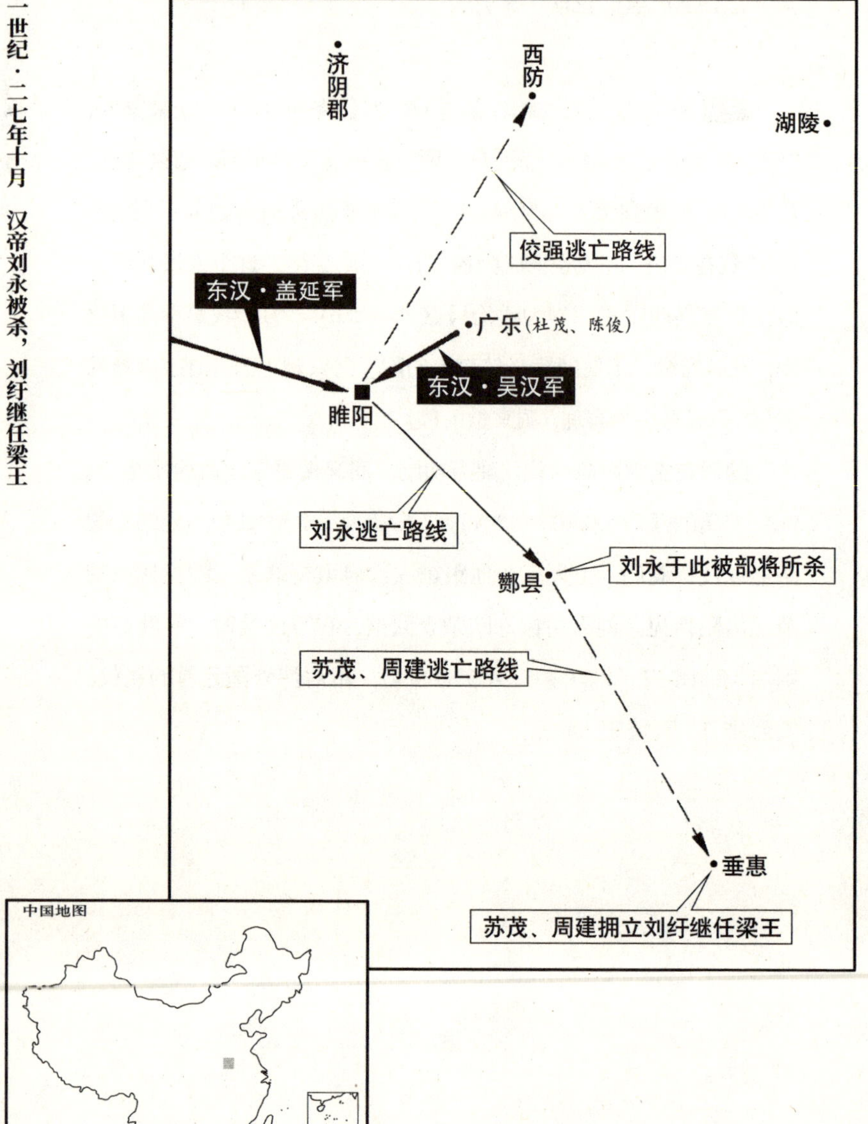

一世纪·二七年十月 汉帝刘永被杀，刘纡继任梁王

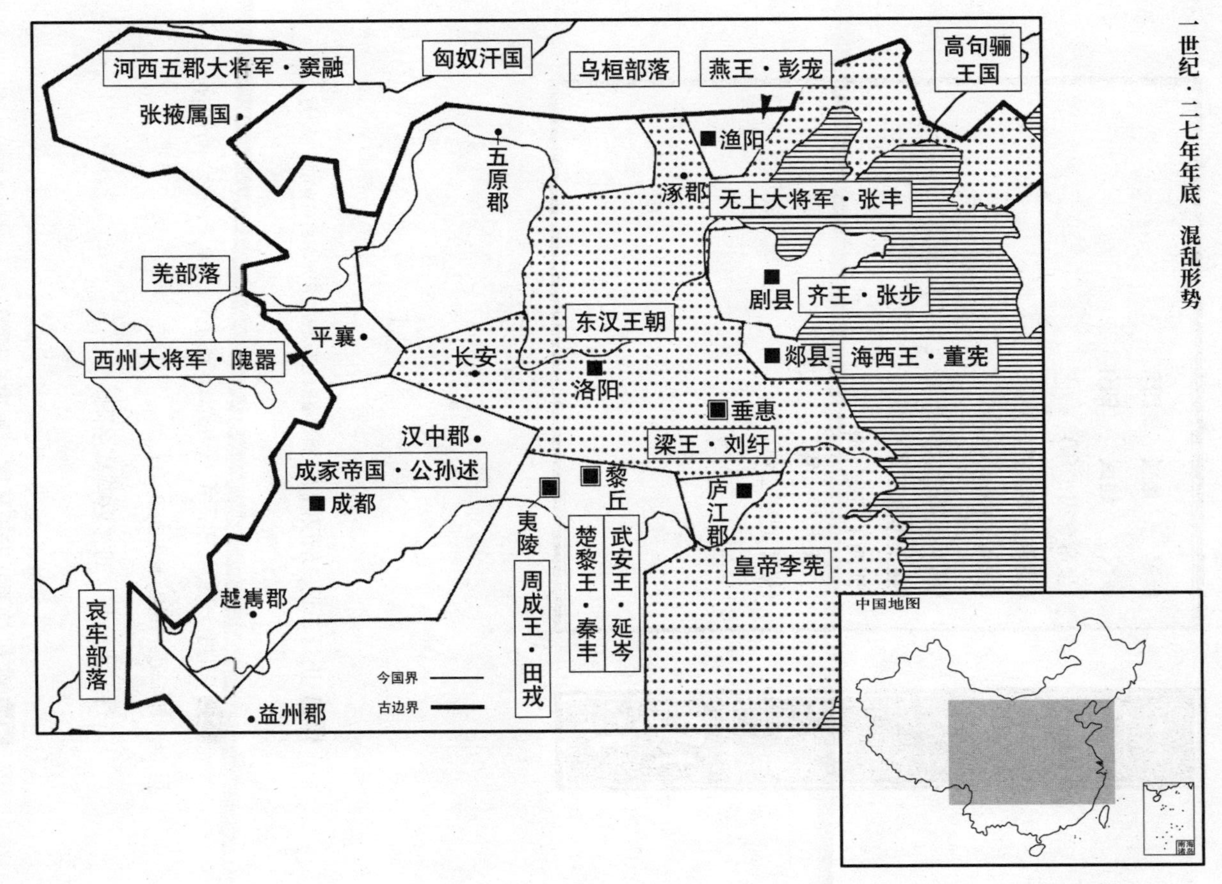

一世纪·二七年年底　混乱形势

二八年 戊子

成家　龙兴　四年
东汉　建武　四年
（皇帝李宪二年）
（楚黎王秦丰五年）
（周成王田戎五年）
（武安王延岑三年）
（燕王彭宠三年）
（海西王董宪二年）
（齐王张步二年）
（梁王刘纡二年）

1 正月二日，东汉政府（首都洛阳〔河南省洛阳市东白马寺东〕）大赦。

2 二月一日，东汉帝（一任光武帝）刘秀（本年三十三岁）前往怀县（河内郡郡政府所在县，河南省武陟县）。

二月二十一日，刘秀返首都洛阳。

3 变民首领武安王延岑，再攻击顺阳（河南省淅川县东南）；东汉政府右将军邓禹迎击，大破延岑军。延岑投奔汉中（陕西省汉中市）；

成家帝（首都成都〔四川省成都市〕）公孙述，命延岑当全国武装部队最高指挥官（大司马），封汝宁王。

4 据守夷陵（湖北省宜昌市）的周成王田戎，得到楚黎王（首都黎丘〔湖北省襄阳市东南〕）秦丰被击败的消息，大起恐慌，打算归降东汉政府。田戎妻子的老哥辛臣，展开地图，指出燕王（首都渔阳〔北京市密云区〕）彭宠、齐王（首都剧县〔山东省寿光市南〕）张步、海西王（首都郯县〔山东省郯城县〕）董宪、成家帝（首都成都〔四川省成都市〕）公孙述等的地盘，提醒妹夫说："东汉政权的洛阳这块地方，不过巴掌那么大，有什么作为？不如按兵不动，观察大局演变。"田戎说："以秦丰的强盛，仍陷于岑彭大军包围，我决定投降。"教辛臣留守基地夷陵，自己亲率大军，沿着长江、沔江（汉水），向黎丘（湖北省襄阳市东南）进发（准备向城外的东汉围城军岑彭投降）。

想不到的事情竟然发生，辛臣在田戎出发后，盗取田戎的金银财宝，从捷径逃走，在田戎到达前，先向岑彭投降，而且写了一封暧昧的信给田戎，说："你应该及时反正，不要拘泥于我们从前所定的计谋。"田戎怀疑辛臣出卖自己，用火烧龟壳卜卦，龟壳从中裂开（显示大凶）。于是拒绝投降，反过来跟秦丰结合。

岑彭击败田戎军，田戎逃回夷陵（湖北省宜昌市）。

5 夏季，四月七日，东汉帝（一任光武帝）刘秀前往邺县（魏郡郡政府所在县，河北省临漳县西南邺城镇）。

四月十九日，刘秀前往临平（河北省辛集市北），命吴汉、陈俊、王梁等，攻击据守在临平的五校变民集团。

东汉鬲县（山东省德州市东南。鬲，音gé〔隔〕）五大家族联合起兵，驱

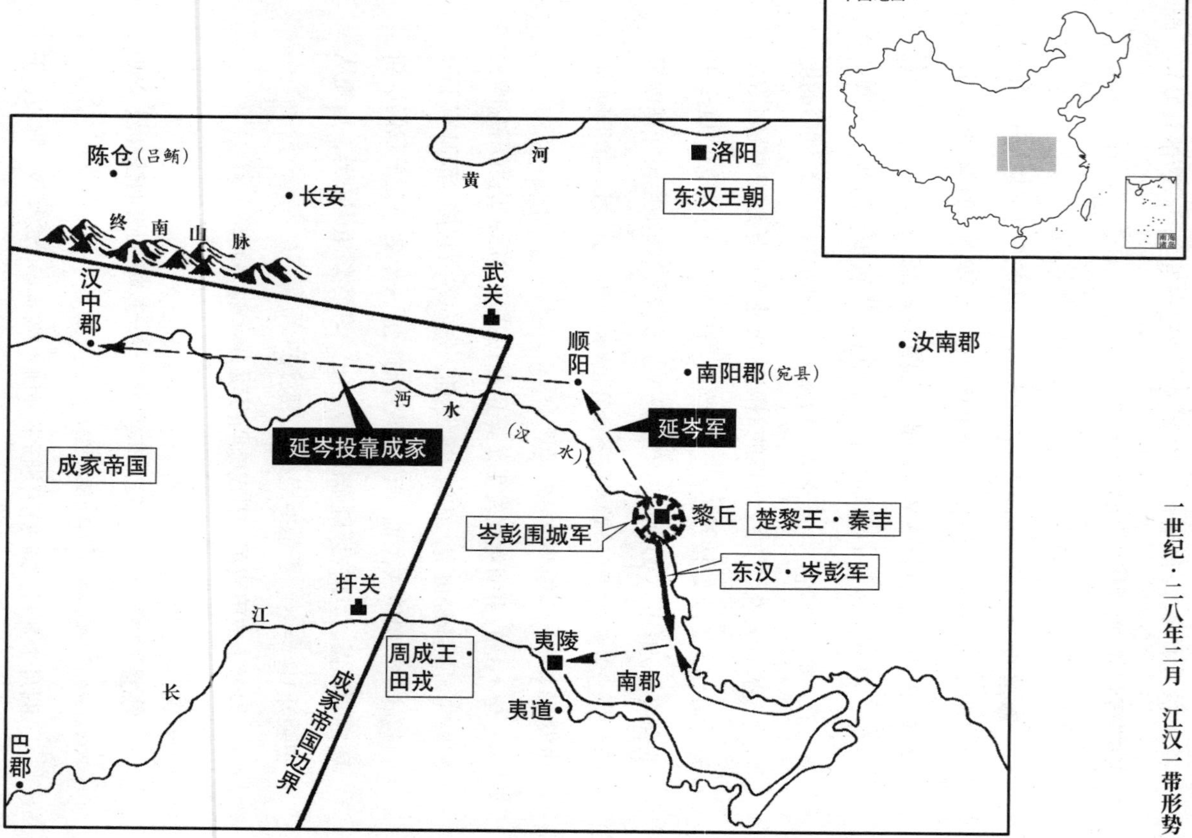

一世纪·二八年二月 江汉一带形势

中国地图

陈仓（吕鲔）
长安
黄
河
洛阳
东汉王朝
终南山脉
汉中郡
武关
顺阳
南阳郡（宛县）
汝南郡
沔水
（汉水）
延岑投靠成家
延岑军
成家帝国
黎丘
楚黎王·秦丰
岑彭围城军
东汉·岑彭军
扞关
江
长
周成王·田戎
夷陵
南郡
夷道
成家帝国边界
巴郡

逐代理县长，据守城池叛变。东汉将领们争先恐后要去攻击。吴汉说："鬲县人民叛变，是代理县长把他们逼反，罪在代理县长。胆敢贸然进兵的，一律斩首。"遂通知郡政府逮捕代理县长，而向人民道歉。五大家族得到消息，兴奋感激，举城投降。将领们无不佩服，说："不必战斗就取得城池，大家都没有这种见识。"

6 五月，刘秀前往元氏（常山郡郡政府所在县，河北省元氏县）。

五月一日，刘秀抵达卢奴（中山国首府，河北省定州市），准备亲自攻击燕王（首都渔阳〔北京市密云区〕）彭宠。伏湛劝阻说："而今，兖州（山东省西部）、豫州（河南省）、青州（山东省北部）、冀州（河北省中部南部），是中国本土，盗匪贼寇，横行无阻，还没有全部使他们接受教化。渔阳不过沿边的荒凉地带，不值得置于第一优先。陛下舍近求远，放弃容易的事，而企图去克服最大的困难，使我感到困惑。"刘秀遂打消原意。

7 刘秀命建义大将军朱祐、建威大将军耿弇、征虏大将军祭遵、骁骑将军刘喜，在涿郡（河北省涿州市）会师，共同攻击"无上大将军"张丰。祭遵军先到，发动猛烈攻击，生擒张丰。

最初，张丰喜爱法术，有位法术师（道士）声称，张丰命中注定要当皇帝，并且用五彩口袋包裹一块石头，绑在张丰手腕上，说："石头中有皇帝用的玉玺。"张丰深信不疑，遂起兵叛变。既被生擒，当绑赴刑场斩首时，张丰仍然坚持："手腕石头里藏有玉玺！"兵士们用铁锤把石头敲破，里面什么也没有。张丰这才知道受骗，仰天长叹说："我应该死，死无所恨！"

刘秀下诏，命耿弇进攻燕王（首都渔阳〔北京市密云区〕）彭宠。耿弇

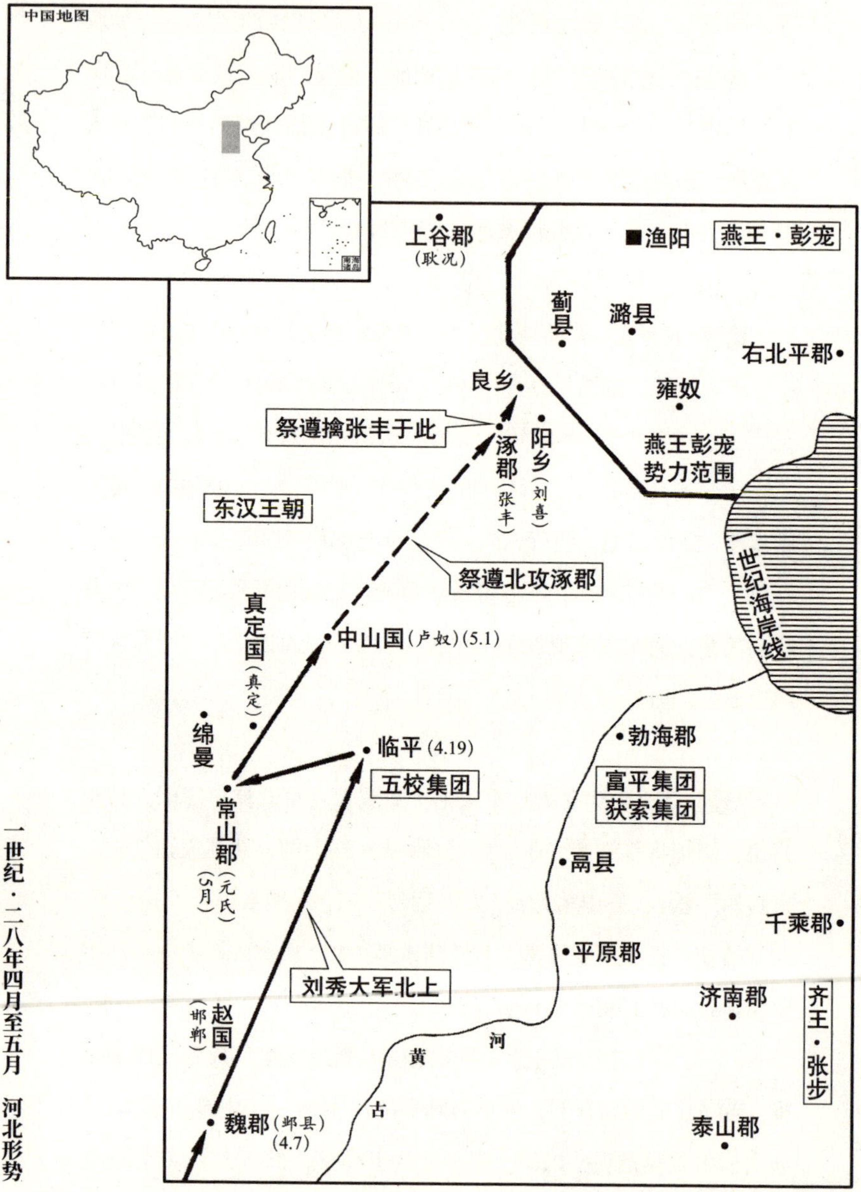

一世纪·二八年四月至五月　河北形势

中国地图

上谷郡
（耿况）

渔阳

燕王·彭宠

蓟县

潞县

右北平郡

良乡

雍奴

祭遵擒张丰于此

涿郡
（张丰）

阳乡
（刘喜）

燕王彭宠
势力范围

东汉王朝

一世纪海岸线

祭遵北攻涿郡

真定国
（真定）

中山国（卢奴）（5.1）

绵曼

临平（4.19）

五校集团

勃海郡

富平集团

获索集团

常山郡
（元氏）
（5月）

鬲县

千乘郡

平原郡

刘秀大军北上

济南郡

齐王·张步

赵国
（邯郸）

黄河

古

魏郡（邺县）
（4.7）

泰山郡

认为，老爹耿况（上谷郡〔河北省怀来县〕郡长），跟彭宠的功劳相同（参考二四年），而又没有兄弟在首都洛阳作为人质，不敢单独进军，要求返回洛阳。刘秀用诏书回答，说："将军为国家献出全部家族，功劳至为明显，避什么嫌？怀疑什么？要回京师！"老爹耿况得到消息，立即派耿弇的老弟耿国，前往洛阳。

这时候，祭遵驻扎良乡（北京市西南窦店镇），刘喜驻扎阳乡（河北省涿州市东）。燕王彭宠率匈奴汗国（王庭设蒙古国哈拉和林市）的援军，准备突击。耿况命他的儿子耿舒奇袭，击败匈奴兵团，斩匈奴两位亲王；彭宠只好撤退。

8 六月二日，刘秀返首都洛阳。

9 秋季，七月八日，刘秀前往谯县（安徽省亳州市），派捕虏将军马武、骑兵总监（骑都尉）王霸，包围梁王（首都垂惠〔安徽省蒙城县北〕）刘纡，跟刘纡大将周建的基地垂惠。

10 海西王（首都郯县〔山东省郯城县〕）董宪的将领贲休，献出兰陵（山东省兰陵县西南兰陵镇），投降东汉政府。董宪得到情报，从基地郯县（山东省郯城县）亲自率军，包围兰陵。东汉虎牙大将军盖延，跟平狄将军山阳（山东省巨野县东南大谢集镇）人庞萌，正驻扎楚郡（江苏省徐州市），请求救援。刘秀下令说："大军应直捣董宪根据地郯县（山东省郯城县），则兰陵之围，自然解除。"盖延等认为兰陵危在旦夕，决定先救兰陵。

董宪迎战，假装失利，稍向后撤退，盖延等遂进入兰陵。第二天，董宪恢复包围。盖延等见敌人军容盛大，不敢决战，突围而

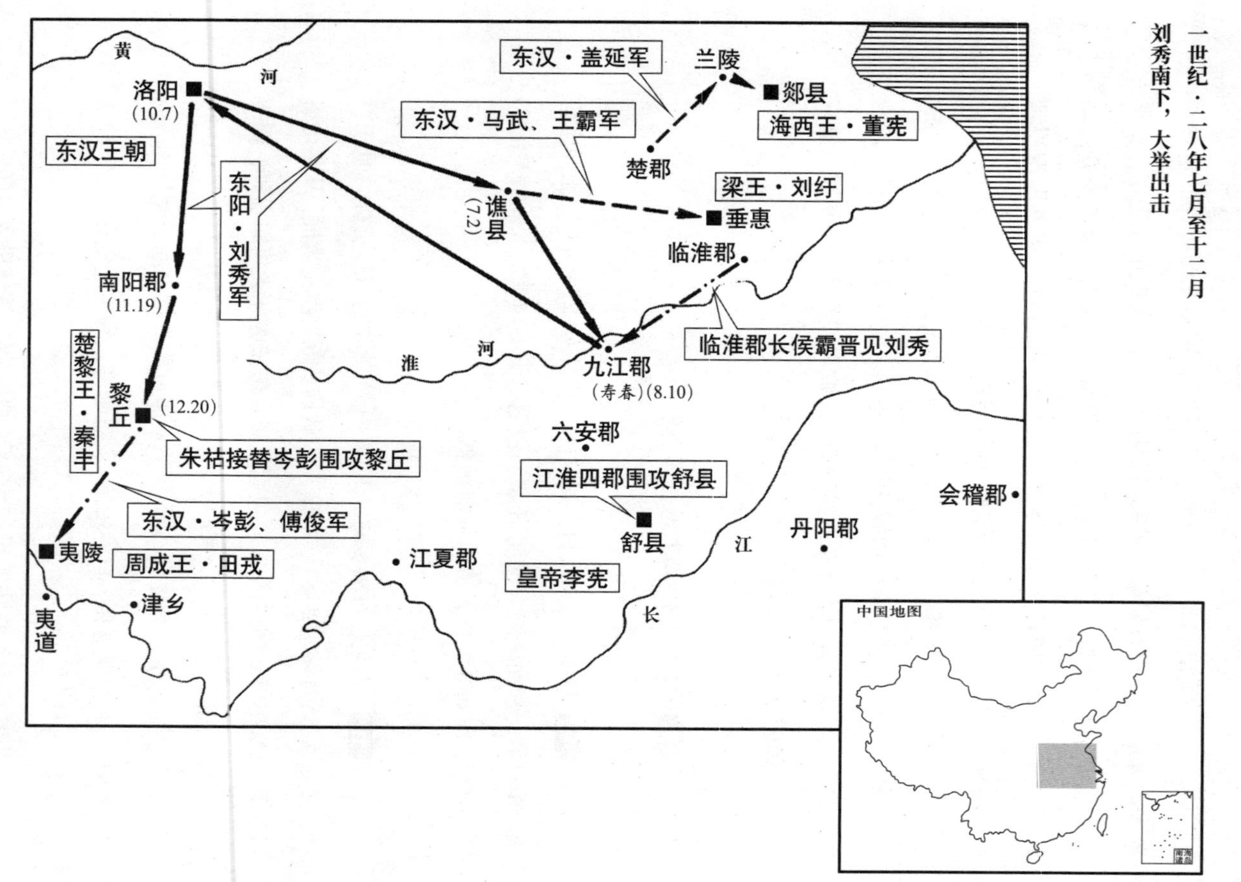

一世纪・二八年七月至十二月

刘秀南下，大举出击

出，直攻郯县。刘秀责备说："开始时直攻郯县，为的是出其不意。如今已经败走，贼军的谋略已定，岂能解围？"盖延攻击郯县，果然不能夺取。而董宪已攻陷兰陵，诛杀贲休。

11 八月十日，刘秀前往寿春（九江郡郡政府所在县，安徽省寿县），派扬武将军南阳（河南省南阳市）人马成，率诛虏将军、南阳（河南省南阳市）人刘隆等三位将军，征调会稽（江苏省苏州市）、丹阳（安徽省宣城市）、九江（安徽省寿县）、六安（安徽省六安市）等四个郡的武装部队，攻击刚登上皇帝宝座的李宪。

九月，包围李宪首都舒县（庐江郡郡政府所在县，安徽省庐江县）。

新王朝末年，天下大乱，临淮（江苏省泗洪县南）郡长（大尹）河南（河南省洛阳市东白马寺东）人侯霸，独能保全一郡平安。刘秀征召侯霸到寿春（安徽省寿县）会见，命侯霸当宫廷秘书长（尚书令）。这时候，东汉政府还没有组织章程，又缺少西汉政府时代的元老，而侯霸对政府运作方式，却很熟悉。到职之后，收集遗失或散落的文件档案，列举从前对人民有益的一些措施，由政府实行。

12 冬季，十月七日，刘秀返首都洛阳。

13 以天水郡（甘肃省通渭县）为根据地的西州最高统帅（西州大将军）隗嚣，派马援前往成都（四川省成都市），对成家帝（首都成都）公孙述作一深入评估。马援跟公孙述同是茂陵（陕西省兴平市东北）人，从小玩在一起，感情十分深厚。他认为到了成都之后，两人会握手言欢，不拘形迹的谈笑风生，回到当年同学时代的友情，想不到他遇到的却是一个官式场面。

公孙述高坐在金銮宝殿之上，武士林立，戒备森严，这才请马援进去，依照规定的宫廷礼节，参见交拜之后，由礼宾官陪同，送到宾馆休息，并给马援赶制布质的平民服装，跟平民冠帽。然后，在皇家祖庙中，召集文武官员，在皇帝座位之旁，特别设立旧交老友的座位。等到一切就绪，公孙述御驾才从皇宫出发，盛大的皇家卫队之前，由天子特用的绣着鸾鸟的旗帜，和驱逐妖邪的蓬头散发的骑士，作为前导。戒严，人民被逐离街道，全城一片静肃。公孙述在御车之上，不断向左右屈身恭迎的官员，点头作答。宴席以及文武百官的阵容，极为盛大。

公孙述要封马援侯爵，担任全国武装部队最高指挥官（大司马）高位。马援携带的宾客们大喜过望，都盼望留下来，但马援拒绝，向大家解释说：“天下一团混乱，胜负雌雄，还没有决定，鹿死谁手，不得而知。公孙述不知道一饭三吐哺，迫切的奔走欢迎有才干的人士（周王朝宰相姬旦，正在吃饭时，听说宾客来访，来不及下咽，而把口中饭吐出来，到外厅接待，有时一顿饭能吐出三次），共同商议国家的大计方针，反而只注意烦琐的小节，不过一个人形玩具罢了。这种人如何留得住英雄豪杰？”坚决告辞。

马援回去后，对隗嚣说：“公孙述，井底一只青蛙而已，自以为已很伟大，不如专心事奉洛阳。”

隗嚣再派马援前往洛阳。马援到了洛阳，求见东汉帝刘秀，等了很久，禁宫中级侍从宦官（中黄门）引导他入宫。刘秀仅用布包头（平民服装），在宣德殿南走廊底下，笑脸相迎。坐定之后，刘秀说：“先生遨游两个皇帝之间，今天看到你，使我惭愧。”马援叩头拜谢，深自谦虚，说：“当今之世，不但领袖选择干部，干部也选择领袖。我跟公孙述同一县份，自幼交好。可是我到成都时，公孙述高坐在金銮宝殿，戒备严密，而后传唤我进去。现在，我远道而来，陛下怎么知道我不是奸人刺客？竟这么简单的跟我见面？”刘秀笑说：“你不是刺客，但你是说客！”马援说：“大局反复不定，称帝称王的人，不计其数。只陛下气度恢宏，好像高祖（西汉一任帝刘邦），才知道帝王自有成功的条件。”

柏杨曰

一个越是没有身价的人，越是重视外界对他身价的评估。马援认为，公孙述先生是预防行刺，才军警林立，恐怕高抬了他。以公孙述的浅碟子气宇，显然不是为了预防刺客，而只是为了向贫贱时的老友，展出孔雀开屏。想当年，你我二人同窗读书，没出息的是我，而今我当了皇上，说句话就是金口玉言，教张三死，张三就不得不死，教李四当官，他就贵不可及，何等威风，而你却仍在一个变民首领底下当差，跟我可差一大截，看了这项场面，我要教你垂涎三尺。

古人有一句话形容这种心理：“小人得志”——小人物一旦有三个部属或两个食客，经常在身旁兜圈子，就会意乱情迷，开始出现身段。问题是：被身段所慑服的，全是脓包，看到英雄豪杰眼中，徒惹失笑。马援把沾沾自喜的公孙述“大帝”，形容成一个人形玩具，和一只蹦蹦跳跳的井底之蛙，可谓传神。

玩具型人物或井底之蛙，自己过瘾有余，建立功业不足；对他们的失败，我们毫不关心。不过，一个国家也好，一个社会也好，玩具型人物和井底之蛙过多，国家社会就无法避免要受苦受难。八年之后，成都陷落，东汉军队屠城，那些哀魂怨鬼，都为公孙述盛大的官谱排场，付出代价。“唯大英雄能本色”，我们厌弃人形玩具和井底之蛙，而全心敬重本色英雄。

14 东汉政府（首都洛阳）皇家师傅（太傅）卓茂逝世。

15 十一月十九日，东汉帝（一任光武帝）刘秀，前往宛县（南阳郡郡政府所在县，河南省南阳市）。征南大将军岑彭围攻楚黎王秦丰所在的黎丘（湖北省襄阳市西南），已经三年，杀戮九万余人。秦丰残余下来的武装部队，只剩下一千余人，而粮食又快用尽。

十二月二十日，刘秀抵达黎丘前线，派人召请秦丰，秦丰仍拒绝投降。刘秀命建义大将军朱祐代替岑彭，继续包围黎丘。而命岑彭、傅俊，南下攻击变民集团首领周成王田戎的基地夷陵（湖北省宜昌市）。

16 成家帝（首都成都）公孙述，集结武装部队几十万人，在汉中郡（陕西省汉中市）囤积粮秣，又建造有十层楼房那么高大的战舰，大量铸制天下各州州长、各郡郡长的印信。派将军李育、程乌等，率军几万人，进屯陈仓（陕西省宝鸡市东陈仓镇），与据守陈仓的变民首领吕鲔合军，向东挺进，夺取三辅（关中地区，陕西省中部）土地。东汉征西大将军冯异迎击，大破成家兵团，李育、程乌撤退到汉中郡（陕西省汉中市）。冯异再大破吕鲔，各地民众营寨，很多归附。

这时候，隗嚣（时驻平襄〔甘肃省通渭县〕）派出军队，协助冯异，建立功勋。隗嚣上书刘秀报告军情，刘秀亲自写信回答，说：

“因为思慕仁义，一直盼望结纳。从前，姬昌（周文王）三分天下有其二，但仍服事商政府，向商政府称臣。问题是，劣马跟铅刀（刀必用铁用铜，才能锋利，用铅就钝了），就是用尽全力，仍是白费。我真幸运，有承受你这位伯乐看顾一眼的荣耀（《战国策》：有人出售骏马，在市场上站了三天，没有人问津。马主求见伯乐，说："如果你一再去察看，临走且频频回头，表示不忍舍弃，我愿献出十分之一的价款。"伯乐照他的话去做，一天之内，该马身价上涨十倍）。将军在南方抵挡公孙述的军队，在北方又抵挡羌人、匈奴人的扰乱。而冯异仍得到你数千人的支援，才得以立足三辅（关中地区，陕西省中部）。如果不是将军的支援，恐怕咸阳（陕西省咸阳市）已被别人占领。假设公孙述亲自到汉中北征，则三辅地区（关中地区，陕西省中部），深愿将军的武装部队协助，使能够跟公孙述的力量，旗鼓相当。我的盼望如果实现的话，那正是计算功劳、割土（采邑）封爵的时候。管仲有言：'生我者父母，成全我者鲍叔。'从今以后，我们之间，都用亲笔信件来往，不要听别人挑拨离间的话。"

成家帝（首都成都）公孙述数次派出将领大军，进攻三辅（关中地区，陕西省中部），隗嚣跟冯异联合出兵，共同击败敌人攻势。公孙述派使节前往天水郡（甘肃省通渭县），送上最高监察长（大司空）、扶安王的印信给隗嚣；隗嚣诛杀使节，并出军进击。于是，成家有侧顾之忧，不能再有军事行动。

17 泰山郡（山东省泰安市东）很多地方豪杰，跟齐王（首都剧县〔山东省寿光市南〕）张步结盟。东汉全国武装部队最高指挥官（大司马）吴汉，推荐强弩大将军陈俊当泰山郡长，击败张步兵团，遂完全控制泰山郡。

二九年 己丑

成家　龙兴　五年
东汉　建武　五年
（皇帝李宪三年）
（楚黎王秦丰六年）
（周成王田戎六年）
（燕王彭宠四年）
（海西王董宪三年）
（齐王张步三年）
（梁王刘纡三年）
（东平王庞萌元年）
（汉帝卢芳元年）

1 春季，正月十七日，东汉王朝（首都洛阳〔河南省洛阳市东白马寺东〕）皇帝（一任光武帝）刘秀（本年三十四岁）返首都洛阳。

2 刘秀派来歙，“持节”，送马援回陇右（陇山以西，即隗嚣所拥有的甘肃省东部地区）。

西州（甘肃省东部）最高统帅隗嚣（根据地平襄〔甘肃省通渭县〕）跟马援感情亲厚，深夜同榻而眠，密问东汉政府情形。马援说：“我到洛阳后，刘秀接见我数十次之多（《东观汉记》载：共接见十四次），每次接见，态度都很轻松，从早到晚，无所不谈。刘秀聪明才智极高，又有勇气、有谋略，普通人不是他的对手。而且心胸坦荡，开诚布公，没有什么隐藏，度量恢宏，不拘小节，跟刘邦相同。而他看的书极多，深通儒家学派经典，处理政事，遵循制度，前世君王，没有人能跟他相比。”隗嚣说：“你认为，刘秀比刘邦（西汉王朝一任帝高祖）如何？”马援说：“刘秀不如刘邦，刘邦的性格是，无可无不可，而刘秀却喜爱处理行政事务，动作都有节制，而又不喜欢饮酒。”隗嚣有点不高兴，听不下去，说：“照你这么形容，难道刘秀反而比刘邦更高明？”

3 二月一日，东汉政府大赦。

4 梁王刘纡，跟周建据守首都垂惠（安徽省蒙城县北），被东汉捕虏将军马武包围。刘纡部将苏茂（时驻广乐〔河南省虞城县北〕），率领五校变民军，增援垂惠。苏茂、周建联合攻击，马武大败逃走，在奔过王霸营垒时，大声呼救。王霸说：“盗贼正在巅峰，我们出兵，也会失败，白费力气！”下令紧闭营门，严密戒备。军官们争先请战，王霸说：“苏茂的部队，都是精锐，人数又多，我们战士有恐惧之感。马武跟我分别作战，两军行动不能一致，失败在意料之中。而今，我紧闭营门，只求自保，表示不肯救援，盗贼一定放心大胆，乘胜猛追；马武发现没有援军，只好加倍努力作战。不久苏茂部队就会筋疲力尽，等到那时候，乘他们疲惫不堪，发动攻击，才可以取胜。”

苏茂、周建果然出动所有部队，追击马武，混战很久，声势逼人。王霸营中战士们不能忍耐，几十人砍断头发，要求出动。王霸遂大开营垒后门，用精兵袭击苏茂、周建背后。苏茂、周建立刻陷于腹背受敌窘境，惊恐过度，溃败。马武、王霸也各自收兵回营。

苏茂、周建集结部队，再来挑战。王霸竟不理会，当时正大宴官兵，歌唱取乐。苏茂箭如雨下，射中王霸面前的酒杯，王霸端坐不动。军官们说："前天已大破敌人，现在当更容易对付。"王霸说："不然。苏茂是来自远地的部队，粮秣不够，所以速战速决，希望侥幸获得胜利。我们偏偏不跟他合作，闭垒休息，正是所谓：'用不着作战，就能使敌人屈服！'"

苏茂、周建求战失败，只好回营。当天夜间，周建的侄儿周诵叛变，紧闭垂惠（安徽省蒙城县北）城门，不准他们进入，于是联军瓦解。周建在逃向其他地方时，中途逝世。苏茂投奔下邳（江苏省睢宁县北古邳镇），跟海西王董宪会合。

梁王刘纡，投奔横行将军佼强（时驻西防〔山东省成武县东北〕）。

5 二月二十日，东汉帝（一任光武帝）刘秀，前往魏郡（河北省临漳县西南邺城镇）。

6 基地渔阳（北京市密云区）的燕王彭宠，他的妻子做了几次噩梦，又常常看见奇怪的变异。卜卦师以及望气家，都说："叛乱将从中央发动。"彭宠对于在洛阳当过人质的堂弟子后兰卿（参考二六年），开始怀疑。命他率领军队，驻在外地，不使他留在中枢。再也想不到，突变发自王宫内宅。

彭宠在便殿吃斋静修（吃斋，不食肉类），求天降福，奴仆子密等三人，乘着彭宠午睡，把他捆绑在床上，然后告诉外面官员，说："大王正在斋戒，你们一律休假。"又假传彭宠的命令，把其他奴仆跟

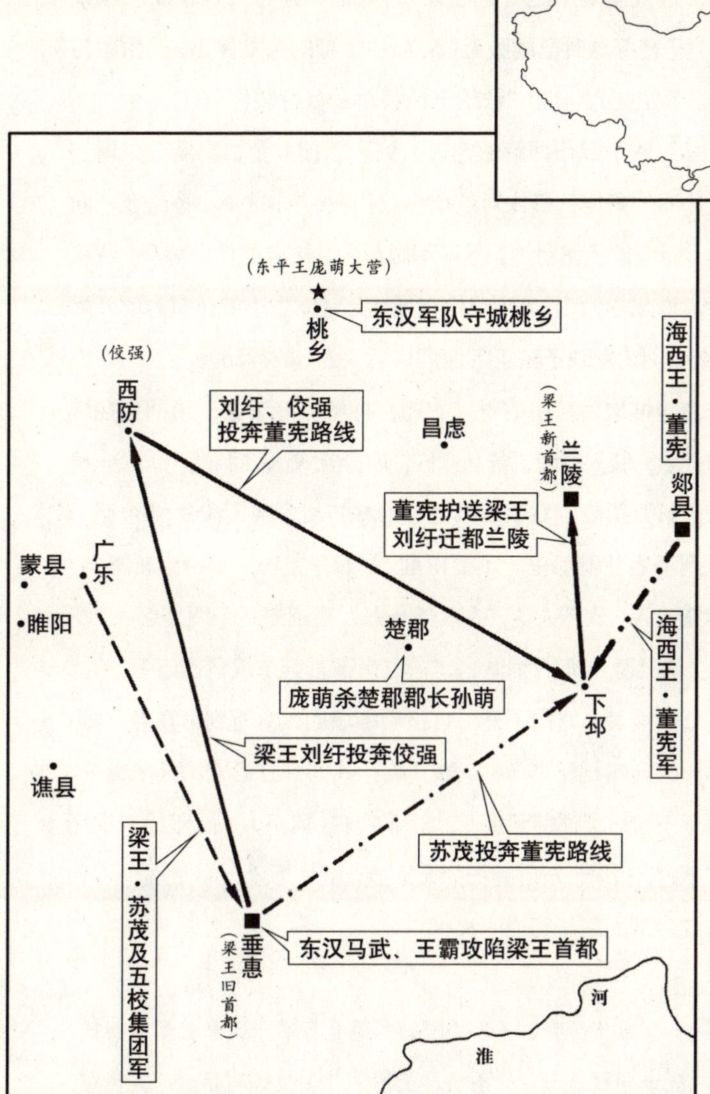

一世纪·二九年二月至四月　东汉攻陷垂惠·庞萌叛变

婢女，全部捆绑，分别囚禁。再假传彭宠命令，召唤他的妻子。彭宠夫人一进入便殿，便发觉巨变，惊恐而又愤怒，咆哮说：“家奴反了！”子密等这时已翻脸无情，抓住主母的头发摔出去，狠狠打她耳光。彭宠在旁叫说：“快给三位将军准备行装！”

于是，两个奴仆押解彭宠夫人到后宫搜取金钱财宝，只留一个小奴仆看守彭宠，彭宠对这个小奴仆说：“你这个小孩，我一向爱护你，而今被子密胁迫，不得不做帮凶。快点把绳子解开，我将把女儿彭珠配你为妻，家中财产，全都给你。”小奴仆有意解开绳索，向外探视，发现子密正听他们讲话，遂不敢行动。

子密等搜取后宫中的财宝衣物，押解彭宠妻子，再回到捆绑彭宠的便殿，装入行囊，备马六匹，命彭宠夫人缝制两个绸袋。黄昏之后，解开彭宠的右手，教他写给城防司令亲笔命令：“今派子密等，到子后兰卿那里，不要留难。”书写完毕，子密遂斩彭宠，以及彭宠夫人，砍下人头，放在彭宠夫人手制的两个绸袋之中。拿着手令，快马驰出渔阳（北京市密云区），南下直奔东汉首都洛阳。

第二天凌晨，宫门不开，官员们翻墙而入，看到彭宠等尸体，惊恐成一团。宫廷秘书（尚书）韩立等，共同拥立彭宠的儿子彭午，继承燕王王位。国师韩利叛变，击斩彭午，砍下人头，献给东汉征虏将军祭遵，投降。祭遵遂把彭宠家族，全体屠杀。

东汉帝刘秀封子密当不义侯。

彭宠叛变，子密杀君，都是乱臣贼子，罪恶不能相抵，应该分别处理，使圣明君王的法律制度，昭示天下。现在，不但不处分子密，反而封子密侯爵，却又冠上“不义”的称号。如果他的行为“不义”，根本就不应封赏侯爵。如果这种行为，竟可以封赏侯爵，东汉政府的侯爵，便不值钱，失去鼓励奖赏的意义。《春秋》直书："齐豹强盗杀人"，又写出三个叛徒的姓名，难道跟这件事不一样？（春秋时代卫国安全部长〔司寇〕齐豹，为了私怨，格杀卫国国君的老哥卫孟絷，《春秋》称之为强盗行为。三个叛徒姓名：前五五二年，邾国〔山东省曲阜市东南〕庶其，献出漆邑〔山东省邹城市东北〕、闾丘〔邹城市东北〕，投降鲁国；前五三七年，莒国〔山东省莒县〕牟夷，献出牟娄〔山东省诸城市西〕、防邑〔山东省诸城市西北〕、兹邑〔山东省安丘市东南〕，投降鲁国；前四八一年，小邾国〔山东省滕州市〕国务官射〔姓不详〕，献出句绎〔山东省邹城市东南〕，投降鲁国。权德舆是唐王朝时的宰相，参考八一〇年八月。）

柏杨曰

彭宠先生之死，因为太过传奇之故，实难相信它竟是真的。但也正因为它竟是真的，所以更为震撼。有时候，真实的历史事件，比起小说电影，还要戏剧化，在此又多一例证。

权德舆的评论，显示出单线条思想、二分法所处的困境，寥寥一百余字，漏洞百出。首先，当天下大乱，全国混战之时，英雄豪杰共同追逐最高宝座，彭宠根本不是叛徒。如果叛徒都应该诛杀的话；刘秀可是最大的叛徒——背叛玄汉皇帝刘玄，应该首先伏诛。权德舆只指控彭宠，证明他不过是一个"成则帝王，败则贼寇"，传统的势利眼之徒。

对子密等三人的冷血凶残，东汉政府陷于两难。不能不封侯履行承诺，以鼓励叛徒内部再生叛徒；又不得不标出"不义"，使人引以为戒。权德舆认为应该分别办理，意思是对子密之弑主，加以论罪。果真如此，东汉政府的承诺便等于一屁。孔丘曾说："民无信不立。"而权德舆显然鼓励背信。而且，不管你顺眼也好，不顺眼也好，高贵的封爵和数额庞大的赏格，是促使敌人内部残杀，和互相出卖的最可怕的能源，胜过千军万马。

东汉政府用轻视的心理，封子密侯爵，是一种统战手段，权德舆搬出所谓的《春秋》故事，我们却不认为《春秋》那些记载，是什么大义。即令是大义，也不过传统史学家的一种所谓的“笔法”而已，在现实政治上，可千万不能认真实践。现实政治，错综复杂，变化之快，目不暇给，不能用一个简单标准，轻率的衡量所有事物。这正是不切实际的象牙塔里的知识分子，所面对的窘境。

7 东汉帝（一任光武帝）刘秀，任命扶风（陕西省兴平市）人郭伋，当渔阳郡（北京市密云区）郡长（太守）。郭伋接收的是一个大乱之后的残局。他休养人民、训练士兵、建立威信，不久之后，盗贼匪徒消散，匈奴汗国（王庭设蒙古国哈拉和林市）也不再侵犯。在职五年，人口倍增。

8 刘秀命特级国务官（光禄大夫）樊宏，“持节”，迎接上谷郡（河北省怀来县）郡长耿况，说：“沿边郡县，寒冷贫苦，不适宜长久居住。”耿况到了京师（首都洛阳）后，刘秀赏赐给他家宅房产，封牟平侯，参加御前会报（奉朝请）。

9 东汉全国武装部队最高指挥官（大司马）吴汉，率领建威大将军耿弇、忠汉将军王常，攻击富平、获索二变民集团，在平原郡（山东省平原县）会战，大破二变民集团，追击到勃海郡（河北省沧州市东南），收降四万余人。

刘秀下诏，命耿弇攻击齐王（首都剧县〔山东省寿光市南〕）张步。

10 东汉平狄将军庞萌，为人恭谨谦逊，刘秀对他非常信任，十分亲爱，常对左右说："可以托付六尺孤儿，可以托付百里土地，只有庞萌而已。"（《论语》孔丘语，意思指忠心耿耿，至死不会改变。）命他跟虎牙大将军盖延，共同攻击海西王（首都郯县〔山东省郯城县〕）董宪。可是，诏书只颁发给盖延，而没有颁发给庞萌。庞萌认为一定是盖延打小报告，说他的坏话，陡地生疑，心不自安，于是叛变，向盖延发动突袭，大破盖延兵团。遂跟董宪联合，自称东平王，驻屯桃乡（山东省济宁市东）之北。

刘秀得到消息，气得几乎爆炸，亲统大军讨伐庞萌，写信给各将领，说："我曾经肯定庞萌是国家忠心不贰的重臣，将军会不会耻笑我不认识人？这个老贼应该全族屠灭，你们要操练军队，在睢阳（河南省商丘市）会师。"

庞萌攻陷彭城（江苏省徐州市），要杀楚郡（郡政府设彭城）郡长孙萌。郡政府一位叫刘平的官员，伏到孙萌身上，哭号哀告，请求代替郡长一死，身上被砍七刀。庞萌被他的义行感动，下令赦免。孙萌死而复苏，口舌干燥，索取饮水。暴乱之中，何来饮水？刘平用自己伤口流出的血供孙萌下咽。

11 东汉征南大将军岑彭，攻陷周成王田戎的根据地夷陵（湖北省宜昌市），田戎逃亡，投奔成家帝国（首都成都〔四川省成都市〕）。岑彭俘虏了田戎的妻子儿女，跟全部家族，以及部队几万人。

成家帝（一任）公孙述封田戎当翼江王。

岑彭准备对成家政府发动总攻击，只因长江三峡两岸，粮食缺乏，而水势险恶，水运困难。于是，命威虏将军冯骏，驻扎江州（今地不详）；民兵司令（都尉）田鸿，驻扎夷陵（湖北省宜昌市）；领军将军李玄，驻扎夷道（湖北省宜都市）。自己则率领主力，回到津乡（湖北省江陵县东），扼守荆州（湖北省及湖南省）要冲。一面派人通告已归附的蛮夷说：已请求中央政府封他们的酋长。

12 夏季，四月，旱灾、蝗灾。

13 西州（甘肃省东部）最高统帅（西州大将军）隗嚣（时驻平襄〔甘肃省通渭县〕），询问班彪对于大局的意见，说：“从前，周王朝灭亡，战国并立，互相争战，数代之后，天下才再统一。合纵连横的故事，不知道会不会历史重演？或者再产生大一统局面，由一个人崛起？”班彪说：“周的兴亡，跟西汉的兴亡，完全不同。上古时代，周王朝把爵位分成五等（公、侯、伯、子、男），各自主持他的封国。虽然根本衰弱，可是枝叶强大。所以，到了末期，发生合纵连横，是形势造成。西汉王朝继承秦王朝的制度，建立郡县。君王有专制独裁的威严，臣属没有累积到一百年以上的权柄。到了刘骜（西汉王朝十二任成帝），把君王威严，分割给皇亲国戚。而刘欣（西汉王朝十三任哀帝）、刘箕子（西汉王朝十四任平帝），在位年数太短。帝王的合法继承人，又三次断绝。所以王姓家族得以控制政府，终于篡夺。危机起于高高在上的位置，伤害不到人民。是以，王莽真正当了皇帝之后，天下人无不抻长脖子，盼望赞叹。十余年间，中外骚动，远近爆发，变民风起云涌，都是假借刘姓的名号，聚集群众，大家不谋而合。现在，雄踞一方，拥有州郡的英雄豪杰，都没有六国那种累积下来的政治资本。而人民歌咏思念，仍是把希望寄托给西汉王朝。西汉王朝必然复兴，在意料之中。”隗嚣说：“先生分析周王朝、西汉王朝的形势，我没话可说。至于，只因为看见愚昧的人习惯于刘姓统治的缘故，而竟然肯定西汉王朝一定会复兴，见解并不周延。从前，秦王朝失去它的鹿（政权），刘邦追逐而终于捕获得它，那时候难道也人心思汉呀？”

班彪遂撰写《王命论》，阐扬自己的理论，继续规劝隗嚣说：

“从前，伊祁放勋（尧）把政权禅让给姚重华（舜），说：‘天命的运转，在你身上。’姚重华也用同样的话，告诉姒文命（禹）。等到姬弃（后稷）、子契（商王朝始祖），他们都辅佐伊祁放勋（唐）、姚重华（虞），直到子天乙（商王朝一任帝）、姬发（周王朝一任王武王），终于成为天下的共主。

“刘姓继承的是伊祁放勋的大业，伊祁放勋用‘火’作为标志，而西汉王朝也用‘火’作为标志。刘邦更有赤帝儿子的应验（参考前二〇九年），受到鬼神祝福保佑，天下一齐归附。从这个角度来看，毫无基础凭借，又没有累积的功勋恩德，而能崛起到高位之上，从来没有发生过。

“世俗的眼光，看到刘邦从一介平民，登上宝座。不晓得其中缘故，以至比作天下逐鹿，脚快的先捉住。殊不知道，神圣的权柄归准，自有命运注定，不是靠智慧和力量可以得到。正因为有‘逐鹿’一念，世界上才多的是乱臣贼子。

“饥民流离失所，在道路上受尽饥饿寒冷，最大的愿望不过吃一顿饱饭。然而最后仍然辗转死于水沟山谷，为什么？只为贫穷也是命运注定。何况，天子是何等尊贵，拥有四海的富饶，受到神明的保护，岂可以狂妄的去想得到？

“所以，有些人虽然随波逐流，偷窃到权力。勇猛的像韩信、英布，强大的像项梁、项羽，已经成功的像王莽，最后还是被烹杀、斩首，被剁成肉酱、五马分尸。何况一些小人物，连上列这些人都比不上，却竟然想坐天子之位？

“从前，陈婴的娘亲，认为陈家世代贫贱，突然富贵，是不祥之兆，阻止儿子当王（参考前二〇八年）。王陵的娘亲，知道刘邦必然能当皇帝，竟举剑自杀，用以加强和勉励儿子效忠的决心（参考前二〇六年）。一个没有知识的妇人的见识，都能够推断事理的发展，掌握祸福的契机，使家族得到保全，声名得以写在史书之上，何况大丈夫事业！

“所以，贫富贱贵，是上天安排；而吉凶祸福，却由人自己决定。陈婴的娘亲知道谁会灭亡，王陵的娘亲知道谁会兴起。对兴废两项大事，能够了解，帝王何在，就可确定。加上刘邦宽大英明，仁爱忠恕，认识部属，恰当的交给他们工作。正在吃饭时，吐出口中的饭，迫不及待的接受张良的建议（参考前二〇四年）。正在洗脚，立即跳起来，作揖行礼，倾听郦食其的意见（参考前二〇七年）。在战斗行列之中，选拔韩信。在逃亡奔命之后，任用陈平。所有英雄尽力，所有策略也都集中，这是刘邦所以完成皇帝大业的缘故。

“至于祥瑞的预兆，预言的应验，事迹更多。是以韩信、张良称之为：‘上天恩赐给他，不由人力！’英雄好汉如能够及时觉悟，高瞻远瞩，深刻探讨，接受王陵、陈婴的榜样，根绝韩信、英布的野心，排斥‘逐鹿’那种盲人的谎话，考查皇帝宝座都由上天作主，不贪图不可能到手的东西，不惹两位娘亲的嘲笑，则福分自会流传子子孙孙，寿命也会长久，终身平安。”

隗嚣无法接受。班彪遂离开天水郡（甘肃省通渭县），前往河西（甘肃省中西部），投奔窦融（时驻张掖移民区〔甘肃省金塔县东〕），窦融任命班彪当参谋官（从事），对他很礼遇尊重。班彪遂给窦融拟订计划，使窦融坚定对东汉政府的信心。

柏杨曰

读了班彪的大作，蓦地发现，耿育（参考前六年）之后，中国再度出现文妖。君王是上帝派定的，谁争也没有用，这种学说，已使人喘气。但更喘气的是：班彪竟然认为：连可怜的饥民活活饿死，也是上帝颁发的诏令。既是上帝颁发的诏令，你就应该乐天知命，含笑接受。胆敢抱怨，就是乱臣贼子。当千万妇女儿童饿死，或是被格杀烹煮，哀号连天之时，班彪先生坐在一旁，一面喝着老酒，一面安抚说："不要吵好不好，这是命中注定的呀。"

耿育不过无耻，班彪除了无耻，还更残忍。我们为悲惨的中国人痛哭，除了主凶外，还有摇尾系统的文妖，为主凶发明杀人的神圣理论基础。在这基础上，暴政竟成了美不可言的替天行道。

14 最初，窦融听到东汉帝（一任光武帝）刘秀的威望，一心归附。可是河西（甘肃省中部西部）不但距东汉首都洛阳太远，而且当中还隔着以天水郡（甘肃省通渭县）为基地的隗嚣的势力。于是，透过隗嚣，接受东汉王朝"建武"的年号（中国传统"年号"制度，是一种政治立场的标竿，用谁的"年号"，就表示向谁臣服），隗嚣也颁发给他将军的印信。

隗嚣外表上顺应人心，但暗中有他的打算。于是，派外交官（辩士）张玄，前往河西，对窦融说："刘玄（玄汉一任帝）事实上已经成功，可是霎时灭亡，这正是'一姓不再兴'的证明。如果早早的就认定主人，隶属于他，一旦受到拘限，不能自由，便失掉权柄。后来随着他失败，随着他灭亡，懊悔已来不及（隗嚣当初仓猝前往长安，投效刘玄，几乎丧生〔参考二四年〕。一经蛇咬，常怕麻绳，才有此反应）。而今英雄豪杰，互相竞争驱逐，胜败还没有分晓。我们应该保持疆界，跟西州（隗嚣）、成家（公孙述），密切结盟。如果运气好，可以成为战国时代的六国之一。如果运气不好，也可以当一个赵佗（南越王国一任王，参考前一九六年）！”

窦融召集智囊们讨论，其中有见解的人都说：

“东汉帝刘秀，神秘预言书上有他的名字。从前法术师前辈谷永（参考前一五年）、夏贺良（参考前五年）等，都指出过：西汉王朝灭亡后，必然再度兴起。所以刘歆才改名刘秀，希望应验（参考前七年）。等到新王朝末年，西门君惠阴谋劫持王莽，拥立刘秀（刘歆，参考二三年），事情败露，被绑到刑场处决，告诉观刑的人说：‘神秘预言书并没有错误，刘秀真是你们的领袖！’这都是人人皆知的近事，大家亲眼看到。何况，现在当皇帝的几个人中，洛阳（东汉）占领的土地最广，武器精良，号令严明。上观预言，下察人事，其他姓氏的人，恐怕不能承当。”

有的赞成，有的反对，大家的意见不能一致。

然而，窦融决心归附东汉帝刘秀，遂派秘书长（长史）刘钧等，带着奏章，前往洛阳。在这事之前，刘秀也派使节前来河西（甘肃省中部西部），游说窦融。在中途遇到刘钧，就陪同刘钧，一齐返回京师（首都洛阳）。刘秀接见刘钧，大为高兴，赏赐饮宴，盛大招待。再命刘钧回去报命，给窦融诏书说：

“现在，益州（指四川省）有公孙述，天水郡（指甘肃省东部）有隗嚣，如果对东汉政府发动攻击，命运握在将军（窦融）之手，随便动一下左脚右脚，都有轻重。你如果决心帮助哪一边，力量之大，岂可计算？如果要建立姜小白（齐国十六任国君桓公）、姬重耳（晋国二十四任国君文公）的霸业，辅助我这个弱小的中央政府，就应该努力完成。如果打算列国林立，合纵连横，也应早日及时决定（一为归附，一为对抗，指出两条路，供窦融选择）。

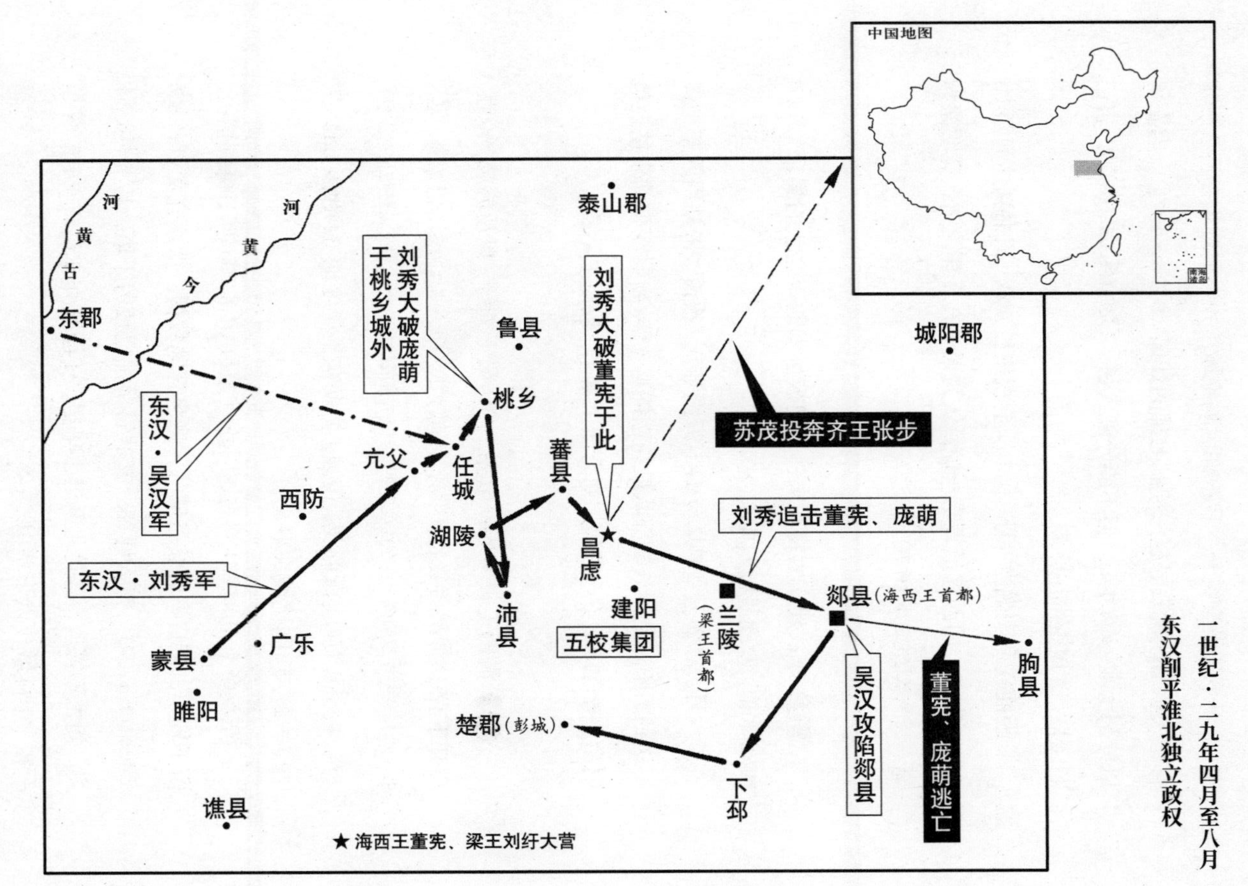

一世纪·二九年四月至八月
东汉削平淮北独立政权

"天下还没有统一，我跟你远隔绝域，并不能互相并吞。一定有些人献出任嚣教导赵佗控制七郡的计谋（参考前一九六年），君王可以分割土地（封爵封国），但不能分割人民（不允许有独立政权存在），自己照顾自己的事情而已。"

因而任命窦融当凉州（甘肃省）全权州长（牧）。诏书到达河西（甘肃省中部西部），河西官员大吃一惊，认为天子在千里之外，竟明察秋毫（指张玄献赵佗之计这件事）。

15 东汉建义大将军朱祐，向被包围四年之久的黎丘（湖北省襄阳市东南），发动最猛烈攻击。

六月，楚黎王（首都黎丘）秦丰穷困难支，投降。朱祐用囚车把秦丰送到洛阳。全国武装部队最高指挥官（大司马）吴汉弹劾朱祐拒抗诏命，擅自接受秦丰投降。刘秀诛杀秦丰，赦免朱祐。

16 海西王（首都郯县）董宪，护送梁王刘纡，以及苏茂、佼强，离开下邳（江苏省睢宁县北古邳镇），还都兰陵（山东省兰陵县西南兰陵镇。《后汉书·刘永传》：东汉骠骑大将军杜茂攻西防〔山东省成武县东北〕，梁王刘纡与佼强遂投奔下邳，如今再迁兰陵）。派苏茂、佼强，协助东平王庞萌（时驻桃乡〔山东省济宁市东〕北），包围桃城（即桃乡）。

东汉帝（一任光武帝）刘秀这时正在蒙县（河南省商丘市），得到情报，留下辎重，亲自率轻装备部队，日夜奔驰救援，抵达亢父（山东省济宁市南二十五公里）。有人建议，文武官员都已疲劳不堪，应先住宿休息。刘秀不答应，再向北挺进十华里，在任城（山东省济宁市东南）停留一夜，距桃城仅六十华里。

第二天凌晨，将领们要求继续挺进，庞萌等也派军挑战。刘秀命官兵充分休息，摧挫敌人的锐气，不立即出击。这时候，吴汉等驻扎东郡（河南省濮阳市西南。吴汉刚在平原郡〔山东省平原县〕、勃海郡〔河北省沧州市东南〕一带消灭变民集团），刘秀派人征调他们前来会师。

庞萌等开始惊疑，说："日夜不停的急行军好几百华里，一到当然就战，却停顿在任城（山东省济宁市东南），招引敌人到城墙之外，不可理解。"于是，全力进攻桃城（山东省济宁市东，在任城东北二十公里）。桃城城内守军知道刘秀亲自来救，军心更为笃定，坚守不屈。庞萌一连进攻二十余天，筋疲力尽，不能攻陷。而吴汉、王常、盖延、王梁、马武、王霸等大军，已集结完成。刘秀遂发动总攻，亲自擂动战鼓，大破围城部队。庞萌、苏茂、佼强，乘夜投奔海西王（首都郯县）董宪。

秋季，七月四日，刘秀前往沛县（江苏省沛县），再到湖陵（山东省鱼台县东南）。董宪跟梁王刘纡动员全部武力，约有好几万人，驻扎昌虑（山东省滕州市东南），征召五校变民集团，进驻建阳（山东省枣庄市西南）。

刘秀率大军前进到蕃县（山东省滕州市），距董宪营垒只有一百余华里，将领们要求再进，刘秀拒绝。知道五校变民集团粮秣缺乏，必然撤退，下令各兵团坚守营垒，等待敌人自己显露败象。不久，五校变民集团果然撤退。刘秀亲自临阵，将被困在昌虑（山东省滕州市东南）的海西王董宪，四面围攻。只三天，攻陷城池，佼强率领他的部队投降，苏茂投奔齐王（首都剧县）张步。董宪跟庞萌逃走，坚守郯县（山东省郯城县）。

八月六日，刘秀进逼郯县，留吴汉围攻，而自己率大军夺取彭城（楚郡郡政府所在县，江苏省徐州市。楚郡原于二六年八月被东汉将盖延攻取，在庞萌叛变时〔参考本年二月〕易手）、下邳（江苏省睢宁县北古邳镇），吴汉攻陷郯县。

董宪、庞萌再逃走，坚守朐县（江苏省连云港市；朐，音qú〔渠〕）。梁王刘纡在逃亡中跟大军失散，四顾茫然，不知道往何处投奔。他的部属军士高扈，拔剑斩刘纡，投降东汉政府。

东汉进围朐县。

17 冬季，十月，刘秀前往鲁县（鲁国首府，山东省曲阜市）。

18 据守剧县（山东省寿光市南）的齐王张步，听说东汉建威将军耿弇大军，将要到达，派他的最高统帅（大将军）费邑，驻扎历下（山东省济南市）。又派部队驻扎祝阿（山东省济南市长清区东北）。另在泰山（泰山郡已于去年〔二八〕被东汉占据，此处应指泰山山脉，今山东省泰安市北）、钟城（山东省济南市南），集结武装部队几十营垒，严阵以待。

耿弇渡过黄河之后，首先攻击祝阿（山东省济南市长清区东北），早晨开始，不到中午，便攻陷城池。故意留一个缺口，使城里的残余部队，投奔钟城。钟城守军听说祝阿陷落，魂飞天外，刹那间崩溃，四散逃亡，只剩下一座空城。

齐国最高统帅（大将军）费邑，派他的老弟费敢，据守巨里（山东省济南市章丘区西）。耿弇大军先压迫巨里，下令军中：立即准备攻城工具，又下令各部队：三天后当全力进攻巨里城。然后暗中使若干俘虏逃走，把耿弇这项命令，转告费邑。三天后，费邑果然亲率三万余人精兵，来救巨里城。耿弇喜上眉梢，对将领们说："我们所以准备攻城工具，就是要引诱费邑出来。不攻击他的野战军，难道去攻城？"遂分出三千人看守巨里，亲率大军在山冈一带布下陷阱，等费邑军到，乘高冲下，攻势猛烈，大破齐军，就在战场上斩费邑，砍下人头，拿到巨里城下悬挂。城里震恐，费敢率领部队，弃城而逃，投奔张步。

耿弇收集齐军留下的粮秣，一连攻取不肯归附的营垒四十余座，遂平定济南郡（山东省济南市章丘区）。

这时候，齐王张步在首都剧县（山东省寿光市南），派老弟张蓝，率精锐二万人，防守西安（山东省桓台县东），所属各郡郡长率各地民兵，共一万余人，防守临淄（齐郡郡政府所在县，山东省淄博市东临淄区），两地相距四十华里。耿弇大军推进到画中，画中位于西安与临淄之间。耿弇视察战场，发现西安城垣很小，但却十分坚固，张蓝部队又是精锐。临淄虽有盛名（临淄是战国时代齐王国首都），而实际上却容易攻破。于是，下令各指挥官：五天后向西安发动总攻。张蓝得到情报，日夜戒备。

五天后，时期已到，夜半，耿弇下令军中就在原地进餐。天色微明，抵达临淄城下。大军保护总监（护军）荀梁等据理力争，认为："进攻临淄，西安必然来救，我们腹背受敌。进攻西安，临淄不会出兵。所以不如进攻西安。"耿弇说："不然。西安早就知道我们要攻击他们，日夜防守，正忧虑自己的安全，哪有胆量救人？临淄方面，想不到我们会突然进攻，必然慌成一团，只要一天，就会攻破。得到临淄，西安孤单，跟剧县的交通被我们切断，守军定会弃城。这正是所谓：'一箭双雕'。如果先攻西安，不能马上攻破，大军被困在坚城之下，死伤一定增加，即令最后攻破，张蓝同他的部队，逃回临淄，和守军合并，坐在那里监视我们的行动。我军深入敌人国土，没有运输补给，或十天，或半月，用不着作战，已困顿不堪。"遂进攻临淄，只半天，攻陷，耿弇入城。张蓝得到报告，大为恐惧。放弃西安，率军逃回剧县（山东省寿光市南）。

耿弇下令，禁止掳掠，宣称："等张步来的时候，一起捉拿。"

用以激怒张步。张步接到报告，大笑说：“尤来、大彤十余万人的变民集团，我都在他们的营垒之前，把他们摧毁。耿弇的兵力，比他们少得多，而又疲惫不堪，有什么可怕？”遂跟三位老弟：张蓝、张弘、张寿，以及前大彤首领重异等，声称二十万人，推进到临淄（山东省淄博市东临淄区）城东，准备对耿弇总攻。

耿弇上书刘秀，说：“我现在据守临淄，深挖战壕，高筑城堡。张步从剧县前来，即将反击，可是他的部队既疲劳又饥渴，他们前进，我就引诱他发动，然后迎头痛击。他们撤退，我就让他们离去，然后尾追痛击。我军就在自己营垒前作战，精神百倍，以逸待劳，以实攻虚，十天半月之内，可以斩下张步人头。”耿弇先在淄水（流经临淄城东）之滨布阵。

耿弇部队先跟大彤首领重异接触，突击骑兵就要攻击。耿弇恐怕重异受到挫折之后，张步可能心生畏惧，不敢前进。于是假装懦弱，率领部队，退回临淄小城，在小城内戒备，而另派民兵司令（都尉）刘歆（非新王朝国师刘歆）、泰山郡（山东省泰安市东）郡长陈俊，在城外戒备。

张步锐气蓬勃，挥军直接进攻耿弇阵地，跟刘歆短兵相接。耿弇登上故齐国王宫残留的高台远望，察看刘歆部队作战情形，然后亲率精锐部队，在东城下，拦腰楔入张步部队之中，大破齐军。流箭射中耿弇大腿，耿弇抽出佩刀，砍断箭杆，连左右卫士都不知道主帅受伤。血战到天黑，双方收兵。

第二天一早，耿弇再整队出营。

这时候，刘秀正在鲁县（鲁国首府，山东省曲阜市），得到耿弇受到张步攻击的消息，亲自率军救援。还没有到达，陈俊告诉耿弇说：“剧县（山东省寿光市南）军力正盛，我们应该闭门休息，等皇上（刘秀）驾到。”耿弇说：“皇上驾到时，我们做臣属的，应当杀牛宰猪，用羔羊美酒，招待文武百官。岂能把强盗匪徒（张步），留给君王操心？”遂发动攻击，从早上血战到黄昏，再度大破齐军，杀伤敌人无数，水沟壕坑，填满尸体。

耿弇预料张步在受到严重创伤后，会脱离战场，所以预先在左右两翼，设下埋伏。入夜之后，张步果然撤退，伏兵突起攻击，直追到巨昧水（弥河，流经山东省寿光市南），约八九十华里，死尸互相连接。耿弇俘虏张步的辎重二千余辆。张步逃回剧县，三位老弟，各带一部分部队散去。

几天后，刘秀抵达临淄（齐郡郡政府所在县，山东省淄博市东临淄区），亲自劳军，大会文武官员，对耿弇说：“从前，韩信攻破历下（山东省济南市），奠定他的前途（参考前二〇二年）。而今，将军攻破祝阿（山东省济南市长清区东北），也因此建立大功。那里都是故齐王国的西方边界，你们二人的贡献，又十分相似。但是，韩信袭击已经投降的敌人，将军却单独重创强敌，比韩信更为艰难。又，田横曾经烹杀郦食其，后来，田横归附，高祖（西汉王朝一任帝刘邦）下令皇城保安司令（卫尉）郦商，不准报仇（参考前二〇二年）。张步也曾格杀伏隆（参考二七年闰二月），如果张步归附，我也应当下令宰相（大司徒）伏湛（伏隆老爹），解除怨恨，事情又相仿佛。将军从前在南阳（河南省南阳市）时，曾提出扫平故齐王国地区的策略（参考二七年，耿弇随刘秀到舂陵，作此建议），总以为规模太大，难以实施，想不到只要立定志向，终究可以成功。”

刘秀遂逼进张步基地剧县（山东省寿光市南）。

耿弇追击张步，张步舍弃剧县，投奔平寿（山东省昌乐县东南）。苏茂率一万余人，前来增援，责备张步说：“以南阳部队的凶悍，以延岑的勇敢善战，耿弇都把他击败（参考二七年）。大王为什么轻率的直接进攻他的中央营垒？既然征召我，难道不能多等一会？”张步说：“惭愧万状，我还能说什么！”

刘秀派人通知张步、苏茂，能斩杀对方的，封为侯爵。张步霎时翻脸，斩杀苏茂，亲到耿弇营门，露出臂膀，请求投降。耿弇用政府驿马车，把张步送给刘秀，领军入平寿城（山东省昌乐县东南），竖立十二个郡的旗帜，在旗下擂鼓，命张步部下官兵，分别集合在所隶属的郡旗之下。这时，张步剩下的残兵，还有十余万，辎重还有七千余辆，全部遣送他们回到乡里。张步的三个老弟，也都自己投入所在地的监狱，刘秀都下诏赦免，封张步当安丘侯。同他的妻子，迁住首都洛阳。

这时，琅邪郡（山东省诸城市）还没有平定，刘秀调陈俊当琅邪郡长。陈俊到任后，盗贼匪徒，都自动解散。

耿弇率领大军抵达城阳郡（山东省莒县），收服五校变民集团所有部队。故齐王国（山东省）全境，完全被东汉政府平定。耿弇班师，返回首都洛阳。耿弇自从当带兵将领，在他手中攻陷四十六个郡县封国，屠杀三百余个城市，从没有被敌人击败。

柏杨曰

耿弇是一世纪时东汉王朝名将，史书上对他的赞扬，简直尽善尽美。然而，在数不尽的烜赫战功中，却有屠杀三百余城的记录，使人发抖。战场杀人，势不得已。屠城动作，必然发生在入城之后。即令真正敌人，战败也好，投降也好，既然已经屈膝，就应受到尊重。何况，屠杀对象，绝大多数都是老人和妇女、儿童！人民渴望着“王师”解放，怎知解放的却是钢刀长矛。满洲人“扬州十日”“嘉定三屠”，结下民族仇恨，历时三百年都要报复。而且，也不过屠两城而已，耿弇屠的却多达三百有余，

一世纪·二九年十月　东汉耿弇平定张步

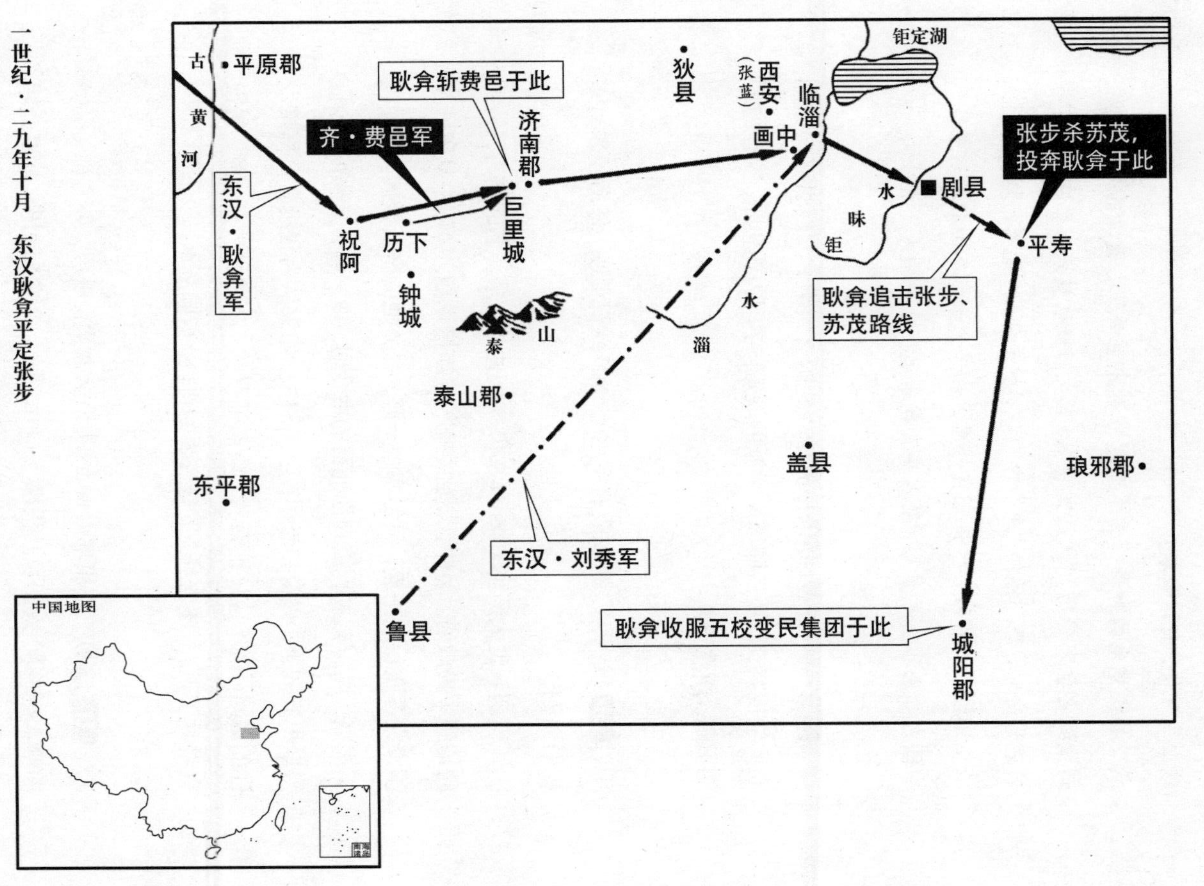

这血海深仇，向谁索取？

吴汉先生的野兽行为，激起邓奉先生叛变。耿弇的野兽行为，却受到史学家赞扬。“人心思汉”，当人们被砍被杀，倒在血泊中辗转哀号之时，想到他们“思”的“汉”，就是如此，此情何堪？

中国人的苦难，很少来自外患，几乎全来自本国的暴君暴官！中国人如果不自己觉醒，暴君暴官就永远抓住中国人不放。

19 刘秀在首都洛阳，开始兴建国立大学（太学），并亲自到国立大学视察，一切依照儒家学派的规定，学习古礼古乐，文化方面的贡献，焕然一新。

20 十一月，东汉政府宰相（大司徒）伏湛免职，任命侯霸当宰相（大司徒）。

侯霸听说太原郡（山西省太原市）人闵仲叔，是著名的学者，特别聘请到中央政府。闵仲叔既到洛阳，侯霸接见他，谈话中从不涉及国家大事跟行政措施，只是寒暄一阵，慰劳他的辛苦跋涉。闵仲叔不高兴，说：“最初，接到你征召的命令时，既兴奋，又恐惧。今日得以见到阁下，兴奋和恐惧，全部消失。如果认为我没有资格接受你的询问，就不应该征召我。既然征召我，却把我摆在一旁，是没有看对了人。”遂告辞，上奏章弹劾自己，返回故乡。

21 最初，五原郡（内蒙古包头市）人李兴、随昱，朔方郡（内蒙古杭锦旗北黄河南岸）人田飒，代郡（河北省蔚县）人石鲔、闵堪，都聚众起兵，自称将军。匈奴汗国（王庭设蒙古国哈拉和林市）呼都而尸道皋若鞮单于（二十任）挛鞮舆，特别派出使节，跟李兴等交换嫁娶；同时也准备把卢芳（刘文伯）送回中国当皇帝（参考二五年）。李兴等同意，遂各自率领武装部队，到匈奴汗国王庭，迎接卢芳（刘文伯）。

十二月，卢芳（刘文伯）随同李兴，进入边塞，建都九原县（五原郡郡政府所在县，内蒙古包头市），控制五原郡（内蒙古包头市）、朔方郡（内蒙古杭锦旗北黄河南岸）、云中郡（内蒙古托克托县）、定襄郡（内蒙古和林格尔县）、雁门郡（山西省右玉县）等五郡，任命州长、县长，跟匈奴部队，不断在北方侵扰。

22 东汉征西大将军冯异，镇抚关中（陕西省中部），前后三年，人口增加很多。有人向刘秀打小报告说："冯异威望太高，权力太重，人民归附，称他是咸阳王。"刘秀把小报告交给冯异，冯异大为惶恐，上书请求恕罪。刘秀用诏书回答："将军跟我，在大义上，是君臣关系。在私情上，犹如父子。你有什么不对，疑心谁！害怕谁！"

23 接受东汉任命为西州（甘肃省东部）最高统帅（西州大将军）的隗嚣（根据地平襄〔甘肃省通渭县〕），自以为聪明才智高人一等，每每自比姬昌——西中国霸主（西伯）。跟将领们商议，打算宣布独立，正式当王。智囊郑兴反对，说：

"从前，姬昌时代，三分天下，他已占有二分，还照常服从商王朝政府（《论语》孔丘语）。姬发时代，事前没有约定，然而集结孟津的，竟有八百个封国，还不敢发动，静候有利时机。高帝（刘邦）征战连年，仍用'沛公'名义，发号施令。而今，你的恩德虽然已很明显，却缺少姬姓家族几世累积的基础。你的威望虽然已经远播，却缺少高帝（刘邦）赫赫的战功。竟打算去做不可以做的事，只会加速灾祸的来临，恐怕要三思。”

隗嚣于是作罢，但仍打算大量任命官员，以抬高自己的身价和尊贵。郑兴再提出异议，说：

“像皇家警卫指挥官（中郎将）、中级国务官（太中大夫），‘持节’等等，都是皇帝特有的官属和工具，不是一个人臣所应有。对实质毫无益处，但对名誉有损失，不是尊重中央的本意。”

隗嚣讨厌这种逆耳之言，但也只好终止。

这时，关中（陕西省中部）将领们，一再向刘秀陈述说，成家（首都成都）政府已露败征，要求进攻。刘秀把这些信件，送给隗嚣过目，顺便命隗嚣向成家采取军事行动，借以表明他的立场。隗嚣上书强调三辅（关中地区，陕西省中部）部队单薄微弱，而汉帝（首都九原）卢芳（刘文伯）又在北方虎视眈眈，不适合轻率的挑起对成家的战端。

刘秀了解隗嚣态度暧昧，不愿看到中国统一，于是对隗嚣的礼遇，稍稍减少，使他发现君臣间的分际。又因为隗嚣跟马援、来歙友情至厚，就不断派马援、来歙访问天水郡（甘肃省通渭县），建议隗嚣前往首都洛阳，承诺封他尊贵的爵位。隗嚣不断派使节到京师（首都洛阳），态度谦卑，陈述自己既没有功劳，又缺少品德，只盼望四方平定之后，辞卸官职，退回乡里。刘秀再派来歙游说隗嚣，派儿子当人质。隗嚣听到汉帝刘永、燕王彭宠都已败亡，心情震撼，遂命长子隗恂，随同来歙到洛阳。刘秀任命隗恂当匈奴骑兵指挥官（胡骑校尉），封镌羌侯（镌，音juān〔娟〕）。

郑兴乘着隗恂之行，请求返回故乡（郑兴，河内〔河南省武陟县〕人），安葬父母。隗嚣不准，反而把郑兴迁入更豪华的房舍，提高俸禄，表示更大尊敬。郑兴求见，对隗嚣说：

“我只是为了父母还没有安葬，才请求回乡，如果因为俸禄增加，房舍舒适，便改变主意，是我把双亲当作手段，可以说是无礼之极，将军（隗嚣）用这种人干什么？如果将军不放心，我愿留下妻子儿女，只身返乡，以免将军猜疑我会逃走！”

隗嚣遂允许郑兴携带妻子儿女，一同东行。

马援也携带家属，随同隗恂，东返洛阳。因为随从的宾客太多，马援向东汉政府请求在故都长安御花园（上林苑）中开垦耕种，刘秀允许。

隗嚣的大将王元，认为天下混乱，谁成功谁失败，不能预料，应力求向外发展，不愿隗嚣以狭小的地盘为满足，建议说：

“从前，刘玄定都长安（陕西省西安市），四方全起响应，天下人众口一词，认为从此太平。想不到刹那间崩溃，将军几乎没有立足之地（参考二五年）。现在，南方有公孙述，北方有卢芳（刘文伯），凡有江湖山川地方，称王称公的，还有十几个人。如果听从儒家学派那些学者的意见，舍弃帝王的丰厚根基，却像游客似的，把身子投到危险的国度里，祈求平安，这正是再一次走到覆车的轨道上。而今，天水郡（甘肃省通渭县）富饶，兵强马壮。我愿用一丸泥，为大王（隗嚣）在东方封闭函谷关（河南省新安县），这是万世事业的最佳良机。即令不考虑到出动大军，也应该加强武装部队的训练，据险自守，等待四方发生变化。虽然当不上君王，也可做一方霸主。主要的是，鱼不能离水。飞跃于天际云端的神龙，一旦失去凭借，跟一条蚯蚓相同。”

隗嚣认为他的分析正确，所以，虽然把儿子（隗恂）送到洛阳当人质，仍盼望靠着地势的险阻，独霸一方。申屠刚规劝说：“我听说，人心归附他时，上天就会赏赐他；人民背叛他时，上天就会抛弃他。东汉王朝受到上天的眷顾和赐福，和人力无关。皇上（刘秀）

的诏书，不断颁下，委托国土，明示大信，只在跟将军（隗嚣）有福同享，有祸同担。一介平民结交，尚且终身不忘承诺，何况身为君王！你害怕什么？又贪图什么？却一直迟疑不决。一旦突变，对上不忠不孝，对下惭愧一生。当事情没有发生时，预言它会发生，人们常认为虚幻。等到那一天终于到来，却是后悔莫及。所以，说尽忠言，恳切建议，希望能被采信，请三思我这个老人愚昧意见。”隗嚣听不进去，于是，投奔隗嚣的一些流亡知识分子，跟年纪大的人，逐渐有人离开。

24 新王朝末年，天下大乱，交趾州（广东省、广西及越南北部）所属各郡，全闭关自守（前一〇六年，西汉王朝七任帝刘彻设交趾州，共辖七郡：南海郡〔广东省广州市〕、苍梧郡〔广西梧州市〕、郁林郡〔广西桂平市〕、合浦郡〔广西合浦县东北〕、交趾郡〔越南河内市〕、九真郡〔越南清化市〕、日南郡〔越南东河市〕）。东汉政府征南大将军岑彭，跟交趾全权州长（牧）邓让，友谊深厚，遂写信给邓让，展示东汉政府的威力跟恩德。又派偏将军屈充，在长江以南地区，传播东汉政府的文告，跟东汉帝刘秀的诏书。于是，邓让跟江夏郡（湖北省武汉市新洲区）郡长侯登、武陵（湖南省常德市）郡长王堂、长沙国（首府临湘〔湖南省长沙市〕）国相韩福、桂阳郡（湖南省郴州市）郡长张隆、零陵郡（湖南省永州市）郡长田翕、苍梧郡（广西梧州市）郡长杜穆、交趾郡（越南河内市）郡长锡光等，先后归附，派人到首都洛阳进贡。

刘秀下诏，把他们全封侯爵。

锡光，是汉中郡（陕西省汉中市）人，在交趾州推广中国的礼义。刘秀任命宛县（南阳郡郡政府所在县，河南省南阳市）人任延，当九真郡（越南清化市）郡长。任延教导当地人民耕种跟嫁娶婚配的礼仪，五岭（南岭）以南广大地区，接受中国文化，从锡光、任延两位郡长开始。

一世纪·二九年　南方郡县并入东汉版图

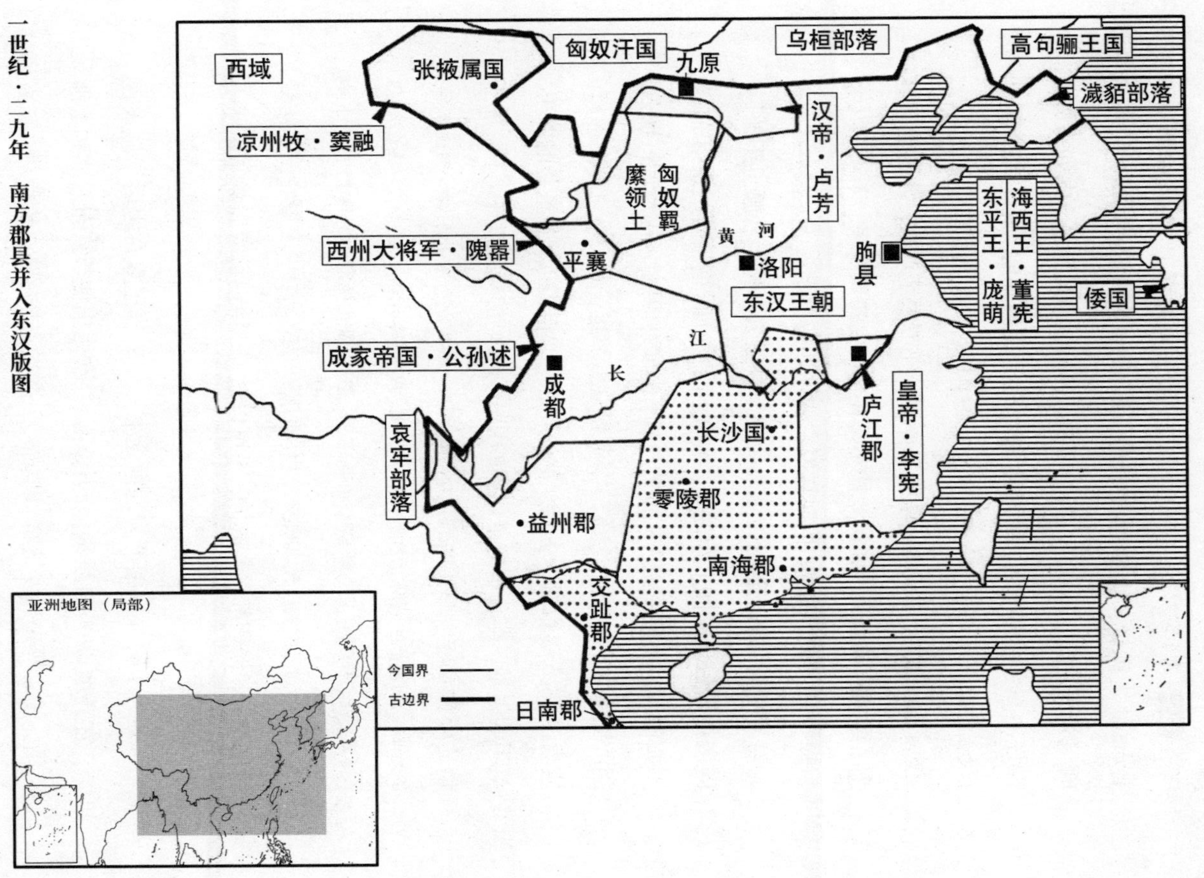

25 本年（二九），刘秀下诏，征召隐居学者（处士）太原郡（山西省太原市）人周党、会稽郡（江苏省苏州市）人严光等到首都洛阳。周党晋见刘秀，仅俯下身子，拒绝叩头，也拒绝自报姓名；向刘秀请求准许他回乡继续隐居。研究官（博士）范升提出弹劾，说："太原郡（山西省太原市）人周党、东海郡（山东省郯城县）人王良、山阳郡（山东省巨野县东南大谢集镇）人王成等，蒙陛下厚恩，使节去了三次，才肯上车就道。等到阶前晋见，周党竟然不顾礼仪，仅弯弯身子，不愿叩头及自报姓名，骄傲凶悍，同时迸发。周党等文不能发扬大义，武不能为君王而死，沽名钓誉，竟然妄想得到三公高位。我愿意跟他们，同坐在云台皇家图书馆之下，辩论考证治理国家的方法。我如果不如他们，愿接受大言不惭的处罚。他们如果说不出道理，那么，胆敢盗取虚名，向上夸耀，谋求高位，那是一种'大不敬'罪行，应当诛杀。"奏章呈上去后，刘秀下诏说："自古以来，圣贤的君王、英明的领袖，都有不愿意屈就的知识分子。伯夷、叔齐，不吃周王朝的粮食（前十二世纪，商王朝末年，周部落酋长姬发叛变，攻击商政府，商政府所封的孤竹国〔河北省卢龙县〕国君的两个儿子伯夷、叔齐〔姓不详〕，拦住姬发马头劝阻。等到姬发把商政府推翻，建立周王朝。伯夷、叔齐，隐居首阳山〔山西省永济市西南〕，拒绝吃周王朝土地上生长的粮食，遂饿死），太原郡（山西省太原市）人周党，不接受我的俸禄，他们都各有志向，不可以勉强。特别赏赐周党布帛四十匹，送回故乡。"

刘秀小时候，跟严光同窗念书。刘秀当了皇帝之后，派人查访，在齐地（山东省）发现他的行踪。几次派出使节征召，才到首都洛阳。任命严光当议论官（谏议大夫），严光不肯接受。告辞后，在富春山（浙江省桐庐县南富春江镇）耕田垂钓，最后病逝家园。

王良后来当沛郡（安徽省淮北市）郡长、宰相府执行官（大司徒司直）。

在位时谦恭节俭，用的是布被和瓦制的器具，妻子儿女，从不走进办公室一步。后来，因病辞职。一年后，东汉政府再征召他，他走到荥阳（河南省荥阳市），病忽然转重，不能再进，拜访他的朋友。那位朋友不肯相见，说："既没有忠言，也没有奇谋，而竟取得高位，来来去去，岂不嫌烦？"王良感到惭愧，从此之后，一连几次征召，他都拒绝，寿终家宅。

王夫之曰

严光之不肯当刘秀的臣子，比起长沮、桀溺、"丈人"，更为窄狭（长沮、桀溺，正在田里耕地，孔丘教学生仲由问路。长沮说："车上坐的那位是谁？"仲由说："孔丘。"长沮说："可是鲁国孔丘？"仲由说："对了。"长沮说："他当然知道路，还用问我？"仲由问桀溺，桀溺说："你是谁？"仲由说："我叫仲由。"桀溺说："可是孔丘的门徒仲由？"仲由说："对了。"桀溺说："天下混乱，到处一样，谁能把它改变？你与其跟着一个流亡客奔走，何如当一个隐士？"仲由不得要领，回来报告孔丘。孔丘若有所失的说："飞鸟跟走兽不可能结合在一起，我岂不是跟他们的想法一样？可是，要想把天下纳入正轨，我的负担更重。"在旅途中，仲由遇到一位肩头荷着木杖的老汉〔丈人〕，问他说："你看见夫子〔教师〕了没有？"老汉说："四肢从不劳动，五种粮食都分不清楚，怎么能称教师？"〔参考《论语·微子》〕）。长沮、桀溺、"丈人"，看出正道不能实行，在不得已情形下，才废除君臣之义。所以孔丘说他们是隐士。隐的意义是：把治理国家的方法（道），藏在自己心中，并不是什么内涵都没有。刘秀平定王莽造成的混乱，继承西汉王朝正统，建立礼仪圣乐，遵照古代模式，或许并不是纯粹的儒家学派规范，但也只能等待贤能的学者，用正道协助它发展。严光凭什么认为天下混乱，到处一样？如果认为曾经跟皇帝同过学，而不屑于当部属；那么，姒文命、皋陶，却为什么肯事奉伊祁放勋？后来更心安理得的向姚重华低头称臣？

至于周党，就更奇怪。三番两次的征召他，他才上道。然而，仍傲慢的不肯叩头和自报姓名，这种暴戾之气，竟出现君王和臣属的纲纪之下，范升弹劾他“不敬”，要求诛杀，罪状岂能推卸？周党听说《春秋》上有复仇的学说（《春秋公羊传》前六九〇年：远祖是指几世？九世。难道九世的仇也可以报复？岂止九世，一百世以前的仇都可报复！），如果不是为了君王和老爹的惨死，而竟公然跟人对抗，周党这个人，不过北宫黝之辈罢了（北宫，复姓。北宫黝是孟轲最钦佩的勇士之一：“不退避，不畏缩。如果人格受到侮辱，不管这侮辱来自卑贱的小民，或高贵的君王。他眼中的高贵君王，跟卑贱的小民一样。凡是对他恶言恶语的，一定报复。”参考《孟子·公孙丑上》）。北宫黝没有遇到过严厉的国君，周党也没有遇到过严厉的领袖，赏赐给他布帛而送他回乡，对周党而言，是一个多么大的羞耻，刘秀像天地一样，恢宏的包容他，周党便显得渺小。

王良受到征召，接受俸禄，虽然没有特殊贡献，但在高位上谦恭节俭，距离“君子”的道路，并不算太远。“君子”的意义是，以当官为唯一的目的。除非是蛮夷或强盗匪徒，从来没有人敢以一介平民，对抗君王的。范仲淹说：“《蛊篇》里的上九，正是严光的气质。”（《易经·蛊篇》上九卦：“不事奉帝王公侯，志向高贵。”）不是恰当的时机，而仅只认为高贵便去做，不过是比篇里的“无首”而已（《易经·比篇》上六卦：“跟没有头相同，凶险。”意义是：“没有头，没有好的结局。”）。怎么能用他作为榜样？

柏杨曰

梁启超曾指出中国传统知识分子的心态：“自己被奴隶根性所束缚，而复以煽动后人的奴隶根性而已。”阅读范升的弹劾书，跟王夫之对严光等的评论之后，心情跟梁启超同样沉痛。俗话说：“哀，莫大于心死。”在专制封建政治制度下，中国人的人格，一直被凌辱、被蹂躏，不能保持尊严，胆敢有一点点自尊，有一点点羞耻之心，暴君暴官，以及文妖之类，立刻怒火冲天。

最早的迫害发生在纪元前十二世纪，齐国第一任国君姜子牙到了他的封国，狂裔、华士兄弟二人，互相商议说："我们不事奉天子，也不事奉国君，耕田而食，掘井而饮。不要求别人什么，不追求美好声誉，不接受君王俸禄，不去做官，而只靠劳力维生。"姜子牙就把兄弟二人诛杀，理由是："不事奉天子，不事奉国君，表示他们不会做我的臣子。耕田而食，掘井而饮，对人毫无所求，是使我无法用赏罚推行政令。君王控制人民，不是用官职爵位，就是用刑法处罚，这四项都不能教他们屈服，我怎么能够安心？"

姜子牙这种理论，到了十四世纪的明王朝第一任皇帝朱元璋，发扬光大。这个中国历史上最最巨型的恶棍，制定了"不为君用律"，人民胆敢拒绝君王赏赐的官职，就跟姜子牙对付狂裔、华士一样，一律处决。从姜子牙、朱元璋的这些杰作，可看出无限权力下的暴君暴官，多么欣赏自己手中的无限权力。

刘秀所以用温和的手段对待这些隐士——甚至以皇帝之尊，跑到严光那里，跟他同床共卧，畅叙离情。我们可以说他天性敦厚，不忘贫贱之交；也可以说那不过是一种远程谋略。鉴于西汉王朝末年及新王朝初期，几乎所有的知识分子，包括刘姓皇族在内，为了贪图官职爵位，都向王莽歌功颂德。刘秀的目的，就在培养砥砺一种不向权势屈膝的高贵气质。

帮凶往往比正凶更狂热，奴才往往比主子更为邪恶。当皇帝的刘秀，还敬重周党和严光的高风亮节，范升却妒火中烧，要动手杀人。在他的境界上，俺范升千方百计，才不过弄到一个年俸仅六百石的研究官（博士），而你们这些反调分子，不费吹灰之力，竟受到皇帝重视，岂不使我们这些忠贞的马屁精，心灰意冷！像一个护食的畜牲一样，口中咬着一块骨头，毛竖爪张，对方竟然把捧到面前的肥肉踢开，相形之下，不由自主的老羞成怒。

王夫之的奇异言论，层出不穷。新王朝之亡，亡于刘玄，亡于以刘玄为首的玄汉政府，并不是亡于刘秀。王夫之不可能不知道，可是他却故意扭曲事实，使读者产生错觉。严光先生不肯向老朋友屈膝，当然是不屑于屈膝，如果换了王夫之先生，早已扑通一声，下跪不起，谢主隆恩，因为他没有严光那种高贵情操，所以对严光的高贵情操，完全不能理解。而周党，不过不肯磕头，不肯自报姓名，不肯当官而已，犯了什么滔天大罪，却使范升升起杀机，又使王夫之诟骂他"暴戾之气"。大概周党必须感激涕零，前额碰地头有声，范升和王夫之，才肯认同。

王夫之最精彩的观点是，中国知识分子原是以做官为唯一目的的动物，有官不做，不是疯子傻瓜，就是桀骜不驯，对于不向权势屈服的骨鲠之士，不但没有赞扬，反而提出警告："从来没有一介平民胆敢抗拒君王！"胆敢不驯如猪羊，不是"蛮夷"，就是"强盗""匪徒”，必须扑杀。自毁人格，集帮凶与恶奴于一身，使我们震撼。

中国人的厄运，固在于暴君暴官太多，也更在于帮凶的恶奴太多、文妖太多。

26 前一世纪五〇、六〇年代，西汉王朝十一任帝（元帝）刘奭在位时，莎车国（新疆莎车县）国王延（姓不详），曾经在西汉王朝充当过人质，羡慕西汉王朝。后来新王朝建立，战乱爆发，匈奴汗国（王庭设蒙古国哈拉和林市）再度控制西域（新疆及中亚东部），只延拒绝归附，而且常告诫他的儿子们，说：“当世世侍奉中国，不可背叛。”延逝世后，儿子康继位。

康联合一些邻国，共同拒抗匈奴，保护新王朝政府西域总督府仍羁留在那里的一些官员，跟他们的妻子儿女，总共有一千余人。不断写信到河西（甘肃省中西部），向东汉地方政府，询问东汉内战情形。

东汉政府凉州（甘肃省）全权州长（牧）窦融，代表东汉帝刘秀，封康当汉 · 莎车 · 建功怀德王，担任西域民兵总司令（大都尉），五十五国都归属莎车。

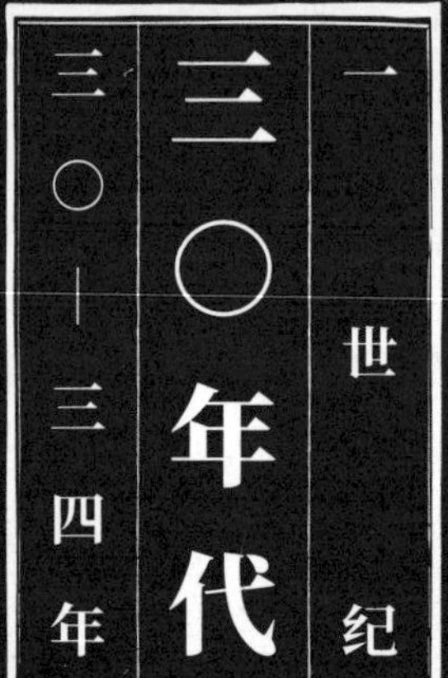

东汉王朝

- 东汉与成家帝交战。
- 东汉西征。

- 耶稣钉死十字架。
- 耶稣十二门徒之一彼得，继续传道，是为天主教第一任教宗。

三〇年 庚寅

成家　龙兴　六年
东汉　建武　六年
（皇帝李宪四年）
（海西王董宪四年）
（东平王庞萌二年）
（汉帝卢芳二年）

1 春季，正月十六日，东汉政府（首都洛阳〔河南省洛阳市东白马寺东〕）把春陵乡（湖北省枣阳市南）改称章陵县，居民世世代代，免除田赋税收和各种差役，比照西汉一任帝（高祖）刘邦的祖籍丰县（江苏省丰县）、沛县（江苏省沛县）。

2 东汉全国武装部队最高指挥官（大司马）吴汉，攻陷朐县（江苏省连云港市），斩海西王董宪，及东平王庞萌。长江、淮河，山东

（崤山以东）一带，所有独立政权，全部扫平。

各地将领纷纷回到首都洛阳，东汉帝（一任光武帝）刘秀（本年三十五岁）设宴招待，再发赏赐。

刘秀对战争感到厌倦。西州（甘肃省东部）最高统帅（西州大将军）隗嚣（根据地平襄〔甘肃省通渭县〕）已经派儿子充当人质（参考去年〔二九〕十二月），而成家帝（首都成都〔四川省成都市〕）公孙述，又远在偏远的西南方边陲，就告诉各位将领，说："我当把这两位先生，置于度外！"遂命将领们在洛阳休养，而把大军调防河内郡（河南省武陟县）。好几次写信给隗嚣、公孙述，分析利害祸福，企图用政治手段解决。

3 成家帝（首都成都）公孙述，也好几次写信给刘秀，声明他的宝座，早就见于神秘预言书（符命），用来迷惑人心。刘秀回信给公孙述说：

"神秘预言书上说的'公孙'，指的是宣帝（西汉十任帝刘病已。参考前七八年）。代替西汉王朝的人，姓'当涂'，名'高'，阁下难道是'高'本人？而阁下又肯定你的奇异掌纹，是一项祥瑞（《后汉书》上说，公孙述在手掌上刻文：'公孙帝'。按：掌上纹路，迄今二十世纪为止，尚无法用人力改变，如果用火烤或用刀割，只能留下伤痕，不能留下纹路）。王莽那一套把戏，岂可以仿效？阁下并不是我的乱臣贼子，只不过仓猝之间，人人都想当君王而已。阁下年纪已老，而妻子儿女还小，不能帮助你，应该早日决定。最高的神圣宝座，纯用人力，争不到手，请三思而行！"信封上写："公孙皇帝"。公孙述拒不答复。

成家骑兵总监（骑都尉）平陵（陕西省咸阳市西北双照街道）人荆邯，向公孙述建议：

"西汉王朝皇帝（一任高祖）刘邦，在军中崛起，不知道有多少次，大军溃败，几乎被捉被杀，然而，他仍重新集结，休养创伤，再度挑战。为什么？为的是前进而死，总比后退而死，要好得多。隗嚣享有大时代给他的恩惠，拥有雍州（指古雍州，今甘肃省东部）广大土地，兵马强壮，人民跟知识分子，全都归附，威信传播山东（崤山以东）。后来刘玄时代（二三至二五年），政治混乱，把得到的政权，再度失掉。天下土崩瓦解，人民伸长脖子，盼望太平。隗嚣不能抓住这个机会，向东进军，争取国家最高统治权力，却打算退一步当西方霸主（西伯），尊敬儒家学者，招揽宾客隐士，裁减武装部队，放弃战斗训练，低声下气，事奉东汉政府，竟然自以为他就是姬昌（文王）再世。

“而今，东汉帝刘秀，把隗嚣抛到脑后，专心在东方扫荡群雄，四分天下，东汉政府已有其三。然后，派出秘密使节（指来歙、马援），策动内部背叛，使西州（甘肃省东部）的英雄豪杰，一心向往山东（崤山以东），是以五分天下，东汉政府已有其四。如果向西发动攻击，隗嚣必定溃败。天水郡（甘肃省通渭县）如果平定，则九分天下，东汉政府已有其八。陛下仅以梁州（古梁州，包括今四川省及陕西省南部）的财富，对内奉养皇帝、皇宫、皇族，对外供应武装部队。人民负担过重，愁苦悲哀，无法活命，恐怕发生王莽那种内部自己溃烂的局势。以我愚昧的意见，认为应该乘着天下仍在混乱，英雄豪杰，仍野心勃勃，可以罗致招请的时候，出动精兵，命田戎挺进到江陵（南郡郡政府所在县，湖北省江陵县），控制长江的上游（指长江三峡以东一带），倚靠巫山（重庆市巫山县东）的险要，严密防守。号召故吴王国（江苏省）、楚王国（安徽省、湖北省）人民，则长沙（湖南省长沙市）以南土地，必然望风来降。再命延岑率大军从汉中郡（陕西省汉中市）出发北上，平定三辅（关中地区，陕西省中部），则天水（甘肃省通渭县）、陇西（甘肃省临洮县）二郡，自然臣服。如果这样的话，将引起天下震动，才可以开创有利形势。”

公孙述询问文武官员，研究官（博士）吴柱说：“姬发（周王朝一任王武王）讨伐商政府，八百个封国国君，不约而同的集结孟津（河南省洛阳市孟津区东黄河渡口），然而仍分别撤退，等待上天的旨意，从来没有听说没有邻国的协助，而能出兵千里之外的怪事。”荆邯说：“刘秀一开始时，并没有一尺土地的凭借，而能驱策的又是一群乌合之众。然而冲锋陷阵，所向无敌。我们不迅速抓住机会，奋争功业，却坐在那里大谈姬发的道理，这正是隗嚣想当西方霸主（西伯）的翻版。”

吴柱的言论，是儒家学派的代表。他说他从来没有听说过：没有邻国的协助，而能出兵千里之外的怪事。可称之为天下第一大聋。西汉王朝创业君王刘邦，从汉中出发时，有什么邻国协助？又有什么八百国君不期而合？儒家学派知识分子看到永远是遥远的“古”，对跳跃在眼前的现实生活，既瞧不清，也听不见。

荆邯是韩信，可惜公孙述不是刘邦，再加上刘邦左右没有那么多可以插上嘴的儒家学派的专家学人，这是韩信之幸，荆邯的不幸。

公孙述认为荆邯有理，打算动员所有武装部队，包括首都成都的野战军（北军），和屯垦部队，以及山东（崤山以东）流亡客组成的外籍兵团，命延岑、田戎，分别出发，跟汉中郡（陕西省汉中市）驻屯军合并，同时进击。可是，全国（四川省）重要官员，跟公孙述的老弟公孙光，一致认为：不应该倾全国之力，用到千里之外，以求一决胜负。竭力阻挠，公孙述只好作罢。延岑、田戎也了解不是久安之局，要求拨付给他们部分兵力，准他们立功。可是公孙述始终疑虑，不能接受。成家政府中，只有公孙皇族，才能当权。

公孙述下诏废除铜钱，改用铁钱。货币制度破坏，交易停顿，人民苦不堪言。公孙述虽已当了皇帝，但事事都要亲自处理，连最细小的地方，也要过问，跟他当初当清水（甘肃省清水县）县长时一样，最喜爱改变郡县官名。年轻时，他当过西汉王朝宫廷禁卫官（郎。公孙述老爹公孙仁，当河南郡〔河南省洛阳市东白马寺东〕民兵司令〔都尉〕，公孙述因老爹的“任子令”关系，取得官职），对西汉王朝政府官场作业情形，十分熟悉。所以，当了皇帝后，立刻摆出架势，出宫入宫，都用“法驾”（“法驾”，即“大驾”，天子卫队。御车四十六辆，以及各式各样旗帜，由首都市长、首都县长、首都警备区司令，作为前导，威风凛凛），大旗上绣着鸾鸟，骑兵的枪杆上都挂着牦牛尾。又封他的两个儿子当亲王，把犍为（四川省宜宾市）、广汉（四川省梓潼县）两郡，划给他们作为封国。有人规劝他说：“事情成败，还不能预料，战士们沙场上血战，还没有封赏，竟然先封儿子当王，表示陛下并没有更大的志向。”公孙述不接受，高级官员们开始怨恨。

4 东汉征西大将军冯异，从长安（陕西省西安市）到首都洛阳朝见。刘秀对文武大臣们说：“冯异是我刚起兵时的主任秘书（主簿），为我披荆斩棘，平定关中（陕西省中部）。”朝见已毕，赏赐金银财宝，下诏说：“想当初，芜蒌亭的豆浆，滹沱河的麦饭（参考二四年），你的深厚关爱，久不能回报。”冯异低头道谢说：“我听说，管仲对姜小白（桓公）说：‘愿君王不忘记射钩，愿我自己不忘记囚车。’（纪元前七世纪，春秋时代，齐国内乱，逃亡到莒国的姜小白，跟逃到鲁国的姜纠，分别返国。姜纠的部属管仲，为了阻止姜小白，在中途埋伏，一箭射去，射中带钩，姜小白得以不死。

后来姜小白即位，鲁国把管仲装入囚车，送回齐国治罪，姜小白竟任命管仲当宰相，使齐国成为五霸中的首霸。）齐国靠着他们强大。我也愿陛下不忘记河北（黄河以北）的苦难，我不忘记赐给我荣耀的大恩。”

冯异在首都洛阳逗留十余日，刘秀命他跟妻子儿女同时西返任所。

5 申屠刚、杜林，脱离隗嚣，前往洛阳。刘秀任命二人当执法监察官（侍御史），另任命郑兴当中级国务官（太中大夫）。

6 三月，成家帝（首都成都）公孙述，命翼江王田戎，西出江关（重庆市奉节县东），集结他的旧有部众，准备攻取荆州（指湖北省中部），但不能取胜。

东汉帝刘秀，下诏隗嚣，命他从天水郡（甘肃省通渭县）南下攻击成家帝国的后背。隗嚣上书说：

“白水关（四川省广元市北朝天镇）险恶，难以通过，沿途栈道又都朽烂损坏，无法使用。公孙述性情严酷，上下猜忌，如果等到他的罪恶明显，再发动攻击，才能造成势如破竹的声势。”

刘秀知道隗嚣不会放弃独立立场，遂计划用武力解决。

7 夏季，四月八日，刘秀前往长安（陕西省西安市），祭拜西汉王朝历代皇帝坟墓。派建威将军耿弇、虎牙大将军盖延等七位将军，向西穿过陇西（陇山以西，隗嚣辖区），攻击成家帝国（首都成都）。

大军出动，刘秀先派皇家警卫指挥官（中郎将）来歙，送诏书给隗嚣，再作最后一次说服。隗嚣反复考虑，仍然无法决定。来歙大不耐烦，直率责备隗嚣说：

“皇上（刘秀）认为阁下能够了解是非利害，才向你恳切解释兴亡存废的道理，亲自写信，表示诚意。阁下已经推诚效忠，派你的儿子充当人质，反而一直接受那些马屁精的迷惑，难道要你全族覆灭？”

来歙越说越激昂，拔出宝剑，直刺隗嚣。隗嚣大怒，起身而去，召集部队，要诛杀来歙。来歙手拿“符节”，从容上车。隗嚣的将领牛邯，率军把来歙团团围住。另一位将领王遵建议说：“来歙单人匹马充当远地使节，而又是皇上（刘秀）的表哥（来歙是刘秀姑母的儿子），杀了他，对东汉政府毫无损失，却使我们面对全族屠灭的灾难。从前，宋国格杀楚王国使节，招来用骨头作为木柴、交换儿子杀掉烹吃的大祸（纪元前六世纪，春秋时代，楚王国派国务官申无畏，出使齐国，经过宋国时，宋国把申无畏诛杀。楚军包围宋国首都，历时九月，宋国粮秣枯竭，用人的骨头当燃料，交换子女烹吃），对小国尚且不可以侮辱，何况至尊皇上？还有隗恂在洛阳的一条命（隗嚣儿子隗恂到洛阳充当人质之事，参考去年〔二九〕十二月）！”

来歙这个人，极有信义，言行一致，从不违背。来往洛阳、天水（甘肃省通渭县）之间，诚实信守，斑斑可考。西州（甘肃省东部）知识分子对他都信任尊敬，很多人为他求情，最后终于免死，送他东返。

在来歙之得以免死这件事上，隗嚣显出他的恢宏之量。包括《资治通鉴》在内的一些史书，只一味推崇来歙因有信义之故，隗嚣才既“不能”，也“不敢”加害。这样说来，凡是死于敌人之手的人，岂都是无信无义之辈！大家最崇拜的文天祥，是绑赴柴市口斩首的，难道他是无信无义之尤？

蓦然行刺，于理于法，都应诛杀惩罚，如说“不能”，难道来歙练的是金钟罩武功，刀枪不入。如说“不敢”，隗嚣稍后起兵叛变，杀人千万，难道怕多一个死鬼？在“成则王侯，败则寇贼”文化中，失败一方的美德，全被抹除，胜利一方的暴行，自有摇尾系统文妖之类，把它美化成天女散花。这是中国史学家的一大耻辱。

隗嚣的恢宏气度，使他能得到死士，虽然最后失败，但事迹不灭。

8 五月二十一日，刘秀再前往长安（陕西省西安市）。

隗嚣起兵叛变。命王元据守陇坻（甘肃省庄浪县东。坻，音dǐ〔底〕），砍伐林木，堵塞通往东方的道路。东汉政府将领们排除这种阻碍，出军攻击隗嚣，东汉军大败，向陇山下逃奔。隗嚣猛烈追击，东汉捕虏将军马武，遴选精锐部队，亲自断后，杀几千人，大军才终于逃脱（《资治通鉴》对此叙述不清，看情形东汉部队可能驻屯陇坻之西，为了抢夺退路，才发生激战）。

9 六月二十四日，东汉帝刘秀下诏说：“设立官职，原是为人民服务。而今，人民受到灾难，户口减少。地方政府官员，却人数繁多。现在，训令京畿卫戍区司令（司隶）、各州全权州长（牧），分别在所管辖范围内，裁灭官员数目，无论是县或封国，没有足够的人口设立县长的，一律合并。”结果减少四百余县。十个官员，仅有一个留任。

10 九月三十日，日蚀。

首都洛阳警备区司令（执金吾）朱浮，上书说：

"从前，伊祁放勋（尧）、姚重华（舜），太平盛世，每隔三年，对官员犹有考绩。西汉王朝兴起，官员在位的时间，都很长久，甚至传递给子孙。当时的政治，怎能尽善尽美？抨击议论，岂不照样提出？只因为像天地般这么大的勋业，不可能仓猝完成，艰难的工作，要靠累年积月，才有绩效。而现在郡长（守）、县长（宰），不断变换，迎新送旧，道路之上，疲于奔波。他们到任后的日子太短，还没有熟悉情况，上级就提出严格的督促和要求。使每个官员，内心慌乱，担心会被免职或调差。既害怕有人弹劾，又害怕有人讥笑讽刺，只好使用诈术，和使用伪装，建立虚伪的声誉，这正是促使日蚀月蚀的原因。因生物突然加速成长，一定会提前夭亡。重大的事业仓猝完成，一定会提前毁坏。如果摧残长久的基础，而只图完成放烟火般的一时功效，不是陛下的福气。希望陛下把眼光超过一年两年，直看到三十年之后，则天下有幸。"

刘秀采纳他的意见。从此，全权州长（牧）、郡长（守）更换的次数减少。

11 十二月二十七日，东汉最高监察长（大司空）宋弘免职。

12 十二月二十八日，东汉帝刘秀下诏："前些时，因为战事不息，国库不够开支，所以实行十分之一税收。而今，粮秣储存渐多，从现在开始，各郡各封国赋税，征收三十分之一，恢复旧有制度。"（李贤注：西汉六任帝刘启在位时，下令三十抽一。）

13 东汉将领们陇山溃败之后，刘秀下令耿弇，率军进驻漆县（陕西省彬州市）；征西大将军冯异，率军进驻栒邑（陕西省旬邑县）；征虏将军祭遵，率军进驻汧县（陕西省陇县。汧，音qiān〔千〕）；全国武装部队最高指挥官（大司马）吴汉等，折回长安坐镇。

冯异还没有到栒邑，隗嚣乘胜，命大将王元、行巡（行，姓），率二万余人，顺陇山东下，命行巡夺取栒邑，冯异得到情报后，急行军挺进，直指栒邑。将领们说："敌人兵多而又乘着胜利的锐气，势不可当，应暂时扎营，商讨战略。"冯异说："敌人大军压境，他们被小小的胜利冲昏了头，竟然打算深入。如果夺取到栒邑，三辅（关中地区，陕西省中部）人心，就会动摇。采取攻势不足时，采取守势则有余，我们的目的是先行进入城池，以逸待劳，不是跟他们决战。"遂进入栒邑入城，紧闭城门，严密戒备，但偃旗息鼓，不动声色。行巡还以为是座没有戒备的边城，猛扑而前。冯异乘对方不备，突然间战鼓齐鸣，旌旗招展，大军一拥而出。行巡兵团惊惧不知所措，阵容大乱，四散逃走。冯异追击，大破行巡兵团。

祭遵在汧县（陕西省陇县）也大破王元兵团。于是北地郡（甘肃省庆城县西北马岭镇）地方势力首领耿定等，全都背叛隗嚣，归降东汉政府。

刘秀下令冯异继续攻击义渠（甘肃省庆阳市西峰区）。义渠是匈奴汗国（王庭设蒙古国哈拉和林市）所立汉帝（首都九原〔内蒙古包头市〕）卢芳（刘文伯）辖地，冯异大破汉将贾览，和匈奴奥鞬日逐王。于是，北地郡（甘肃省庆城县西北马岭镇）、上郡（陕西省榆林市东南鱼河镇）、安定郡（宁夏固原市）全都归降东汉。

14 远悬西部边陲的凉州（甘肃省）全权州长（牧）窦融，决心归附东汉政府，再派他的老弟窦友，前往洛阳，上书东汉帝刘秀，说：

“我有幸是先皇后微末家族的后裔（先皇后，指西汉五任帝刘恒的正妻窦皇后。参考前一七九年），几代都担任郡长级高官（二千石）。我更蒙授予‘符节’，历任将帅，镇守一方，所以谨派刘钧前往晋见，口头报告我的内情，披肝沥胆，没有一丝一毫隐瞒。而陛下诏书，却称赞公孙述、隗嚣两位鼎足三分的企图（参考去年〔二九〕），并提及隗嚣、赵佗的谋略，我内心深自伤痛。臣，窦融，虽然无知无识，但知道什么是利害，什么是顺逆？我岂能背叛真主旧主，而去事奉邪伪？又岂肯废弃忠贞的节操，而去做颠覆国家的坏事？舍掉已经奠立好了的基础，而去追求连影子都没有的利益？就此三项，即令去问一个疯子，都会知道如何决定，我难道别有用心？谨派我的弟弟窦友，前往首都宫门之下，口述我的诚心。”

窦友走到高平（宁夏固原市，安定郡郡政府所在地），正好隗嚣起兵背叛东汉政府，道路不通。窦友遂派军政官（司马）席封，走小道捷径，到达洛阳。刘秀再写信给窦融、窦友，命席封带回，恳切安慰，情谊甚厚。

窦融写信给隗嚣说：

“将军当年，遇到种种挫折打击，在玄汉政府倾覆的前夕，仍坚持一贯立场，严守节操，效忠政府（隗嚣入朝长安事，参考二四年二月）。我们所以钦佩你的高义，甘愿听从你的驱使，原因在此。想不到，一朝忿怒，刹那工夫，作出巨大改变，另图发展。舍弃已成之功，去创难成之基。百余年累积下来的成果，竟在一个早上，完全摧毁，岂不令人惋惜？不过，我相信这不是你的本意，而是一些当权派分子，贪图更大的富贵，才贡献这种计谋。当今，西州（甘肃省东部）地势狭小，无法施展，人民贫苦，士兵离散。当人的助手，可以胜任愉快，而打算自己开创一个独立局面，就万分困难。假设仍坚

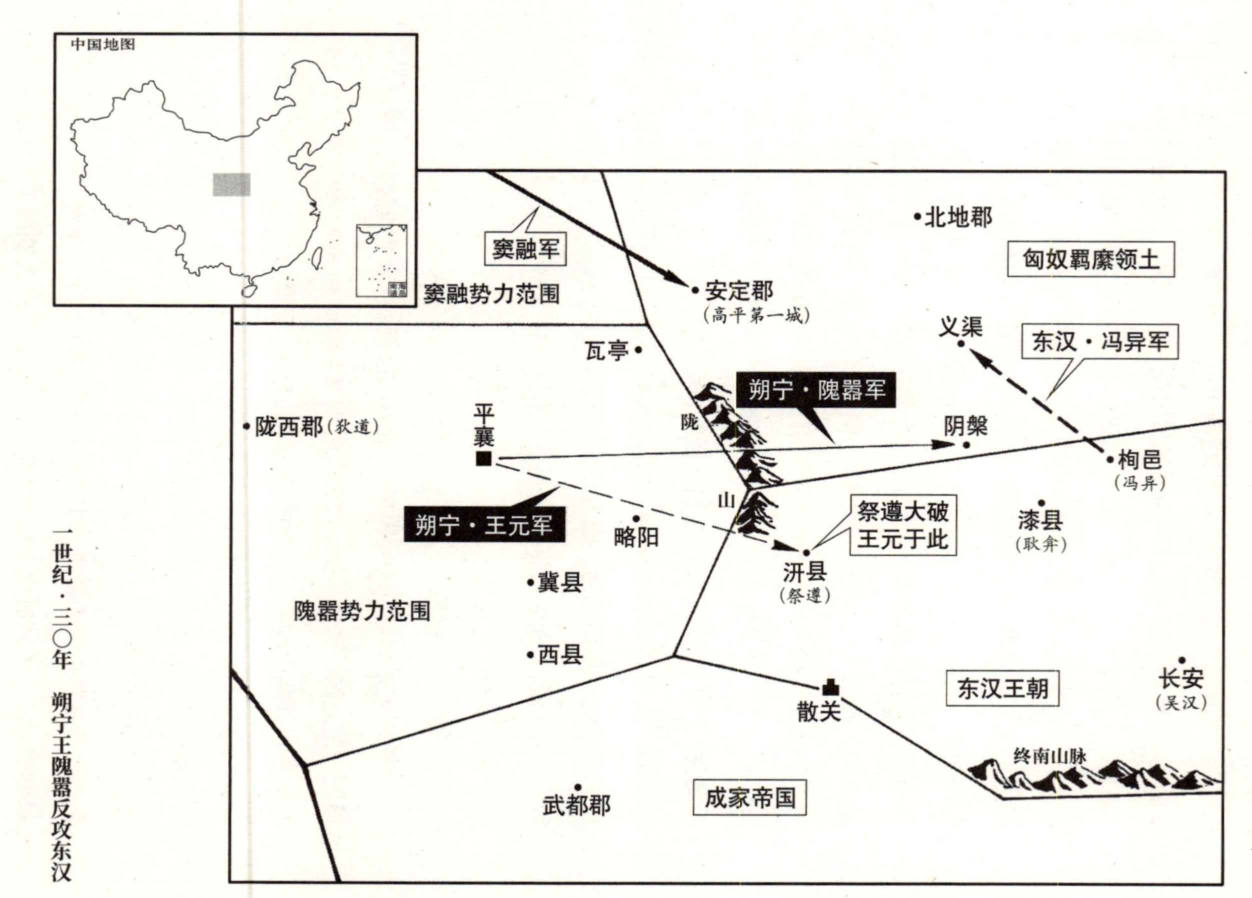

一世纪・三〇年　朔宁王隗嚣反攻东汉

持到底，犹如虽然听见指点而仍执着于迷途，最后，如果不南投公孙述，便只有北投卢芳（刘文伯）。仗恃着虚假的交情，而轻视敌人的强大。仗恃着遥远的救援，而轻视迫到眼前的近敌，看不见有什么利益。自从起兵以来，城廓都成废墟，人民辗转山川沟谷。感谢上天保佑，幸而稍稍平息，而将军却重演当初的苦难，是使旧创不能痊愈，孤儿幼童，再度流离失所，仅只谈谈他们，便忍不住悲痛酸鼻。昏庸的人都不忍心，何况将军仁慈。我曾经听说，忠心耿耿容易，但选择效忠的时机很难。过度的为朋友忧虑，言辞恳切直率，自以为对朋友有恩，结果反而受到怨恨。我知道我会因我的意见，成为罪状。”

隗嚣拒不采纳。

15 窦融遂跟五郡郡长，一齐动员（五郡：武威郡〔甘肃省武威市〕、酒泉郡〔甘肃省酒泉市〕、张掖郡〔甘肃省张掖市〕、敦煌郡〔甘肃省敦煌市〕、金城郡〔甘肃省永靖县西北〕），上书刘秀，请求指示出师日期。刘秀十分感动，深切嘉勉。窦融遂跟各郡郡长，率军集结金城郡，攻击隗嚣（根据地平襄）部属先零羌部落（青海省贵德县以西一带）酋长封何等，大破羌兵。沿着黄河，展示军威，等候东汉帝（刘秀）。但当时东汉大军还没有出动，窦融等即行撤退。

刘秀认为窦融已表明立场，更加嘉勉。下令整修窦融老爹的坟墓，用太牢（牛羊猪各一）祭祀（窦家祖坟在扶风郡〔陕西省兴平市〕）。还不断派出轻装使节，致送窦融四方进贡的珍宝异物（一方面缔结恩情，一方面也展示四方都已臣服，这是一种强有力的心战）。

武威郡（甘肃省武威市）郡长梁统，仍然恐怕大家犹豫疑惑，另有阴谋。于是，派人刺杀隗嚣派来的使节张玄，遂跟隗嚣正式决裂。

把当初由隗嚣颁发的将军印信等（参考二九年），全都解下抛弃。

16 当初，马援得到隗嚣打算宣布独立的消息，屡次写信给隗嚣规劝责备，隗嚣看到信，更加愤怒。等到隗嚣正式行动，马援上书刘秀（马援时在长安，跟他的宾客在御花园〔上林苑〕内垦田耕种），说：“我跟隗嚣本是知交至友，开始派我来东方时，对我吩咐：‘我起事之初，本来是要拥戴汉王朝，请你前往观察，你如果认为可以，我就专心一意。’等我回去，完全依照事实，向他报告。只盼望引导他走上至善的道路，不敢蒙蔽他，使他陷于不义。想不到，隗嚣自怀私心，像强盗恨主人一样，把所有怨毒之情，集中我一人身上。我如果不说明，陛下就无法知道。请求准允我前往陛下所在之地，简报消灭隗嚣的方略。”

刘秀召见马援，根据马援提出的作战计划，命他率领骑兵突击部队五千人，希望他说服隗嚣的部将高峻、任禹等，以及诸羌部落（散居在甘肃省南部及青海省东部）酋长，向他们分析利害祸福，以求瓦解隗嚣部属。马援又写信给隗嚣的大将杨广，请杨广规劝隗嚣，信上说：

“我看到四海之内已经平定，亿兆人民感受相同。想不到隗嚣突然封闭边界，起兵背叛，成为天下的箭靶。我一直害怕大家对隗嚣咬牙切齿，争相扑杀；所以不断写信给隗嚣，把我的忧虑，向他陈述。最近才听说，隗嚣把所有罪过都推到我一个人头上。反而采纳王元谄媚奸邪的意见，宣称函谷关（河南省新安县）以西，一抬脚就可以完全夺取。以今天的局势印证，又该如何。

“我曾经到过河内郡（河南省武陟县），去探望慰问隗恂（隗恂，隗嚣的儿子。这时因老爹叛变，囚禁河内郡），看见他的仆人吉（姓不详），刚从西州（隗嚣根据地，甘肃省东部）回来，说隗恂的小弟隗仲舒，看到吉，想问哥哥（隗恂）是否已遭意外，竟不敢开口，早晚哀号哭泣。又说全家悲愁，难用言语表达。怨仇可以作小的惩罚，不可以用血腥手段报复。我听到这些事之后，不知不觉，泪下沾襟。我深切了解，隗嚣孝顺慈爱，曾参、闵子骞，都不过如此。凡是爱父母的，岂不同样爱子女！可有儿子身戴刑具，而当老爹的，竟想吃一碗儿子的肉（此时隗恂命在旦夕）！

“隗嚣平常一再强调，他所以控制军队，目的只在保全乡土，跟保全父母坟墓，又一再强调，只要对知识分子（士大夫）有帮助的，他都愿去做。而今，所保全的乡土，就要破亡；所保全的父母坟墓，就要摧毁；企图帮助的行为，反而倒转过来变成伤害。隗嚣曾经羞辱过公孙述（成家帝），拒绝接受他的爵位，可是今天却呆呆的又去靠拢，岂没有一点难为情？如果公孙述也要索取嫡长子当人质，隗嚣又从哪里再找一个嫡长子？从前，公孙述曾经直接封你王爵，而你拒绝，现在你年纪已老，难道还低着头跟年轻小孩子们同挤在一个槽头，抢吃草料？难道还肩并肩，侧着身子（形容畏惧），在仇家政府（成家帝国）中当官？

“我们皇上（刘秀），对你怀有很大期许。你应该请牛邯等一些前辈尊长，共同说服隗嚣，如果隗嚣拒绝，你们可是真应该走了。我曾披览地图，发现天下共有一百零六个郡和封国，为什么用区区两个郡（天水郡、陇西郡），对抗一百零四个郡！你事奉隗嚣，外表上是君臣，内心是朋友。如果是君臣，固应该诤谏；如果是朋友，更应该坦诚磋商。为什么明明知道他会失败，却懦弱畏缩，咬紧舌头，自己缚起双手，跟他一块陷入全族被屠灭的灾难？

“现在，时间还来得及。过了今天，就完全不同。而且，来歙是天下忠信之士，很受东汉政府尊敬，他对隗嚣感情深厚，经常替隗嚣辩护。我也得到皇上（刘秀）授权，尤其盼望昭示大信，绝不负约。我不能久留边陲，渴望你火速赐一回信。”

杨广不作答复。

东汉出征将领，每有困惑疑义，都向马援请教，对他十分尊敬。

17 隗嚣上书向刘秀请罪，说：“官吏民众，听说大军突然逼近，惊慌失措，只求自救。臣，隗嚣，一时不能禁止。部队虽然获得胜利，但我并不敢违背当臣子的身份，亲自去把进击中的部队追回。念及姚重华事奉老爹，小棍打他时他接受，大棍打他时他就逃走。我虽然不够聪明，但不敢忘掉君臣大义。而今，我的事在中央掌握之中，赐我死我就死，加我刑我就服刑。如蒙宽恕，使我仍有机会革面洗心，死后连骨骼也都感谢。”

主管单位认为隗嚣态度傲慢，请求诛杀人质隗恂。刘秀于心不忍，再写一信给隗嚣，派来歙送到汧县（陕西省陇县），说："从前，柴武将军有言：'陛下（西汉王朝一任帝刘邦）宽厚仁爱，将领们虽然有叛变逃亡的事，只要回头，仍恢复他的官职爵位，绝不诛杀。'（纪元前三世纪，楚汉相争时代，刘邦的大将柴武给韩王韩信书上语，刘秀引用，表明对隗嚣的宽恕。）你如果从现在开始，使军队复员，并再派隗恂的弟弟前来中央（再作人质），则你的官职爵位，都可保全，有天大之福。我年将四十，在军中度过十年，厌恶巧言花语。如果你不同意，不必答复。"

隗嚣发现刘秀已洞察他的拖延战术，于是派人到成都（四川省成都市），向成家帝（首都成都）公孙述称臣。

18 匈奴汗国（王庭设蒙古国哈拉和林市），跟匈奴汗国支持的汉帝（首都九原〔内蒙古包头市〕）卢芳（刘文伯）政府，不断南下侵扰。东汉帝刘秀，命归德侯刘飒，出使匈奴，谋取恢复旧日两国友谊。匈奴呼都而尸道皋若鞮单于（二十任）挛鞮舆，态度骄横傲慢，虽然也派使节报聘，但侵扰如故。

成家　龙兴　七年

东汉　建武　七年

（汉帝卢芳三年）

（朔宁王隗嚣元年）

1 春季，三月，东汉政府（首都洛阳〔河南省洛阳市东白马寺东〕）下令：撤销各郡各封国的“战车”“骑兵”“强弓”等民兵部队，战士复员。

2 成家帝（首都成都〔四川省成都市〕）公孙述，封隗嚣当朔宁王（首都平襄〔甘肃省通渭县〕），派出军队协防，作为支援。

3 三月三十日，日蚀。

东汉帝（一任光武帝）刘秀（本年三十六岁），下令文武官员呈递"亲启密奏"，规定奏章上不可以使用"神""圣"之类文字形容皇帝。中级国务官（太中大夫）郑兴，上书说：

"国家没有善政，上天的谴责，就在太阳或月亮上显示出来。善政所以没有建立，主要的是，政府用人，要一秉大公。高级官员多数推荐渔阳郡（北京市密云区）郡长郭伋，可以担任最高监察长（大司空）的职位，而陛下一直不肯决定。道路上谣言纷纷，都说：'政府要任命一位功臣。'一旦由功臣担任政府要职，就不能保证他的才干能够胜任。请求陛下委屈自己，而接受大家意见，用以鼓励群臣们推让的胸襟。最近，日蚀发生在月底三十日的特别多，乃是为了配合天地，月亮运转得太快的缘故。太阳象征君王，月亮象征臣子，君王急切，臣子促迫，所以月亮运转太快。而今，陛下高高在上，明察世界，而臣子却惶惶不安，我建议陛下察看《洪范》记载，考虑用柔和的手段。"

刘秀亲自处理行政事务，有时过于严格，或过于急迫，所以郑兴特别强调。

4 夏季，四月十九日，东汉政府大赦。

5 五月六日，东汉政府任命前将军李通当最高监察长（大司空。李通仍是功臣，郑兴奏章并没有效果）。

6 东汉政府农林部长（大司农）江冯，上书建议，说："最好由京畿总卫戍司令（司隶校尉），负责监视三公。"最高监察署秘书（司空掾）陈元，上书反对，说：

“我曾经听说，把干部当作教师尊敬的，是帝王；把干部当作朋友宾客看待的，是霸主。所以姬发（武王）把姜子牙（太公）当作师傅，姜小白（齐桓）把管仲称为叔（仲父）。就在西汉王朝，高帝（西汉王朝一任帝刘邦）特别提高宰相的地位，太宗（西汉王朝五任刘恒）特别授权宰相，有权诛杀（刘邦命萧何可以带着宝剑，穿着鞋子上殿。刘恒则允许宰相申屠嘉传讯邓通），等到王莽，西汉王朝中衰，他掌握国家大权，终于篡夺，拿自己作为例证，从不相信任何臣僚，把三公的职权剥夺，把宰相的威严减低。认为察觉隐私，才是英明；揭人短处，才是正直。于是，部属告发长官，子弟告发父兄，法网严密，处罚惨烈，高级官员们简直连手脚都不知道放到什么地方才好。然而，仍不能防止董忠的叛变（董忠是新王朝大司马〔三公之二〕，参考二三年），王莽也终被诛杀。而今，四方仍不平静，天下还没有统一，人民张着眼睛观看，耸起耳朵倾听。陛下正应恢复姬昌（文）、姬发（武）的法令规章，承袭祖宗遗留下来的恩德，用心结交知识分子，屈身招待贤能人才。实在不应该使有关单位，成为特务机关，监视身居高位的三公。”

刘秀接受这项建议。

7 酒泉郡（甘肃省酒泉市）郡长竺曾，因他的弟弟报仇杀人（竺曾的弟弟竺婴，为了报仇，杀移民区军官〔属国侯〕王胤等），自行辞职。凉州（甘肃省）全权州长（牧）窦融，代表皇帝下诏（承制），任命竺曾当武锋将军，再任命辛肜（音róng〔融〕）当酒泉郡长。

8 秋季，向成家帝国（首都成都）称臣的朔宁王（首都平襄〔甘肃省通渭县〕）隗嚣，率步骑联合兵团三万人，攻击安定郡（宁夏固原市），抵达阴槃（陕西省长武县西北），东汉征西大将军冯异，率军堵截。隗嚣又命其他将领，沿陇山而下，攻击东汉征虏将军祭遵驻扎的汧县（陕西省陇县），全都不能获胜，撤退。

东汉帝刘秀，亲自攻击隗嚣，先跟窦融约定出军日期，可是碰上大雨，道路断绝。而隗嚣军又已经撤退，才取消此项计划。

刘秀命来歙写信给王遵，王遵遂背弃隗嚣，归降刘秀。刘秀任命他当中级国务官（太中大夫），封向义侯。

9 冬季，匈奴汗国（王庭设蒙古国哈拉和林市）支持的汉帝（首都九原〔内蒙古包头市〕）卢芳（刘文伯），因事诛杀当初迎接他回国登极的功臣：五原郡（内蒙古包头市）郡长李兴兄弟，引起众叛亲离。朔方郡（内蒙古杭锦旗北黄河南岸）郡长田飒、云中郡（内蒙古托克托县）郡长乔扈，连同郡土，一齐投降东汉政府。刘秀命他们仍留任原官原职。

10 东汉帝刘秀，喜爱神秘预言书（图谶），跟郑兴讨论郊外祭祀天神地神事件，说："我想用神秘预言书（谶）来作决断，你以为如何？"郑兴说："我从不信神秘预言书。"刘秀的脸色大变，说："你不信，认为它不对，是不是？"郑兴惶恐，说："我对神秘预言书没有研究，无法认为它不对。"刘秀的盛怒才告化解。

11 东汉南阳郡（河南省南阳市）郡长杜诗，治理郡政，清廉公平，兴利除害，人民都很感谢。杜诗又兴建水利，开垦荒田。郡内家家户户，都十分富足。郡民把他比作召信臣（召信臣，参考前三三年），大家称颂说："前有召老爹，后有杜老娘。"

三二年 壬辰

成家　龙兴　八年
东汉　建武　八年
（汉帝卢芳四年）
（朔宁王隗嚣二年）

1 春季，东汉王朝（首都洛阳〔河南省洛阳市东白马寺东〕）皇家警卫指挥官（中郎将）来歙，率二千余人，翻山越岭，开辟道路，从番须（陕西省陇县西北。赤眉曾在此地冻死大批士卒，参考二六年九月）、回中（陕西省陇县西北），直袭略阳（甘肃省秦安县东北），斩朔宁守将金梁。隗嚣大为震惊，说："怎么如此神速？"（此时，隗嚣驻平襄〔甘肃省通渭县〕，距略阳航空距离八十公里。）东汉帝（一任光武帝）刘秀（本年三十七岁）得到战报，喜不自胜，说："略阳是隗嚣最重要的屏障，我们直捣心脏，隗嚣中枢已经瘫痪，再控制他的肢体，就容易多了。"

全国武装部队最高指挥官（大司马）吴汉等将领，听到来歙占领略阳，争着要率军西进。刘秀认为：隗嚣突然失去险阻，丢掉最重要的战略城市，绝不善自罢休，势必动员最精锐的部队反击，等到围攻的时间拖得够久，而仍不能克复，官兵士卒，不可避免的会疲惫困顿，这时候再发动总攻，才是乘敌人之危。于是，下令吴汉等回军。

隗嚣果然采取强烈的大规模反应，派王元据守陇坻（甘肃省庄浪县东），行巡据守番须口（陕西省陇县西北），王孟据守鸡头道（宁夏隆德县，六盘山峡道之一），牛邯据守瓦亭（宁夏西吉县东南）。布置妥当后，隗嚣亲自率领大军数万人，包围略阳。成家帝（首都成都〔四川省成都市〕）公孙述，更派大将李育、田弇，前来参战。挖掘山上土石，建筑堤坝，企图用水淹没略阳。来歙跟他的两千余人的将士，誓死固守，箭都射尽，就拆除民房，搜括木材竹片，作为武器。隗嚣出动精锐，全力进攻，一月有余，不能夺取。

夏季，闰四月，刘秀亲自出征隗嚣，宫廷禁卫官司令（光禄勋）汝南郡（河南省平舆县西北射桥镇）人郭宪，劝阻说："东方刚刚平定，人心不稳，陛下不可以远离首都。"抽出佩刀，砍断马缰。刘秀不听，西行到漆县（陕西省彬州市），多数将领们都认为，帝王亲领的部队，不应该深入遥远而又危险的蛮荒山区，刘秀有点犹豫，于是征召马援，询问意见。马援指出：隗嚣的将领们有土崩瓦解的趋势，如果进军，必定可以击破强敌。就在刘秀面前，用米聚成山谷河川，整个地势，尽在眼底，马援分析进军路线，十分清晰。刘秀说："好了，隗嚣全在我掌握之中。"第二天凌晨，大军出发，进抵高平第一（高平，宁夏固原市，安定郡郡政府所在。高平第一，即高平第一城，也就是高平）。

凉州全权州长窦融，率五郡（五郡，参考前年〔三〇〕十二月）郡长，以及羌部落兵团、小月氏部落（居住在祁连山南麓一带）兵团等步骑兵共几万人，辎重车五千余辆，也抵达高平第一，跟刘秀的大军会师。这时，东汉政府仍是草创，部队将领们朝见皇帝的礼仪，仍保持当初河北（黄河以北）起兵时淳朴简单的风气，一点也不复杂。可是，窦融先派参谋官（从事）到御营请示朝见时的礼仪。刘秀大为欢喜，宣告其他将领效法。设下丰富的酒筵，用群臣所难以享受到的最尊贵的礼节，招待窦融。

于是，联军分开数路，沿着陇山进击。刘秀命王遵写信给牛邯，牛邯遂献出瓦亭（宁夏西吉县东南），刘秀任命牛邯当中级国务官（太中大夫），霎时间，隗嚣大将十三人，属县十六个，部队十余万，全都归降。隗嚣在震骇中抛弃军队，只带着妻子儿女和少数卫士，投奔驻扎西县（甘肃省礼县东北）的大将杨广。成家将领田弇、李育，则撤退到上邽（甘肃省天水市）。略阳（甘肃省秦安县东北）解围。刘秀慰劳来歙，特别把席位设在所有将领之上，赏赐来歙妻子绸缎一千匹。

刘秀进军上邽（甘肃省天水市），下诏给隗嚣，说："你如果能放弃武力，前来归附，父子还可相见，保证没有其他事故。如果一定要当英布（参考前一九五年），也随你便。"隗嚣仍不肯投降。刘秀下令诛杀人质隗恂（隗嚣的儿子，时在河内郡〔河南省武陟县〕）。命吴汉、岑彭，包围西县（甘肃省礼县东北）。耿弇、盖延，包围上邽（甘肃省天水市）。

刘秀封窦融当安丰侯，划四县作为采邑；封窦融的弟弟窦友当显亲侯；五郡郡长，全封侯爵（竺曾封助义侯、梁统封成义侯、史苞封褒义侯、厍钧封辅义侯、辛肜封扶义侯），命他们都回原来官署。窦融因在一个地方掌权的时间太久，恐怕发生变化，心不自安，数次上书辞职，请求中央派人接替。刘秀下诏回答，说："我跟将军，情同手足。你总是要求退休，为什么不了解我的诚意？请勉强安抚人民，不要擅自离开你的部队。"

一世纪·三二年 东汉进击西州·隗嚣逃亡西县

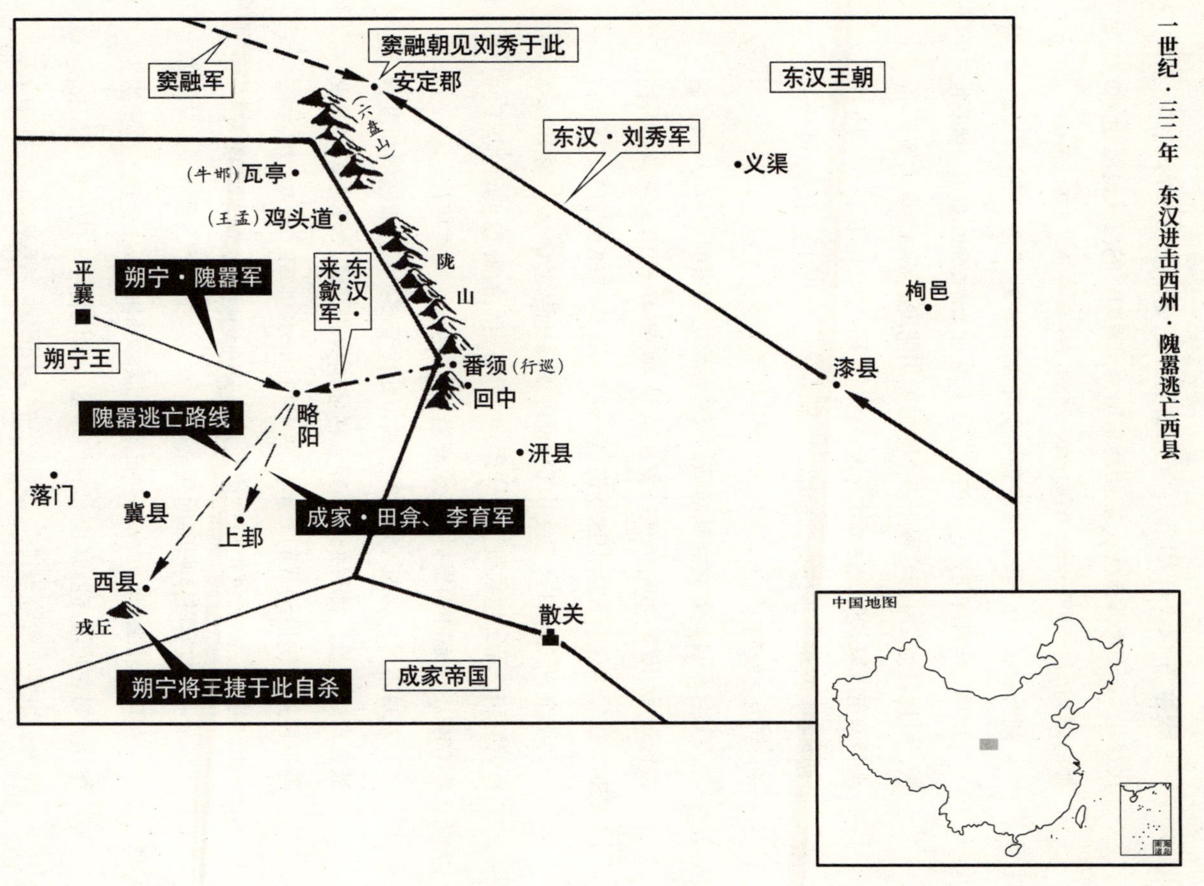

2 东汉政府大后方，突然发生巨变。颍川郡（河南省禹州市）变民蜂起，一连攻陷数县。驻防河东郡（山西省夏县）的部队也叛变，首都洛阳震动（颍川跟洛阳航空距离一百一十公里，河东跟洛阳航空距离也一百一十公里）。刘秀跺脚说："我后悔没有接受郭宪的建议。"

秋季，八月，刘秀心急如火，从上邽（甘肃省天水市）东返，快马加鞭，日夜奔驰，写信给岑彭等，说："如果能攻破两城，就率领大军，乘势南击成家政府（首都成都）。人，总是不知道满足，既得到陇地（甘肃省东部），又进一步想得到蜀郡（郡政府设成都）。每次决定出兵，头发胡须，都为之发白。"

九月一日，刘秀回到洛阳，对首都洛阳警备区司令（执金吾）寇恂说："颍川郡（河南省禹州市）就在京师（首都洛阳）门口，应当及时控制。我想也只有你能把这些盗贼扑灭，请你以部长级高官的身份，带兵出征。"寇恂说："颍川郡听说陛下远征陇地（隗嚣）、蜀郡（公孙述），奸猾之辈，想乘机干上一票，并没有更大的野心。听说陛下回都（洛阳），一定吓得发抖，我愿充当大军先锋。"刘秀应许。

九月六日，刘秀御驾亲征，颍川变民全部投降。而寇恂却没有被任命当郡长，郡民们在道路上拦住刘秀的卫队，请求说："请求陛下再把寇恂借给我们一年。"（寇恂曾担任过颍川郡长〔参考二六年六月〕，所以说"再借"。）刘秀就把寇恂留在长社（河南省长葛市），命他安抚人民，镇压反制，收容陆续归降的残余变民。

东郡（河南省濮阳市西南）、济阴郡（山东省菏泽市定陶区）变民，也纷纷起兵。刘秀派最高监察长（大司空）李通、忠汉将军王常，率军镇压。东光侯耿纯，曾经当过东郡郡长，在卫国故地（春秋战国时代，卫国首府就在濮阳）上，留有恩德和美誉。刘秀任命耿纯当中级国务官（太中大夫），使他跟大军会合。东郡变民九千余人，听说耿纯进入郡界，就向耿纯归降。李通、王常的军队，没有经过战斗，即行班师。刘秀下诏，命耿纯再当东郡郡长。

九月二十四日，刘秀从颍川（河南省禹州市），返抵首都洛阳。

3 东汉安丘侯张步，带着妻子儿女，从洛阳逃到临淮郡（江苏省泗洪县南），跟他的两位老弟张弘、张蓝，打算号召他的旧部，乘大船入海。琅邪郡（山东省诸城市）郡长陈俊追击，生擒，斩首。

4 冬季，十月二十二日，刘秀前往怀县（河内郡郡政府所在县，河南省武陟县）。

十一月十二日，刘秀返首都洛阳。

5 西州（甘肃省东部）战事胶着，东汉大军围困朔宁王隗嚣所在西县（甘肃省礼县东北），而西县守将杨广逝世，隗嚣穷途末路。他的另一位大将王捷，据守戎丘（西县西南小山），在城墙上向东汉包围军大声呼喊："我们给大王（隗嚣）守城，自知道非死不可，但绝没有贰心。盼望你们撤退，我用自杀证明。"自刎身死。

6 最初，刘秀下令全国武装部队最高指挥官（大司马）吴汉，说："各郡派来的民兵，战斗力不强，却增加粮秣消耗。一旦发生逃亡，更会动摇军心，应打发他们回去。"可是，吴汉正围攻西县（甘肃省礼县东北），不愿减少兵力，不肯马上送返。粮秣经不住庞大消耗，日渐减少，官兵全都疲惫，逃亡的每天都在增多，军心开始不稳。征南大将军岑彭阻断谷水，企图淹没西县，水位距城头只一丈有余。而这时，朔宁大将王元、行巡、周宗等，率领成家政府五千余人的救兵，从高处突然出现，战鼓声中大声呼喊："百万大军正在挺进，就要来到！"东汉军惊恐，还没有来得及结阵，王元等的攻击已经发动，勇不可当，竟杀出一条血路，进入西县，再杀出一条血路，护送隗嚣投奔冀县（甘肃省甘谷县）。

吴汉等大军粮秣已尽，不能再留，只好焚烧辎重，顺着陇山，向东撤退。盖延、耿弇也跟着向东撤退。朔宁军尾追攻击，岑彭率军殿后，艰苦抵御，大军总算安全脱离。只有征虏将军祭遵仍坚守汧县（陕西省陇县）不去。吴汉等最后回到长安（陕西省西安市），岑彭回到津乡（湖北省江陵县东）。

安定郡（宁夏固原市）、北地郡（甘肃省庆城县西北马岭镇）、天水郡（甘肃省通渭县）、陇西郡（甘肃省临洮县），全都驱逐东汉官员，再回归隗嚣。

东汉指挥官（校尉）太原郡（山西省太原市）人温序，被朔宁将领苟宇俘虏，苟宇再三再四劝温序投降，温序咆哮说："你们这些匪徒，怎么敢迫害中央大将。"用手中所拿的"符节"，击杀数人。苟宇左右要格杀温序，苟宇阻止，说："这是一位忠臣义士，一心死节，给他一把宝剑。"温序接剑之后，把长须衔到口中，对左右说："既然死于盗贼，莫教胡子断到地上。"自刎而死。参谋官（从事）王忠，把尸首运回洛阳。刘秀下诏，赏赐墓地，任命温序三个儿子，都当宫廷禁卫官（郎）。

7 十二月，高句骊王国（首都国内城〔吉林省集安市〕）大武神王（三任）高无恤，派使节到中国进贡。东汉帝刘秀恢复他的王爵封号（新王朝皇帝王莽，把高无恤贬为下句骊侯）。

8 本年（三二），大水成灾。

三三年 癸巳

成家　龙兴　九年

东汉　建武　九年

（汉帝卢芳五年）

（朔宁王隗嚣三年）

1 春季，正月，东汉王朝（首都洛阳〔河南省洛阳市东白马寺东〕）征虏将军、颍阳侯（成侯）祭遵，在军中逝世。东汉帝（一任光武帝）刘秀（本年三十八岁）下诏：命征西大将军冯异，接收祭遵的部队。

祭遵这个人，廉洁、简俭，小心谨慎，奉公守法，所得到的赏赐，都分给部下官兵，但对部下要求严格，军队风纪良好，以至地方官员跟人民，有时简直不知道有大军驻扎。引用人才，完全以儒家思想作为标准。遇到欢筵聚会，一定用儒家学派欣赏的雅歌，并举行古老的“投壶”比赛（《礼记 · 投壶经》对“投壶”，有较详报道，但是，看了后仍然不懂。这个早已失传了的儒家学派重要典礼节目，可能既简单又笨拙。一个长脖子的大瓮——说它是一个大花瓶也行，可装五升黄豆，然后用一枝树枝，遥遥向瓮口掷去，依照被树枝撞击跳出来的黄豆数目，决定胜负。黄豆数目多的，罚数目少的饮酒）。临死时，吩咐薄葬。问他家里事情，则不作答复。

刘秀哀悼已极，祭遵棺木运到首都洛阳，刘秀穿着丧服，亲临吊丧，失声痛哭。回宫时，经过城门，看到柩车经过，泪流满面，不能克制。丧礼完成后，再亲自用太牢（牛羊猪各一）祭奠。下诏皇后宫总管（大长秋）、皇家礼宾官（谒者）、首都洛阳特别市长（河南尹），联合主持丧葬事宜，而由农林部（大司农）国库负担费用。下葬之日，刘秀再度亲自驾临。下葬之后，又亲自到坟墓上致哀，安慰祭遵夫人跟全家。后来，金銮宝殿上朝会时，刘秀每每叹息，说：“我去哪里找一个奉公爱国，像祭遵这样的人才！”皇城保安司令（卫尉）铫期（铫，音yáo〔姚〕）进言说：“陛下天性仁爱，这么哀念祭遵，但也使其他官员心里惭愧，产生恐惧。”（使大家都自以为不如祭遵。）刘秀才停止。

2 朔宁王（首都冀县〔甘肃省甘谷县〕）隗嚣患病，病情沉重，又逢严重饥馑。以隗嚣的尊贵地位，也只能吃到黄豆羼杂稻米煮成的干饭。懊悔与愤怒交集，一病不起，逝世。大将王元、周宗，拥立隗嚣的幼子隗纯继承王位，继续据守冀县。

成家帝（首都成都〔四川省成都市〕）公孙述，派将领赵匡、田弇，率军帮助隗纯。东汉帝刘秀命征西大将军冯异阻击。

3 成家帝（首都成都）公孙述，命翼江王田戎、宰相（大司徒）任满、南郡（湖北省江陵县。此时南郡属东汉）郡长程汎，率大军几万人，东出江关（重庆市奉节县东），先行击败东汉威虏将军冯骏（二九年，征南大将军岑彭留冯骏守江关），再一连攻陷巫县（重庆市巫山县）、夷道（湖北省宜都市）、夷陵（湖北省宜昌市），遂进据荆门山（在湖北省宜都市西北长江西岸）、虎牙山（湖北省宜昌市猇亭区北），横亘长江，兴建桥梁、碉堡、城楼，用树木石头，投入江中，断绝船舶航道，再连山结营，堵塞陆路，企图阻止东汉水陆攻击。

4 夏季，六月六日，东汉帝刘秀，前往缑氏（河南省洛阳市偃师区东南），攀登轘辕关（河南省登封市西北）。

5 东汉全国武装部队最高指挥官（大司马）吴汉，率忠汉将军王常等四位将军，部队五万人，攻击匈奴汗国（王庭设蒙古国哈拉和林市）支持的汉帝（首都九原〔内蒙古包头市〕）卢芳（刘文伯）将领贾览、闵堪据守的高柳（山西省阳高县）。匈奴汗国派军入援，东汉兵团无法抵挡，溃退。

匈奴气势升高，抢掠烧杀，更为严重。刘秀命建义大将军朱祐，进驻常山郡（河北省元氏县）；忠汉将军王常，进驻涿郡（河北省涿州市）；破奸将军侯进，进驻渔阳郡（北京市密云区）；任命讨虏将军王霸当上谷郡（河北省怀来县）郡长；戒备匈奴。

6 刘秀任命来歙全权统率驻扎西京（长安，陕西省西安市）的部队和将领，而由中级国务官（太中大夫）马援，担任助手。来歙上书说：

“公孙述把陇西郡（甘肃省临洮县）、天水郡（甘肃省通渭县）作为屏障，才能够苟延残喘。而今，两郡都已平定，公孙述的智略已穷。我们应乘此时机，征调兵马，储备粮秣。西州（甘肃省东部）刚刚破败，军民疲惫饥饿，如果用金钱或粮秣作为诱惑，就可以立即集结一个强大兵团。我知道政府要办的事太多，财政困难。然而，这样做也是万不得已。”

刘秀认为正确，于是下诏，在汧县（陕西省陇县）积储粮食六万斛。

秋季，八月，来歙率征西大将军冯异等五位将军，向西攻击天水郡（甘肃省通渭县），讨伐隗纯。

7 东汉骠骑将军杜茂，跟匈奴支持的汉帝（首都九原）卢芳（刘文伯）部将贾览，在繁畤（山西省浑源县西南）会战，杜茂大败。

8 西羌各部落，在新王朝末年，陆续迁驻到边塞之内，金城郡（甘肃省永靖县西北）所属各县，多被占据。隗嚣无力阻止，只好善加安抚，并利用他们的武装力量，跟东汉政府对抗。东汉宰相府秘书（司徒掾）班彪，上书说：

“凉州（甘肃省）各地，都有归附的西羌部落。羌人披散着头发，衣服在左边开襟（披发左衽），却跟汉人混杂生活在一起，风俗习惯，全不相同，言语又不相通，不断被小官小吏跟奸猾小民，欺骗抢夺；控诉无门，以致不得不起兵抗暴。历来蛮夷叛乱，都是这个缘故。

“从前，西汉王朝时代，益州（四川省及云南省）设有‘蛮夷保安骑兵司令’(蛮夷骑都尉),幽州(河北省北部及辽宁省)设有‘乌桓保安司令’(领乌桓校尉),凉州(甘肃省)设有‘西羌保安司令’(护羌校尉),都‘持节’,授给他们全权(年俸比二千石,秘书长〔长史〕一人,军政官〔司马〕二人,年俸都是六百石)。处理他们的纷争,每年巡查各地,探问民间疾苦隐情,并不断派出翻译官,疏导官民间误解,观察动向,使塞外蛮夷,充当官吏的耳目。州政府或郡政府,也因此得以提前戒备。现在应该恢复昔日制度,加强政府功能。”

刘秀接受这项建议,任命牛邯当西羌保安司令(护羌校尉)。

9 一件惊人的惨事发生。强盗格杀刘秀原配妻子、贵人(小老婆第一级)阴丽华的娘亲邓女士,跟阴丽华的弟弟阴䜣。刘秀十分悲伤,封阴丽华的另一弟弟阴就当宣恩侯,又召见阴就的老哥、宫廷随从(侍中)阴兴,也要封侯爵,把印信放到面前。阴兴坚决拒绝,说:“我没有冲锋陷阵的功劳,而一家之中,已有几个人封爵赐土,使天下抱怨,我不愿发生这种事情。”刘秀佩服他的决定,不再勉强。有一天,妹妹阴丽华问老哥缘故,阴兴说:“皇亲国戚最大的危险,是不知道谦让退避。女儿要配王侯,男儿则一直打公主的主意,使我不安。富贵有它的极限,人,应该知道满足。浮夸之徒,使人反感!”阴丽华深切领悟,自我克制,从不替亲属要求官爵。

邓女士之死,《资治通鉴》原文是:“盗杀阴贵人母邓氏及弟䜣。”不知道䜣是邓女士之弟?抑阴女士之弟?而当惨案发生时,也不知道现场何处?邓女士可能仍留在原籍新野(河南省新野县),也可能早已随女儿到了首都洛阳,

共享富贵，《资治通鉴》都没有说清楚。我们对文言文之感到困惑，原因在此。

然而，无论邓女士身在何处，可以肯定的是，都会受到严密保护。在严密保护下，盗匪竟然登堂入室，作灭门屠杀，实在不可思议。史书上没有述及刘秀对负责保护官员的震怒，也没有述及对盗匪的缉捕和处决。好像杀的不是炙手可热的皇亲国戚，而是普通小民人家两只鸡鸭。尤其是，史书没有报道惨案的原因，是小偷临时行凶？还是强盗在抢劫时误杀？是有计划的复仇？还是奴仆不堪虐待，抗暴反击？如果是这四项，史书不可能没有交代。于是，甚至，可能是刘秀因为某种我们迄今都茫然的理由，下令动手，最后推到盗匪头上？

我们当然没有结论，但我们相信惨案必有内幕。

10 东汉帝刘秀征召颍川郡（河南省禹州市）郡长寇恂，回到中央。任命渔阳郡（北京市密云区）郡长郭伋，继任颍川郡郡长。

郭伋到任后，招降山贼赵宏、召吴（召，姓）等几百人，立即遣送他们回家耕田，遂即自我弹劾："擅自释放盗匪！"刘秀不加追究。后来，赵宏、召吴等逃亡在外地的残余党徒，尊敬郭伋的威望和信誉，纷纷从遥远的江南（长江以南）、幽州（河北省北部及辽宁省）、冀州（河北省中部南部），回到本郡自首，道路上络绎不绝。

11 西域（新疆及中亚东部）莎车国（新疆莎车县）国王康（姓不详）逝世。老弟贤继位，攻杀拘弥国（新疆于田县）国王、西夜国（新疆叶城县南七十公里）国王，派康的两个儿子，分别担任两国国王。

三四年 甲午

成家　　龙兴　　十年
东汉　　建武　　十年
（汉帝卢芳六年）
（朔宁王隗纯元年）

1 春季，正月，东汉王朝（首都洛阳〔河南省洛阳市东白马寺东〕）全国武装部队最高指挥官（大司马）吴汉，率捕虏将军王霸等四位将军、部队六万人，从高柳（山西省阳高县）出发，攻击匈奴汗国（王庭设蒙古国哈拉和林市）支持的汉帝（首都九原〔内蒙古包头市〕）卢芳（刘文伯）部将贾览，匈奴援军骑兵数千人来救，在平城（山西省大同市）缠斗不止。吴汉力战，驱走匈奴。

2 东汉征西大将军、夏阳(节)侯冯异等，跟朔宁王(首都冀县〔甘肃省甘谷县〕)隗纯的将领赵匡、田弇，经过一年的苦战，终于把赵匡、田弇斩杀。然而，隗纯仍据守冀县落门(甘肃省武山县东北洛门镇)，将领们希望休养一段时间后，再行出击，冯异坚持立即行动，遂包围落门，但一时不能攻下。

夏季，冯异在军中逝世。

3 秋季，八月二十五日，东汉帝(一任光武帝)刘秀(本年三十九岁)前往长安(陕西省西安市)。

4 最初，朔宁将领安定郡(宁夏固原市)人高峻，率军据守高平第一(高平，宁夏固原，安定郡郡政府所在。高平第一，即高平第一城，也就是高平)。东汉建威大将军耿弇等围攻一年，不能夺取。刘秀打算亲自出马，寇恂劝阻说："长安位于洛阳跟高平中间，双方照应，都很迅速，已够安定(宁夏固原市)、陇西(甘肃省临洮县)两郡震动恐惧。陛下留在长安，就可以从容控制四方。现今部队疲倦，人困马乏，再深入危险艰难山区，不是最安全的考虑。前年，颍川郡(河南省禹州市)民变突然发生的往事，应该警觉。"

刘秀不理会，前进到汧县(陕西省陇县)。

高峻仍坚守高平第一，刘秀命寇恂前往说降。寇恂到了高平第一，把刘秀的诏书转给高峻，高峻派参谋长(军师)皇甫文，出城晋见寇恂。皇甫文言辞态度，一点不肯卑屈，寇恂大怒，下令斩首。将领们劝阻说："高峻的精兵，还有一万余人，而且多是强弓射手。正堵住陇地(甘肃省东部)要道，一连几年都攻不下。我们来此的目的本是说服他归降，反而诛杀他的使节，恐怕犯下错误。"寇恂不理，遂斩皇甫文，而放皇甫文的副使节回去，转告高峻，说："参谋长（皇甫文）无礼，已经诛杀。要降，快降；不降，就请继续坚守。"高峻惊惶，当天开城归附。

将领们向寇恂道贺，乘便问："请教，杀了他的使节，而又能使他投降，原因何在？"寇恂说："皇甫文，是高峻的智囊，一切靠他的谋略。这次见面，态度强硬，可看出并没有归降的决心。送他回去，正中皇甫文的圈套，杀掉他使高峻胆寒，所以才开城归降。"将领们敬佩说："我们没有这种见识！"

5 冬季，十月，东汉皇家警卫指挥官（中郎将）来歙，率同各将领，攻破落门（甘肃省武山县东北洛门镇）。周宗、行巡、苟宇、赵恢等，献出他们的领袖朔宁王隗纯，投降。只王元逃走，投奔成家政府（首都成都〔四川省成都市〕）。

刘秀命把隗姓家族，全部迁徙到首都洛阳以东（铲除潜在势力）。

后来，隗纯跟宾客们企图投奔匈奴汗国（王庭设蒙古国哈拉和林市），已经逃到武威郡（甘肃省武威市），被捕获，处死。

6 先零羌部落（青海省贵德县以西一带），跟其他羌部落，联合攻击金城郡（甘肃省永靖县西北）、陇西郡（甘肃省临洮县）。东汉大将来歙，率盖延等迎头痛击，大破各羌兵团，杀数千人。西州（甘肃省东部）军事行动既告一段落，遂打开政府粮库，赈济饥民，陇右秩序恢复（陇右，即陇山以西，跟西州同义，也就是甘肃省东部），打通了跟凉州（甘肃省）的交通。

7 十月十七日，刘秀回首都洛阳。

马援之死

导读

马援一生东征西讨，战功赫赫，最终身染瘟疫，病死战场。“马革裹尸”成语，就出自他的口中。刘秀则是中国历史上少数不诛杀功臣的皇帝之一，却在马援尸骨未寒之际，听信鲨鱼群的诬谄，大发雷霆。不仅马援新息侯的印信被收回，连他家人的性命都险些不保。一场突如其来的政治风暴，带给当世以及后世极大的震惊。史家对此众说纷纭，千载以下，我们无法精确的了解冰山底层的真正原因。

一部《资治通鉴》，记录了大小数以百计的战争，许多人物因驰骋疆场而名垂青史。但他们的命运，仍逃不脱其背后的阴谋政治的黑手操纵。《资治通鉴》也记录了许许多多政治阴谋罗织的故事，给后人留下警示。但类似的故事，仍在历史上不断循环的演出。多少英雄末路如此，使人兴悲。

一九八四·七·一五

一世纪

三〇年代

三五—三九年

东汉王朝

●刘秀一连击灭成家等各地独立政权●东汉王朝统一中国●刘秀拒绝收复西域，不再设西域总督 586

一世纪

四〇年代

四〇—四九年

东汉王朝

●交趾郡女子征侧叛变称王●马援斩征侧●废郭皇后，立阴丽华●匈奴再度分裂●梁松陷害马援 627

一世纪

五〇年代

五〇—五九年

东汉王朝

●南匈奴内乱●大肆诛杀亲王宾客●刘秀逝世●刘阳即位●大破乌桓，北边平静 680

一 世 纪

六〇年代

六〇—六九年

东汉王朝

●云台绘中兴功臣三十二人●刘阳夜梦金人●佛教从此传入中国●北匈奴屡入侵，边城尽闭●哀牢部落归附东汉

720

一 世 纪

七〇年代

七〇—七九年

东汉王朝

●“楚狱”兴起，处死放逐数千人●大举攻击北匈奴●班超再通西域●西羌再叛●儒家学者在白虎观集会●定五经异同

752

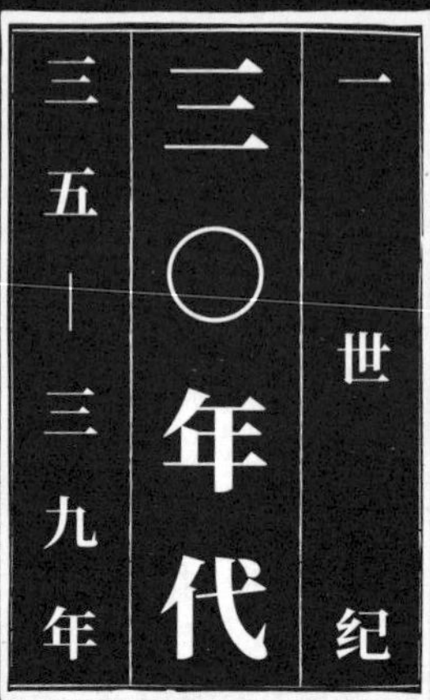

东汉王朝

◎ 刘秀一连击灭成家等各地独立政权。

◎ 东汉王朝统一中国。

◎ 刘秀拒绝收复西域，不再设西域总督。

◎ 罗马皇帝提比留被谋杀，卡力荀拉继位。

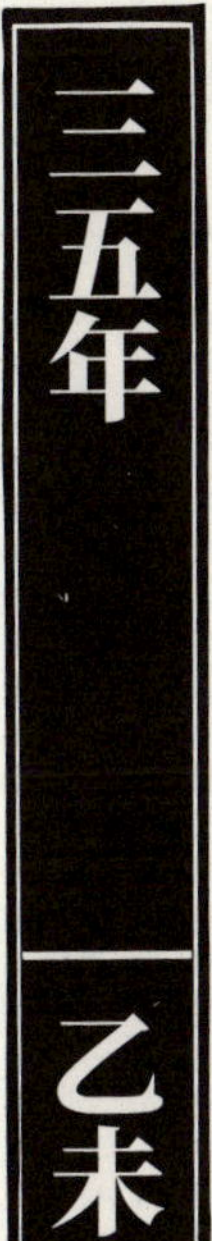

成家　龙兴　十一年
东汉　建武　十一年
（汉帝卢芳七年）

1 春季，三月九日，东汉王朝（首都洛阳〔河南省洛阳市东白马寺东〕）皇帝（一任光武帝）刘秀（本年四十岁），前往南阳郡（河南省南阳市）。稍后，再往章陵扫墓（墓在湖北省枣阳市南，明年〔三六年〕，刘秀祖先坟墓，才命名昌陵，再改章陵。此时还没有“陵”的名称）。

三月三十日，刘秀返首都洛阳。

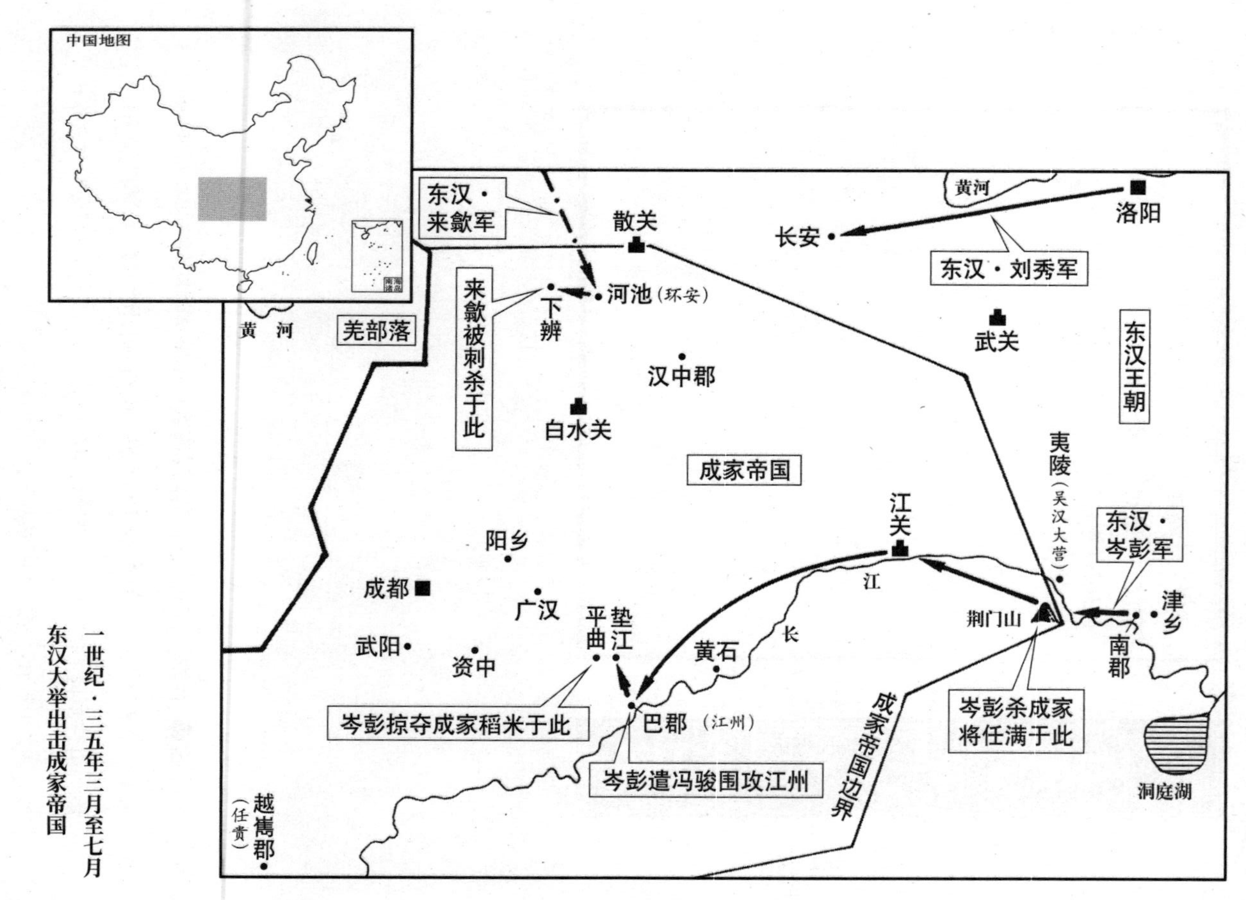

一世纪·三五年三月至七月
东汉大举出击成家帝国

2 东汉征南大将军岑彭，进驻津乡（湖北省江陵县东），几度攻击成家帝国（首都成都〔四川省成都市〕）翼江王田戎等，不能取胜。刘秀派全国武装部队最高指挥官（大司马）吴汉，率领诛虏将军刘隆等三位将领，征发荆州（湖北省及湖南省）武装部队六万余人、骑兵五千人，跟岑彭在荆门（湖北省宜都市西北长江西岸）会师。

岑彭集结战舰数千艘，吴汉认为各郡派来的水手，只会消耗粮食，准备遣散。岑彭认为成家兵力强大，坚决反对，向刘秀上书争取。刘秀下诏，说："最高指挥官（大司马吴汉）习惯陆战，不知道水战，荆门方面的事，全由征南大将军（岑彭）作主。"

闰三月，岑彭在军中招募攻击浮桥的战士，最先攀登上的，有优等奖赏。偏将军鲁奇，挺身而出，组织特别突击队。攻击开始时，东风正烈，鲁奇率突击队小艇，在长江逆流而上，直冲浮桥。不料桥柱上布满铁钩，把小艇钩住，进不能进，退不能退，鲁奇唯有作殊死战，把火炬掷上浮桥，火势在狂风下迅速燃烧，不能遏止。成家守军指挥部所在的桥楼，在火舌中崩塌。岑彭率主力舰队顺风进击，所向披靡。成家守军混乱，落水淹死的有好几千人。岑彭在战场上斩成家大将任满，生擒程泛。成家翼江王田戎撤退到江州（巴郡郡政府所在县，重庆市），继续固守。

岑彭奏请任命刘隆当南郡（湖北省江陵县）郡长（先行到职，再行奏报），自己则率领辅威将军臧宫、骁骑将军刘歆，长驱直入，逼近江关（重庆市奉节县东），下令士兵不得奸淫烧杀。所经过的郡县，人民都奉献牛肉美酒，慰劳大军，岑彭一律推辞，不予接受。人民大喜过望，争着打开城门投降。

刘秀下诏，命岑彭代理益州（四川省及云南省）全权州长（牧）。夺取某郡，就兼任某郡郡长。军事向前推进，必须离境时，则把郡长职务，交付后面接防的将领。州政府官员，由岑彭在军中遴选。

岑彭抵达江州（重庆市），因江州城池坚固，粮食充足，恐怕难以迅速攻陷，于是采用跳蛙战术，留冯骏对江州执行包围任务，而自率大军，直指垫江（重庆市合川区），攻取平曲（以地望推测，可能是合川区东），掠夺稻米数十万石。

吴汉此时驻屯夷陵（湖北省宜昌市），得到岑彭捷报，率军乘隐蔽战舰，继续前进（隐蔽战舰，原文“露桡”，跟西方“奴隶船”相似，水手密封舱底，外边只见桨楫）。

3 夏季，西羌先零部落（青海省东北部）攻击临洮（甘肃省岷县），皇家警卫指挥官（中郎将）来歙，保荐马援当陇西郡（甘肃省临洮县）郡长。马援到任后，反击，大破先零部落。

4 成家帝（一任）公孙述，任命王元当将军（王元于朔宁大军瓦解时，投奔成家。参考去年〔三四年〕），派他跟禁军司令（领军）环安，据守河池（甘肃省徽县）。

六月，东汉皇家警卫指挥官（中郎将）来歙，跟虎牙大将军盖延等，进攻王元、环安，大破成家兵团，攻陷下辨（甘肃省成县），乘胜再进。成家政府大起恐慌，派出杀手，刺杀来歙，刀中要害，但没有立即死亡。来歙命人紧急召唤盖延，盖延看见凶刀仍在来歙腹部的惨状，伏地悲痛，不能抬头。来歙向盖延发怒说：“你怎么敢这个样子？我被刺客击中，无法继续报国，所以才教你来，要把军国大事，托付给你。你却像一个小儿女一样，哭个没完。刀虽然仍在身上，难道不能用军法杀你？”盖延擦干眼泪，勉强起身，听候吩咐。来歙亲写奏章，说：

“我在入夜人定之后，被人刺伤，伤中要害。我不敢爱惜自己，只恨没有尽到职责，反而替政府招来羞辱。治理国家，以任用贤才，最是基本。中级国务官（太中大夫）段襄，忠直骨鲠，可以重用，请陛下考察。我的兄弟们，都不成材，恐怕有一天，会触法犯罪，还求陛下哀怜，时常督责。”

写完之后，放下手中的笔，抽出凶刀，立刻气绝。

刘秀得到消息，大为震惊。一面阅读奏章，一面流泪。下令扬武将军马成，代理皇家警卫指挥官（中郎将），接替来歙。来歙棺柩运回首都洛阳（河南省洛阳市东白马寺东），刘秀改穿丧服，亲自吊丧送葬。

5 东汉赵王（首府邯郸〔河北省邯郸市〕）刘良，随从刘秀参加来歙葬礼回来，从夏城门（即夏门，洛阳北面西头第一门）入城。为了争夺道路，跟皇家警卫指挥官（中郎将）张邯发生冲突。刘良仗着他的尊贵身价，大声喝令张邯，命他的车队后转。又诟骂城门守卫官（门候），罚他作为前导，向前走数十步，展示自己威风。

京畿总卫戍司令（司隶校尉）鲍永，弹劾刘良，说：“不守藩属的礼节，犯大不敬之罪。”刘良是当时最尊贵的皇族（刘秀幼年丧父，弟兄们被叔父刘良抚养成人，跟老爹差不多），鲍永竟然敢提出弹劾，中央政府官员，全体敬肃。鲍永任命扶风（陕西省兴平市）人鲍恢，当执法参谋官（都官从事）。鲍恢也骨鲠正直，不畏惧强梁权贵。刘秀常说：“皇亲国戚可要收敛一点了，小心两个姓鲍的。”

鲍永到霸陵（陕西省西安市东，西汉五任帝刘恒坟墓所在）巡察，经过故玄汉帝（一任）刘玄坟墓，下马叩拜，哭泣尽哀（鲍永是刘玄旧部。参考二六年）。到了扶风（陕西省兴平市），用一头牛的献礼，祭奠苟谏坟墓（王莽既诛杀鲍永老爹鲍宣，上党郡〔山西省长子县〕民兵司令〔都尉〕路平，还要再诛杀鲍永，当时苟谏是上党郡郡长，竭力保护，鲍永才逃一死。参考二四年二月）。小报告立刻呈到刘秀那里，刘秀心里大不是滋味。在朝会上，询问文武官员，说："奉皇帝之命出巡，怎么做出这种事？"中级国务官（太中大夫）张湛回答说："仁义，是行为的动力。忠孝，是道德的基础。仁义的人不忘记故旧，忠孝的人不忘记君王。鲍永所做，出于高贵情操。"刘秀的不高兴才被化解。

6 东汉帝（一任光武帝）刘秀，亲率大军，对成家帝（一任）公孙述，发动总攻。

秋季，七月，刘秀抵达长安（陕西省西安市）。

7 成家帝（一任）公孙述，派大将延岑、吕鲔、王元、公孙恢，动员所有兵力，分别驻屯广汉（四川省射洪市东南沱牌镇）、资中（四川省资阳市）。再派大将侯丹，率二万余人，驻屯黄石（重庆市涪陵区东北珍溪镇）。

东汉征南大将军岑彭，命辅威将军臧宫，率领归降部队五万人，沿着涪水（涪江）北上，进屯平曲（地望在重庆市合川区东），牵制驻扎广汉（四川省射洪市东南沱牌镇）的成家大将延岑。岑彭自率大军，从垫江（重庆市合川区东）返回江州（巴郡郡政府所在县，重庆市）。逆都江（郫江，流经四川省成都市）而上，袭击侯丹，大破敌军。（这一段的地理位置，有点混乱。侯丹据守黄石〔重庆市涪陵区东北珍溪镇〕，岑彭如不先行击败侯丹，就很难到达江州〔重庆市〕。他当然可能先跳过去，取得江州后，再回头肃清后路。不过，那就是"顺长江而下"，而不是"逆都江而上"。）乘胜向成家首都成都推进，昼夜不停，急行军二千余华里，攻陷武阳（四川省眉山市彭山区，武阳与成都间航空距离六十公里）。然后立即派出精锐骑兵，袭击广都（四川省成都市南）。广都位于成都东南数十华里。东汉远征军势如狂风暴雨，兵锋所及，成家兵团全部溃散。

早先，成家帝公孙述得到的情报是：东汉远征军攻击平曲（地望在重庆市合川区东），所以才派大将堵截，等到岑彭进抵武阳（四川省眉山市彭山区），竟绕到成家大将延岑堵截部队的背后，全国震动。公孙述吃惊，用手杖敲地说："为什么这等神速？"延岑就在沅水构筑营垒阵地（沅水，《后汉书·本纪》作沈水，即今洋溪河，于四川省射洪市东南注入涪江）。

东汉辅威将军臧宫，由平曲（地望在重庆市合川区东）北上。五万人是一个庞大兵团，粮秣不继，后勤运输又不能及时赶到，投降过来的军官士兵，开始动摇，准备逃回所属的郡县，再屯聚城堡自卫，造成隔山观虎斗局势，等待大局澄清。臧宫打算撤退，可是他了解，一旦撤退，就会失去控制，引起大规模叛变。正好，刘秀派皇家礼宾官（谒者）前往岑彭司令部，带有战马七百匹。臧宫假传圣旨，全部接收。遂不分早晚，继续向北推进，到处树立旗帜，派部队攀山登岭，擂鼓呐喊。东岸是步兵、西岸是骑兵，夹着涪江，护卫战舰和运兵船，呼声震撼山谷，最后终于抵达成家大将延岑驻屯的广汉。延岑想不到东汉军泰山压顶般猝然来临，登山眺望，只见满山遍野都是东汉军旗帜，杀声震天，禁不住惊恐失措。臧宫乘势总攻，斩杀以及淹死的延岑军，有一万余人，涪江都成了混浊的血水泥浆。延岑大败，奔回成都（四川省成都市），残余的部众，全都投降。臧宫夺得延岑所有的兵马财宝，乘胜继续追击，成家军投降的以十万人为单位计算。最后，臧宫抵达阳乡（四川省三台县），成家大

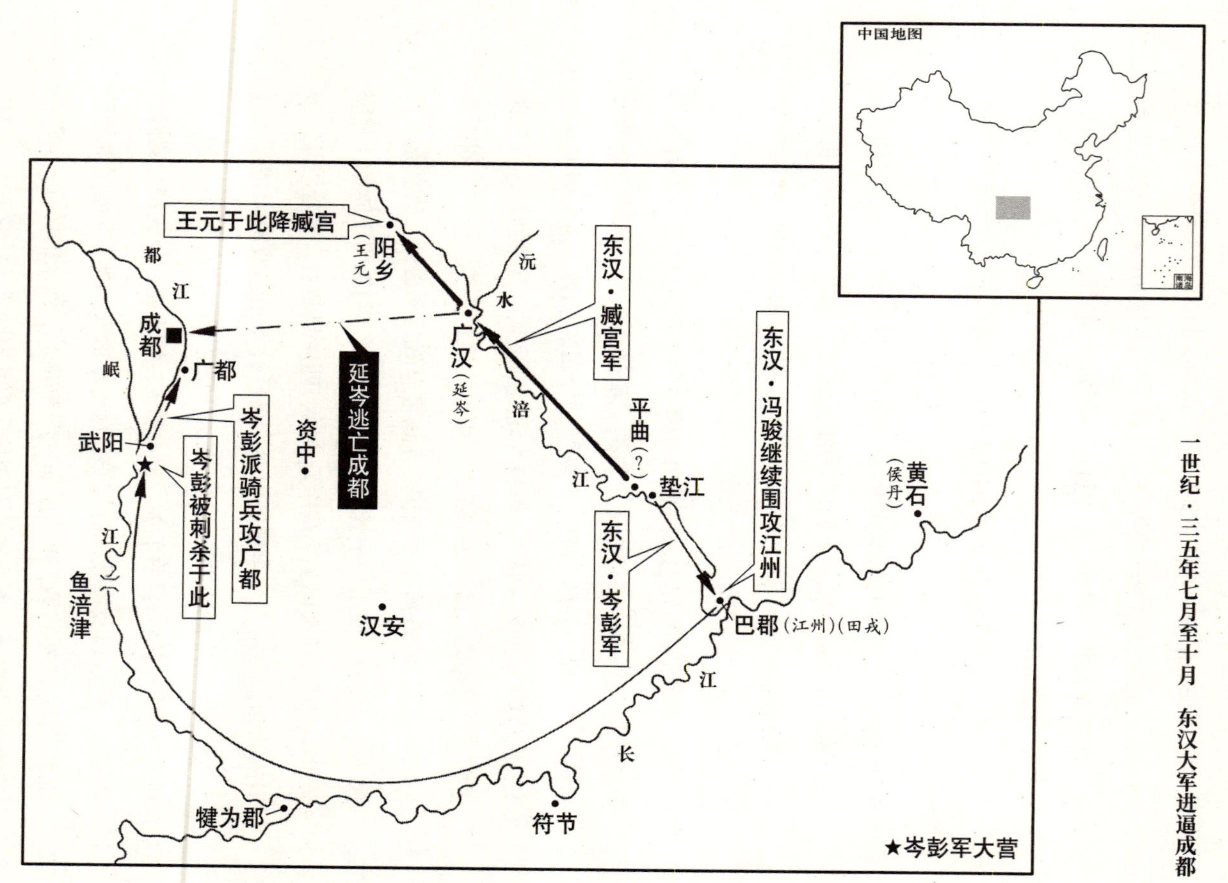

一世纪·三五年七月至十月 东汉大军进逼成都

将王元，率军投降。

刘秀写信给公孙述，分析祸福，再提出誓言和保证。公孙述对着信件叹息，并拿给亲信传阅。祭祀部长（太常）常少、宫廷禁卫官司令（光禄勋）张隆，都劝公孙述投降。公孙述说："一兴一废，都是天命，岂有投降的天子？"左右不敢再劝。常少、张隆知道结局悲惨，忧愁过度而死。

8 东汉帝（一任光武帝）刘秀，从长安返回洛阳。

9 冬季，十月，成家帝（一任）公孙述，派出刺客，假装是逃亡的奴仆，投降东汉远征军；而于夜间，乘机刺杀岑彭。中级国务官（太中大夫）、监军郑兴，接管大军，等候全国武装部队最高指挥官（大司马）吴汉率军赶到，再行转交。

岑彭带兵，军纪严明，对人民秋毫无犯。成家所封邛谷王任贵（任贵一六年据守越嶲，投降成家，参考二五年），崇拜岑彭的威望和信誉，特于数千华里外，派出使节迎降，而岑彭恰恰被害。刘秀把任贵所送的贡物，都赏赐给岑彭的妻子儿女。后来，蜀郡（四川省成都市）人给岑彭建立祭庙，祭祀求福。

10 东汉扬武将军马成，进击西羌诸部落（青海省东部），攻陷河池（甘肃省徽县），武都郡（甘肃省成县）变乱，全部平息。先零部落（青海湖东湟水以南）跟其他羌部落，联合数万人，向民间四出抢掠，扼守浩亹（甘肃省永登县西南河桥镇）要隘。马成跟陇西郡（甘肃省临洮县）郡长马援，深入蛮荒，大破羌军。把归降的羌人，分别安顿到天水（甘肃省甘谷县）、陇西（甘肃省临洮县）、扶风（陕西省与平市）三郡。

这时，东汉中央政府官员（甘肃省甘谷县）认为金城郡（甘肃省永靖县西北）破羌县（青海省民和县）以西，道途遥远，而又不断发生变乱，盗贼又多，不如放弃。马援表示异议，上书说：

“破羌县（青海省民和县）以西，城池坚固，易守难攻，而且土地肥沃，水利工程完整。一旦落入羌人之手，将培养出更大、更无休止的灾害，不应该放弃。”

刘秀采纳。人民陆续回归的有三千余人，马援在新收复地区，设置官吏，修建城池，兴筑碉堡亭障，挖掘灌溉用的沟渠，鼓励人民耕田放牧，一郡安居乐业。马援又招抚边界外的氐人、羌人，归附中国东汉王朝。奏请中央，恢复他们原来的王爵侯爵等尊荣官衔，刘秀一一批准，命马成班师。

11 十二月，吴汉从夷陵（湖北省宜昌市）率三万人，逆长江而上，攻击成家帝国。

12 东汉并州（山西省及黄河河套地区）全权州长（牧）郭伋，到首都洛阳。刘秀向他询问政府的得失，郭伋说：“政府官员，无论任命或升迁，都应该遴选全国英俊贤才，不应该专用陛下那些南阳郡（河南省南阳市）同乡。”这时，政府官员多半是刘秀的同乡或故旧，郭伋正对此而发。

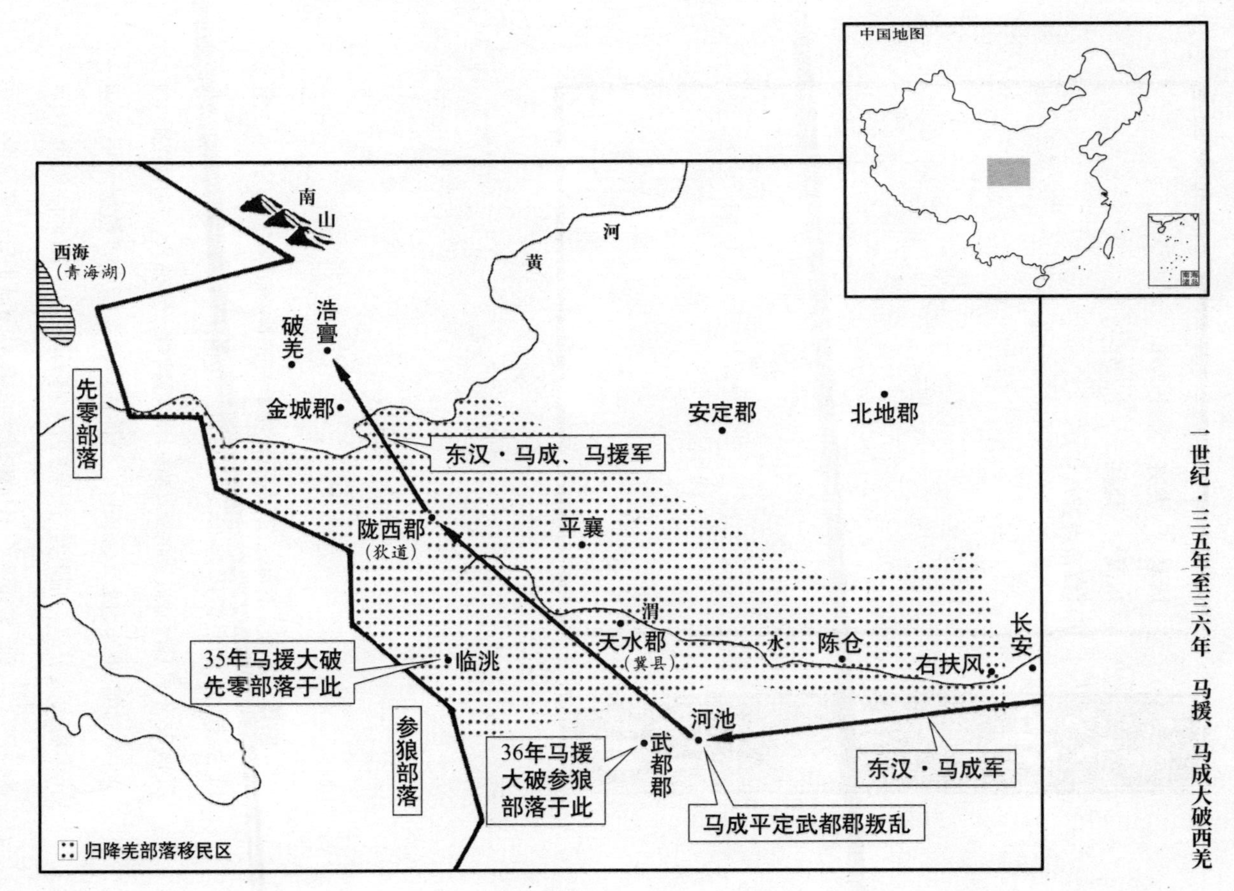

一世纪·三五年至三六年　马援、马成大破西羌

三六年 丙申

成家　龙兴　十二年
东汉　建武　十二年
（汉帝卢芳八年）

1 春季，正月，东汉王朝（首都洛阳〔河南省洛阳市东白马寺东〕）全国武装部队最高指挥官（大司马）吴汉，在鱼涪津（四川省乐山市北），大破成家帝国（首都成都〔四川省成都市〕）大将魏党、公孙永，包围武阳（四川省眉山市彭山区）。成家帝（一任）公孙述，派女婿史兴救援。吴汉迎击，再大破史兴，乘胜追击，遂进入犍为郡（四川省宜宾市）郡界（鱼涪津已属犍为郡，早已进入郡界了，此处叙述混乱），各县闭城拒守。东汉帝（一任光武帝）刘秀（本年四十一岁）指令吴汉：夺取广都（四川省成都市南），直捣对方心脏。吴汉遂进军，攻陷广都，派轻装备骑兵焚烧成都市桥(在成都市郊)。成家将领恐慌，不分日夜叛离逃亡。

公孙述用残忍的手段镇压，对叛离逃亡的，屠杀全家。然而恐惧如同魔掌，使他们失魂落魄，仍然大批叛离逃亡。刘秀决心要公孙述投降，再一次用诏书告诉公孙述："不要把来歙、岑彭被杀这两件事，挂在心上。现在及时表明态度，则家族可以保全。诏书或亲笔信件，不容易屡次得到。"但公孙述仍拒绝投降。

2 秋季，七月，东汉威虏将军冯骏，攻陷江州(巴郡郡政府所在县，重庆市)，生擒成家翼江王田戎。

3 东汉帝(一任光武帝)刘秀告诫全国武装部队最高指挥官(大司马)吴汉，说："成都还有十余万人，不可轻视。只要坚守广都(四川省成都市南)，等待敌人攻击。切记，不要跟敌人决战。如果敌人不发动攻击，你就步步为营，向前推进，压迫他们攻击。必须等敌人筋疲力尽，才可以采取主动。"

吴汉不理会刘秀的指示，乘胜亲自率步骑兵二万人混合兵团，进逼成家首都成都，距城十余里，渡过锦江(南河，流经成都城南)，在北岸扎营，搭建浮桥，命副将、武威将军刘尚，率一万余人，驻扎南岸，两地相距二十余华里。刘秀看到报告后，大感震惊，责备吴汉说："我最近吩咐过你的话，千言万语，为什么事到临头，却头脑不清。既然深入敌方，又跟刘尚远远分开。一旦发生事故，怎么能互相照应？敌人如果出动部队牵制你，而用主力攻击刘尚，刘尚一破，你也失败。幸而目前还平安，应火速退回广都(四川省成都市南)。"

刘秀的诏书还没有到，已进入九月。

成家帝（一任）公孙述果然派宰相（大司徒）谢丰、首都成都警备区司令（执金吾）袁吉，率大军约十万人，分作二十余营，向吴汉发动攻击。另派其他将领率一万余人，牵制刘尚，使他不能救援。吴汉酣战一日，不能支持，败回营垒。谢丰纵兵包围。吴汉召集将领们，激励说："我跟各位，越过穷山恶水，转战千里，深入敌境，进逼城下。现在跟刘尚分别困在两地，无法沟通消息，大祸会不会临头，不得而知。我打算悄悄拔营，到锦江南岸，跟刘尚会师，然后合力抵御。如果能同心协力，拼命奋战，大功就可建立。不然，必定一败涂地。生死存亡，全看此次一击。"将领们承诺："听候吩咐。"

于是犒赏士兵，喂饱战马，紧闭营门，三天不出，又尽量建立旗帜，一直维持炊烟袅袅。乘夜，战士噤声，战马衔着树枝（免得嘶鸣），悄悄向南移动，跟刘尚会师。成家帝国宰相（大司徒）谢丰等还不知道，第二天发觉，乃兵分两路，一路扑锦江北渡口，切断东汉远征军支援。另一路谢丰亲自率领，渡过锦江，到南岸攻击刘尚。吴汉把所有兵力，投入战场，从早上肉搏苦斗，直到傍晚，大破成家兵团，在战场上斩谢丰、袁吉，然后才撤回广都（四川省成都市南），仍留刘尚于锦江南岸，作为前进基地。

吴汉报告刘秀，深自谴责。刘秀回答说："你回广都，处置最是恰当。公孙述绝不敢绕过刘尚，直接向你进攻。如果敌人先进攻刘尚，你从广都救援，不过五十里之遥，出动所有步兵骑兵，正好赶上敌人疲惫，一定可以把他们击破。"自此，吴汉跟成家兵团，在成都、广都之间缠斗，八战八胜。最后，东汉大军终于进入成都外城。

一世纪·三六年正月至十一月　吴汉攻陷成都，成家帝国亡

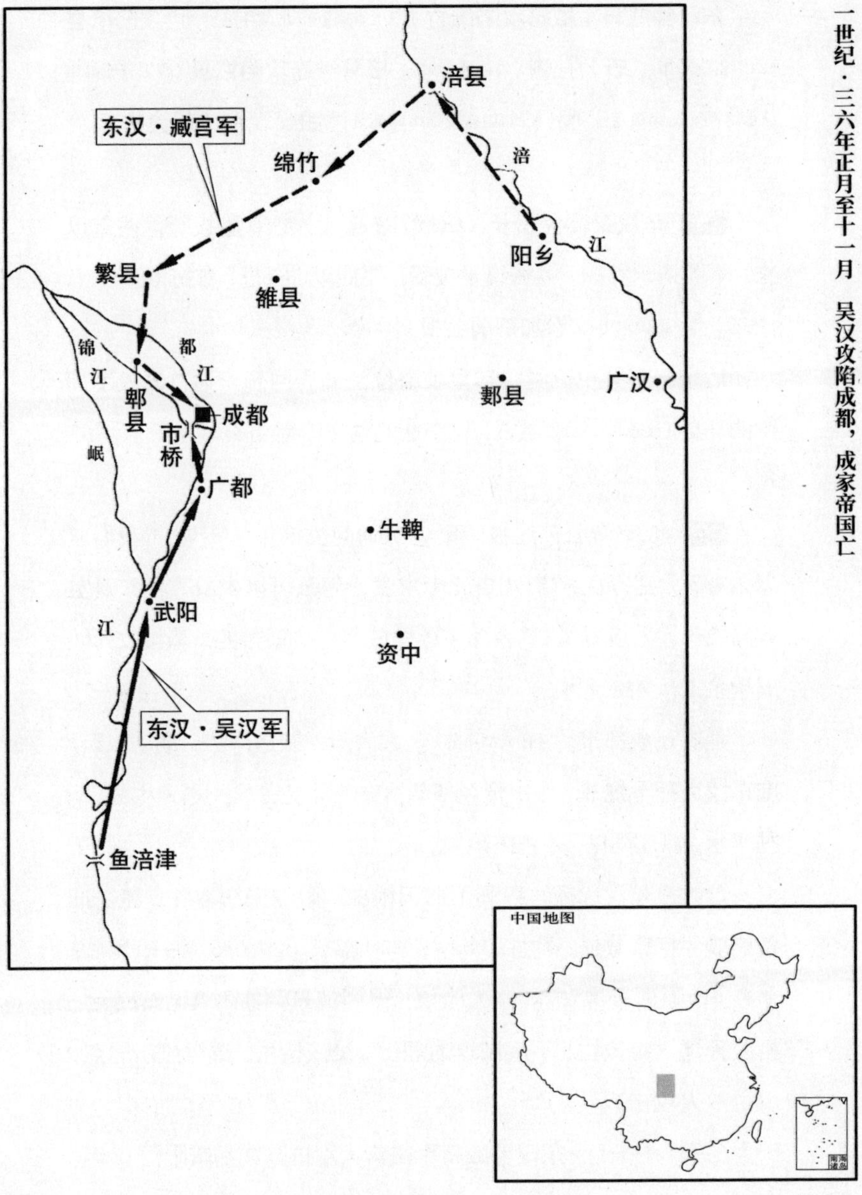

涪县
东汉·臧宫军
绵竹
涪
阳乡
江
繁县
雒县
锦
江
都
江
郫县
成都
市桥
广汉
郪县
岷
广都
牛鞞
武阳
江
资中
东汉·吴汉军
鱼涪津
中国地图
南海诸岛

东汉辅威将军臧宫攻陷绵竹（四川省德阳市北黄许镇），再攻陷涪县（四川省绵阳市），斩公孙恢（公孙述老弟）。接着一连攻陷繁县（四川省成都市新都区西北新繁街道）、郫县（四川省成都市郫都区），跟吴汉在成都会师。

4 东汉最高监察长（大司空）李通，一心躲避权势，两年以来，不断请求辞职。刘秀终于接受，要他以"特进"身份（朝会时，位在三公之下，诸侯之上），参加御前会报（奉朝请）。

后来，有关单位奏请封皇子爵位，刘秀回想李通首先表示拥护的往事（参考二二年），当天，封李通的幼子李雄当召陵侯。

5 成家帝公孙述被困紧迫，询问汝宁王延岑说："我们应怎么办？"延岑说："男儿当死中求生，怎么可以坐着等死？财宝容易聚集，不应爱惜。"公孙述遂发放所有金银布匹，募集敢死队五千余人，交给延岑。

延岑在成都市桥（在成都市郊）竖起大旗，制造声势，擂动战鼓，向东汉远征军挑战。派出奇袭部队，攻击吴汉后军，吴汉大败，坠马落水，抓住马尾，才逃出险境。

这时，东汉远征军只剩下七天粮秣，眼看无法取胜，秘密准备船舰，打算撤退。蜀郡（四川省成都市）郡长（空头官衔。此时蜀郡属成家帝国）、南阳郡（河南省南阳市）人张堪，得到消息，急往求见吴汉，分析公孙述一定败亡，不应撤退的理由。吴汉接受，故意显示弱点，引诱敌人攻击。

冬季，十一月，东汉辅威将军臧宫大军进驻成都咸阳门（成都北面东头第一门）。

十一月十八日，成家帝公孙述御驾亲征，率数万人攻击吴汉，命延岑攻击臧宫。大战既起，延岑三战三胜，从早晨血战到中午，官兵得不到饮食，全都筋疲力尽。吴汉命大军保护总监（护军）高午、唐邯，率精锐部队数万人反击，成家兵团大乱。高午横冲直前，突击公孙述，一矛下去，洞穿公孙述胸脯，公孙述从马上跌下，被抢救入城。

公孙述把大军交给延岑，入夜，逝世。第二天凌晨，延岑献出成都，投降。

十一月二十一日，吴汉下令，斩公孙述妻子儿女，屠杀公孙家族，长幼不留，并屠杀延岑家族。然后，纵兵奸淫烧杀，焚毁公孙述宫殿（成家帝国建国十二年）。

刘秀对吴汉的暴行，大为震怒，责备吴汉，又责备刘尚，说："成都投降，已经三天，官吏人民，全都顺服。仅婴儿和母亲，就用一万为单位计算，突然间纵兵放火，听到的人，心酸落泪。你是皇族子弟，又曾在政府当过官吏，怎么忍心做出这种惨事？仰观苍天，俯视大地，比起来秦西巴释放小鹿（《韩非子》：鲁国国务官孟孙打猎时捕到一只小鹿，交给秦西巴看管，母鹿尾随哀鸣，秦西巴不忍，把小鹿还给它娘亲。孟孙大怒，遂放逐秦西巴。不久，又把秦西巴找回，辅佐孟孙的儿子），乐羊吃他儿子的肉羹，谁有仁心（《战国策》：魏国国君魏斯，派大将乐羊进攻中山王国，乐羊的儿子在中山，中山王把乐羊的儿子煮成肉羹，送一碗给乐羊，乐羊全部吃尽，乐羊破中山后，魏斯赏其功而疑其心）？诚失去斩杀敌将、拯救人民的本意。"

如果没有刘秀的诏书，我们只知道吴汉屠城，当然是在血战的愤怒之下，兽性一时无法遏止。然而，从刘秀的诏书中，可以发现，吴汉的屠城令，却发生在接收成都三天之后，在这三天中，吴汉露出的是满面笑容，直等到布置妥

当，男女老幼，在对吴汉充满感恩图报之时，他却突然翻脸。暴君暴官迫害人民，一向勇敢。但对于没有自卫能力，而又已经屈服的俘虏，跟妇女和孩童，竟公然无惧地大规模下此毒手，只有专制封建政府才做得出。

很显然的，吴汉身上流的是畜生血液，东汉大将邓奉，就是被他的暴行逼反，而他并没有任何改正。白起在长平坑杀赵王国降卒（参考前二六〇年），项羽在新安坑杀秦王国降卒（参考前二〇六年），还可解释说，降卒有战斗潜力！而成都那些儿童和母亲，有什么战斗潜力？但更重要的问题还是，吴汉所统御的野战部队，是正统的万人称颂、铲除暴政、吊民伐罪的“王者之师”。反抗他们的就是盗贼。公孙述跟王莽一样，不过一个官场人物，忽然间承担英雄事业，超过他的能力。这个大玩偶所念及的，只是一点的既得利益，却使那么多人为他的那一既得利益惨死。对一个维持尊严，不向权势屈膝的英雄，我们膜拜。而公孙述，不过冥顽不灵的毛虫。

畜生加毛虫，造成成都浩劫。

6 最初，公孙述征召广汉（四川省射洪市东南沱牌镇）人李业当研究官（博士），李业坚持有病在身，不肯接受。公孙述认为是一种羞辱，命藩属事务部长（大鸿胪）尹融，拿着诏书，前往强迫，说：“你如果就职，封你公侯；你如果不就职，就赏赐给你一杯毒酒。”尹融开导他说：“现在，天下分崩离析，哪一个是‘是’？哪一个是‘非’？谁肯随便投入深不可测的龙潭虎穴？政府敬慕先生的名望品德，特别为你留下官位，已七年之久。四季的特别产品，都按时送上，没有忘掉先生。先生应该上念知己，下念子孙，身家性命，都能保全，岂不名利两收！”李业叹气说：“古人说：‘危险的国家，不要进去。混乱的地方，不要居住。’（《论语》孔丘语。）正是为了这个缘故。‘君子遇到危险，并不爱惜生命’。（《论语》子张语。）何必用高官贵爵引诱？”尹融建议，说：“为什么不跟家人商量？”李业说：“大丈夫早有行事的准则，管什么妻子儿女？”遂饮毒酒而死。公孙述不愿意被人认为逼死贤才，特派使节吊丧，赠送绸缎一百匹，李业的儿子李翚逃走，不肯接受。

公孙述又延聘巴郡（重庆市）人谯玄，谯玄拒绝，公孙述也派使节，用毒药胁迫。郡长亲自前往拜访，劝他动身，谯玄说：“坚持我的气节，死有何恨？”遂接过毒药。谯玄的儿子谯瑛痛哭，向郡长叩头，愿捐献家产千万，救赎老爹的死罪。郡长奏报，公孙述允许。

公孙述又征召蜀郡（四川省成都市）人王皓、王嘉，预防他们抵制，先行逮捕他们的妻子儿女。使节对王嘉说：“快点整装出发，妻子儿女才可以活命。”王嘉说：“狗马还认识主子，何况我们是人？”王皓先行自刎，使节砍下人头回报。公孙述七窍生烟，把王皓家属，全体诛杀。王嘉听到消息，叹息说：“我竟走在后面！”就在使节面前，拔剑自杀。

犍为郡（四川省宜宾市）人费贻，不肯在成家政府当官，全身涂漆，假装得了癞病，以致生满癞疮，装疯卖傻，终于逃脱。同郡人任永、冯信，都假装患青光眼，拒绝征召。

东汉帝（一任光武帝）刘秀既消灭成家帝国，下诏：追赠常少官衔祭祀部长（太常）、张隆官衔宫廷禁卫官司令（光禄勋）。谯玄已经逝世，用中牢（羊猪各一）祭祀，命地方政府偿还赎命钱一千万。表扬李业的街坊。征召费贻、任永、冯信。正巧任永、冯信逝世，只有费贻当官，当到合浦郡（广西合浦县东北）郡长。刘秀又认为成家故将程乌、李育，都有才干，一齐任用并擢升他们的官职，于是西土（指四川省）欢悦，人民无不归心。

在屠城惨剧之后，靠着任命几个人当芝麻大的小官，祭祀几头猪羊，便使人民乐不可支，一面倒顺服，恐怕没有这种可能。官场人物往往高估“官”的影响力，认为只要给他一个官做，人民便会忘了血海深仇。左邻的幼儿惨死刀下，可是看见右邻一个“大儒”当了官，便由衷大悦。后巷的娘亲被活活烧成一团灰炭，可是看见前街一个“武弁”当了官，同样也由衷大悦。

我们看不到东汉政府夺取益州（四川省及云南省）之后，有什么善政，足以使人民忘掉创伤。刘秀对吴汉，以及对刘尚的责备，只不过一纸文件，跟王莽在害死刘箕子后宣读“金柜留书”一样（参考二三年六月），只是为了要在历史上留下美好记录，如此而已。不幸的是，他也确实达到目的，摇尾系统自有如椽之笔，化血腥为仁慈，根据这些表演，勇猛的歌功颂德。

7 当初，新王朝政府任命广汉郡（四川省梓潼县）人文齐，当益州郡（云南省昆明市晋宁区东）郡长。文齐劝导农民耕田，训练民兵，招降蛮夷，郡内一团和气。成家帝国时代，文齐关闭边境，把守险要。成家帝公孙述逮捕文齐的妻子儿女，应许加封侯爵，但文齐拒绝投降。后来听说东汉帝（一任光武帝）刘秀登极，派人从便道捷径，向刘秀呈递奏章。成家帝国覆亡后，东汉政府征召他到首都洛阳，任命当镇远将军，封成义侯。

8 十二月三十日，东汉政府任命扬武将军马成，代理最高监察长（行大司空事）。

9 本年（三六年），西羌参狼部落（甘肃省舟曲县东）联合其他部落，攻击武都（甘肃省成县）。陇西郡（甘肃省临洮县）郡长马援反击，大破羌军，羌军投降的一万余人。于是，陇右（陇山以西）秩序完全恢复。

马援做事的基本原则是：建立威望，待人有恩，严守承诺，对下非常宽大厚道。任用官吏，完全分层负责，而由自己总揽大纲，虽事务繁忙，宾客故旧，每天都挤满大门。各部门负责主管，有时向他报告公事，马援总是回答："这是秘书（丞）、科员（掾）的职责，用不着麻烦我。请你可怜可怜我老汉，使我安心游山玩水。如果有土豪劣绅，欺负小民；或者有官员贪赃枉法，那才需要郡长过问。"

有一次，邻县有人报复私仇，聚集人群，发生流血事件，官员人民大为震惊，传言羌人叛变，城外人民纷纷入城。狄道（陇西郡郡政府所在县，甘肃省临洮县）县长急忙晋见马援，请求关闭城门，出动军队。马援正跟宾客们饮酒，大笑说："羌人怎么敢再攻击我？告诉狄道县长，请他回家睡觉。实在害怕得不得了，躲到床底下也行。"不久，秩序恢复正常，一郡佩服。

10 东汉帝（一任光武帝）刘秀下诏："边疆官员，对侵犯国土的敌人，如果没有力量战胜，就采取守势。追击敌人，或近或远；判断敌人，或进或退，都不受'逗留法'的限制。"（两汉政府逗留法：军事行动，迟疑不进，畏惧不战的，处斩。）

11 山桑侯（节侯）王常（下江兵）、牟平侯（烈侯）耿况、东光侯（成侯）耿纯，先后逝世。

耿况卧病，刘秀数次去他家探望，任命耿弇（耿况的儿子）的老弟耿广、耿举，同时当皇家警卫指挥官（中郎将）。耿弇兄弟六人（耿弇、耿舒、耿国、耿广、耿举、耿霸），都身佩青紫色印信绶带，在病榻前侍奉汤药，当世认为荣耀。

12 匈奴汗国（王庭设蒙古国哈拉和林市）支持的汉帝（首都九原〔内蒙古包头市〕）卢芳（刘文伯），联合匈奴、乌桓（内蒙古西辽河上游），不断侵扰边疆。

东汉帝（一任光武帝）刘秀，派骠骑大将军杜茂等，率领大军，镇守北方沿边要塞，整修古老的飞狐道（河北省涞源县南，太行山八陉之一），兴建碉堡、烽火台，先后跟匈奴、乌桓发生数百次大小战斗，但无法取胜。

13 刘秀下诏，征召凉州（甘肃省）全权州长（牧）窦融跟所属五个郡的郡长一齐到首都洛阳。（五郡：金城郡〔甘肃省永靖县西北〕、武威郡〔甘肃省武威市〕、张掖郡〔甘肃省张掖市〕、酒泉郡〔甘肃省酒泉市〕、敦煌郡〔甘肃省敦煌市〕此时，除卢芳〔首都九原〕一隅外，中国已经统一。此项征召，是拔除窦融等的地方势力，改由中央政府另派官员接管），窦融等接到诏书后，即行动身。属下的官员跟宾客们，全都跟随，仅车队就有一千余辆，牛马羊满山遍野。

既到洛阳，窦融趋赴城门，缴出印信（窦融此时身兼三职：凉州全权州长、张掖移民区总监、安丰侯）。刘秀派使节把侯爵印信发还（仅免去凉州州长，及张掖移民区总监，仍封侯爵）。然后接见，赏赐丰厚，招待隆重，轰动京师（首都洛阳）。

不久，任命窦融当冀州（河北省中部南部）全权州长（牧）。任命梁统当中级国务官（太中大夫）；姑臧（武威郡郡政府所在县）县长孔奋，当武都郡（甘肃省成县）郡政府主任秘书（郡丞）。姑臧是河西走廊（甘肃省中西部）最富饶的地方，当全国陷于改朝换代大混战期间，知识分子的品德败坏，只要当几个月的县长，便立刻成为富豪，大肆搜括金银财宝。孔奋在姑臧当了四年县长，操守廉洁，引起人们讥笑，认为他身子浸在油脂里，却不能使自己的皮肤滋润。等到跟随窦融到洛阳朝见，其他各郡郡长、各县县长，财产堆积，一车又一车，恨不得把地下的矿、水里的鱼，都搜括而去。只有孔奋没有财产，全家共乘一辆车子上路。为此，刘秀特别奖赏他。

14 刘秀擢升睢阳（梁郡郡政府所在县，河南省商丘市）县长任延，当武威郡（甘肃省武威市）郡长，召见他，告诫说：“好好的侍奉长官，爱惜名誉。”任延回答说：“我曾经听说，尽忠职守的人一定跟人不和睦，跟人人都和睦的人，一定无法尽忠职守。坚守正道，遵行法令，是官员的基本立场。如果上官跟下级搅和在一起，一个鼻孔出气，那可不是陛下的福气。所以关于‘好好侍奉长官’的命令，我不能接受。”刘秀叹息说：“你说的是。”

东汉　建武　十三年

（汉帝卢芳九年）

1 春季，正月一日，东汉王朝（首都洛阳〔河南省洛阳市东白马寺东〕）宰相（大司徒）侯霸逝世。

2 正月二十九日，东汉帝（一任光武帝）刘秀（本年四十二岁）下诏，说："各郡、各封国，如果进贡特别的山珍海味，御厨房管理官（太官令）再不可接受。远方送来祭祀皇庙的饮食，则依照旧例办理。"

这时，有外国呈献良马，每天可行千里。又有人呈献宝剑，价格高达两千两黄金。刘秀下诏：宝剑赏赐给骑士，马送到皇家仪仗队去拉乐队车辆（鼓车）。

刘秀不喜爱音乐，也不喜爱珍珠璧玉。有一次，到郊外打猎，入夜后才回城，上东门（洛阳东城北面第一门）城门守卫官（门候）、汝南郡（河南省平舆县西北射桥镇）人郅恽，拒绝开门。刘秀命他的随从从门缝里跟郅恽见面。郅恽说："灯光的亮度有限，看不清你是谁！"仍拒绝开门。刘秀无可奈何，只好绕到东中门（东城当中城门）进城。第二天，郅恽上书规劝说："从前，姬昌（周王朝文王）不敢沉迷打猎，一心一意，服务人民。陛下远到深山丛林之中，夜以继日，岂不是看轻国家和皇庙？"

奏章呈上后，刘秀赏赐郅恽布帛一百匹，把东中门城门守卫官贬逐到参封县（今地不详，属琅邪郡〔山东省诸城市〕）当警察官（尉）。

3 二月，派捕虏将军马武，进驻滹沱河（滹，音hū〔呼〕），戒备匈奴汗国（王庭设蒙古国哈拉和林市）南侵。

4 匈奴汗国（王庭设蒙古国哈拉和林市）支持的汉帝（首都九原〔内蒙古包头市〕）卢芳（刘文伯），围攻东汉所属的云中（内蒙古托克托县），历时很久，无法攻克。卢芳亲信大将随昱，留守首都九原，阴谋劫持卢芳（刘文伯）投降东汉。卢芳（刘文伯）得到消息，却没有能力对付叛徒，仓猝间率领骑兵卫士十余人，逃入匈奴。所有部众全都归附随昱，随昱亲到洛阳朝见。

刘秀任命随昱当五原郡（郡政府九原）郡长，封镌胡侯（镌，音juān〔娟〕）。

5 建义大将军朱祐奏称："古时候，除非直系皇族，不封王爵。"

二月二十七日，刘秀下诏：长沙王刘兴、真定王刘得、河间王刘邵、中山王刘茂，一律降封侯爵（刘兴封临湘侯，刘得封真定侯，刘邵封乐成侯，刘茂封单父侯）。

二月二十八日，改封赵王刘良当赵公，太原王刘章当齐公，鲁王刘兴当鲁公（刘良是刘秀的叔父，刘章、刘兴，都是刘秀老哥刘縯的儿子）。

这时，刘姓皇族，以及原封国撤销，而由后裔继承的，凡一百三十七人。

富平侯张纯，是张安世的四世孙（张安世，参考前八〇年）。虽在新王朝，因为特别谨慎小心，所以仍保全爵位。刘秀登极，张纯最先归附，爵位如初。现在，主管单位奏称："侯爵之中，除非是皇族，其他外姓，不应该恢复封国。"刘秀说："张纯充当皇家卫士，有十余年，不要废除。"但改封武始侯，采邑只有原来富平县的一半大。

6 二月庚午日（二月庚寅朔，没有庚午），封绍嘉公孔安当宋公，承休公姬常当卫公（四年，西汉政府已封孔安为宋公。二六年，东汉政府封姬常为周承休侯；二九年，儿子姬武继位。此处姬常应是姬武之误）。

7 三月十二日，擢升沛郡（安徽省淮北市）郡长韩歆当宰相（大司徒）。

8 三月十七日，代理最高监察长（行大司空）马成，解除代理职务，专任扬武将军。

9 全国武装部队最高指挥官（大司马）吴汉，从蜀地（四川省）振旅班师，经过宛县（河南省南阳市），刘秀特准他回到故乡，到祖坟祭扫，赏赐谷米二万斛。

夏季，四月，吴汉返抵首都洛阳，刘秀扩大犒赏出征将士、功臣的采邑。重新调整增加的，有三百六十五人。皇亲国戚封爵的，有四十五人。

最大的采邑是：邓禹封高密侯，采邑四个县。李通封固始侯。贾复封胶东侯，采邑六个县。其他侯爵的采邑，各个不等。已经死亡的，增加子孙的采邑，或改封他小老婆生的儿子（庶子）。

10 东汉帝（一任）刘秀在军中的生涯太久，对战争已经厌倦，深知人民疲惫贫困，渴望休养。自取得陇右（陇山以西）、蜀郡（四川省成都市）之后，除非有特别紧急情况，从不谈论军事。皇太子刘彊曾经向老爹问及阵战，刘秀说："从前，卫国国君卫元（三十一任国君灵公），向孔丘请教战争，孔丘不肯答复。这种事，你最好不要问。"

邓禹、贾复，知道刘秀决心追求和平，收藏武器，推广文化教育，不愿有功劳的将领，身在京师（首都洛阳）而拥有重兵。于是，二人自动交出军权，倾心研究儒家学派经典。刘秀也考虑到功臣们的前途，决心保护他们的爵位和采邑（不像他祖先那样，大肆杀戮）。于是，所有侯爵，都不兼政府官职。遂撤销左将军、右将军。耿弇也缴还全国最高统帅（大将军）、将军等印信。大家都以侯爵身份，回到自己家宅，而以"特进"（朝见时，位在三公之下，诸侯之上）地位，参加御前会报（奉朝请）。

邓禹性格敦厚，有十三个儿子，使他们各人至少精通儒家学派的一种经典。邓禹的家教严谨，男女分别，十分清楚，对子女的教育方法，都可以作为后世效法的对象。一切开支，全靠采邑税收，不再从事其他行业营利。

贾复性格刚毅而正直，曾建立大功，既不兼任政府官职，在家里闭门纳福。朱祐等曾推荐贾复担任宰相，而刘秀正督促三公（宰相、全国武装部队最高指挥官、最高监察长）整顿全国文官制度，所以对功臣一律不使他们当官。这时，侯爵群中，唯有邓禹、李通、贾复三人，参与部长级高级官员会议，议论国家大事，恩宠隆重。

刘秀虽然不用功臣当官，但对他们却大度包容，一些小过失，都特别原谅。远方进贡的金银财宝或山珍海味，一定先行赏赐所有侯爵，有时连御厨房（太官）都没有多余的。所以功臣们都能保持自己的尊贵爵位和财产，没有一人受到诛杀或贬谪。

柏杨曰

刘秀是历史上少数不诛杀他亲密战友的元首之一。并不是他阁下，跟他阁下亲密的战友，道德学问都达顶峰，而是刘秀处理得当：他不赋予他们实质权力，无论是军权或政权。幸而他没有任用贾复当宰相，以贾复的蛮横暴躁，那将会产生不愉快的结局。领兵在外，只要忠心就行了。如果朝夕相处，只靠忠心便不行。当一方面总是否决对方决定时，日久必然爆发冲突。而君臣冲突，一定流血。

政治是一种艺术，政治行为是一种艺术创作，刘秀在这方面有很高的造诣——唯一和他媲美的只有宋王朝一任帝赵匡胤，但赵匡胤的事迹不包括在《资治通鉴》之中（它出现在《续资治通鉴》）。中国古代元首懂得官场的人多，懂得政治的人少。有政治艺术修养的，更屈指可数。仅就不杀亲密战友这一点，我们真不明白，以后的一些君王，为什么不能以刘秀作为榜样？再一次证明历史的教训在政治运作中，功用甚微。就连刘秀自己，也把不稳舵，不久就又任命马援南征交趾郡（越南北宁省），结果被小报告挑拨得嘴歪眼斜，虽然没有大开杀戒，但破坏了他的初衷。

11 益州（四川省及云南省）用政府驿马车把故成家帝国宫廷御用的盲人乐师、皇家祭庙用的乐器、用五色羽毛编成篷盖的车辆（葆车）、人力拉挽的帝王后妃专用的车辆（舆辇）以及各种其他类型的车辆，全部运到洛阳。皇家礼乐方面的器物，才开始完备。

这时，全国大乱的局面渐渐平息，安静休养，事情清闲，政府公文书来往跟差役调派，都很简单，而且很少，比起从前，不过十分之一。

自从新王朝末期群雄并起，到东汉王朝扫平群雄，再度统一中国，二十年的改朝换代型战乱，人民死亡一千余万。那时候的武器不过刀枪弓箭而已。一千余万是个可怕的数目，其中包括妇女和儿童，饿死、杀死、淹死、烧死、奸死、病死。每一个人的死，都是一幕悲惨的故事。

根据纪元二年的统计，全国户数一千三百二十三万，人口五千九百五十九万。而纪元一〇四年统计，全国户数九百九十九万，人口四千九百一十五万。户数减少三百余万，人口减少一千余万。一百年间，都不能恢复，则本年（三七）的户数和人口，当更要少。

即以长安（陕西西安）而论，西汉王朝时人口六十八万，东汉王朝时只剩二十八万，减少三分之二。而最可怜的却是沛郡（安徽省淮北市），西汉王朝时人口二百余万，东汉王朝时只剩下二十余万，减少十分之九。当然他们不见得全部丧生，也可能流离外地。但鉴于全国总人口的减少，他们逃生的机会不大。

哀哀冤魂，只制造出一群内战英雄。

12 四月二十六日，刘秀任命冀州（河北省中部南部）州长窦融，当最高监察长（大司空）。窦融知道他不是皇帝的故旧臣僚，而到了中央政府后，官位却在那些功勋彪炳的功臣之上，就更加谨慎小心；每次朝见，都容貌和气，言谈谦卑，对人恭敬。刘秀对他这种作风，十分欣赏，越发厚待。可是窦融内心不安，不断请求辞去官位跟封爵。上书说："臣，窦融，有一个儿子，早晚教他研读儒家学派经典，不准他学习天文，不准他看神秘预言书（谶记）。只盼望心怀恐惧，不敢多事，木讷谦敬，遵守正道。不愿他有才干能力，何况竟要把几个城市，跟广大的土地（指侯爵封地）传给他，使他享受？"

因而请求单独召见，刘秀不许。有一次，朝会完毕，窦融故意走在大家后面，试探着要开口。刘秀知道他又要辞职，叫左右催促他马上离开。又有一天，刘秀召见他，迎面就说："那一天，我知道你要辞职，归还采邑，所以教左右告诉你：天气太热，快出去凉快凉快。今天见面，只谈别的事情，不要再辞什么职！"窦融不敢坚持。

13 五月，匈奴汗国（王庭设蒙古国哈拉和林市）攻击河东郡（山西省夏县）。

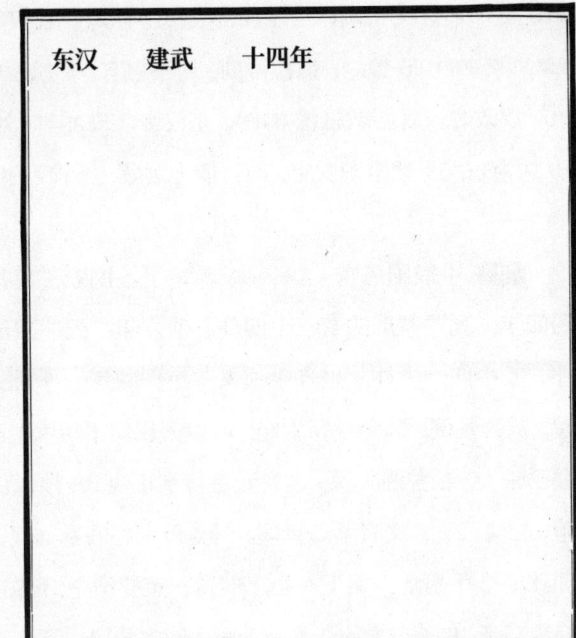

1 夏季，东汉王朝（首都洛阳〔河南省洛阳市东白马寺东〕）邛谷王任贵，派使节到首都洛阳，呈报三年来的工作报告跟考绩。东汉政府即任命任贵当越嶲郡（四川省西昌市）郡长。

2 秋季，会稽郡（江苏省苏州市）瘟疫大起。

3 西域（新疆及中亚东部）莎车王（新疆莎车县）贤、鄯善王（新疆若羌县）安（姓皆不详），都派使节到东汉进贡。西域一直被匈奴汗国（王庭设蒙古国哈拉和林市）控制，捐税苛刻，苦不堪言，都愿意归属中国，请求东汉政府恢复西域总督（都护）。东汉帝（一任光武帝）刘秀（本年四十三岁）认为东汉王朝刚刚安定，没有能力远顾，不肯答应。

4 中级国务官（太中大夫）梁统，上书说："我曾经看到，前四四年，死罪减刑的有三十四件。前六年，死罪减刑的有八十一件。其中四十二件，是亲手杀人，而作减死一等判决。从那时候起，成为判例。因为处罚太轻，所以人民动不动就犯法，官员也不在乎杀人。我曾经听说，国家元首行事正规，应该以仁义为主要规范。仁者爱人，义者坚持真理。爱人就要把残暴彻底铲除，坚持真理就要排斥祸乱，端正人心。刑罚一定要适中恰当，不能特别偏轻。高帝（西汉一任帝刘邦）承受天命，制定法令，都恰到好处。文帝（西汉五任帝刘恒）只不过撤销肉刑、连坐（前一七九年，撤销连坐法。前一六七年，撤销肉刑），其他的全都依照旧章。至于哀帝（西汉十三任帝刘欣）、平帝（西汉十四任帝刘箕子），在位时间太短，处理刑狱很少。宰相王嘉，牵强附会，擅自改动前辈君王的法令规章，数年之间，竟有一百余件（王嘉于前五年十月当最高监察长〔御史大夫〕，前四年四月当宰相，前二年三月下狱，逝世。在相位不过两年，不应称“数年”，且变更法令规章达一百余件，是一桩大事，而《汉书·王嘉传》跟《刑法志》都没有记载）；有的不合道理，有的不得民心。现在把其中为害最大的，作一报告。请陛下交给有关单位，选择最好的制成法条。”

刘秀交付给高级官员讨论。宫廷禁卫官司令（光禄勋）杜林奏称：“西汉王朝最初兴起时，废除苛政，四海之内，莫不欢欣。等到后来，法令越来越多，连馈送一点桃李蔬菜，都成了行贿的赃物。小小的过错，跟天下的大义无关，也会判处死刑。最后，法律不能约束，命令不能遏阻，上下互相逃避掩护，弊病更深。我愚昧的认为，仍应使用过去的法条，不要再加调整。”

梁统再上书，说：“我所做的请求，并不是要求严刑峻法，《书经》说：‘治理人民，刑法就要适中。’（《书经·吕刑》：“爰制百姓，于刑之衷。”）适中的意义是：不失之轻，不失之重。从高祖（西汉一任帝刘邦）直到孝宣（西汉十任帝刘病已），社会秩序，井井有条。到了前一世纪九〇年代及至五〇年代，盗贼匪徒，日渐增多，都是刑罚不适中，造成愚昧的人容易触犯法网。由此观察，刑罚过轻，反而容易激起大祸。对奸恶的人宽大，就是谋害善良。”但事情仍被搁置，刘秀不再交付审议。

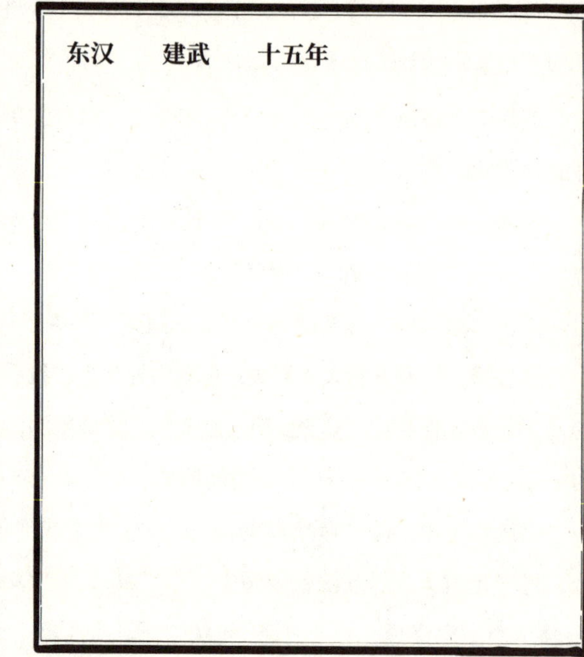

1 春季，正月二十三日，东汉王朝（首都洛阳〔河南省洛阳市东白马寺东〕）宰相（大司徒）韩歆免职。

韩歆性情鲠直，说话没有技巧，直来直往，不知道隐讳。东汉帝（一任光武帝）刘秀（本年四十四岁）无法容忍。韩歆在刘秀面前，肯定天下将发生重大的饥馑荒年，指天画地，恳切而过于刚烈，遂被免职，送回家乡（南阳郡，河南省南阳市）。

然而，刘秀仍愤愤不平，越想越气，又派使节送去诏书，激烈责备。韩歆跟儿子韩婴，一同自杀。韩歆拥有重名，天下都很尊敬，无罪而被逼死，人心不服。刘秀追赠金钱粮食奠仪，以完整的礼仪安葬（不以死于非命贬降礼数）。

司马光曰 从前，子武丁（商王朝二十三任帝高宗）吩咐他的宰相傅说，说："药物如果不能使人有苦涩的感觉，病就不会痊愈。"激烈率直的言论，对说话的人，没有利益，但却是国家的福气。所以，君王日夜寻求这种言论，唯恐听不到。可惜的是，在刘秀那个时代，韩歆竟以直言规劝而死，岂不是圣明事迹的一个污点？

柏杨曰 司马光这篇评论，有句话是事实，有句话不是事实。是事实的一句话是："激烈率直的言论，对说话的人，没有利益，但却是国家的福气。"不是事实的一句话是："君王日夜寻找这种言论，唯恐听不到。"一个专制暴君，或一个或大或小的独裁人物，日夜寻找的绝不是激烈率直的批评；恰恰相反，他日夜寻找的却是使他龙心大悦的赞扬，很少有人愿意天天听逆耳之言，连文质彬彬的刘秀都办不到。稍后，在叙述到唐王朝时，更可发现，甚至英明盖世的李世民大帝也办不到。更何况等而下之。孟轲对此有所警告："朋友数，则疏矣；君臣数，则辱矣。"

司马光所以这么蒙蔽事实真相，是为了套牢君王（他正是对君王说话），有一种鼓励作用。但对广大的人民或广大的读者群而言，却贻害无穷。既然当头目的人，都有如此见识，不可避免的会有两种后果：一是，使忠于国家民族的人士，跳进被辱被杀的圈套，摧毁国家民族的精英；二是，使人们认为只要谏得诚恳，劝得婉转，主子无不采纳，延长了独裁政体的寿命。

2 正月二十九日，昴星之旁，出现孛星。

3 东汉政府任命汝南郡（河南省平舆县西北射桥镇）郡长欧阳歙当宰相（大司徒）。

4 匈奴汗国（王庭设蒙古国哈拉和林市）对边界的侵略，日益严重，沿边各州、各郡，无力抵抗。东汉政府决定退避。

二月，派全国武装部队最高指挥官（大司马）吴汉，率扬武将军马成、马武等，北击匈奴，把雁门（山西省右玉县）、代郡（山西省阳高县）、上谷（河北省怀来县）等三郡的官员和人民，约六万余人，强迫撤退到居庸关（北京市昌平区西北）、常山关（即飞狐关，河北省唐县西北倒马关）以东，远离匈奴。

匈奴汗国东部军区部众，进入边塞，使东汉承受的压力更重。东汉政府忧心不止，只好增加前方的武装部队，每个据点多达数千人。

5 夏季，四月十一日，刘秀封皇子刘辅当右翊公、刘英当楚公、刘阳当东海公、刘康当济南公、刘苍当东平公、刘延当淮阳公、刘荆当山阳公、刘衡当临淮公、刘焉当左翊公、刘京当琅邪公。

四月十七日，刘秀追封大哥刘縯为齐（武）公，二哥刘仲为鲁

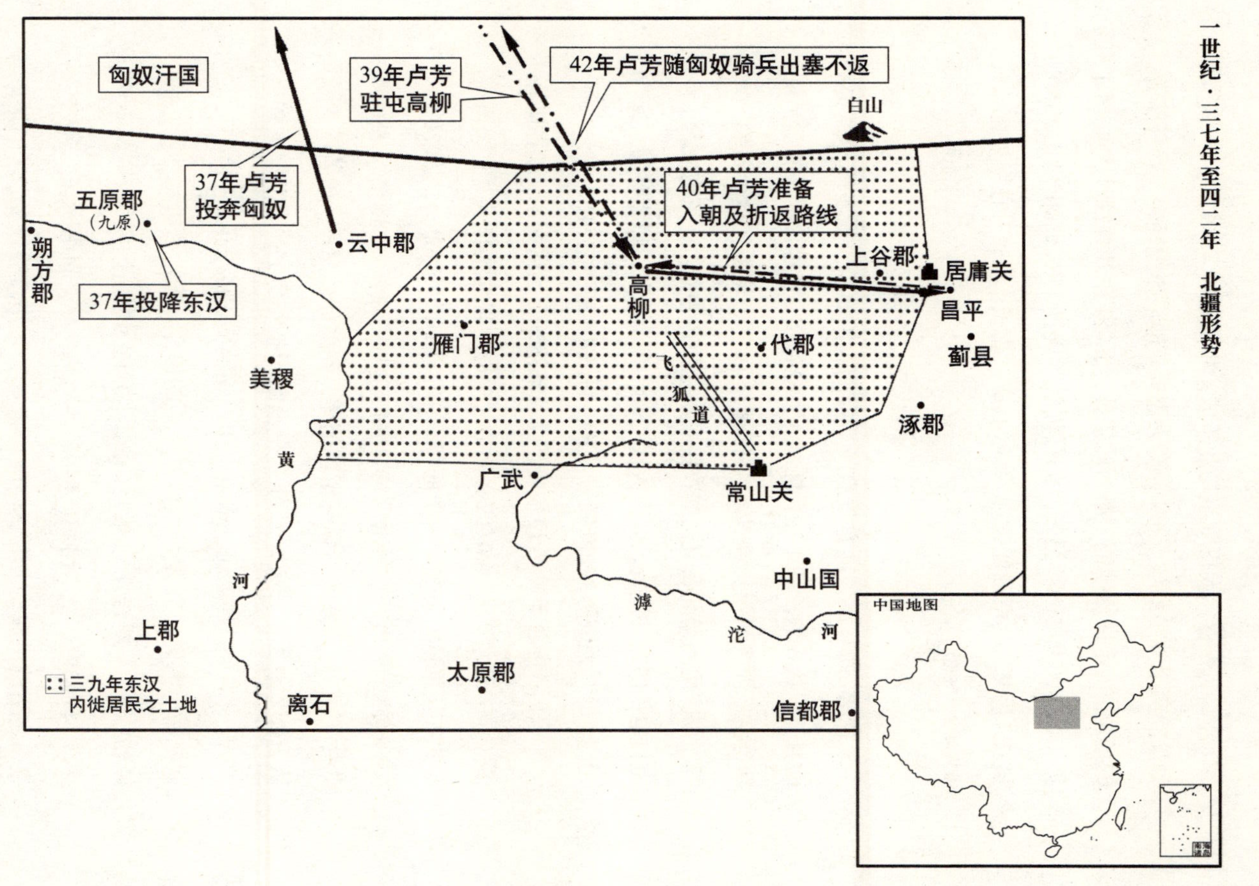

一世纪·三七年至四二年 北疆形势

（哀）公。刘秀感念大哥刘𬙂功业不成，中道被害（参考二三年），抚养刘𬙂的两个儿子刘章、刘兴，至为恩慈。他们年纪轻轻，就有尊贵的地位，为了训练他们了解行政工作，于是，派刘章暂时代理平阴县（河南省洛阳市孟津区）县长，刘兴代理缑氏县（河南省洛阳市偃师区东南）县长。后来，刘章升任梁郡（河南省商丘市）郡长，刘兴升任弘农郡（河南省灵宝市东北）郡长。

6 刘秀认为地方政府所呈报的农田面积，很多都不确实，而且，户数人数，每年互有增减。下令各州、各郡，严格测量，重新确定。而各州州长（刺史）、各郡郡长（太守），遂抓住这个机会，大肆发财。用测量的名义，把农民聚集在田亩中间，连家宅农舍、乡里村落，都寸寸追究。天下人民骚动，奔走道路，啼哭呼喊，诉苦无门。但对土豪劣绅，却特别庇护，而只苛待广大贫农。

当时，各郡都有专设信差，到首都洛阳，呈递奏章。就在陈留郡（河南省开封市东南陈留镇）的奏章中，刘秀发现郡政府承办官员不小心夹在里面的一张便条，上面写："颍川郡（河南省禹州市）、弘农郡（河南省灵宝市东北）可问，河南郡（河南省洛阳市东白马寺东）、南阳郡（河南省南阳市）不可问。"刘秀召见陈留郡信差，问他什么意思，信差不肯承认有什么意思，只说："那字条是在洛阳长寿街上捡来，误夹到当中的。"刘秀勃然大怒。本年（三九），皇子东海公刘阳，才十二岁，在帐后插嘴说："那是郡政府对信差的指令，教他探听其他郡县测量的结果。"刘秀说："果是如此，为什么说河南郡、南阳郡不可问？"刘阳说："河南郡（河南省洛阳市东白马寺东），首都所在，多的是皇帝亲近的臣僚；南阳郡（河南省南阳市），是皇帝的故乡，多的是皇亲国戚。无论房舍农田，都超过规定，不足为凭。"刘秀命警卫武士逼问陈留郡信差，陈留郡信差承认，果然不出刘阳判断。刘秀对这个儿子，大为欣赏。

刘秀派皇家礼宾官（谒者）调查郡长级（二千石）官员中，被控贪赃枉法的行为，是不是实在。

冬季，十一月一日，查出宰相（大司徒）欧阳歙在汝南郡郡长任内，测量田亩作弊，贪污千余万钱，被捕下狱。

欧阳歙家世代都教授《书经》，八世都当研究官（博士）。学生门徒，集结在皇宫门外，请求皇帝饶恕欧阳歙一命的，有一千余人，甚至有人自处髡刑（剃光头发）和剃刑（剃光全身毛发）。平原郡（山东省平原县）人礼震，年纪才十七岁，要求代替欧阳歙一死。

刘秀毫不动摇，欧阳歙遂死在狱中。

从明王朝到清王朝，六百年间，官场有句谚语："三年清知府（郡长），十万雪花银。"清官还是如此，贪官之富，更不可想象。欧阳歙显然以清廉闻名于世，如果脏名远播，刘秀不会擢升他当宰相。然而，仅只测量耕地，便贪污千余万钱，依当时市价，一万钱值黄金一斤，千余万钱，当值黄金千斤以上，一斤以二十两计算，当在二万两以上，而这仅是测量耕地一项；加上其他种种，数目可观。是这些钱，才使人民流着血泪，"遮道呼号"，诉苦无门。——当然无门。门被欧阳歙堵住。

可惊的是，对这种丧尽天良的赃官，竟有那么多知识分子，为他求情，甚至一个十七岁还未成年的学生，竟要替他伏诛。这件事暴露了传统教育的秘密：教师除了传授知识外，还要培养个人崇拜，把盲目的对个人的效忠，当作最高的追求目标。于是，学生门徒也者，遂成为一种"护师"动物，好像屎克螂保卫它的屎团一样，严密的保卫他们的教师，而不管他值不值得保护。护师动物只看见教师杀头，却看不见多少贫苦农夫悬梁自尽，多少孤儿寡妇伏尸悲嚎。

7 十二月二十七日，任命关内侯戴涉当宰相（大司徒）。

8 逃亡到匈奴汗国的卢芳（刘文伯。参考三七年二月），再回到中原，居住高柳（山西省阳高县）。

9 本年（三九），驻防飞狐道（河北省涞源县南）的骠骑大将军杜茂（参考三六年），被控派遣军官杀人，免职。命扬武将军马成，接替他的边防职务。马成修筑要塞，增加碉堡，每隔十华里，设立一个守望烽火台，对匈奴严密戒备。

刘秀命骑兵总监（骑都尉）张堪，接管杜茂的骠骑兵团，在高柳（山西省阳高县）击败匈奴，遂即命张堪当渔阳郡（北京市密云区）郡长。张堪当郡长前后八年，匈奴不敢进犯边塞，取得短期和平，劝导农民恢复生产，农民也开始富足。人民为他们的生活安定和改善，唱出歌谣：“桑树没有多余的枝条／麦有两个麦穗／张先生当郡长／我们快快乐乐安睡！”

10 安平侯盖延逝世。

11 交趾郡（越南北宁省）麊泠（音mí líng〔靡零〕，越南河内市西北三十公里）屯垦官（雒将）的女儿征侧，英明勇敢。交趾郡长（太守）苏定，用法律制裁她，征侧忿恨。

- 交趾郡女子征侧叛变称王。
- 马援斩征侧。
- 废郭皇后，立阴丽华。
- 匈奴再度分裂。
- 梁松陷害马援。

- 罗马皇帝卡力苟拉在宫中被刺身死。叔父革老丢继位。
- 犹太王国第二次被征服，成为罗马一省。
- 十二使徒之一的圣保罗，开始在罗马城传播基督教福音。

东汉　建武　十六年

（国王征侧元年）

1 春季，二月，交趾郡（越南北宁省）女子征侧跟她的妹妹征贰，聚众起兵，号召民众反抗东汉王朝（首都洛阳〔河南省洛阳市东白马寺东〕）。九真郡（越南清化市）、日南郡（越南东河市）、合浦郡（广西合浦县东北）等郡蛮夷，纷纷响应，共占领六十五县。

征侧自称国王，建都麊泠（音mí líng〔靡零〕越南河内市西北三十公里）。交趾州长（刺史）及各郡郡长，闭城自守，无力反击。

2 三月三十日，日蚀。

3 秋季，九月，首都洛阳特别市长（河南尹）张伋，以及其他各郡郡长十余人，被指控测量农田舞弊，逮捕下狱，全部处死。后来，东汉帝（一任光武帝）刘秀（本年四十五岁）顺便对虎贲警卫指挥官（虎责中郎将）马援说：“杀了那么多郡长和封国国相，我非常后悔。”马援回答说：“只要犯的罪应该死，就应该杀，有什么多不多？只不过，人死了之后，却不能复活。”刘秀大笑。

4 各郡、各封国变民不断崛起，郡政府或县政府派出军队征剿。军队到时，变民一哄而散。军队去后，再行集结。青州（山东省北部）、徐州（江苏省北部）、幽州（河北省北部及辽宁省）、冀州（河北省中部南部）四州，尤其严重。

冬季，十月，东汉政府派使节到各郡、各封国，鼓励变民集团互相检举攻击：五人击杀一人，五人的罪行即行免除。对于畏怯、逗留、逃避，或者故意放纵盗贼的官员，一律不追究责任，而只责成他们剿匪立功。各郡、各封国地方政府首长，无论是全权州长、郡长、县长，被控境内有盗贼却不缉捕，或懦弱怕事，放弃职责的，全不处罚，而只考查今后工作成绩，看谁捕获得最多，谁捕获得最少。对藏匿掩护罪犯的人，才予惩戒。

于是，变民集团内哄，官员全力征剿，变民集团遂先后瓦解。东汉政府把一些变民首领迁移到别的郡县，拨付土地给他们，发放种子，使能够安心生产。从此之后，放牧的牛马，晚上不必回厩，城门夜间不再关闭（升平景象）。

5 以高柳（代郡郡政府所在县，山西省阳高县）为基地的汉帝卢芳（刘文伯），跟他的大将闵堪，派人到首都洛阳，请求投降。刘秀接受，封卢芳（刘文伯）当代王（首府阳高），任命闵堪当代国国相，赏赐绸缎二万匹，使他们阻止匈奴汗国南侵。卢芳（刘文伯）上书感谢，声称思念皇家宫阙，要求入朝。刘秀用诏书回答：明年（四一）正月，前来首都洛阳。

最初，匈奴汗国（王庭设蒙古国哈拉和林市）知道东汉用巨额赏金，缉捕卢芳（刘文伯），希望能得到丰厚的赏赐，所以特地送回卢芳（刘文伯），教他投降。想不到卢芳（刘文伯）变卦，坚称他的投降是自己主动，闭口不提匈奴的原意。匈奴呼都而尸道皋若鞮单于（二十任）挛鞮舆，又有口难言自己的诡计，所以得不到赏赐。于是老羞成怒，对东汉沿边的攻击，更加深入。

6 东汉虎贲警卫指挥官（虎贲中郎将）马援，上书建议恢复西汉王朝使用的五铢钱（九年，新王朝政府废除五铢钱）。刘秀采纳，人民都感便利。

7 卢芳（刘文伯）入朝，已抵达昌平（北京市昌平区南）。刘秀令他停止，等到明年（四一）再来。

四一年 辛丑

东汉　建武　十七年
（国王征侧二年）

1 春季，正月，东汉王朝（首都洛阳〔河南省洛阳市东白马寺东〕）赵公（孝公）刘良（刘秀叔父）逝世。

当初，怀县（河内郡郡政府所在县，河南省武陟县）豪门李子春的两个孙儿，谋害人命。怀县县长赵憙（音xǐ〔喜〕），深入追究，终于找到真凶，两个孙儿自杀；于是，逮捕李子春。首都洛阳尊贵的皇亲国戚，有几十人之多，替李子春说情，赵憙一律拒绝。等到刘良病重，东汉帝（一任光武帝）刘秀（本年四十六岁）亲自到病榻前探望，询问有什么交代。刘良说："我跟李子春，感情至厚，而今李子春犯罪，怀县县长赵憙，非杀他不可，请你饶李子春一命。"刘秀说："地方官员，执行法律，不可以破坏，请吩咐我做别的事！”刘良不再说话。刘良死后，刘秀追念这位从小把自己抚育长大的叔父，特赦李子春出狱，擢升赵憙当平原郡（山东省平原县）郡长。

柏杨曰

（特权社会中）凡是破坏法律的人，往往都是执行法律的人。普通小民，碰一下法律试试？非死即伤。只有手握权柄的大小家伙，才能摧毁法治，和人民对法律的信心。

刘良是当时第一号头目，尊贵仅次于太上皇，在如此强大的权势之下，赵憙不肯屈服，他所承受的压力，不亚于苦刑拷打下的贯高（参考前一九八年）。我们不强调他比贯高更难支撑，但至少都是同等程度的难以支撑。他是中国最早期为法治奋斗的英雄。刘秀虽然最后赦出李子春，使善政不终，但赵憙已尽了全力，只无法抵挡那种父子型的封建亲情。何况，李子春两个孙儿已付出生命的代价。

世界上最可怕的是刘良这种人物。没有这个政权，他便没有荣华富贵。可是，他却努力破坏保护这个政权的法律。

2 二月三十日，日蚀。

3 夏季，四月二日，刘秀前往章陵（湖北省枣阳市南）。五月二十一日，刘秀返首都洛阳。

4 六月二十九日，临淮公（怀公）刘衡（刘秀的儿子）逝世。

5 变民首领李广，攻陷皖县（安徽省潜山市。皖，音wǎn〔挽〕）。东汉政府派虎贲警卫指挥官（虎贲中郎将）马援、骠骑将军段志讨伐。

秋季，九月，攻破皖县，斩李广。

6 刘秀正妻皇后郭圣通，因为失宠，对刘秀不停的抱怨，使刘秀怒不可遏。

冬季，十月十九日，刘秀罢黜郭圣通，改封小老婆（贵人）阴丽华当皇后。下诏说："这是一件非常事变，不是国家之福，不准庆贺祝福。"郅恽（参考三七年）向刘秀进言说："我听说：夫妻间的私情，连当父亲的都不能管教儿子，何况做臣属的，怎能规劝君王？所以，我不敢作任何进言。不过，唯请陛下适当处理，莫使天下人议论纷纷！"刘秀说："郅恽最能够推己及人，应该知道我绝对不会失去分寸，轻视天下人的反应。"

刘秀封郭圣通生的儿子右翊公刘辅当中山王（首府卢奴〔河北省定州市〕），把常山郡（河北省元氏县）并入中山国。封郭圣通当中山太后。其余九位皇子，都从公爵，晋封王爵。

7 十月二十二日，刘秀前往章陵（湖北省枣阳市南）整修父祖墓园祭庙，在旧日住宅祭祀，巡察田地农舍。大设酒宴，招待亲戚，颁发赏赐。刘秀的前辈伯母、舅母、姑母、婶娘们，酒酣耳热，互相说："文叔（对刘秀的昵称）小时候，谨慎小心，跟人从不敷衍，只是率直柔和，想不到今天竟会如此。"刘秀听见，笑说："我治理天下，也靠率直柔和。"

十二月，刘秀从章陵返回京师（首都洛阳）。

8 本年（四一），西域（新疆及中亚东部）莎车王（新疆莎车县）贤（姓不详），再派使节到洛阳进贡，请求中国恢复西域总督（都护）。刘秀颁给贤西域总督印信，以及车辆、旗帜、黄金、绸缎。敦煌郡（甘肃省敦煌市）郡长裴遵，上书警告说："对于夷狄，不可以授给他们大权，否则，反而使其他国家失望。"刘秀认为有理，下令追回总督印信，改颁"汉大将军"印信。莎车使节不肯缴还，裴遵强行夺取。

莎车王贤有一种被戏弄的感觉，对东汉产生恶感。但他仍宣称他是西域总督，通知各国，各国纷纷归附。

9 匈奴汗国（王庭设蒙古国哈拉和林市）、鲜卑部落（内蒙古东部大兴安岭西麓）、赤山乌桓部落（河北省北部滦河上游），联合起来，不断攻击边塞，杀掠东汉官员人民。东汉政府任命襄贲（山东省兰陵县东南长城镇）县长祭彤（音róng〔融〕），当辽东郡（辽宁省辽阳市）郡长。祭彤勇敢有力，蛮夷屡次侵犯，祭彤每次都身先士卒，击退对方。祭彤，是祭遵的堂弟（祭遵，参考二四年二月）。

10 交趾州（广东、广西，及越南北部）征侧等变民集团，起兵连年，不能平息。东汉政府正式下令长沙郡（湖南省长沙市）、合浦郡（广西合浦县东北）、交趾郡（越南北宁省）等郡，准备车辆船只，修筑桥梁，凿通道路，储备粮秣。

任命马援当伏波将军，扶乐侯刘隆当马援的副将，率大军南下，讨伐征侧。

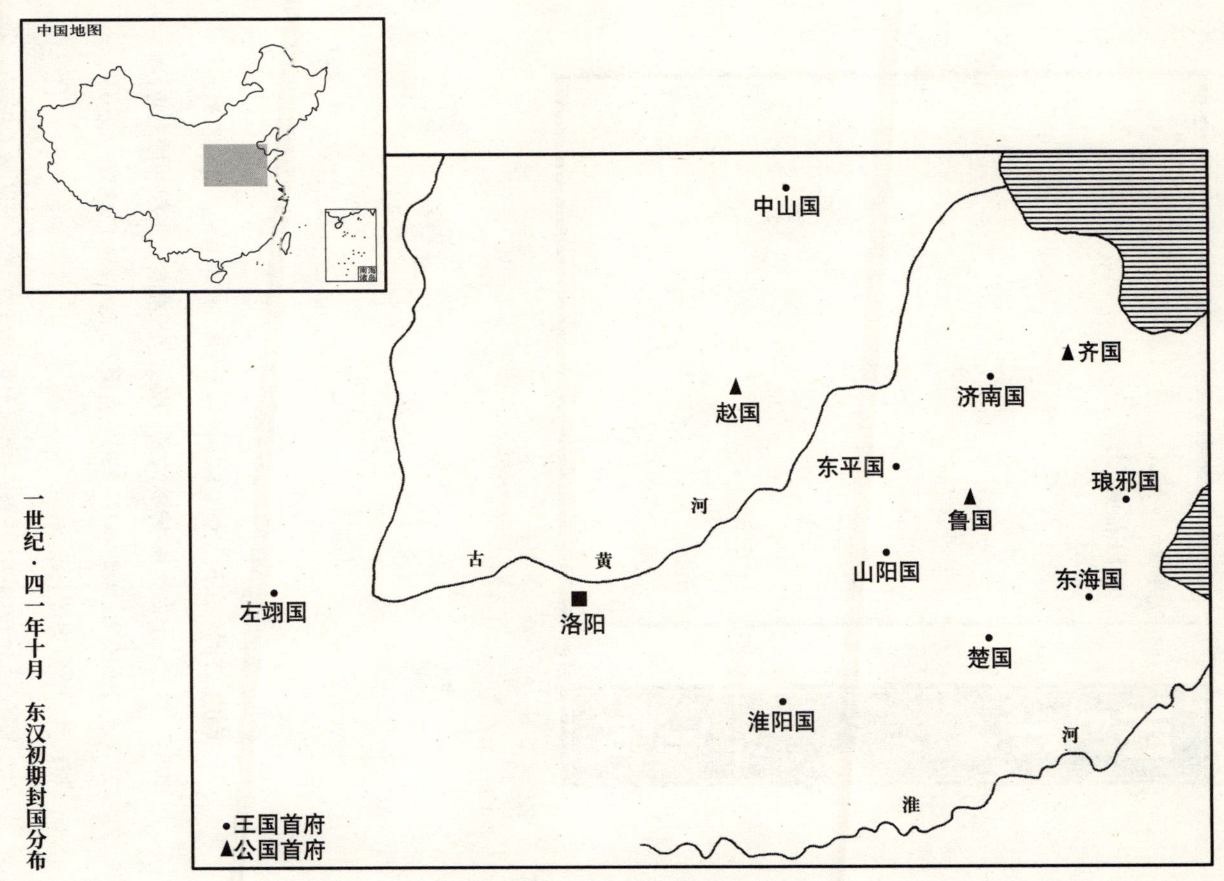

一世纪·四一年十月　东汉初期封国分布

四二年 壬寅

东汉　建武　十八年

（国王征侧三年）

1 二月，东汉王朝（首都洛阳〔河南省洛阳市东白马寺东〕）蜀郡（四川省成都市）民兵司令（守将）史歆叛变，攻击郡长张穆，张穆翻城逃走，史歆遂占领成都（蜀郡郡政府所在县）。宕渠（四川省渠县东北三汇镇）人杨伟等起兵，响应史歆。

东汉帝（一任光武帝）刘秀（本年四十七岁）命全国武装部队最高指挥官（大司马）吴汉等，率一万余人讨伐。

2 二月甲寅日（二月辛酉朔，没有甲寅），刘秀前往长安（陕西省西安市）。三月，再往蒲阪（山西省永济市），祭祀后土神坛（坛在汾阴〔山西省万荣县西南荣河镇〕）。

3 伏波将军马援沿着北部湾，向交趾郡（越南北宁省）推进，见山开道，遇水架桥，行军一千余里，抵达浪泊（今地不详，应在越南北境），跟变民集团首领征侧等大战，大破变民集团，征侧逃走。马援追击到禁谿（求江，自越南北部发源，流经河内市北郊，注入北部湾），征侧部众溃散。

4 夏季，四月十五日，刘秀返首都洛阳。

5 四月戊申日（四月庚申朔，没有戊申），刘秀前往河内郡（河南省武陟县）。四月二十九日，刘秀返首都洛阳。

6 五月，旱灾。

7 代王（首府高柳〔山西省阳高县〕）卢芳（刘文伯），自从东汉政府拖延他入朝日期（参考四〇年），从昌平（北京市昌平区南）回去后，惊疑不定，内心恐惧。于是，再叛，跟东汉所任命的封国国相闵堪互相攻击，连战数月。匈奴汗国（王庭设蒙古国哈拉和林市）派数百名骑兵，把卢芳（刘文伯）迎接出塞，再回匈奴。卢芳（刘文伯）从此留在匈奴，十余年后，病死。

8 全国武装部队最高指挥官（大司马）吴汉，征调广汉郡（四

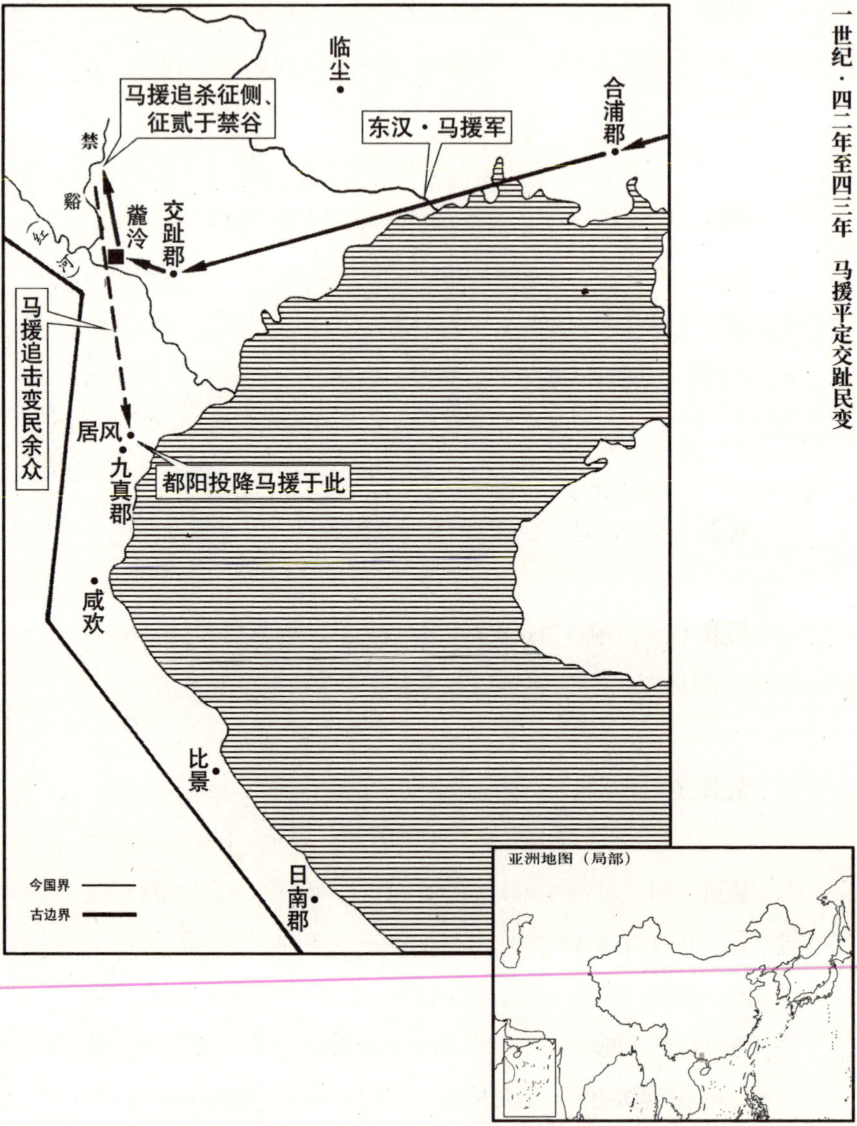

临尘
合浦郡
马援追杀征侧、征贰于禁谷
东汉·马援军
禁
谿
红河
麊泠
交趾郡
马援追击变民余众
居风
九真郡
都阳投降马援于此
咸欢
比景
日南郡
今国界
古边界
亚洲地图（局部）

川省梓潼县)、蜀郡(四川省成都市)、巴郡(重庆市)三郡武装部队，围攻成都(蜀郡郡政府所在县)，历时一百余日。

秋季，七月，城破，斩史歆等。吴汉大军乘木筏，顺江(不知是涪江或是岷江)而下，直取巴郡(重庆市)。杨伟等大起恐慌，部众解散。吴汉诛杀若干重要首领，把其他重要党徒数百家，集体迁到南郡(湖北省江陵县)、长沙郡(湖南省长沙市)，然后班师。

9 冬季，十月二十四日，刘秀前往宜城(湖北省宜城市)，归途中，前往章陵(湖北省枣阳市南)祭祀父祖。

十二月，刘秀返首都洛阳。

10 本年(四二)，撤销各州全权州长(牧)，改回原来的州长(刺史)制度(前一〇六年，西汉七任帝刘彻，初设州部刺史。前八年，西汉十二任帝刘骜，取消刺史，改设州牧。前五年，西汉十三任帝刘欣，取消州牧，再设刺史。前一年，取消刺史，再设州牧。本年〔四二〕，取消州牧，恢复刺史)。

11 高级皇家警卫指挥官(五官中郎将)张纯，跟交通部长(太仆)朱浮，联名奏称："礼教规定：既当某人的儿子，就应该尊奉大宗，贬黜自己的亲爹亲娘。现在，应该撤除章陵(湖北省枣阳市南)陛下父祖的四座祭庙，陛下应纳入'大宗'系统。改建陛下即位前、四位皇帝的祭庙。"宰相(大司徒)戴涉等奏报，请兴建西汉王朝十一任帝(元帝)刘奭、十二任帝(成帝)刘骜、十三任帝(哀帝)刘欣、十四任帝(平帝)刘箕子四个祭庙。

刘秀认为，依照辈分，他是十一任帝(元帝)刘奭的堂侄，应该是刘奭的继承人。

四三年 癸卯

东汉　建武　十九年

（国王征侧四年）

1 春季，正月十五日，东汉王朝（首都洛阳〔河南省洛阳市东白马寺东〕）皇帝（一任光武帝）刘秀（本年四十八岁），追称西汉十任帝（宣帝）刘病已的祭庙为中宗。在首都洛阳皇家祭庙（太庙）群中，增建西汉八任帝（昭帝）刘弗陵、十一任帝（元帝）刘奭二人祭庙。西都长安（陕西省西安市）皇家祭庙群中，增设西汉十二任帝（成帝）刘骜、十三任帝（哀帝）刘欣、十四任帝（平帝）刘箕子三人祭庙。而春陵（即章陵，湖北省枣阳市南）祭庙（章陵）群中，刘秀父亲刘钦的祭庙，仍照原样。

长安、章陵两地的祭庙群，都由当地郡长（太守）、县长（令、长），负责修护并主持祭祀。

2 南征交趾郡（越南北宁省）的伏波将军马援，击斩变民集团女首领征侧、征贰姐妹。

3 原武城（河南省原阳县）变民首领单臣、傅镇等，聚众起兵，攻陷原武城，自称“将军”。

刘秀命中级国务官（太中大夫）臧宫，率军包围原武城（河南省原阳县），发动数次攻击，都无法攻下，士兵反而有不少伤亡。刘秀召集王爵、侯爵，以及政府部长级以上高级官员，询问方略。大家一致主张：“应该提高赏格。”只皇子东海王（首府郯县〔山东省郯城县〕）刘阳表示异议，说：“这群人在妖师巫师劫持之下，不可能长久，其中一定有后悔想逃的人，只因围攻太急，不得不反抗。如果政府稍稍放松，使他们有机会溃散，一旦溃散，一个村长就足够对付了。”

刘秀认为有理，命臧宫撤围。变民集团遂瓦解，四散逃命。

夏季，四月，政府军收复原武城，斩单臣、傅镇等。

4 马援继续攻击征侧余党都阳等，追到居风（越南清化市北），都阳等投降。岭南（南岭以南）地区，全部平定。马援向故南越国（南岭以南及越南北部）地区土著，重新强调固有规定，约定共同遵守。

自此之后，南越土著，一直奉行马援的规定。

5 闰四月二十五日，刘秀把赵公刘栩、齐公刘章、鲁公刘兴，一齐擢封王爵（刘栩封赵王〔首府邯郸，河北省邯郸市〕，刘章封齐王〔首府临淄，山东省淄博市东临淄区〕，刘兴封鲁王〔首府鲁县，山东省曲阜市〕）。

6 皇后郭圣通既被罢黜（参考四一年），郭圣通生的皇太子刘彊，心怀恐惧，不能自安。郅恽建议说：“长久的坐在不稳定的座位上，使老爹为难，有违孝道。一味拖延，更可能激起危险的反应，不如辞去太子，退避到亲王地位，专心奉养娘亲。”刘彊接受劝告。拜托老爹左右亲信和其他亲王，向老爹表示他的诚意，愿退居封国藩属。刘秀既罢黜他的母亲，不忍心再罢黜她的儿子，这样犹豫了数年。而现任皇后阴丽华，有她自己的亲生之子，不能不作解决。

六月二十六日，刘秀下诏："《春秋》大义，选择继承人时，以出身高贵为标准（《春秋公羊传》："立嫡以长不以贤，立子以贵不以长。母贵则子贵，子以母贵，母以子贵"）。东海王刘阳，皇后（阴丽华）所生，应继承宝座。皇太子刘彊，坚决谦让，愿退居藩属。父子之情，不愿太勉强他。兹改封刘彊当东海王（首府郯县），封刘阳当皇太子，刘阳改名刘庄。"

国家之所以设立太子，在于尊重正统，维系民心。除非有天下皆知的大罪极恶，不可以变动。刘秀中兴汉王朝的大业，自应遵循传统，作后世效法的榜样。而今，刘彊的品德，并没有亏欠。刘秀床上的宠爱太多，以致使嫡长子丧失他应有的位置，是一件错误措施。幸好，刘彊贬降亲王，谦让恭敬的美德，更为明显。刘阳（刘庄）继承大统，兄弟友爱之情，更是亲密。虽然长幼换位，一个人兴起，一个人贬谪，可是父子弟兄之间，感情浓厚，毫无间隙。即令用三代（夏、商、周）的方法来处理，也不会比这个更好。（袁宏，参考三五六年七月。）

如果用"三代"的方法处理，那可是一片血腥，姬历为了夺嫡，竟把亲兄吴太伯逼得逃入蛮荒。

7 刘秀任命太子刘阳（刘庄）的舅父阴识，代理首都洛阳警备区司令（执金吾），另一舅父阴兴，当皇城保安司令（卫尉），辅佐刘阳（刘庄）。

阴识，性情忠厚，在宫中虽然正直进言，可是跟门客在一起时，从来不谈及国家大事。刘秀对他十分敬重，常用他作为榜样，告诫左右及皇亲国戚，勉励他们效法。

阴兴，虽然礼贤下士，门庭热闹，但门客中从没有英雄豪侠。跟同郡（南阳郡）人张宗、上谷郡（河北省怀来县）人鲜于裒（鲜于，复姓），感情素来恶劣。但知道二人的长处，仍称赞他们的长处，推荐他们当官。老友张汜、杜禽与阴兴，一向感情至好，阴兴知道他们只会说大话，并没有才干，所以，只在金钱上帮助他们，却不介绍他们到政府任职。世人称道阴兴忠心，不以私人的好恶，伤害公正。

刘秀任命沛国（首府相县〔安徽省淮北市〕）人桓荣，当参议官（议郎），命他教授太子刘阳（刘庄）儒家学派五经。刘秀曾经亲自视察国立大学（太学），集合五经研究官（五经博士），在他面前交换意见，互相讨论诘难。桓荣对儒家学派经典的精义，深刻明了，每次都以丰富的内容，使大家佩服，而不依靠锋利的言辞压倒对方。其他儒家学派知识分子，都赶不上他，所以刘秀对他的赏赐，特别厚重。

刘秀命学生们，一面敲磬（音qing〔庆〕），一面唱儒家学派规定的雅歌，从早到晚，才告结束。

刘秀又命皇家警卫左翼指挥官（左中郎将）、汝南郡（河南省平舆县西北射桥镇）人钟兴，教授太子刘阳（刘庄）、皇族亲王，以及侯爵们《春秋》。刘秀要封钟兴关内侯（准侯爵），钟兴不肯接受，声称他没有功劳。刘秀说："先生教训太子（刘庄）跟亲王侯爵，不是大功是什么？"钟兴说："我的学问，来自老师宫廷供应部长（少府）丁恭。"刘秀于是封丁恭关内侯。而钟兴坚决推辞，终不接受。

8 陈留郡（河南省开封市东南陈留镇）人董宣，当洛阳（首都所在县）县长。刘秀姐姐湖阳公主刘黄的家奴，仗着权势，白天杀人，躲藏在刘黄家，无法逮捕。后来，刘黄出门，用那个家奴陪坐乘车，董宣在夏门（洛阳城北西头第一门）外万寿亭等候，拦住公主的车队，要求逮捕家奴。刘黄不许，董宣用佩刀画地，大声数落刘黄所犯的错误，就在刘黄面前，喝令家奴下车，当场诛杀。 644

刘黄又羞又气，前往皇宫，向老弟哭诉她被一个地方小官欺负。刘秀像爆炸了一样，传唤董宣，准备乱棍打死。董宣叩头说：“请准许我说一句话再死。”刘秀说：“什么话？”董宣说：“陛下以高贵的恩德，完成中兴大业，却放纵家奴，在光天化日之下杀人，怎么能够治理天下？我不需要乱棍，就此自杀。”用头向房柱猛撞，血流满面。刘秀怒气稍微平息，叫禁宫贴身侍从宦官（小黄门）拦住他，但是要他向刘黄叩头，表示道歉。董宣拒绝，刘秀命人强按他的脖子，董宣双手支撑地面，誓不低头。刘黄向刘秀叫说：“你当一介小民时，藏匿逃犯，官员连大门口都不敢到，而今当了天子，难道一个县长都管不住？”刘秀笑说：“这就是天子跟小民不一样的地方。”

于是，下令：“硬脖子县长出去！”赏赐董宣钱三十万，董宣全部分散给手下官吏。由于董宣胆大包天，不畏惧强梁，京师（首都洛阳）的皇亲国戚，无不震栗。

如果不是董宣的道德勇气，那个被豪门家奴白昼杀死的冤魂，还不是白白丧生？如果不是刘秀最后醒悟，顶天立地的法官董宣，岂不白白死于乱棍之下？在这个流传千年的“强项令（硬脖子县长）”佳话之中，步步埋伏杀机。一个环节瓦解，便成悲剧。

“人治”之必然失败的原因在此，董宣之流的官员，不可多见，刘秀之流的首领，更不可多见。而刘黄这种不识大体的泼妇，以及狗仗人势的家奴，却比驴毛都多。“法治”，正是治国良法。

9 九月二十一日，刘秀前往南阳郡（河南省南阳市），再往汝南郡，下榻南顿（河南省项城市）官舍（刘秀老爹刘钦，曾当南顿县长）。大摆宴席，赏赐官员及平民，下令免除全县田租一年。前辈父老们上前叩头请求，说：“皇考（刘秀的爹）在本县时间很久，陛下对本县的官府衙门，也都熟悉。每次大驾来临，都赐给恩典，但愿免除全县田租十年。”刘秀说：“皇帝的宝位，是天下重器，我常常害怕不能胜任。过一天是一天，怎么敢远推到十年？”大家说：“陛下谦卑，实际上不过小器罢了。”刘秀忍不住大笑。于是，增加一年。接着，再前往淮阳国（首府陈县〔河南省周口市淮阳区〕）、梁郡（河南省商丘市）、沛郡（安徽省淮北市）。

10 西南夷（四川省西部南部蛮夷）栋蚕部落（在益州郡〔云南省昆明市晋宁区东〕境内）叛变，击杀地方政府官员。

刘秀命武威将军刘尚讨伐。刘尚大军路过越巂郡（四川省西昌市），邛谷王任贵（参考三五年十月）恐怕刘尚一旦平定南方叛乱，中央政府威力和政令，势必随着进入边疆，他就不能继续在他的独立王国里，作威作福，随心所欲。于是集结武装部队，埋伏妥当，然后酿制大量毒酒劳军，准备在中央大军中毒后，发动攻击。

刘尚接到密报，派出奇兵袭取邛都（越巂郡郡政府所在县，四川省西昌市），再突击任贵，捕获，诛杀（任贵自一六年割据越巂郡，凡二十八年，于本年〔四三〕灭亡）。

四四年 甲辰

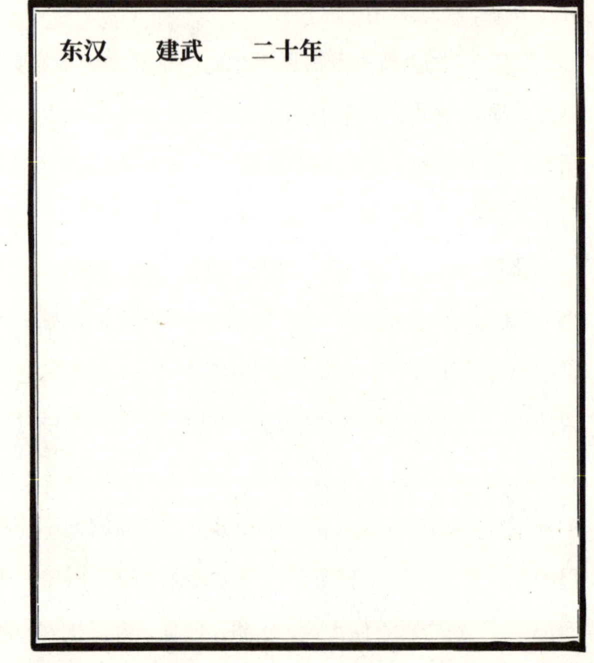

1 春季，二月十日，东汉王朝（首都洛阳〔河南省洛阳市东白马寺东〕）皇帝（一任光武帝）刘秀（本年四十九岁）返首都洛阳。

2 夏季，四月三日，宰相（大司徒）戴涉，被指控故意陷害皇家仓库管理官（太仓令）奚涉，下狱，处死。

刘秀认为三公（宰相、全国武装部队最高指挥官、最高监察长）的职务不宜重叠，于是，下令最高监察长（大司空）窦融免职。

3 全国武装部队最高指挥官（大司马）、广平侯（忠侯）吴汉，病重。刘秀亲往探望，问他遗言。吴汉说："我愚昧没有什么知识，但盼望陛下特别慎重，不要赦免罪犯。"

五月四日，吴汉逝世。刘秀命隆重安葬，礼仪跟当初安葬全国最高统帅（大将军）霍光，完全相同（参考前六八年）。

吴汉强壮有力，每次追随刘秀出征，刘秀如果还没有安顿，他就小心的站在一旁。其他将领们发现战况不利时，很多人都恐慌失色，不能保持正常仪态。只吴汉表情，跟平常一样，而更加强保养武器，激励士气。刘秀派人去看最高指挥官（吴汉）干什么，回报说，正在整修攻击装备。刘秀叹息说："吴汉的行为，使人满意，他一个人简直可以对抗一个国家。"吴汉每次出兵，早上接到命令，傍晚就踏上征途，根本没有时间收拾行装。在中央政府时，谨慎小心，内在充实与外在修养，表现于举止之间。吴汉有次出征，妻子在后方购买田产。吴汉回来，责备她说："大军在外，官兵困乏，为什么我们却买这么多土地房舍？"遂把田宅分赠给兄弟跟舅父家。所以，能够胜任他的职务，大富大贵，寿终天年。

杀敌可敬，杀降不可恕，杀妇女儿童更不可恕。吴汉不过一个杀降、杀妇女、杀儿童的凶手，本质上，土匪头目而已。唯一跟土匪头目不同的是，他站对了边。歌颂不应该歌颂的人，将败坏一个民族的品质。

4 匈奴汗国（王庭设蒙古国哈拉和林市）入侵上党郡（山西省长子县）、

天水郡（甘肃省甘谷县），大军逼近右扶风（陕西省兴平市）。

5 刘秀患一种头痛目眩的痼疾，久不能治愈，而病情突然沉重。阴兴正担任宫廷随从（侍中），在南宫云台殿卧室内，刘秀把身后之事，托付这位内兄。可是病情好转，召见阴兴，要他接任吴汉留下来的全国武装部队最高指挥官（大司马）职位，阴兴叩头坚辞，态度坚决，甚至流泪，说："我并不敢爱惜自己性命，只是怕伤害了你的完美形象，所以不愿意马马虎虎充数。"发自内心的诚恳，使刘秀左右的侍从人员，都被感动。刘秀只好尊重他的意见。

太子师傅（太子太傅）张湛，自从皇后郭圣通被罢黜，便声称有病，不再朝见。刘秀勉强他上班办公，要任命他当宰相（大司徒），张湛坚称他的病情沉重，不能再处理政务。刘秀遂把他免职。

六月十四日，刘秀任命广汉郡（四川省梓潼县）郡长、河内郡（河南省武陟县）人蔡茂当宰相（大司徒），交通部长（太仆）朱浮当最高监察长（大司空）。

六月十六日，任命皇家警卫左翼指挥官（左中郎将）刘隆，当骠骑将军，代理全国武装部队最高指挥官（行大司马事）。

6 六月十九日，刘秀把皇子中山王（首府卢奴〔河北省定州市〕）刘辅（前皇后郭圣通生），改封沛王（首府相县〔安徽省淮北市〕）。任命刘辅的舅父郭况，当藩属事务部长（大鸿胪）。刘秀常常到郭况家，赏赐金钱财宝，不计其数。京师（首都洛阳）遂称郭况家是"金矿"。（刘秀这样做，主要的是要安慰前妻。郭况家黄金有数亿斤之多，仅家童就有四百余人。）

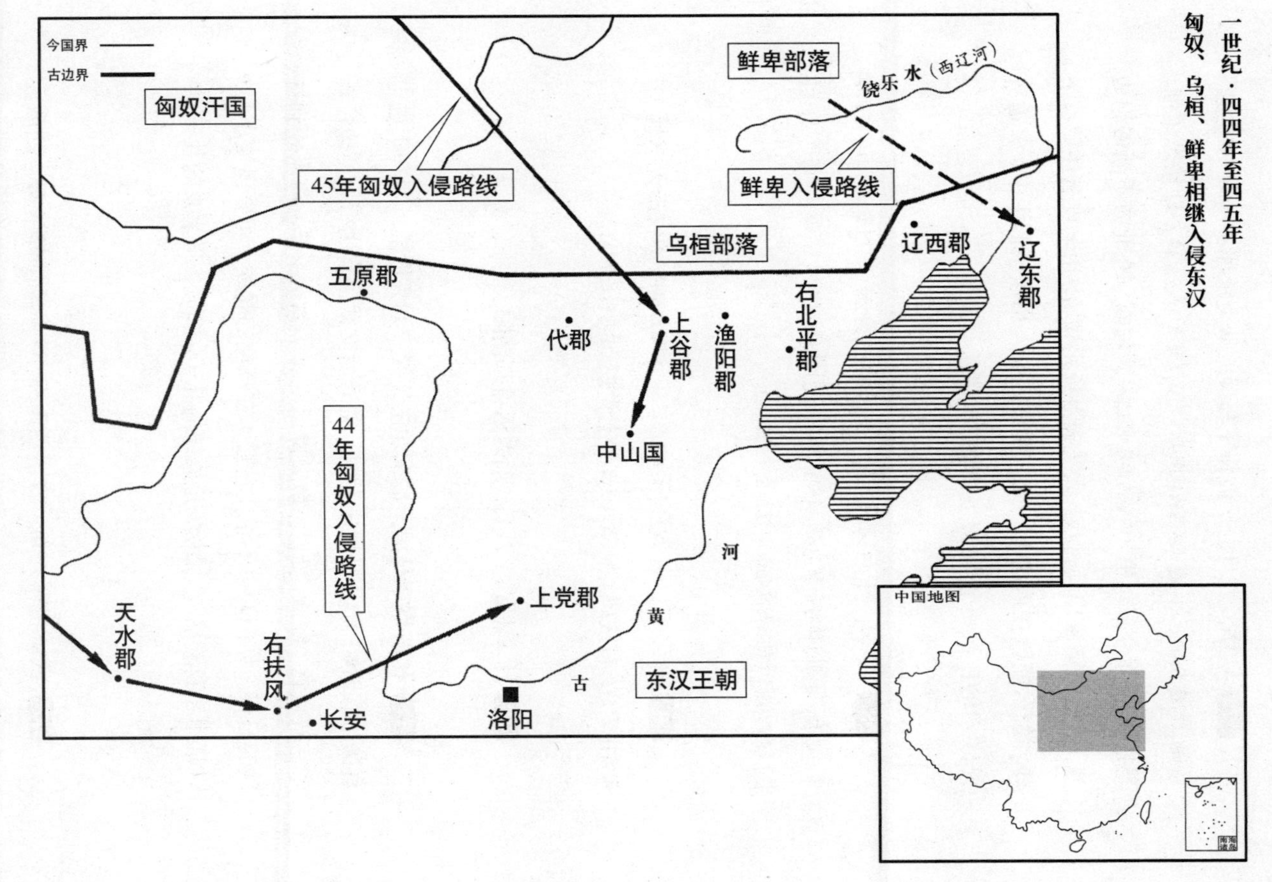

一世纪·四四年至四五年
匈奴、乌桓、鲜卑相继入侵东汉

7 秋季，九月，伏波将军马援，从交趾郡（越南北宁省）返回京师（首都洛阳）。平陵（陕西省咸阳市西北双照街道）人孟冀，迎接慰劳他，马援说："而今，乌桓（内蒙古西辽河上游）、匈奴，在北方不断侵犯边塞，我打算请求出兵讨伐。大丈夫当身死战场，用马皮裹住尸首下葬。怎么能躺在病床上，死在哭泣的女人和孩子们手中？"孟冀说："对的！当一个烈士，应该如此。"

8 冬季，十月二十日，刘秀前往鲁国（首府鲁县〔山东省曲阜市〕）、东海国（首府郯县〔山东省郯城县〕）、楚国（首府彭城〔江苏省徐州市〕）、沛国（首府相县〔安徽省淮北市〕。都是皇子的封国）。

9 十二月，匈奴汗国（王庭设蒙古国哈拉和林市）攻击天水郡（甘肃省甘谷县）、右扶风（陕西省兴平市）、上党郡（山西省长子县）。

10 十二月二十八日，刘秀返首都洛阳。

11 伏波将军马援，请求北击匈奴，刘秀批准，命马援进屯襄国（河北省邢台市）。马援出发时，刘秀命文武百官送行。马援告诉禁宫侍从官（黄门郎）梁松、窦固说："一个人富贵之后，应当想到贫贱的日子。你们如果不希望贫贱，在高位的时候，可要谨慎小心，时常想起我的话。"梁松，是梁统的儿子。窦固，是窦友的儿子（都是马援的晚辈）。

12 武威将军刘尚，攻击西南夷（四川省西部南部蛮夷），连战连破栋蚕等叛变部落。

四五年 乙巳

东汉　建武　二十一年

1 春季，正月，东汉王朝（首都洛阳〔河南省洛阳市东白马寺东〕）武威将军刘尚攻击西南夷（四川省西部南部蛮夷）变民，追抵不韦（云南省保山市），诛杀栋蚕部落酋长。西南夷人地区，全部平定。

2 乌桓部落（内蒙古西辽河上游）跟匈奴汗国（王庭设蒙古国哈拉和林市），以及鲜卑部落（内蒙古东部大兴安岭西麓），向东汉北方边境，不断

一世纪·四五年 西域形势

匈奴汗国
金微山
(阿尔泰山脉)
车师后王国
(务涂谷)
蒲类海
蒲类王国
伊吾
白山
东汉王朝
敦煌郡
玉门关
盐泽
(罗布泊)
焉耆王国
危须王国
车师前王国
(交河城)
秦海
尉犁王国
(巴尔喀什湖)
卑阗城
康居王国
阗池(伊赛克湖)
乌孙王国
天山山脉
龟兹王国
(延城)
贵山城
大宛王国
赤谷城
姑墨王
温宿王国
尉头王国
疏勒王国
(塔克拉玛干沙漠)
鄯善王国
(驩泥城)
(阿尔金山脉)
葱岭
莎车王国
精绝王国
且末王国
蓝市城
月氏王国
皮山王国
于阗王国
拘弥王国
乌秅
赤土坂
头痛山
县度
雪山
(兴都库什山脉)
(喀喇昆仑山脉)
昆仑山脉
(南山)
(印度河)
弗楼沙
循鲜城
月氏王国属地
亚洲地图(局部)

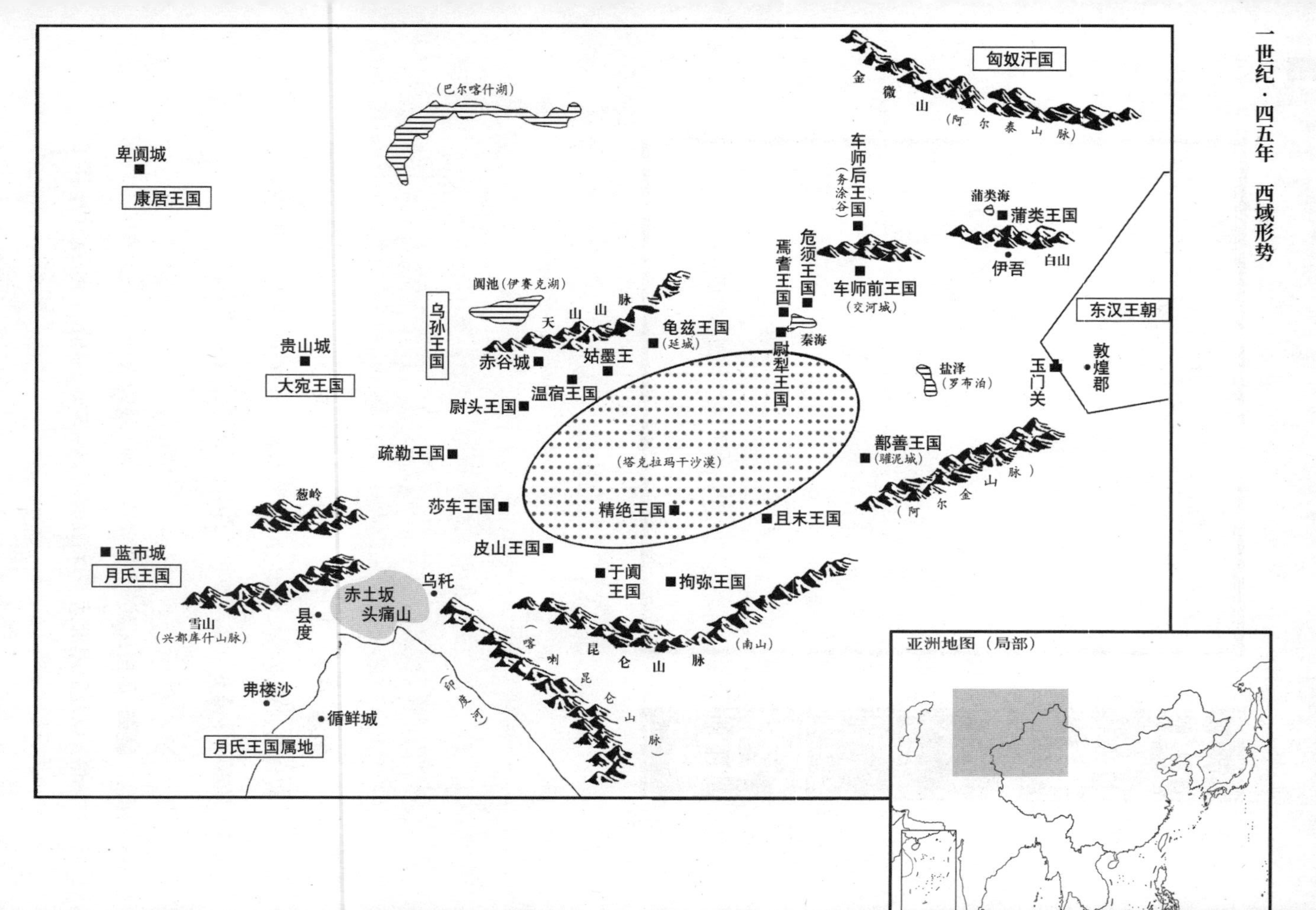

发动攻击。代郡（山西省阳高县）以东地区，受乌桓的伤害，尤其严重。乌桓部落的基地，紧接边塞，早上从他们的帐篷中出发，晚上便抵达东汉城堡之下，沿边五郡（代郡〔山西省阳高县〕、上谷郡〔河北省怀来县〕、渔阳郡〔北京市密云区〕、右北平郡〔河北省唐山市丰润区〕、辽西郡〔辽宁省义县西〕），家家户户，受到伤害。城堡破坏，人民向四方逃生，荒凉萧条，不见人烟。

秋季，八月，东汉帝（一任光武帝）刘秀（本年五十岁）命马援跟中央政府派出的一些皇家礼宾官（谒者），在边塞分别兴筑碉堡城寨，稍稍恢复从前规模。或者先派定郡长、县长，在空旷的土地上，招徕移民。

乌桓部落中，以聚集在上谷郡（河北省怀来县）长城外白山（河北省张家口市崇礼区北大马群山）地区的部落，最庞大强悍，而且富庶。马援率骑兵三千人攻击，毫无收获，撤回。

3 鲜卑部落一万余骑兵，攻击辽东郡（辽宁省辽阳市），郡长祭肜（音róng〔融〕），率数千人迎战。祭肜身穿盔甲，上阵冲杀。鲜卑溃败，向北奔逃，落水淹死的超过五千人。祭肜穷追不舍，越过边塞，鲜卑人情急，抛弃武器，脱掉盔甲，四散逃命。

从此，鲜卑对祭肜产生畏惧心理，不敢再接近边塞。

4 冬季，匈奴汗国（王庭设蒙古国哈拉和林市）攻击上谷郡（河北省怀来县、中山国（首府卢奴〔河北省定州市〕）。

5 西域（新疆及中亚东部）莎车王（新疆莎车县）贤（姓不详），逐渐骄傲蛮横，打算统一西域，不断攻击邻国，要求缴纳沉重的赋税。各国忧愁恐惧，却又无力抵抗，唯一的盼望，只有中国干预。于是，车师前国（新疆吐鲁番市）、鄯善国（新疆若羌县）、焉耆国（新疆焉耆县）等十八国，同时派他们的王子，到东汉充当人质，进贡金银财宝。在晋见东汉皇帝刘秀时，俯伏在地，顿首哭泣，请求东汉再派西域总督（都护）。

刘秀认为东汉王朝内战刚刚结束，北方仍在混乱，没有能力顾到西域，婉转拒绝，请各国自愿当人质的王子返国，并致送厚重的礼物。

各国听说东汉政府不肯派出总督，已经紧张。接着王子们纷纷从洛阳踏上回程，不禁大起恐慌，于是用正式公文向东汉敦煌郡（甘肃省敦煌市）郡长裴遵要求，说："请让我们的王子留在贵郡，不要回来，只要宣称中国总督即行出关，让莎车听到，希望能有阻吓作用。"裴遵奏报，刘秀应允。

四六年

丙午

东汉　建武　二十二年

1 春季，闰正月十九日，东汉王朝（首都洛阳〔河南省洛阳市东白马寺东〕）皇帝（一任光武帝）刘秀（本年五十一岁）前往长安（陕西省西安市）。

二月己巳日（二月丁酉朔，没有己巳），刘秀返首都洛阳。

2 夏季，五月三十日，日蚀。

3 秋季，九月五日，地震。

4 冬季，十月十九日，最高监察长（大司空）朱浮免职。

5 十月二十日，任命宫廷禁卫官司令（光禄勋）杜林，当最高监察长（大司空）。

6 最初，陈留郡（河南省开封市东南陈留镇）人刘昆，当江陵县（南郡郡政府所在县，湖北省江陵县）县长，县中发生火灾，刘昆向熊熊烈火叩头，火势即行熄灭。后来，当弘农郡（河南省灵宝市东北）郡长，郡中老虎背起幼虎，渡过黄河，向北迁徙。刘秀对这些事深感惊异，征调刘昆接替杜林当宫廷禁卫官司令（光禄勋）。刘秀问他："你先前在江陵，大风方向转变，扑灭大火。后来在弘农，老虎又北渡黄河。你行什么德政，竟发生这种感应？"刘昆回答说："没有什么德政，只不过偶尔碰上罢了。"刘秀的左右侍从都忍不住笑起来，刘秀叹息说："这才是忠厚长者的话。"下令把这件事记入国史资料。

7 本年（四六），青州（山东省北部）蝗灾。

8 匈奴汗国（王庭设蒙古国哈拉和林市）呼都而尸道皋若鞮单于（二十任）挛鞮舆逝世，儿子左贤王挛鞮乌达鞮侯（二十一任）继位，不久，又逝世。挛鞮乌达鞮侯的老弟挛鞮蒲奴继位（二十二任）。

匈奴汗国连年旱灾蝗灾，赤地数千华里，人民和牧养的牲畜，感染瘟疫病死，跟活活饿死的，超过总数的一半。挛鞮蒲奴恐怕东汉乘机报复，于是，采取低姿态，派使节到渔阳郡（北京市密云区），请求和解，并愿跟中国刘姓皇家，缔结姻亲。

刘秀命皇家警卫指挥官（中郎将）李茂报聘。

9 乌桓部落（内蒙古西辽河上游）乘着匈奴汗国衰弱，发动复仇性大规模攻击。匈奴溃败，向北逃避数千华里。瀚海沙漠以南地区，成为真空。

这对东汉而言，是一个喜讯。刘秀下诏撤销沿边各郡亭障碉堡哨官（亭候），跟边防军官兵，又用金银财宝，诱惑乌桓部落归降。

10 西域（新疆及中亚东部）各国充当人质的王子，滞留敦煌郡（甘肃省敦煌市），已经一年，愁眉不展，都害上思乡症，纷纷逃回本国。莎车王（新疆莎车县）贤（姓不详）这才知道东汉政府不会派出总督，大为高兴。于是，击破鄯善（新疆若羌县），击斩龟兹王（新疆库车市）。鄯善王安（姓不详），上书东汉政府，表示愿再派王子当人质，请求东汉政府一定要再派总督，并且陈述他的悲哀：如果中国不派总督，他就不得不向匈奴汗国屈服。刘秀答复说："我国国内困难，无论使节（指西域总督）和武装部队，都无力派遣。如果各国力不从心，不能抵抗匈奴的压力，则东南西北，任凭你们自己选择。"

鄯善、车师，只好投降匈奴。

西汉王朝在武帝（西汉七任帝刘彻）时代，为了控制匈奴，不愿看到西域（新疆及中亚东部）各国站在匈奴这一边，更不愿看到西羌部落（青海省东部）跟匈奴联盟，于是设立河西四郡（武威郡、张掖郡、酒泉郡、敦煌郡），大开玉门关（甘肃省敦煌市西北），打通西域道路，目的在于切断匈奴汗国的右臂，隔绝匈奴汗国跟西羌部落、月氏部落的交通。单于失掉外力援助，不得不向远方逃走，瀚海沙漠之南，遂没有匈奴王庭（中央政府）。

那时候，正逢文帝（西汉五任帝刘恒）、景帝（西汉六任帝刘启）长期平静，人民休养，已经五世（二任惠帝刘盈、三任前少帝刘恭、四任后少帝刘弘、五任文帝刘恒、六任景帝刘启），人民富庶，国家财力雄厚，战马强壮，士气高昂。所以，看见南方的犀布、玳瑁，就建立珠崖（海南省海口市琼山区）等七郡。发现蒟酱、竹杖，就建立牂柯（贵州省福泉市）、越巂（四川省西昌市）两郡（二处设郡，均参考前一一一年）。听说天马、葡萄，则远交大宛王国（首都贵山城〔中亚纳曼干市西北卡散赛城〕）、安息王国（伊朗）。

从此，各方面的奇异物品，纷纷进入中国。西汉政府为了安置这些奇异物品，开辟园林，扩建宫殿，帷帐豪华，衣服装饰，竞求美丽，用酒池肉林，招待外国的使节宾客，更创作“鱼龙”“角抵”游戏（参考前一〇八年正月注），娱乐耳目。再加上贿赂、赏赐、赠与，万里相送，跟军事费用，消费数目的庞大，无法统计。

于是，政府收入，不够开支，只好酒专卖、盐专卖、铁专卖。制造白金币、鹿皮币，连骑马乘船，以及家里饲养的猪狗牛羊等六畜，都征收捐税。人民无力负担，财源枯竭，接着是旱灾、水灾、蝗灾，发生凶年。盗匪四起，全国道路，几乎断绝。中央政府派出惩戒官员，穿着华丽的衣服，拿着代表权柄的斧钺，到各郡、各封国，斩伐诛杀，然后才把盗匪消灭。直到武帝（七任刘彻）末年，才决心放弃轮台（新疆轮台县）屯田，颁下哀痛的诏书（参考前八九年），这难道不是表示，仁慈的圣上内心有了悔意？

而且，如果再进入西域，距离最近的有白龙堆沙漠（新疆罗布泊东畔），最远的有葱岭（帕米尔高原）——那一带布满身热、头痛（皆在克什米尔最北部，吉尔吉特河上游山区）、悬度（克什米尔吉尔吉特城西南代鲁城。参考前二五年）等险恶灾难。刘安、杜钦、扬雄所发表的看法，都认为，上天特地用它划分疆界，隔绝内外。

而且，西域各国，各有君王，兵力分散，所以脆弱，无法统一。虽然归附匈奴，却并不心悦诚服。匈奴能够得到他们的马匹和家畜供应，也能得到他们毛织物的补充；但是，却不能统御他们的武装部队，协同作战。在这种情形下，西域即令归附匈奴，对匈奴的帮助，也微不足道。

而且，西域跟中国隔绝，相距太远，得到它，对中国没有利益；抛弃它，对中国没有损害。所有恩德，都出于中国，中国却没有向他们作任何索取。所以，自从一世纪三〇年代以来，西域各国思念中国的威望和恩德，都由衷的渴望归降。不断派遣使节，送王子到中国充当人质，请求设立总督（都护）。

圣明的皇上（指刘秀）考察古今，因时机还没有成熟，拒绝承诺。从前，姒文命善待西戎部落，姬旦退回白色野鸡，刘恒不接受千里马，而皇上（刘秀）之坚持，却包括了他们所有的意义。（《书经·禹贡》：姒文命〔夏王朝一任帝〕善待西戎部落〔陕西省〕，并不是要压制它，贪图贡物，而只是谋求和平。《大传》：姬旦当周王朝二任王姬诵的宰相，南方的越裳部落〔越南南部〕，经过九重翻译，进贡白色野鸡〔白雉〕。姬诵询问姬旦，姬旦说："恩德没有加到他们身上，就不应该接受初次见面礼。政令没有达到他们那里，就不应该把他们当作臣属。为什么向我们进贡这些东西？"翻译官代替越裳王回答说："自我即位，国家元老就说：'长久以来，我们已没有过狂风暴雨，揣想：莫非中国出现圣人？'"姬旦这才接受，献给姬诵，宣称是先王〔姬发〕显灵的缘故，转献给皇家祭庙。刘恒不接受千里马，参考前一七九年。）

四七年 丁未

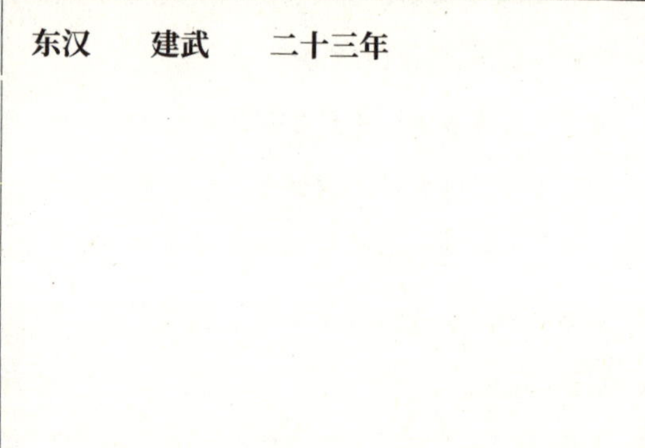

东汉　建武　二十三年

1 春季，正月，东汉王朝（首都洛阳〔河南省洛阳市东白马寺东〕）南郡（湖北省江陵县）境内蛮夷叛变。东汉政府派武威将军刘尚，把他们击破（《后汉书·南蛮传》：南郡潳山蛮〔地望在今湖北省西南部山区〕起反，刘尚击破他们后，把整个部落七千余人，迁移到江夏郡〔湖北省武汉市新洲区〕，后来称沔中蛮）。

2 夏季，五月八日，宰相（大司徒）蔡茂逝世。

3 秋季，八月丙戌日（八月己丑朔，没有丙戌），最高监察长（大司空）杜林逝世。

4 九月十三日，东汉政府任命陈留郡（河南省开封市东南陈留镇）人玉况当宰相（大司徒）。

5 冬季，十月九日，擢升交通部长（太仆）张纯，当最高监察长（大司空）。

6 武陵郡（湖南省常德市）境内蛮夷部落首领相单程等叛变（武陵郡即战国时代著名的黔中郡，楚王国二十一任王〔怀王〕芈槐，为保护此郡而丧生，参考前二九九年。西汉改武陵郡。东汉时代，郡政府设临沅，即今湖南省常德市。武陵郡蛮夷，传说是槃瓠〔音hú·湖〕的子孙。黄帝王朝四任帝〔高辛氏〕姬夋时〔纪元前二十五世纪〕，受到犬戎部落〔陕西省北部〕的攻击，不能抵挡。姬夋下令，有人砍下犬戎统帅吴将军人头的，就把皇女嫁给他。家里有一条名叫槃瓠的杂毛狗，忽然衔着吴将军的人头，到宫门领赏。姬夋履行承诺，槃瓠遂背着皇女，前往南方深山。后来，生下六男六女，自相婚配，后裔繁衍），东汉政府派武威将军刘尚讨伐。刘尚率一万余人，沿着沅江（流经湖南省西部，在湖南省常德市以西注入洞庭湖），逆流而上，深入武溪（流经湖南省吉首市南），因为太轻视敌人的缘故，武陵蛮乘险邀击，刘尚全军覆没。

7 最初，匈奴汗国（王庭设蒙古国哈拉和林市）呼都而尸道皋若鞮单于（二十任）挛鞮舆的老弟——右谷蠡王挛鞮知牙师，依照顺序，应该当左贤王，而左贤王就是储君，可以接替单于宝座。可是，挛鞮舆却准备把单于宝座传给儿子，遂先把老弟挛鞮知牙师诛杀。而乌珠留若鞮单于（十八任）挛鞮知，有一个儿子挛鞮比，当右薁鞬日逐王（薁，音yù〔玉〕），统御南疆八大部众。

挛鞮比对挛鞮知牙师之死，气愤不平，说：“如果传弟，挛鞮知牙师当立。如果传子，我是前单于的长子，我当立！”（呼韩邪单于〔十四任〕挛鞮稽侯栅遗嘱，要儿子们兄终弟及，参考前三一年。挛鞮舆〔二十任〕杀弟立子，是违反父命。如果不传弟而传子，就根本轮不到挛鞮舆，挛鞮比是乌珠留若鞮单于〔十八任〕挛鞮知的长子，应该由他继位。）猜疑恐惧，很少再到王庭朝会（匈奴各王每年正月都要到中央聚会）。挛鞮舆也发现情况有异，派出两位队长（骨都侯），到挛鞮比那里，监督挛鞮比的部众。

等到挛鞮蒲奴（二十二任单于，挛鞮舆的儿子）继位，挛鞮比更为怨恨，派出秘密使节——身为汉人的郭衡，带着匈奴汗国的地图，前往西河郡（山西省吕梁市离石区）求见郡长，表达归附的愿望。两队长（骨都侯）隐约的也察觉出挛鞮比酝酿某一种巨变。不久，匈奴于五月在龙城（蒙古国哈拉和林市）举行大会（匈奴汗国每年正月、五月、九月，三个月的“戊”日，在龙城祭祀天地，王爵以下都要出席）。两队长（骨都侯）建议挛鞮蒲奴乘机诛杀挛鞮比。

正好，挛鞮比的老弟渐将王，在御帐得到消息，紧急通知还没有到会的老哥，挛鞮比立刻集结南疆八部的武装兵力，约四五万人，预备等到两队长回营时，先行斩除。两队长（骨都侯）将到大营，发觉情势不对劲，立即逃亡。挛鞮蒲奴（二十二任）派出一万人骑兵，攻击挛鞮比，见挛鞮比军容盛大，不敢前进，即行撤回。

8 本年（四七），鬲侯朱祐逝世。

朱祐为人，朴实正直，崇拜儒家学派，担任将领时，敌人只要投降，他就接受。目的只在夺取城池，击溃对方的战斗力，从不考虑用人头报功。而又严禁士兵奸淫烧杀，掳掠人民。部队官兵喜欢无拘无束，所以对朱祐多怀怨恨。

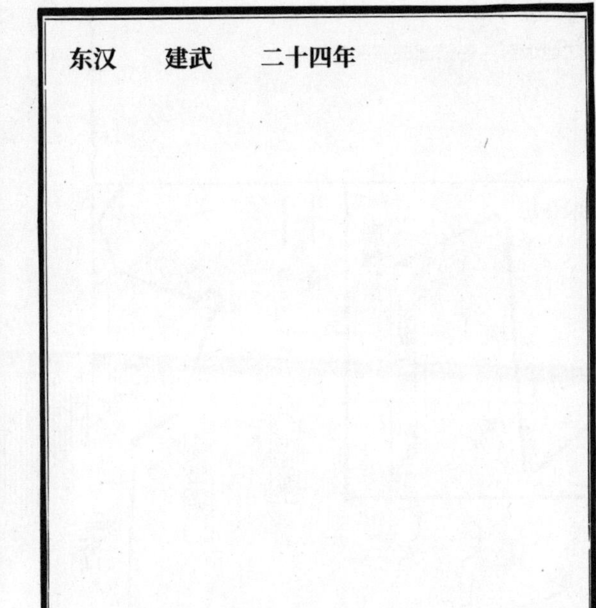

1 春季，正月十九日，东汉王朝（首都洛阳〔河南省洛阳市东白马寺东〕）政府，赦天下。

2 匈奴汗国（王庭设蒙古国哈拉和林市）南疆八大部落首领，共同议定，推举日逐王挛鞮比，当呼韩邪单于（二十三任。跟祖父呼韩邪单于〔十四任〕挛鞮稽侯栅同一称号）；派人到五原郡（内蒙古包头市），表示永远作为东汉王朝藩属，抵挡北方侵略。

这对东汉是一个惊喜，东汉帝（一任光武帝）刘秀（本年五十三岁）要高阶层官员提供意见。大家都认为："天下安定不久，中国空虚，夷狄这样做，真假难辨，不应允许。"高级皇家警卫指挥官（五官中郎将）耿国，表示异议，说："应该依照孝宣（西汉十任帝刘病已）前例，

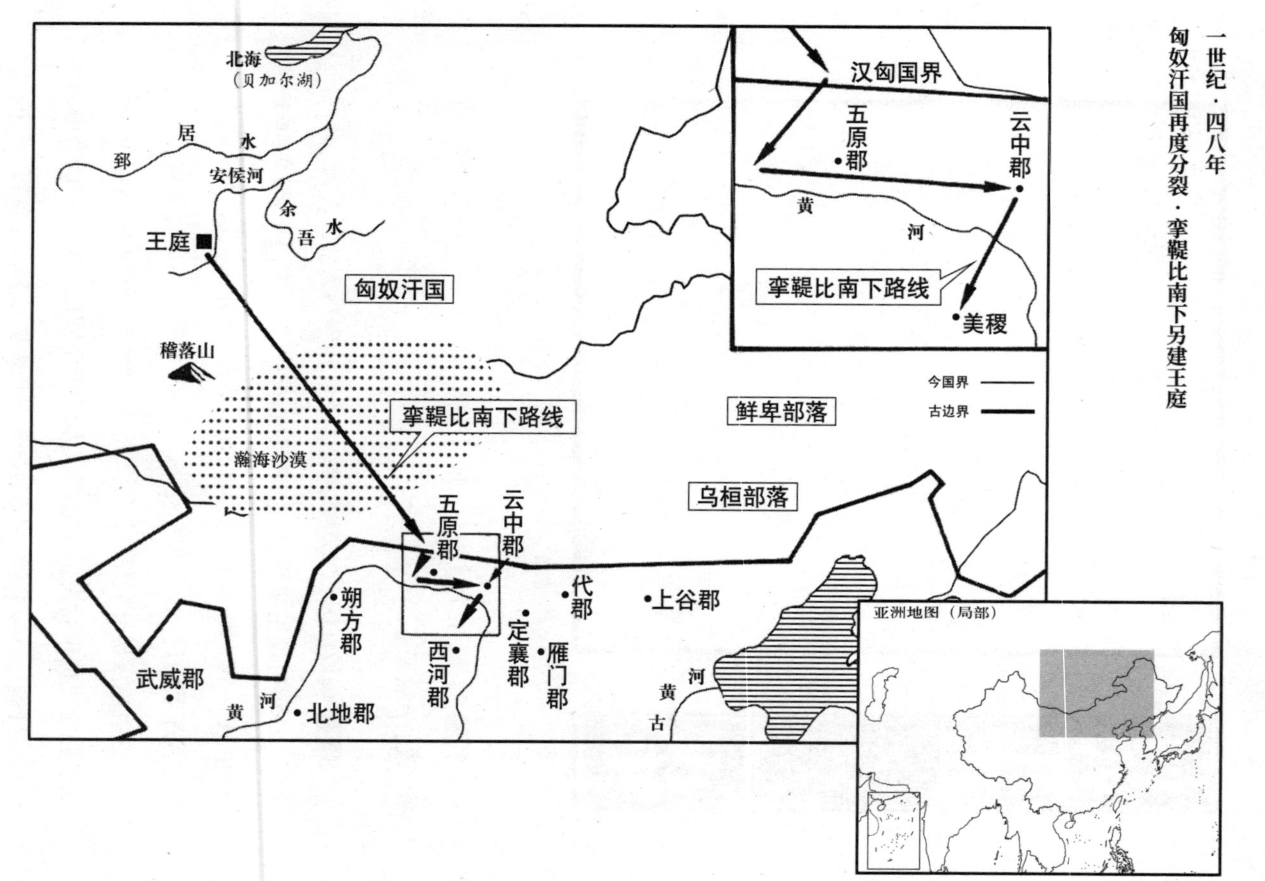

一世纪·四八年
匈奴汗国再度分裂·挛鞮比南下另建王庭

接受归附（参考前五二年）。命他们东方抵挡鲜卑（内蒙古东部大兴安岭西麓），北方抵挡匈奴，作为四方蛮夷榜样，使我们沿边各郡的秩序，恢复正常。”

刘秀同意。

3 秋季，七月，武陵郡（湖南省常德市）部落，攻击临沅（武陵郡郡政府所在县，湖南省常德市）。东汉政府派皇家礼宾官（谒者）李嵩、中山郡（河北省定州市）郡长（此时中山是封国，“郡长”疑是“封国宰相”之误）马成，率军讨伐，不能取胜。

伏波将军马援要求出征，刘秀怜惜他年纪已老（中国传统史书，多数都不记载当事人年龄；马援生年既不详，本年年龄因之也不详），不肯答应。马援说：“我还能身穿盔甲，上马作战。”刘秀要求骑给他看，马援在马上据鞍四顾，表示仍可担当重任。刘秀笑说：“好一个神采飞扬的老汉！”遂派马援率领皇家警卫指挥官（中郎将）马武、耿舒等，统军四万余人，南下攻击五溪（武陵郡境内有五溪：雄溪〔熊溪，武溪〕、樠溪〔朗溪〕、酉溪、沅溪〔无溪〕、辰溪，全是武陵蛮居住之地）。马援告诉朋友杜愔说：“我受到过厚的恩宠，而年纪日老，常怕一病而终，不能为国战死。今天得以率军征战，正符合我的盼望，心甘情愿，死也瞑目。不过，有很多权贵家的子弟在大军中任职，有的当助手，有的当参谋官，难以应付，使我恐惧——也只此点担心。”

4 冬季，十月，匈奴汗国日逐王挛鞮比，自称南匈奴单于（二十三任），再派使节到东汉，请求归附。刘秀再征求朗陵侯臧宫的意见。臧宫说：“匈奴因为饥馑和瘟疫，已起纷争，请交给我五千骑兵，就可以立功塞外。”刘秀笑说：“面对常胜将军，最好不要跟他谈论敌人，等我自己想想看。”

四九年 己酉

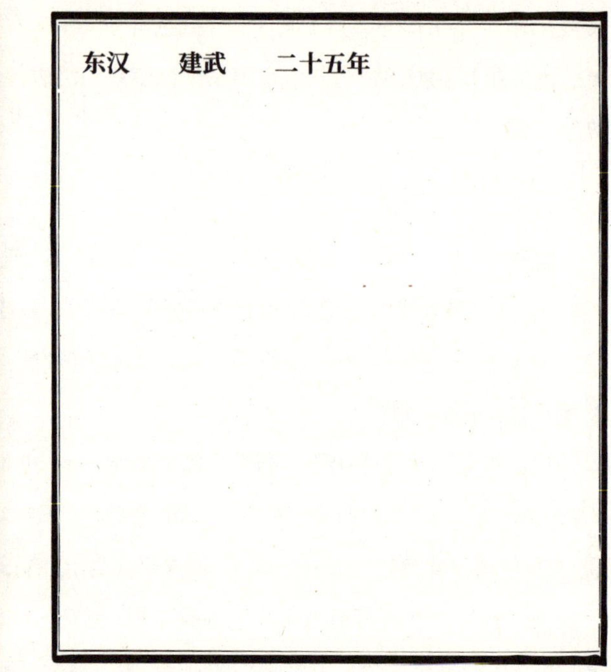

1 春季，正月，东汉王朝（首都洛阳〔河南省洛阳市东白马寺东〕）辽东郡（辽宁省辽阳市）塞外的濊貊部落（朝鲜半岛东部），侵犯边境。郡长祭肜（音róng〔融〕）招抚他们归降。

祭肜又用金银财宝招抚鲜卑部落（内蒙古东部大兴安岭西麓）总首领（大都护）偏何，再要他招抚其他部落。各地归降部落，纷纷入塞。祭肜告诉偏何，说："假如你要为中国立功，应该攻击匈奴（北匈奴，王庭设蒙古国哈拉和林市），呈献他们酋长的人头，才可取得东汉信任。"

偏何遂攻击匈奴（北匈奴），杀二千余人，把人头交给郡政府。以后，每年都攻击匈奴（北匈奴），带着人头，接受赏赐。从此，匈奴（北匈奴）衰弱，东汉王朝北方边陲，再没有烽火。鲜卑部落、乌桓部落（内蒙古西辽河上游），都向东汉政府朝贡。

祭肜为人朴实宽厚，做事沉着，对待夷狄，全靠恩德和信誉，所以蛮夷对他既畏又爱，为他都尽死力。

2 南匈奴单于（二十三任）挛鞮比，派他的老弟左贤王挛鞮莫，率军一万余人，攻击北匈奴单于（二十二任）挛鞮蒲奴的老弟薁鞬左贤王，生擒。挛鞮蒲奴震惊恐怖，张皇失措，向北撤退一千余里。北匈奴所属的薁鞬骨都侯，跟右骨都侯，率部众三万余人，投降南匈奴。

三月，南匈奴单于（二十三任）挛鞮比，再派使节到东汉首都洛阳进贡，要求东汉派出军队协防，准许他派王子当人质，并重续中断已久的汉匈和约。

3 三月二十九日，日蚀。

4 东汉伏波将军马援的南征兵团，抵达临乡（湖南省桃源县），大破蛮夷部众，俘杀二千余人。

当初，马援曾经患病，虎贲警卫指挥官（虎贲中郎将）梁松，前来问候，在病榻前叩头，马援没有答礼。梁松告辞后，马援的儿子们问说：“梁松，是皇上的女婿（梁松娶刘秀的女儿舞阴公主刘义王），是政府显贵，部长级以下高官，对他都敬畏交加，只您为什么对他不肯答礼？”马援说：“我是他爹梁统的老朋友，他虽然地位尊贵，怎能不论辈分！”

马援的侄儿马严、马敦，行侠仗义，喜爱抨击讽刺别人。马援从前在交趾郡（越南北宁省）时，曾写信告诫他们：

“我盼望你们听到别人的过失，好像听到爹娘的名字，耳朵可以听，口中不可以说（这是古代避讳法则，绝不可说出爹娘的名字，连同音字都不准出口，否则便是犯了禁忌。现代中国人无法了解这种禁忌的严重性。不小心说出爹娘名字，不过被斥为不孝。如果不小心说出皇帝的名字，或写出皇帝的名字，就会受到诛杀）。喜爱议论别人长短，随意批评政治，是我最厌恶的事。我宁愿死，也不愿子孙有这种行径。龙述，敦厚谨慎，不会说出一句不恰当的话，谦恭节俭，廉洁而有威严，我敬爱他、尊重他，希望你们效法他。杜保，一代豪杰，义贯天日，把别人的忧愁当作自己的忧愁，把别人的快乐当作自己的快乐。老爹丧事时，前来祭吊的宾客，倾动远近数郡，我敬爱他、尊重他，但不希望你们效法他。为什么？倘若学习龙述不成功，还不失为一个谨慎严正之士，‘刻鸿鹄失败，还像一个鸭子’。而学习杜保，如果不能有他那种气质，将堕落成为轻浮子弟，就是俗语所说的：‘画老虎失败，就成了一条狗。’”

龙述，是山都县（湖北省谷城县东南）县长。杜保，是南越兵团骑兵军政官（越骑司马），都是京兆（陕西省西安市）人。

正好，杜保的仇人上书中央，指控杜保：“行为浮躁，妖言惑众。马援在万里外写信给侄儿，都告诫他们不可跟杜保来往，可是梁松、窦固，却跟杜保结交。煽风点火，势将扰乱并败坏我们国家。”东汉帝（一任光武帝）刘秀（本年五十四岁）看到奏章，责备梁松、窦固，把指控书跟马援写给侄儿的信，交给二人传阅，梁松、窦固吓得面无人色，叩头流血，才算渡过难关。刘秀下诏：杜保免职；擢升龙述当零陵郡（湖南省永州市）郡长。从此，梁松把马援恨入骨髓。

马援讨伐武陵蛮，大军进抵下隽（湖北省通城县），有两条路可以深入蛮夷心脏：一从壶头山（湖南省沅陵县东北），路近但沿途凶险；一从充县（湖南省桑植县），沿途比较安全，但补给路线太长。副司令官耿舒，建议选择充县。马援认为，时间拖得太久，而粮食也消耗过多，不如从壶头山深入，紧扼蛮夷咽喉，届时，盘踞在充县的蛮兵，自然瓦解。两项意见，同时呈报中央裁决。

刘秀批准马援的战略，大军遂从壶头山深入。蛮兵坚守高山险要，水流湍急，舰艇无法前进，天正酷热，瘟疫突然发生，士兵很多病死，身为主帅的马援，也被传染，只好在溪岸凿出石窟，躲在里面，暂时休养。蛮兵不断发动攻击，在高处擂鼓呐喊。每次，马援都挣扎起身，步履蹒跚的挨到洞口，观察敌情，左右侍卫对这位病情沉重的老将军的壮志，感到哀痛，流下眼泪。

耿舒写信给老哥好畤侯耿弇，说："之前，我上书皇上，建议先行攻击充县（湖南省桑植县），补给线虽长，可是人马安全。数万战士，人人争先恐后，奋勇杀敌。而今，被困在壶头山（湖南省沅陵县东北），不能前进一步，大众忧愁，不久就会死亡殆尽，使人痛惜。前在临乡（湖南省桃源县），蛮夷忽然间集结在大营之前，如果乘夜攻击，可能把他们完全消灭。而马援却像一个做小生意的西域（新疆及中亚东部）商人，每到一处，都要停止，所以受到挫败。现在，果然发生瘟疫，跟我所判断的一样。"

耿弇把这封信呈报刘秀，刘秀派梁松乘政府驿马车，前往追查马援责任，并充任监军官。

而就在这时候，马援逝世。

梁松开始报复，罗织罪状，陷害马援。刘秀被刺激得火冒三丈，下诏收回马援新息侯的印信（即撤除侯爵）。

最初，马援南征交趾郡（越南北宁省）征侧姐妹变民集团时，为了预防瘟疫，常吃一种当地人认为可以预防瘟疫的特效药——薏苡（音yì yǐ〔意以〕。薏苡，俗称“薏米”“苡米”或“薏仁米”。禾本科，果实呈椭圆形，仁是白色），据说可以使身体轻爽，防止瘴气侵袭。马援班师时，装载了一车。马援逝世后，有人打小报告，检举车上满装珍珠跟有纹彩的犀牛角，刘秀的愤怒更火上加油。

马援的妻子儿女受到这种可怕突变的打击，惊骇恐怖，不敢把马援棺柩，运回祖宗坟地安葬，只好草草的放在坟地西侧，用土掩埋。平时围绕左右，或奔走门庭的一些老朋旧友，没有一个人敢来吊丧。

马援的侄儿马严，跟马援的妻子，婶侄二人，自己捆绑，用绳索牵在一起，跪到宫门口请罪。刘秀把梁松的奏章交下，他们才知道马援被指控的罪状。回家后，上书诉冤。刘秀不理，于是继续上书，前后六次，词义恳切哀伤。

前任云阳县（陕西省淳化县西北）县长、右扶风（陕西省兴平市）人朱勃，亲跪宫门，上书为马援辩护，说：

“我曾经亲自看到，故伏波将军马援，从西州（甘肃省东部）崛起，敬慕圣主的仁义，经过多少关山险阻，冒着万死一生的危险，为政府经营陇西（陇山以西）、冀县（甘肃省甘谷县，隗嚣根据地）。谋略像泉水一样涌出，运作像转轮一样灵活。率军出击，一定建立战功，攻城夺地，一定克服敌人。当讨伐西羌（青海省东部）先零部落时，流箭穿过小腿。讨伐交趾郡蛮夷时，没有想到可以生还，临别时跟妻儿永诀。

“不久，再度南下，攻陷临乡（湖南省桃源县），已经奠定胜利的基础，竟没有完成任务，即行去世。官兵虽然受到瘟疫的摧残，可是，马援也没有生还！战争情势，各有特质，有的用持久的方法，取得胜利。有的以速战速决，导致失败。深入敌人心脏，不见得一定就对，不深入敌人心脏，也不一定不对。人之常情，谁愿意长期的驻屯危险地势，而不愿意活着回家？

“马援供职政府二十二年，北方出塞，讨伐乌桓部落（内蒙古西辽河上游）；南方渡江飘海，身履蛮荒（指平定交趾民变。参考四三年）。在军中感染瘟疫而死，一世英名，以及他的封爵，霎时灭绝，采邑不能传给子孙。举国不知道他犯了什么罪，人民不知道他受到什么指控。家属紧闭门户，尸体不能安葬祖坟。刹那之间，对马援怨毒的抨击大起，君王臣属有了隔阂，马姓家族，陷于恐怖之境。

“已死的人，不能亲自分辨；活着的人，不敢为他分辨，我感到万分伤痛。圣明的君王，对奖赏十分看重，对处罚特别节制。高祖（西汉一任帝刘邦）曾交给陈平黄金四万斤，用以离间西楚王国（参考前二〇四年十二月），根本不问他的账目，岂会疑心他从中取利？请求陛下把这件事，交给高阶层官员会议，评估马援的功过，用来决定应不应恢复他的爵位，以符合天下盼望。”

刘秀的愤怒，稍稍化解。

最初，朱勃十二岁时，就能够背诵《诗经》《书经》，常去晋见马援的老哥马况，态度沉静，言谈流畅。那时马援才开始读书，面对朱勃，不禁自顾形惭，爽然若失。老哥马况看出马援的反应，亲自给老弟斟酒，勉励说：“朱勃的器宇太小，聪明智慧，到此为止。你应该坚持你的方向，不要沮丧。”朱勃不到二十岁，右扶风郡（陕西省兴平市）就试用他代理渭城（陕西省咸阳市）县长。后来，马援已经晋封侯爵，而朱勃仍是一个县长。马援尊贵之后，常仗恃马家对朱勃旧日的恩情，颇瞧不起朱勃，有时还欺侮他。但朱勃越发谦恭，仍

中国地图
南郡
沙羡
长
江
耿舒建议进军路线
充县
下儁
武陵郡（临沅）
洞庭湖
马援进军路线
澧
水
西
溪
楠
溪
临乡
壶头山
马援病逝于此
溪
（武溪）
雄
长沙郡
宜春
辰
溪
水
溪
沅
沅
江
扶夷
茶陵
湘
镡成
零陵郡

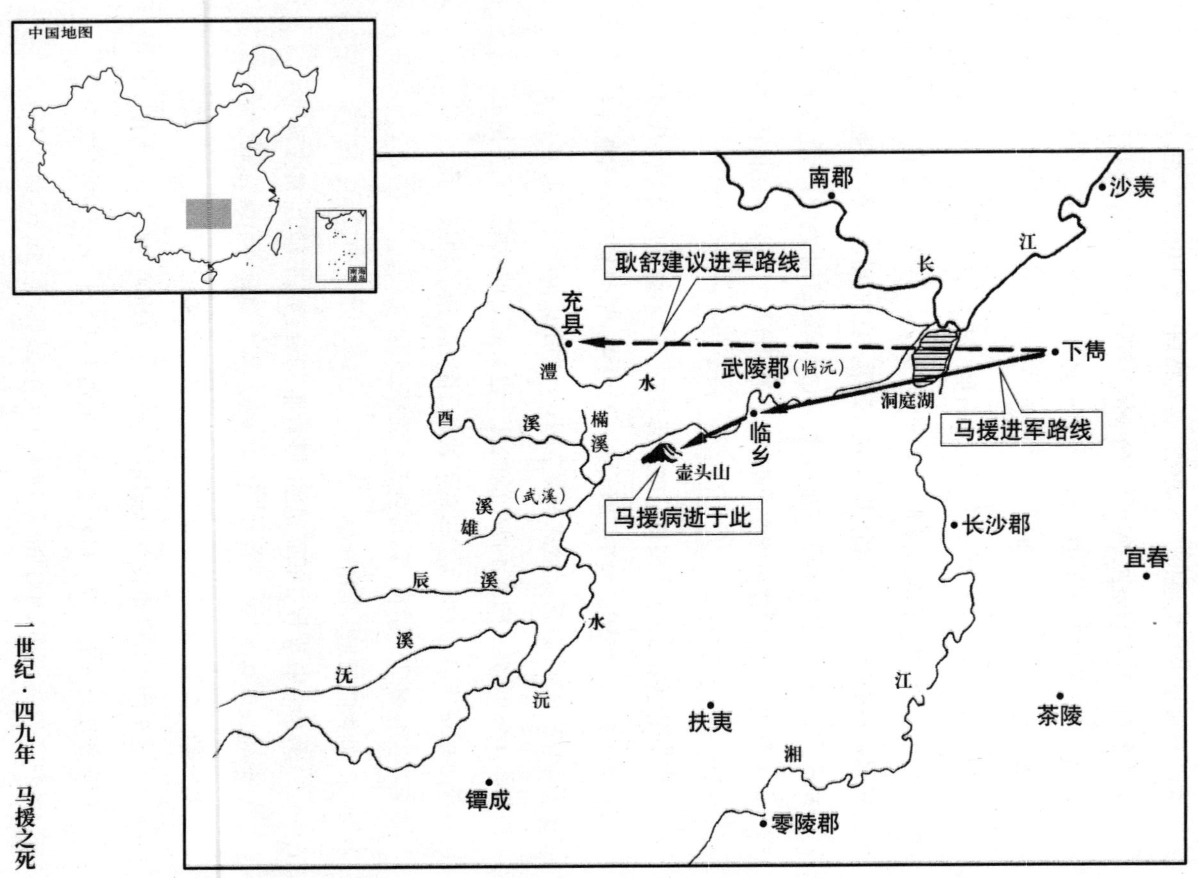

一世纪·四九年 马援之死

保持亲近。等到马援受到诬陷，亲友宾朋，一个比一个离得更远，只有朱勃始终如一。

范晔曰

马援，声名传播三辅（关中地区），只身周旋二帝（刘秀、公孙述）。等到决定方向，贡献谋略，归附明主，满足"负鼎"的愿望，认为是千载难逢的机遇（"负鼎"："鼎"，古代的大锅。夏王朝末年，一代贤才伊尹，认为商部落酋长子天乙，是一位有才干的领袖，可能推翻夏政府的暴政。想往晋见，却没有人推荐。听说子天乙是一位美食主义者，伊尹就带着烹饪用具，当然包括锅碗瓢盆，去给子天乙当厨师。后来，子天乙成了商王朝一任帝，伊尹也当上宰相）。然而，他规劝别人如何避灾免祸，可谓高等智慧，却无法使自己躲开谗言间隙。难道身在功名场合，就束手无策？大概是这样的，利害跟自己无干，容易看得清楚，了解透彻。对某事没有私心，而纯用大义判断，结论一定凌厉。如果能把观察别人的态度，观察自己，然后用待自己的恕道，去待别人，情义自然明显（范晔是《后汉书》的作者，参考四四五年）。

王夫之曰

刘秀对于功臣，恩德至重，给他们崇高的地位，使他们身家平安，名声永在，却独对马援这么刻薄，莫非是马援自食其果？

竭尽全力，为别人打下江山，最后却受到谴责的，或者是君王恐惧他太强大，或者是君王愤怒他态度太傲慢。而马援全都不是，只不过对马援厌恶了而已。李耳，不是一个了解天地运转道理的人，但在世俗生活中，却可发现，他往往有精辟的见解。他有一句话说："功成，名就，身退。"是他观察阴阳运转，屈伸交替，对人生历程提炼出来最完美的一项法则。

马援平定隗嚣、平定公孙述，北方抵挡匈奴侵略，南方击破交趾变民反抗，难道还不够？武陵蛮族起兵，刘秀怜惜马援年老，不允许他前往，马援坚决请缨。这时候，天下已经安定，马援也已功成名就，应该保全自己的身体，不再受到损伤，以报父母双亲，满足自己的高贵爵位和丰富的财产，拥戴上面的君王。何必非“马革裹尸”，才感到快意？

刘秀于是肯定：马援不珍惜自己的尊贵。不珍惜自己尊贵的人，最受英明的主子厌恶。很明显的，如果不是贪图战争中的掳掠利益，为什么总是留恋戎马，而不知道戒除？载运珍珠的诬蔑，有它的原因。年纪已老而贪得无厌，驱使别人的军队，去称心快意，当然引起别人反感。所以身死名辱，家族几乎不保。只因马援违背四季兴衰的运转，抗拒寒暑进退的程序，好战乐杀，而忘掉生命的庄严。这是“逆天行事”。李耳的言论，岂会骗人？

《易经》给我们的指示是：建立基础固然重要，还要抓住时机，这是最精华的论点。形势前进要考虑，时机还没有到却先懈怠，便抓不住。形势后退也要考虑，时机已经丧失而仍在辛辛苦苦追寻，也抓不住。“太阳已经偏西，不敲着瓦制的乐器自娱，就有败坏的悲哀。大凶”。莫非正是形容马援？

古今以来，对马援的评论很多。袁宏认为：“马援恃才傲物，追求功名不已。”如此说来，对国事畏缩，只求培养声望的人，岂不是反而成了优秀人物？只胡寅的评论，最合情合理，他说：“梁松因马援的一封家信，被牵连在内，在皇帝面前，叩头流血。刘秀亲自处理该案，亲自目睹现场。当然了解梁松对马援的痛恨。可是，事到临头，却派他前去责备马援，担任权力强大无比的监军官。”可看出端倪。

马援主张由壶头山进军，耿舒主张从充县进军，两项主张同时呈报中央，刘秀批准马援的战略。不久，耿舒把失败的责任全推到马援头上。诬陷的言语，也同时出自梁松之口。刘秀平常料敌制胜，千里外的战场，了如指掌。偏在这场出击武陵蛮族的军事行动中，不断犯错。岂不是年纪已老，智力开始衰退？不然的话，有马援这样的部下将领，却不能保护到最后，成为他这位君王盛大恩德中的瑕疵，岂是些微小事？

马援一生都在战场，但他对国家的贡献，与其说在军事，毋宁说在文化，“马革裹尸”成语，就出自马援之口，千余年来，鼓舞青年捍卫国家的壮志。“画虎不成反类犬”成语，则出自马援之笔，一直是响在人们耳畔的警钟。从他写给侄儿信中，虽然告诫不可以效法杜保，他只是考虑到英雄豪杰事业，层面太高，不易效法而已。对杜保固同样敬爱，并没有贬词，显示马援的胸襟和见解，都超人一等。

然而，却在他身死战场之后，引起政治风暴，带给当世以及后世最大的震惊。刘秀性情平和，不容易动怒，而独独在马援事件上，失去常态，不可理喻，连马援夫人六次上书，苦苦辩解，哀哀求情的报告，他都无动于衷。说明他愤怒之深，跟刺激他愤怒的谗言，是如何强烈。如果仅是进军错误，和把薏苡当作珠宝这两项罪状，不足以引起如此严重而持久的反应。我们认为，这两项罪状只是可以拿到桌面上的原因，而真正的原因，却说不出口，不可告人。

千载以来，我们无法精确的了解真正的原因是什么，但可以肯定必有这种说不出口、不可告人的真正原因。刘邦诛杀彭越，岂是为了判决书上的谋反罪名？真正的罪状是他拥有强大的兵权，而且是“壮士”（参考前一九六年）。王凤排除王商（非王家班），岂是为了他跟老爹的婢女通奸？真正的罪状是他伤害了王凤的亲家（参考前二五年）。马援的困局亦然。马夫人连上六次奏章，缕缕陈情，泣涕上告，她只能就表面上的罪状辩解，而表面上罪状的辩解有什么用？她不能触及说不出口、不可告人的冰山底层。如果她触及，反应将更加可怖。知道主子心里肮脏的想法，可是凶兆。

马援身价的高贵，当世无匹，他不但跟当正式皇帝的公孙述是好友，而跟非正式皇帝的隗嚣，感情更笃，所以他们同榻而眠，密谈天下大事。而马援不但叛离而去，而且反过来攻击公孙述和隗嚣父子，这在当时，已被认为是一种严重的负义。公孙述和隗嚣父子虽死，门客宾朋转移到洛阳，可能形成一种反马援舆论，这舆论的影响力，不可避免的会把马援丑化到底。然而主要的还是，东汉政府完全把持在以刘秀为首的南阳郡人之手，在南阳郡圈圈之外，又有最初叛离玄汉王朝的患难班底。在班底圈圈之外，又有亲贵。而马援不属于任何一个圈圈。外科医生动手术，移植同样器官，都会发生排斥作用，何况派系不同的政治人物？马援跟皇帝之间，是单线的，不像其他将领，老哥、老弟、小舅子、大姐夫、同乡、同学，患难之交，盘根错节。耿舒如果没有耿弇这个功臣老哥，梁松如果没有皇女当老婆，他们想陷害也无法陷害。而马援不然，在鲨鱼群中，孤单、寒冷，除了一片忠心外，什么都没有。所以，一旦权力魔杖被激怒，就没有几个有能力营救他的朋友。

我们也不了解马援到底有什么缺点，人不是上帝，当然有缺点，马援的缺点可能是太过严正，性格保守而颇端架子。他待梁松的态度，已伤尽了一个浮华亲贵的自尊，使仇恨更情绪化。世界上像朱勃这样敦厚的人，可遇而不可求，而梁松之流，却遍地皆是。我们可以推测，梁松的指控，一定正中刘秀的心窝，否则不会产生那么大的怒火，这或许是马援失败的最主要原因之一。

史书只能择要记载，所以我们只看到梁松、耿舒的抨击。事实上，落井下石，恐怕势如倾盆。朱勃已有形容："怨隙并生。"身死军旅的英雄，末路如此，使人兴悲。

耿舒攻击马援像一个西域商人，每到一地，必定停留。此之前和此之后，我们看不到耿舒的战功，他实在没有资格作此评论。马援之所以总是战胜，跟他的行军持重有关。正是所谓步步为营，那是流血的经验，豪门出身的哥儿公子，而竟提出指摘，不过证明口尖舌利。范晔讥讽马援智不保身，咦，当年班固曾讥刺司马迁智不保身，结果班固智不保身得更惨，司马迁不过失去生殖器，班固却失去性命（参考九二年）。范晔对这件讽刺性的教训，早应熟悉，可是他却忍不住也要讥讽马援。范晔比班固还要有自信，认为他的智慧可是保得了身的，结果他想求马援的下场而不可得，想求班固的下场也不可得，范晔的结局是绑赴刑场，砍下人头（参考四四五年）。王夫之之抨击马援，再一次暴露他污秽了的心灵。王夫之一面讥讽马援不懂得持盈保泰，一面诬蔑马援的报国热情，不过是"好战乐杀""贪图抢劫之私"。王夫之骨髓里仍是官场混混的伧俗情操。如果换了他，他就坐在侯爵的宝座上，"满足自己的高贵爵位和丰富的财产"。对人民受到的毒害，毫不在意，君王征求将领时，不但不会自告奋勇，恐怕乱棒也打不去。我们也用《易经》一段话，像王夫之形容马援一样，形容王夫之："好像孩童般茫然而没有见识，好像巷口的那个流氓，眼皮浅薄，算不了什么东西。可是，如果高级知识分子如此，就太卑鄙。”（童观，小人无咎，君子咎。参考《观卦·初六》。）

马援只不过是鲨鱼群中的牺牲品，历史上层出不穷。

5 东汉皇家礼宾官（谒者）南阳郡（河南省南阳市）人宗均，原是伏波兵团的监军官。马援既逝世，官兵因瘟疫相继死去大半，而蛮兵被堵住出口，也饥饿疲惫，不能支持。宗均于是跟将领们商议，说：“我们的道路既远，官兵又死的死、病的病，不能再战，我打算代表皇帝发布命令（承制），招抚他们归降，各位意见如何？”将领们惊骇，伏在地上（古时席地而坐），不敢回答。宗均说：“忠臣离开首都，只要对国家有利，就可以专断独行。”

于是，假传圣旨，调伏波兵团军政官（司马）吕种，代理沅陵（湖南省沅陵县）县长，派吕种拿着皇帝的诏书，前往蛮夷部落大营，宣告政府的恩德跟信誉。而就在使节之后，武装部队尾随而进，蛮夷震恐。

冬季，十月，蛮夷内部发生变化，群起击斩他们的酋长，向政府投降。宗均亲自到蛮夷根据地，把从各地集结而来的蛮夷解散，遣送他们各回本郡，然后委派地方官员，遂即班师。武陵蛮夷一场惊天动地的变乱，完全平息。

宗均还没有回到首都洛阳，先行上书自我弹劾假传圣旨之罪。

刘秀嘉勉他的功劳，派人迎接，赏赐金钱财宝，命他在返京（首都洛阳）途中，顺道回故乡祭扫祖坟（这是一种荣耀，因为使节在没有回首都复命之前，不可以回家）。

6 本年（四九），辽西郡（辽宁省义县西）乌桓部落（内蒙古西辽河上游）酋长（大人）郝旦等，率领他们的部众，归降东汉。

刘秀下诏，封乌桓部落酋长、将领们：王爵、侯爵、君长，共八十一人。把他们安顿在边塞之内，分布在沿着边界的郡县，要他们招抚同族的人来归。发给他们衣服、粮食，使他们担任侦探，协助东汉军队攻击匈奴（北匈奴）、鲜卑（内蒙古东部大兴安岭西麓）。

宰相府秘书（司徒掾）班彪上书说：

“乌桓人天性轻浮好动，狡猾聪明，乐意去当强盗。如果放纵不加管束的日子一久，必然故态复萌，劫掠相邻的中国居民。只委任受降时临时设立的一些低级官员，恐怕不能控制。我愚昧的认为，应该恢复乌桓保安司令（乌桓校尉），对于以后招徕安抚工作，必有裨益，更可减轻国家边防的压力。”

刘秀批准，遂设乌桓保安司令（乌桓校尉），在上谷郡（河北省怀来县）宁县（河北省张家口市万全区）成立司令部，负责处理对于鲜卑人的赏赐、人质，以及每年的双方贸易。

一世纪

五〇年代

五〇—五九年

东汉王朝

- 南匈奴内乱。
- 大肆诛杀亲王宾客。
- 刘秀逝世。
- 刘庄即位。
- 大破乌桓，北边平静。

- 罗马皇帝革老丢被养子尼罗的母亲毒死，尼罗继位。
- 日本遣使来中国，中日交通自此开始。

五〇年 庚戌

东汉　建武　二十六年

1 正月，东汉王朝（首都洛阳〔河南省洛阳市东白马寺东〕）皇帝（一任光武帝）刘秀（本年五十五岁）下诏，增加文武百官俸禄。千石以上的官员，俸禄调整至比西汉王朝稍低；六百石以下的官员，俸禄调整至比西汉王朝高。

2 刘秀预行兴筑坟墓（刘秀墓称原陵，在今河南省洛阳市孟津区东北十四公里铁谢村），宣称："古代君王埋葬时，陪葬的全是陶制的人像、器具，木材做的车、茅草编的马，由于它们容易朽烂，使后世之人，根本找不到地方。太宗（西汉五任帝刘恒）了解人生终结的真谛，景帝（西汉六任帝刘启）能够遵守孝道，当天下大乱之际，历代帝王坟墓，都被挖凿，只有霸陵（刘恒墓，陕西省西安市东北）保持完整，岂不是一件美事（赤眉进入长安〔陕西省西安市〕后，西汉王朝帝王坟墓，全被挖凿，盗取陪葬的金银财宝，烜赫一时的吕雉，尸体还被奸污。参考二六年九月）。而今，坟墓预定地的面积，不过两三百亩，就利用现成的地势，不必另起陵墓，只求不积水就行了。使将来有兴有废之后（指东汉王朝覆亡之后），尸体棺木，跟泥土化为一体。” 682

3 刘秀派皇家警卫指挥官（中郎将）段郴、副指挥官（副校尉）王郁，出使南匈奴汗国，帮助单于（二十三任）挛鞮比在五原郡（内蒙古包头市）之西八十华里，建立王庭。段郴要求挛鞮比俯身下拜，接受诏书。挛鞮比迟疑了一会儿，才接受这项仪式。但在行礼之后，教翻译官告诉段郴：“我国单于，刚刚即位，在我们左右大臣面前，竟向汉朝使节俯身下拜，感到羞愧，盼望使节不要在大庭广众中，使单于过于屈节。”刘秀命挛鞮比移居云中郡（内蒙古托克托县），设置匈奴协防司令（使匈奴中郎将。不久，司令部随单于迁至美稷〔内蒙古准格尔旗〕），率军保护。

4 夏季，挛鞮比前些时俘虏的薁鞬左贤王，率领他的部众，以及本属于挛鞮比旧部的五位队长（骨都侯。韩氏骨都侯、当于骨都侯、呼衍骨都侯、郎氏骨都侯、粟籍骨都侯），总共三万余人，叛变，向北方逃走。在距王庭三百余华里处，再建立新的王庭，自称单于。

然而，月余之后，爆发内争，日夜互相攻杀，五队长（骨都侯）

全死，称单于的左贤王也自杀。队长的儿子们互不相服，各拥兵自守。

匈奴自相残杀，悚目惊心。死人千万，都是匈奴骨肉手足。不知道他们自相残杀的原因，只知道他们正在努力演出亡国灭族的悲剧，每一个角色都恪尽厥职，勇不可当，不达目的，势不甘休。

匈奴人何尝不知道和睦团结的重要，但他们不能和睦团结，不是上天注定，而是智慧不够。一个没有智慧去和睦团结的民族，只有在血泊中消失。

5 秋季，南匈奴单于（二十三任）挛鞮比，遣送王子到东汉充当人质。刘秀下令赏赐挛鞮比官帽、腰带、印信（单于的“玺”，由黄金铸成，系着绿色及紫青色编织的绣带）、车马、金银、绸缎、武器、饮食用具。又由河东郡（山西省夏县）运去赈济粮食二万五千斛、牛羊三万六千头。命协防司令率领由减刑囚犯组成的卫士五十人，随同单于（二十三任）挛鞮比，前往居住地，协助处理诉讼案件，并侦察动静。

每年年终，挛鞮比派使节到首都洛阳，呈递工作报告，并护送王子入朝当新人质。东汉政府则派皇家礼宾官（谒者）护送上次所派的人质王子，返回王庭（设云中郡〔内蒙古托克托县〕境）。赏赐单于、皇后（阏氏）、左右贤王以下官员布匹绸缎，总共一万匹。——每年都是如此。

北方边疆，恢复昔日安宁繁荣。云中郡（内蒙古托克托县）、五原郡（内蒙古包头市）、朔方郡（内蒙古磴口县）、北地郡（宁夏吴忠市西南金积镇）、定襄郡（山西省右玉县）、雁门郡（山西省朔州市东南）、上谷郡（河北省怀来县）、代郡（山西省阳高县）等八个郡流亡在外的郡民，先后回归本土。

东汉政府派皇家礼宾官（谒者）分别率领减刑囚犯，整补修复已残破的旧有城郭。边民流亡在内地各郡县的，强制他们回乡，赏赐治装费，供应粮秣。沿边城郭，早成废墟，杳无人烟，归来的居民，扫除灰土，清除瓦砾，一切从头开始。刘秀后悔当初不应强迫撤退（参考三九年）。

6 冬季，混战不息的五队长（骨都侯）的儿子们，不能生存，率领残余部众三千人南下，准备再归附南匈奴（夏季，三万人叛走。冬季，三千人归来。半年期间，二万七千人——全数的十分之九丧生，而且全死于匈奴自己人刀下）。北匈奴（王庭设蒙古国哈拉和林市）单于（二十二任）挛鞮蒲奴派军追击，全部俘虏。南匈奴单于（二十三任）挛鞮比驰往援救，在一场会战中，受到挫败。

东汉政府命南匈奴所属部众，再向南移居到西河郡（内蒙古准格尔旗西南）美稷县（内蒙古准格尔旗）。命段郴、王郁，留在西河郡保护，西河郡政府秘书长（长史），每年冬季率骑兵二千人、减刑囚犯五百人，帮助协防司令，到王庭保护单于，直到第二年夏季才撤走。从此成为惯例。

南匈奴单于（二十三任）挛鞮比既移居西河郡，各部照旧设立王爵，分别派军队往云中郡、五原郡、朔方郡、北地郡、定襄郡、雁门郡、代郡，协助中国边防军，担任沿边郡县的巡逻和侦探。

北匈奴单于（二十二任）挛鞮蒲奴大为紧张，经常释放所俘虏的汉人，表示善意。突击部队每次南下，经过东汉亭障碉堡，都抱歉说：“我们只是讨伐叛徒挛鞮比，不敢侵犯中国。”

五一年 辛亥

东汉　建武　二十七年

1 夏季，四月二十一日，东汉王朝（首都洛阳〔河南省洛阳市东白马寺东〕）宰相（大司徒）玉况逝世。

2 五月十一日，东汉帝（一任光武帝）刘秀（本年五十六岁）下诏：大司徒（宰相）、大司空（最高监察长），都去掉“大”字。而大司马（全国武装部队最高指挥官），改称太尉（全国武装部队总司令）。骠骑大将军、代理全国武装部队最高指挥官（行大司马）刘隆，即日免职。任命交通部长（太仆）赵憙当全国武装部队总司令（太尉），农林部长（大司农）冯勤当宰相（司徒）。

3 北匈奴汗国（王庭设蒙古国哈拉和林市）单于（二十二任）挛鞮蒲奴，派使节前往武威郡（甘肃省武威市），请求和亲。刘秀召集御前会议，不能决定。皇太子刘阳说："南匈奴（王庭设美稷〔内蒙古准格尔旗〕）单于（二十三任）挛鞮比，新近归附，北匈奴恐惧我们攻击，所以才侧起耳朵倾听，争着向中国表态。而今，我们还没有为南匈奴出兵，反而跟北匈奴建立关系，恐怕南匈奴一定惊疑恐惧，生出贰心。到那时候，北匈奴也不会再来。"刘秀认为他的分析中肯，命武威郡长，不要接待北匈奴的使节。

4 朗陵侯臧宫、扬虚侯马武，上书说：

"匈奴贪图利益，从没有礼义信誉，穷困的时候向中国叩头，一旦平安，则发动侵略。现在，匈奴（北匈奴）正逢荒年，人马家畜，大批死于瘟疫，旱灾蝗灾严重，大地像烈火烧过，不见人烟，疲惫困顿，力量不如中国的一个郡。万里外的性命，悬在陛下之手。大福不会第二次来临，时机却容易迅速丧失，岂可以固守斯文，而荒废军事？我们建议：派出将领，进驻北方边塞，公布丰厚赏格，命高句骊王国（首都国内城〔吉林省集安市〕）、乌桓部落（河北省北部）、鲜卑部落（此时鲜卑部落已自内蒙古东部南迁至西辽河上游一带、乌桓部落的原居地），攻击北匈奴汗国东部。征发河西（甘肃省中西部）四郡（武威郡〔甘肃省武威市〕、张掖郡〔甘肃省张掖市〕、酒泉郡〔甘肃省酒泉市〕、敦煌郡〔甘肃省敦煌市〕）以及天水郡（甘肃省甘谷县）、陇西郡（甘肃省临洮县）境内的羌胡部落，攻击北匈奴汗国西部。如此，不过数年工夫，北匈奴汗国势必灭亡。我们恐怕陛下仁爱恩厚，不忍心如此，而参谋本部官员，又迟疑不决，则流传万世的丰功伟绩，将无法在圣明的今世建立。”

刘秀用诏书回答，说：“《黄石公记》说：‘柔能制刚，弱能制强。舍弃眼前，而谋及远方，劳而无功。舍弃远方，专心经营眼前，胜任愉快而且会收到效果。所以说：一心开拓土地的，将使自己筋疲力尽。一心以恩德待人的，将逐渐茁壮强大。珍惜自己已有的，得到平安。贪图别人所有的，会变得凶恶。凶恶的暴政，即令一时成功，结果也必失败。’（李贤原注：《黄石公记》就是下邳圯上老人送给张良的那本书。）而今，政府对人民没有恩德，天灾人祸，变乱不息，人民惊慌，谁都没有保全性命的信心，怎么能去干遥远的边塞之外的事？孔丘说：‘我恐怕季孙家的大祸，不在颛臾，而在萧墙之内。’（《论语》）实际上北匈奴汗国仍然十分强大，我们在边疆开荒垦田，只为了加强戒备。谣言传播，往往远离事实。只要能灭亡巨寇，如果消耗半个中国，要能灭亡巨寇，我都愿意去做。可是，如果不是适当的时机，不如让人民休养。”

自此，将领们不敢再建议任何军事行动。

5 刘秀询问太尉赵憙，如何才能使东汉王朝长久。赵憙建议把所有封王的皇子，都送到他们的封国。

冬季，刘秀开始命鲁王（首府鲁县〔山东省曲阜市〕）刘兴、齐王（首府临淄〔山东省淄博市东临淄区〕）刘石，先往他们的封国（刘兴，刘秀老哥刘縯的次子，后过继二叔〔刘秀的二哥〕刘仲。刘石，刘縯长子刘章的长子、刘縯的嫡长孙）。

6 本年（五一），刘秀的舅父寿张侯（恭侯）樊宏逝世。樊宏为人，谨慎温和，金銮宝殿每次朝会，他一定早早的先到，随着文武官员，俯身待命。所上的奏章，都亲手书写，写罢把底稿烧掉。刘秀有时向他询问查访事情，他从不在大庭广众报告回答。皇亲国戚受他感染，没有一个人触犯法令。刘秀对他非常敬重。

后来，樊宏病重，遗嘱要求薄葬，不用任何东西相陪入土。认为棺材一旦掩埋，不可以再见天日。盖棺木万一毁坏，尸体腐烂，子女看了，徒生哀伤。于是吩咐，他跟他的妻子，虽同一个坟墓，但不用同一个墓穴（胡三省原注：古代夫妻合葬，《诗经》：“死则同穴。”死不同穴，从樊宏开始）。

刘秀对舅父的遗嘱，十分欣赏，命文武官员传观，说：“如果不顺从他的吩咐，便不能显示他的品德。而且，我死之后，也打算用这个模式。”

五二年 壬子

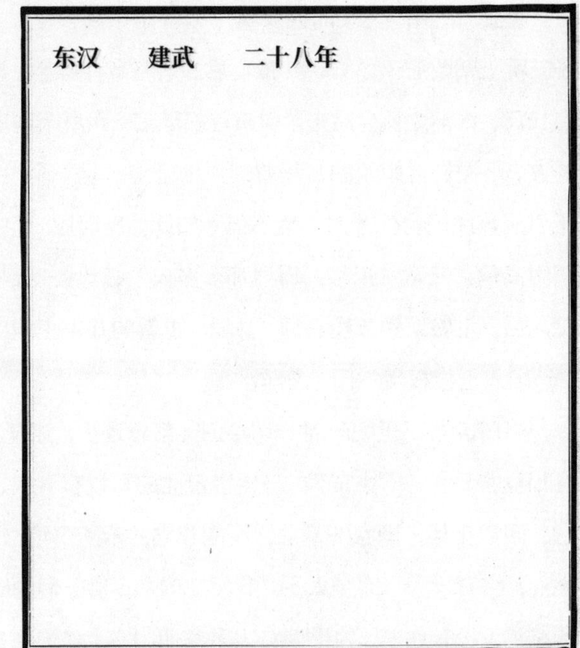

东汉　建武　二十八年

1 春季，正月己巳日（正月癸巳朔，没有己巳），东汉王朝（首都洛阳〔河南省洛阳市东白马寺东〕）改封鲁王（首府鲁县〔山东省曲阜市〕）刘兴当北海王（首府剧县〔山东省昌乐县西〕）。而把鲁国并入东海王（首府郯县〔山东省郯城县〕）刘彊的采邑（东海国首府也自郯县迁至鲁县）。东汉帝（一任光武帝）刘秀（本年五十七岁）认为曾当皇太子的刘彊，对封爵的改变贬降，谦恭接受，彬彬有礼，所以给他的封国面积，特别庞大，共二十九县。赏赐给他虎贲警卫武士、骑兵仪队，以及用木架悬挂的钟磬乐器，完全跟皇帝一样。

2 夏季，六月七日，沛国（首府相县〔安徽省淮北市〕）太后郭圣通（刘彊的娘亲）逝世。

3 最初，马援的侄女婿王磐，是平阿侯王仁（王家班）的儿子。新王朝政府（九至二三年）覆亡后，王磐富有财产，游侠四方，闻名长江、淮河之间。后来，前来首都洛阳，跟皇亲国戚结交，都成好友。马援告诉姐姐的儿子曹训说："王姓，是一个没落了的姓氏，王磐应该闭门自保才对，他不但不如此，反而遨游京师（首都洛阳），攀附高位，又意气用事，得罪那么多人，必然会受到挫败。"一年余之后，王磐果然被控有罪，诛杀。王磐的儿子王肃，继承老爹作风，出入王侯权贵之门，洋洋自得。

当时，东汉王朝政府一切草创，禁忌还少，亲王们聚集洛阳，互相竞争声誉，招徕宾客。马援警告他的军政官（司马）吕种说："三〇、四〇年代，国家的基业，刚刚建立，若干事情，还照顾不到。然而，终有一天，完全太平。我忧虑的是，皇子们同时长大，旧有的制约，没有恢复。如果拥有太多宾朋门客，恐怕要兴起大狱，你们应特别警觉，小心小心。"

到了本年（五二），有人上书指控王肃：是死刑犯的儿子，却做亲王们的上宾，恐怕煽风点火，制造变乱。恰好，故玄汉皇帝（一任）刘玄的儿子、寿光侯刘鲤，受到沛王（首府相县）刘辅的宠信支持，怨恨赤眉汉帝刘盆子害死老爹（参考二五年十二月），于是，率同他的宾客，袭杀前任式侯刘恭（刘盆子的老哥）。

刘秀大发雷霆，逮捕沛王刘辅，囚禁诏狱，三日后才释放。遂下诏各郡、各县，搜捕亲王们所有的宾客，全部处决。宾客们口供互相牵引的结果，杀的人以千为单位计算。吕种也在诛杀之中。处决之前，吕种叹息说："马将军（马援）真是神人！"

4 秋季，八月十九日，刘秀的五个儿子：东海王（首府鲁县）

刘彊、沛王（首府相县）刘辅、楚王（首府彭城〔江苏省徐州市〕）刘英、济南王（首府东平陵〔山东省济南市章丘区〕）刘康、淮阳王（首府陈县〔河南省周口市淮阳区〕）刘延，分别前往各人的封国。

5 刘秀举行扩大御前会议，询问："谁可以当太子（刘阳）的师傅？"文武官员察言观色，一致推荐："太子（刘阳）的舅父、首都洛阳警备区司令（执金吾）、原鹿侯阴识，是最恰当人选。"研究官（博士）张佚严肃的说："陛下设立太子，是为了阴家的利益，还是为了国家的利益？如果为了阴家的利益，阴识当然是最恰当的人选。如果为了国家的利益，就应该选任天下的贤才。"刘秀对他的话大为欣赏，说："所以请师傅，目的在于辅导太子，研究官（张佚）今天对我都能匡正，何况对太子！"遂即任命张佚当太子师傅（太子太傅），另一位研究官（博士）桓荣，当太子教师（太子少傅），赏赐给他们帷车、马匹。

桓荣对这项擢升，喜不自胜，摆出帷车、马匹，以及太子教师的印信，集合全体学生，展示给他们观看，说："我今天所以能得到这些东西，全靠我对古书的研究，你们岂可不勉励自己！"

6 北匈奴汗国（王庭设蒙古国哈拉和林市）派使节到东汉王朝，进贡马匹跟皮衣，再次请求和亲，并请求教导他们中国的音乐，又请求率领西域（新疆及中亚东部）各国使节，一同朝见。刘秀命三府研究如何因应（三府：全国武装部队总司令部〔太尉府〕、宰相府〔司徒府〕、最高监察署〔司空府〕）。

宰相府秘书（司徒掾）班彪说：

"我曾经听说，孝宣皇帝（西汉十任帝刘病已）训令边防军将领：'匈奴是一个大国，善变多诈，跟他交往，如果能得到真心，他可以为你打击敌人，贡献气力。可是，一旦不小心跳进他的圈套，反而会受到轻视欺侮。’而今，北匈奴单于（二十二任）挛鞮蒲奴，眼看南匈奴单于（二十三任）挛鞮比，归附中国，恐惧对他有不利行动，所以才数次请求和亲，又从遥远的北方，赶牛赶马，来跟中国贸易。更不断派出重要王爵，向中国进贡，其实不过故意展示他们的富强，使我们产生错误印象。我敢肯定：进贡的礼物越是贵重，他国内的财政越是贫乏。请求和亲的次数越多，内心的恐惧越大。

“然而，时到今日，我们既不能够获得南匈奴的助益，便不应该断绝跟北匈奴的来往。站在安抚他的立场，对他的请求，于礼就不可以不答。我的建议是：应该给予赏赐，价格或价值，跟他们的贡物相当。回信措辞，必须恰当。我试写了一份草稿，一并呈上，请陛下裁定。草稿如下：‘单于（北单于挛鞮蒲奴）不忘中国的旧恩，追念祖先立的旧约（参考二年），盼望两国建立姻亲关系，以求安身保国，这是高智慧的国策，我替单于（挛鞮蒲奴）欢喜。

“‘从前，匈奴汗国不断发生内乱，呼韩邪单于（十四任挛鞮稽侯栅）跟郅支单于，互相仇视（两单于并立，始于前五六年），幸蒙孝宣皇帝（西汉十任帝刘病已）救灾救难，所以，二位单于都派出人质，前来中国，声称愿当中国藩属，保护中国北方边疆（参考前五〇年）。可是，到了后来，郅支单于忽然翻脸，跟中国决裂。只呼韩邪单于始终跟中国亲密，忠孝同时显明于世。等到中国诛杀郅支单于，呼韩邪单于遂保全匈奴，世世代代相传，子子孙孙相继。而今，南匈奴单于挛鞮比，率领他的部众南下，在边塞那里表明态度，归附中国。指控说，他是呼韩邪单于现有的嫡子，依照次序，应当接任单于，却不料受到争夺，失去宝座。更受到猜疑忌恨，使他不得不采取背弃行动。屡次请求中国出兵，扫荡北匈奴王庭（蒙古国哈拉和林市）。各种策略和计谋，无所不至。

"'但是，指控的言辞，不可偏听。同时，北匈奴单于（挛鞮蒲奴），连年以来，都有进贡，要求两国再结姻亲。因之拒绝南匈奴的请求，目的只在成全单于（挛鞮蒲奴）归附汉朝的忠义行为。中国秉承威望和信誉，统率世界各国，作万邦之王。凡是太阳和月亮照到的地方，都是中国的藩属。即令风俗习惯全不一样的各种蛮夷，在中国看来，都是一样，不分远近，也不分亲疏。顺服的褒奖赏赐，背叛的讨伐诛杀。善恶的结局，在呼韩邪单于，跟郅支单于身上，显示得至为分明。

"'而今，单于（挛鞮蒲奴）要求和亲，诚恳的心意，完全表露。还有什么嫌疑，而非亲率西域（新疆及中亚东部）各国前来朝见？西域各国臣服匈奴（北匈奴），跟臣服中国，有什么分别？单于（挛鞮蒲奴）遭遇到无数战乱，国家财力，已经枯竭，贡品不过是一种礼节而已，何必奉献贵重的马匹、皮衣？现在，赠给单于各种绸缎五百匹，收藏弓箭的器具一件、箭四支。再赏赐负责把马匹运到中国的左翼队长（左骨都侯）、右谷蠡王，各种绸缎四百匹，斩马剑每人一把。

"'单于（挛鞮蒲奴）前曾提及：先帝（西汉王朝皇帝）时赏赐给呼韩邪单于的竽、瑟、箜篌等乐器，都已损坏，请求补充。但想到单于（挛鞮蒲奴）国内还没有完全安定，正在秣马厉兵，崇尚武功。无论攻击防御，乐器的功用，不如良弓利剑，所以没有一并致送。我并不是爱惜这些小物件，只是希望能帮助单于（挛鞮蒲奴）。如有其他需用，请派使节前来报告。'"

刘秀接受。

五三年 癸丑

东汉 建武 二十九年

1 春季，二月一日，日蚀。

五四年 甲寅

东汉　建武　三十年

1 春季，二月，东汉王朝皇帝（一任光武帝）刘秀（本年五十九岁）离开首都洛阳（河南省洛阳市东白马寺东），向东巡视。文武官员建议："陛下即位，已三十年，最好前往泰山（山东省泰安市北）祭祀天地（封禅）。"刘秀下诏驳斥，说："即位三十年的成绩是什么？人民的怨恨满腹！'我要欺骗谁？难道欺骗上天？''怎么泰山不如林放？'（《论语》孔丘语。林放，孔丘的学生之一，曾探讨礼教基础，受到孔丘夸奖。）为什么诬蔑七十二位君王的光辉记录（相传古代在泰山祭祀过天地〔封禅〕的君王，有七十二位)？如果郡政府或县政府遥远的派遣官员，前来祝寿，歌功颂德，我将处罚他髡刑(髡，音kūn〔昆〕。削光头发)，放逐到边疆开荒垦田。”于是，文武官员不敢再提“封禅”“祝寿”。

二月十三日，刘秀前往鲁县(东海国首府，山东省曲阜市)、济南国(首府东平陵〔山东省济南市章丘区〕)。

闰三月三日，刘秀返首都洛阳。

2 天际紫宫星畔，出现孛星。

3 夏季，四月九日，改封左翊王(首府高陵〔陕西省西安市高陵区〕)刘焉(刘秀子)当中山王(首府卢奴〔河北省定州市〕)。

4 五月，水灾。

5 秋季，七月丁酉日(七月己酉朔，没有丁酉)，刘秀再往鲁县(东海国首府，山东省曲阜市)。

冬季，十一月丁酉日(十一月丁未朔，没有丁酉)，刘秀返首都洛阳。

6 胶东侯(刚侯)贾复逝世。

贾复从军作战，从来没有打过败仗，曾经跟其他将领突围求救，身受十二处伤。刘秀认为贾复过分勇猛，动辄冲锋陷阵，为了保全他的性命，很少使他出征。但知道他忠勇的气节，常把他安置在自己左右，贾复也因此缺少独当一面的功勋(吴汉攻击成家帝国时，上书请求派贾复协助，刘秀不许)。将领们每好议论各人的功劳，贾复从不开口。刘秀代替他说：“贾复的功劳，我自己知道。”

五五年 乙卯

东汉　建武　三十一年

1 夏季，五月，大水成灾。

2 五月三十日，日蚀。

3 蝗虫成灾。

4 东汉王朝（首都洛阳〔河南省洛阳市东白马寺东〕）西京长安（陕西省西安市）市政府秘书（京兆掾）第五伦（第五，复姓），代理长安（陕西省西安市）市场管理官（领长安市），廉洁耿介，公平正直，人民不再有奸邪，诉讼也不再有冤枉。

原先，第五伦在家乡，每次阅读东汉帝（一任光武帝）刘秀（本年六十岁）颁布的诏书，都深深叹息："这是一位圣明的君王，只要能够见面陈述，一次就可以决定大事。"同僚朋友们讥笑他，说："你那一套，连一个将领都不能说服，怎么能够说服皇上？"第五伦说："只因为没有遇到知己，层面不同。"后来，被乡里推举作"孝廉"（地方上有品德的高级知识分子），再担任淮阳王（首府陈县〔河南省周口市淮阳区〕）王府的医疗长（医工长）。

五六年 丙辰

东汉　建武　三十二年
　　　中元　元年

1 春季，正月，东汉王朝（首都洛阳〔河南省洛阳市东白马寺东〕）淮阳王（首府陈县〔河南省周口市淮阳区〕）刘延到首都洛阳朝觐。第五伦跟其他官属，一齐晋见皇帝（一任光武帝）刘秀（本年六十一岁）。刘秀询问第五伦政治事务，第五伦一一回答，刘秀大为高兴。第二天，再召见第五伦，一直会谈到黄昏。刘秀对第五伦说："听说你当官时，曾拷打过你的岳父。经过堂兄那里，不肯留下来吃饭，有没有这回事？"第五伦说："我曾经结过三次婚，每位妻子，早都没有了老爹。而我从小遭受饥荒战乱，身历种种痛苦，从不敢随便去别人家进食。大家认为我愚昧，想不开，才制造这些谣言。”刘秀忍不住大笑。

任命第五伦当扶夷（湖南省邵阳县）县长。走马上任途中，擢升会稽郡（江苏省苏州市）郡长。第五伦主持地方行政，清廉宽厚，人民爱戴。

2 刘秀读《河图会昌符》（神秘预言书），书上有句：“赤刘之九，会命岱宗（泰山）。”认为包括难测的玄机。命虎贲警卫指挥官（虎贲中郎将）梁松等，考查《河洛谶文》（又是一本神秘预言书），书上指出，九世时，应该去泰山（泰安市北）祭祀天地（封禅），等等。共三十六种仪程。于是，最高监察长（司空）张纯等，再提出泰山祭祀天地（封禅）的建议，刘秀批准。下诏有关单位查考西汉王朝七任帝（武帝）刘彻前往祭祀天地（封禅）档案（参考前一一〇年）。查出：在祭祀时，需要“方石再累”“玉检”“金泥”（胡三省原注：“方石再累，置坛中，皆方五尺，厚一尺，用玉牒〔皇帝上奏给天地神仙的文书〕书藏方石，牒厚五寸，长一尺三寸，广五寸。”依叙述推测，可能是两块巨大的玉石，中间凿出一个可以放置玉牒的空槽，上下扣紧后，再用“金泥”〔用水银跟金屑搅拌的黏泥〕密封，用“玉检”〔图章〕在“金泥”上压出标志——好像现代的密件火漆）。刘秀认为“方石”一时难以找到，决定使用刘彻当时使用过的旧有“方石”，把玉牒（给天地神仙的奏章）放在当中。梁松等据理力争，认为绝不可以（如用同一“方石”，则刘秀的玉牒势必跟刘彻的玉牒，同时放在一起，或者把刘彻的玉牒拿出来毁弃）。最后，决定命石工寻觅纯青的巨石，不要求具备五种颜色（由此可以推测，刘彻所用的“方石再累”，精致尊贵，得来不易）。

正月二十八日，刘秀庞大的车队离开首都洛阳，向东出发。

二月十日，抵达鲁县（东海国首府，山东省曲阜市），前进到泰山。

二月二十二日，凌晨，燃起营火，在泰山南麓，祭祀天神跟天上所有神祇，使用首都洛阳南郊祭祀天神时的圣乐。祭祀礼成，才进早餐。然后，刘秀乘坐辇车御轿，攀登泰山。中午稍后，抵达山顶，改穿祭服，下午时分，刘秀登上祭坛，面向北方。宫廷秘书长（尚书令）捧出玉牒（呈给神仙的奏章）及玉石图记（玉检），刘秀用一寸二分的御玺（应即是“玉石图记”〔玉检〕），把玉牒亲自密封。封毕，祭祀部长（太常）命禁卫军骑兵二千余人，抬起祭坛上的“方石”，宫廷秘书长（尚书令）把密封了的玉牒藏到里面；再把“方石”盖好，恢复原状。宫廷秘书长用五寸印章，密封“方石”。封后，刘秀第二次叩拜，文武官员一齐呐喊“万岁”！于是，就原道下山。过了午夜，刘秀才到山下。随从的文武官员，走到天亮才完全下完。

二月二十五日，刘秀在梁阴（梁父山北麓，山东省泰安市东南）祭祀大地，由吕雉（刘邦正妻）跟所有山川神祇配享。一切依照本世纪（一〇〇年代西汉王朝十四任帝（平帝）刘箕子在首都长安（陕西省西安市）北郊祭祀地神的仪式。

3 三月三十日，最高监察长（司空）张纯逝世。

4 夏季，四月五日，刘秀返首都洛阳。

四月十一日，赦天下，更改年号（之前是建武三十二年，之后是中元元年）。

5 刘秀前往长安（陕西省西安市）。

五月二十八日，刘秀返首都洛阳。

6 六月二十四日，任命交通部长（太仆）冯鲂，当最高监察长（司空）。

7 六月二十八日，宰相（司徒）冯勤逝世。

8 首都洛阳，涌出甜水泉，又有红草生在水畔。各郡、各封国，不断呈报说，上天降下甘露。文武官员奏称："祥瑞不断降临，应下令天文台长（太史）收集记录，流传后世。"刘秀拒绝，谦虚的认为他的恩德不够，对各郡、各封国呈报祥瑞的奏章，都坚持不敢当。所以负责史迹的官员，很少记载。

9 秋季，有三个郡和封国，蝗虫成灾。

10 冬季，十月六日，擢升京畿总卫戍司令（司隶校尉）、东莱郡（山东省龙口市东黄城集村）人李䜣当宰相。

11 十月十九日，刘秀派最高监察长（司徒），前往西汉王朝一任帝（高祖）刘邦祭庙（高庙）禀告，尊称刘邦小老婆薄女士（西汉五任文帝刘恒娘亲）为"高皇后"，在土地神坛旁，同享香火。而把刘邦正妻吕雉的牌位，贬出祭庙，迁到墓园（在陕西省咸阳市东北二十公里，刘邦墓〔长陵〕西侧），但仍保留四季的祭祀。

12 十一月二十九日，日蚀。

13 本年（五六），兴建皇家大会堂（明堂）、御用天文台（灵台）、国立大学（辟雍），把神秘预言书（图谶）向全国公布周知。

最初，刘秀认为他是应验了《赤伏符》的预言，才当上皇帝（参考二五年六月），所以非常相信神秘预言书，遇到疑难或困惑，就在神秘预言书中，寻找答案。御前监督官（给事中）桓谭，上书规劝说：

“人之常情，总是忽略眼前正常的事物，看重非常的变异。观察从前圣明君王的史迹，都是仁义道德的正规行为，并没有特别的或怪诞的奇迹。盖天道和命运，属于玄学，连圣人都不敢谈论。从端木赐开始，儒家学派学者，都不去触及这个问题（《论语·公冶长》篇端木赐说：对于天道命运，我们不能在孔丘那里听到什么）。何况后世那些肤浅的知识分子，怎能精通？现在，一些小聪明的小人物，和法术师之辈，擅自更改增添图画书文，硬说那就是神秘预言书，用来达到贪污邪恶的目的，把君王导入一个错误的方向，怎么不应该跟他们疏远？

“臣，桓谭，听说陛下对法术师提供的炼金术，追根溯源，可谓明察。可是，对法术师的神秘预言书（谶记），却全部接受，为什么偏犯下这样的错误？神秘预言有时候虽然应验，不过像卜卦时偶尔算对了是奇数或是偶数一样，不应特别重视。陛下应该英明决断，主动的摒弃那些不是正道的见解，而只遵循儒家学派的五种经典（《诗经》《书经》《礼记》《易经》《春秋》）。”

奏章呈上去后，刘秀大不高兴。

正巧，刘秀召集御前会议，讨论御用天文台（灵台）应该设立在什么地方？刘秀对桓谭说：“我想用神秘预言书的话来决定，你看怎么样？”桓谭沉默不答，很久之后，说：“我从来不看神秘预言书。”刘秀问他缘故，桓谭坚持认为神秘预言书不是儒家学派的经典。刘秀的忍耐终于到了极限，咆哮起来：“桓谭诽谤圣人，扰乱国法。来人呀，拉下去砍掉。”桓谭魂飞天外，用头叩击地面，请求宽恕，血流满脸，很久很久，刘秀的愤怒才告平息。把桓谭贬作六安郡（安徽省六安市）主任秘书（丞），在赴任途中逝世。

桓谭因坚决反对神秘预言书，贬谪死亡。郑兴也坚决反对神秘预言书，却因改变说辞，态度婉转，得免大祸（参考三一年）。而贾逵却利用神秘预言书，推广演义，身享富贵（稍后东汉二任帝刘阳时，贾逵根据神秘预言书，证明刘姓皇族是尧帝伊祁放勋的后裔，刘阳大悦，对贾逵不断擢升，非常信任）。君王用这个标准对待学术，可悲。

贾逵，是右扶风（陕西省兴平市）人。

14 南匈奴汗国（王庭设美稷〔内蒙古准格尔旗〕）单于（二十三任）挛鞮比逝世，老弟左贤王挛鞮莫继位，是为丘浮尤鞮单于（二十四任）。

刘秀派使节监交单于印信，赏赐衣服、官帽，以及绸缎，以后遂成惯例。

五七年 丁巳

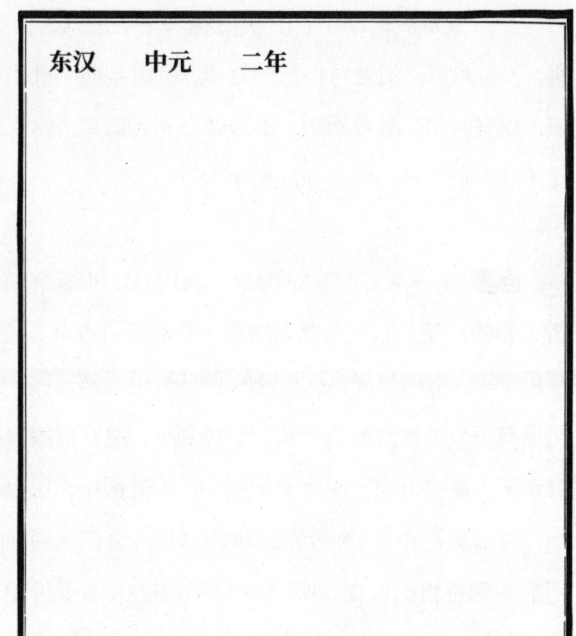

1 春季，正月八日，东汉王朝（首都洛阳〔河南省洛阳市东白马寺东〕）皇帝（一任光武帝）刘秀在首都洛阳北郊建立祭坛，祭祀后土神。

2 二月五日，刘秀在首都洛阳南宫前殿逝世，年六十二岁。

刘秀每天早晨主持朝会，中午之后才散。不断接见三公（宰相、最高监察长、全国武装部队总司令）、部长级高级官员（卿）、初级禁卫官（郎）、将领（将），讨论五经，半夜才睡。皇太子刘阳看见老爹辛苦勤劳，不倦不怠，找个机会规劝说："陛下有姒文命（禹）、子天乙（汤）那种圣明。可是，却没有姬轩辕（黄）、李耳（老）那种悠闲休养的福气。但愿您爱惜自己，优游岁月，自求宁静。"刘秀说："我高兴做这些事，并不觉得辛苦。"虽然全靠武力取得政权，但等到全国统

一、社会安定后，却不让有功的将领，掌握权柄，而另行选拔文官，主持政府。刘秀对自己的处境，有深刻而明确的了解，总其大成，观察时势，量力而为，不去做办不到的事。所以，才能恢复西汉王朝时的盛况，及身完成和平大业。 706

3 全国武装部队总司令（太尉）赵憙，负责治丧。当时，经过新王朝的巨变，旧有的典章制度，全部无可查考。皇太子刘阳，跟其他亲王，都同起同坐。封国的官员们出入宫廷，跟中央政府的官员没有分别。赵憙脸色严肃，手按剑柄，站在宫殿台阶之上，把所有亲王，都扶下来，使皇太子刘阳，独处殿中，用以显示尊卑。奏准：派皇家礼宾官（谒者）把封国的官员，全护送到别的县份。亲王则都回到各封国设在京师（洛阳）的宾馆（邸），而只在早上和下午，入宫哭悼。秩序整齐，门禁森严，内外井井有条。

4 皇太子刘阳登极（年三十岁），尊皇后娘亲阴丽华为皇太后。

5 山阳王（首府昌邑〔山东省巨野县东南大谢集镇〕）刘荆（刘阳同母弟弟），虽然也哭悼老爹（刘秀），但并不哀伤，反而写了一封匿名信，派他的仆人，假冒藩属事务部长（大鸿胪）郭况的家人，送给东海王（首府鲁县〔山东省曲阜市〕）刘彊（郭况是刘彊的舅父），信中强调刘彊无罪，却被贬谪，以及娘亲郭圣通也无罪，竟受到屈辱。建议刘彊在东方起兵，西上攻击中央政府，信上说：

“高祖（西汉一任帝刘邦）起兵时，不过一个驿长。陛下（刘秀）在白水（春陵县原名白水乡，今湖北省枣阳市南）僻壤，创立大业。何况大王（刘彊），是陛下的长子、原来的储君，大王应作秋天严霜，肃杀万物；

莫作栅栏里的绵羊，任人宰割。人主猝然去世，小巷子里的无赖，都利用机会去当强盗，满足欲望，何况大王？”

刘彊接信后，魂飞天外，逮捕送信的仆人，把原信封起，呈报新即帝位的刘阳。刘阳因刘荆是一母同胞的亲弟弟，只好列入最高机密，把这件事搁置，仅命刘荆出住河南宫（在今河南省洛阳市）。

6 三月五日，把刘秀安葬在原陵（河南省洛阳市孟津区东北十四公里铁谢村）。

7 夏季，四月二十四日，刘阳下诏：

“而今，在上没有天子（老爹刘秀），在下没有重臣，好像要渡过江河，却缺少舟船桨楫。皇帝的任务，至为沉重，年轻人思虑，往往轻率，实在需要年高德劭的长辈，给我帮助。高密侯邓禹，是功臣的领袖。东平王（首府无盐〔山东省东平县东南〕）刘苍，宽厚博学，而有谋略。兹任命邓禹当皇家师傅（太傅），刘苍当骠骑将军。”刘苍恳切推辞，刘阳不许。

刘阳又下诏：骠骑将军设立骠骑将军府，任命秘书长（长史）、秘书（掾）、低级官员（史）等官员四十人。骠骑将军，位在三公之上（即位在宰相、最高监察长、全国武装部队总司令之上。这是一个畸形的机构，中央政府全在骠骑将军控制之下）。刘苍曾经保举人事秘书（西曹掾）、齐国（首府临淄〔山东省淄博市东临淄区〕）人吴良，刘阳说：“为国家推荐贤才，正是宰相的职责，当初萧何保举韩信，兴筑高台，即行任命，有什么考试（参考前二〇六年）？兹任命吴良当参议官（议郎）。”

8 最初，西羌（青海省东部）烧当部落（青海省贵德县以北一带）酋长滇良，击败先零部落，把先零部落逐出湟中（青海省东北部），而自己进驻。滇良逝世后，儿子滇吾继位，部众日趋强盛。

秋季，滇吾跟老弟滇岸，率领部众，侵入陇西郡（甘肃省临洮县），在允街（甘肃省永登县南）击败郡长刘盱的郡政府部队。于是，沿边要塞边防军里的羌民族官兵，纷纷叛变。刘阳命皇家礼宾官（谒者）张鸿，征调各郡民兵攻击，在允吾（金城郡郡政府所在县，甘肃省永靖县西北）会战，张鸿大败，全军覆没。

冬季，十一月，刘阳再派皇家警卫指挥官（中郎将）窦固，监督捕虏将军马武等二位将军及国防军，四万人讨伐。

9 本年（五七），南匈奴汗国（王庭设美稷〔内蒙古准格尔旗〕）丘浮尤鞮单于（二十四任）挛鞮莫逝世。老弟挛鞮汗继位，是为伊伐于虑鞮单于（二十五任）。

五八年 — 戊午

东汉　永平　元年

1 春季，正月，东汉王朝（首都洛阳〔河南省洛阳市东白马寺东〕）皇帝（二任明帝）刘阳（本年三十一岁）率中央政府高级官员，前往刘秀（一任光武帝）墓园（原陵，河南省洛阳市孟津区东北铁谢村）祭拜，仪式跟刘秀在世时相同。刘阳先在供桌前行礼，礼毕，退下，到东厢落座。侍卫人员围列在供桌之后，由御厨房呈献膳食，祭祀部音乐官员奏乐。各

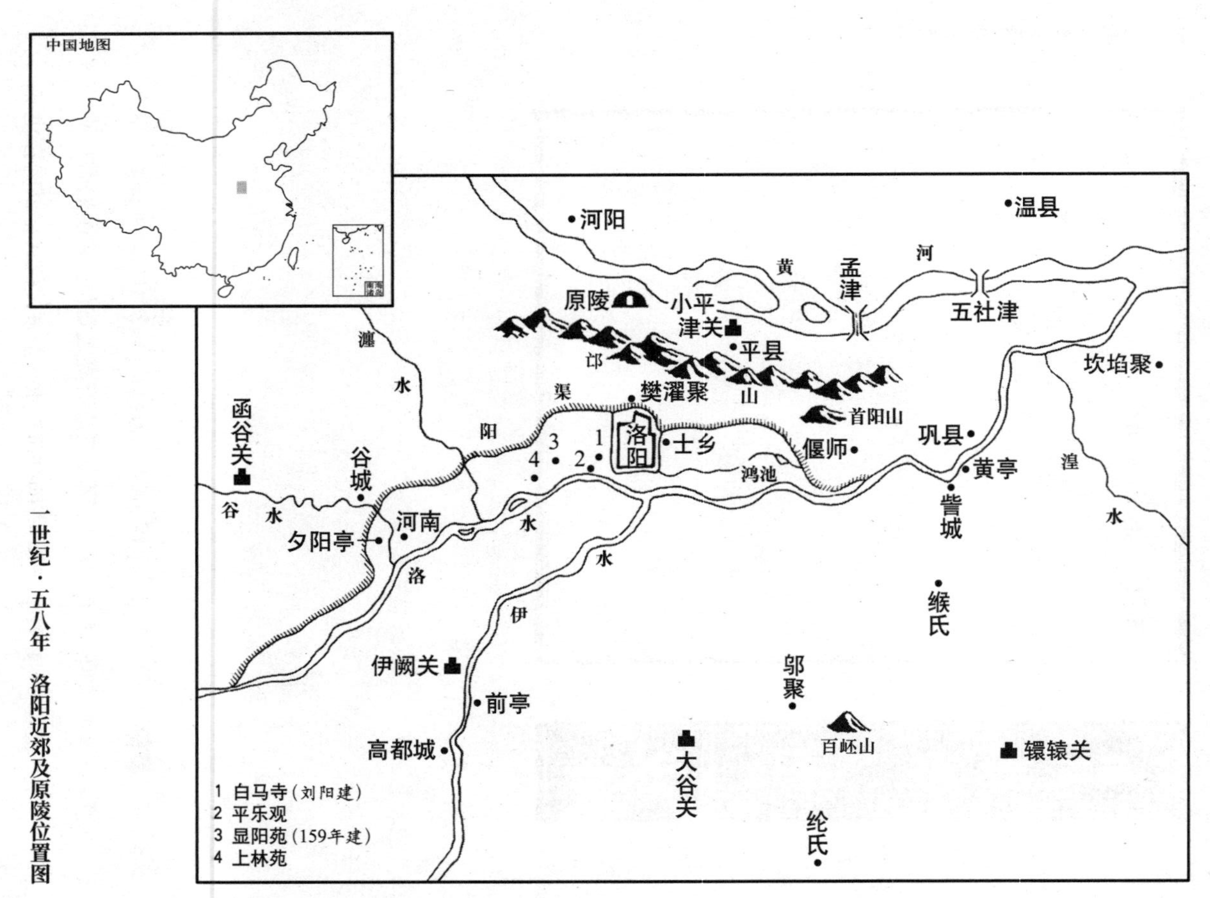

一世纪·五八年　洛阳近郊及原陵位置图

郡、各封国呈送年终考绩的官员，依照顺序上前，面对刘秀牌位，在廊下报告各地粮食价格，跟民间疾苦（为的是使刘秀灵魂，在冥冥中听到）。以后，遂成为正规仪式。

2 夏季，五月，皇家师傅（太傅）、高密侯（元侯）邓禹逝世。

3 东海（恭）王（首府鲁县〔山东省曲阜市〕）刘彊病重。刘阳派使节护送御医，乘政府驿马车，前往诊治，道途上络绎不绝。下诏：命沛王（首府相县〔安徽省淮北市〕）刘辅、济南王（首府东平陵〔山东省济南市章丘区〕）刘康、淮阳王（首府陈县〔河南省周口市淮阳区〕）刘延，都到鲁县，榻前问候。

五月二十二日，刘彊逝世。临断气时，上书叩谢恩德，说：“我自己既然短命，孤儿寡妇更连累皇太后（阴丽华）、陛下（刘阳）忧虑，至为悲痛惭愧。我的儿子刘政，尚是一个幼童，如果命他继承我的爵位，恐怕不是保全他的办法。请求准许他回到原来的东海郡（山东省郯城县）。而今，天下突然发生巨变（指刘秀去世），唯盼望陛下（刘阳），加倍供养皇太后阳丽华，规劝勉强进餐。臣，刘彊，困顿愚劣，千言万语，不能尽意。特别感谢各位亲王，想不到永不能相见。”

刘阳看见遗书，悲恸不已，随着皇太后娘亲阴丽华，出城到津门亭（洛阳南城西头第一门，名津门。门外有亭，名津门亭），为刘彊举哀。命最高监察长（大司空）“持节”前往治丧。赏赐和赠送，都超过一般亲王。命楚王（首府彭城〔江苏省徐州市〕）刘英、赵王（首府邯郸〔河北省邯郸市〕）刘栩、北海王（首府剧县〔山东省昌乐县西〕）刘兴，以及留在首都洛阳的亲戚朋友，都到鲁县参加葬礼。刘阳追念刘彊谦恭节俭，不愿违背他的意思强行厚葬，于是再下特诏："送终的衣服物件，一定要简单，衣裳能包住身体就够了，丧车用茅草覆盖，器具用陶瓦制成，一切都少于正常体制，用以展示大王特立独行的志节。"命工程总监（将作大匠）留在鲁县，为刘彊兴建墓园。

赵翼曰

隋王朝、唐王朝之后，皇太子一旦被罢黜，没有一个人能正常死亡。只有东汉王朝，全都保全性命。刘秀（东汉一任光武帝）已宣布刘彊当皇太子，后来，因刘彊娘亲皇后郭圣通被罢黜，刘彊内心不安，不断通过老爹左右，提出退让请求。刘秀才另立刘阳（刘庄）当皇太子，改封刘彊当东海王。刘秀因为刘彊并没有过失，所以扩大他的封国采邑，赏赐给他虎贲武士，和骑兵仪仗，威严跟皇帝相等。刘彊前往封国后，屡屡请求让出多余的采邑，把首府迁回郯县（东海国首府，本在郯县〔山东省郯城县〕，后因把鲁国并入，首府遂迁到鲁县〔山东省曲阜市〕），又通过皇太子刘阳，坚决辞让，刘秀都不允许。皇太子刘阳（东汉二任明帝）即位，刘彊卧病，刘阳派寝殿侍奉宦官（中常侍）、御医等诊治，并命沛王刘辅（刘彊同母亲弟）等，前往探视。逝世后，更用特别的荣耀安葬。

东汉三任帝刘炟（音dá〔达〕），原立他的儿子刘庆当皇太子，因为窦皇后忌妒，诬陷他的娘亲宋贵人，遂把刘庆罢黜，降封清河王，改立另一个儿子刘肇当皇太子（参考八二年）。刘庆年纪虽小，却知道避嫌畏祸，老爹刘炟（音dá〔达〕）怜悯他，命他的衣服和其他礼数，跟皇太子相同，而刘肇也至为友爱，入宫同住在一个房间，出宫则共乘一辆车子。刘肇（东汉四任和帝）即位，对老哥（刘庆）尤其优待，而刘庆也小心翼翼，恭敬孝顺。自从被罢黜后，尤其恐惧不安，每次祭拜父亲（刘炟）坟墓，常常半夜即起，服装整齐，等待天晓。约束他的部属，不准跟其他亲王的车骑，并驾齐驱，或争夺道路。等到刘肇逝世（一〇五年），刘庆在灵柩前哀号哭泣，吐血数升。即前往封国，更下令官属，时时反省警戒，以免招引灾难。后来，他的儿子刘祜，继承帝位（东汉六任安帝），刘庆那时仍在人世，逝世后，追称孝德皇。

东汉六任帝（安帝）刘祜，已经封他的儿子刘保当皇太子，后来受到谗言陷害，降封济阴王。刘祜逝世，刘保因为被罢黜的缘故，不准到棺柩前哭悼，悲号过度，不进饮食，文武官员，都感到悲哀。阎皇后迎立北乡侯刘懿继承宝座（东汉七任少帝），刘保因为年纪还小，得以保全性命。刘懿不久逝世，宦官孙程等，迎接刘保即位（东汉八任顺帝）。

这些，都是已经当上皇太子，被罢黜之后，仍然保全的例证。固然，刘阳、刘肇等仁慈友爱，而刘彊、刘庆等善于把握罢黜后的分际，小心、恭敬、畏惧，才能泯灭嫌疑猜忌，免除祸害。

同时，东汉四任帝（和帝）刘肇的长子平原王刘胜，本应当皇太子的，因痼疾而被摒弃。刘肇逝世后，皇后邓绥选立刘肇另一个儿子刘隆（东汉五任殇帝）。刘隆逝世，又选立刘肇侄儿刘祜（东汉六任安帝）。那时，刘胜仍在人世，也没有因为口发怨言，招取灾祸。

因为刘秀、刘阳、刘炟（音dá〔达〕），都崇敬儒家学派的道理，子弟们孝顺父母、友爱兄弟，感染至深，所以没有骨肉之变。

按：西汉王朝九任帝（废帝）刘贺，后来被罢黜，改封海昏侯，仍然寿终，所以西汉王朝，也没有“杀废”之事。

4 秋季，七月，马武等攻击西羌（青海省东部）。烧当部落（青海省湟中一带）溃败，有的投降，有的逃散。

5 山阳王（首府昌邑〔山东省巨野县东南大谢集镇〕）刘荆，私自聘请通晓天文星象的专家和法术师，跟他们研究讨论，希望天下发生变化。刘阳得到报告，改封刘荆当广陵王（首府广陵〔江苏省扬州市〕），命他前往封国（山阳国首府昌邑，与首都洛阳航空距离三百二十公里。广陵国首府广陵，与首都洛阳航空距离七百五十公里。使他远离首都，以防突袭）。

6 辽东郡（辽宁省辽阳市）郡长祭肜（音róng〔融〕），派他的将领偏何，攻击赤山乌桓部落（河北省北部），大胜，斩乌桓酋长，塞外震恐。西自武威郡（甘肃省武威市），东到玄菟郡（辽宁省沈阳市东），各蛮夷部落，都向东汉政府归附。广大的北方边疆，再没有烽火冲天，马蹄扬尘。

于是，东汉政府把北方边防军，全都撤销。

7 东平王（首府无盐〔山东省东平县东南〕）刘苍，认为汉王朝中兴三十余年（从东汉王朝建立时间起），四方安静，天下太平，应该重新制定礼教圣乐，遂跟政府高级官员，共同商议并决定：首都洛阳南郊祭天、北郊祭地时，官帽、马车、衣服等制度，以及一任帝（光武帝）刘秀祭庙所用的乐曲，跟所用的八佾舞数目（佾，音yì〔意〕。古代舞蹈时，纵横行列的人数都是一样的“方块队形”，称“佾”。八佾，纵横都是八人，共六十四人），呈报刘阳。

8 好畤侯（耿侯）耿弇逝世。

五九年 己未

东汉　永平　二年

1 春季，正月十九日，东汉王朝（首都洛阳〔河南省洛阳市东白马寺东〕）政府在皇家大会堂（明堂）大规模祭祀一任帝（光武帝）刘秀。现任皇帝（二任明帝）刘阳（本年三十二岁）跟文武官员，以及部长级以上官员、侯爵，头戴特制的官帽（皇帝戴通天冠；王侯戴远游冠；三公、侯爵戴进贤冠，官帽上有三条竖梁；部长〔卿〕、国务官〔大夫〕、宫廷秘书〔尚书〕、研究官〔博士〕，官帽上有两条竖梁；千石以下到低级官吏，官帽上一条竖梁。皇帝平顶冠上有十二支旒穗，三公、部长、侯爵，平顶冠上有七支旒穗），身带特制的玉佩，参加典礼（皇帝佩白玉，王侯佩黑玉，国务官佩苍玉，爵位继承人佩瑜玉），典礼完成后，刘阳登上御用天文台（灵台），观察天象。赦天下。

2 三月，刘阳前往国立大学（辟雍），第一次行“大射礼”（《仪礼》说，君王在祭祀之前，用比赛射箭的方法，选择贤才，陪同献祭。有虎靶、熊靶、豹靶）。

冬季，十月五日，刘阳再前往国立大学（辟雍），第一次行“养老礼”。任命李躬当“三老”，桓荣当“五更”（古代君王，设立“三老”“五更”，用尊敬父兄的礼数，尊敬他们，郑康成注《礼记》，指出，他们深知三德：“正直”“刚毅”“柔顺”，又能精通五事：“容貌”“言论”“观察”“广听”“思考”。用现代语文解释，“三老’“五更”。即国家元老）。“三老”穿麻布大袍，戴进贤冠（前高七寸，后高三寸，长八寸），手扶玉杖（手杖的上端，镶嵌一个玉石雕刻的斑鸠。据说，斑鸠是一种不会噎食的鸟类，用以祝福老人良于进餐）。“五更”和“三老”的装束一样，只没有玉杖。

刘阳进入国立大学，直到“礼殿”，坐在东厢，派使节用安车（有座位的马车）迎接“三老”“五更”前来讲堂。刘阳亲自到门口屏风那里迎接，行过君臣之礼。刘阳在前引导，先到东阶：“三老”径走西阶（《仪礼》：古代宾主相会，宾客自西登阶，主人在东迎见），既到西阶，刘阳依礼作揖。“三老”上了台阶，面向东方（面向主位）而坐。由三公（宰相、最高监察长、全国武装部队总司令）摆上桌案，部长级高级官员（九卿）把木履放妥，刘阳亲自卷起袖子，分割祭肉，连同甜酱，一并送到“三老”面前，举起酒杯敬酒，祝福老人身体健康，咽喉不受鱼刺伤害，食道不患难咽的疾病。

接待“五更”的礼仪，跟“三老”相同，也面向东方而坐，由三公摆上桌案。典礼完成后，引导桓荣跟他的学生升堂。刘阳亲自讲解，儒家学派专家学者，手拿经典，提出疑难。

这是一项盛大的集会，知识分子和其他官员，环绕着大学四门护城河桥头瞻仰的，有亿万人（国立大学〔辟雍〕有四个大门，大门外有护城河环绕一周，用以防止闲杂人等进入）。于是，刘阳下诏，封桓荣关内侯（《通鉴考异》说，此处可能漏列李躬。独封桓荣，于情理相违。但《后汉书·明帝本纪》及《桓荣传》都是如此，只好存疑）。

“三老”“五更”都支二千石终身俸禄。刘阳更赏赐各郡、各县所有乡村教育官（三老）：每人酒一石、肉四十斤。

刘阳当太子的时候，向桓荣学习《书经》。继任皇帝之后，仍用尊奉师傅的礼节，尊奉桓荣。有一次，刘阳前往祭祀部（太常府），命桓荣坐在东面（主位），摆下桌案手杖，集合文武官员跟桓荣的学生，有数百人。刘阳亲自拿着经书听讲，学生们有的离开座位（表示尊敬惶恐），向刘阳请求指示困惑。刘阳谦虚说：“有老师在座，我怎能讲解？”结束后，刘阳把御厨房（太官）当天的供应器具，全送到桓荣家。

桓荣每次患病，刘阳都派使节问候，御厨房送的饮食，跟御医（太医）们，在道路上前后相望。后来，桓荣病重，上书谢恩，奉还爵位采邑。刘阳亲自探望，一到巷口，就教御车停下，手拿经书，徒步一直走到病榻之前，抚摸桓荣枯瘦的病体，流泪泣涕。赏赐给床褥、帷帐、刀剑、衣服、被子，坐了很久才走。以后前来探病的侯爵、将领、国务官（大夫）等，没有人敢坐车坐到门口，都远远下车，步行到病榻前拜见。

桓荣逝世，刘阳改穿丧服，亲自送葬，在首山（河南省洛阳市偃师区西北首阳山）的南麓，由政府拨出一块墓地。桓荣的儿子桓郁，当继承爵位，桓郁让给老哥的儿子桓汎，刘阳不准。桓郁受封后，把田赋收入，全给桓汎。

刘阳任命桓郁当宫廷随从(侍中)。

3 刘阳考虑到,中山王(首府卢奴〔河北省定州市〕)刘焉,是被罢黜的郭圣通太后生的最小儿子。刘阳娘亲、现任皇太后阴丽华,特别喜欢他,所以,一直把他留在首都洛阳。直到本年(五九),才命他跟其他亲王,同时前往各人的封国。特别赏赐给刘焉:虎贲警卫武士、护驾骑兵(外籍兵团骑兵一百人),关切和宠爱,超过其他亲王,并特别准许刘焉可以随时前来京师(亲王进京,一定要事先请准)。

刘阳对待郭圣通太后生的儿子,跟对待娘亲阴丽华生的儿子,一律平等。亲王们不断接到赏赐,恩德厚重。

4 十月十七日,刘阳前往长安(陕西省西安市)。

十一月七日,刘阳派使节到萧何、霍光墓园(萧何墓在陕西省咸阳市东北二十三公里徐家寨村;霍光墓在陕西省兴平市东南位镇,茂陵东),用中牢祭祀("中牢",也就是"少牢"。一只羊、一头猪),刘阳每次经过他们墓园,都在车上俯身致敬。从长安再往河东郡(山西省夏县)。

十一月二十六日,返回首都洛阳。

5 十二月,西羌保安司令(护羌校尉)窦林,被指控欺骗皇帝刘阳及贪赃卖法,逮捕囚禁,死在监狱(当时,西羌酋长之一滇吾,率领他的部落叛变。一个名叫滇岸的小头目投降,窦林奏报说是酋长投降。后来真正的酋长滇吾投降,窦林只好称滇吾是"第一酋长"。刘阳奇怪:一个部落怎么有两个酋长?窦林仍支吾搪塞,经过彻底调查后,刘阳生气,把窦林免职。不久,凉州〔甘肃省〕州长〔刺史〕揭发窦林贪污，遂死于监狱）。窦林，是窦融堂哥的儿子。

当时，窦姓家族炙手可热。计有一个宰相级官员（窦融），两个侯爵（窦融封安丰侯，窦融的老弟窦友封显亲侯），三个公主（窦融长子窦穆娶内黄公主〔谁的女儿不详〕，窦穆的儿子窦勋娶沘阳公主〔刘彊女〕，窦友的儿子窦固娶涅阳公主〔刘秀女〕），四位部长级（二千石）高级官员（窦融当皇城保安司令〔卫尉〕，窦友、窦穆，先后当首都洛阳城防指挥官〔城门校尉〕，窦林当西羌保安司令〔护羌校尉〕，窦固当皇家警卫指挥官〔中郎将〕——应是五位）。从祖父到孙儿，私宅、官邸，都在首都洛阳，可以互相望见。皇亲国戚功臣中，富贵的程度，无与伦比。

等到窦林诛死，刘阳不断下诏责备窦家班的家长窦融。窦融恐慌，请求辞职，刘阳批准，命他回家养病。

6 本年（五九），开始“五郊迎气”典礼（《后汉书》：“立春之日，在东郊迎接春天，祭祀青色帝。立夏之日，在南郊迎接夏天，祭祀赤色帝。立秋前十八日，在中央祭坛迎接天神，祭祀黄色帝跟后土神。立秋之日，在西郊迎接秋天，祭祀白色帝。立冬之日，在北郊迎接冬天，祭祀黑色帝”）。

7 新阳侯阴就的儿子阴丰，娶郦邑公主刘绶（一任光武帝刘秀女）。刘绶娇妒，阴丰把她杀掉。阴丰处死。老爹娘亲阴就夫妇自杀。

8 南匈奴汗国（王庭设美稷〔内蒙古准格尔旗〕）伊伐于虑鞮单于（二十五任）挛鞮汗逝世。挛鞮比（二十三任）的儿子挛鞮适继位，是为醢僮尸逐侯鞮单于（二十六任。醢，音xī〔希〕）。

东汉王朝

- 云台绘中兴功臣三十二人。
- 刘阳夜梦金人。
- 佛教从此传入中国。
- 北匈奴屡入侵，边城尽闭。
- 哀牢部落归附东汉。

- 罗马火灾，屠杀基督徒。
- 罗马皇帝尼罗自杀。
- 罗马帝国大乱，大将贾尔柏被杀。一连两位皇帝：鄂图、维特里乌斯，死于非命。最后，惠斯巴西安称帝。

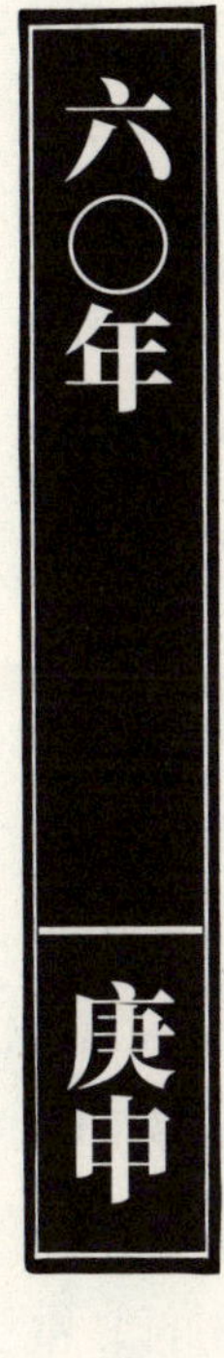

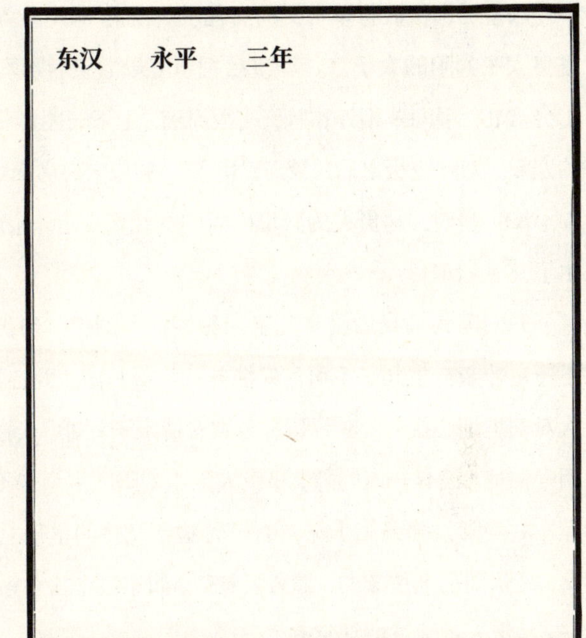

1 春季，二月九日，东汉王朝（首都洛阳〔河南省洛阳市东白马寺东〕）全国武装部队总司令（太尉）赵憙、宰相（司徒）李䜣，同时免职。

二月十一日，擢升左冯翊郡（陕西省西安市高陵区）郡长郭丹当宰相（司徒）。

二月十四日，擢升南阳郡（河南省南阳市）郡长虞延当全国武装部队总司令（太尉）。

2 二月十九日，东汉帝（二任明帝）刘阳（本年三十三岁），擢升贵人（小老婆群第一级）马女士当皇后，封儿子刘炟（音dá〔达〕）当太子。

马皇后，伏波将军马援的女儿。一任帝（光武帝）刘秀时，被选进皇太子刘阳的太子宫。马皇后把当婆母的皇后阴丽华，奉承得十分欢心，跟同辈相处和睦，礼数周到，上下一团祥和，遂受异常的宠爱。刘阳登极之后，被封“贵人”（东汉王朝宫廷小老婆群编制，只“贵人”一级）。当时，马贵人的异母姐姐的女儿贾女士，也选进太子宫，生下儿子刘炟。 722

刘阳因为马皇后没有儿子，教她抱养刘炟，告诉她说：“人，不一定非亲自生儿子不可，只怕养育不得其法，爱心不够。”马贵人对刘炟细心抚养，辛劳超过亲娘对待亲子。刘炟天性孝顺，母子相爱相依，没有一点间隙。马贵人因为刘阳所生皇子不多，经常推荐左右美女，陪刘阳上床，有一种迫不及待的生子之情。后宫宫女，凡陪刘阳上过床的，都另眼看待。如果哪个宫女不断被刘阳召宿，马贵人对她就特别赏赐。

所以，等到有关单位建议应该选立皇后时，刘阳还没有开口，皇太后阴丽华就说：“马贵人品德，宫廷第一，她就是最恰当的人选。”

马皇后既登上皇后宝座，越发谦虚庄严，喜爱读书，常常穿着宽大的白色丝绸衣服，裙子不另加边。每月一日、十五日，小老婆群和公主们，入宫请安，看见她衣服简单粗糙，认为是特织的绸缎，到跟前仔细观察，都忍不住笑起来。马皇后解释说：“这种丝料最适合染成别的颜色，所以才用它。”

文武官员在朝会时，有不能决定的事项，刘阳就用来试探马皇后的才智。马皇后探讨分析，无不入情入理，但她从不替娘家人说一句话，请托一件事。刘阳对她更宠爱崇敬，始终如一。

3 刘阳思念创造中兴大业（东汉王朝开创大业）的功臣，在南宫云台之上，画出二十八位将领的肖像，邓禹居第一位，其次是：马成、吴汉、王梁、贾复、陈俊、耿弇、杜茂、寇恂、傅俊、岑彭、坚镡、冯异、王霸、朱祐、任光、祭遵、李忠、景丹、万修、盖延、邳彤、铫期、刘植、耿纯、臧宫、马武、刘隆。稍后，又增加王常、李通、窦融、卓茂，共三十二人。

只马援是皇后之父，没有肖像。

4 夏季，四月十七日，刘阳封皇子刘建当千乘王（首府千乘〔山东省高青县东北〕）、刘羡当广平王（首府广平〔河北省鸡泽县〕）。

5 六月二十四日，天船星北，出现孛星。

6 刘阳大动土木，兴筑北宫。

当时，正逢大旱。宫廷秘书署执行官（尚书仆射）、会稽郡（江苏省苏州市）人钟离意，前往宫门，脱下官帽，上书说："从前，子天乙（商王朝一任帝）遇到旱灾，提出六件事责备自己：'是行使权力没有克制？是人民的劳役超过限度？是宫殿建筑太多？是女人、宦官干涉政治？是贪污贿赂盛行？是陷害忠良的鲨鱼群得势？'现在，北宫正大兴土木，征调民夫，使农民不能耕田。自古以来，严重的问题不在宫廷狭小，而在人民不安。应该停止，上应天心。"刘阳下诏说："子天乙责备的六件事，错误只在一个人身上。可戴上官帽，穿上鞋子，不要请罪。"

遂即下令工程总监（大匠）停工，并减少其他不必要的开支。下诏文武百官，承认自己错误。上天及时降雨。

钟离意保荐全椒（安徽省全椒县）县长刘平。刘阳征调刘平到首都洛阳，任命当参议官（议郎）。刘平在全椒，对人民有恩惠，人民自动自发的多报财产，为的是要多缴赋税；或减轻自己年龄，为的是要争着充当政府差役。州长（刺史）、郡长，到县视察，发现监狱中没有羁押的囚犯，人人自得其乐，简直不知道调查什么才好，只好宣读诏书后回去。

刘阳喜爱听小报告，认为洞察文武官员的隐私生活，就是盖世英明。三公、部长级高级官员，不断受到斥责，亲近在侧的诸如宫廷秘书（尚书）以下官员，刘阳还动手殴打。有一次，不知道什么缘故，刘阳对宫廷禁卫官（郎）药崧（药，姓），大发脾气，用手杖敲击，药崧一头钻到床底下，刘阳越发冒火，大声说："给我滚出来。"药崧在床下喊："'天子穆穆，诸侯（封国国君）皇皇。'（《礼记·曲礼》原文。）哪有天子，自起撞郎。"刘阳这才罢手。

当时，东汉政府充满肃杀之气，文武官员心惊胆战，互相比赛苛刻，以求逃避诛杀或斥责。只有钟离意敢于据理力争，数次把已经下达、而他认为不合适的诏书，封起来缴还。官员犯了过失，他总尽力解救。正好，遇到天象发生变异，钟离意上书说：

"陛下敬畏鬼神，怜悯小民，可是天象却不调和，该热不热，该冷不冷的现象，仍然发生。责任在文武官员们，不能推广陛下的恩德，没有尽到职守，而把苛刻刁难，作为时尚。官与官之间，没有相亲的心情；官与民之间，没有祥和的气氛。所以冲击和睦的正气，招引天灾。对于人民，可以用恩德感化，使他们屈服，却很难用压力达到目的。《诗经·鹿鸣》诗篇，在宴会上演唱，就是为了沟通人神的心灵，使天象调和。但愿陛下广施恩德，放宽刑罚，顺应天象，调整阴阳。"

刘阳对钟离意的建议，虽然不能经常听从，但知道他都是出于至诚，一直对他爱护。

7 秋季，八月二十五日，刘阳依照神秘预言书，把“太乐官”（音乐官）改称“太予乐令”（神秘预言书《尚书璇玑钤》有言：“有帝汉出，德洽作乐，名予”）。

8 八月二十九日，日蚀。

刘阳下诏：“从前，春秋时代楚王国没有天灾，芈侣（楚王国六任王庄王）感到恐惧（《说苑》载：芈侣在位期间，天上不见变异，地下不见灾难，于是恐惧说：“是不是上帝忘了我？”用这种态度求上帝明察自己的过失，对在下位的人规劝的建议，一定不会拒绝）；鲁国昏君姬蒋（二十八任国君哀公）在位时，重重灾难，却没有任何天变（《春秋感精符》载：姬蒋时代，政治紊乱，可是却没有发生过日蚀。本来应有警告的，而竟然没有，是上帝觉得：谴责他有什么用？谴责他，他也不会觉悟）。今天遇到日蚀，表示我们还有救药。有关单位官员，应努力尽到自己的职责，帮助我完成使命。”

9 冬季，十月二十二日，刘阳随着娘亲皇太后阴丽华，前往章陵（湖北省枣阳市南，刘秀父祖三代坟墓）。荆州（湖北省及湖南省）州长（刺史）郭贺，有特殊优异的政绩，刘阳赏赐给他三公穿着的衣服，衣服上刺绣半黑半白的双斧花纹跟半青半黑的双“己”字花纹，以及有七条垂缨（旒）的官帽。又命他撤去座车前面的帘帐，使人民能看到他尊贵的装饰，用以褒扬他高贵的品德。

十月二十六日，母子返首都洛阳。

10 本年（六〇），首都洛阳及七个郡和封国，发生水灾。

11 西域（新疆及中亚东部）莎车国（新疆莎车县）国王贤（姓不详），一连攻破于阗国（新疆和田市）、大宛王国（首都贵山城〔中亚纳曼干市西北卡散赛城〕）、妫塞国（今地不详），由莎车将领驻防。

于阗人民起兵反抗，击斩占领军司令君德，拥立贵族休莫霸当国王。贤率各国联军数万人进攻，被休莫霸击败，联军溃散，贤只身脱走。休莫霸反击，遂包围莎车，不幸被流箭射中，逝世。于阗人民另拥立休莫霸老哥的儿子广德，继任于阗国王。

广德命他的老弟仁，继续进攻莎车。广德老爹（姓名不详）原先被扣留在莎车当人质，贤无法抵抗于阗的攻势，只好把人质老爹送回，并把公主嫁给广德（原文："贤乃归其父，以女妻之。"不知道是把公主嫁给谁？嫁给广德，或是嫁给广德的老爹？仅从文法上看，嫁给广德的老爹也对），跟于阗和解。

六一年 辛酉

东汉 永平 四年

1 春季，东汉王朝（首都洛阳〔河南省洛阳市东白马寺东〕）皇帝（二任明帝）刘阳（本年三十四岁）出首都洛阳视察，准备到河内郡（河南省武陟县）打猎。东平王（首府无盐〔山东省东平县东南〕）刘苍上书规劝，刘阳看到后，立即回宫。

2 秋季，九月十二日，千乘（哀）王（首府千乘〔山东省高青县东北〕）刘建（刘阳子）逝世，没有儿子，封国撤除。

3 冬季，十月十九日，宰相（司徒）郭丹、最高监察长（司空）冯鲂，免职。擢升首都洛阳市长（河南尹）、沛国（首府相县〔安徽省淮北市〕）人范迁当国相（司徒），交通部长（太仆）伏恭当最高监察长（司徒）。伏恭，是伏湛老哥的儿子（伏湛，参考二五年七月）。

4 陵乡侯梁松，被指控对政府不满，以及用匿名信诽谤，被捕囚禁，死于监狱。

当初，刘阳还是太子的时候，中级国务官（太中大夫）郑兴的儿子郑众，以精通儒家学派经典，知名于世。刘阳跟山阳王（首府昌邑〔山东省巨野县东南大谢集镇〕）刘荆，都拜托梁松，用绸缎作礼物，邀请郑众当他们的门客。郑众说："太子是国家的储备君王，不可以私自跟臣属们结交，政府一向有严格的禁令。而亲王，更不可以招徕宾朋。"梁松说："尊贵官员们的意思，不应该冒犯。"郑众说："与其犯罪而死，不如坚守正道而死。"竟然拒绝。等到梁松事件发生，宾客们很多被牵连在内，却没有一句口供涉及郑众。

柏杨曰

梁松是谋害马援的凶手（参考四九年），而马援却是梁松老爹梁统的老友，对梁松根本没有恶意。梁松之阴险和不择手段的诬陷对手的心理，根深蒂固。史书对这次伏诛事件的经过，报导不详。只知道梁松于五八年担任交通部长（太仆）时，不断向地方郡县政府，要求请托，满足私人欲望，而于五九年就被免职，于是怨天尤人，匿名书四下传播。匿名书内容，没有记载，但从谋害马援的前例推断，一定相当恶毒。梁松认为这次陷害对手的结果，可能跟陷害马援一样，历史重演。想不到，他判断错误，自己却陷了进去。

诬陷手段，像一个回旋盘，往往仍回到原发射基地。

5 于阗国王广德，率各国联军三万人，向连年来侵犯各国的莎车国（新疆及中亚东部），作清算式的总反击。把莎车王贤（姓不详）引诱到自己营垒，诛杀，并把莎车并吞。

匈奴汗国（应是北匈奴汗国，王庭设蒙古国哈拉和林市）以宗主国身份，集合西域（新疆及中亚东部）各国武装部队，包围于阗。广德不能抵御，请求投降。匈奴立贤送到匈奴当人质的儿子不居征当莎车王。可是，等到匈奴大军撤退，广德又击斩不居征，另立不居征的老弟齐黎当莎车王。

6 东平王（首府无盐〔山东省东平县东南〕）刘苍，因为跟皇帝刘阳是一母所生的嫡亲兄弟，主持政府（五七年，刘苍被任命当骠骑将军，位在皇帝一人之下，文武百官〔包括三公在内〕万人之上），声望日高，内心恐惧，不断上书，指出："自从西汉王朝以来，皇族子弟，从没有一人居于三公及部长级高位，请求辞去骠骑将军职务，返回自己的封国（东平国）。"辞意十分恳切，刘阳遂命刘苍返国，但不准辞职。

六二年 — 壬戌

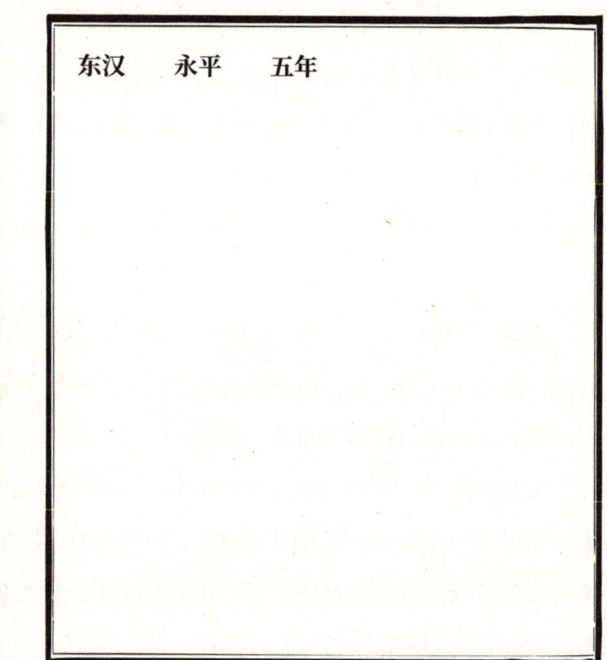

1 春季，二月十六日，东汉王朝（首都洛阳〔河南省洛阳市东白马寺东〕）东平王（首府无盐〔山东省东平县东南〕）刘苍，返抵自己的封国。

东汉帝（二任明帝）刘阳（本年三十五岁）任命骠骑将军府秘书长（骠骑长史），当东平国的亲王师傅（太傅），秘书（掾）当东平国高级国务官（中大夫），其他低级官员（令史）当王府禁卫官（郎）。特别赏赐钱五千万，布十万匹。

2 冬季，十月，刘阳前往邺县（魏郡郡政府所在县，河北省临漳县邺城镇）。本月，返回首都洛阳。

3 十一月，北匈奴汗国（王庭设蒙古国哈拉和林市）攻击五原郡（内蒙古包头市）。

十二月，攻击云中（内蒙古托克托县）；南匈奴汗国（王庭设美稷〔内蒙古准格尔旗〕）醢僮尸逐侯鞮单于（二十六任）挛鞮适，把北匈奴击退。

4 本年（六二），调查移居内地的边疆居民，一律强迫返回边疆，每人赏赐治装费二万钱。

5 安丰侯（戴侯）窦融，年纪老迈，对家人无力拘束，子孙生长在富贵环境中，骄傲放纵，做出很多犯法事情。长子窦穆，娶内黄公主，竟然捏造皇太后阴丽华的圣旨，命六安侯刘盱离婚，而把女儿嫁给刘盱。刘盱妻子娘家，向皇帝刘阳控告。刘阳大怒，把窦家当官的，全部免职。大小职员，连同眷属，一律逐回故乡（平陵〔陕西省咸阳市西北双照街道〕），只准窦融一人，留在首都洛阳。

窦融不久逝世（年七十八岁）。若干年后，窦穆再被指控犯罪，跟儿子窦勋、窦宣，父子三人，死在狱中（刘阳认为，窦穆不能自爱，而财产丰厚，家宅占地又过于广大，遂派一位皇家礼宾官〔谒者〕，代他管理家政。过了数年，皇家礼宾官奏报：窦穆父子自从失势，经常愤怒抱怨。刘阳遂命窦穆率同家属，回他的本郡〔平陵县属右扶风郡〕。而他的儿子窦勋，因是泚阳公主丈夫的缘故，仍留首都洛阳。不久，窦穆再被控告贿赂低级官吏，右扶风郡〔陕西省兴平市〕郡政府逮捕窦穆，囚禁平陵县监狱〔王先谦引沈钦韩的论断：贿赂小官，罪状至轻，必然涉及严重罪行，可惜记载不详〕，跟儿子窦宣，同死在故乡平陵监狱。窦勋则在首都洛阳被捕，死在洛阳诏狱）。

很久之后，刘阳才命窦融妻子跟小孙儿一人，返首都洛阳居住。

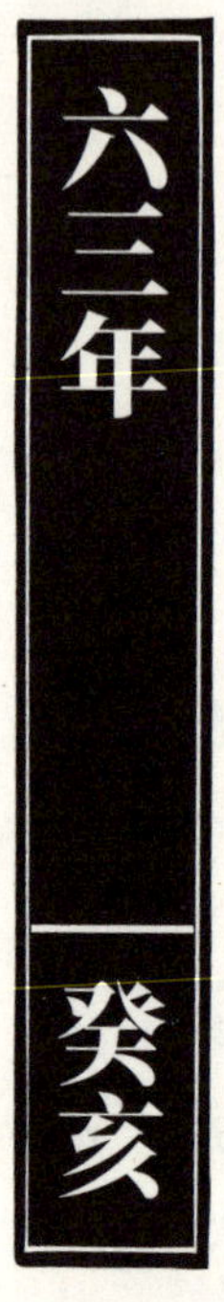

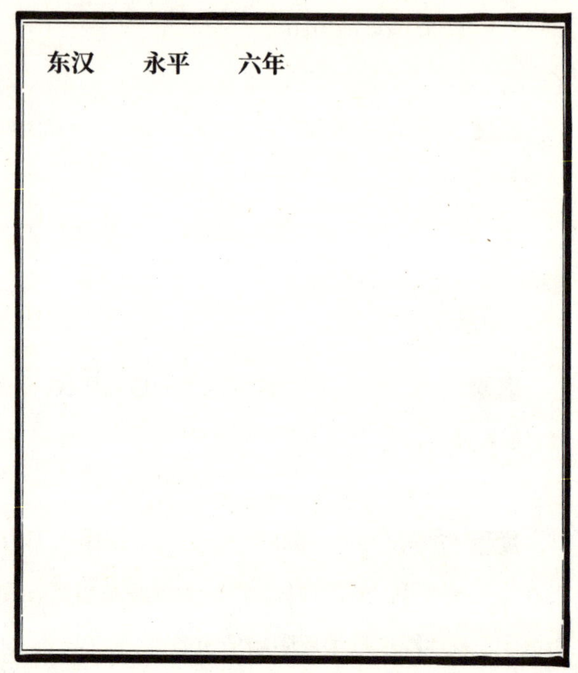

1 春季，二月，东汉王朝（首都洛阳〔河南省洛阳市东白马寺东〕）境内王雒山（今地不详，应在安徽省中部）挖掘出宝鼎，呈献给皇帝（二任明帝）刘阳（本年三十六岁）。

2 夏季，四月七日，刘阳下诏："祥瑞降临，是高贵品德发扬后的反应。而今，政治仍有很多乖张，怎么可能有祥瑞？《易经》说：'鼎，像三公（鼎有三只脚，而三公分别辅佐君王）。'岂不是三公跟部长级官员都能尽到职责的证明！兹赏赐三公每人绸缎五十匹，部长级官员每人绸缎二十五匹。先帝（刘秀）有诏，禁止上书歌颂圣明（参考五四年），最近奏章上却有很多虚浮的措辞。从现在开始，如果再发现过度的赞誉，宫廷秘书署（尚书）应拒绝受理，表示我不愿被马屁精在背后嗤笑。"

刘阳不过一个平凡的君王，然而，拜读这项诏令："不愿被马屁精在背后嗤笑。"洞察人情世故，竟深刻如此。不知道什么原因，有些自以为比刘阳高明万倍的头目，却乐此不疲。因之，背后嗤笑的声音，也不绝于耳。

3 冬季，十月，刘阳前往鲁县（东海国首府，山东省曲阜市）。

十二月，刘阳归途中，绕道阳城（河南省登封市东南）。

十二月二十九日，返首都洛阳。

4 本年（六三），南匈奴汗国（王庭设美稷〔内蒙古准格尔旗〕）醢僮尸逐侯鞮单于（二十六任）挛鞮适逝世。挛鞮莫（二十四任）的儿子挛鞮苏继位，是为丘除车林鞮单于（二十七任）。数月后，又逝世。挛鞮适的弟弟挛鞮长继位，是为湖邪尸逐侯鞮单于（二十八任）。

六四年 甲子

东汉　永平　七年

1 春季，正月二十日，东汉王朝（首都洛阳〔河南省洛阳市东白马寺东〕）皇太后阴丽华逝世。

二月八日，安葬，绰号光烈。

2 北匈奴汗国（王庭设蒙古国哈拉和林市）力量仍相当强大，不断侵略北方边塞。又派使节到东汉王朝，要求指定地点，恢复双边贸易。东汉帝（二任明帝）刘阳（本年三十七岁）希望用通商手段，减低军事冲突，遂答应这项要求。

3 任命东海国（首府鲁县〔山东省曲阜市〕）国相宗均，当宫廷秘书长（尚书令）。

当初，宗均当九江郡（安徽省寿县）郡长，每隔五天，才处理一次公务，尽量裁撤中下级官员，从不派视察官（督邮）出去视察（恐怕他们吹毛求疵邀功，侵扰地方政府跟人民），所属县份都平安无事，人民也安居乐业。九江郡一向虎豹出没，政府和人民，常请狩猎高手，设立捕捉的栅栏或陷阱。可是，虎豹仍然伤人。宗均下令各县："长江、淮河一带之有猛兽，犹如文明社会之有鸡鸭鱼猪。而今虎豹为害民间，责任在于官吏残暴，而竟劳动人民辛苦捕捉，不是爱护人民的正道。只有铲除贪官污吏，进用忠良善士，才能根绝。应除去栅栏陷阱，削减田赋捐税。"之后，竟再没有虎豹祸患。

刘阳听到宗均的名声，所以任命他负责中枢机要职务。宗均对人说："皇上一直喜爱熟练于处理公文书的人，也一直喜爱清廉的官吏，以为他们有足够的能力阻止官场邪恶。问题是，熟练于处理公文书的人，往往利用文字技巧，欺上骗下。而清廉的官吏，只不过自己不贪污而已，并不能够阻止人民流亡，也没有能力阻止盗匪兴起。我打算向皇上叩头力争，如果不及时改正，日积月累下来，必然陷入更大的困境，可以断言。"

然而，还没有等到提出这项建议，刘阳又擢升他当京畿总卫戍司令（司隶校尉）。后来，刘阳听到这项言论，认为正确。

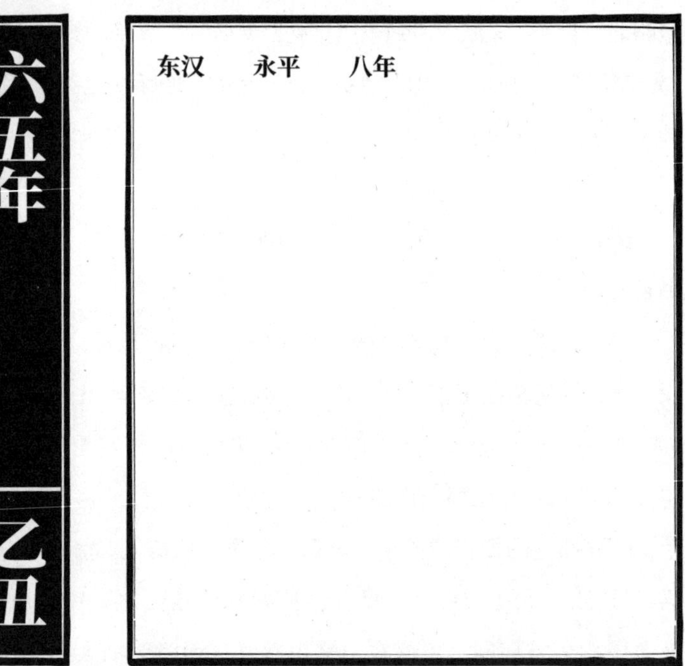

1 春季，正月二日，东汉王朝（首都洛阳〔河南省洛阳市东白马寺东〕）宰相（司徒）范迁逝世。

2 三月辛卯日（三月丁未朔，没有辛卯），任命全国武装部队总司令（太尉）虞延当宰相（司徒），皇城保安司令（卫尉）赵憙，代理全国武装部队总司令（行太尉事）。

3 南越兵团军政官（越骑司马）郑众，被派出使北匈奴汗国（王庭设蒙古国哈拉和林市），北匈奴单于强迫郑众叩拜，郑众拒绝。单于命人包围他的帐篷，断绝水火供应（北方天寒，无水还可支持，无火必然冻死），郑众拔出佩刀，声言宁愿自杀，也不屈膝。单于不愿东汉政府第一次派出的使节，暴死在王庭，这才释放；派使节随同郑众，前来首都洛阳（北匈奴单于是谁？无法查考。自从四八年，挛鞮比称元首，匈奴分裂成两个国度。北匈奴单于挛鞮蒲奴远迁瀚海沙漠之北，事迹不详。仅知道八七年，鲜卑〔内蒙古西辽河上游〕攻击北匈奴，斩优留单于。九一年，东汉王朝攻击北匈奴，北匈奴单于率众西奔，一部分在阿尔泰山北麓，另一部分不知去向。九二年，东汉封挛鞮于除鞬当北匈奴单于。后来，北匈奴单于挛鞮逢侯，投降东汉王朝。之后，偶尔对西域境内各国稍作骚扰，断断续续，无法连贯。而只南匈奴始终臣服中国，直到四世纪〇〇年代，五胡乱华，南匈奴在中国心脏地带，回光返照后消失）。

最初，农林部长（大司农）耿国，上书建议："应设立'北疆边防司令'（度辽将军），驻屯五原郡（内蒙古包头市），防止南匈奴（王庭设美稷〔内蒙古准格尔旗〕）部众，向北逃亡。"中央政府拒不采纳。不久，南匈奴须卜骨都侯等（匈奴汗国单于姓挛鞮；非皇族的名宗望族，有须卜、呼衍、立林、兰等姓，跟皇族世代通婚，全是皇亲国戚，有强大的政治力量），得到东汉政府跟北匈奴使节来往的消息，惊恐而又怨恨，打算叛变，派出密使前往北匈奴，请求大军南下迎接。

郑众出塞时，发现他们的表情异于平常，认为一定有什么变化，派人在关隘之处，严密监视，果然捕获须卜的使节。遂即上书重提耿国从前建议：应该设立大将，负责切断南北匈奴的联系。

于是，开始设立北疆边防军大营（度辽营），任命皇家警卫指挥官（中郎将）吴棠，代理北疆边防司令（行度辽将军事。前七八年，西汉政府任命范明友“度辽将军”，属于杂号将军，军事行动之后，即行裁撤。本年〔六五〕恢复后，成为常设机关，将领任务，及组织结构，都不相同），率领驻扎在黎阳（河南省浚县）的“虎牙营”，进屯五原郡的曼柏（内蒙古达拉特旗东南六十公里马场壕村）。

4 秋季，十四个郡和封国，大水成灾。

5 冬季，十月，首都洛阳北宫落成（五年前，刘阳兴建北宫，宫廷秘书署执行官〔尚书仆射〕钟离意上书劝阻，刘阳立即下令停止〔参考六〇年〕。而本年却忽然完工，想是停工不久，留下纳谏记录后，就又开工）。

6 十月四日，东汉政府招募判处死罪的囚犯，前往北疆边防军大营（度辽营）当兵。凡逃亡中的罪犯，前往北疆边防军大营当兵的，可以依照时间长短，减轻或撤销原来的指控或判决。

7 楚王（首府彭城〔江苏省徐州市〕）刘英（刘阳的老弟），送黄色、白色细绢，给封国宰相，说：“身居藩属，罪恶累积得太多。为了感激大恩，奉献丝绸织品，赎我的罪。”封国宰相转报中央。东汉帝（二任明帝）刘阳（本年三十八岁）下诏给封国宰相：“楚王（刘英）口念姬轩辕（黄）、李耳（老）的文章，崇拜佛教的仁慈，沐浴更衣，吃斋念佛三个月之久，在神祇前立誓。有什么嫌？有什么疑？值得悔过自责？把细绢还给他，帮助他在招待附近和尚时，多摆几桌宴席。”

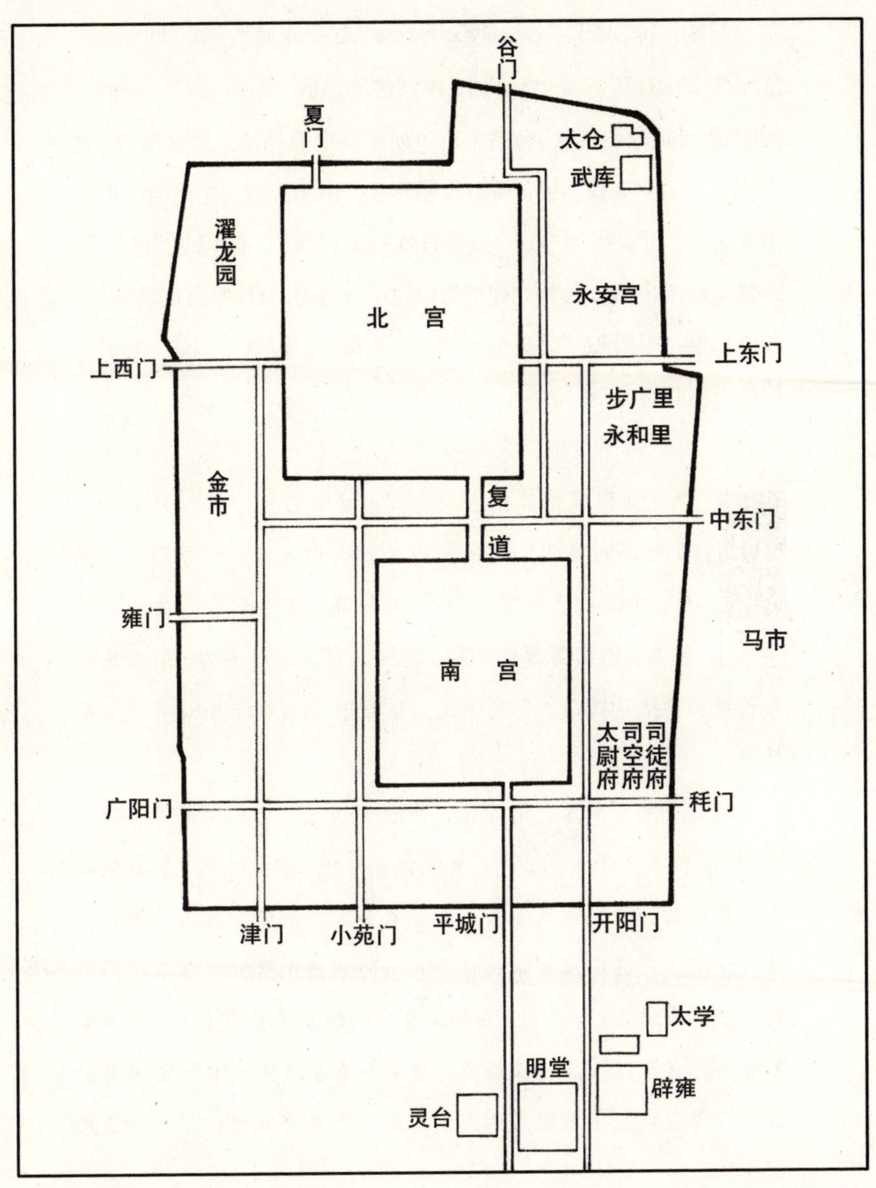

一世纪·六五年十月　东汉王朝洛阳城

最初，刘阳听说西域（新疆及中亚东部）有一种神祇，名字叫“佛”，740
遂派使节前往天竺（印度）寻访，得到佛的经典、和尚（沙门），一同返回中国。佛教经典，认为慈悲是一项最尊贵的品德，反对杀戮。认为人死之后，灵魂不灭，可以投胎转生，再来人间。生前所作的善事或恶事，都会得到报应。只要修炼心灵和行为，就可成“佛”。精通佛家经典的人，称为“和尚”（沙门）。于是中国开始有这种宗教，画出神像。王爵和三公高级官员，以及皇族，跟皇亲国戚，都成了信徒。楚王刘英（刘阳的老弟），首先崇拜。

刘阳曾经梦见金人，头上冒着白光。第二天向文武百官查问真相，当他知道那就是西方名叫“佛”的神祇时，就派初级禁卫官（郎中）蔡愔等，前往天竺（印度），画下佛像，连同高僧摄摩腾、竺法兰等，同返中国。用白马驮佛教经典，抵达国门。直到今天，白马寺（河南省洛阳市东）圣迹，巍然仍存。

这是一项空前未有的冲击，佛教——一个彻头彻尾陌生的外来文化，闯进中国大门，不久就跟儒家系统，发生冲突。儒家学者不了解这么一个怪诞的宗教，怎么竟会有人崇信。然而，佛教一进入中国，便在中国生根，这个外来的宗教刺激纯中国本位的宗教——道教的兴起。于是，中国文化中的缺点部分，就在三种教派影响下，逐渐的一点一滴铸成：儒家培养出中国人的封建和崇古意识，道家培养出中国人的消极无为，佛家培养出中国人的逆来顺受。

8 十月三十日，日全蚀。

刘阳下诏勉励文武百官：奉公守法，加强行政效率。要求用最直率的态度，批评政府，不必有任何忌讳。于是，官员们都呈递“亲启密奏”(封事)，指摘政府的过失。刘阳看到后，深自责备，把一些“亲启密奏”，交给文武百官传阅。再下诏：“各位官员所批评的，都是我的错误，人民冤狱不能申雪，官吏贪污不能禁止。反而轻率的征调差役，去修建宫殿(洛阳北宫)。无论征收跟开支，都没有节制，喜怒无常，不能中肯。回顾古人的鉴戒，不禁恐惧。而更恐惧的是，我品德不够，日久生怠。”

9 北匈奴汗国(王庭设蒙古国哈拉和林市)虽然派遣使节，向东汉进贡，但对东汉北疆的抢劫攻击，却不停止，以致沿边城门，白天都得关闭。

刘阳跟文武官员商议，要选派使节，前往北匈奴报聘。郑众上书劝阻，说：

“我曾经听说，北匈奴单于所以一定要东汉政府派遣使节，目的在于离间东汉跟南匈奴之间的亲善关系。然后向西域(新疆及中亚东部)传播，使西域三十六国对北匈奴的效忠，更为坚定。北匈奴更会乘机宣称：将跟中国和亲。故意把这种消息传播到邻邦敌国，使西域中打算归附东汉的各国，裹足不前；使一些流亡在西域，怀念乡土的中国人，对祖国绝望。东汉使节第一次前往，北匈奴立刻傲慢狂妄，不可一世，如果再一次派出使节，北匈奴一定会自认为中国已跳入它的圈套。而北匈奴臣僚中，有建议单于归附东汉的，也再不敢开口。结果，南匈奴信心动摇，而乌桓部落(内蒙古西辽河上游)对东汉也将离心离德。南匈奴单于，长久的居在内地(其时南匈奴汗国定居于今黄河河套北部及山西省北部一带)，对东汉地形以及国情，了如指掌。一旦跟东汉翻脸，立即就变成边疆灾难。而今，幸而有北疆边防兵团（度辽营）的部队，在塞北扬威。即令拒绝报聘，他们也不敢报复。”

刘阳不接受，反而指派郑众当出使北匈奴的使节。郑众遂再上书，说：“我前次奉命前往，因为不向单于叩拜，单于愤怒，派兵把我包围。这次再去，必然再受凌辱。我绝不能手拿东汉的符节，对着皮衣毛毡行礼，即令北匈奴臣服，也将伤害强大东汉的威信。”刘阳仍不接受。郑众不得已，只好出发，在途中仍上书据理力争。刘阳光火，下诏严厉责备，命他返回京师（首都洛阳），囚禁司法部（廷尉）监狱。

幸而不久遇到赦免，驱逐回乡。后来，刘阳从北匈奴来客口中，听到郑众不肯向单于叩拜，爆发争执的往事，遂征召郑众，当全国武装部队总司令部作战军政官（军司马）。

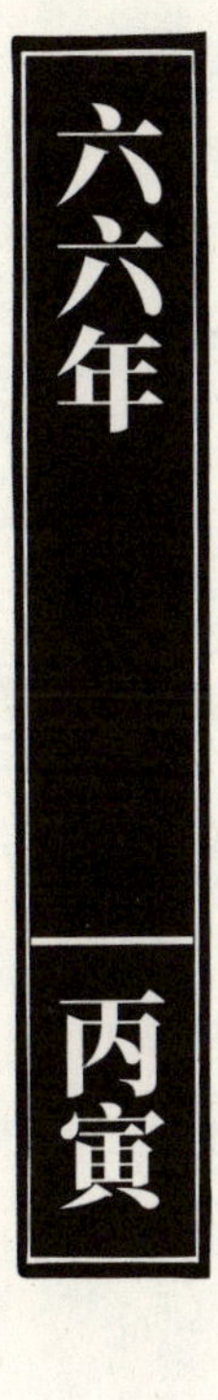

六六年
丙寅

东汉　永平　九年

1 夏季，四月甲辰日（四月辛未朔，没有甲辰），东汉王朝（首都洛阳〔河南省洛阳市东白马寺东〕）皇帝（二任明帝）刘阳（本年三十九岁）下诏：京畿总卫戍司令（司隶校尉）、各州州长（刺史），每年就县长以下官员，任职三年以上，考绩最优等的，每州推荐一人，随同各郡呈送年终考绩的信差，一齐进京（首都洛阳）。考绩最劣的，也要报告中央政府。

2 本年（六六），全国丰收（难见的记录，使人欣喜）。

3 刘阳封皇子刘恭当灵寿王、刘党当重熹王，仅有封号，没有采邑。

4 刘阳尊崇儒家学派，上自太子刘炟开始，下到王爵、侯爵，以及高级官员子弟、功臣子弟，没有一人不读儒家学派的经书。刘阳又给皇亲国戚：樊姓家族、郭姓家族、阴姓家族、马姓家族，特别在南宫创立一座贵族学校，学生们称为“四姓小侯爷”。设立“五经”教师，遴选学问最高的贤才担任。从期门禁卫武士，到羽林警卫官，至少要懂得《孝经》章句的含义。南匈奴（王庭设美稷〔内蒙古准格尔旗〕）贵族，也送他们的子弟入学。

5 广陵王（首府广陵〔江苏省扬州市〕）刘荆，再度请来看相的术士，说：“我的容貌跟先帝（一任光武帝刘秀）相似，而先帝三十岁那年即位当皇帝（刘秀于二五年称帝）。我今年也三十岁，可不可以起兵？”看相术士大吃一惊，急忙向地方政府告发。刘荆恐慌，自己前往监狱报到。刘阳特别恩典，不追究这件事。但剥夺他全部政治权力，只收受封国的田赋捐税。命封国宰相（相）跟广陵国民兵司令（中尉），严密监视。

然而，刘荆又请巫法师祈祷、诅咒（不外是诅咒刘阳早死之类）。刘阳下诏，命长水外籍兵团指挥官（长水校尉）樊鯈（音tiáo〔条〕）等，组织联合审判法庭。审判之后，奏请诛杀刘荆。刘阳生气说：“你们认为刘荆不过是我弟弟，才打算杀他。如果是我的儿子，你们敢这么想？”樊鯈回答说：“天下，是高帝（西汉一任帝刘邦）的天下，不是陛下的天下。《春秋》大义，对于反叛弑逆，一定诛杀。正因为刘荆是陛下同一个娘亲的弟弟，陛下圣心恻隐，我们才特别呈报。如果是陛下的儿子，我们将专断行刑，不再请示。”

刘阳叹息称赞不已。樊鯈，是樊宏的儿子（樊宏，刘秀的舅舅）。

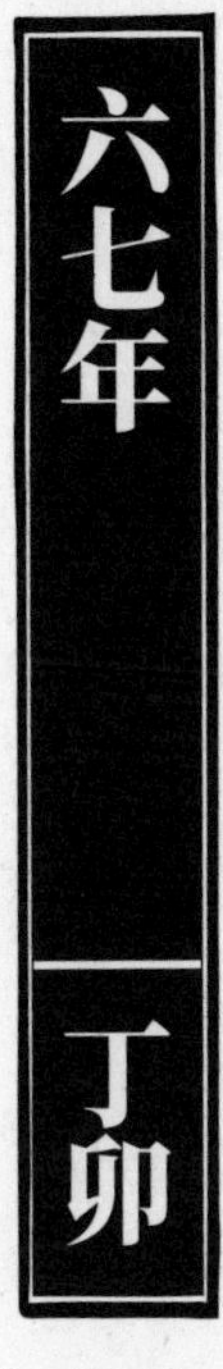

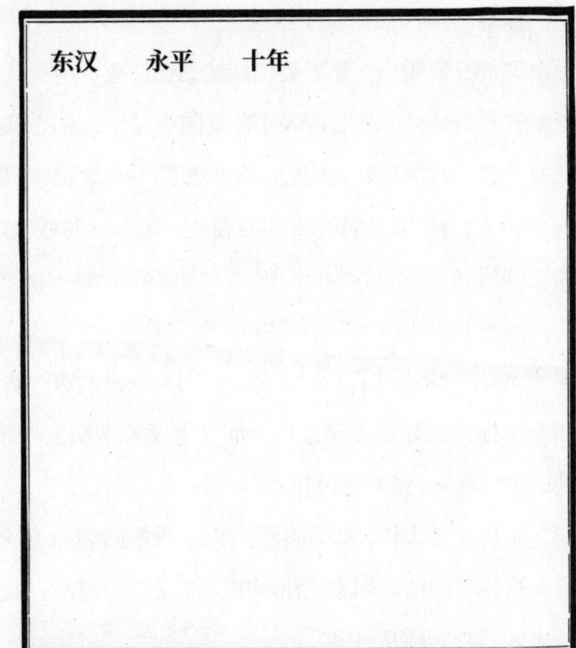

1 春季，二月，东汉王朝（首都洛阳〔河南省洛阳市东白马寺东〕）广陵（思）王（首府广陵〔江苏省扬州市〕）刘荆自杀，封国撤除。

2 夏季，四月二十四日，赦天下。

3 冬季，闰十月三日，东汉帝（二任明帝）刘阳（本年四十岁）前往南阳郡（河南省南阳市），召集地方学校学生，创作雅乐，演奏《诗经》里的《鹿鸣》诗篇（邀宴文武官员的诗篇），刘阳亲自吹奏陶笙（埙）跟竹笛（篪。埙篪，音xūn chí〔勋驰〕），增加宾主间欢娱气氛。归途中，前往南顿（河南省项城市，祖父刘钦当县长的地方）。

十二月四日，刘阳返回首都洛阳。

4 最初，陵阳侯丁綝逝世，儿子丁鸿，应当继承爵位。丁鸿上书说他身染重病，愿把爵位让给弟弟丁盛；中央政府不予理会。老爹安葬既毕，丁鸿把丧服挂在墓园小屋里，自己却暗中溜掉。好友九江郡（安徽省寿县）人鲍骏，在东海郡（山东省郯城县）遇到他，责备说："从前，伯夷、吴季札，生在乱世，都是一时权宜之计，所以才能达到目的（伯夷，春秋时代孤竹国国君合法继承人，老爹死后，把国君宝座让给老弟叔齐。吴季札是吴王国一任王吴寿梦的幼子，老爹死后，兄长们打算把国王宝座让给他，吴季札坚决拒绝）。《春秋》大义，不因为家庭的事，妨碍国家的事。而今，你为了兄弟手足之情，而使老爹辛苦奠立的永不毁灭的基础，竟然毁灭，是不是可以？"

丁鸿恍然大悟，掉下眼泪，遂回家继承爵位。鲍骏因之上书皇帝，赞扬丁鸿精通儒家学派经书，而又行为高洁。刘阳征召丁鸿，任命他当宫廷随从（侍中）。

六八年 戊辰

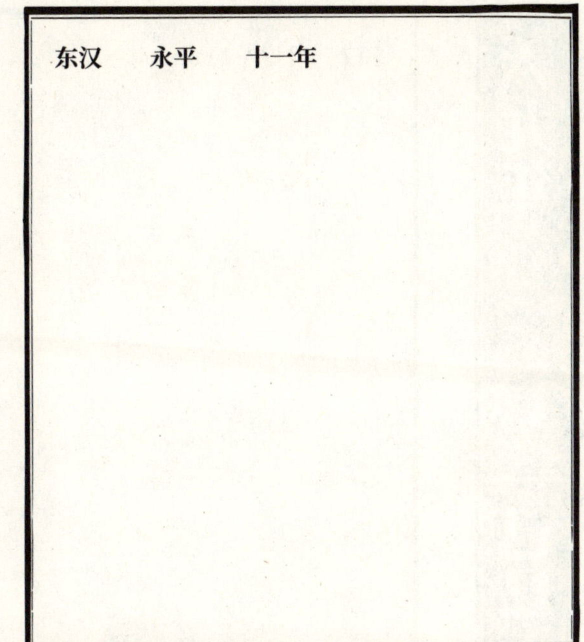
东汉 永平 十一年

1 春季，正月，东汉王朝（首都洛阳〔河南省洛阳市东白马寺东〕）东平王刘苍，跟其他亲王，都前来首都洛阳朝见，逗留月余，各回封国。

东汉帝（二任明帝）刘阳（本年四十一岁）亲自送别，回宫之后，感到分离的悲戚，于是亲自写信，派使节送给东平王亲王辅佐宦官（中傅），说："离别之后，独自闷坐，郁郁寡欢。乘车回来，扶着车前横木，呻吟不语。瞻望怀念，内心兴悲。背诵《采菽》（《诗经》诗篇名），更增加我的叹息。昨日，我问刘苍，身在家宅，做什么最快乐？他说：'为善最乐！'这句话涵盖面太大，简直超过他的腰围（刘苍心广体胖，胡三省原注，腰粗十围）。今送上侯爵印信十九颗，刘苍儿子们年五岁以上，只要懂得行礼，就教他们佩戴。"

六九年 己巳

东汉　永平　十二年

1 春季，哀牢王（云南省南部）柳貌，率领他的部落五万余户，归附东汉王朝（首都洛阳〔河南省洛阳市东白马寺东〕）。东汉政府在原地设立哀牢（云南省保山市）、博南（云南省永平县）二县。开始开凿博南山（永平县西南）道路，及在兰仓水（澜沧江）上修建桥梁。行旅们看见工程艰苦，歌谣说："中国恩德太深／蛮夷都肯称臣／横渡兰仓水／都为了别人。"

2 最初，一世纪〇〇年代，西汉王朝十四任帝（平帝）刘箕子在位时，黄河、汴河，先后决口（汴河，是一条水道不断变迁的河流，在一世纪初期，从河南省荥阳市北广武镇向东，直到山东省菏泽市定陶区，再向南注入淮河。

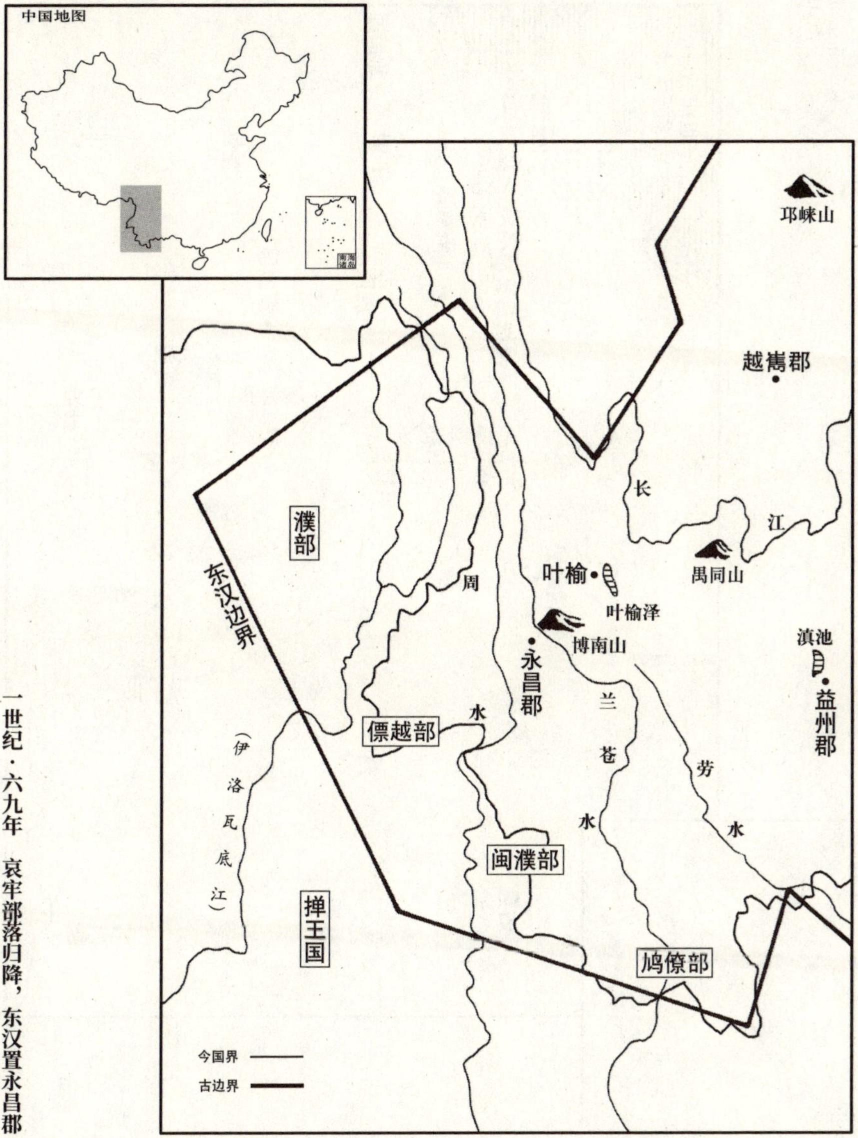

一世纪·六九年　哀牢部落归降，东汉置永昌郡

中国地图

邛崃山
越巂郡
长
江
禺同山
叶榆
叶榆泽
博南山
永昌郡
滇池
益州郡
濮部
东汉边界
周
水
僄越部
兰
苍
水
劳
水
（伊洛瓦底江）
闽濮部
掸王国
鸠僚部
今国界
古边界

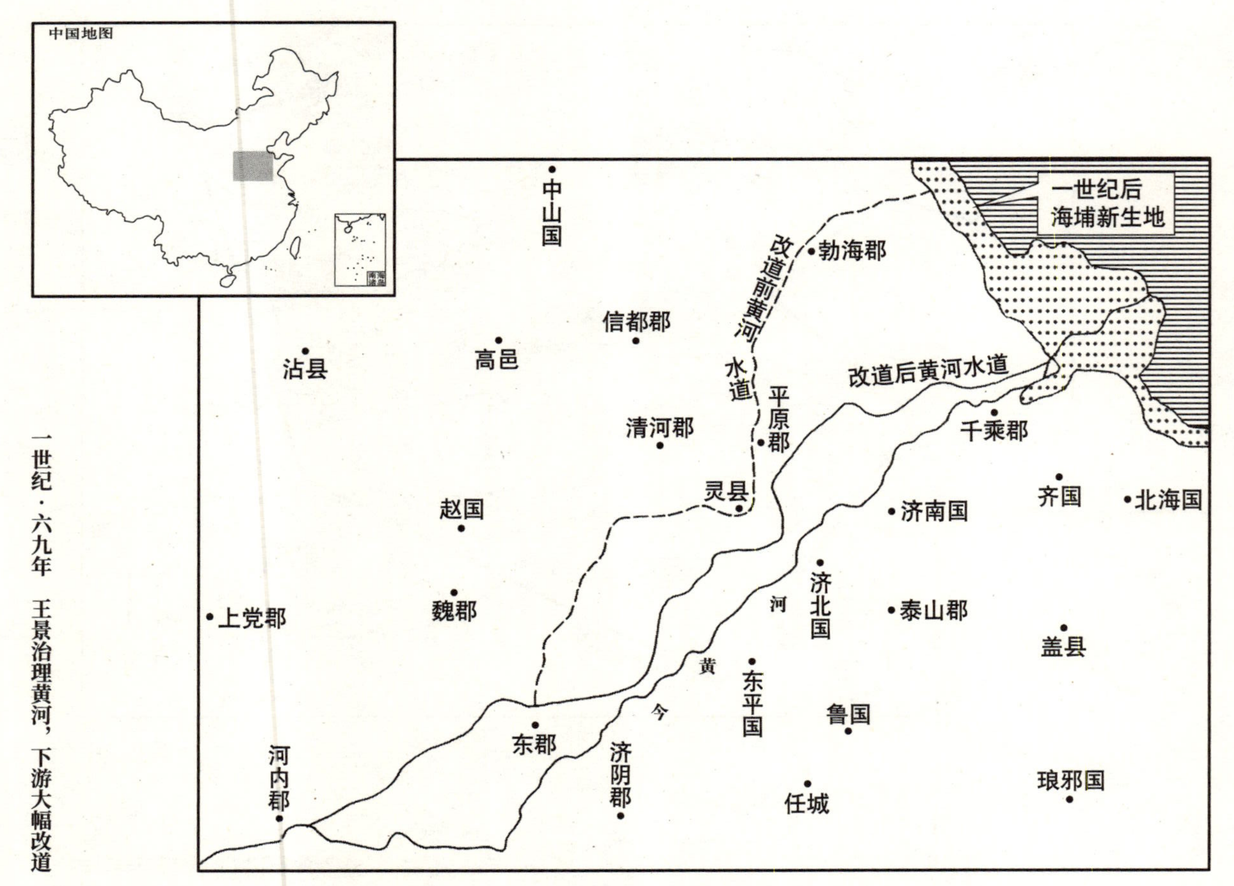

一世纪·六九年　王景治理黄河，下游大幅改道

这条河道，七世纪隋王朝时，已经淤塞），很久没有修复（迄今已六十余年）。三四年，一任帝（光武帝）刘秀准备动工，浚仪（河南省开封市）县长乐俊，上书说，兵荒马乱之后，人民创伤正重，不适宜再征调差役；因之暂停。后来，汴河泛滥区逐渐向东扩张，灾区面积越来越大。兖州（山东省西部）、豫州（河南省）一带，人民愁苦悲愤，认为政府官员去做别的事情，忽视民间疾苦。

正巧，有人推荐水利工程师、乐浪郡（朝鲜半岛平壤市）人王景。

夏季，四月，东汉帝（二任明帝）刘阳（本年四十二岁）下诏，征调士兵民夫数十万；派王景，跟皇家礼宾官兼工程总监（将作谒者）王吴，修筑汴河堤岸。西自荥阳（河南省荥阳市），东到千乘郡（山东省高青县东北）海口，计一千余华里。每隔十华里，立一个水坝闸门，使能够互相调节，不再有崩溃或漏水的危险。

王景虽然尽力节省费用，然而仍消耗一百亿以上。

3 秋季，七月二十四日，最高监察长（司空）伏恭，免职。

七月乙未日（七月壬子朔，没有乙未），擢升农林部长（大司农）牟融，当最高监察长（司空）。

4 这时候，天下太平，没有差役，连年丰收，人民都拥有相当财富。谷米每斛仅三十钱，牛羊遍野。

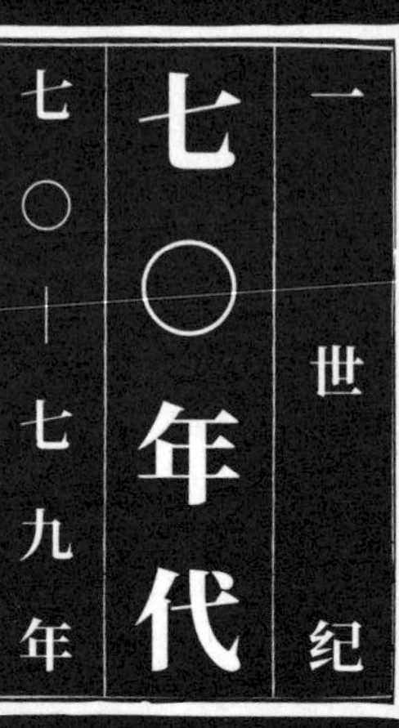

东汉王朝

- “楚狱”兴起，处死放逐数千人。
- 大举攻击北匈奴。
- 班超再通西域。
- 西羌再叛。
- 儒家学者在白虎观集会。
- 定五经异同。

- 罗马陷耶路撒冷，灭犹太王国。
- 维苏威火山爆发，庞贝城埋葬。
- 罗马皇帝惠斯巴西安逝世，子泰塔斯继位。

七〇年 庚午

东汉　永平　十三年

1 夏季，四月，汴河疏浚完成。黄河跟汴河开始分离，恢复本世纪（一）〇〇年代末决口前原状。

四月四日，东汉王朝（首都洛阳〔河南省洛阳市东白马寺东〕）皇帝（二任明帝）刘阳（本年四十三岁）前往荥阳（河南省荥阳市），巡视汴河，遂即北渡黄河，登太行山，前往上党郡（山西省长子县）。

四月二十五日，刘阳返首都洛阳。

2 冬季，十月三十日，日蚀。

3 楚王（首府彭城〔江苏省徐州市〕）刘英（刘阳的异母弟，许美人所生），跟法术师制造金龟、玉鹤，刻上显示祥瑞的文字。一个名叫燕广的男子，向政府检举刘英跟渔阳郡（北京市密云区）人王平、颜忠等，共同撰写图案文书，有叛乱的阴谋。

控案交给有关单位调查后，完全证实。主管单位奏报："刘英大逆不道，请处死刑。"刘阳不忍心批准。

十一月，刘阳下诏，撤销刘英王爵，贬逐到丹阳郡（安徽省宣城市）泾县（安徽省泾县），拨付汤沐邑五百户人家。儿子中封侯爵的，女儿中封公主的，仍保持他们的采邑。封国许太后（刘英娘亲许美人）仍保持太后印信，不必缴还（一旦缴还，许太后便成了平民），继续居住楚王王宫。

之前，已有人把刘英的阴谋，报告宰相（司徒）虞延。虞延认为刘英跟皇帝（刘阳）有手足之情，不相信这项报告。等到案件暴露，刘阳严厉的责备虞延。

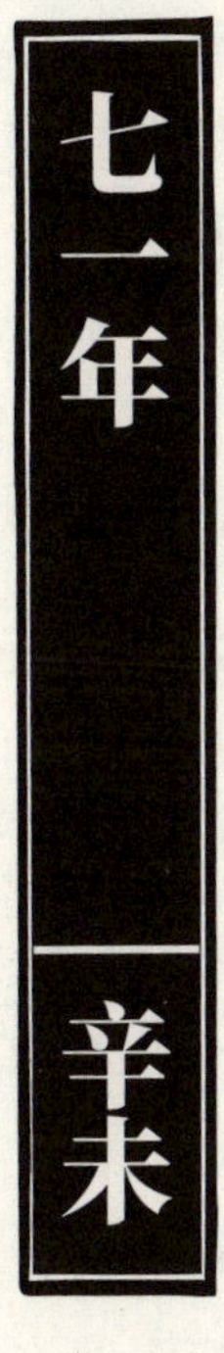
七一年
辛未

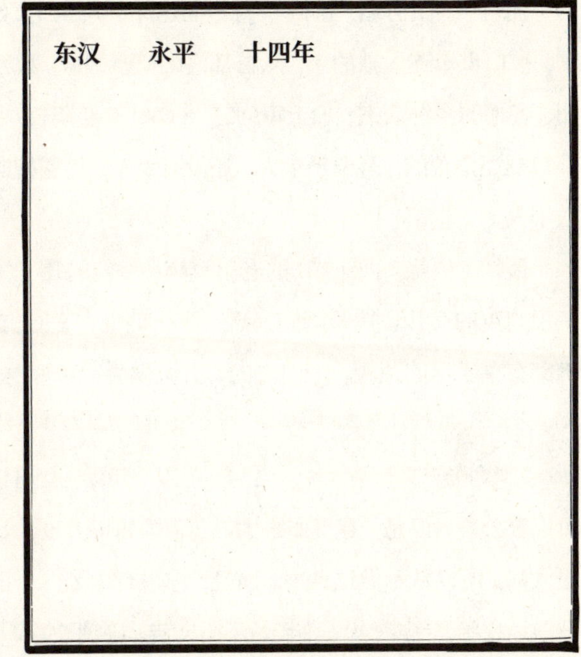
东汉　永平　十四年

1 春季，三月三日，虞延自杀。东汉王朝（首都洛阳〔河南省洛阳市东白马寺东〕）皇帝（二任明帝）刘阳（本年四十四岁）任命祭祀部长（太常）周泽，代理宰相（行司徒事）。不久，仍专任祭祀部长。

夏季，四月十六日，擢升钜鹿郡（河北省宁晋县西南）郡长、南阳郡（河南省南阳市）人邢穆当宰相（司徒）。

2 楚王（首府彭城〔江苏省徐州市〕）刘英，被押解到丹阳郡（安徽省宣城市）后，自杀。刘阳下诏，用侯爵的礼仪，埋葬泾县（安徽省泾县）。封燕广当折奸侯。

当时，刘阳穷追“楚狱”，打击面迅速扩大，如火如荼。一年以来，被口供牵连入狱的人，从首都洛阳皇亲国戚，以及侯爵，到各州、各郡的乡绅豪杰；加上审问官（考按史）有心陷害，因而被诛杀，跟被贬逐蛮荒的，有一千余人。还没有定案，仍羁押监狱的，仍有数千人。

最初，樊鯈（音tiáo〔条〕）的老弟樊鲔，替他的儿子樊赏，要求娶楚王刘英的女儿。樊鯈听到消息。阻止他说：“三〇年代时，我们樊家有享不尽的荣耀。一门之内，五位侯爵（樊鯈的老爹樊宏〔刘秀的舅父〕封寿张侯、樊宏的老弟樊丹封射阳侯、樊宏的侄儿樊寻封玄乡侯、樊宏的堂兄樊忠封更父侯、樊宏的幼子樊茂封平望侯）。当时，老爹一句话，女可以配亲王，男可以娶公主。但是，尊贵如果太高，荣耀如果太过，下一步接着就是大祸，所以从不做这种事。而且，你只有这么一个男孩，为什么把前途交给楚王（刘英）？”樊鲔不听劝告。等到“楚狱”兴起，樊鯈已经逝世。刘阳了解樊鯈性格谨慎，所以他的儿子们都没有连坐。

刘英把天下知名之士，记载在一个秘密的小册上。刘阳在其中看到吴郡（即会稽郡，江苏省苏州市）郡长尹兴的名字，下令逮捕尹兴，跟郡政府官员五百余人，囚禁司法部（廷尉）监狱审问。大家承受不住苦刑拷打，五百余官员，拷死一半以上。只有总务主任（门下掾）陆续、秘书官（主簿）梁宏、行政助理（功曹史）驷勋，备受五毒苦刑（胡三省原注五毒苦刑：一、鞭打。二、棍打。三、烧红的铁棒灼烙。四、两股细绳捆绑。五、三股粗绳悬吊），身上肌肉，寸寸溃烂，但他们仍坚持当初口供，不肯更改。陆续娘亲从吴郡（即会稽郡）千里迢迢，赶到首都洛阳，烹调饮食，给儿子送饭。陆续被拷打成那个样子，脸色不变，可是看到送来的菜饭，不禁痛哭流泪，不能下咽。审问官问他什么缘故，陆续说：“是我娘亲到了洛阳，却不能相见，心情沉痛。”审问官问他怎么知道娘亲到了洛阳，陆续说：“娘亲切肉，向来都方方正正，切葱也都一寸长短，所以知道。”审问官报告上级。刘阳遂把尹兴等赦免，但禁锢（剥夺公权）终身。

被告颜忠、王平，在口供中牵引到隧乡侯耿建、护泽侯邓鲤、朗陵侯臧信、曲成侯刘建。耿建等声明他们跟颜忠、王平，从没有见过面。可是，当时，刘阳的愤怒已使自己失去理智，听不进任何被告没有犯罪的话。负责审判的官员惊恐失措，只要口供上出现的名字，一律逮捕定案，不敢替冤枉的人说一句话。

执法监察官（侍御史）寒朗，怜悯耿建等被人诬陷，询问颜忠、王平：耿建等穿的什么衣服？衣服是什么款式？二人呆在那里，回答不出。寒朗知道其中定有缘故。在一次朝会上，向刘阳报告：“耿建等没有犯罪，而是被王平、颜忠诬陷。我怀疑天下有很多无罪的人，遭遇相同。”刘阳说：“那么，王平、颜忠，为什么供出他们？”寒朗说：“王平、颜忠，自己知道犯的是‘不道’灭族重罪，所以尽量牵扯，表示他的清白。”刘阳说：“那么，你为什么不早点报告？”寒朗说：“我恐怕他们可能还犯有其他过失，会有人再加检举，现在证明不过仅此一项。”刘阳大怒说：“你这个老滑头，面面顾到，拉下去给我打！”卫士正要押解下殿，寒朗说：“在死之前，愿陛下再听我一言。”刘阳问：“你跟谁一块撰写这份奏章？”寒朗说：“我单独撰写。”刘阳说：“为什么不先向三府请示（三府：宰相府〔司徒府〕、最高监察署〔司空府〕、全国武装部队总司令部〔太尉府〕）？”寒朗说：“我知道会受到灭族处分，不敢牵连别人。”刘阳说：“你怎么知道你会灭族？”寒朗说：“我审理此案已经一年，不能查出事实真相，反而替囚犯呼冤，当然会被灭族。然而，我仍要启奏的原因，只盼望陛下有一线醒悟。我亲自看到，负责审问囚犯的官员，都认为叛乱案件，严重非常，每一个臣僚或人民，都应疾恶如仇。与其昭雪冤枉，不如用法条把他们套牢，这样至少可以保护自己，免除后患。于是，审问一个人，能牵连出十个人。审问十个人，能牵连出一百个人。每逢御前朝会，陛下询问审讯结果，大家都长跪回答：'依照从前法律，叛乱大恶，应该诛杀九族（九族：父亲四族、母亲三族、妻子二族），而陛下开恩，仅不过诛杀罪犯一人，天下有幸。'可是，回到官府，口中虽不说话，却抬起头来，仰视着天花板，悄悄悲叹，都知道他们手下有许多人冤枉，却没有人敢冒犯陛下，直言陈述。我话已说完，死而无恨。"刘阳怒气稍息，命寒朗退下。

两天后，刘阳亲自到洛阳监狱，审问囚犯，一时间释放一千余人。当时，天正大旱，立即降雨。马皇后也因为"楚狱"滥杀太多，找一个适当的机会，向刘阳进言。刘阳也感到悲伤，恻然醒悟，半夜起床，徘徊不能入睡，囚犯从此才多获赦免。

任城（山东省济宁市东南）县长、汝南郡（河南省平舆县西北射桥镇）人袁安，擢升楚郡（楚国撤销）郡长，到差时不先到郡政府，却一直走到监狱，审问"楚狱"牵连的囚犯。凡是没有积极犯罪证据的，一律释放。郡政府官员惊恐张惶，叩头力争，警告说："这可是包庇叛徒，依法跟叛徒同罪，千万不可。"袁安说："如果降罚，郡长一人承担，跟你们无关。”分别奏报。刘阳这时已经醒悟，即行批准，出狱的四百余人。

在刘英的叛乱案中，再一次显示口供主义的残忍性。仅只一个郡，便有两三百位官员，惨死在五毒的苦刑拷打之下，使人失声。

3 夏季，五月，刘阳封故广陵王（首府广陵〔江苏省扬州市〕）刘荆的儿子刘元寿当广陵侯，采邑六个县。又封窦融的孙儿窦嘉当安丰侯。

4 刘阳开始预建他的坟墓，下令说：“只要把排水系统修好就够了，坟丘不得堆高。身死之后，扫扫地面，一碗水，一点干肉干粮，就可以祭祀。过了一百天，每年祭祀四次。墓园只准设立士兵数人，负责洒扫。胆敢增加或扩大营建，以擅自议论改变皇家祭庙法处刑（西汉王朝吕雉当皇太后时，对文武官员不断评论一任帝刘邦的坟墓祭庙，感到厌烦，于是下令，凡擅自议论改变皇家祭庙的，一律斩首。西汉十一任帝刘奭时，改变制度，撤销这项规定。到十二任帝刘骜时，又再恢复）。”

东汉　永平　十五年

1 春季，二月四日，东汉王朝（首都洛阳〔河南省洛阳市东白马寺东〕）皇帝（二任明帝）刘阳（本年四十五岁）到东方视察。

二月二十七日，在下邳（江苏省睢宁县北古邳镇）亲自作一次示范耕田（表示提倡务农）。

三月，到鲁县（东海国首府，山东省曲阜市），访问孔丘故居，亲自登上讲台，命皇太子刘炟，跟亲王们讲解儒家学派经书。接着，刘阳再往东平国（首府无盐〔山东省东平县东南〕）、大梁（河南省开封市）。

夏季，四月五日，刘阳返首都洛阳。

2 封皇子刘恭当钜鹿王（首府瘿陶〔河北省宁晋县西南〕）、刘党当乐成王（首府信都〔河北省衡水市冀州区〕）、刘衍当下邳王（首府下邳〔江苏省睢宁县北古邳镇〕）、刘畅当汝南王（首府平舆〔河南省平舆县西北射桥镇〕）、刘昞当常山王（首府元氏〔河北省元氏县〕）、刘长当济阴王（首府定陶〔山东省菏泽市定陶区〕）。刘阳亲自划定各封国的疆界，只有故楚国（首府彭城〔江苏省徐州市〕）、故淮阳国（首府陈县〔河南省周口市淮阳区〕）一半大。马皇后说："孩子们的采邑才只有几个县，比起先帝（刘秀）所封，岂不太小器？"刘阳说："我的儿子怎么能跟老爹（刘秀）的儿子比？每年有二千万钱的收入，就足够了。"

3 四月十日，赦天下。

4 皇家礼宾执行官（谒者仆射）耿秉，屡次上书，请对北匈奴汗国（王庭设蒙古国哈拉和林市），发动攻击。刘阳认为，显亲侯窦固，曾经随从伯父窦融，在河西（甘肃省中西部）任职时，了解边疆情况。于是，命耿秉、窦固，跟交通部长（太仆）祭肜（音róng〔融〕）、虎贲警卫指挥官（虎贲中郎将）马廖、下博侯刘张（一任帝刘秀老哥刘縯的孙儿）、好畤侯耿忠等，共同会商。

耿秉说：

"从前，匈奴汗国势力强大，有其他蛮夷部落臣服或援助，所以不容易制服。孝武皇帝（西汉七任帝刘彻）既然得到河西四郡（武威郡〔甘肃省武威市〕、酒泉郡〔甘肃省酒泉市〕、张掖郡〔甘肃省张掖市〕、敦煌郡〔甘肃省敦煌市〕），又得到居延（内蒙古额济纳旗）、朔方（内蒙古杭锦旗北黄河南岸），匈奴丧失了肥沃的土地，和盛产家畜、可以供应武装部队粮秣的宝库。跟西羌部落（青海省东部）的联系，也被汉朝切断，只剩下西域（新疆及中亚东部），而西域不久也归附汉朝。所以，呼韩邪单于（十四任）请求接近边塞（参考前五三年正月），乃是大势所趋。而今的南匈奴单于（王庭设美稷〔内蒙古准格尔旗〕），形势非常相似。可是，西域还没有归附我国，北匈奴也没有可乘之机。

“我愚昧的意见是，我们应先攻击白山（天山山脉东段，在新疆哈密市北），夺取匈奴在西域的重要基地伊吾（新疆哈密市），攻破车师（新疆吐鲁番市），派遣使节，跟乌孙王国（首都赤谷城〔中亚伊赛克湖东南〕）等结盟，砍断匈奴右臂。伊吾驻屯有匈奴的南呼衍兵团，击败南呼衍兵团，就等于折断匈奴的左角。然后，再对北匈奴汗国本土，发动总攻。”

刘阳认为很对。有人补充说：“攻击白山（天山山脉东段），北匈奴一定救援，应该在东方分散他们的兵力。”刘阳采纳这个建议。

十二月，任命耿秉当御马总监（驸马都尉），窦固当御车总监（奉车都尉）。任命骑兵总监（骑都尉）秦彭，做耿秉的助手；耿忠做窦固的助手。两个总监部，都设置参谋官（从事）、军政官（司马），率大军进屯凉州（甘肃省）。

耿秉，是耿国的儿子。耿忠，是耿弇的儿子。马廖，是马援的儿子（耿弇，参考二四年；马援，参考二九年。二人都是东汉开国功臣）。

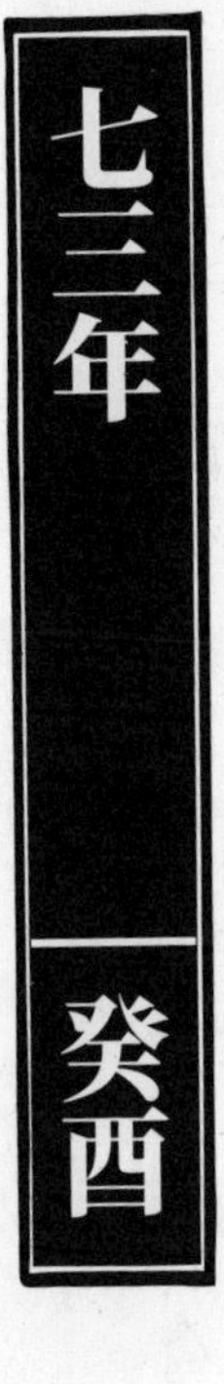

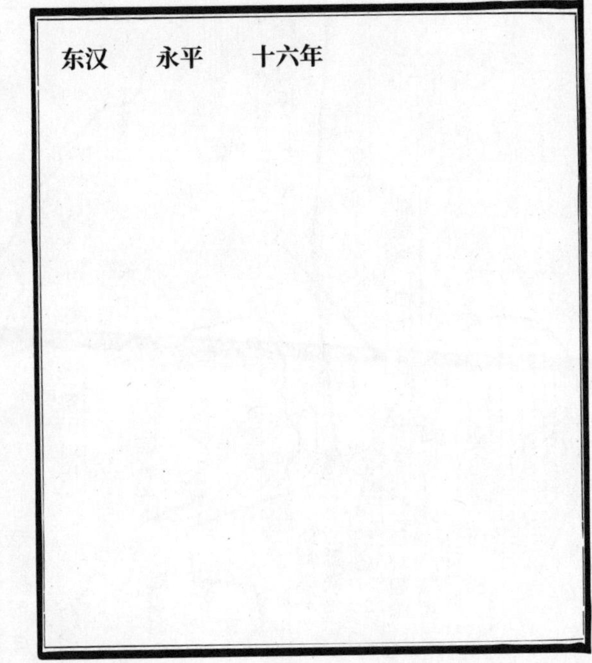

1 春季，二月，东汉政府（首都洛阳〔河南省洛阳市东白马寺东〕）分兵四路，大举进攻北匈奴汗国（王庭设蒙古国哈拉和林市）。

交通部长（太仆）祭肜（音róng〔融〕），跟北疆边防司令（度辽将军）吴棠，率河东郡（山西省夏县）、西河郡（内蒙古准格尔旗西南）的羌部队、匈奴部队，以及南匈奴汗国（王庭设美稷〔内蒙古准格尔旗〕）骑兵，共一万一千人，出高阙塞（内蒙古乌拉特后旗东南古长城口）。御车总监（奉车都尉）窦固、好畤侯耿忠，率酒泉郡（甘肃省酒泉市）、张掖郡（甘肃省张掖市）、敦煌郡（甘肃省敦煌市）三郡地方民兵，跟卢水羌（青海湖附近）、匈奴骑兵共一万二千人，出酒泉要塞。御马总监（驸马都尉）耿秉、骑兵

一世纪·七三年二月　东汉四路大军出击北匈奴

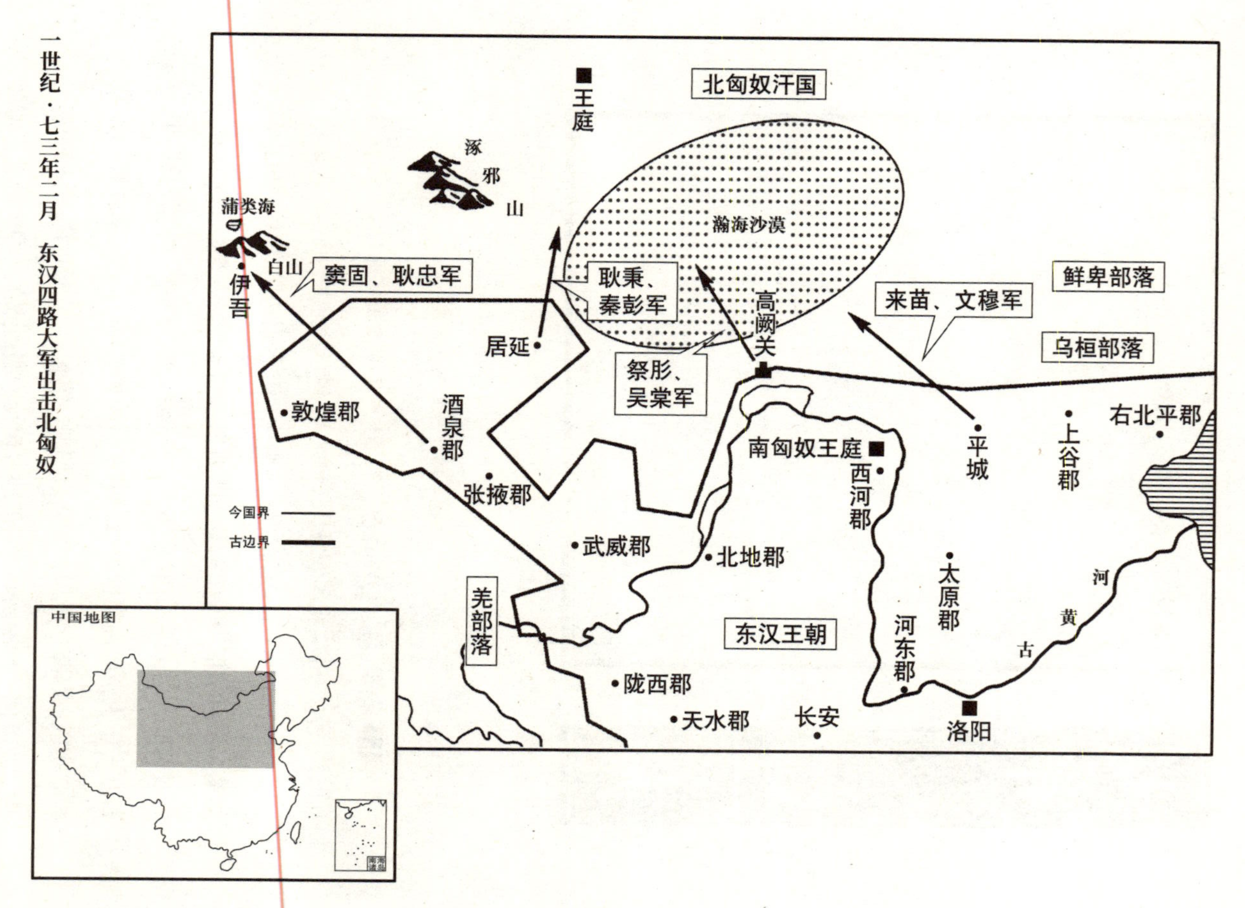

总监（骑都尉）秦彭，率武威郡（甘肃省武威市）、陇西郡（甘肃省临洮县）、天水郡（甘肃省甘谷县）招募的壮丁，包括羌、匈奴战士，骑兵一万人，出张掖郡（甘肃省张掖市）居延（内蒙古额济纳旗）要塞。骑兵总监（骑都尉）来苗、乌桓保安司令（护乌桓校尉）文穆，率太原郡（山西省太原市）、雁门郡（山西省代县）、代郡（山西省阳高县）、上谷郡（河北省怀来县）、渔阳郡（北京市密云区）、右北平郡（河北省唐山市丰润区）、定襄郡（山西省右玉县）等七郡民兵跟乌桓部落（河北省北部）、鲜卑部落（内蒙古西辽河上游），骑兵共一万一千人，出平城（山西省大同市）要塞。

窦固、耿忠兵团，进抵天山，攻击北匈奴呼衍王，杀一千余人，追击到蒲类海（新疆巴里坤县西北巴里坤湖），占领伊吾卢（新疆哈密市），设立屯垦区驻军司令（宜禾都尉），留下部分将士开荒垦田。

耿秉、秦彭兵团，攻击匈奴匈林王（可能是句林王之误），横越瀚海沙漠六百余华里，到三木楼山（今地不详），班师。

来苗、文穆兵团，挺进到匈河水（今地不详），匈奴部众溃散，向北逃亡，没有斩获。

祭肜跟随同出征的南匈奴汗国左贤王挛鞮信，素不和睦。出高阙塞（蒙古国乌拉特后旗东南古长城）北九百余华里，遇到一座小山，挛鞮信谎称：已抵达涿邪山（内蒙古巴彦温都尔山），没有发现敌人，于是班师。祭肜跟吴棠同时被控逗留畏缩，逮捕下狱，免职。

祭肜自恨没有建立功勋，出狱后只数天，吐血而死，死前吩咐他的儿子："我受国家的厚恩，奉准独当一面，却有辱使命，身虽死，而仍惭愧含恨。在道义上，没有功勋，我不应该接受赏赐。我死之后，你要把过去政府赏赐给我的东西，缴回政府。你自己到大营投军，效死阵前，完成我的苦心。"祭肜死后，儿子祭逢，上书转陈老爹的遗言。东汉帝（二任明帝）刘阳（本年四十六岁）对祭肜一向尊敬，正预备再给他新的任务，看到奏章，大为震惊，叹息不已。乌桓部落、鲜卑部落每次派使节前来首都洛阳朝贺，常常到祭肜坟墓上拜祭，仰天哭泣。辽东郡（辽宁省辽阳市）官吏人民还给祭肜建立庙宇，四季祭祀（祭肜生前当辽东郡郡长，对乌桓、鲜卑，都有威信。参考四九年）。

只窦固建立功勋，擢升“特进”官阶（朝会位置在三公之下，侯爵之上）。

2 窦固派遣副军政官（假司马）班超，跟参谋官（从事）郭恂，一同出使西域（新疆及中亚东部）。班超到了鄯善国（新疆若羌县），鄯善王广（姓不详）把班超当作国家贵宾，十分尊敬，盛情招待。可是，稍后不久，态度忽然改变，礼遇明显的衰退。班超对他的部属说：“你们是不是发现，鄯善王（广）有点不对劲？”部属说：“蛮夷待人，不能始终如一，这是他们天生气质，不会有别的原因。”班超说：“不然。我判断，一定是北匈奴的使节抵达。鄯善王还没有决定到底臣服哪一边。‘聪明’的意义是，在事情还没有发生时，先看到迹象。何况，迹象已经摆在面前。”

于是，班超把负责接待的鄯善官员叫来，用一种洞烛其奸的口吻，向他质问：“匈奴（北匈奴）使节来了几天？住在哪里？”鄯善官员吃惊说：“他们已来了三天，住在三十华里外。”班超把那位鄯善官员禁闭（预防走漏消息），召集全体部属，共三十六人，设宴饮酒。饮到半醉，报告他们现在的处境，用以激起众怒。班超说：“我们身处绝远荒城，匈奴（北匈奴）使节才到几天，鄯善王（广）对我们已是另一种嘴脸。如果他下令把我们生擒活捉，绳捆索绑的送交匈奴（北匈奴），连骨头都会被豺狼吃掉。现在，怎么办？”部属们异口同声说：“我们被困在危亡之地，不管是死是活，誓死追随。”班超说："不入虎穴，不得虎子。目前唯一可行的是，乘着夜色黑暗，发动火攻，使对方不知道我们到底有多少人马，一定震恐，就可能一网打尽。只要铲除匈奴（北匈奴）使节，鄯善王必然吓破了胆，我们就建了大功。"大家说："恐怕要跟参谋官（郭恂）先行商量。"班超咆哮说："前途是吉是凶，决定于此刻一念之间。参谋官（郭恂）不过庸俗的文职人员，听到我们的计划，一定吓得要死，谋略就会泄露。到那时候死，死得不明不白，不是英雄。"大家应声说："好，就这么办。"

夜幕刚垂，班超率部属出动，直指北匈奴使节营帐，正好刮起大风，班超命十人手拿战鼓，急驰先进，埋伏在北匈奴营帐之后，吩咐说："只见火起，就擂鼓呐喊。其他的人全副武装，手拿刀枪弓箭，在营门左右埋伏。"

等到十人抵达北匈奴使节营帐后，班超顺风纵火。一霎时战鼓齐鸣，杀声震耳。北匈奴使节从梦中惊起，措手不及，班超亲手格杀三人，部属则格杀北匈奴使节跟随从三十余人，剩下的一百余人，全数被火烧死。一夜血腥屠戮，天色黎明时，全胜而归。把经过情形告诉参谋官（从事）郭恂，郭恂果然魂飞魄散，可是不久就露出异样表情。班超知道他想什么，举手发誓："贵官虽然没有参与，但我怎能单独居功！"郭恂这才大喜。

班超征召鄯善王广，拿出北匈奴使节的人头，请他参观，鄯善国全国震恐。班超告诉他东汉王朝的威力和信誉，要求说："从今之后，大王莫再跟北匈奴来往！"鄯善王广叩头说："愿臣服中国，永无贰心。"送王子到东汉充当人质。

班超回来报告窦固，窦固大喜过望，专案呈报班超的功勋，并要求派出使节，前往西域。刘阳说："像班超现成的贤才，为什么不派他？却再去物色！擢升班超当作战军政官（军司马），使他完成还没有完成的功业。”

窦固再命班超出使于阗国（新疆和田市），准备教他多带人马，班超却要求只带原来的班底三十六人，说：“于阗是个大国，而距离更为遥远。率领数百人，并不能显示强大。如果发生危险，反而受到牵累。”这时，于阗王广德，正是西域南道（新疆塔里木盆地南边缘）霸主，顾盼自雄，不可一世（参考六一年）。而北匈奴派驻于阗的使节，对于阗更严密监视。所以班超到于阗后，于阗王广德态度冷漠。于阗人民相信巫术，而大巫师声称：“神灵已经发怒，责备我们为什么结交中国？中国使节有一匹黄身黑嘴的骏马，快去取来侍奉我。”

于阗王广德派宰相私来比拜访班超，要求赠马。班超一口答应，但得请大巫师亲自把马牵走。不久，大巫师高高兴兴前来，班超立即斩杀。然后抽打私来比数百皮鞭，连同大巫师的人头，一齐送还广德，严辞谴责。广德早听说班超在鄯善国诛杀北匈奴使节的壮举，不禁大起恐慌，遂即击斩北匈奴使节，归降东汉政府。班超对国王（广德），以及国王之下的大臣，全部重重赏赐。遂即在于阗驻扎，招抚各国。

于是，各国纷纷派王子到东汉王朝充当人质。西域（新疆及中亚东部）跟汉朝隔绝六十五年，到本年（七三）才恢复正常关系（一三年，新王朝政府时，焉耆国杀中国总督但钦，西域跟中国隔绝，到本年只六十一年。此言六十五年，是自新王朝政府的建立之年——九年算起）。班超，是班彪的儿子（班彪，参考二九年）。

3 淮阳王（首府陈县〔河南省周口市淮阳区〕）刘延（刘阳异母老弟），性格傲慢奢侈，对部属严苛无情。有人上书控告他："跟小老婆的老哥谢弇（音yǎn〔眼〕）及姐夫韩光，招募巨奸大猾，制作神秘预言书（图谶），祭祀鬼神，诅咒皇上。"刘阳交给有关单位调查审问，证实确有其事。

五月二十五日，谢弇、韩光，以及宰相（司徒）邢穆等，全都处死，受到牵连而被诛杀或贬逐的更多。

4 五月三十日，日蚀。

5 六月八日，擢升农林部长（大司农）、西河郡（内蒙古准格尔旗西南）人王敏当宰相（司徒）。

6 主管单位奏请诛杀淮阳王（首府陈县）刘延。刘阳认为刘延的罪恶，比楚王（首府彭城〔江苏省徐州市〕）刘英要轻（刘英"楚狱"，参考七〇年）。

秋季，七月，改封刘延当阜陵王（首府阜陵〔安徽省全椒县东南〕），采邑只有二县。

7 本年（七三），北匈奴汗国大举攻击云中郡（内蒙古托克托县）。云中郡郡长廉范，竭力抵抗。官员们认为兵力单薄，准备向邻近郡县求救，廉范不同意。恰好，天近黄昏，廉范命军士把火炬绑成十字形状，一端手拿或插入地面，另三端燃火。于是，满营火光，北匈奴认为东汉援军已到，大吃一惊。天亮时分，准备撤退。廉范命军中在原地进餐（不集合共食），凌晨出击，杀数百人。北匈奴自相践踏，死千余人。从此不敢再骚扰云中郡（内蒙古托克托县）。

廉范，是廉丹的孙儿（廉丹，新王朝大将，以残暴害民闻名于世。参考二二年）。

七四年 甲戌

东汉　永平　十七年

1 春季，正月，东汉王朝（首都洛阳〔河南省洛阳市东白马寺东〕）皇帝（二任明帝）刘阳（本年四十七岁）准备前往老爹刘秀（一任光武帝）坟墓（原陵，河南省洛阳市孟津区东北铁谢村）扫墓。一天夜晚，梦见老爹、娘亲（皇太后阴丽华）跟生前一样，欢乐团聚。醒来之后，无限悲哀，不能再睡，翻查历书，发现明天就是吉日，遂率文武官员，出京祭扫。当天，上天把甘露降到墓园树上。刘阳命文武官员采取甘露，作为祭品。典礼既毕，刘阳从席垫上俯看御床，审视娘亲阴丽华梳妆用具，悲痛流涕，命补充改换；左右都被感动哭泣，不敢抬头（古代，祭祀祖先，都是祭拜牌位，从没有到郊外坟墓祭祀的。秦王朝之后，才开始墓祭，富贵之家，在坟墓旁边，仿效死者生前住处，另行兴建房屋〔帝王坟墓，则称“寝殿”〕，陈列死者生前日常用品）。

2 北海（敬）王（首府剧县〔山东省昌乐县西〕）刘睦（一任帝刘秀二哥刘仲的孙儿）逝世。刘睦从小喜爱读书，刘秀跟刘阳，都非常宠爱他。刘睦曾经派封国高级国务官（中大夫）到首都洛阳朝贺，对这位专使说："皇帝如果问到我，你怎么回答？"高级国务官（中大夫）说："大王忠孝仁慈，敬重贤能人士，深爱知识分子，我敢不照实禀报！"刘睦说："老天，你可是害了我！这是我年轻不懂事时的志趣。你应该说我：自从继承王位以来，意志消沉，行为懒惰，而只喜爱女色，好听淫荡音乐，整天沉迷在犬马狩猎上。你这样做才是爱我。"刘睦的智慧和谨慎，都类乎此。

3 二月乙巳日（二月乙卯朔，没有乙巳），宰相（司徒）王敏逝世。

4 三月二十九日，擢升汝南郡（河南省平舆县西北射桥镇）郡长鲍昱当宰相（司徒）。鲍昱，是鲍永的儿子（鲍永，参考二四年）。

5 益州（四川省及云南省）州长（刺史）、梁国（此时无梁国，应是梁郡，今河南省商丘市）人朱辅，宣传中国德政，使中国的威望远播，当地人无不向往。汶山（岷山山脉，四川省若尔盖县东）以西，汉人从来没有去过，汉朝政府力量从来没有达到过的地方，白狼国（今地不详）、槃木国（今地不详）等百余国（依地望推测，大概都是四川省西境一些部落），都举国归附，向汉朝称臣进贡。

白狼王唐菆（音zōu〔邹〕），作诗三首，歌颂中国的恩德。朱辅命犍为郡（四川省宜宾市）郡政府秘书（掾）由恭，译成中文，呈献中央政府。

6 最初，龟兹王（新疆库车市）建（姓不详）是匈奴汗国（王庭设蒙古国哈拉和林市）所立。倚仗强硬的后台，在西域（新疆及中亚东部）北道

（新疆塔里木盆地北边缘）称霸，作威作福，击斩疏勒王（新疆喀什市），封他的部属兜题（兜，音dōu〔都〕）当疏勒王。班超从捷径小道，进击疏勒，距疏勒首都槃橐城（橐，音tuó〔驼〕）九十华里，派部属田虑前往说服投降。吩咐田虑说："兜题不是疏勒人，疏勒人当然不听他。如果不投降，可以当场逮捕。"

田虑抵达疏勒（新疆喀什市），兜题发现东汉使节只寥寥数人，没有实力，毫无投降之意。田虑乘他不备，用暴力把兜题劫持，左右卫士和官员大惊，四散逃命。田虑急向班超报告，班超赶到，召集疏勒文武官员，鼓励他们反抗龟兹，遂拥立故王老哥的儿子忠（姓不详）当疏勒王，全国欢腾。班超问忠跟忠的部属："我们应该杀掉兜题？还是把他逐回龟兹？"大家都主张："杀掉他。"班超说："杀掉他没有一点好处，放他一条生路，使龟兹知道东汉的恩德和威严。"遂送兜题回国。

7 夏季，五月五日，东汉政府三公、部长级官员、文武百官，认为皇帝刘阳的恩德和威望，远播异域，不断有祥瑞应验，一齐集合金銮宝殿，敬酒祝贺。刘阳下诏说："上天降生神物，显示圣明君王出世。荒远地区仰慕中国文化，显示君王有丰厚恩德。以我的孱弱和单薄，怎有资格当此？只因为高祖（西汉一任帝刘邦）、光武（东汉一任帝刘秀），神圣恩德，普及天下，才能这样。所以，我不敢推辞，愿与大家一齐干杯。祭祀部（太常）择定良辰吉日，祭告皇庙。"于是，推广恩德，赏赐人民不同的爵位及粮食。（胡三省原注："时赐天下男子，爵，人二级。三老〔乡村教育官〕、孝悌〔伦理官〕、力田〔农业官〕，人三级。流人无名数欲占者〔尚未登记的流民〕，人一级。鳏〔无妻〕、寡〔无夫〕、孤〔无父〕、独〔老而丧子〕、笃癃〔贫病交加〕，贫不能自存者，粟，人三斛。"）

8 冬季，十一月，东汉王朝再大举攻击北匈奴汗国的右臂——西域（新疆及中亚东部）。派御车总监（奉车都尉）窦固、御马总监（驸马都尉）耿秉、骑兵总监（骑都尉）刘张，率大军出敦煌郡（甘肃省敦煌市）昆仑塞（甘肃省瓜州县）。耿秉、刘张仅担任作战任务，而由窦固全权指挥。共计骑兵一万四千人，在蒲类海（新疆巴里坤县西北巴里坤湖）畔，击败北匈奴驻屯白山（天山山脉东段，新疆哈密市北）的呼衍王兵团，然后进攻车师国（新疆吐鲁番市）。

车师前王（交河城〔新疆吐鲁番市〕）是车师后王（金蒲城〔新疆吉木萨尔县南〕）的儿子，两地相距五百余华里（两地航空距离一百二十公里，但当中隔着高达五千公尺以上，终年积雪的天山山脉，跟高达五千四百四十五公尺的博克达山），窦固认为，后王城（即金蒲城〔新疆吉木萨尔县南〕）太远，沿途山高谷深，官兵将受到苦寒的摧折，准备先攻击前王城（即交河城）。耿秉认为，应先攻击后王城，只要夺取王城，根本覆灭，前王城不能单独存在。窦固犹豫，不敢立即决定。耿秉跳起来叫说："我来打先锋。"跨上战马，率领本部军队，进入深山。其他部队被这种形势引导，跟着移动，遂向北推进，沿途击杀车师后国官兵数千人。车师后王安得，一连接到败报，内无精锐，外无援军，六神无主，只好出城迎接，见到耿秉时，脱掉王冠，抱住马足，请求投降，耿秉把安得送交窦固。前王跟着投降，车师全部归附。

窦固请求恢复西域总督（都护）及戊己指挥官（戊己校尉）。东汉政府遂任命陈睦当西域总督（都护），军政官（司马）耿恭当戊指挥官（戊校尉），驻防车师后王所属的金蒲城（新疆吉木萨尔县北）；皇家礼宾官（谒者）关宠当己指挥官（己校尉），驻防车师前王所属的柳中城（新疆鄯善县西南鲁克沁镇），各率屯垦官兵数百人。

耿恭，是耿况的孙子（耿况，参考二三年）。

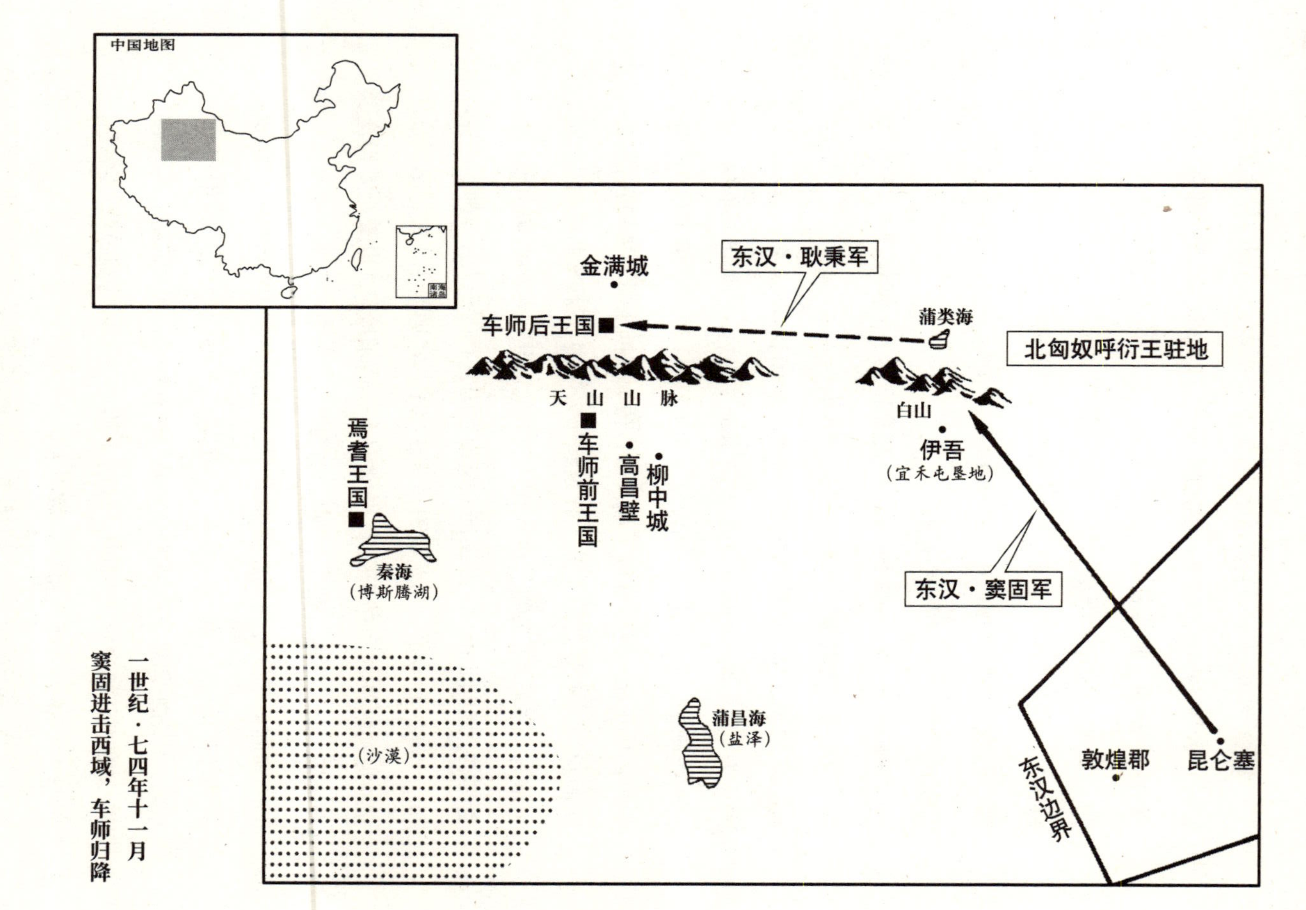

一世纪·七四年十一月
窦固进击西域，车师归降

七五年 乙亥

东汉 永平 十八年

1 春季，二月，东汉王朝（首都洛阳〔河南省洛阳市东白马寺东〕）皇帝（二任明帝）刘阳（本年四十八岁）命窦固班师，回首都洛阳。

2 北匈奴汗国（王庭设蒙古国哈拉和林市）单于（名不详）派左鹿蠡王，率二万骑兵，向车师后国（新疆吉木萨尔县南）发动攻击，戊指挥官（戊校尉）耿恭，派军政官（司马）率领三百人的援军，帮助车师后王安得迎战，三百人不堪一击，全军覆没。北匈奴乘胜直追，斩后王安得，包围金蒲城（车师后国首都，新疆吉木萨尔县南）。耿恭把毒药涂在箭头上，向北匈奴宣称：“请注意中国神箭，中箭的会有怪事发生。”北匈奴官兵中毒箭后，肌肉崩裂，伤口溃烂，好像滚水沸腾，军心大乱。正好又有狂风暴雨，耿恭冒雨出击，杀伤很多。北匈奴惊骇说：“中国军队像神灵附体，可怕。”遂解围撤退。

3 夏季，六月十二日，太微星旁，出现孛星。

4 耿恭因为疏勒城旁有条溪流，可以作持久战，率军据守（疏勒城非疏勒国，精确地址，已无法查考，仅知在车师后国〔新疆吉木萨尔县南〕境内，跟西南方的疏勒国〔喀什市〕航空距离一千二百五十公里，当中隔着天山，还隔着塔克拉玛干沙漠）。

秋季，七月，北匈奴再向车师后国发动攻击，直取疏勒城，在上游堵塞溪水，断绝城中水源，耿恭在城中凿井，深十五丈，仍不见水踪，军民干渴得发疯，甚至榨取马粪里的水汁来喝。耿恭率领部属，亲自拖挽盛土的竹笼，没有多久，泉水涌出，一时欢声雷动，军民高呼万岁。耿恭命人把水从城墙上泼出去，北匈奴大出意外，认为有神明相助，即行撤退。

5 八月六日，刘阳在东宫前殿逝世，年四十八岁。遗诏：不建寝殿，不建祭庙，只把他的牌位放在娘亲皇太后阴丽华寝殿储放衣服的房间。

刘阳在位时，一切遵循老爹刘秀建立的制度，不作任何变更。皇后跟小老婆群（妃）娘家，没有一个加封侯爵，也不准他们掌握权力。馆陶公主刘红夫（刘秀女，刘阳的姐姐）替她的儿子要求当一名初级禁卫官（郎），刘阳不答应，只赏赐钱一千万，对文武官员说："禁卫官上应天际的星宿（《史记·天官书》："太微宫后一十五星，'郎'位也。"凡属天文星宿，一概不懂，所以不敢多言，只照抄提供参考），将来还要到地方去当县长，假如人选不当，人民就受到伤害，所以一再考虑。"宫门接待署（公车），每逢"反支日"都拒绝接受奏章和官民陈诉（古时用干支记日，初一有"戌""亥"，一日是"反支日"。初一有"申""酉"，二日是"反支日"。初一有"午""未"，三日是"反支日"。初一有"辰""巳"，四日是"反支日"。初一有"寅""卯"，五日是"反支日"。初一有"子""丑"，六日是"反支日"）。刘阳知道了这件事后，奇怪说："人民荒废田里耕作，千里迢迢，前来宫门投诉，却用这种禁忌增加他们的困难，岂是设立政府的本意？"下令取消这项规定。

宫廷秘书（尚书）阎章的两位妹妹，都是刘阳的一级小老婆（贵人）。阎章精力充沛，精通法令规章，依照正常考绩，早就应该擢升更重要的职位。但刘阳认为他是后宫姬妾的娘家人，竟不给他擢升。也正因为这个缘故，全国官吏，都由适当的人士担任，人民安居乐业，远近臣服，户口繁衍。

6 皇太子刘炟（音dá〔达〕）继位（三任章帝），年十八岁，尊马皇后为皇太后。

刘阳刚逝世时，马皇后娘家兄弟，争先恐后，要进入后宫，北宫守卫队长（卫士令）杨仁，身穿盔甲，手拿长戟，严密戒备，没有人敢闯进门。马家班受到挫折，纷纷向刘炟打小报告，指控杨仁刻薄。但刘炟深知杨仁忠实，对他越好，任命他当什邡县长（四川省什邡市。邡，音fāng〔方〕）。

7 八月十六日，把刘阳安葬在显节陵（河南省洛阳市孟津区东南三十里铺村南）。

8 冬季，十月二日，赦天下。

9 刘炟擢升代理全国武装部队总司令（行太尉事）节乡侯赵憙，当皇家师傅（太傅）；任命最高监察长（司空）牟融，当全国武装部队总司令（太尉），并主管宫廷机要（录尚书事）。

10 十一月二十四日，擢升蜀郡（四川省成都市）郡长第五伦（第五，复姓），当最高监察长。

第五伦在郡长任内，公正清廉，所推荐保举的官员，都能胜任，所以刘炟从偏远的地方，把他调到中央（这在当时是一项殊荣）。

11 西域（新疆及中亚东部）发生巨变。焉耆国（新疆焉耆县）、龟兹国（新疆库车市）联军攻击车师（包括车师前国及车师后国），西域总督（都护）陈睦，全军覆没。北匈奴汗国乘势南下，把己指挥官（己校尉）关宠，团团围在柳中城（新疆鄯善县西南鲁克沁镇）。而就在此时，东汉王朝皇帝刘阳逝世，无法派出救兵。车师前后王发现东汉政府已无抵抗能力，再度背叛，帮助北匈奴，攻击戊指挥官（戊校尉）耿恭。

耿恭据疏勒城（地望在今新疆吉木萨尔县境），率领部属抵抗，坚守数月之久，粮秣耗尽，煮吃盔甲上以及弓弩上的皮革。耿恭跟将士们推诚协力，同生共死，所以士气高昂，没有贰心。但伤亡人数逐渐增多，最后只剩下数十人（已阵亡十分之九），北匈奴单于（名不详）知道耿恭身陷绝境，敬佩他的英勇，一定要他投降，派人告诉他："你如果归附，就封你白屋王，公主嫁你为妻。"耿恭假装同意，引诱使节登城后，把使节诛杀，就在城上，火烤使节的尸体。北匈奴单于气得发狂，更增派援军，缩小包围圈，但无法破城。

关宠上书求救，刘炟命高级官员会商对策，最高监察长（司空）第五伦，认为不要去救。宰相（司徒）鲍昱反驳第五伦，说：

"派人前往危险地区，一旦发生紧急情况，就把他们遗弃。对外鼓励蛮夷对汉人施暴，对内使得忠臣悲痛伤心。如果是为了一时权宜之计，可以永保边界平安，也未尝不可。事实上，北匈奴一定会继续不断的侵犯中国边塞，到那时候，陛下将派谁去当将领？'戊''己'两个单位，每个单位不过数十人。北匈奴大军围攻，十余日不能攻破，是北匈奴兵力单薄，力量已尽的现象。我建议：可以命敦煌（甘肃省敦煌市）、酒泉（甘肃省酒泉市）两郡郡长，各率精锐骑兵二千人，多带旗帜，用战地急行军速度，昼夜不停，前往援助。北匈奴那些疲惫的部队，绝不敢对抗，屈指计算，四十天时间，足够迎接他们返回塞内。"

刘炟同意。派征西将军耿秉，驻防酒泉郡，代理郡长。命酒泉郡长段彭，跟皇家礼宾官（谒者）王蒙、皇甫援（皇甫，复姓），征调张掖郡（甘肃省张掖市）、酒泉郡、敦煌郡三郡，以及鄯善国（新疆若羌县）部队，总共七千余人，向车师出发营救。

12 十一月三十日，日蚀。

13 马太后兄弟：虎贲警卫指挥官（虎贲中郎将）马廖、禁宫侍从官（黄门郎）马防、马光，在刘阳在位期间，从没有升迁。现在，刘炟即位，任命马廖当皇城保安司令（卫尉），马防当皇家警卫指挥官（中郎将），马光当南越兵团指挥官（越骑校尉）。马廖等喜爱结交宾友，有身份有地位的人，争着奔走马家。最高监察长（司空）第五伦上书说：

"《书经》上说过：'做臣属的，千万不要作威作福，不然害了家，也害了国。'（《洪范》语）近代，光烈皇后（阴丽华）虽然天性友爱，但一直约束娘家人，不为他们求官求权。其后，梁姓、窦姓两大家族，都有人犯罪，先帝（刘阳）在位时，多次诛杀（六一年诛杀梁松、六二年诛杀窦穆）。从此，洛阳城中，没有横暴专权的皇亲国戚；请托说项之事，也都断绝。又曾告诫他们：'辛苦结交宾朋，不如全心奉献国家。戴盆望天，既戴不牢盆，又望不见天，两头落空。'而今，舆论焦点集中马家，这不是吉祥之兆。我曾经听说，马廖动用布三千匹，马防动用钱三百万，私自帮助三辅（关中）知识分子，不管认识不认识，都有赠送。又曾经听说，腊日（冬至后第三个"戌"日），对在洛阳的知识分子，每人馈赠钱五千。南越兵团指挥官（越骑校尉）马光，仅腊日开支，就用去羊三百头、米四百斛、肉五千斤。我认为这些行为都违背儒家学派经典大义。内心惶恐，不敢不向陛下报告。陛下本意是要厚待他们，但必须考虑到使他们平安。我今天的陈述，只盼望对上效忠陛下，其次保护皇太后马姓家族。"

14 本年（七五），京师洛阳，及兖州（山东省西部）、豫州（河南省）、徐州（江苏省北部），大旱成灾。

七六年 丙子

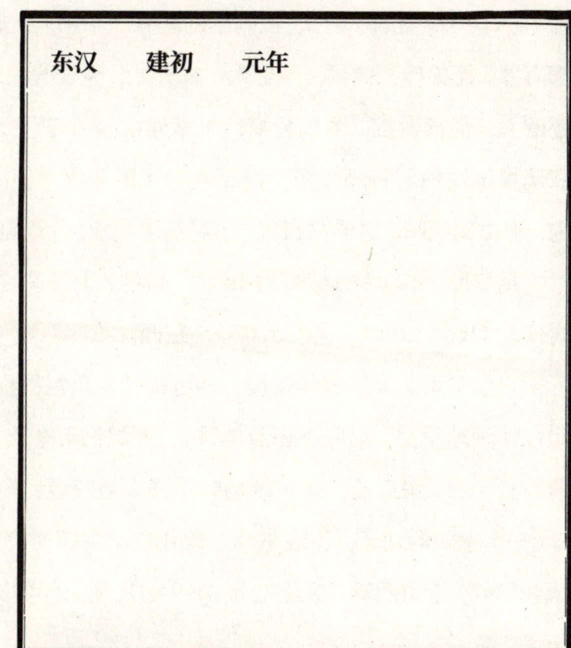

东汉　建初　元年

1 春季，正月，东汉政府（首都洛阳〔河南省洛阳市东白马寺东〕）命兖州（山东省西部）、豫州（河南省）、徐州（江苏省北部），三州州政府开仓赈济饥饿的难民。

东汉帝（三任章帝）刘炟（本年十九岁）问宰相（司徒）鲍昱："用什么方法才可以消除旱灾？"鲍昱回答说："陛下刚刚登上宝座，即令有错误的措施，也不可能立即引起变异。我从前当汝南郡（河南省平舆县西北射桥镇）郡长时，负责处理楚王（首府彭城〔江苏省徐州市〕）刘英案件（参考七一年），仅在本郡，被囚禁的就有一千余人，恐怕不见得全都有罪。无论什么时候，一旦大逮捕开始，冤枉的超过一半。被贬逐的人，流落蛮荒，骨肉分离，不幸死亡，孤魂野鬼，无人祭祀。我建议准许他们各还故乡，恢复剥夺了的公权，使活的人和死的人，都得到照顾。这种祥和气氛，可消除旱象。”刘炟接受。

皇家图书馆（兰台）研究官（校书郎）杨终，上书说：“最近，在北，讨伐北匈奴（王庭设蒙古国哈拉和林市）；在西，重建西域（新疆及中亚东部）三十六国关系。人民连年服役，转运粮秣，负担租税。愁苦之情，足以使天地垂泪，请陛下留意体恤。”刘炟把奏章交下讨论，最高监察长（司空）第五伦，意见跟杨终相同。但鲍昱、牟融，都认为：“当一个孝顺的儿子，不应该马上改变亡父生前所决定的事项。讨伐北匈奴，屯田西域，都是先帝（刘阳）的决策，不可取消。”杨终再上书，说：

“秦王朝一任帝（始皇帝）嬴政兴筑长城，工程浩大（参考前二一四年），二任帝嬴胡亥不肯停止，终于亡国。所以孝元（西汉十一任帝刘奭）放弃珠崖郡（海南省海口市琼山区，参考前四六年），光武（一任帝刘秀）拒绝西域（新疆及中亚东部）归附（参考四六年），不会为了要得到蚌壳，而付出华贵的衣裳。鲁国国君（二十任文公）姬兴，拆毁泉台，《春秋》讥讽说：‘父祖建筑，与其把它铲除，不如仍留着它，而不去居住。’因为台的存在，对人民并不造成伤害。另一位鲁国国君（二十四任襄公）姬午，扩大他的武装部队，建立三军，他的儿子（二十六任昭公）姬裯继位后，立即舍弃，恢复祖父时代原状；道德学问之士，大大赞扬他这项复古行动。因为，如果不舍弃的话，将带给人民灾难。而今，伊吾（新疆哈密市）屯田、鄯善（新疆若羌县）驻防，战士久不回国，不是上天的旨意。”

刘炟接受。

2 正月二十三日，刘炟下诏："部长、郡长级以上高级官员注意：你们应勤勉的提倡农耕跟种桑养蚕，全民都要投入。除非是唯一死刑的大罪，其他普通罪行一律等到秋天之后再行审理。有关单位对官员的任命，要特别谨慎，擢升温柔良善，排除贪污奸猾；顺着一年四季的节气，对冤狱提出检举。"

这时，政府继承前任（二任明帝）皇帝刘阳的政风，无论行政、司法，都十分严苛。宫廷秘书署（尚书）所作裁决，全引用处罚最重的条文。宫廷秘书（尚书）沛国（首府相县〔安徽省淮北市〕）人陈宠，认为刘炟新近才登帝位，应该改革前世这种苛政，上书说：

"我曾经听说，圣明君王治理国家，赏赐不过分，刑罚不泛滥。实在不得已时，宁可赏赐过分，也不要刑罚泛滥。从前（本世纪〔一〕六〇年代，二任明帝刘阳在位时），审判官司采取严厉手段，威力所及，邪恶消失。邪恶消失之后，理应宽厚，使它平衡。陛下即位以来，一向掌握这个方向，数次诏告臣僚，提倡温和。可是，有关单位并不能完全体察陛下恩德，仍追求苛刻。审问官急于苦刑拷打，使被告痛苦；执法的人不是被一些构陷文书搞得心烦意乱，就是假公济私，卖弄手中掌握的权势。治理人民，好像琴瑟调音，大弦调得太紧，小弦势将折断。陛下应发扬先王（古代圣明君王）的宽厚道理，废除繁杂苛刻的法令，减轻苦刑，拯救众生。使恩德普及，上奉天心。"刘炟采纳陈宠的意见，对事宽厚处理。

3 酒泉郡（甘肃省酒泉市）郡长段彭等各路援军，在柳中（新疆鄯善县西南鲁克沁镇）集结，攻击车师前国首都交河城（新疆吐鲁番市），杀三千八百人，俘虏三千余人。北匈奴惊恐，抛下他的盟友，向北逃走。车师前国再次向东汉投降，而就在这时候，己指挥官（己校尉）关宠已经逝世。皇家礼宾官（谒者）王蒙等，打算放弃远在北方被围经年的戊指挥官耿恭（时在疏勒城〔地望在今新疆吉木萨尔县境〕），就此撤退。

恰好耿恭的一位部属范羌，正在大营（耿恭派范羌到敦煌郡〔甘肃省敦煌市〕接运官兵冬装，范羌于是随同援军一齐出塞），坚持要求援救耿恭。可是耿恭远在高插云霄的天山（指天山山脉东段，在今新疆东北部）那一边，天寒路险，将领们恐惧，不敢前往，但又无法驳斥范羌的要求。于是，拨付范羌二千人，命范羌负担这项使命。范羌毅然北上，正逢大雪不止，地面积雪一丈有余，艰苦挣扎，二千人终于勉强抵达疏勒城。时正深夜，城中耿恭部队，听到人喊马嘶，以为是北匈奴援军，惊骇恐怖，不知所措。范羌从远处高呼："我是范羌，中国大军来迎接指挥官（耿恭）。"城中大喜若狂，高喊万岁，开门相见，拥抱在一起，失声痛哭。

天明，向南班师，北匈奴兵团追击，耿恭、范羌，且战且走。官兵久经饥饿，身弱体乏，从疏勒城（地望在今新疆吉木萨尔县境）出发时，还有二十六人，沿途死亡。

三月，回到玉门关（甘肃省敦煌市西北）时，只剩下十三人，衣服破烂，鞋袜洞穿，面容枯槁，不成人形。皇家警卫指挥官（中郎将）郑众（郑众原本是军政官〔司马〕，到敦煌后擢升），给耿恭跟他的部属，洗个热水澡，换上衣服。上奏中央政府：

"耿恭以微弱的兵力，困守孤城，面对北匈奴数万大军，从去年到今年，一连几个月，心力全都耗尽，挖凿岩石，掘取井水，煮食弓弩上的皮革充饥，前后杀伤敌人，有数千之多，忠勇俱全，没有使中国蒙羞。请求赐给他荣耀的官爵，用以激励将士。”

耿恭到首都洛阳，东汉政府擢升他当骑兵总监（骑都尉）。

刘炟依据决策，下诏撤销西域总督（都护）跟戊、己两指挥官，并征召班超回国。

4 这时，班超驻扎疏勒国（新疆喀什市）。疏勒人得到班超将要调回中央消息，全国震动，忧愁恐惧交加。疏勒驻军司令（都尉）黎弇说：“东汉使节一去，疏勒国必然再被龟兹国（新疆库车市）灭亡，我不忍眼看着东汉使节，离开国土！”拔刀自杀。

班超东下，抵达于阗国（新疆和田市）时，于阗王以及侯爵以下，大声哭号，说：“我们依赖中国，犹如儿女依赖父母，你怎么能走？”抱住班超的马腿，不允许前进。而班超自幼志壮山河，也想完成他的愿望，于是打消归意，再回疏勒国。而就这几天工夫，疏勒国的两个城市，已归降龟兹国，并跟尉头国（新疆阿合奇县西南哈拉奇乡）结盟。班超捕斩叛徒，大败尉头国，杀六百余人，疏勒国局势才再恢复安定。

5 三月十二日，山阳郡（山东省巨野县东南大谢集镇）及东平国（首府无盐〔山东省东平县东南〕）地震。

6 东平王（首府无盐）刘苍，上书陈述三项意见。刘炟回信说：“最近，在官民奏章中，也有这样的建议，但分析不够深入，有人说可以做，有人说不可以做，不知道如何裁定。得到大王深谋远虑的计划，豁然贯通，所提各点，当依照顺序执行。”赏赐这位老叔钱五百万。

后来，刘炟打算把祖父刘秀、老爹刘阳坟墓所在地，设立县城。刘苍上书劝阻，说：

“我曾经看到光武皇帝（一任刘秀）俭省节约，了解‘始’‘终’的分际，恳切指示丧葬细节（参考五〇年）。孝明皇帝（二任刘阳）奉行‘大孝无违遗命’大义，不敢更改，完全遵行。谦让的美德，在这件事上更为显明。我愚昧的看法是，非得把坟墓搞得豪华盛大，是秦王朝开创的风气（秦王朝一任帝嬴政，坟墓建在骊山〔陕西省西安市临潼区东南，参考前二一〇年〕，工程直到秦王朝灭亡，都没有完成，而且强迫移民三万家，建立城市骊邑。西汉王朝完全效法，皇帝的坟墓，都要设立县城，直到十一任帝刘奭时，才算停止），在古代，连一座土陇，都不要它明显突出地面（《礼记》：“古者墓而不坟。”下葬棺木的墓穴，称“墓”。突出地面的土堆，称“坟”。古代，只有墓，而无坟。嬴政之后，坟墓才结合一起），何况再建立城市，兴筑墙垣？对上违背先帝（父祖）的圣心，对下是一种没有利益的工作。浪费国库，伤害人民，不是培养和睦，祈求丰年的方法。陛下跟姚重华（黄帝王朝七任帝虞帝）一样，有至孝的天性，追念父亲的遗命，臣，刘苍，诚恐怕有害于二位皇帝纯洁的美德，使这项美德、不能流传。”

刘炟遂命停止。从此，中央政府每遇到疑难，就派使节乘政府驿马车，询问刘苍的意见。刘苍尽心回答，都被采纳。

7 秋季，八月二十日，天市星旁，出现孛星。

8 最初，益州郡（云南省昆明市晋宁区东）西部民兵司令（西部都尉）、广汉郡（四川省梓潼县）人郑纯，清廉正直，恩德教化，感动蛮夷，各部落酋长们敬慕之余，都愿向东汉王朝进贡归附。二任帝刘阳时，在蛮夷归附的土地上（参考六九年），特别设立永昌郡（云南省保山市），任命郑纯当郡长。郑纯在官十年，逝世。继任郡长不得其法，激怒蛮夷。

九月，哀牢王（云南省南部）类牢，击斩郡长、县长，攻击博南（云南省永平县）。

9 阜陵王（首府阜陵〔安徽省全椒县东南〕）刘延（参考七三年），仍不断批评政府。有人检举刘延跟男子鲂（姓不详），密谋叛变。刘炟不忍诛杀。

冬季，十一月，贬刘延当阜陵侯，采邑只有一县（阜陵县），不准跟官员人民来往。

10 北匈奴汗国皋林温禺犊王，率军返回原居地涿邪山（内蒙古巴彦温都尔山），南匈奴汗国（王庭设美稷〔内蒙古准格尔旗〕）湖邪尸逐侯鞮单于（二十八任）挛鞮长，跟东汉沿边各郡民兵，以及乌桓部落（河北省北部），共同迎战，把皋林温禺犊王逐走。

本年（七六），南匈奴饥馑，刘炟下诏援助粮食。

七七年 丁丑

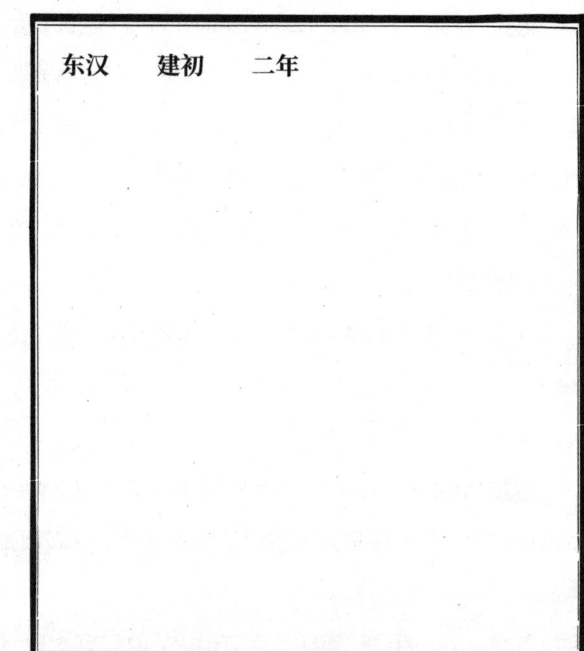

1 春季，三月八日，东汉政府（首都洛阳〔河南省洛阳市东白马寺东〕）撤销西域（新疆及中亚东部）伊吾卢（新疆哈密市）屯垦区（屯垦区设于七三年二月）。北匈奴汗国（王庭设蒙古国哈拉和林市）派军再回伊吾卢。

2 永昌郡（云南省保山市）、越嶲郡（四川省西昌市）、益州郡（云南省昆明市晋宁区东）三郡的地方部队，跟昆明部落酋长卤承等，联合攻击哀牢王（云南省南部）类牢，在博南（云南省永平县）会战，大破哀牢军，斩类牢。

3 夏季，四月二十二日，东汉帝（三任章帝）刘炟（本年二十岁）下诏：撤销因“楚王事件”（参考七一年）、“淮阳事件”（淮阳王〔后贬封阜陵王〕刘延叛乱案，参考七三年），而被流放四百余家的判决，准许各返故乡。

4 刘炟打算封他的舅父，马太后不准。正好大旱成灾，有些官员认为这是对于皇亲国戚，不加封爵的缘故，有关单位奏请依照前例（西汉王朝中期之后，皇亲国戚，都封侯爵），马太后态度坚决，下诏说：

“那些建议封皇亲国戚的官员，不过是向我谄媚，希望得到回报罢了。从前，王姓家族，一天之内，五人同时封侯，黄雾四塞（参考前三二年），并没有风调雨顺的反应。从来，皇亲国戚富贵过分，很少不归于倾覆。所以先帝（二任明帝刘阳）对皇亲国戚，都慎重安排，不使他们掌握权柄。曾说：‘我的儿子怎么能跟老爹的儿子比？’（参考七二年。）为什么今天，主管单位反而把马家，上比阴家（阴丽华娘家）？皇城保安司令（卫尉）阴兴，天下人都赞扬他，后宫宦官到家门口，阴兴一定飞奔出来迎接，有时连鞋子都来不及穿，这是蘧伯玉式的礼敬。（蘧，音qú〔瞿〕。蘧伯玉，春秋时代卫国贤明的国务官〔大夫〕，年五十而知四十九年的过失。三十一任国君〔灵公〕卫元，跟夫人南子，深夜对坐，听到外面车声辚辚，到宫门时停止，南子说：“这一定是蘧伯玉。”卫元说：“你怎么知道？”南子说：“有品德的君子，不因为没有人看见，便乱七八糟，蘧伯玉就是这样。”）新阳侯阴就，虽性情刚强，有时失去控制，然而胸有谋略，设计规划，全国都难找出第二人。原鹿侯（贞侯）阴识，勇敢不移，忠诚信守。这三位都是臣僚中的精英，普通人怎么能赶得上？马家跟阴家的差距太大，我虽然没有才干，但日夜警惕，常怕不符合先后（阴丽华）立身处世的法则。即令犯的是头发汗毛般细小的过失，我都不肯宽恕，日夜不停的不断谆谆告诫。可是，亲属们犯法，却并不因此停止。丧葬时竟兴筑高坟，而又不能及时改正，这正表示我的话并没有力量，我的耳目已被蒙蔽。

“我身为天下最高位的母亲，只穿素色丝袍。饮食不求香甜，左右侍从人员，也只穿普通布帛，从没有用过名贵的香水，和豪华的首饰。为的是，要作大家的表率。本以为娘家人们看到，触目惊心，当自我检讨改正，想不到他们毫无感受，反而讥笑我：‘皇太后天性节俭。’前些时，经过濯龙园（在洛阳城西北角。濯，音zhuó〔浊〕），发现前往我娘家问候拜访的宾客，车如流水，马如游龙，仆人们穿着绿色单衣，袖子和领子，一片雪白（虽是仆人，已是“白领阶级”，袖领雪白，表示不再劳动），再看一下我的车夫，远比他们差一大截。我对他们并不谴责，而只裁减他们的费用，希望他们内心惭愧。可是他们仍然懈怠，没有忧国忘家的觉悟。知道臣僚的，莫过于君王，何况我更是他们的亲属？我岂能上负先帝（一任光武帝刘秀、二任明帝刘阳）的旨意，下亏先人（老爹马援）的恩德，重蹈西京时代（西京即长安〔陕西省西安市〕。西京时代，指西汉王朝）皇亲国戚的灾祸？”

坚决不许封爵。

刘炟看到马太后诏书，悲哀叹息，但仍再作请求，说：“自汉王朝（西汉王朝）建立，舅父封侯，犹如皇子封王，已成定例。太后诚心谦让，却为什么使我不能推恩给三位舅父？而且，马廖年老，马防、马光，又有大病，万一发生意外，将使我终身遗憾。应该乘着黄道吉日，不要一直拖延。”

马太后回答说：

“我反复思考，不封马家侯爵，在于对国家和马家，都有裨益。

岂是为了博取谦让美名，而使皇帝蒙受不封舅父的批评？从前，窦太后要封王皇后（王娡）的老哥（王信），宰相周亚夫抗议，说：‘高祖（西汉一任帝刘邦）规定，没有军事上的功劳，不得封侯爵（参考前一四七年）。’而今，马家对国家没有贡献，岂能跟阴家（阴丽华）、郭家（郭圣通）那些中兴时期的皇后相等？常看到一些富贵的家庭，官位爵位，重重叠叠，好像一年中一再结果的树木，根部一定受伤（《淮南子》语："再实之木根必伤，掘臧之家后必殃。"比喻过度富贵，将使根基动摇，招来灾祸）。

"而且，人们愿意封侯的原因，上不过为了用丰富的礼物祭祀祖先，下不过为了谋求子孙们的温饱。而今，祭祀时有御厨房（太官）供应，穿的衣服则有御库房赏赐的物资。难道不够，还要再加上一个县的采邑？我的考虑十分周到，不要产生任何误会。

"儿女孝顺父母，最上等的行为是使父母心中平安。现在，不断发生天灾变异，粮食价格，高涨数倍，忧愁恐惧，日不能坐，夜不能卧。在这个时候，却打算先封舅父爵位，去违背娘亲诚恳的意愿。我性情刚强迫急，有胸痛之病，不应该不让我顺心。儿子没有成年，父母教养；儿子已经成年，则可以依照自己的意思行事。我想到你是一代君王，当然有资格做你认为应该做的事。可是，因为你还没有超过三年的服丧期限，而又关系着我的家族，所以作此专断裁决。如果天地之间，阴阳调和，边境无事，然后你再照你的意思去做不迟。到那时候，我只管抱着孙儿玩要，不再过问政治。"

刘炟这才停止。

5 马太后曾经下诏三辅，诏书说："马家，以及马家的亲戚，如果有事请托郡县政府，干预郡县政府行政的，依法处罚，并报中央。"马太后娘亲坟墓稍高，马太后表示不满，老哥皇城保安司令（卫尉）马廖等，立即削低。亲族亲戚中，有行为谦让的，马太后都好言好语相待，赏赐他们钱财，或给予官职。如果稍犯错误，马太后就对他们板起面孔，再加责备。衣服车马，特别豪华，不遵守国家法令规章的，马太后就把他的名字从皇亲名册中取消，强迫返回故乡。

广平王（首府广平〔河北省曲周县东北〕）刘羡、钜鹿王（首府瘿陶〔河北省宁晋县西南〕）刘恭、乐成王（首府信都〔河北省衡水市冀州区〕）刘党（都是二任明帝刘阳的儿子，刘炟的老弟），车骑都很朴素，也没有金银的装饰。刘炟报告马太后，马太后赏赐给他们每人五百万钱。在这种大力提倡下，内外追随，表里一致。各大家族兢兢业业，比二任帝（明帝）刘阳在位时，还要小心谨慎。马太后创立缝织工厂，在濯龙园（在洛阳城西北角）种桑养蚕，经常前往视察，认为是人生乐事。同时，经常跟刘炟在一起，或早或晚，讨论国家大事，以及教授小皇子们《论语》等儒家学派经典，谈谈家常，其乐融融。

马廖忧虑这种盛况难以永久保持，上书给妹妹马太后，俾请注意，说：

“从前，元帝（西汉十一任帝刘奭）撤销皇家织造厂（三服官，参考前四八年），成帝（西汉十二任帝刘骜）穿着洗过的衣服，哀帝（西汉十三任帝刘欣）撤销音乐署（乐府，参考前七年），可是，奢侈的风气，并没有稍减，终至天下大乱。因为人民只看你做什么，不听你说什么。改变政风民俗，一定要从根本着手。古书说：‘春秋时代吴王（六任王吴光）好剑客，大多数人身上都有创伤疤痕。楚王（十任灵王芈围）好细腰，大多数宫女都被饿死。’长安谚语说：‘城里喜爱高发髻，乡下的发髻高一尺；城里喜爱宽眉毛，乡下的眉毛占去前额一半；城里喜爱宽大衣袖，乡下的衣袖用掉整匹布。’这些话看起来好像是戏言，却有事实根据。

“前些时，中央政府颁布节约法条，没有多久，就开始有人违背。固然可以说是官员没有严格执行，但原因却由于首都洛阳先行破坏。陛下安于简朴的生活，圣明的性格，乃上天所赐。假如能坚持到底，贯彻始终，则四海都将歌功颂德。美好的声誉，将传遍天地。对神灵都行得通，何况是执行法令？”

马太后深有同感。

6 最初，安夷县（青海省海东市平安区）官吏，抢夺羌民族卑湳部落人的妻子，做丈夫的忍无可忍，格杀夺妻的官吏，然后逃亡。安夷县县长宗延，率军缉捕，一直追出边塞。卑湳部落恐怕大肆诛杀，号召丁壮迎战，击斩宗延，然后，跟勒姐部落、吾良部落结合，起兵叛变，攻击东汉边塞。一时间，烧当部落（青海省湟中一带）酋长滇吾的儿子迷吾，率领其他部落，全体起兵响应，击败金城郡（甘肃省永靖县西北）郡长郝崇。

东汉政府任命武威郡（甘肃省武威市）郡长、北地郡（宁夏吴忠市西南金积镇）人傅育，当西羌保安司令（护羌校尉），从安夷进驻临羌（青海省湟源县）。迷吾又跟封养部落酋长布桥等，集结五万余人，进攻陇西（甘肃省临洮县）、汉阳（甘肃省甘谷县）二郡。

秋季，八月，东汉政府派代理车骑将军马防、长水外籍兵团指挥官（长水校尉）耿恭，率北军（野战军）五个兵团（南越兵团〔越骑校尉〕、骑兵兵团〔屯骑校尉〕、步兵兵团〔步兵校尉〕、长水外籍兵团〔长水校尉〕、射击兵团〔射声校尉〕）以及各郡弓箭手，共三万人，讨伐西羌叛军。最高监察长（司空）第五伦上书说：“我认为，对于皇亲国戚，可以加封侯爵，使他们富有，但不应该命他们做官当差。为什么？为的是一旦有了过失，用法令制裁，则伤害亲情，如果顾及亲情而不制裁，则伤害国法。听说，马防将统率大军西征，我认为，太后是这么友爱，陛下又是这么孝顺，万一有什么差错，恐怕难以处理。”刘炟不理会。

马防大军抵达冀县（汉阳郡郡政府所在县，甘肃省甘谷县），这时，封养部落酋长布桥等，正把陇西郡（甘肃省临洮县）南部民兵司令（南部都尉），包围在临洮县城（甘肃省岷县）。马防进击，大破布桥等，诛杀及俘虏四千余人，临洮解围，西羌其他部落全都投降，只布桥等二万人据守望曲谷（岷县西南），不能攻下。

7 十二月十六日，紫宫星旁，出现孛星。

8 刘炟遴选窦勋的女儿当小老婆（贵人），极为宠爱。窦贵人的娘亲，就是东海（恭）王（首府鲁县〔山东省曲阜市〕）刘彊的女儿沘阳公主（刘炟堂姐妹）。

9 最高监察长（司空）第五伦上书说：

"光武（一任帝刘秀）继承新王朝留下的局面，有时候采用严厉手段。后代效法，遂成一时风气。各郡、各封国所推荐保举的，大多数是办办公文的庸俗官场人物，很少有宽宏博学之辈，以应中央的需要。陈留（陈留郡郡政府所在县，河南省开封市东南陈留镇）县长刘豫、冠军（河南省邓州市西北冠军村）县长驷协，都以刻薄寡恩，闻名于世，残忍严厉，官民悲愁，对他们痛恨入骨。而官场舆论，反而认为他们才真正干练。违背天心，丧失大义。不但应对刘豫、驷协加以处罚，对那些保荐他们的人，也应谴责。我们需要的是仁爱贤能人士，由他们担任国家大事，不过几个人，风俗自会改变。我曾经拜读历史记载，知道秦王朝因为残酷凶暴亡国。而又亲眼看到新王朝，被自己制定的苛法毁灭。担心害怕，正是如此。又听说，各亲王、各公主，以及尊贵的皇亲国戚，骄傲奢侈，都超过法令的限制，首都洛阳，还是这种情形，教远地效法什么？所以说：'其身不正，虽令不行。'（《论语》孔丘语。）用行为作榜样，大家顺从；用言论作榜样，大家争论不休。"

刘炟认为他说得正确。

第五伦天性耿直，痛恨庸俗官吏的苛刻，力主宽厚。

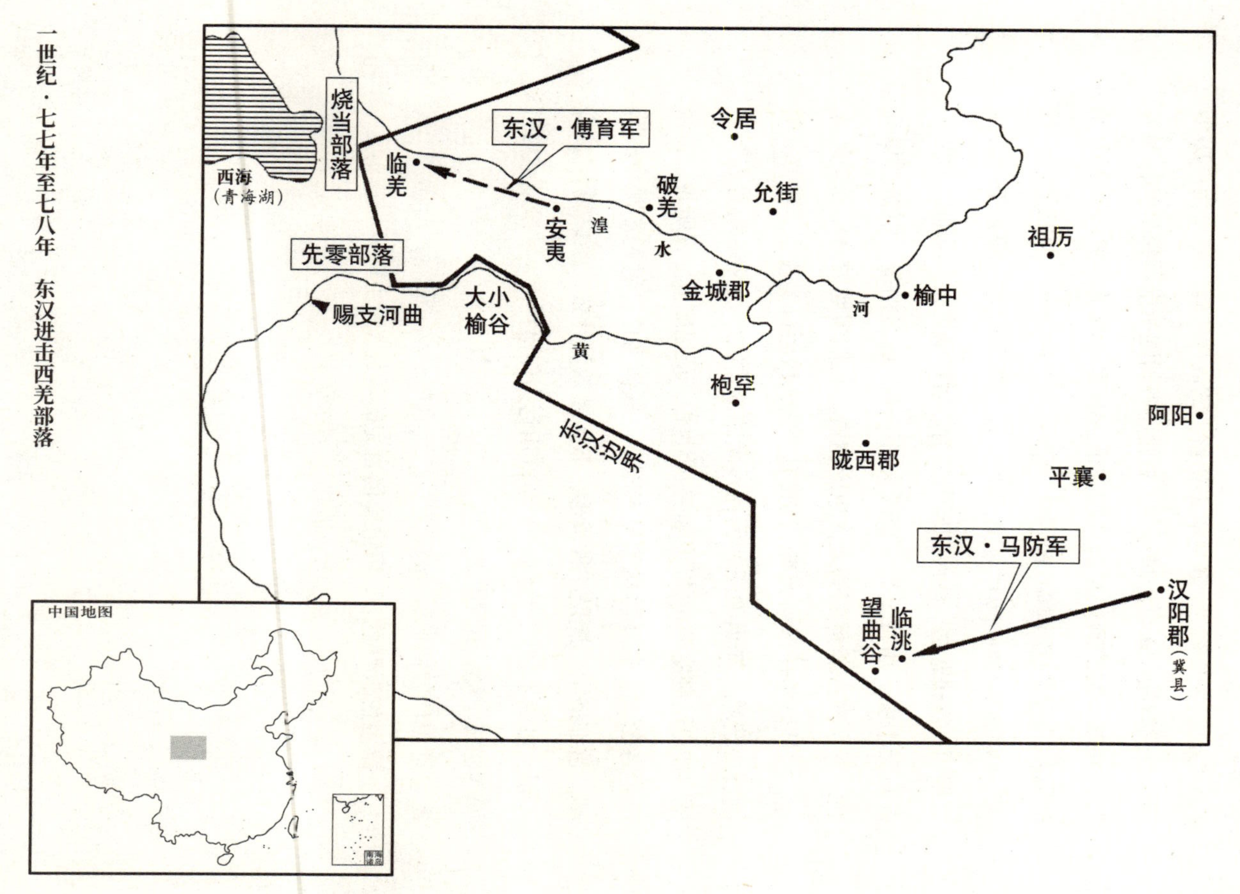

一世纪・七七年至七八年　东汉进击西羌部落

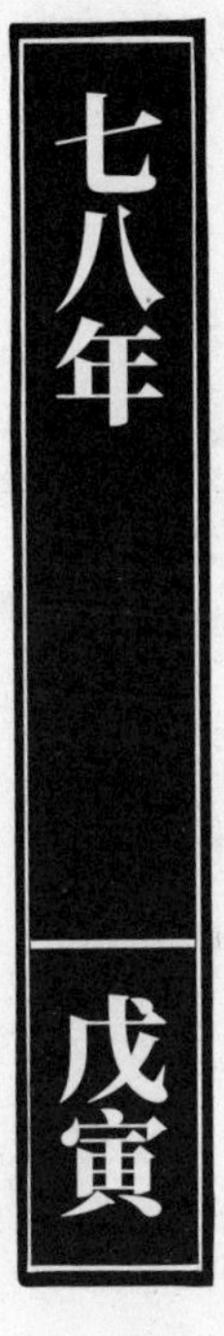

七八年 戊寅

东汉　建初　三年

1 春季，正月十七日，东汉王朝（首都洛阳〔河南省洛阳市东白马寺东〕）皇帝（三任章帝）刘炟（本年二十一岁）到皇家大会堂（明堂）祭祀天地，登上御用天文台（灵台）。赦天下。

2 马防大破西羌（青海省东部）封养部落酋长布桥，布桥率领他的部落一万余人投降。刘炟命马防班师，留耿恭攻击还没有归附的零星叛徒，又斩杀俘虏千余人。勒姐、烧何等十三个部落数万人，都向耿恭投降。

耿恭曾经在言语上冒犯马防，监军礼宾官（监营谒者）迎合上级的愿望，弹劾耿恭玩忽军情。刘炟征召耿恭回京（首都洛阳），逮捕下狱，免职。

耿恭被指控的罪状是："率领部队，对军事却毫不挂心。自己想干什么，就干什么，为所欲为。整天带着飞鹰，牵着猎狗，在道路上打猎游戏。敌人攻击，却紧闭营门，不敢出面应战，得到皇帝征召回京的诏书，发牢骚抱怨。"这些罪状，依当时法律，当然具备处死的条件。问题是，事实上不是如此，而是这位一世纪的汉朝名将，在言语上触怒了皇亲国戚。当大军出动时，耿恭向大军总司令马防先生，推荐窦固当凉州（甘肃省）州长，他忘了窦固所代表的窦家班的力量，这力量跟马家班势如水火。而耿恭又推荐临邑侯刘复，而刘复又是窦固的朋友。使马防发现：耿恭桀骜不驯，是一个潜在的敌人，最好在他羽毛丰满之前，先行铲除。

耿恭保卫西域疏勒城的血迹刚干，西羌之役中大胜的血迹，尚未凝结，立即身陷法律的网罗。马太后千方百计，约束娘家兄弟，要谦卑节俭，更以身作则，真是一个"母仪天下"的典型，然而品格如此高贵，却无法祛除娘家兄弟的私心和暴戾之气，说明儒家一向迷信"以德化民"的"德治"，不过是一句过度夸张的广告词。

3 三月二日，刘炟封小老婆（贵人）窦女士当皇后。

4 最初，二任帝（明帝）刘阳时代，治理滹沱河、石臼河（流经河北省灵寿县西境，连接滹沱河及磁河，今已淤塞），打算打通都虑（今地不详）到羊肠仓（山西省静乐县）的水道，用来运送田赋粮食（太行山以东各地粮仓，以滹沱河西运至羊肠仓，再经汾水供应太行山以西，此工程疑是打算转粮道至大白渠水改为往滋水〔磁水〕，转石臼河入绵曼水）。征调民夫差役，充当苦工，太原郡（山西省太原市）官民人等，劳苦不堪，数年来不能完成，死亡的不可胜数。

刘炟命宫廷禁卫官（郎中）邓训当皇家礼宾官（谒者），主持这项工程。邓训经过一番详细调查测量，知道原设计有重大错误，根本没有成功的可能性，遂直率报告。

夏季，四月九日，刘炟下诏停工，粮食运输，继续使用兽力。每年节省亿万钱，得以活命的民夫差役有数千人。邓训，是邓禹的儿子（邓禹，参考二三年）。

5 闰八月，西域（新疆及中亚东部）副军政官（假司马）班超（班超于七三年已升为“军司马”，此处可能有误），率领疏勒国（新疆喀什市）、康居王国（首都卑阗城〔中亚巴尔喀什湖西南锡尔河北岸〕）、于阗国（新疆和田市）、拘弥国（新疆于田县）等国部队共一万人，攻击姑墨国（新疆温宿县西北），攻破石城（姑墨国首都），杀七百余人。

6 冬季，十二月十一日，东汉政府任命马防当车骑将军（宰相之上）。

7 武陵郡（湖南省常德市）溇中蛮叛变（溇，音lóu〔楼〕。溇中蛮，活动于溇水一带蛮夷。溇水，发源于湖北省鹤峰县西，东南流至湖南省慈利县注入澧水）。

8 本年（七八），主管单位奏请，遣送广平王（首府广平〔河北省曲周县东北〕）刘羡、钜鹿王（首府瘿陶〔河北省宁晋县西南〕）刘恭、乐成王（首府信都〔河北省衡水市冀州区〕）刘党，前往他们的封国。刘炟天性友爱，不忍跟幼弟们分别，全留他们住在京师（首都洛阳）。

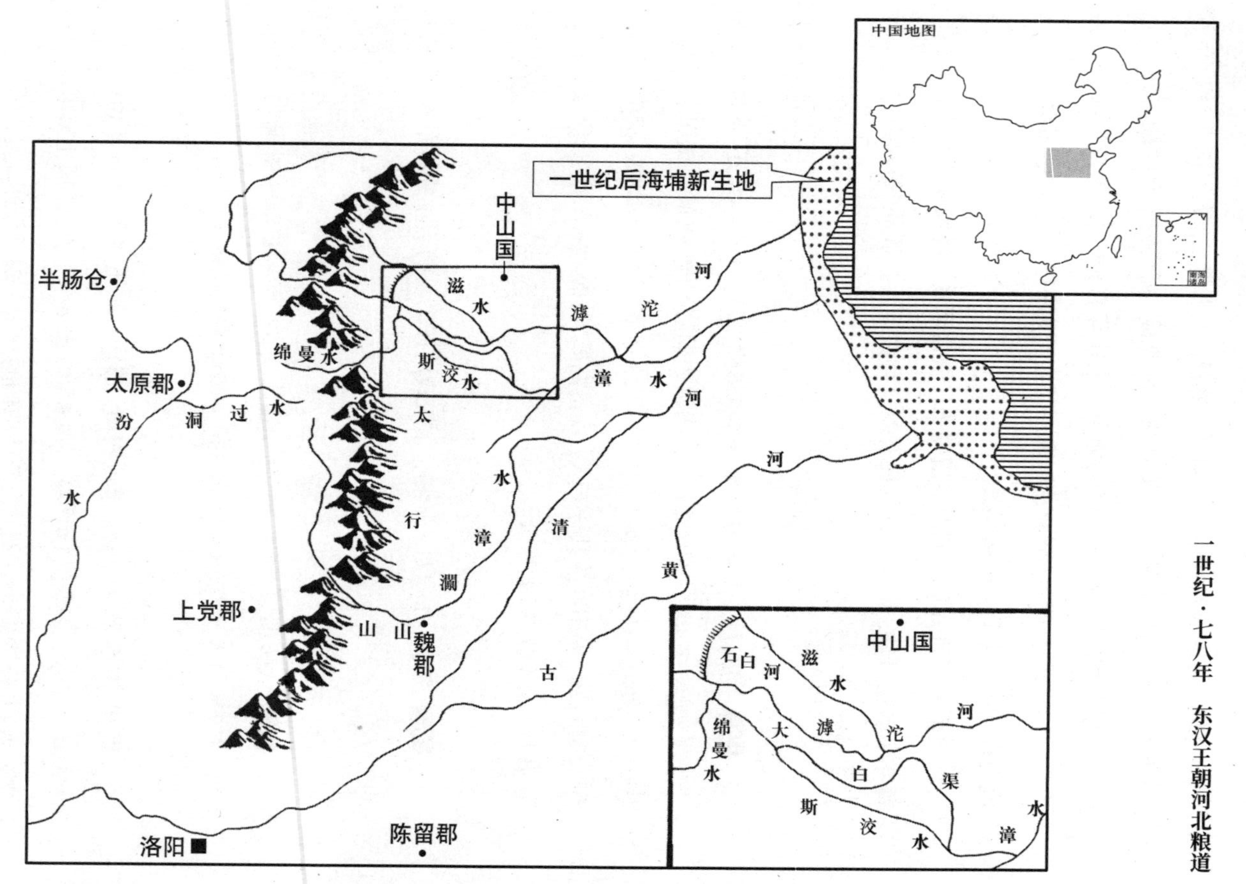

一世纪・七八年　东汉王朝河北粮道

七九年 己卯

东汉 建初 四年

1 春季，二月五日，东汉王朝（首都洛阳〔河南省洛阳市东白马寺东〕）全国武装部队总司令（太尉）牟融逝世。

2 夏季，四月四日，东汉帝（三任章帝）刘炟（本年二十二岁）封皇子刘庆当太子。

3 四月五日，改封钜鹿王（首府瘿陶〔河北省宁晋县西南〕）刘恭当江陵王（首府江陵〔湖北省江陵县〕），汝南王（首府平舆〔河南省平舆县西北射桥镇〕）刘畅当梁王（首府睢阳〔河南省商丘市〕），常山王（首府元氏〔河北省元氏县〕）刘昞当淮阳王（首府陈县〔河南省周口市淮阳区〕）。

4 四月七日，封皇子刘伉当千乘王（首府千乘〔山东省高青县东北〕），刘全当平春王（首府平春〔河南省信阳市西北〕）。

5 主管单位引经据典，查考前例，请刘炟封舅父们侯爵。刘炟认为全国丰收，四方太平，时候已到。

四月十九日，封皇城保安司令（卫尉）马廖当顺阳侯，车骑将军马防当颍阳侯，首都洛阳警备区司令（执金吾）马光当许侯。马太后得到报告，说："我年轻时，只羡慕古人留名史册，从不考虑寿命长短。而今年纪虽老，仍深刻的警告自己，不要贪婪，所以日夜恐惧，只想到如何克制欲望，希望坚守这项道理，不辜负先帝（二任帝刘阳）。所以规劝兄弟，共同护守，只求身死目闭之日，没有遗憾，想不到临老却不能坚持自己的志向，这将使我虽死九泉，也怀长恨。"马廖等一齐辞让，愿降封当关内侯（准侯爵），刘炟拒绝。马廖等不得已，接受封爵，但在接受后上书请辞官职，刘炟允许。

五月二日，马防、马廖、马光，都以"特进"（朝会时位居三公之下，诸侯之上）身份，返回家宅。

6 五月二十日，任命宰相（司徒）鲍昱当全国武装部队总司令（太尉），南阳郡（河南省南阳市）郡长桓虞当宰相（司徒）。

7 六月三十日，皇太后马女士逝世（年四十岁）。

刘炟既被马太后收养，一心一意，肯定马姓家族是舅父家族。而亲生母亲贾贵人，不能登上高位。贾姓家族那些真正的舅父，没有一人受到宠爱荣耀。等到马太后逝世，只不过使贾贵人的印信，由绿色绣带，进级改成红色绣带；加派有座位的小车一辆，宫女二百人，御库房各色绸缎二万匹，农林部（大司农）国库黄金一千斤、钱两千万，如此而已。

马太后抱养贾贵人的儿子，细心抚养，在亲情上，百分之百成功，在政治上，更百分之百成功，刘阳那句话说出千古至理："儿子不一定非亲生不可，只怕爱心不够。"马太后的爱心，换来美满的亲情，和可观的政治利益，这爱心当然有不纯洁的动机，但爱心本质是高贵的，它可以洗涤瑕疵。回溯西汉王朝赵合德女士的那份折腾（参考前六年），她如果有马太后一半的智慧，用全副爱心养育许美人或曹宫女士所生的儿子，恐怕结局大不相同，不但保护自己姐妹的性命，而且合法继承人不会中断，西汉王朝政权，可能继续维持一段时间。不过，赵合德女士没有这种智慧。所以没有这种智慧的原因，是妒火烧坏了她。

然而，马太后强夺贾贵人的亲生之子，是一项残忍行为，世界上只有做母亲的才知道婴儿骨肉连心，婴儿在怀中被夺去之后，有多少个夜晚，哭尽思子之泪。如果神经不够坚强，真可能疯狂。刘炟对亲娘的回报，未免太薄。那不是娘亲不要儿，而是儿被强夺！人们一向轻视"有奶就是娘"的无义之辈，刘炟恰恰如此。十一世纪宋王朝四任帝赵受益，也曾面临同样遭遇，但他对待亲娘李宸妃，却感人至深。母子天性，刘炟带给后人的是无限惆怅。

8 秋季，七月九日，埋葬马太后。

9 皇家图书馆研究官（校书郎）杨终，上书建议：“宣帝（西汉十任帝刘病已）曾聘请很多儒家学派学者，在石渠阁讨论儒家学派五经（《诗经》《书经》《礼记》《易经》《春秋》）。而今天下太平，专家学人，都能完成他的事业，一些只懂得注解古文的人，一知半解，反而破坏五经的完整性。我建议仿效石渠阁的前例，研究阐扬，作为永久的法则。”刘炟批准。

冬季，十一月十一日，刘炟下诏给祭祀部长（太常）：“将领（将）、国务官（大夫）、研究官（博士）及五经研究官（五经博士）、禁卫官（郎官）跟儒家学派学者，在北宫白虎观集会，讨论大家对五经的意见，何处相同？何处相异？”命皇家高级警卫指挥官（五官中郎将）魏应，代表皇帝发问，由宫廷随从（侍中）淳于恭，奏报刘炟，亲自出席裁决，编撰《白虎议奏》（也称《白虎通议》，简称《白虎通》）。

著名的儒家学派大师丁鸿、楼望、成封、桓郁、班固、贾逵，以及广平王（首府广平〔河北省曲周县东北〕）刘羡，都参与这项集会。班固，是班超的老哥（班超，参考七三年）。